# अन्धकार काल

*भारत में ब्रिटिश साम्राज्य*

# अन्धकार काल

## *भारत में ब्रिटिश साम्राज्य*

शशि थरूर

अनुवाद

नीरू

हिन्दी अनुवाद सम्पादन

युगांक धीर

वाणी प्रकाशन

पेपरबैक प्रथम संस्करण : 2017
पेपरबैक द्वितीय संस्करण : 2020
पेपरबैक तृतीय संस्करण : 2026

vaniprakashan.com

वाणी प्रकाशन

*4695, 21-ए, दरियागंज, नयी दिल्ली-110 002*

*फ़ोन : + 91 11 23273167, 23275710*

**शाखाएँ**

*अशोक राजपथ, पटना-800 004, बिहार*

*कॉफ़ी हाउस कैम्पस, महात्मा गांधी मार्ग, प्रयागराज-211 001, उत्तर प्रदेश*

*महात्मा गांधी अन्तरराष्ट्रीय हिन्दी विश्वविद्यालय, वर्धा-442 001, महाराष्ट्र*

sales@vaniprakashan.in
vaniprakashan@gmail.com

ANDHKAAR KAAL : BHARAT MEIN BRITISH SAMRAJYA
*by* Shashi Tharoor
Hindi Translation *An Era of Darkness : The British Empire in India*
Originally Published in English by Aleph Book Company
*Translated by* Neeru
*Hindi Translation Editing by* Yugank Dhir

ISBN : 978-93-87648-05-0
History



मूल्य : ₹ 425



*सिटी प्रेस, दिल्ली-110 095 में मुद्रित*

*वाणी प्रकाशन का लोगो मक़बूल फ़िदा हुसैन की कूची से*
*Vani Prakashan's signature motif is created by artist Maqbool Fida Husain*

*मेरे बेटों*

*इशान और कनिष्क के लिए*

*जिन्हें इतिहास से उतना ही मोह है*

*जितना कि मुझे*

*और जानकारी मुझसे ज़्यादा।*

यह विचित्र बात है।
अन्धकारपूर्ण शक्तियाँ अक्सर हमारी भलाई के लिए
हमें सत्य के दर्शन करवाती हैं...
*—विलियम शेक्सपियर, मैकबेथ, अंक—प्रथम, दृश्य—3*

आपका हाथ, महान अराजक! पर्दा गिरने दो;
और एक सार्वभौमिक अन्धकार में सब कुछ दफ़न हो जाने दो!
*—एलेक्ज़ेंडर पोप, द डनसिएड*

हम एक झिलमिलाहट में जीते हैं—भगवान करे यह तब तक
जारी रहे, जब तक यह युगों पुरानी धरती घूम रही है!
लेकिन कल यहाँ अन्धकार था।
*—जोसेफ़ कॉनरेड, हार्ट ऑफ़ डार्कनेस*

भारत—एक सौ भारत—एक गुमसुम—से चन्द्रमा तले फुसफुसाते
रहे, जब तक कि उन्हें भारत एक ही देश और उनका अपना देश
प्रतीत नहीं होने लगा, और तब वे अपनी खोयी हुई महानता का
शोकगीत सुनकर उसे फिर से पाने के लिए मचल उठे...
*—ई. एम. फॉर्स्टर, ए पैसेज टू इण्डिया*

# अनुक्रम

## अध्याय तीन



## अध्याय चार

अध्याय पाँच



अध्याय छह

## अध्याय सात



## अध्याय आठ

# पुस्तक में उल्लिखित प्रमुख घटनाओं का कालक्रम

1600 : बिटिश रॉयल चार्टर द्वारा ईस्ट इण्डिया कम्पनी का गठन, भारत को ब्रिटिश शासन के अधीन दासता की ओर अग्रसर करने वाली प्रक्रिया का प्रारम्भ।

1613–14 : ब्रिटिश ईस्ट इण्डिया कम्पनी द्वारा विलियम हॉकिन्स के अधीन मसूलिपट्टनम में फैक्टरी एवं सूरत में व्यापार पोस्ट की स्थापना। सर थॉमस का मुग़ल शासक जहाँगीर के समक्ष किंग जेम्स प्रथम के राजदूत के रूप में अपना परिचय प्रस्तुत करना।

1615–18 : मुग़ल शासकों द्वारा ब्रिटेन को व्यापार एवं फैक्टरियों की स्थापना का अधिकार दिया जाना।

1700 : मुग़ल शासक औरंगज़ेब के अधीन भारत का विश्व की अर्थव्यवस्था में 27 प्रतिशत का योगदान।

1702 : मद्रास के गवर्नर थॉमस पिट द्वारा पिट हीरे को प्राप्त करना जो बाद में फ्रांस के रीजेंट डक् डी. ऑर्लिन्स को 135,000 पाउण्ड में बेचा गया।

1739 : पारसी नादिर शाह के द्वारा दिल्ली को लूटा जाना एवं इसके सभी ख़ज़ानों को लूट लिया गया।

1751 : रॉबर्ट क्लाइव (1725–74) द्वारा छब्बीस वर्ष की आयु में आधुनिक समय के तमिलनाडु में अर्कोट पर क़ब्ज़ा और ब्रिटिश शासकों की दक्षिण भारत पर नियन्त्रण के लिए लड़ाई।

1757 : भारत के सर्वाधिक समृद्ध प्रान्त का शासक बनने

के लिए ब्रिटिश शासन द्वारा क्लाइव के नेतृत्व में सिराजुद्दौला को हराया जाना।

1765 : कमज़ोर पड़े मुग़ल राजा शाह आलम II द्वारा एक दीवानी जारी कर बंगाल, बिहार एवं उड़ीसा के प्रान्तों में अपने राजस्वकर्मियों के स्थान पर ईस्ट इण्डिया कम्पनी के कर्मी लगा दिये गये।

1767 : प्रथम एंग्लो–मैसूर युद्ध का प्रारम्भ जिसमें मैसूर के हैदर अली ने ईस्ट इण्डिया कम्पनी, मराठों एवं हैदराबाद के निज़ाम की संयुक्त सेना को पराजित किया।

1771 : मराठों का दिल्ली पर पुनः क़ब्ज़ा।

1772 : राममोहन राय का जन्म (मृत्यु 1833)। ब्रिटिश शासन ने कलकत्ता को अपनी राजधानी बनाया।

1773 : ब्रिटिश ईस्ट इण्डिया कम्पनी ने बंगाल में अफ़ीम के उत्पादन एवं ब्रिक्री में एकाधिकार प्राप्त किया। लॉर्ड नॉर्थ का नियामक अधिनियम संसद में पारित हुआ। वारेन हेस्टिंग्स को भारत का प्रथम गवर्नर जनरल नियुक्त किया गया।

1781 : हैदर अली के पुत्र टीपू सुल्तान ने ब्रिटिश बलों को पराजित किया।

1784 : ईस्ट इण्डिया कम्पनी को संसद के नियन्त्रण में लाने के लिए पिट द यंगर ने इण्डिया एक्ट पारित किया। न्यायाधीश एवं सर विलियम जॉन्स ने कलकत्ता की रॉयल एशियाटिक सोसायटी की स्थापना की।

1785–95 : ब्रिटिश संसद ने बिहार के गवर्नर जनरल वारेन हेसि्ंटग्स पर कदाचार का आरोप लगाया।

1793 : ब्रिटिश शासन लॉर्ड कॉर्नवेलिस के नियन्त्रण में भू–राजस्व प्रणाली की 'पर्मानेंट सेटलमेंट' लाया।

1799 : 5,000 ब्रिटिश सिपाहियों द्वारा टीपू सुल्तान की राजधानी श्रीरंगपटना (सेरिंगपट्टम) पर आक्रमण एवं ध्वस्त की कार्यवाही में टीपू सुल्तान मारा गया।

1803 : द्वितीय एंग्लो–मराठा युद्ध के परिणामस्वरूप ब्रिटिश

शासन ने दिल्ली एवं भारत के बड़े भागों कर क़ब्ज़ा कर लिया।

1806 : वेल्लौर बग़ावत को क्रूरतापूर्वक दबा दिया गया।

1825 : भारतीय कामगारों का पहली बार बड़े स्तर पर रीयूनियन एवं मॉरिशस में देशान्तरण।

1828 : राजा राममोहन राय ने कलकत्ता में आदि ब्रह्म समाज की स्थापना की जो कि सामाजिक–धार्मिक सुधार प्रारम्भ करने का प्रथम आन्दोलन था। इस्लाम एवं ईसाई धर्म से प्रभावित होकर उन्होंने बहुदेववाद, मूर्ति–पूजा एवं अन्य प्रथाओं की आलोचना की।

1835 : मैकॉले के 'मिनट' ने भारत में पश्चिमी शिक्षा को बढ़ावा दिया। अंग्रेज़ी को सरकार की राजभाषा एवं अदालत की भाषा बना दिया गया।

1835 : मॉरिशस में भारत से 19,000 प्रवासी बँधुआ मज़दूर पहुँचे। श्रमिकों को मॉरिशस भेजा जाना 1922 तक जारी रहा।

1837 : काली की पूजा करने वाले ठगों का ब्रिटिश शासन ने दमन किया।

1839 : प्रचारक विलियम हॉविट ने भारत में ब्रिटिश शासन पर हमला किया।

1843 : ब्रिटेन ने सिन्ध क्षेत्र (वर्तमान में पाकिस्तान) पर विजय प्राप्त की। ब्रिटिश शासन द्वारा 'लयनीति' (डॉक्टरिन ऑफ़ लैप्स) लाया गया जिसके अन्तर्गत किसी ऐसे राजा की, जिसका कोई उत्तराधिकारी न हो, मृत्यु हो जाने पर उसे ब्रिटिश शासन द्वारा अपने नियन्त्रण में ले लिया जाता था।

1853 : बम्बई एवं थाने के बीच प्रथम रेलवे का प्रारम्भ।

1857 : भारत की प्रथम प्रमुख बग़ावत जिसे ब्रिटिश शासन ने 'सिपॉय म्यूटिनी' का नाम दिया। यह दिल्ली और लखनऊ की पराजय के साथ कुछ ही माह में समाप्त हो गयी।

1858 : क्वीन विक्टोरिया की साम्राज्य के नाम पर भारत का प्रशासन ईस्ट इण्डिया कम्पनी से अपने हाथ में लेने की उद्घोषणा। भारत में प्रशासनिक सेवा की नौकरियाँ भारतीयों के लिए खुलीं।

1858 : भारत ने रेलवे की पहली 200 मील लम्बी पटरी पूरी की।

1860 : एस.एस. ट्रुरो एवं एस.एस. बल्वीडरे पहली बार बँधुआ श्रमिक लेकर (मद्रास और कलकत्ता से) डरबन, दक्षिण अफ्रीका पहुँचे। ये श्रमिक वहाँ गन्ने के खेतों में काम करने के लिए ले जाये गये।

1861 : रवीन्द्रनाथ टैगोर का जन्म हुआ (मृत्यु 1941)।

1863 : स्वामी विवेकानन्द का जन्म (मृत्यु 1902)।

1866 : कम–से–कम डेढ़ मिलियन लोग उड़ीसा के अकाल में मारे गये।

1869–1948 : अहिंसक सविनय–अवज्ञा की नीति, जिसने ईसाई ग्रेट ब्रिटेन को भारत को स्वतन्त्रता प्रदान करने के लिए विवश किया, का विकास करने वाले भारतीय राष्ट्रवादी एवं हिन्दू राजनीतिक कार्यकर्ता मोहनदास करमचन्द गाँधी का जीवनकाल।

1872 : भारत में प्रथम जनगणना की गयी।

1876 : महारानी विक्टोरिया (1819–1901) को भारत की सम्राज्ञी (1876–1901) घोषित किया गया। वाइसराय लॉर्ड लिटन ने 1876–77 के बड़े अकाल को ग़लत ढंग से निपटाया।

1879 : फिजी को जाने वाला प्रथम जलपोत लियोनिडास ब्रिटिश साम्राज्य के उपनिवेशों में पहले से काम कर रहे 340,000 बँधुआ श्रमिकों में 498 भारतीय बँधुआ श्रमिकों की वृद्धि कर देता है।

1885 : भारत में मध्यमवर्गीय प्रबुद्ध जनों द्वारा एक समूह, जिसमें कुछ ब्रिटिश भी थे, भारतीय राष्ट्रीय कांग्रेस की स्थापना करना है जो ब्रिटिश सरकार में भारतीय मत की आवाज़ बन सके।

1889 : जवाहरलाल नेहरू का जन्म (मृत्यु 1964)।

1891 : बी.आर. अम्बेडकर का जन्म (मृत्यु 1956)।

1893 : स्वामी विवेकानन्द ने विश्व धर्मों की शिकागो पार्लियामेंट में हिन्दूवाद का प्रतिनिधित्व किया और अपने झकझोर देने वाले सम्बोधन से बड़ी सफलता प्राप्त की।

1896 : राष्ट्रवादी नेता एवं मराठी विद्वान बाल गंगाधर तिलक ने भारतीय राष्ट्रवादिता को बढ़ावा देने के लिए गणेश विसर्जन एवं शिवाजी उत्सवों को प्रारम्भ किया। सबसे पहले उन्होंने ब्रिटेन से 'पूर्ण स्वराज' अथवा सम्पूर्ण स्वतन्त्रता की माँग की।

1897 : ब्रिटिशकालीन भारत में एक और अकाल के बीच महारानी विक्टोरिया की हीरक जयन्ती मनाई गयी।

1900 : ब्रिटेन को भारत से चाय का निर्यात 137 मिलियन पाउण्ड तक पहुँचा।

1901 : हर्बर्ट रिस्ले ने भारत की प्रथम जाति–आधारित जनगणना करवाई।

1903 : लॉर्ड कर्ज़न का भव्य दिल्ली दरबार।

1905 : बंगाल–विभाजन का कड़ा विरोध हुआ। स्वदेशी आन्दोलन एवं ब्रिटिश वस्तुओं का बहिष्कार प्रारम्भ हुआ। भारत के महत्त्वपूर्ण ब्रिटिश वाइसराय लॉर्ड कर्ज़न का त्याग–पत्र।

1906 : ब्रिटिश शासन के उकसाने पर राजनीतिक दल 'मुस्लिम लीग' का गठन।

1909 : मिण्टो–मोर्ले सुधार की घोषणा।

1911 : दिल्ली में साम्राज्य का अन्तिम दरबार; भारत की राजधानी कलकत्ता से बदलकर दिल्ली की गयी। बंगाल का विभाजन रद्द हुआ।

1913 : रवीन्द्रनाथ टैगोर को साहित्य का नोबल पुरस्कार प्राप्त हुआ।

1914 : भारतीय सेनाओं को प्रथम विश्वयुद्ध में लड़ने के लिए फ्रांस और मेसोपोटामिया भेजा गया।

1915 : महात्मा गाँधी दक्षिण अफ्रीका से भारत लौटे।

1916 : कामागाटामारू की घटना : कनाडा की सरकार ने भारतीय नागरिकों को देशान्तरण से पृथक् रखा। कांग्रेस एवं मुस्लिम लीग के बीच लखनऊ समझौता।

1917 : अन्तिम बार भारतीय बँधुआ श्रमिकों को फिजी और त्रिनिदाद ब्रिटिश उपनिवेशों में लाया गया।

1918 : प्रथम विश्वयुद्ध।

1919 : जलियाँवाला बाग़ नरसंहार; जनरल डायर ने गोरखा टुकड़ी को अमृतसर में निहत्थे प्रदर्शनकारियों पर गोलियाँ चलाने का आदेश दिया, जिसमें कम–से–कम 379 लोग मारे गये। इस नरसंहार से गाँधी जी को यह निश्चित हो गया कि भारत को दमनकारी ब्रिटिश शासन से पूर्ण स्वतन्त्रता की माँग करनी चाहिए। मॉन्टेग–चेम्सफोर्ड सुधार लागू। रॉलेट अधिनियम पारित।

1920 : गाँधी ने असहयोग एवं अहिंसा की सत्याग्रह नीति तैयार की। ख़िलाफ़त आन्दोलन प्रारम्भ किया गया।

1922 : चौरी–चौरा घटना के बाद महात्मा गाँधी ने असहयोग आन्दोलन वापस लिया।

1927 एवं 1934 : भारतीयों को जूरी सदस्य एवं मजिस्ट्रेट के रूप में बैठने की अनुमति।

1930 : जवाहरलाल नेहरू कांग्रेस पार्टी के अध्यक्ष बने। लाहौर में पूर्ण स्वराज प्रस्ताव पारित किया गया। विल दुरान्त का भारत आगमन एवं उन्होंने ब्रिटिश शासन का जो स्वरूप देखा, उससे उन्हें धक्का लगा। महात्मा गाँधी ने नमक मार्च शुरू किया।

1935 : भारत सरकार अधिनियम।

1937 : ग्यारह प्रान्तों में प्रान्तीय चुनाव। कांग्रेस की आठ स्थानों पर जीत।

1939 : द्वितीय विश्वयुद्ध आरम्भ। कांग्रेस के मन्त्रियों का भारत द्वारा युद्ध की घोषणा करने से पूर्व वाइसराय द्वारा उनके साथ परामर्श न करने के विरोध में त्याग–पत्र।

1940 : मुस्लिम लीग के लाहौर प्रस्ताव में पाकिस्तान के सृजन का आह्वान।

1942 : क्रिप्स मिशन। भारत छोड़ो आन्दोलन। कांग्रेस नेताओं को जेल भेजा गया। सुभाषचन्द्र बोस ने ब्रिटिश शासन से लड़ने के लिए भारतीय राष्ट्रीय सेना (आज़ाद हिन्द फ़ौज) का गठन किया।

1945 : कांग्रेसी नेताओं को रिहा किया गया। लॉर्ड वेवेल की अगुवाई में शिमला सम्मेलन।

1946 : रॉयल भारतीय नौसेना की बग़ावत। राष्ट्रभर में चुनाव। मुस्लिम लीग को मुस्लिम सीटों पर बहुमत प्राप्त। कैबिनेट मिशन। जवाहरलाल नेहरू के नेतृत्व में अन्तरिम सरकार का गठन। जिन्ना ने 'डायरेक्ट एक्शन डे' का आह्वान किया। कलकत्ता में हिंसा फूटी।

1947 : भारत को 15 अगस्त को स्वतन्त्रता प्राप्त। विशाल स्तर पर हत्याओं एवं विस्थापन के बीच देश का विभाजन। ब्रिटिश शासकों ने भारत छोड़ा।

# प्रस्तावना

*ऑक्सफोर्ड भाषण–भारतीय प्रतिक्रियाएँ–आलोचनाओं पर सोच–विचार–इतिहास न तो माफ़ी के लिए है और न बदले के लिए।*

यह पुस्तक थोड़ा अलग ढंग से एक भाषण से शुरू हुई।

मई 2015 के अन्तिम दिनों में ऑक्सफोर्ड यूनियन ने मुझे 'ब्रिटेन अपने पूर्व उपनिवेशों की क्षतिपूर्ति के लिए उत्तरदायी है' विषय पर भाषण देने के लिए आमन्त्रित किया। उसी सप्ताह वेल्स में 'हे फेस्टिवल ऑफ़ लिटरेचर' में भी मेरे बोलने का कार्यक्रम पहले से तय था, इसलिए मैंने सोचा कि वहाँ पहुँचने से पहले रास्ते में ऑक्सफोर्ड में रुकना और एक बार फिर से एक चर्चा में हिस्सा लेना अच्छा रहेगा (एक दशक पहले मैं संयुक्त राष्ट्र की तरफ़ से ऐसा कर चुका था)। यूनियन के सदियों पुराने और लकड़ी के पैनलों से बने भव्य परिसर में यह आयोजन काफ़ी सफल रहा और मैं वहाँ की कार्यवाही के बारे में दोबारा कुछ सोचे बिना ख़ुशी–ख़ुशी वहाँ से चल पड़ा।

जुलाई के शुरू में यूनियन ने इस चर्चा को वेब पर डाल दिया और मुझे मेरे भाषण की वीडियो प्रति भेज दी। मैंने इसका लिंक ट्वीट कर दिया और मैं यह देखकर चकित रह गया कि यह तुरन्त वायरल हो गया। कुछ घण्टों के भीतर ही इसे सैकड़ों साइट्स पर डाउनलोड किया जा रहा था, व्हाट्सएप पर भेजा जा रहा था और ईमेल से लोगों तक पहुँचाया जा रहा था। आलोचकों ने सोशल मीडिया पर मेरे भाषण की प्रशंसा करने के लिए अपने 'ट्रॉलिंग को बन्द कर दिया। लोकसभा अध्यक्ष महोदया ने एक समारोह में असाधारण रूप से मेरी प्रशंसा की। इस समारोह में प्रधानमन्त्री भी उपस्थित थे और उन्होंने भी अपनी टिप्पणी करते हुए 'सही

जगह पर सही बातें' कहने के लिए मुझे बधाई दी। स्कूलों और कॉलेजों में इस भाषण को दिखाया–सुनाया गया। जम्मू के सेण्ट्रल विश्वविद्यालय ने एकदिवसीय संगोष्ठी का आयोजन किया जिसमें प्रसिद्ध विद्वानों ने मेरे द्वारा भाषण में उठाए गये विशेष बिन्दुओं पर चर्चा की। मैंने भाषण में जो कुछ कहा था, उसके पक्ष और विपक्ष में सैकड़ों लेख लिखे गये। महीनों तक सार्वजनिक स्थानों पर अनजान लोग मेरे पास आकर मेरे 'ऑक्सफोर्ड भाषण' की प्रशंसा करते रहे।

मेरे लिए यह एक सुखद आश्चर्य से कम नहीं था, लेकिन मैं कुछ उलझन में भी था। एक तो, भले ही मैं काफ़ी अच्छा बोलकर अपने पक्ष के लिए श्रोताओं का दो–तिहाई समर्थन जुटा पाया था, लेकिन मैं यह भी जानता था कि मैंने इससे पहले इससे बेहतर भाषण दिये थे और तब मेरे प्रशंसकों की संख्या इसका दसवाँ हिस्सा भी नहीं रही थी। दूसरी बात यह थी कि मैं सचमुच ही ऐसा नहीं सोचता था कि मैंने कुछ बहुत ज़्यादा अलग कह दिया था। मैंने ब्रिटिश उपनिवेशवाद के अन्यायों का जो विश्लेषण किया था, वह सब उसी पर आधारित था जो कुछ मैंने बपचन में पढ़ा और अध्ययन किया था। मेरा ख़याल था कि मैं जो तर्क दे रहा था, वे इतने आधारभूत थे कि अमरीका की शब्दावली में उन्हें 'भारतीय राष्ट्रवाद 101' कहा जा सकता है। वे भारत के स्वतन्त्रता संघर्ष को न्यायोचित ठहराने वाले मूलभूत तर्क थे। उन्नीसवीं सदी के उत्तरार्द्ध में रोमेश चन्द्र दत्त और दादाभाई नौरोजी जैसे लोग और बीसवीं सदी में जवाहरलाल नेहरू सहित बहुत–से लोग ऐसी ही बातें कह चुके हैं।

मेरे भाषण ने इतने सारे लोगों के दिलों की धड़कनों को छू लिया था कि इससे यह संकेत मिलता था कि मैं जिसे मूलभूत समझता था, उससे अनेक और शायद अधिकतर शिक्षित भारतीय अनजान थे। इसलिए उन्होंने पहले से मालूम तथ्यों की याद दिलाए जाने की बजाय ऐसी प्रतिक्रिया व्यक्त की मानो मैंने उनकी आँखें खोल दी हों।

इसी अहसास ने मेरे मित्र एवं प्रकाशक डेविड देवीदार को इस बात पर ज़ोर देने के लिए प्रेरित किया कि मैं अपने भाषण को एक छोटी पुस्तक की शक्ल दे दूं, जिसे साधारण व्यक्ति पढ़ और समझ सके, और साथ ही ब्रिटिश उपनिवेशवाद के साथ भारत के अनुभवों के सम्बन्ध में

आधारभूत तथ्यों को खोज रहे विद्यार्थियों और अन्य लोगों के लिए यह एक महत्त्वपूर्ण सन्दर्भ–स्रोत भी बन सके। आज के भारतीय और ब्रिटिश नागरिकों को उपनिवेशवाद की भयानकता के बारे में बताने की नैतिक आवश्यकता को अनदेखा नहीं किया जा सकता।

कुछ महत्त्वपूर्ण पहलुओं से यह पुस्तक मेरे भाषण से अलग भी है। पहली बात तो यह है कि यह क्षतिपूर्ति और प्रायश्चित्त के सम्बन्ध में नहीं है। मेरा भाषण इस तर्क तक पहुँचा तो इसका सीधा–सीधा कारण यह था कि ऑक्सफोर्ड यूनियन ने इस विषय की घोषणा की थी, न कि इसलिए कि मैं निजी तौर पर क्षतिपूर्ति के विषय को उठाना चाहता था। मैं ब्रिटिश साम्राज्य द्वारा औपनिवेशिक प्रजा के साथ किये गये अन्यायों को लेकर पूरी तरह से आश्वस्त था, फिर भी भाषण के अन्त में मैंने यह प्रस्ताव रखा कि भारत को एक पाउण्ड प्रति वर्ष की दर से 200 वर्ष तक भुगतान की प्रतीकात्मक क्षतिपूर्ति से सन्तुष्ट हो जाना चाहिए, जो कि दो सौ वर्ष के साम्राज्य के शासन का प्रायश्चित्त होगा। मेरा मानना था कि मुख्य प्रश्न धन की बजाय प्रायश्चित्त का था–साधारण रूप से 'क्षमा करें' कह देना भी पर्याप्त होगा। एक भारतीय टिप्पणीकार मिन्हाज़ मर्चेण्ट ने हर्जाने की रक़म का हिसाब लगाने का प्रयास किया तो यह आज की मुद्रा में 30 खरब (3 ट्रिलियन) पाउण्ड की भारी–भरकम रक़म बन गयी–जिसके भुगतान की किसी से भी अपेक्षा नहीं की जा सकती (यह रक़म वर्ष 2015 में ब्रिटेन की कुल जीडीपी से भी अधिक है)।

यह पुस्तक ब्रिटिश उपनिवेशवाद के सम्बन्ध में भी नहीं है, बल्कि भारत के उपनिवेशवाद के अनुभव के बारे में है। इसका आंशिक कारण यह है कि ब्रिटिश उपनिवेशवाद के सम्पूर्ण इतिहास की चर्चा करना, जैसाकि ऑक्सफोर्ड यूनियन में कुछ वक्ताओं ने किया, इस पुस्तक को विशाल और भारी–भरकम बना देता। दूसरा कारण यह है कि इस विषय में मुझे पर्याप्त जानकारी नहीं है, जबकि भारतीय इतिहास एक ऐसा विषय है जिसका मैं अपने विद्यार्थी काल से ही गहन अध्ययन करता रहा हूँ। ऐसा भी नहीं है कि मैं अफ्रीका के औपनिवेशीकरण की विभीषिका या दासों के व्यापार की पाशविकता–जिसके लिए क्षतिपूर्ति न्यायोचित हो सकती है–को कम करके देख रहा हूँ। (यह बहुत विडम्बनापूर्ण है कि जब दासता

को समाप्त किया गया तो ब्रिटिश सरकार ने हर्जाना तो दिया, लेकिन अमानवीय रूप से दासता में धकेल दिये गये पुरुषों और महिलाओं को नहीं बल्कि 'सम्पत्ति की हानि' के लिए उनके पूर्व मालिकों को।) इन मुद्दों के साथ न्याय करने के लिए बहुत–से दूसरे लोग हैं; मुझे आशा है कि मैं इस पुस्तक में भारत में ब्रिटिश शासन* के विशेष मामले के साथ न्याय करने में सफल रहा हूँ।

एक तीसरा पहलू भी है जिसके सन्दर्भ में यह पुस्तक मेरे भाषण से भिन्न है। ऑक्सफोर्ड में मैं बहस के एक ही पक्ष पर चर्चा कर रहा था; बारीकियों या सामने से आने वाले तर्कों को स्वीकार करने या उनका उत्तर देने की सम्भावना लगभग नहीं के बराबर थी। लेकिन साम्राज्य की बुराइयों पर केन्द्रित इस पुस्तक में ब्रिटिश राज के पक्ष में दिये जाने वाले तर्कों पर ध्यान देना मैं अपना कर्तव्य समझता हूँ। मैंने प्रत्येक अध्याय और विशेष रूप से अध्याय 2 और 3 से 7 में ऐसा ही किया है–जिनमें मैंने भारत में ब्रिटिश साम्राज्य के पक्ष में अक्सर दिये जाने वाले बचे–खुचे तर्कों का संज्ञान लेते हुए उनमें से अधिकतर को अस्वीकार कर दिया है। मैंने वर्षों के अपने अध्ययन को उपनिवेश युग से जुड़े विभिन्न वृत्तान्तों और भारत में ब्रिटिश साम्राज्य पर हाल ही के विद्वत्तापूर्ण कार्यों पर व्यापक शोध करके समृद्ध किया है। इन सबका पुस्तक के अन्त में समुचित उल्लेख किया गया है। मुझे आशा है कि मेरे तर्कों को विशेषज्ञों का पर्याप्त समर्थन प्राप्त है, जिसके कारण इस पुस्तक को उन लोगों द्वारा भी गम्भीरता से लिए जाने की अपेक्षा है जो मुझसे असहमत हो सकते हैं।

अन्ततः, यह पुस्तक एक तर्क प्रस्तुत करती है, कोई कहानी नहीं सुनाती। भारत में ब्रिटिश राज के उत्थान और पतन का क्रमानुसार विवरण पाने के इच्छुक पाठकों को वह यहाँ नहीं मिलेगा। ऐतिहासिक घटनाओं का क्रम इस प्रस्तावना से पहले दिये गये कालक्रम में रेखांकित किया गया है। इस पुस्तक का उद्देश्य 'राज' की विरासत की जाँच करना, इसके तथाकथित लाभों के लिए किये जाने वाले दावों का आलोचनात्मक अध्ययन करना और इसके विरोध में प्रमाण व तर्क प्रस्तुत करना है।

---

* जब मैं यह अन्तिम पंक्ति टाइप कर रहा था तो मेरे कम्प्यूटर के एपैल चैक ने 'ब्रिटिश' (British) रूल इन इण्डिया के स्वीकार्य स्थानापन्न के रूप में 'ब्रूटिश' (Brutish) दिया!

मेरे भाषण ने निःसन्देह व्यापक सहमति नहीं जगाई थी। उस भाषण में मैं इस बात पर लगभग कोई प्रकाश नहीं डाल सका कि साम्राज्य के अनेक पहलू अपनी प्रकृति में कहीं अधिक जटिल और प्रभाव में कहीं अधिक अस्पष्ट थे, और सिर्फ़ अच्छा या बुरा का सामान्य श्रेणीकरण उनके साथ पर्याप्त न्याय नहीं कर सकता था। यह पुस्तक इस आधार पर लिखी गयी है कि इस विषय से जुड़े अनेक मुद्दों को एक वाद–विवाद वाले भाषण में जितना सम्भव था, उससे अधिक समग्र ढंग से उठाने और तर्क की कसौटी पर कसने की ज़रूरत है। इसके अलावा, मेरे भाषण की प्रतिक्रिया में अनेक ऐसे तर्क दिये गये जिनका उल्लेख किया जाना ज़रूरी है, हालाँकि वे किसी भी अध्याय से सीधे सम्बन्ध नहीं रखते।

इनमें सबसे आम आलोचना यह है कि भारत की उपनिवेश–उपरान्त असफलताएँ ब्रिटेन की औपनिवेशिक क्रूरताओं को अमान्य ठहरा देती हैं। शिखा डालमिया ने 'टाइम' में 'थरूर माइट हैव वन द डिबेट बट मोरल विक्टरी इल्यूड्स इण्डिया' लिखते हुए तर्क दिया था कि स्वतन्त्रता के बाद सरकार के काम–काज से ऐसा कोई संकेत नहीं मिलता कि भारत को भुगतान किये गये हर्जाने को उचित प्रकार से ख़र्च किया जायेगा या वह इसके सही हक़दारों तक पहुँचेगा। एक ब्लॉग लेखक ने इसी तर्क को आगे बढ़ाते हुए लिखा कि स्वतन्त्रता–उपरान्त भारतीय प्रशासन का खेदजनक रवैया इसी बात से प्रमाणित हो जाता है कि 2010 में भारतीय खाद्य निगम के भण्डारों में 10,000 लाख टन से अधिक खाद्यान्न सड़े हुए पाये गये थे मानो स्वतन्त्रता के बाद की प्रशासनिक असक्षमता पहले के सभी अकालों को न्यायोचित ठहरा देती हो।

भारत की स्वतन्त्रता के अड़सठ वर्षों (ऑक्सफोर्ड में मेरे भाषण देने के समय) में से बावन वर्ष तक भारत पर शासन करने वाली भारतीय राष्ट्रीय कांग्रेस का संसद सदस्य होने के कारण मुझे एक अन्य तरह के हमले का शिकार भी होना पड़ा। टिप्पणीकार जोनाथन फॉरमैन ने सबसे ज़्यादा कठोरता और रुखाई दिखाते हुए लिखा, 'कांग्रेस पार्टी ने भारत पर छह दशक से भी अधिक समय तक कुशासन किया और हर बार वह अधिक अहंकारी और भ्रष्ट होती चली गयी। वह आम भारतीयों से लगभग उतनी ही दूर प्रतीत होती थी, जितने कि इससे पहले ब्रिटिश शासक थे।'

कांग्रेस के भारतीय नेता भारत की चिन्ताजनक 'हिन्दू विकास दर' के लिए उत्तरदायी थे। 'आधारभूत शिक्षा और साक्षरता के प्रति शासक वर्ग की उपेक्षा, समाजवादी योजनाओं को लेकर उनकी सनक, 'लाइसेंस राज' के प्रोत्साहन और मुट्ठीभर एकाधिकारपूर्ण व्यावसायिक घरानों के साथ भ्रष्ट सौदेबाज़ियों के कारण दक्षिण कोरिया और मेक्सिको जैसे देश भी 1950 और 1980 के बीच प्रति व्यक्ति जीडीपी में भारत से आगे निकल गये थे।'

इनमें से कुछ आलोचनाएँ वैध भी हैं–मैंने खुद भी अपनी पुस्तकों में इसी तरह की आलोचनाएँ भिन्न–भिन्न रूपों में की हैं, हालाँकि वे इतने चरम रूप में या कटु शब्दों में नहीं हैं–परन्तु एक प्रकार की असफलताएँ दूसरे प्रकार की असफलताओं को निरस्त नहीं कर देतीं और न ही बीस दशक के औपनिवेशिक दमन को छह दशक में निष्प्रभावी किया जा सकता है। और फिर भारतीय सरकारों, ख़ासकर कांग्रेसी सरकारों के रिकॉर्ड अनेक पहलुओं से–जैसेकि जीडीपी वृद्धि, साक्षरता, निर्धनता उन्मूलन, जीवन सम्भाव्यता, सूखे या फ़सल नष्ट होने के संकटों से उबरने इत्यादि–ब्रिटिश औपनिवेशिक प्रशासन की तुलना में बहुत बेहतर रहे हैं। जो भी हो, इतिहास को विभिन्न युगों के दुष्कर्मों की तुलना के खेल के स्तर पर नहीं लाया जा सकता। हर युग का अलग से और उसकी अपनी सफलताओं और अतिक्रमणों के अनुसार मूल्यांकन किया जाना चाहिए।

इस तथ्य ने कि ऑक्सफोर्ड के मेरे भाषण का केन्द्रबिन्दु क्षतिपूर्ति और हर्जाने थे, मेरे आलोचकों की क्रोधाग्नि में घी का काम किया। एक भारतीय टिप्पणीकार का तर्क था कि भारत का क्षतिपूर्ति का दावा भारत की असुरक्षाओं और निम्न स्तर के आत्म–सम्मान को उजागर करता था। उन्होंने आगे लिखा कि इस तरह का दावा करने वाले भारतीय ब्रिटिश साम्राज्य के बाद भारतीय शासकों की असफलताओं का दायित्व ब्रिटेन पर स्थानान्तरित कर रहे थे। अन्य टिप्पणीकारों का मत था कि उन लाभ–प्राप्तकर्ताओं की पहचान करना असम्भव होगा जो औपनिवेशिक लूट के लिए क्षतिपूर्ति के वास्तविक पात्र हैं।

कुछ लोगों की दृढ़ मान्यता थी कि ब्रिटेन ने कई वर्षों तक भारत को आर्थिक सहायता देकर एक तरह से यह क्षतिपूर्ति या प्रतिपूर्ति कर दी थी–जो किसी प्रकार के अपराध की स्वीकृति के रूप में नहीं बल्कि

पूर्व औपनिवेशिक प्रजा के प्रति ब्रिटिश सरकार की उदारता के रूप में दी गयी थी। स्वतन्त्रता के बाद ब्रिटेन से भारत को पर्याप्त से कहीं अधिक प्राप्त हो चुका था, जो केवल सहायता के रूप में नहीं था। ऑक्सफोर्ड में मेरे प्रतिपक्षी और इतिहासकार जॉन मेक्केन्ज़ी के अनुसार यह कहा जा सकता है कि भारत में 'आउटसोर्सिंग' में उछाल में ब्रिटिश कम्पनियों का भी योगदान था और इसे प्रतिपूर्ति का ही रूप माना जा सकता है। ऑक्सफोर्ड प्रस्ताव के एक अन्य प्रतिपक्षी एवं सांसद सर रिचर्ड ओटावे का तर्क था कि समृद्ध देशों द्वारा अपेक्षाकृत निर्धन देशों को दी जाने वाली स्वैच्छिक सहायता को देखते हुए 'और अधिक की माँग करना पुरानी हीनता–ग्रन्थि को बनाये रखना है।'

निःसन्देह मुझे यह कहने की आवश्यकता नहीं है कि मैंने अधिक की माँग नहीं की थी; मैंने कम माँगा था–केवल प्रतीकात्मक रूप में एक पाउण्ड प्रति वर्ष। परन्तु यह भी मेरे मुद्दे से इतर है। मैंने ऑक्सफोर्ड के प्रतिपूर्ति प्रस्ताव का प्रयोग पूर्व उपनिवेशों के प्रति नैतिक ऋण के मुद्दों को उठाने के लिए किया था, न कि आर्थिक ऋण के लिए। जहाँ तक सहायता का सम्बन्ध है, यह भारत की जीडीपी के 0.02 प्रतिशत से भी कम है और यह भारत द्वारा उर्वरकों की सब्सिडी पर किये जाने वाले ख़र्च से भी कम है। यह सहायता के तर्क के लिए शायद एक उपयुक्त रूपक है।

अनेक लोगों का यह मत था कि आज के ब्रिटेनवासियों का अपने पूर्वजों द्वारा किये गये अतिक्रमणों के प्रति कोई दायित्व नहीं था, और जिन अपराधों में उनकी कोई भूमिका नहीं थी, उनकी प्रतिपूर्ति का बोझ वहन करने की उनसे आशा भी नहीं की जानी चाहिए। इस दृष्टि से तो भारतीय भी अपने पूर्वजों के कष्टों की प्रतिपूर्ति प्राप्त करने के पात्र नहीं हैं। क्षतिपूर्ति पीड़ितों को की जानी चाहिए, न कि उनके नाती–पोतों को और ग़लत करने वालों द्वारा की जानी चाहिए, न कि उनके नाती–पोतों द्वारा।

बिल्कुल सही बात है। परन्तु इस तर्क में राष्ट्रीय पहचान और दायित्व की भावना को ध्यान में नहीं रखा गया है, जो कि अधिकतर देशों की विशिष्टता है। जर्मनी के चांसलर विली ब्रांट ने 1970 में वार्सा में घुटनों के बल झुककर पोलैण्ड के यहूदियों से नरसंहार के लिए माफ़ी माँगी थी। उस समय पोलैण्ड में शायद ही कोई यहूदी बचे थे और ब्रांट ख़ुद

भी एक समाजवादी के रूप में नाज़ियों के दमन के शिकार हो चुके थे। वे उस अपराध के प्रति पूर्णतः निर्दोष थे जिसके लिए वे क्षमायाचना कर रहे थे। परन्तु ऐसा करके–घुटने टेककर–वे एक ऐतिहासिक क्रिया द्वारा जर्मनी के लोगों के नैतिक दायित्व को स्वीकार कर रहे थे, जिनका वे नेतृत्व कर रहे थे। इसीलिए मैंने अपने भाषण में प्रायश्चित्त पर ज़्यादा ज़ोर दिया था, न कि वित्तीय सहायता पर।

हर व्यक्ति इस बात से भी सहमत नहीं हो सकता कि ब्रिटेन को किसी तरह के प्रायश्चित्त की ज़रूरत है। इतिहासकार जॉन की ने इसे सबसे अच्छे ढंग से व्यक्त किया है : 'व्यक्तियों के समान सरकारों के आचरण का मूल्यांकन भी आज के क़ानूनी मापदण्डों के अनुसार नहीं बल्कि सिर्फ़ उनके युग के मापदण्डों के अनुसार ही किया जा सकता है–अन्यथा हम ईसाइयों को शेरों का आहार बनाने के लिए इटली की सरकार को घेर लेते।' यह तर्क दिलचस्प भले ही हो लेकिन स्वीकार करने योग्य नहीं है। ब्रिटिश राज को प्राचीन इतिहास नहीं कहा जा सकता। यह आज भी जीवित बहुत–से लोगों की स्मृति का हिस्सा है। संयुक्त राष्ट्र के जनसंख्या प्रभाग की हाल ही की एक रिपोर्ट के अनुसार अस्सी वर्ष से अधिक उम्र के भारतीयों की संख्या साठ लाख है : ब्रिटिश शासन उनके बचपन का एक अनिवार्य हिस्सा है। अगर उनकी संख्या में उनके प्रथम पीढ़ी के वंशजों को जोड़ दें, जिन्होंने अपने माता–पिता से ब्रिटिश राज के अनुभवों की कहानियाँ सुनी होंगी, तो ब्रिटिशकाल की गहरी जानकारी रखने वाले भारतीयों की संख्या बढ़कर दस करोड़ से अधिक हो जायेगी।

प्रायश्चित्त किये जाने में देर हो रही है, लेकिन अभी बहुत देर नहीं हुई है। मुझे आशा है कि ब्रिटेन का कोई प्रधानमन्त्री इतना हृदय और भावना दिखाएगा कि 2019 में जलियाँवाला बाग़ में घुटनों के बल झुककर एक सदी पहले वहां किये गये अक्षम्य नरसंहार के लिए अपने देशवासियों की तरफ़ से भारतीयों से क्षमायाचना कर सके। 2013 में डेविड कैमरॉन द्वारा कुछ–कुछ खुशामद भरे अन्दाज़ में इस नरसंहार को 'अत्यन्त शर्मनाक घटना' कहा जाना मेरी दृष्टि में क्षमायाचना नहीं है। इसी तरह 1997 में क्वीन एलिज़ाबेथ और एडिनबर्ग के ड्यूक द्वारा जलियाँवाला बाग़ की औपचारिक और रसमी यात्रा तथा आगन्तुकों के रजिस्टर में बिना किसी

प्रायश्चित्त की टिप्पणी के मात्र हस्ताक्षर करना भी इस श्रेणी में नहीं आता। उस भयंकर अपराध की शताब्दी पूरी होने के अवसर पर जो भी प्रधानमन्त्री होगा, वह यह अत्याचार घटित होने के समय पैदा ही नहीं हुआ होगा और निःसन्देह 2019 की कोई भी ब्रिटिश सरकार उस त्रासदी के लिए किंचित भी उत्तरदायी नहीं होगी। फिर भी जिस राष्ट्र ने वह त्रासदी होने दी, उसके प्रतीक के रूप में ब्रिटिश प्रधानमन्त्री अपने राष्ट्र के अतीत के पापों के लिए प्रायश्चित्त अवश्य कर सकते हैं। कनाडा के प्रधानमन्त्री जस्टिन ट्रुडो ने 2016 में ऐसा ही किया जब उन्होंने अपने देश के अधिकारियों द्वारा एक शताब्दी पूर्व कामागाटामारू पर भारतीय उत्प्रवासियों को वैंकुवर में उतरने की अनुमति न दिये जाने और परिणामस्वरूप उनमें से अनेक लोगों को मृत्यु का ग्रास बनने देने के लिए कनाडा की तरफ़ से माफ़ी माँगी। ट्रुडो के इस 'विली ब्रांट क्षण' की गूँज ब्रिटेन में भी सुनाई देने की ज़रूरत है।

लेबर पार्टी के नेता जेरेमी कॉर्बिन के सुझाव के अनुसार ब्रिटेन द्वारा प्रायश्चित्त का सबसे अच्छा तरीक़ा यह होगा कि ब्रिटिश स्कूलों में ग़ैर–रोमानीकृत औपनिवेशिक इतिहास पढ़ाया जाये। ब्रिटेन की जनता ब्रिटिश साम्राज्य की वास्तविकताओं से और इसके उपनिवेशों की प्रजा के लिए ब्रिटिश साम्राज्य का अर्थ क्या था, इससे पूरी तरह से अनभिज्ञ है। इन दिनों इंग्लैण्ड में राज की चाह फिर से उभरती प्रतीत होती है। पहले की एंग्लो–स्मृतियों की फ़िल्मों 'द फार पैविलियन्स' और 'द ज्यूल इन द क्राउन' पर आधारित टीवी श्रृंखला 'इण्डियन समर्स' की सफलता ब्रिटेन में बसे एक डच लेखक इयान बरुमा के अनुसार, 'आज के छोटे–से इंग्लैण्ड की कचोटती हुई फूहड़ता के बीच अंग्रेज़ियत के इतने महान, इतने भव्य और इतने गुदगुदाते हुए खट्टे–मीठे अनुभवों का यह चित्रण ब्रिटेनवासियों को उनके सामूहिक स्वप्नों की याद दिलाने का प्रतीक है।' ब्रिटेन के स्कूली बच्चे यदि यह जान सकें कि अंग्रेज़ों के सपने किस तरह उपनिवेशों की प्रजा के लिए एक दुःस्वप्न बनते चले गये तो वह एक सच्चा प्रायश्चित्त होगा। यह प्रायश्चित्त अपराध–बोध की स्वीकृति मात्र न होकर एक ऐतिहासिक दायित्व के गम्भीर विचार के साथ विशुद्ध नैतिक प्रकार का प्रायश्चित्त होगा।

बरुमा के शब्दों में भारत में जनमे ब्रिटिश लेखक सलमान रुश्दी के कुछ वर्ष पहले के एक कथन की गूँज सुनाई देती है–'थैचर–कालीन ब्रिटेन के निरन्तर पतन, बढ़ती निर्धनता और भावनाओं की दरिद्रता अनेक ब्रिटिश नागरिकों को अपने पूर्वजों के लुप्त हो चुके दिनों को बड़ी चाह से याद करने के लिए प्रोत्साहित करती है। साम्राज्यवादी विचारधारा की वापसी और राज–काल के कथा–साहित्य की लोकप्रियता ऐसे लोगों को किसी फैंटम के कल्पनालोक में ले जाती है...साम्राज्य का नगीना इन दिनों पेस्ट से बनाया जाता है।'

ब्रिटेन अब 'थैचर–कालीन' नहीं रहा, हालाँकि 'बेरेक्सिट' के बाद इसकी स्थिति और भी बुरी हो सकती है। ब्रिटिश साम्राज्य की स्मृतियों में उपनिवेश–उपरान्त के दायित्व को जोड़ने की इतनी आवश्यकता पहले कभी नहीं थी।

और फिर ब्रिटिश राज में भारतीयों की भागेदारी का मुद्दा भी है। भारतीय स्तम्भ लेखक अकबर पटेल के अनुसार, हम इस तथ्य को स्वीकार करने में असमर्थ हैं कि 'ब्रिटेन को सत्ता–हस्तान्तरण में भारतीयों ने सहयोग और प्रोत्साहन दिया।' इसमें कोई सन्देह नहीं कि अगर अधिकांश नहीं तो अनेक ब्रिटिश दुष्कृत्यों में भारतीय सक्रिय भागीदार थे, जिसका वर्णन मैं आगे चलकर करूँगा। भारतीय राजाओं के मामले में तो यह ख़ासतौर से सच था, जिन्होंने ब्रिटिश शासन के मज़बूती से स्थापित हो जाने के बाद फॉस्टियन सौदे को स्वीकार करते हुए अपनी सम्पत्ति और सुविधाओं की सुरक्षा के बदले में अपनी निष्ठा को ब्रिटिश शासन के पास गिरवी रख दिया। सिर्फ़ नाम भर के ये शासक साम्राज्य के प्रति अपनी वफ़ादारी व्यक्त करने के लिए हद से बाहर जाते रहे। उदहारण के लिए, क्रिकेट खिलाड़ी राजा रणजीतसिंह ने प्रथम विश्वयुद्ध के दौरान गम्भीर सूखे की मार झेल रहे किसानों को ब्रिटिश ख़ज़ाने में योगदान देने के लिए मजबूर किया, और जब उसका राज्य भीषण अकाल में जकड़ा था तो उसने दौरे पर आये एक वाइसराय के लिए आतिशबाज़ी पर एक महीने का राजस्व फूँक दिया। औपनिवेशिक परियोजना के साथ समझौता कर चुके भारतीय राजघरानों द्वारा इस तरह की भागेदारी अपने आपमें कोई अनोखी घटना नहीं थी।

साम्राज्य के कई और भी जाने–माने भारतीय समर्थक थे। इनमें सबसे प्रमुख थे बंगाली बुद्धिजीवी और पक्के इंग्लैण्ड–प्रेमी नीरद सी चौधरी, जिन्होंने अनेक पुस्तकों में ब्रिटिश साम्राज्य के गुणों का बखान किया और इसकी समाप्ति पर खेद व्यक्त किया (ऐसे विशिष्ट उदाहरणों की चर्चा हम आगे चलकर करेंगे)। बहुत–से आम भारतीय भी ब्रिटिश शासकों के साथ थे, बहुतों को कभी अहसास ही नहीं हुआ कि उनके पास कोई दूसरा विकल्प भी था। पर जब कोई दंगाई आपके घर को तबाह करता है और आपकी नगदी और ज़ेवर लूटकर ले जाता है तो इसमें उसकी भूमिका उस नौकर की तुलना में कहीं अधिक होती है जो दंगाई के लिए दरवाज़ा खोल देता है–फिर चाहे उसने ऐसा डर या लालच के कारण या सिर्फ़ इसलिए किया हो कि वह इससे बेहतर कुछ जानता ही नहीं था।

ब्रिटिश शासकों ने हमारे साथ जो कुछ किया, उसका वर्णन और सामना करते हुए क्या हम आज की अपनी स्थिति के लिए अपने ख़ुद के दायित्व को स्वीकार करने से इनकार कर रहे हैं? क्या हमारा अभिप्राय यह है कि हमारे साथ जो भी ग़लत हो रहा है, उसके लिए सिर्फ़ ब्रिटिश साम्राज्य उत्तरदायी है? निःसन्देह नहीं। कुछ लेखकों ने उल्लेख किया है कि प्रगति और विकास के लिए अतीत के अन्यायों का गान करते रहने की बजाय सही संस्थानों के सृजन और सूझबूझ भरी व्यापक आर्थिक नीतियों की आवश्यकता होती है। मैं ज़ोर देकर कहना चाहता हूँ कि मैं इससे सहमत हूँ। आज सही काम करने की ज़रूरत के दायित्व से अपने देश को मुक्त करने के लिए मुझे इतिहास पर नज़र दौड़ाने की ज़रूरत नहीं है। मैं कल की ग़लतियों को इसलिए समझना चाहता हूँ ताकि एक तो यह जान सकूँ कि हमारी वर्तमान वास्तविकता के लिए कौन–से तत्त्व ज़िम्मेदार हैं, और दूसरे ख़ुद अतीत को भी बेहतर समझ सकूँ। अतीत अनिवार्य रूप से भविष्य का मार्गदर्शक नहीं होता, परन्तु यह वर्तमान की व्याख्या में आंशिक सहायता अवश्य करता है। जैसाकि मैंने कहीं लिखा है, कोई व्यक्ति इतिहास से प्रतिशोध नहीं ले सकता; इतिहास स्वयं अपना प्रतिशोध होता है।

इस पुस्तक के सम्बन्ध में एक अन्तिम सूचना। भारत में ब्रिटिश शासन के बारे में लिखते हुए मैं इस तथ्य के प्रति पूरी तरह सचेत रहा हूँ कि मैं

जिस 'भारत' की बात कर रहा हूँ, वह अब अस्तित्व में नहीं है, वह तीन अलग देशों का रूप ले चुका है। मैंने जो कुछ कहा है, उसका बहुत–सा हिस्सा आज के दो अन्य स्वतन्त्र देशों पाकिस्तान और बांग्लादेश पर भी लागू होता है। मैं अपने तर्कों के साथ किन्हीं अनिच्छुक विदेशियों को जोड़ने का इरादा नहीं रखता, लेकिन यह ज़रूर मानता हूँ कि यह मामला उनका भी है, बशर्ते कि वे ऐसा समझें। फिर भी मैं 2016 के एक भारतीय के नाते और दो सदियों पहले के और उसके बाद के भारत के सम्बन्ध में लिखते हुए ब्रिटिश राज द्वारा इतने त्रासदीपूर्ण ढंग से दमित भूमि के साथ एक नैतिक और भौगोलिक जुड़ाव की भावना से अणुप्रेरित रहा हूँ। भारत मेरा देश है और इस अर्थ में मेरा क्रोध निजी स्तर पर भी है। परन्तु मुझे इतिहास से कुछ नहीं चाहिए–सिवा इसके आत्म–वर्णन के।

यह पुस्तक सर्वज्ञाता होने की बात तो दूर, दोषरहित होने का दावा भी नहीं करती। कुछ ऐसे तथ्य भी हो सकते हैं, जिन्हें मैं नहीं जानता और वे मेरे तर्कों को कमज़ोर और अविश्वसनीय बनाते हुए प्रतीत हो सकते हैं। फिर भी आपके हाथों में मौजूद यह पुस्तक संक्षेप में यह व्यक्त करती है कि मैं अपने देश के निकट अतीत को किस तरह देखता हूँ। चूँकि भारत ब्रिटिश साम्राज्य से अपनी स्वतन्त्रता की सत्तरवीं वर्षगाँठ की ओर बढ़ रहा है, हमारे लिए यह जाँच–पड़ताल करना उपयुक्त रहेगा कि कौन–सी घटनाएँ हमें 1947 के हमारे नये प्रस्थान–बिन्दु तक लेकर आयीं; और साथ ही उस विरासत को समझना भी जिसने उस भारत को एक स्वरूप प्रदान करने में हमारी मदद की, जिसका हम पुनर्निर्माण करना चाहते रहे हैं। मेरे लिए इस पुस्तक के अस्तित्व का यही प्रमुख कारण है।

भारतीय उपन्यासकार अमिताव घोष के उपन्यास 'सी ऑफ़ पॉपीस' में एक ब्रिटिश समुद्री कप्तान कहता है, 'हम जब लोगों की हत्या करते हैं तो हम यह दिखावा करने के लिए विवश हो जाते हैं कि यह किसी बड़े उद्देश्य के लिए है। अच्छाई का यह दिखावा ही, मैं आपसे वादा करता हूँ, इतिहास द्वारा कभी क्षमा नहीं किया जायेगा।' मैं इतिहास की ओर से लिखने का साहस तो नहीं कर सकता, परन्तु एक भारतीय के नाते मेरे लिए भूल जाने की बजाय क्षमा करना कहीं आसान है।

# अध्याय एक

## भारत में लूटपाट

*दुरान्त का क्रोध–एक निगम द्वारा भारत पर विजय–ईस्ट इण्डिया कम्पनी–भारत का ग़ैर–औद्योगिकीकरण–भारतीय कपड़ा उद्योग का विनाश–लूटपाट, कर एवं हीरे–क्लाइव और प्लासी–नवाब–भ्रष्टाचार–कर वसूली एवं संसाधनों का निष्कासन–स्थायी व्यवस्थापन–साम्राज्य में भारतीय सैनिक योगदान–नौरोजी का अभ्यारोपण–नौ–परिवहन एवं जलपोत निर्माण का विनाश–भारतीय इस्पात की चोरी–भारत औद्योगिक क्रान्ति से कैसे चूक गया–स्कॉट लोगों का लाभ।*

वर्ष 1930 में एक युवा अमरीकी इतिहासकार एवं दार्शनिक विल दुरान्त ने पहली बार भारतीय ज़मीन पर क़दम रखा। वह कुछ लिखने के लिए विश्व यात्रा पर निकला था और इस यात्रा का परिणाम थी एक ग्यारह खण्ड वाली शानदार पुस्तक 'द स्टोरी ऑफ़ सिविलाइजेशन।' परन्तु फिर, ख़ुद उसके अपने शब्दों में, वह 'ब्रिटेन द्वारा सचेत रूप से और सोच–समझकर भारत में किये जा रहे रक्तपात' को देखकर और इसके बारे में पढ़कर इतना 'चकित और क्रोधित' हो उठा कि उसने अतीत के अपने शोध कार्य को एक तरफ़ रख दिया और 'पूरे इतिहास के इस सबसे बड़े अपराध' के भावपूर्ण भर्त्सना–लेखन में जुट गया। उसकी लघु पुस्तक 'द केस फॉर इण्डिया' एक क्लासिक पुस्तक मानी जाती है जिसमें लेखक ने अपनी संवेदना और क्रोध को इतनी गहराई और प्रबलता से व्यक्त किया गया है कि इसने बरतानवियों द्वारा भारत में लम्बे समय तक शर्मनाक अत्याचारों को उचित ठहराने वाले तर्कों को तार–तार कर दिया।

दुरान्त ने लिखा :

*ब्रिटिश शासकों की भारत पर विजय एक व्यापारिक कम्पनी (ब्रिटिश ईस्ट इण्डिया कम्पनी) द्वारा एक महान सभ्यता पर आक्रमण और उसका विनाश था। इस कम्पनी के पास न कोई अन्तरात्मा थी और न कोई सिद्धान्त, और तो और, कोई मर्यादा या सलीका भी नहीं, सिर्फ़ लोभ ही लोभ था। कुछ समय के लिए अव्यवस्थित और असहाय हो गये देश को गोलियों और तलवारों से कुचला गया। रिश्वतखोरी और हत्या, चोरी और क़ब्ज़ा करके अवैध और 'वैध' लूटपाट की ऐसी शुरुआत की गयी जो एक सौ तिहत्तर वर्षों से अब तक (1930) पूरी निष्ठुरता से जारी है।*

## एक कम्पनी द्वारा भारत पर विजय

मुग़ल शासन के पतन और अठारहवीं सदी के भारत में सत्ता के लिए परस्पर झगड़ रहे शासकों की बढ़ती संख्या का लाभ उठाते हुए ब्रिटिश शासकों ने अपनी तोपों की ताक़त और अपनी अनैतिक चतुराई से भारत के एक बड़े भू–भाग को अपने अधीन कर लिया। उन्होंने कुछ क़ीमत चुका कर नवाबों और महाराजाओं को हटा दिया और स्वेच्छाचारिता से उनके ख़ज़ाने खाली कर दिये। फिर विभिन्न हथकण्डे अपनाकर उनके शासन भी हथिया लिए (इनमें 1840 के बाद जब भी किसी शासक की मृत्यु हो जाती तो उसका उत्तराधिकारी न होने पर लैप्सनीति (डॉक्टराइन ऑफ़ लैप्स) का सहारा लेकर उसका शासन हथियाना भी शामिल था)। इसी तरह किसानों से उन ज़मीनों के मालिकाना अधिकार छीन लिए जिन पर वे पीढ़ियों से जुताई कर रहे थे। प्रत्येक राज्य पर इस प्रकार क़ब्ज़ा कर लेने के बाद कम्पनी के अधिकारी जॉन सल्लिवान (जो पर्वतीय स्थल ऊटकमाण्ड अथवा ऊटी, जिसे आज अधिक सही शब्द ऊधगमण्डलम के नाम से जाना जाता है, के संस्थापक के रूप में विख्यात) ने 1840 में लिखा : 'छोटे राज्य लुप्त हो गये हैं–व्यापार सड़ रहा है–पूँजी नष्ट हो रही है–लोग दरिद्र हो चुके हैं–अंग्रेज़ फल–फूल रहे हैं–जो एक स्पंज की तरह गंगा के तटों से सारी समृद्धि चूस कर उसे थेम्स के तटों पर निचोड़ रहे हैं।'

## *भारत में लूटपाट*

ब्रिटिश ईस्ट इण्डिया कम्पनी ने जिस भारत को अपने अधीन किया था वह कोई आदिकालीन अथवा बंजर भूमि नहीं थी अपितु मध्यकालीन विश्व का एक चमचमाता हुआ रत्न था। इसकी उपलब्धियों और समृद्धि का–'विशाल और विभिन्न उद्योगों द्वारा जुटाई गयी सम्पदा' का–यॉर्कशायर में जनमे अमरीकी एकात्मवादी मन्त्री जे.टी. संडरलैण्ड ने बहुत सारगर्भित वर्णन किया है :

> *लगभग प्रत्येक प्रकार का निर्माण या उत्पाद, जिसे सभ्य विश्व जानता है–मनुष्य के मस्तिष्क या हाथों से निर्मित किसी भी प्रकार की और विश्व के किसी भी कोने में मौजूद रचना, जो अपनी उपयोगिता अथवा सुन्दरता के कारण मूल्यवान हो, भारत में लम्बे समय से बनाई जा रही थी। यूरोप अथवा एशिया के किसी भी अन्य राष्ट्र की तुलना में भारत कहीं अधिक औद्योगिक और निर्माता राष्ट्र था। उसकी कपड़े से बनी वस्तुएँ–बढ़िया सूती, ऊनी, लिनन एवं रेशमी करघा उत्पाद–सभ्य विश्व में ख़ूब प्रसिद्ध थे। इतने ही उत्कृष्ट यहाँ के आभूषण एवं क़ीमती रत्न थे जिन्हें सुन्दर रूपों में ढाला गया था। ऐसी ही गुणवत्ता और हर तरह के रंगों और सुन्दर आकारों में ढला यहाँ का चीनी मिट्टी का सामान था। ऐसा ही बढ़िया काम धातु–लोहा, स्टील, चाँदी व सोना–में देखने को मिलता था।*
>
> *यहाँ की स्थापत्य कला भी महान थी, जो विश्व की किसी भी स्थापत्य कला से सुन्दरता में लोहा ले सकती थी। यहाँ इंजीनियरी का कार्य भी उच्च कोटि का था। यहाँ बड़े व्यापारी, व्यवसायी थे, महान बैंकिंग विशेषज्ञ और पूँजीपति थे। भारत केवल महानतम जलपोत निर्माता देश ही नहीं था अपितु इसका वाणिज्य एवं व्यापार थल एवं जल मार्ग से सभी विख्यात सभ्य देशों तक फैला हुआ था। जब ब्रिटिश शासकों ने भारत में प्रवेश किया तो उन्हें ऐसा ही फलता–फूलता भारत मिला था।*

अठारहवीं शताब्दी के प्रारम्भ में ब्रिटेन के आर्थिक इतिहासकार एंगस मेडिसन ने विश्व की अर्थ–व्यवस्था में भारत की 23 प्रतिशत की हिस्सेदारी का वर्णन किया है जो पूरे यूरोप की कुल भागीदारी के समान था। (1700 में जब मुग़ल शासक औरंगज़ेब के ख़ज़ाने में केवल कर राजस्व से ही 10 करोड़ पाउण्ड थे तो यह आँकड़ा 27 प्रतिशत का था।) ब्रिटिश शासक

जब भारत छोड़ कर गये तो विश्व अर्थ–व्यवस्था में इसका भाग कम होकर केवल तीन प्रतिशत से कुछ ही अधिक रह गया था। इसका बहुत सीधा–सा कारण था–ब्रिटिश शासकों ने ब्रिटेन के लाभ के लिए ही यहाँ शासन किया था। 200 वर्षों तक भारत में की जाने वाली लूटपाट से ब्रिटेन के विकास को निरन्तर वित्तीय मदद मिलती रही।

यह सब ईस्ट इण्डिया कम्पनी से प्रारम्भ हुआ, जिसे वर्ष 1600 में महामहिम रानी एलिज़ाबेथ प्रथम से भारत में सिल्क व मसालों एवं अन्य लाभकारी भारतीय वस्तुओं का व्यापार करने का अधिकार–पत्र प्राप्त हुआ। कम्पनी ने अपने व्यापार को बढ़ाते हुए भारतीय तट के साथ–साथ, विशेष रूप से कलकत्ता, मद्रास एवं बम्बई में अपनी चौकियाँ अथवा फैक्टरियाँ स्थापित कर लीं। अब इसे अपने परिसरों, कर्मियों और व्यवसाय की सुरक्षा के लिए सैनिक साधनों की आवश्यकता महसूस हुई। इन सैनिक साधनों में आपसी झगड़ों से घिरे इस देश में सैनिकों की भर्ती किया जाना भी शामिल था। (कम्पनी के अधिकार पत्र में उसे अपने लक्ष्य की प्राप्ति के लिए 'युद्ध करने का अधिकार' भी दिया गया था।) वाणिज्यिक व्यापार शीघ्र ही विजय का व्यापार बन गया। व्यापार चौकियाँ मज़बूत क़िले बन गयीं और स्थानीय व्यापारियों को सेनाओं द्वारा उजाड़ा जाने लगा।

पहले ब्रिटिश प्रतिनिधि विलियम हॉकिन्स ने पाया कि उसे लगभग कोई महत्त्व नहीं दिया गया, उसके राजा की हँसी उड़ाई गयी और उसके सामान का मज़ाक़ बनाया गया। जब पहले ब्रिटिश राजदूत सर थॉमस रो ने 1615 में मुग़ल शासक जहाँगीर के दरबार में अपना परिचय दिया तो वह अंग्रेज़ विश्व के सबसे शक्तिशाली एवं समृद्ध राजा के चरणों में एक याचक की तरह दिखाई दे रहा था। मुग़ल शासन काबुल से बंगाल के पूर्वी छोर तक, उत्तर में कश्मीर और दक्षिण में कर्नाटक तक फैला हुआ था। परन्तु सवा शताब्दी से भी कम समय के भीतर मुग़ल शासन 1739 में फ़ारसी नादिर शाह द्वारा दिल्ली पर आश्चर्यजनक ढंग से क़ब्ज़ा करने एवं उसके सारे ख़ज़ानों को लूट लिए जाने पर पतन के कगार पर था। आठ सप्ताह के लम्बे समय तक मुग़ल राजधानी को लूटा और जलाया गया; समस्त शाही ख़ज़ाने के साथ–साथ 50 करोड़ से अधिक का सोना, चाँदी, जवाहरात और ठाठ–बाट के सामान पर क़ब्ज़ा कर लिया गया और अनेक क़िस्से–कहानियों में वर्णित मयूर–सिंहासन, हाथी और घोड़े छीन

लिए गये। इस युद्ध के बाद पचास हज़ार शव गलियों में बिखरे पड़े थे। ऐसा कहा जाता है कि जब नादिर शाह और उसकी सेनाएँ घर लौटीं तो वे भारत से इतना कुछ लूट कर ले जा चुके थे कि फारस में अगले तीन वर्ष तक समस्त कर समाप्त कर दिये गये।

इसके बाद फैली अराजकता में प्रान्तीय राजाओं ने अपने–अपने क्षेत्रों पर नियन्त्रण कर लिया और सत्ता के प्रतिद्वन्द्वी (मुख्य रूप से मराठा) केन्द्रीय सत्ता के बल पर अपना नियन्त्रण स्थापित करने लगे। उनमें से अनेक स्वयं को महाराजा और नवाब कहते थे और उनमें दिल्ली के मुग़ल शासन के प्रति नाममात्र की ही निष्ठा थी। 1757 में रॉबर्ट, बाद में लॉर्ड क्लाइव के नियन्त्रण में कम्पनी ने प्लासी में सत्ताधारी नवाब–बंगाल के सिराजुद्दौला पर प्रसिद्ध विजय हासिल की। कम्पनी यह विजय उच्च कोटि की तोपों और उससे भी अधिक वाक् छल से और नवाब के घनिष्ठतम साथियों में से एक मीर जाफ़र द्वारा किये गये विश्वासघात से प्राप्त कर सकी। बंगाल के समूचे और वास्तविक नियन्त्रण के बदले में मीर जाफ़र को सिंहासन पर बैठा दिया गया। क्लाइव ने शीघ्र ही इंग्लैण्ड में कम्पनी के ख़ज़ाने में 25 लाख पाउण्ड की बड़ी राशि (आज के 25 करोड़ पाउण्ड जो कि नवाब के ख़ज़ाने की समस्त राशि थी) विजय के दौरान लूटी गयी रक़म के रूप में भेजी।

अगस्त 1765 में कमज़ोर हो चुके मुग़ल राज्य के युवा शासक शाह आलम द्वितीय को धमकाकर दीवानी ले ली गयी, जिसके अन्तर्गत बंगाल, बिहार और उड़ीसा में उसके अपने राजस्व अधिकारियों के स्थान पर कम्पनी के अधिकारी नियुक्त कर दिये गये। अपनी निजी सेना रखने वाली एक अन्तरराष्ट्रीय व्यापारिक कम्पनी–जिसके सामने अधिकांश राजा–महाराजा सर झुकाते थे–अब अधिकृत रूप से राजस्व एकत्र करने वाला एक उद्यम बन गयी। इसके बाद भारत पहले जैसा भारत नहीं रह गया।

प्लासी के बाद एक सौ वर्ष के भीतर ईस्ट इण्डिया कम्पनी ने–19वीं शताब्दी के प्रारम्भ में जिसके पास 2,60,000 सैनिकों की एक बड़ी फ़ौज थी और जिसे ब्रिटिश सरकार व संसद (जिसके अनेक सदस्य इस उद्यम में हिस्सेदार थे) का भरपूर समर्थन प्राप्त था–लगभग पूरे भारत पर अपना नियन्त्रण स्थापित कर लिया। कम्पनी ने अब तक स्वतन्त्र एवं स्वायत्त अनेक राज्यों को जीत कर अपने अधिकार–क्षेत्र में मिला लिया। लन्दन

से नियुक्त किये गये अनेक कुलीन गवर्नर जनरलों द्वारा इनमें कार्यकारी सत्ता लागू कर दी गयी। कम्पनी ने देश के व्यवसाय को अपने नियन्त्रण में ले लिया, कर एकत्र किये और भारतीय जीवन के समस्त पक्षों पर अपने आदेश लागू कर दिये। 1803 में कम्पनी की सेनाएँ दिल्ली में प्रवेश कर गयीं, जहाँ बूढ़ा और भयभीत मुग़ल शासक राजसी छतरी के नीचे सहमा बैठा था। वर्ष 1847 में कम्पनी के गवर्नर जनरल का पदभार सँभालने वाले लॉर्ड डलहौजी ने आठ साल के भीतर भारतीय शासकों का 25 लाख वर्ग मील का क्षेत्र अपने क़ब्ज़े में ले लिया।

1857 में कम्पनी के विरुद्ध खुली क्रान्ति के शुरू होने तक 20 करोड़ से अधिक लोगों की नियति की बागडोर ईस्ट इण्डिया कम्पनी के हाथ में थी। वही उनके आर्थिक, सामाजिक और राजनीतिक जीवन का निर्धारण करती थी। वह समाज और शिक्षा को एक नया स्वरूप प्रदान कर रही थी, रेलवे की शुरुआत कर रही थी और ब्रिटेन में औद्योगिक क्रान्ति के उद्घाटन के लिए धन उपलब्ध करवा रही थी। यह एक बहुराष्ट्रीय कम्पनी के, कम्पनी द्वारा एवं कम्पनी के लिए शासन का एक चौंकाने वाला अप्रतिम उदाहरण था।

मुग़ल शासक के फरमान में ईस्ट इण्डिया कम्पनी के निदेशकों को 'उच्च एवं शक्तिशाली', 'कुलीनों में सबसे कुलीन', 'धुरन्धर योद्धाओं के प्रमुख', 'हमारे वफ़ादार सेवक एवं सच्चे शुभचिन्तक', 'हमारी राजसी कृपा प्राप्ति के योग्य अंग्रेज़ कम्पनी' इत्यादि कहा जाता था, परन्तु उन्हें किसी राजसी उपकार की आवश्यकता नहीं थी। वे तो बस यह चाहते थे कि जहाँ वे चाहें, वहाँ हस्ताक्षर कर दिये जायें। शाह आलम द्वितीय और उसके उत्तराधिकारी कम्पनी की कृपा पर जीते रहे। ये नाममात्र के राजा कम्पनी के क़ैदी और पेंशन भोगी थे।

इतिहासकार विलियम डेलरिम्पल ने एक मुग़ल अधिकारी नारायण सिंह का जिक्र करते हुए लिखा है कि 1765 में उसने पूछा था कि 'हमारी क्या इज़्जत रह गयी है जब हमें ऐसे मुट्ठी भर व्यापारियों से हुक्म लेना पड़ता है जिन्होंने अभी तक अपने चूतड़ (बॉटम) धोना भी नहीं सीखा !' परन्तु उसके राजा के 'वफ़ादार सेवकों एवं सच्चे शुभचिन्तकों' के लिए 'मान–सम्मान' एक व्यर्थ की चीज़ थी। यह कम्पनी भारत को चला रही थी और सभी कम्पनियों की तरह उसकी प्रमुख चिन्ता थी (जिसे लेकर

लन्दन में बैठे उनके पूँजीपति आका भी चिन्तित रहते थे) –बॉटम लाइन (हस्ताक्षर की रेखा)!

## भारत के उद्योगों का समाप्त होना : कराधान, भ्रष्टाचार और 'नवोब'

ब्रिटिश सरकार ने सैनिक एवं नौसैनिक संसाधनों, दण्ड–विधान (अनेक मामलों में संसद में कम्पनी के हिस्सेदारों द्वारा इसके लिए प्रस्ताव लाया जाता था), बैंक ऑफ़ इंग्लैण्ड से ऋण और एक अनुकूल विदेश नीति (जिसका उद्देश्य स्थानीय प्रतिरोध को नियन्त्रित करना और फ्रांस व डच जैसे विदेशी प्रतियोगियों का सामना करना था) इत्यादि द्वारा कम्पनी के विकास में सहयोग दिया। चूँकि कम्पनी का प्रमुख उद्देश्य आर्थिक था अतः भारत एवं स्वयं ब्रिटेन के लिए इसके शासन के प्रमुख परिणाम भी यही थे।

ब्रिटेन की औद्योगिक क्रान्ति का आधार भारत के उन्नतिशील निर्माण उद्योग का विनाश था। कपड़ा उद्योग इसका प्रतीकात्मक उदाहरण है। बरतानवियों ने बहुत व्यवस्थित ढंग से भारतीय कपड़ा उत्पादन एवं निर्यात को नष्ट किया और इसके स्थान पर इंग्लैण्ड में बना कपड़ा लाया गया। यह एक विडम्बना थी कि ब्रिटेन में भारत के कच्चे माल का प्रयोग किया जाता और इससे तैयार उत्पादों का ख़ुद भारत एवं शेष विश्व में निर्यात किया जाता था। यह ज़ख़्मों पर नमक छिड़कने के समान था।

ब्रिटिश शासकों द्वारा भारत में कपड़ा उद्योग को नष्ट किया जाना आधुनिक विश्व में औद्योगिकरण के बड़े पैमाने पर विनाश की पहली घटना थी। इंग्लैण्ड में भारतीय हथकरघा कपड़े की भारी माँग थी। यह कोई संयोग नहीं था कि कम्पनी ने कलमकारी कपड़े के लिए प्रसिद्ध दक्षिण में बन्दरगाह नगर मछलीपट्टनम में 1613 में अपने पहले कारख़ाने की स्थापना की। बंगाल के हथकरघा बुनकर सदियों से विश्व में सबसे अधिक पसन्द किये जाने वाले कपड़ों का उत्पादन कर रहे थे। विशेष रूप से महीन मलमल जो 'बुनी हुई हवा' जैसी हलकी होती थी और यूरोप के पोशाक निर्माताओं द्वारा बहुत पसन्द की जाती थी। अठारहवीं सदी के मध्य तक भी बंगाल का कपड़ा पश्चिम में मिस्र, तुर्की और फारस, पूर्व में जावा, चीन और जापान के प्रमुख व्यापार मार्गों के साथ–साथ यूरोप में भी निर्यात किया जा रहा था। 1750 के दशक में बंगाल से प्रति वर्ष लगभग 1.6 करोड़ रुपये का कपड़ा निर्यात होता था। इसमें से लगभग 56 लाख

रुपये का माल भारत में बसे यूरोपीय व्यापारियों द्वारा भेजा जाता था। (उन दिनों की मुद्रा विनिमय दरों के अनुसार यह राशि लगभग 20 लाख पाउण्ड थी। जिस युग में एक सप्ताह में एक पाउण्ड कमाने वाला व्यक्ति धनी माना जाता था, यह राशि सचमुच बहुत बड़ी थी)। इसके अतिरिक्त 1753 तक बंगाल से प्रतिवर्ष 6.5 करोड़ रुपये के सिल्क का निर्यात होता था जो बाद में कम होकर 50 लाख तक रह गया। 1757 में समाप्त होने वाली शताब्दी के दौरान जब बरतानवी लोग केवल व्यवसायी थे, शासक नहीं, बंगाल के कपड़ा व सिल्क उत्पादन में एक अनुमान के अनुसार 33 प्रतिशत तक वृद्धि सिर्फ़ ब्रिटिश माँग के कारण हो गयी थी। भारतीय कपड़ा उद्योग तब और अधिक रचनात्मक और उत्पादक हो गया था और निर्यात में भी तेज़ी आ गयी थी। परन्तु जब ब्रिटेन के व्यापारियों ने सत्ता सँभाली तो सब कुछ बदल गया।

सत्ता में बरतानवी, एक शब्द में कहें तो निष्ठुर थे। उन्होंने कपड़े व सिल्क के लिए ब्रिटेन के पाउण्ड में भुगतान करना बन्द कर दिया। वे अब बंगाल से वसूले गये राजस्व से भुगतान करने को वरीयता देने लगे और क़ीमतें भी बहुत कम करवा दी गयीं। उन्होंने अन्य विदेशी ख़रीददारों को भी परेशान करना शुरू कर दिया और कम्पनी का एकाधिकार स्थापित कर लिया। उन्होंने भारतीय कपड़ों के निर्यात बाज़ारों को भी बन्द कर दिया और लम्बे समय से चला आ रहा स्वतन्त्र व्यापार सम्पर्क बाधित कर दिया। जैसे–जैसे ब्रिटिश निर्माण बढ़ा, वे और निष्ठुर हो गये। भारतीय कपड़ा अत्यधिक सस्ता था इसलिए ब्रिटेन के कपड़ा निर्माता इससे होड़ नहीं ले पा रहे थे और इस प्रतियोगिता को समाप्त कर देना चाहते थे। ईस्ट इण्डिया कम्पनी के सैनिकों ने बंगाली बुनकरों के करघों को बहुत व्यवस्थित ढंग से ध्वस्त करके उनकी इच्छा पूर्ति कर दी। कम–से–कम एक तत्कालीन विवरण (यद्यपि इसे सत्यापित नहीं किया जा सकता परन्तु यह एक प्रचलित धारणा थी) के अनुसार उन्होंने बुनकरों के अँगूठे काट दिये ताकि वे अपना कौशल न दिखा सकें।

यह मामला इस प्रकार के हिंसक विनाश तक ही सीमित नहीं था। जो भी भारतीय कपड़ा उद्योग बचे थे, उन्हें आधुनिक तकनीकें 70 से 80 प्रतिशत तक के शुल्क व कर लगाकर उपलब्ध करवाई जाती थीं। परिणामतः ब्रिटेन को उत्पादन का निर्यात सम्भव नहीं रहता था। भारतीय कपड़ा

अब सस्ता नहीं रह गया था। इसी दौरान ब्रिटेन के भाप से चलने वाले नये कारखानों से सस्ते कपड़े की गाँठें भारतीय बाज़ारों में भर गयीं। यह कपड़ा ग़रीब बंगाली कारीगर द्वारा बनाये जाने वाले कपड़े से भी सस्ता था। ब्रिटेन से आने वाली वस्तुओं पर कोई शुल्क नहीं लगाया जा सकता था क्योंकि बन्दरगाहों और सरकार पर ब्रिटेन का नियन्त्रण था और वे अपने लाभ को ध्यान में रख कर व्यापार की शर्तें निर्धारित करते थे।

अठारहवीं शताब्दी के प्रारम्भ में कपड़े के विश्व व्यापार में भारत की 25 प्रतिशत की भागीदारी थी। परन्तु इसे नष्ट कर दिया गया। ख़ुद कम्पनी के एक निष्ठावान प्रशासक लॉर्ड विलियम बेंटिक ने लिखा था कि 'सूती कपड़े के बुनकरों की हड्डियाँ भारत के मैदानों में बिखरी पड़ी थीं।'

भारत में अब भी कपास की खेती की जा रही थी परन्तु मुख्य रूप से ब्रिटेन को भेजने के लिए। देश में इसकी अधिक कताई अथवा बुनाई नहीं हो रही थी। बुनकर भिखारी बनते जा रहे थे। इससे जो तबाही हुई, उसकी वास्तविक झलक ढाका में देखी जा सकती थी। किसी समय मलमल उत्पादन का एक महत्त्वपूर्ण केन्द्र रहे ढाका की जनसंख्या 1760 में कई लाख की तुलना में 1820 में सिर्फ़ 50,000 रह गयी थी। (अब बांग्लादेश की राजधानी के रूप में ढाका एक बार फिर कपड़ा एवं वस्त्र उत्पादन का एक समृद्ध केन्द्र बन गया है)।

ब्रिटेन से भारत में कपड़े का निर्यात दिनोदिन बढ़ता चला गया। 1830 तक यह एक वर्ष में 6 करोड़ गज़ सूती माल तक पहुँच गया और 1858 में बढ़कर 96.8 करोड़ गज़ हो गया। 1870 में तो यह एक अरब गज़ के आँकड़े को पार कर गया जो प्रत्येक भारतीय पुरुष, महिला व बच्चे के लिए प्रति वर्ष तीन गज़ से अधिक बैठता है।

औपनिवेशिक व्यापार नीतियों के कारण नष्ट हुए दस्तकारी उद्योग से केवल बुनकर ही प्रभावित नहीं हुए थे। औद्योगिक उत्पादन पर ब्रिटेन के एकाधिकार के कारण भारतीय नागरिक इतनी बड़ी संख्या में कृषि क्षेत्र में चले गये कि उन सबके भरण–पोषण के लिए कृषि भूमि कम पड़ गयी। इसने जुताई करने वाले किसानों को सीधे–सीधे प्रभावित किया और ग्रामीण क्षेत्र के लोगों की आय कम हो गयी। अनेक ग्रामीण परिवारों में महिलाएँ घर पर ही कताई और बुनाई करती थीं और घर के पुरुष खेतों में काम करते थे। अचानक दोनों ही प्रभावित हो गये। यदि मौसम अथवा अकाल

के कारण कृषि कम होती तो कताई व बुनाई आय का एकमात्र साधन था। ग्रामीण निर्धनता बरतानवी शासकों के दुष्कृत्यों का सीधा परिणाम थी।

ब्रिटिश शासन का बचाव करने वाले लोग तर्क देते हैं कि भारतीय कपड़ा उद्योग के विनाश का कारण ब्रिटेन की औद्योगिक क्रान्ति से आयी मशीनें थीं न कि ब्रिटेन की सोची–समझी नीति। हाथ से बना पारम्परिक कपड़ा इसी प्रकार यूरोप एवं शेष विश्व से भी लुप्त हो गया। इस तर्क के अनुसार यदि भारतीयों ने ब्रिटिश सत्ता के सामने घुटने न टेके होते तो 50 वर्ष के भीतर भारतीय कपड़ा मिलों की आधुनिक मशीनें बुनकरों को बेरोज़गार कर देतीं। इस प्रकार भारतीय बुनकर केवल पुरानी पड़ गयी प्रौद्योगिकी का शिकार हुए थे।

यह बात सही प्रतीत होती है कि कुछ समय बाद हथकरघों के लिए मशीनों से बड़े स्तर पर होने वाले कपड़ा उत्पादन के सामने टिके रह पाना कठिन हो जाता, परन्तु वे निश्चित रूप से बाज़ार में अपना स्थान बनाये रख सकते थे जैसेकि वे आज भी भारत में अपनी पहचान बनाये हुए हैं। और कुछ नहीं तो यह प्रक्रिया स्वतन्त्र भारत में अपनी स्वाभाविक एवं धीमी गति से हुई होती। शायद अंग्रेज़ी मिलों में तैयार कपड़े के आयात पर कुछ शुल्क लगाए जाने से ऐसा कुछ देरी से होता। उस स्थिति में उन्हें ब्रिटिश शासकों के आदेश पर इस निष्ठुरता से तो न उखड़ना पड़ता। इतना ही नहीं, भारतीय निर्माताओं को यदि अपनी कपड़ा इकाइयों को उन्नत बनाने का अवसर दिया गया होता तो उनमें से अनेक निर्माताओं ने निश्चित रूप से स्वयं प्रौद्योगिकी का आयात कर लिया होता। भारतीय कामगारों के कम पारिश्रमिक को देखते हुए वे अपने यूरोपीय प्रतियोगियों की तुलना में बेहतर स्थिति में ही होते। औपनिवेशिकता के अधीन परिस्थितियाँ सबके लिए एक समान नहीं थीं। उन्नीसवीं सदी ने भारतीय कपड़ा उद्योग के निष्कासन और बरतानवी उद्योग द्वारा उसका स्थान लिए जाने की दुखद कथा सुनाई।

फिर भी, जैसाकि स्वाभाविक था, 1850 के बाद भारतीय उद्यमियों ने भी आधुनिक कपड़ा मिलें लगानी और कपड़ा उत्पादन शुरू कर दिया, जो ब्रिटेन से आयात किये जाने वाले कपड़े को टक्कर देने लगा। अमरीकी गृह युद्ध के दौरान अमरीका से कपास की सप्लाई रुक जाने से भारतीय कपास बाज़ार में एक बार फिर तेज़ी आ गयी, परन्तु 1865 में अमरीका

से सप्लाई बहाल हो जाने पर भारत को एक बार फिर धक्का लगा। 1896 तक भी भारतीय मिलों में भारतीय बाज़ार की कुल खपत के केवल 8 प्रतिशत का ही उत्पादन होता था। 1913 में यह बढ़कर 20 प्रतिशत हो गया और प्रथम विश्व युद्ध से ब्रिटेन के सामने आयी बाधाओं के परिणामस्वरूप भारतीय कपड़ा निर्माताओं को घरेलू बाज़ार पर धीरे–धीरे अपनी पकड़ बनाने का अवसर मिल गया। 1936 में भारत में बिकने वाले कपड़े में से 62 प्रतिशत भारतीयों द्वारा ही तैयार किया गया था, और 1945 में जब ब्रिटिश शासक देश छोड़ने के कगार पर थे तो यह आँकड़ा 76 प्रतिशत पर पहुँच चुका था।

परन्तु औपनिवेशिक युग के अधिकतर समय तक भारतीय निर्माण की कहानी बेदखली, विस्थापन एवं पराजय की कहानी थी। भारतीय कपड़ा उद्योग की यह कहानी अन्य क्षेत्रों में भी दोहराई गयी। संडरलैण्ड द्वारा जिस देश का वर्णन महान निर्माता राष्ट्र के रूप में किया गया था, वह भारत कच्चे माल, खाद्य पदार्थों और कपास के साथ–साथ पटसन, सिल्क, कोयला, अफ़ीम, चावल, मसालों और चाय का निर्यातक मात्र बनकर रह गया। ब्रिटिश शासन के दौरान इसके निर्माण क्षेत्र के नष्ट हो जाने व निर्यात सूची से इसकी निर्मित वस्तुओं के लुप्त हो जाने से विश्व निर्यात में भारत की हिस्सेदारी 27 प्रतिशत से कम होकर केवल 2 प्रतिशत रह गयी। जैसाकि स्वाभाविक था, ब्रिटेन से भारत को निर्यात बढ़ता गया और भारत का व्यापारिक सन्तुलन बिल्कुल उलट गया। एक बड़ा निर्यातक राष्ट्र बरतानवी वस्तुओं का आयातक बन गया–ऐसी वस्तुएँ जो भारतीय बाज़ार पर ड्यूटी फ्री थोपी जा रही थीं। बरतानवी जिन भारतीय उत्पादों का गुणवत्ता अथवा क़ीमत की दृष्टि से मुक़ाबला नहीं कर सकते थे, उन्हें बरतानवी क़ानूनों व नियमों से जड़ से उखाड़ा जाने लगा।

भारत से उद्योगों का समापन अठारहवीं सदी के उत्तरार्द्ध में शुरू हुआ और उन्नीसवीं सदी में समाप्त हुआ। यह प्रक्रिया बीसवीं सदी में धीरे–धीरे विपरीत दिशा लेने लगी। ब्रिटिश शासन के दौरान 1913 में भारत के सकल घरेलू उत्पाद (जीडीपी) में उद्योगों का 3.8 प्रतिशत हिस्सा था, जो ब्रिटिश शासकों के भारत छोड़कर जाने के बाद 1947 में अपने चरम 7.5 प्रतिशत पर पहुँच गया। इसी प्रकार 1947 में भारत में बनी वस्तुओं का निर्यात धीरे–धीरे बढ़कर 30 प्रतिशत तक पहुँच गया। ब्रिटिश शासन

की समाप्ति पर भारत की 35 करोड़ की जनसंख्या में से आधुनिक उद्योगों में केवल 25 लाख लोग काम कर रहे थे।

## निष्कर्षण, कराधान एवं हीरे

ब्रिटिश शासन के दुष्प्रभाव यहीं समाप्त नहीं हुए। कर (एवं करों के नाम पर चोरी) ब्रिटिश शासकों का वसूली का एक प्रिय तरीक़ा बन गया। भारत को नगदी गाय के रूप में देखा जाता था; लन्दन के ख़ज़ाने में पहुँचने वाली आय को अर्ल ऑफ़ चेट्हम ने 'एक राष्ट्र का उद्धार' और 'स्वर्ग से परमात्मा का उपहार' बताया। ब्रिटिश शासकों ने 1765 से 1815 तक भारत से प्रतिवर्ष लगभग 1,80,00,000 पाउण्ड निचोड़े, लन्दन में फ्रांस के राजदूत कॉम द शाटेल ने लिखा था, 'यूरोप में कुछ ही ऐसे राजा होंगे जो अंग्रेज़ी ईस्ट इण्डिया कम्पनी के निदेशकों से ज़्यादा अमीर हों।'

कम्पनी द्वारा लगाए जाने वाले कर इतने अधिक (आमतौर से आय का कम–से–कम 50 प्रतिशत) होते थे कि ब्रिटिश शासन के अधीन दो–तिहाई आबादी अठारहवीं शताब्दी के अन्तिम दशकों में अपने खेत छोड़कर चली गयी। दुरान्त ने लिखा है, 'कर न देने वालों को कठघरों में बन्द कर दिया जाता था और जलती धूप में रखा जाता था; बढ़ती कर–दरों का भुगतान करने के लिए पिता अपने बच्चे तक बेच देते थे।' करों का भुगतान न करने का अर्थ था भुगतान करने के लिए यन्त्रणा दिया जाना और खेती की ज़मीन को बरतानवी शासकों द्वारा अपने क़ब्ज़े में ले लिया जाना। ईस्ट इण्डिया कम्पनी ने ही भारत के इतिहास में पहली बार किसानों को भूमिहीन बनाया और उन्हें अपने भरण–पोषण के पारम्परिक स्रोत से वंचित किया।

यह एक विडम्बना ही थी कि अतीत में भारतीय शासकों ने अपने शासन को चलाने के लिए किसानों पर कर नहीं लगाए थे बल्कि क्षेत्रीय एवं विश्वस्तरीय व्यापारों को ही इनका स्रोत बनाया था। कम्पनी का लोभ एवं लुटेरापन तब तक जारी प्रचलन के ठीक विपरीत था।

भ्रष्टाचार यद्यपि भारत में नया नहीं था परन्तु ब्रिटिश शासन में यह नये स्तर तक पहुँच गया। कम्पनी चूँकि भारतीयों से उनकी सामर्थ्य से अधिक भुगतान लेती थी अतः अतिरिक्त रक़म रिश्वतखोरी, लूटपाट और हत्या तक से जुटाई जाती थी। ऑक्सफोर्ड हिस्ट्री ऑफ़ इण्डिया के 1923 के संस्करण में यह दर्ज है कि भारत में प्रत्येक व्यक्ति और वस्तु बिकाऊ थी।

भारत में निर्णयात्मक रूप से ब्रिटिश शासन का उद्घाटन करने वाले वर्ष 1757 में प्लासी युद्ध के विजेता रॉबर्ट क्लाइव जैसे औपनिवेशकों को अपने लोभ एवं भ्रष्टाचार को लेकर किसी तरह की लज्जा नहीं थी। क्लाइव जब पहली बार इंग्लैण्ड लौटा तो भारत से 2,34,000 पाउण्ड निचोड़ कर ले गया। (आज के 2.3 करोड़ पाउण्ड–इस राशि ने उसे यूरोप के सर्वाधिक अमीर लोगों की पंक्ति में ला खड़ा किया)। उसने और उसके अनुयायियों ने भारत में लूट से इकट्ठे किये गये धन से इंग्लैण्ड में कई सम्पत्तियाँ ख़रीद लीं और अक्सर और ज़्यादा लूटकर न लाने के लिए अपने आत्म–संयम पर सार्वजनिक रूप से आश्चर्य व्यक्त करते। ('लूट' एक हिन्दुस्तानी शब्द है जिसे उन्होंने अपने शब्दकोशों और अपनी आदतों में भी अपना लिया था।)

क्लाइव 1765 में भारत लौटा और दो वर्ष बाद लगभग 4,00,000 पाउण्ड (आज के 4 करोड़) की धन राशि अपने साथ इंग्लैण्ड ले गया। उपहार में लाखों रुपये स्वीकार करने, वार्षिक कर लगाने, अपने अधीन किये गये लोगों के ख़ज़ानों से अपने मनपसन्द हीरे–जवाहरात लेने और भारतीय वस्तुओं को इंग्लैण्ड में पाँच गुणा क़ीमत पर इंग्लैण्ड में बेचने के बाद क्लाइव ने घोषणा की कि : 'एक समृद्ध शहर मेरी कृपा पर था, जहाँ के धनवान बैंकर मेरी एक मुस्कान के लिए आपस में होड़ करते थे। मैंने उन तिजोरियों को देखा जो उन्होंने केवल मेरे लिए खोल दी थीं, मेरे दोनों तरफ़ रखी तिजोरियों में सोने और हीरे–जवाहरात के ढेर होते थे...जब मैं उस देश की अद्भुत समृद्धि के बारे में सोचता हूँ...और यह भी कि मैंने उसमें से कितना छोटा–सा हिस्सा लिया...तो मैं अपने आत्म–नियन्त्रण पर चकित रह जाता हूँ।' दूसरे बरतानवी इतने धृष्ट थे कि उसे 'भारत का क्लाइव' कहकर उसकी पीठ थपथपाने लगे मानो उसने कोई महान काम कर दिया हो।

ब्रिटिश शासकों द्वारा भारत में की गयी चोरी के स्तर एवं सीमा का अनुमान भारत से जुटाई गयी धन–दौलत के इंग्लैण्ड पर पड़ने वाले प्रभाव से ही लगाया जा सकता है। उन्नीसवीं सदी के राजनेता एवं इतिहासकार लॉर्ड थॉमस बेबिंग्टन मैकॉले ने क्लाइव के जीवन पर लिखे गये अपने निबन्ध में क्लाइव के जीवन के विवरणों से आगे बढ़कर उसकी सफलता से पनपीं कुछ बड़ी शक्तियों की कड़ी आलोचना की है। (इससे यह

तात्पर्य नहीं कि मैकॉले ब्रिटिश शासन का विरोधी था। उसने ईस्ट इण्डिया कम्पनी में विभिन्न पदों पर कार्य किया और वह इसे 'विश्व की सबसे बड़ी कम्पनी' कहता था)। उसकी आलोचनाओं का निशाना 'नवोब' होते थे, जोकि भारत से दौलत इकट्ठी करके इंग्लैण्ड लौट गये ईस्ट इण्डिया कम्पनी के कर्मचारियों के लिए प्रयुक्त होने वाला शब्द था। कम्पनी के गवर्नर जनरल वॉरेन हेस्टिंग्स की एडमण्ड बुर्क द्वारा की गयी कड़ी आलोचना के माध्यम से यह शब्द प्रचलन में आया था। हेस्टिंग्स पर घोर भ्रष्टाचार एवं सत्ता के दुरुपयोग के लिए 1788 में संसद द्वारा अभियोग लगाया गया था। मैकॉले जानता था कि 'नवोब' शब्द भारत के एक उच्च पद 'नवाब' अथवा 'राजा' के लिए प्रयोग किये जाने वाले शब्द का अशुद्ध उच्चारण था। भारत के इस पद को अभिजात वर्ग एवं सत्ता से जोड़कर देखा जाता था जिससे मैकॉले को चिढ़ थी। उसने लिखा कि 'नवोब गुमनामी से ऊपर उठे थे...उन्होंने ख़ूब धन–दौलत जमा की और इसका आडम्बरपूर्ण प्रदर्शन किया...इसे फ़िज़ूलख़र्ची में उड़ाया'। उन्होंने 'नव–धनाढ्यों जैसे फूहड़पन और तड़क–भड़क का प्रदर्शन किया।' उन्होंने 'अपने क्षेत्र में ताजा अण्डों से लेकर खस्ताहाल मकानों तक की क़ीमतें बढ़ा दीं...उनकी जीवन शैली रियासतों के राजाओं से भी अधिक भड़कीली थी...उनकी गाड़ियाँ लॉर्ड मेयर से भी अधिक शानदार थीं...उनके बड़े और बिना सलीके वाले घरों ने देश के आधे नौकरों को भ्रष्ट कर दिया...परन्तु घोड़ों और नौकरों की फ़ौज, सोने–चाँदी के बर्तनों, हिरण के मांस और नायाब शराब के बावजूद वे छोटे लोग थे।'

यदि आप भारत में एक बरतानवी थे तो आपके लिए धन कमाना कठिन नहीं था। कम्पनी के एक कर्मचारी रिचर्ड बारवैल ने 1765 में अपने पिता को भेजे एक पत्र में दम्भपूर्वक लिखा कि 'भारत समृद्धि का एक निश्चित मार्ग है। थोड़ा–सा ध्यान देना और महामूर्ख न होना (वर्तमान परिस्थितियों में) भरपूर दौलत बटोरने के लिए काफ़ी है।' नवोब कम्पनी के वे कर्मचारी होते थे जो कम्पनी की नौकरी में रह कर निजी व्यापार करते थे। अपने क्षेत्र में कम्पनी के एकाधिकार के कारण यह असाधारण लाभ का काम था। 25 प्रतिशत तक का मुनाफ़ा लेना एक संयमित व्यक्ति का प्रतीक माना जाता था। अत्यधिक ऊँचा मुनाफ़ा कमाने का चलन था।

क्लाइव के पिता ने यह देखकर कि परिवार की समृद्धि भारत की

लूट पर निर्भर है, भारत में बेटे के काम पर कड़ी नज़र रखी। उसने 1752 में अपने बेटे को लिखा, 'अब जब कि तुम्हारा आचरण एवं साहस देश में चर्चा का विषय बन चुका है तो अपनी दौलत को बढ़ाने का यही समय है। उस देश को छोड़ने से पहले, तुम्हें अब जब अवसर प्राप्त है, उसका लाभ उठाओ।' क्लाइव ने ऐसा ही किया। पिता और स्वयं अपने लिए संसद में सीटें ख़रीद लीं और अभिजात वर्ग में स्थान बना लिया (यह केवल आयरलैण्ड में ही हो सका, अतः उसने अपने कण्ट्री क्लेयर स्टेट का नाम बदलकर 'प्लासी' कर दिया)। प्रजातन्त्रवादी राजनेता और लेखक हॉरेस वालपोल ने लिखा है : 'यहाँ लॉर्ड क्लाइव का हीरे का घर था, यह लेडनहॉल स्ट्रीट में है और यह टूटा खम्बा बंगाल के शासक रहे व्यापारियों की कम्पनी के महल का भाग था! उन्होंने अपने एकाधिकारों एवं लूटपाट से भारत में लाखों लोगों को भूख से बेहाल कर दिया और अपनी समृद्धि और विलासिता से वहाँ अकाल जैसी स्थिति उत्पन्न कर दी। उन्होंने अपनी समृद्धि से दामों को उस स्तर तक बढ़ा दिया कि ग़रीब रोटी भी न ख़रीद सके।'

दो कॉकरेल भाई–जॉन और चार्ल्स अठारहवीं शताब्दी के उत्तरार्द्ध में ईस्ट इण्डिया कम्पनी में काम करते थे। उन्होंने काट्स्वोल्ड के केन्द्र में एक असाधारण भारतीय महल का निर्माण किया। इसमें प्याज के आकार का हरे रंग का गुम्बद था, छतरियों के आकार की छतें थीं और आगे बढ़े हुए छज्जे, मुग़ल उद्यान, सर्पाकार फव्वारे, सूर्य मन्दिर, शिवलिंग और महल की निगरानी करते नन्दी बैल थे। सेजिनकोट नाम के इस महल का नक़्शा तीसरे कॉकरेल भाई आर्किटेक्ट सेम्युल पेपीज कॉकरेल ने बनाया था (वह अपने भाइयों के विपरीत कभी भारत नहीं आया था)। नवोबों की लूट की समृद्धि का यह भद्दा स्मारक आज भी खड़ा है।

नवोबों द्वारा ब्रिटेन में भारत से लाये गये हीरे वह वस्तु थी जिसने ब्रिटेन की जनता को साम्राज्य का अहसास करवाया। वे नये धन के प्रतीक थे, इस बात का संकेत थे कि ब्रिटेन जैसे–जैसे एक महान शक्ति बन रहा था वैसे–वैसे देश रूपान्तरित हो रहा था। पुरानी समृद्धि इस नये पैसे को हेय दृष्टि से देखती थी; पुश्तैनी समृद्धि नहीं चाहती थी कि हीरे अभिजात अंग्रेज़ों के हाथों को गन्दा करें। हॉरेस वालपोल ने 1790 में व्यंग्य करते हुए लिखा है : 'इंग्लैण्ड अब क्या है? भारतीय दौलत की हौदी।' वालपोल

को आशा थी कि उसका देश अपने घर 'बंगाल के हीरे' उड़ाकर लाने वाले नवोबों की तुलना में 'अधिक ईमानदारी' से काम करने का प्रयास करेगा। उसने लिखा, वह 'लॉर्ड क्लाइव के सभी हीरों के लिए' भी कभी नवोबों की भाँति व्यवहार नहीं करेगा।

अठारहवीं शताब्दी के अन्त और उन्नीसवीं शताब्दी के प्रारम्भ में नवोबों के हीरों को आगे चलकर प्रसिद्ध हुए कोहिनूर हीरे के समान ब्रिटेन के शानदार साम्राज्य के मुकुट का नगीना अथवा मूल्यवान साम्राज्यवादी प्रतीक नहीं माना जाता था। अपितु उन्हें ईर्ष्या और आलोचना दोनों दृष्टियों से देखा जाता था। ब्रिटेन के निवासियों के पर्सों में छेद करने वाले और ब्रिटेन की राजनीति को मूलभूत रूप से बदल देने का ख़तरा उत्पन्न करने वाले आयात के रूप में उन पर हमले किये जाते थे।

भारतीय हीरों को शीर्ष ख़बर बनाने वाला (और इस प्रकार भारतीय हीरे को साम्राज्य के प्रतीक के रूप में प्रतिष्ठित करने वाला) कम्पनी का शायद सबसे पहला कर्मचारी मद्रास का गवर्नर थॉमस पिट था। वर्ष 1702 में पिट ने 24,000 पाउण्ड (यह राशि उस समय काफ़ी बड़ी मानी जाती थी और 99 प्रतिशत अंग्रेज़ों की पहुँच से बाहर थी) से एक हीरा ख़रीदा जो 'दुनिया का एक श्रेष्ठ रतन' कहा जाता था। पिट ने 400 कैरेट के इस हीरे को पानी के जहाज़ से ब्रिटेन भेजा। एक पत्र में उसने इसे 'मेरी सबसे बड़ी चिन्ता' और 'मेरा सब कुछ' कहा है। इस हीरे के ब्रिटेन में सुरक्षित पहुँचते ही उसने गवर्नर का पद छोड़ दिया, एक बड़ी एस्टेट ख़रीदी और संसद की सीट प्राप्त करने के लिए एक बड़ी रक़म दी। ब्रिटेन के इतिहासकार जॉन की के अनुसार, पिट के हीरे को लेकर 'ज़ोरदार अफ़वाहें' थीं, जिनमें से एक यह भी थी कि यह हीरा 'एक हिन्दू देवता की आँख' से चुराया गया था अथवा एक दास खदानों से इसे तस्करी करके लाया था जिसने अपनी जंघा में स्वयं ज़ख़्म करके इसे उसमें छिपा लिया था। विकी कॉलिन्स के 1868 में आये उपन्यास 'द मूनस्टोन' के हीरे के समान पिट का हीरा एक कहानी बन गया। यह हीरा भारत की व्यापक समृद्धि, उस समृद्धि को निचोड़ लेने वाली ब्रिटेन की शक्ति और भारत में सत्ता के साथ आयी अंग्रेज़ी विलासिता का प्रतीक बन गया।

परम्परावादी ब्रिटिश विचारधारा में समृद्धि और सम्पदा को भूमि के स्वामित्व से जोड़कर देखा जाता था जो अपनी सुदृढ़ता के कारण भौतिक

स्थिरता का प्रतीक थी; और चूँकि इस भूमि पर लम्बे समय तक क़ब्ज़ा रहता था जो पीढ़ी–दर–पीढ़ी चलता था, इसलिए इसे स्थायित्व से भी जोड़ा जाता था। अब इसमें थोड़ा परिवर्तन हो गया जिसका श्रेय व्यापारी वर्ग के उभरने को जाता था। परन्तु पिट का हीरा औपनिवेशिक विजय अभियान–अगर इसे शोषण अभियान न कहें तो–का प्रतीक था। इन हीरों के मालिकों ने समृद्धि के लिए, जिसे परम्परागत विरासत के स्थान पर औपनिवेशिक उद्यम से प्राप्त किया जा सकता था, स्वयं को समृद्धि के परम्परागत स्रोतों की जंजीरों से मुक्त कर लिया। थॉमस पिट ने भारत से हीरा ख़रीदने के 15 वर्ष बाद इसे फ्रांस के रीजेन्ट डक् डी ऑर्लिन्स को 1,35,000 पाउण्ड की बड़ी रक़म में बेच दिया। यह राशि पिट ने हीरा जितने में ख़रीदा था, उससे लगभग छह गुणा थी। इस भारी–भरकम राशि ने (आज के हिसाब से कई करोड़) पिट के परिवार को अंग्रेज़ समाज में एक नये स्थान पर पहुँचा दिया। इस प्रकार एक भारतीय हीरे ने एक ब्रिटिश घराने को एक ऐसा वित्तीय स्प्रिंगबोर्ड दे दिया जिसने बहुत ही कम समय में दो प्रधानमन्त्री प्रदान कर दिये–उसका पोता विलियम पिट, चेट्हम का प्रथम अर्ल और चेट्हम का अपना बेटा विलियम पिट 'द यंगर'।

दूसरे शब्दों में, नवोब और उनका धन अठारहवीं शताब्दी के उत्तरार्द्ध में ब्रिटेन की राजनीति को बदलने लगे थे। 'द जेंटलमैन्स मैग्जीन' पत्रिका ने 1786 में अपने एक लेख में लिखा था : 'कम्पनी सौभाग्य से प्रतिवर्ष हमारे देश में पर्याप्त संख्या में नये प्रकार के भद्र पुरुष लाती है। उनके नये रीति–रिवाज, आदतें और सिद्धान्त होते हैं जो पुराने भद्र पुरुषों के दफ़्तरों को भरते हैं।' ख़तरा यह था कि ये नये लोग ब्रिटेन का कायाकल्प कर देंगे; 'यह स्पष्ट है कि हमारे संविधान को यदि बदला नहीं जा रहा तो यह तेज़ गति से बदल ज़रूर रहा है।' ईस्ट इण्डिया कम्पनी अब केवल एक व्यापारिक कम्पनी नहीं रह गयी थी। यह अपने चार्टर की शर्तों से कहीं आगे बढ़ गयी थी। ब्रिटेन में कुछ लोग इसे लेकर चिन्तित और सावधान थे; उन्होंने क्लाइव को भारत में अपने कार्यों और जुटाई गयी दौलत का विवरण देने के लिए संसद में बुलाया। हेस्टिंग्स पर अभियोग लगाये जाने पर बुर्क ने तीखी टिप्पणी की थी; 'आज ग्रेट ब्रिटेन के कॉमन्स भारत के दोषियों पर अभियोग लगा रहे हैं। कल भारत के ये दोषी ग्रेट ब्रिटेन के कॉमन्स होंगे।'

पिट के उत्तराधिकारी अर्ल ऑफ़ चेट्हम की सरकार ने 1766 में कम्पनी पर संसद के वर्चस्व का दावा करने का प्रयास किया, परन्तु उसके गिरते स्वास्थ्य और अनेक सांसद ईस्ट इण्डिया कम्पनी के शेयर धारक होने के कारण यह प्रयास बहुत सफल नहीं हो सका। वास्तव में लॉर्ड नॉर्थ द्वारा 1773 का नियामक अधिनियम पारित किये जाने पर ही संसद भारत में कम्पनी की गतिविधियों को कुछ सीमा तक नियन्त्रित कर सकी थी। परन्तु फिर भी अधिकांश सांसदों को कम्पनी की सफलताओं से लाभ मिल रहा था, इसलिए उन्होंने प्रतिबन्धक क़ानूनों के स्थान पर उन्हें अधिकार प्रदान करने वाला क़ानून बना दिया। अन्ततः विलियम पिट द यंगर ने 1784 में इण्डिया एक्ट पारित करके एक बोर्ड ऑफ़ कण्ट्रोल की स्थापना की, जिसके पास ऐसी गतिविधियों पर रोक लगाने की शक्ति थी जिन्होंने उसके अपने पूर्वजों को भी अमीर बना दिया था। फिर भी, सुधार के सभी दावों के बावजूद 'लन्दन क्रॉनिकल' ने 1784 में भारत से सीधा सम्बन्ध रखने वाले 29 सांसदों की सूची प्रकाशित की। कम्पनी में हिस्सेदारी रखने वालों की संख्या इससे कहीं अधिक थी।

नाटककार रिचर्ड शेरिडन ने कम्पनी की अत्यन्त कठोर शब्दों में आलोचना करते हुए लिखा था कि उसके कार्य 'छोटे–मोटे व्यापारियों की धूर्तता और समुद्री डाकुओं की लूटमार का मिश्रण थे...इस प्रकार उन्होंने अपनी दमनकारी राजनीतिक शक्तियों को एक व्यापारी के खाते के साथ जोड़ दिया। वे एक हाथ में डण्डा लहराते थे और दूसरे हाथ से जेब काटते थे।'

कम्पनी के अधिकारी भी अपने कामों के प्रभाव से अनभिज्ञ नहीं थे। बैरन टेनमाउथ, जिन्होंने 1793–97 के दौरान जॉन शोर के रूप में भारत में गवर्नर जनरल के पद पर कार्य किया, ने 1889 में एक आधिकारिक टिप्पणी में लिखा था कि ईस्ट इण्डिया कम्पनी भारत में व्यापारी और शासक दोनों थी; 'अपनी पूर्व भूमिका में वे व्यापार में तल्लीन थे जबकि अपनी दूसरी भूमिका में वे राजस्व का गबन कर रहे थे।' टेनमाउथ ने वसूली की नीतियों की अन्यायपूर्णता, देश से चाँदी और अन्य संसाधन यूरोप पहुँचने और परिणामस्वरूप भारत के समृद्ध आन्तरिक व्यापार के ध्वस्त हो जाने का उल्लेख किया था।

कम्पनी द्वारा देश के राजाओं से विश्वासघात करने, धोखे और मक्कारी

से धन–दौलत निकलवाने और फिर उन्हें हटाकर उनके प्रान्तों पर क़ब्ज़ा कर लेने के अनेक विवरण मिलते हैं। वॉरेन हेस्टिंग्स कम्पनी के अनेक भ्रष्ट एवं घूसखोर गवर्नर जनरलों में सबसे अधिक लोभी था। अठारहवीं शताब्दी के उत्तरार्द्ध में ब्रिटिश संसद द्वारा उस पर अभियोग चलाने के असफल प्रयास के समय से प्रचलित कहानियों को अब दोहराना बहुत परिश्रम का काम होगा। परन्तु कुछ उदाहरण, मैं जो कहना चाहता हूँ, उसे स्पष्ट कर सकेंगे। हेस्टिंग्स ने निजी स्तर पर भारी रिश्वतें लीं और फिर रिश्वत देने वालों के विरुद्ध जंग छेड़ दी (दुविधा यह है कि उसकी धनलोलुपता पर दुख प्रकट किया जाये या फिर इस तथ्य पर उसकी प्रशंसा की जाये कि 'क़ीमत चुकाये' जाने के बावजूद उसने 'ख़रीदे जाने' से इनकार कर दिया)। उसकी निर्लज्जता की दाद देने का जी करता है। जब उसने अवध की विधवा बेगमों को यातनाएँ देकर उनके ख़ज़ानों से अन्तिम कौड़ी तक निकलवा ली थी तो उसने कौंसिल को यह औपचारिक सूचना दी कि उसे पुरस्कारों में 10 लाख रुपये की रक़म 'उपहार' में मिली थी (उन दिनों 1,00,000 पाउण्ड बहुत बड़ी राशि होती थी) और लूट की इस राशि को अपने पास रखने की अनुमति देने का अनुरोध किया। कौंसिल ने निःसन्देह इतनी बड़ी राशि कम्पनी की बैलेंस शीट में दिखाये जाने के प्रति सावधानी बरतते हुए तुरन्त अपनी सहमति दे दी।

बुर्क ने हेस्टिंग्स को दोषी करार दिये जाने के अवसर पर अपने प्रारम्भिक भाषण में ईस्ट इण्डिया कम्पनी पर अनसुनी क्रूरताओं और विनाशों, जो बिना नाम वाले गम्भीर अपराध थे, का आरोप लगाया। ये अपराध सिर्फ़ एक लोभी, लुटेरे, घमण्डी तथा क्रूरता, विद्वेष, दम्भ व धृष्टता में डूबे व्यक्ति की धूर्त प्रवृत्ति में फलते–फूलते हैं। उन्होंने ब्रिटिश शासन के कर वसूलने वाले कारिन्दों द्वारा बंगाली महिलाओं के शील भंग करने के पीड़ाजनक विवरण दिये हैं–'उन्हें निर्वस्त्र करके घरों से बाहर खींच लिया जाता था, उन्हें सबके सामने घुमाया जाता...वे महिलाओं के स्तनों के निप्पल कटे बाँस के बीच फँसा कर उनके शरीर से अलग कर देते थे। इस वर्णन से दहल कर शेरिडन की पत्नी संसद में बेहोश हो गयी जहाँ से उसे उठाकर ले जाना पड़ा। शेरिडन और चार्ल्स जेम्स फॉक्स ने अपनी बुलन्द आवाज़ों में और भी आरोपों का वर्णन किया, परन्तु अन्त में हेस्टिंग्स को बरी कर दिया गया और ब्रिटिश जनता की नज़रों में साम्राज्य

की छवि बहाल कर दी गयी। इस फैसले ने शासन की लूट को और डेढ़ सदी तक न्यायोचित ठहरा दिया।

समस्या हेस्टिंग्स से कहीं आगे पहुँच चुकी थी। धर्म प्रचारक विलियम हॉविट ने 1839 में अपने भाषण में सावधान किया कि 'भारत जो हमारे हाथों में वसूली, लूट एवं हिंसक लोभ की तस्वीर बन गया है, और जो यहाँ की सम्पूर्ण जनसंख्या में दिखाई दे रही है, उससे मानवीय इतिहास का सर्वाधिक अपमानजनक भाग बन रहा है...वहाँ जाने का केवल एक लक्ष्य है और वहाँ पहुँच कर एक ही काम है। कुछ विशेषाधिकार प्राप्त लोगों के लिए वह केवल लूट का स्थान बन गया है। सरकार के सर्वोच्च अधिकारियों का सबसे बड़ा उद्देश्य भ्रष्टाचार था और इसलिए वे अपने अधीनस्थों में भ्रष्टाचार रोकने का किसी भी प्रकार से कोई प्रयास नहीं कर पाये...प्रत्येक विभाग–चाहे वह सिविल, सैनिक अथवा व्यापारी हो–के प्रत्येक व्यक्ति को कुछ शानदार उपहार प्राप्त हो रहे थे।

लॉर्ड मैकॉले को भी (जो, हमने देखा है कि कम्पनी के विषय में बहुत अच्छे विचार रखते थे और कम्पनी में अनेक वर्षों तक काम करते रहे) द्रवित होकर लिखना पड़ा : 'अंग्रेज़ों का कुशासन इस सीमा तक पहुँच गया कि उसका समाज के साथ कोई सामंजस्य नहीं दिखाई देता था...कम्पनी के कर्मचारी देश के लोगों को महँगी दरों पर वस्तुएँ ख़रीदने और सस्ते दामों में बेचने के लिए विवश करते थे...इसी प्रकार उन्होंने कलकत्ता में तेज़ी से अथाह दौलत इकट्ठी कर ली जबकि तीन करोड़ इनसान ग़रीबी की पराकाष्ठा पर पहुँच गये। उन्हें इससे पहले कभी भी ऐसे अत्याचारों एवं तानाशाही के वातावरण में नहीं रहना पड़ा था...।' मैकॉले आगे लिखते हैं कि दुष्ट शासकों का उत्पीड़ित लोगों द्वारा तख़्ता पलटा जा सकता था परन्तु अंग्रेज़ों को निकालना इतना आसान नहीं था। एक उदारवादी अंग्रेज़, जो साम्राज्य का योजनाकार रहा हो, जिससे आगे चलकर हमारे और भी मतभेद होंगे, के द्वारा लगाये गये ऐसे आरोपों का खण्डन किया जाना असम्भव है।

## कर वसूली और संसाधनों का रिक्त होना

हाउस ऑफ़ कॉमन्स की चर्चा में भारत से प्राप्त आय के आँकड़ों की प्रमुखता, जो ईस्ट इण्डिया कम्पनी के अधिकारियों की प्रत्येक स्वार्थ परायणता

को उचित ठहराती प्रतीत होती है, तथा दूसरी ओर तत्कालीन पर्यवेक्षकों का उनके देश के नाम पर किये जा रहे अत्याचारों को देखकर परेशान होना–इन दोनों छोरों को देखना बहुत दिलचस्प और ज्ञानवर्द्धक है।

धर्माधिकारी बिशप हेबर (जिन्होंने मूर्ति पूजा का तिरस्कार करते हुए भारत के सम्बन्ध में ये प्रसिद्ध पंक्तियाँ लिखी थीं–'जहाँ प्रत्येक सम्भावना प्रसन्नता प्रदान करती है और केवल इनसान दुष्ट है') ने 1826 में लिखा, 'कम्पनी के अधिकार क्षेत्र में कृषक वर्ग की कुल मिलाकर दयनीय स्थिति थी। वे और अधिक निर्धन हो गये थे तथा भारत के राजाओं की प्रजा की अपेक्षा अधिक निराश थे।' बंगाल में एक बरतानवी प्रशासक एफ जे शोर ने 1857 में हाउस ऑफ़ कॉमन्स के सामने एक असाधारण आत्म–स्वीकृति करते हुए कहा : 'सम्पूर्ण भारतीय राष्ट्र को (हर प्रकार से अपने हितों व लाभों के लिए) अपने अधीन करना अंग्रेज़ों का मूलभूत सिद्धान्त रहा है। उन पर अधिकतम सम्भव कर लगाये गये हैं। एक के बाद एक हमारे क़ब्ज़े में आने वाले प्रत्येक प्रान्त को उच्चतर वसूली का क्षेत्र बना दिया गया है और हम सदैव इस बात पर गर्व करते रहे हैं कि देशी शासक जितना वसूल कर पाये थे, हमने करों को उससे अधिक बढ़ा दिया है।'

अनेक 'देशी शासक' निःसन्देह आज के 'यू एन गुड गवर्नेंस अवार्ड' के अयोग्य रहे होंगे, परन्तु जैसाकि शोर ने स्वीकार किया है, कम्पनी का शासन निर्णयात्मक रूप से उससे बुरा था। ब्रिटिश शासक जहाँ सीधे–सीधे स्वयं शासन नहीं करना चाहते थे, वहाँ उन्होंने देशी रियासतों के नवाब या राजा बिठा दिये, जो परिस्थितियों से बाध्य होकर उनके हितों के लिए काम करते थे। बरतानवी शासक इन राजाओं से गद्दी पर बिठाने और शत्रु राज्यों से उनकी रक्षा करने के लिए एक बड़ी रक़म 'फीस' के रूप में वसूल करते थे। यह आज के माफिया की तर्ज़ पर 'सुरक्षा राशि' का साम्राज्यवादी रूप था। (बरतानवियों ने इसे 'नियन्त्रण सहयोग' की नीति की नीरस–सी संज्ञा दी।) ये शासक कम्पनी के साथ जुड़े हुए थे और उनके राज्य में उनकी सुरक्षा के लिए तैनात की गयी ब्रिटिश टुकड़ियों को वे उदार भुगतान करते थे। यदि वे ऐसा न करते तो ये टुकड़ियाँ उनके विरुद्ध भी जा सकती थीं।

उदाहरण के लिए उन्नीसवीं शताब्दी के प्रारम्भ में हैदराबाद के निज़ाम को (कम्पनी द्वारा निश्चित की गयी ऊँची क़ीमत पर) बरतानवी सुरक्षा

प्राप्त करने के लिए बाध्य किया गया। (कमाण्डर को प्रतिमाह 5,000 पाउण्ड मिलते थे।) सभी भुगतान उसके राजकोष से किये जाते थे। उसे गवर्नर जनरल के एक सहयोगी द्वारा 1814 में स्थापित किये गये एक बैंक से 24 प्रतिशत ब्याज दर पर ऋण लेने के लिए भी विवश किया गया। इससे पहले कि वह जान पाता, निज़ाम इस बैंक का कई लाख रुपये का कर्जदार हो गया और यह कहावत मशहूर हो गयी, 'ग़रीब निज़्ज़ी सबका भुगतान करता है।' ऐसी ही चाल दूर दक्षिण में अर्कोट के नवाब के साथ चली गयी जिसका 'ऋण' उसकी भुगतान सामर्थ्य से भी कहीं अधिक हो गया और उसे भुगतान के रूप में अंग्रेज़ों को अपना अधिकांश अधिकार क्षेत्र सौंप देना पड़ा।

कम्पनी के स्वामित्व में कर वसूलने के अधिकार प्रारम्भ में ही प्राप्त कर लेने के बाद ब्रिटिश शासक कृषक वर्ग की ओर बढ़े। एक तो उनके पास बहुत कम अधिकारी थे, जिन्हें ग्रामीण क्षेत्र में कर एकत्र करने के लिए तैनात किया गया था। दूसरे वे इन एजेण्टों पर पूरी तरह से विश्वास भी नहीं करते थे, इसलिए उन्होंने एक लिखित नियम संहिता द्वारा कर वसूलना शुरू किया। जहाँ पहले स्थानीय नेता स्थानीय परिस्थितियों को समझते थे, सूखा और फ़सल न होने अथवा तनावपूर्ण पारिवारिक परिस्थितियों में और मृत्यु एवं विवाह जैसी आपात आवश्यकताओं के समय उपयुक्त छूट दे देते थे, वहीं अब बरतानवी कर एकत्र करने वाले शासक एक नियम पुस्तिका का प्रयोग करते थे जिसमें बातचीत से किसी समझौते अथवा किसी समय विशेष पर स्थानीय समस्याओं को समझने की कोई गुंज़ाइश नहीं थी। 'नयी व्यवस्था का उद्देश्य भारत के स्थानीय विशिष्ट वर्ग के साथ बातचीत की आवश्यकता के बिना कम्पनी की कर उगाही को सुनिश्चित करना था...इसमें आमने–सामने बातचीत के स्थान पर लिखित नियम लाने की मंशा थी। नियमों में इस बात पर बल दिया गया था कि भू–स्वामी प्रत्येक माह निश्चित समय पर एक निश्चित रक़म का भुगतान करें और शान्ति भंग न करें...इस व्यवस्था में अठारहवीं सदी के भारत की राजनीति का अनिवार्य अंग रही आमने–सामने की बातचीत और समझौते को समाप्त कर दिया गया। परिणामस्वरूप इसने किसी समय समृद्ध रहे कृषि–क्षेत्र की आर्थिक शक्ति को खोखला कर दिया।'

ब्रिटिश साम्राज्य में मुख्य रूप से तीन प्रकार की कर व्यवस्था थी :

ज़मींदारी, मुख्यतः भारत के पूर्वी भाग और एक तिहाई मद्रास प्रेसिडेंसी में; अधिकांश दक्षिण और उत्तर के कुछ भागों में रैयतवाड़ी अथवा रिओतवाड़ी तथा पश्चिमी भारत में माहलवाड़ी। ब्रिटिश शासकों ने 1793 में ज़मींदारी व्यवस्था के अन्तर्गत भू–कर की स्थायी व्यवस्था प्रारम्भ की। इस योजना के तहत भारतीय काश्तकारों से उनके द्वारा की गयी पैदावार के भाग के परम्परागत आधार पर नहीं अपितु उनकी ज़मीन पर भुगतान किये गये किराये के प्रतिशत के आधार पर वसूली की जाती थी। इस प्रणाली का अभिप्राय यह था कि किसान की फ़सल यदि नहीं भी होती तो भी उसे कर भुगतान से छूट नहीं दी जायेगी। कई बार ब्रिटिश शासकों द्वारा भूमि की वास्तविक क़ीमत की बजाय सम्भावित आधार पर माँगा जाने वाला कर फ़सल से प्राप्त होने वाली पूरी आय से अधिक हो जाता था। रैयतवाड़ी और माहलवाड़ी क्षेत्रों में कर की माँग स्थायी रूप से निश्चित नहीं की गयी थी अपितु इसे समय–समय पर संशोधित किया जाता और बढ़ाया जाता था। इस व्यवस्था के परिणाम और भी असहनीय थे। यह स्थिति इस शर्त से और भी कठिन हो जाती थी कि यह कर औपनिवेशिक शासन को प्रत्येक स्थान पर किसी वस्तु के रूप में न देकर नगद देना पड़ता था (किसानों द्वारा सीधे अथवा ज़मींदारी मध्यस्थों के माध्यम से) और 1880 तक सब स्थानों पर कर अथवा किराये का संकट था। इसके बाद 1880 से 1930 तक कृषक वर्ग से ऋण पद्धति से और भी बड़ी धन राशि वसूली जा रही थी। विलियम डिग्बि ने गणना की कि 'स्थायी कर व्यवस्था के बाहर के ज़िलों के रिओत में लोगों को वर्ष में अपने पूर्वजों की तुलना में केवल आधा खाने को मिलता था, जो उनके भी पूर्वजों को मिलने वाले भोजन का एक तिहाई था। ऐसे तथ्यों के बावजूद भूमि–कर अत्यधिक कड़ाई से वूसला जाता है और इसका भुगतान फ़सल इकट्ठी करने से पहले सरकार को नगद देना पड़ता था।'

बिशप हैदर ने 1826 में इस बात को स्वीकार किया कि 'किसी भी देशी राजा द्वारा हमारे समान किराये की माँग नहीं की जाती।' भारत की प्रारम्भिक आर्थिक राष्ट्रवादी आवाज़ रहे अंग्रेज़ी शिक्षा प्राप्त रोमेश चन्द्र दत्त ने इस बात की तसदीक करते हुए लिखा है कि पहले के कुछ मुसलमान शासकों ने भी भारी कर लगाये थे परन्तु 'अन्तर यह था कि मुसलमान शासक जितने का दावा करते थे वे उसे कभी पूरी तरह से वसूल नहीं

कर पाते थे, लेकिन ब्रिटिश शासकों ने जो दावा किया, उसे उन्होंने पूरा ज़ोर लगाकर वसूला।' भारत में लगाया गया भूमि–कर किराये का औसतन 80–90 प्रतिशत था। 30 वर्ष के भीतर ही केवल बंगाल से एकत्र किया गया भूमि राजस्व 8,17,550 पाउण्ड से बढ़कर 26,80,000 पाउण्ड हो गया। कर यदि सार्वजनिक सेवाओं अथवा हित के रूप में काश्तकारों को लौटाये जा रहे होते तो इस लूट को आंशिक रूप से माफ़ कर दिया गया होता, परन्तु कर तो लन्दन में ब्रिटिश सरकार के पास भेजे जाते थे। 'पर्मानेंट सेटलमेंट' भारतीय अर्थव्यवस्था और सभी भारतीयों के लिए दमनकारी प्रमाणित हो रही थी, परन्तु भारतीय कृषि की तो इसने कमर ही तोड़ दी। ईस्ट इण्डिया कम्पनी के अधीन कर वसूली एवं जीवन की सामान्य परिस्थितियाँ इतनी ख़राब और असहनीय थीं कि, जैसाकि मैंने पहले उल्लेख किया है, जिन लोगों के लिए सम्भव था, वे अपने घरों को छोड़ कर कम्पनी के वसूली अधिकार क्षेत्र से बाहर शरण लेते चले गये। इसके विपरीत, उन्नीसवीं शताब्दी के अधिकतर भाग में भारतीय किसानों के देशी रियासतों से ब्रिटिश भारत में पलायन करने के उदाहरण नहीं मिलते।

भारतीय जब तक कम्पनी को उसके करों का भुगतान करते रहते थे तब तक कम्पनी को उनके अन्धविश्वासों, सामाजिक व्यवस्थाओं और उनके परस्पर झगड़ों की कोई चिन्ता नहीं थी। आमतौर पर कर नगरों में होने वाले सुधार और पुलों या हौजों के निर्माण सुरक्षा के उद्देश्य से किये जाते थे। परन्तु (जैसाकि बुर्क ने संसद में टिप्पणी की थी) इन कामों को शीघ्र ही भुला दिया गया और कर वसूली जारी रही। हाउस ऑफ़ कॉमन्स की एक समिति ने घोषणा की कि 'अधिकारियों ने सम्पूर्ण कर व्यवस्था को स्थायी रूप से वसूली और अन्याय में रूपान्तरित कर दिया था' जबकि 'किसान के पास' वह जो थोड़ा छिपाकर और बचाकर रख पाता, उससे थोड़ा ही अधिक बचता था।

रैओतवाड़ी और माहलवाड़ी कर व्यवस्थाओं में समृद्ध एवं छोटे किसानों की निजी सम्पत्ति को समाप्त कर देने की अतिरिक्त व्यवस्था थी, जिससे लोगों को भूमि से जोड़ने वाली शताब्दियों पुरानी परम्पराएँ एवं सम्बन्ध समाप्त हो गये। जैसाकि हमने देखा है कि पिट्स इण्डिया एक्ट 1784 में पारित किया गया और इसने ब्रिटिश शासकों को भारत से कर एकत्र करने का अधिकार दे दिया। बंगाल में ब्रिटिश साम्राज्य ने ज़मींदारों के

पुश्तैनी अधिकारों को अनदेखा करते हुए उनकी जागीरों को नीलामी में बेच दिया जिससे कम्पनी की आय को बढ़ाया जा सके।

जब तक ईस्ट इण्डिया कम्पनी का नियन्त्रण था, उसका लाभ आकाश को छूता रहा तथा निवेशकों को दिया जाने वाला लाभांश एक बड़ी धन राशि होती थी। ब्रिटिश निवेशकों में एक लोकप्रिय स्टॉक बन गयी थी। इसकी कुव्यवस्था एवं दमन का अन्त जब 1857 की क्रान्ति के रूप में हुआ तो इस क्रान्ति को भारतीय इतिहासकारों ने स्वतन्त्रता की प्रथम लड़ाई की संज्ञा दी। परन्तु स्वयं ब्रिटिश शासकों ने इसे मात्र 'सैनिक बग़ावत' का नाम दिया। इसके बाद ब्रिटेन की महारानी ने अपने विशाल साम्राज्य में 'ज्यूल इन द क्राउन' कहे जाने वाले भारत का प्रशासन अपने हाथ में ले लिया और लक्ष्य पहले के समान रहा–ब्रिटेन का लाभ। परन्तु इस अधिकार को प्राप्त करने के लिए कम्पनी को क़ीमत चुकाई गयी। इस बड़ी ख़रीद राशि को भारत के ऋण में शामिल कर लिया गया और इस राशि की वसूली करों के रूप में भारतीय लोगों से की गयी।

भारत से संसाधनों का दोहन ब्रिटिश नीति का स्पष्ट अंग था। सेलिस्बरी के मार्किस ने 1860 और 1870 के दशक में भारत में सरकार के सचिव के रूप में काम करते हुए एक रंगीन उपमा देते हुए कहा था : 'चूँकि भारत का ख़ून बहाना है, नश्तर उन भागों की ओर लक्षित होना चाहिए जहाँ ख़ून भरा हुआ है...न कि उन भागों की ओर जो पहले ही इसकी कमी के कारण दुर्बल हैं।' यहाँ 'ख़ून' का अर्थ स्वाभाविक रूप से धन था और इसके 'भराव' ने 'दुर्बल क्षेत्रों' की तुलना में कर के बड़े स्रोत उपलब्ध करवाये (सेलिसबरी आगे चलकर प्रधानमन्त्री बने)।

सिसिल रॉह्ड्स ने स्पष्ट रूप से स्वीकार किया है कि साम्राज्यवाद इंग्लैण्ड के बेरोज़गार कामगार वर्ग की भोजन की पुकार का अनिवार्य समाधान था, चूँकि अतिरिक्त आबादी को जमाने के लिए भूमि अधिग्रहण करना और ब्रिटेन के कारख़ानों से आने वाले सामान के लिए बाज़ार बनाना औपनिवेशिक राजनेताओं का दायित्व था। भारतीय सन्त, सुधारक एवं विचारक स्वामी विवेकानन्द बरतानवियों को वैश्यों के समान मानते थे जो विशुद्ध रूप से वाणिज्य और अर्थ–चालित हैं। वे भारत में हर चीज़ की क़ीमत तो जानते थे परन्तु महत्त्व किसी का भी नहीं। बंगाली उपन्यासकार बंकिमचन्द्र चटर्जी ने अंग्रेज़ों के विषय में लिखा है कि 'वे

अपने लोभ को नियन्त्रित नहीं कर सके' और उनके शब्दकोश से 'नैतिकता शब्द लुप्त हो चुका था।'

*

उन्नीसवीं शताब्दी के अन्त तक भारत ब्रिटेन की आय का सबसे बड़ा स्रोत था, ब्रिटिश माल का विश्व में सबसे बड़ा ख़रीददार था, और ब्रिटिश सिविल अधिकारियों और सैनिकों के उच्च वेतन वाले रोज़गारों का सबसे बड़ा स्रोत था। उन सबका वेतन भारत की क़ीमत पर आता था। हमने वास्तव में अपने दमन की ख़ुद क़ीमत चुकाई।

कर उतने ही भारी–भरकम बने रहे। कृषि कर कुल उत्पादन का न्यूनतम आधा और प्रायः उससे भी अधिक होते थे जिससे काश्तकार के पास अपने और अपने परिवार के भरण–पोषण के लिए आवश्यकता से कम उत्पादन बचता था। ब्रिटिश अनुमानों के अनुसार, करों की दर ग़ैर–ब्रिटिश शासन की तुलना में दो–तीन गुणा अधिक थी और निःसन्देह यह विश्व के किसी भी देश की तुलना में अधिक थी। प्रत्येक ब्रिटिश प्रेसिडेंसी से इंग्लैण्ड को बड़ी 'बचत' धन–राशि भेजी जाती। भारत में तैनात अंग्रेज़ प्रशासनिक अधिकारी, व्यापारी और सैनिक भी ऐसा ही कर रहे थे (चार वर्ष के गृह अवकाश सहित केवल चौबीस वर्ष की सेवा के बाद ब्रिटिश प्रशासनिक अधिकारी सेवानिवृत्त होकर घर लौट जाने का पात्र हो जाता था और उसे भारतीय करदाता के पैसे से उदार पेंशन मिलती थी। राम्से मेक्डोनाल्ड ने 1920 के दशक के अन्त में अनुमान लगाया कि लगभग 7,500 अंग्रेज़ प्रति वर्ष भारत से पेंशन के रूप में लगभग 2 करोड़ पाउण्ड प्राप्त कर रहे थे।)।

ब्रिटिश साम्राज्य की आय जहाँ बढ़ रही थी, वहीं भारत का राष्ट्रीय ऋण कई गुणा बढ़ गया था। भारत की आधी आय भारत से बाहर मुख्यतः इंग्लैण्ड चली जाती। भारत के करों से न केवल भारत की सुरक्षा को बनाये रखने का दिखावा करने वाली भारत में ब्रिटेन की सेना को भुगतान किया जाता अपितु ब्रिटिश साम्राज्य के गौरव को और बढ़ाने के लिए बर्मा से मेसोपोटामिया तक अनेक प्रकार की विदेशी औपनिवेशिक यात्राओं के लिए भी आर्थिक सहायता प्रदान की जाती। उदाहरण के लिए 1922 में

भारत सरकार की कुल आय का 64 प्रतिशत ब्रिटिश भारतीय सैनिक दलों को विदेश भेजने पर व्यय किया गया। उस समय दुरान्त ने पाया कि विश्व की किसी भी सेना के द्वारा सार्वजनिक आय के इतने बड़े भाग का प्रयोग नहीं किया जाता।

यह आश्चर्यजनक है कि कितनी निर्लज्जता से पैसा भारत से निकाला जा रहा था। इस धन निकासी पर पर्दा डालने के लिए लेखा तालिकाओं में भी पूरी तरह से दिखावटी सब अच्छा बताने वाली प्रविष्टियाँ की जातीं। अतः जहाँ एक ओर व्यापार के आँकड़े उल्लेखनीय बचत दिखाते थे तो दूसरी ओर 'गृह शुल्क' एवं 'अन्य विविध' शीर्षकों के अन्तर्गत निकाली जाने वाली बड़ी धन–राशियाँ भारत को एक बड़े घाटे में डाल देतीं। पॉल बेरन ने गणना की कि भारत के सकल राष्ट्रीय उत्पाद (जीएनपी) का 8 प्रतिशत प्रत्येक वर्ष ब्रिटेन में स्थानान्तरित कर दिया जाता था।* इसमें कोई सन्देह नहीं कि उन्नीसवीं सदी के भारतीय राष्ट्रवादी दादाभाई नौरोजी को ब्रिटिश साम्राज्य के प्रकाशित लेखा–विवरण से ऐसा प्रमाण मिला कि वे लूट के 'निष्कासन सिद्धान्त' को प्रस्तुत करने में सफल रहे। उन्होंने कूटनीति से काम लेते हुए औपनिवेशकों को 'ग़ैर–ब्रिटिश' कार्यों से भारत में निर्धनता उत्पन्न करने के लिए दोषी ठहराया। नौरोजी का तर्क था कि 1835 से 1872 तक प्रत्येक वर्ष भारत से ब्रिटेन को औसतन 1,30,00,000 पाउण्ड की वस्तुओं का निर्यात हुआ परन्तु उसके समकक्ष धन नहीं आया। वास्तव में कम्पनी को शेयर धारकों को लाभ, रेलवे निवेशकों को लाभांश अथवा सेनानिवृत्त कर्मियों को पेंशन के रूप में किये जाने वाले भुगतान से प्रतिवर्ष 3 करोड़ पाउण्ड की हानि होती। ब्रिटेन से जो थोड़ी–बहुत धन–राशि आती थी, उससे साम्राज्यवादी हितों की ही पूर्ति होती थी। संसाधनों की इस प्रकार निकासी से भारत क्षीण, रिक्त और दुखी हो चुका था। इस सबने उसे अकालग्रस्त, निर्धन और कष्टों से आक्रान्त कर दिया था। ब्रिटिश लेखक विलियम डिग्बि की मापक एवं विवरणात्मक गणनाओं में भारतीयों की कम होती समृद्धि और ब्रिटेन द्वारा भारतीय धन को व्यवस्थित ढंग से ज़ब्त करने का संकेत मिलता

---

* यह सन्दिग्ध विशिष्टता अब पाकिस्तानी सेना ने विरासत में पा ली है जो आज ब्रिटेन की किसी भी सेना की तुलना में कहीं अधिक अनुपात में राष्ट्रीय संसाधनों की खपत कर रही है। शायद कुछ पाकिस्तानी इसके लिए ब्रिटिश बपौती को दोष दे सकते हैं?

था। उसके अनुसार 1901 में भारत में सरकार के सचिव के वेतन का भुगतान भारतीय करों से होता था और उसका वेतन 90 हज़ार भारतीयों की औसत वार्षिक आय के बराबर था।

एंगस मेडिसन स्पष्ट रूप से इस निष्कर्ष पर पहुँचे थे–'इस बात से कतई इनकार नहीं किया जा सकता कि यहाँ से बहुत कुछ बाहर जा रहा था और यह प्रक्रिया 190 वर्ष तक जारी रही। यदि इस धन का भारत में निवेश किया जाता तो इससे आय के स्तर में बढ़ोतरी में बहुत सहायता मिल सकती थी। भारतीय आमदनी में से इंग्लैण्ड को अधिकारिक एवं निजी स्तर पर भेजी जाने वाली राशि में ब्रिटिश अधिकारियों के अत्यधिक ऊँचे वेतन से और बढ़ोतरी हो जाती थी। निःसन्देह ब्रिटिश राज प्रवासियों का शासन था जिनके वित्तीय हित इंग्लैण्ड से जुड़े थे। यदि भारतीय प्रशासन की सत्ता होती तो सरकारी सेवा से प्राप्त आय की बचत की गयी होती और उसे देश में ही ख़र्च किया गया होता परन्तु ब्रिटिश शासन में यह पैसा विदेशियों के हाथ में गया और उन्होंने इस पैसे को विदेश भेज दिया, जहाँ से उनके हित जुड़े थे। अधिकतर समाजों में प्रमुखों की आय आर्थिक विकास का महत्त्वपूर्ण स्रोत होती है चूँकि इससे ख़रीदने की क्षमता लोगों के हाथों में आ जाती है जो इसे स्थानीय लाभ के लिए प्रयोग में ला सकते हैं और परोक्ष रूप से स्थानीय उद्योगों को बढ़ावा दे सकते हैं; परन्तु भारत सरकार के मोटे वेतन और भत्ते ऐसे लोगों के पास जा रहे थे जिनकी प्रतिबद्धता इंग्लैण्ड के लिए थी और भारत में विदेशी वस्तुओं के प्रति आकर्षण था। ब्रिटिश उपभोक्ता वस्तुओं के बढ़ते आयात ने अभिजात वर्ग की आवश्यकताओं को पूरा कर रहे भारतीय उद्योगों को गहरा नुक़सान पहुँचाया। शिल्पकारों, महीन सिल्क व मलमल बुनकरों के सामान में बड़े–बड़े साहबों (और विशेष रूप से उनकी अंग्रेज़ मेम साहबों) को कोई रुचि नहीं थी।

1901 में विलियम डिग्बि ने उन्नीसवीं सदी में भारत से बाहर जाने वाले धन की सटीक गणना करके इसे 418,79,22,732 पाउण्ड बताया (इसे स्वाभाविक रूप से कड़ी चुनौती दी गयी)। आज यह राशि मिन्हाज़ मर्चेण्ट की गणनाओं का नौवाँ भाग होती। यह स्थिति केवल उन्नीसवीं सदी की है, बीसवीं सदी में तो यह और भी विकट थी।

यहाँ थोड़ा–सा विषयान्तरण हो रहा है। भारत ने ब्रिटिश साम्राज्य के

विस्तार पर एक बड़ी धन राशि का योगदान दिया। इसकी पुष्टि सैनिक दलों को कितनी बार विदेशों में युद्ध के लिए भेजा गया जैसे तथ्यों से की जा सकती है। इन युद्धों से भारत का कुछ लेना–देना नहीं था परन्तु ब्रिटिश साम्राज्य के हितों की रक्षा एवं विस्तार के लिए ये बहुत महत्वपूर्ण थे। यह सब भारत के पैसे से किया गया, विशेष रूप से फटेहाल किसानों से ऐंठे गये भू–कर से अथवा विभिन्न रियासतों से सहायक सन्धि के माध्यम से प्राप्त धन–राशि से।

ब्रिटिश शासकों द्वारा उन्नीसवीं सदी एवं बीसवीं सदी के पहले दशक में भारतीय सेना की विदेशों में की गयी तैनाती की सूची से यह स्पष्ट हो जाता है : चीन (1860, 1900–01), इथोपिया (1867–68), मलाया (1875), माल्टा (1878), मिस्र (1882), सूडान (1885–86, 1896), बर्मा (1885), पूर्वी अफ्रीका (1896, 1897, 1898), सोमालीलैण्ड (1890, 1903–04), दक्षिण अफ्रीका (1899 परन्तु केवल श्वेत सैनिक) और तिब्बत (1903)। सैनिकों की बड़ी संख्या में की गयी कुछ उल्लेखनीय तैनातियाँ निम्नानुसार हैं : 1856–57 के चीन के युद्ध में 5,787 भारतीय सैनिक भेजे गये और यह युद्ध टेंट्सिन की सन्धि (1857) और कैंटन पर नियन्त्रण पर समाप्त हुआ; 1860 में चीन में 11,000 सैनिक तैनात किये गये जिनके अभियान के फलस्वरूप पेकिंग पर नियन्त्रण पाया गया; एबेसिनिया (इथोपिया) से ब्रिटिश बन्दियों को मुक्त करवाने के लिए 12,000 सैनिक भेजे गये : वर्ष 1882 एवं 1896 में मिस्र में विद्रोह का दमन करने के लिए 9,444 सैनिकों एवं 1,479,000 रुपये का योगदान दिया गया और पूर्वी अफ्रीका की बग़ावत को शान्त करने के लिए 1219 सैनिक भेजे गये थे। ब्रिटेन ने 1818 में सीलोन (श्रीलंका) में कान्डयान युद्ध में भारतीय उपमहाद्वीप की जीत को पूरा करने के लिए ब्रिटिश भारतीय सेना का प्रयोग किया; बर्मा के 1824–26 के युद्ध में भी ब्रिटिश भारतीय सैनिक ही तैनात किये गये और यहाँ प्रत्येक सात सैनिकों में से छह बीमारी अथवा युद्ध में हताहत हो गये। दूसरे विश्वयुद्ध में भी ब्रिटेन के युद्ध में जर्मनी आक्रमण में इंग्लैण्ड को साहसपूर्वक सुरक्षा प्रदान करने वाले गिने–चुने लोगों में भारतीय लड़ाकू पायलट थे, जिनमें एक साहसी सिख भी था जिसने अपने हरिकेन फाइटर का नाम 'अमृतसर' रख दिया था।

उन्नीसवीं सदी के उत्तरार्द्ध तक ब्रिटिश शासकों के पास 3,25,000

सैनिकों की स्थायी सेना थी, जिनमें से दो तिहाई का भुगतान भारतीय करों से ही किया जाता था। भारत में तैनात किये जाने वाले प्रत्येक ब्रिटिश सिपाही को वेतन, शस्त्र, भोजन और अन्त में पेंशन का भुगतान ब्रिटेन नहीं अपितु भारत सरकार द्वारा किया जाता था। यूरोपीय और भारतीय सेनाओं के पद, वेतन, पदोन्नति, पेंशन, सुविधाओं और राशन में बड़ा अन्तर था। यूरोपीय सिपाहियों को मिलने वाले बिस्कुट, चावल, आटा, किशमिश, शराब, सूअर और गाय का मांस भारतीय उत्पादन से ही जुटाया जाता था।

भारत के बाहर विदेशों में अनेक ब्रिटिश कालोनियों में ब्रिटिश शासन को बनाये रखने के लिए सैनिकों के अतिरिक्त भारत के श्रमिकों और व्यावसायिक कौशल की सहायता भी ली जाती थी। मलाया, दक्षिणी–पूर्वी अफ्रीका और पेसिफिक में बाग़वानी की देखभाल, यूगांडा में रेल मार्ग के निर्माण और बर्मा को दक्षिण–पूर्वी एशिया का 'चावल का कटोरा' बनाने के लिए भारतीय श्रमिकों को ही लगाया गया था। भारतीय खुदरा व्यापारियों और सौदागरों ने यूरोप के लोगों की तुलना में बहुत कम ख़र्च में व्यावसायिक मूल ढाँचा खड़ा कर दिया था। भारतीयों ने चीन और अफ्रीका उपनिवेशों में निचले दर्जे के प्रशासनिक पदों पर भी काम किया। 19वीं सदी में बड़ी संख्या में भारतीयों को सुदूर ब्रिटिश उपनिवेशों में कैदियों अथवा गिरमिटिया मज़दूरों के रूप में जाने के लिए विवश किया गया, जिसका विवरण हम अध्याय 5 में पढ़ेंगे।

परन्तु भारत को साम्राज्य के किसी भी पुरस्कार अथवा लाभ से वंचित रखा गया। भारतीय सैनिकों द्वारा ब्रिटिश हित के लिए की गयी कुर्बानियों, जिनके परिणाम आज तक दिखाई दे रहे हैं, के लिए न तो स्वयं उन्हें और न ही उनके परिवारों को कोई मुआवजा दिया गया; न ही भारत के लाभ के लिए कोई महत्त्वपूर्ण बढ़ोतरी की गयी (इसमें दो विश्वयुद्धों में भारत और भारतीय सैनिकों द्वारा किये गये असाधारण योगदान को तो शामिल ही नहीं किया गया है, जिस पर मैं आगे चलकर चर्चा करूँगा)।

*

कम्पनी शासन के दौरान सन्धियों और गम्भीर वायदों की अवहेलना की गयी और शान्ति के बदले में माँगी जाने वाली राशि भी आकाश छूने

लगी। एक बहादुर नवाब हैदर अली, जिस पर उन्होंने बिना किसी कारण के हमला किया था, ने उन्हें 'सर्वाधिक विश्वासघाती और मानवता के अधिकारों का हनन करने वाला' कहा है। विलियम हॉविट ने खेद व्यक्त करते हुए लिखा है कि 'शासन एवं धन–लोभ के सामने आज भी मानव जीवन एवं मानव कल्याण कितना हल्का बैठता है। बंगाल के प्रथम आक्रमण से लेकर नेपाल और बर्मा तक आतंक और हिंसा के विषय में सुनने को कुछ नहीं मिलता; हमारे पास साम्राज्य के केवल प्रशंसा गीत हैं : 'देखो, हमने कितना भव्य साम्राज्य खड़ा किया है।'*

ब्रिटिश तख़्त द्वारा शासन सँभाले जाने पर उपनिवेश की न्यायपूर्णता की एक नयी भाषा उभरने लगी–यह प्रदर्शन अथवा दिखावा कि ब्रिटेन भारत के लोगों के हित के लिए शासन करेगा। जॉर्ज बर्नार्ड शॉ ने लिखा है कि जब कोई अंग्रेज़ कुछ चाहता है तो वह कभी भी अपनी इच्छा को सार्वजनिक रूप से स्वीकार नहीं करता, बल्कि उसकी इच्छा को इस सुदृढ़ विश्वास के रूप में व्यक्त किया जाता है कि जिसके पास उसकी इच्छित वस्तु है, उस पर विजय प्राप्त करना उसका नैतिक एवं धार्मिक कर्तव्य है। दुरान्त ने इस कपट को इस प्रकार व्यक्त किया है : 'पाशविकता में पाखण्ड को जोड़ दिया गया और लूट–पाट व डकैती जारी रही।'

और यह सब चलता ही रहा। इंग्लैण्ड के लोग खोखले शब्दों में आत्म–निन्दा के साथ यह मज़ाक़ करना पसन्द करते थे कि उनके पाँव अँधेरे में लड़खड़ा गये थे और उन्होंने 'बिना सोचे–विचारे अनजाने ही, भारत का शासन प्राप्त कर लिया'। कैम्ब्रिज के साम्राज्यवादी इतिहासविद् जॉन सीले प्रायः यह उद्धरण देते थे। (सीले ने अपनी पुस्तक 'एक्स्पेंशन

---

* प्रथम विश्वयुद्ध में भारत के अथाह योगदान की चर्चा अध्याय 2 में विस्तार से की गयी है। द्वितीय विश्वयुद्ध के आँकड़े भी संकेतपूर्ण हैं। 1939 में युद्ध के प्रारम्भ में भारतीय सेना में 1,94,373 आदमी थे जिनकी संख्या 1945 तक बढ़कर 2,065,554 सैनिक हो गयी जो भारत एवं विदेशों में भी अपनी सेवाएँ प्रदान कर रही थी। वायु सेना में 29,201 और सिपाही भर्ती किये गये और रॉयल इण्डियन नेवी में 30,478 सिपाही थे (भाटिया, 1977, पृ. 234–235)। युद्ध में भारतीय सेना के जवान अधिक हताहत हुए, यह संख्या 1 सितम्बर, 1939 से 28 फरवरी, 1975 तक 149,325 है। सामग्री के रूप में दिया जाने वाला सहयोग भी उल्लेखनीय है। यह विडम्बनापूर्ण है कि भारत के इस्पात उद्योग को समाप्त कर देने के ब्रिटेन के प्रयासों के मध्य ब्रिटेन के स्टील से भरे जहाज़ों के समुद्र में खो जाने पर भारत ने इंग्लैण्ड को 7000 टन इस्पात की चादरें भेजीं।

ऑफ़ इंग्लैण्ड' में यह कपटपूर्ण दावा किया था कि 'भारत पर विजय सही मायनों में एक विजय कदापि नहीं थी')। परन्तु सच्चाई अधिक कठोर और अप्रिय थी। बड़े स्तर पर आर्थिक शोषण न केवल सोच–विचार कर किया गया था बल्कि यह एक प्रभावी राजनीतिक एवं आर्थिक नियन्त्रण की छत्रछाया में ही सम्भव हो रहा था। यह सम्भव है कि कम्पनी का विस्तार शासन की एक निश्चित योजना अथवा मास्टर प्लान के स्थान पर घटनाओं की प्रतिक्रिया में लिए गये एक के बाद एक रणनीतिक निर्णयों और कम्पनी के अधिकारियों की चमकती आँखों के समक्ष प्रस्तुत होने वाले अवसरों को झपट लेने की इच्छा से चरणबद्ध ढंग से हुआ हो। परन्तु उनके तर्क में कोई पश्चात्ताप नहीं दिखाई देता जैसा कि क्लाइव ने भारत में ब्रिटिश शासन के विस्तार को उचित ठहराते हुए कहा, 'रुकना ख़तरनाक है और पीछे हटना विनाशकारी है।' जैसाकि हमने देखा है, राजाओं को युद्ध में विनाश या अधीनता में सुविधाजनक जीवन में से किसी एक को चुनने का प्रस्ताव देने की एक साधारण युक्ति के द्वारा एक के बाद एक राज्य को अपने नियन्त्रण में कर लिया गया। जब युद्ध हुआ तो उसकी लागत भारतीयों से करों एवं भेंट अथवा योगदान के रूप में वसूली गयी। भारतीयों ने ये भुगतान किया। दूसरे शब्दों में, ब्रिटिश शासन के विजयी होने के विशेषाधिकार के लिए यह भुगतान किया।

विलियम हॉविट ने 1839 में अपने क्रोध को व्यक्त करते हुए लिखा कि 'ईस्ट इण्डिया कम्पनी ने जिस प्रकार हिन्दुस्तान को अपने नियन्त्रण में लिया है, वह अत्यन्त घृणापूर्ण एवं धर्म–विरुद्ध है...देश के राजाओं से उनका शासन छीनने–और वह भी उचित एवं सही होने की सर्वाधिक पावन दलीलें देकर–की एक सदी से भी अधिक समय तक जारी रही व्यवस्था इससे पहले कभी भी देखे गये राजसी अथवा धार्मिक आतंक से भी अधिक यन्त्रणापूर्ण थी।'

एक प्रसिद्ध कम्पनी के जनरल के वंशज फर्डिनंड माउण्ट ने स्वयं हाल ही में कहा है–यह पूँजीवाद का साधारण तर्क था : 'भारत में ब्रिटिश शासन व्यापारियों की उपज था और यह मुख्य रूप से एक व्यावसायिक उद्यम ही था, जिसे लाभ और बाज़ार के चढ़ने और गिरने के आधार पर काम करना था। कन्धे पर लगी पट्टियों और घोड़ों के साज की झनझनाहट, दरबारों और गवर्नमेंट हाउस की पार्टियों के पीछे लन्दन का कठोर गणित काम कर रहा था।'

1892 में ब्रिटिश संसद में चुने जाने वाले पहले भारतीय दादाभाई नौरोजी ने भारत की पैरवी करते हुए (और आयरिश होमरूल का समर्थन करने के लिए भी) 'संसदों की जननी' अर्थात हाउस ऑफ़ कॉमन्स में अंग्रेज़ भद्रता का हवाला देते हुए और स्वयं अंग्रेज़ों के ही शब्दों को उद्धृत करते हुए निम्नलिखित अभियोग लगाए थे। जिसका उल्लेख उन्होंने अपनी पुस्तक 'पॉवर्टी एण्ड अन–ब्रिटिश रूल इन इण्डिया' में किया है :

> *श्री मोंटगोमरी मार्टिन ने बंगाल और बिहार के कुछ क्षेत्रों की स्थिति का जायज़ा लेने के बाद 1835 में 'ईस्टर्न इण्डिया' में कहा था : 'विशेष रूप से दो असाधारण तथ्यों को अनदेखा करना असम्भव है। पहला–सर्वेक्षण किये गये देश की समृद्धि एवं दूसरा–वहाँ के निवासियों की निर्धनता...ब्रिटिश शासकों के अधीन भारत से प्रतिवर्ष 3,000,000 पाउण्ड की निकासी चक्रवर्ती ब्याज पर तीस वर्ष में 723,900,000 पाउण्ड की विशाल राशि बन गयी। इतनी निरन्तर और बड़ी निकासी इंग्लैण्ड को भी शीघ्र कंगाल कर देती, तो भारत पर इसका प्रभाव कितना गहरा होगा जब एक श्रमिक की मज़दूरी दो से तीन पेन्स (पेनी) प्रतिदिन होगी...'*
>
> *मिल की पुस्तक 'हिस्ट्री ऑफ़ इण्डिया' (खण्ड 6, पृ. 671) में कहा गया है : 'यह देश के संसाधनों को रिक्त कर देने वाली निकासी है, कोई भी प्रतिक्रिया इस मुद्दे का स्थान नहीं ले सकती; यह राष्ट्रीय उद्योगों की शिराओं में से जीवन रूपी रक्त को निकाल लेना है जिसे वापस लाने के लिए कोई खुराक नहीं दी जाती।'*
>
> *सर जॉर्ज विन्गेट ने 1839 में लिखा : 'करों को एक देश से एकत्र कर उसी देश में ख़र्च करने से पड़ने वाला प्रभाव करों को एक देश से एकत्र कर दूसरे में ख़र्च करने से पड़ने वाले प्रभाव से पूर्णतः भिन्न होता है। पहली स्थिति में एक आबादी से एकत्र कर...पुनः परिश्रमी वर्गों को लौटा दिये जाते हैं...परन्तु स्थिति तब पूर्णतः भिन्न हो जाती है जब करों को उसी देश में ख़र्च नहीं किया जाता जहाँ से वे एकत्र किये गये हों...ऐसा करने से जिस देश से कर एकत्र किया गया हो, उस देश की पूर्ण हानि एवं उस रक़म की पूर्ण समाप्ति होती है...यह धन को समुद्र में फेंक देने के समान है, भारत से हमने जो इतने लम्बे समय से शुल्क लिए हैं, वे इसी प्रकार के हैं।'*

*लॉर्ड लॉरेंस, लॉर्ड क्रॉमर, सर ऑकलैण्ड क्लोविन, सर डेविड बार्बर और कई अन्य विद्वानों ने भी भारत की असीम निर्धनता का वर्णन किया है...*

*श्री एफ.जे. शोर का मत है कि : 'भारत के शान्तिपूर्ण दिन ख़त्म हो गये हैं, भारत के पास एक समय जो सम्पदा थी, उसका एक बड़ा भाग खाली कर दिया गया है...कुशासन की स्वार्थपूर्ण व्यवस्था, जिसमें कुछ लोगों के लाभ के लिए लाखों के हितों का बलिदान कर दिया जाता है, ने उसकी शक्तियों व ऊर्जा को जकड़ लिया है...ब्रिटिश सरकार द्वारा स्थापित शासन पद्धति के अन्तर्गत लोगों को धीरे–धीरे अशक्त बना देने से उनके पतन में तेज़ी आयी है।'*

## नौ-परिवहन एवं पोत निर्माण का विनाश

यह चोरी इतने स्पष्ट रूप से की जा रही थी कि उस समय के अंग्रेज़ों ने भी इसे स्वीकार किया। इससे भी बुरा यह था कि भारतीय उद्योगों को नष्ट कर दिया गया था और यही स्थिति व्यापार, नौ–परिवहन एवं पोत निर्माण की थी। ब्रिटिश ईस्ट इण्डिया कम्पनी के भारत पहुँचने से पहले बंगाल, मसूलीपट्टनम, सूरत और कालिकट और क्विलोन की मालाबार बन्दरगाहों पर व्यापक पोत निर्माण उद्योग था और अरब सागर व बंगाल की खाड़ी में भारतीय नौ–वहन होता था। सोलहवीं शताब्दी में मराठा शासकों के पास तो जलपोतों का एक बड़ा बेड़ा था। शिवाजी भोंसले की नौसेना ने ही पश्चिमी तट की पुर्तगाल से उत्पन्न ख़तरे से रक्षा की थी। सुदूर दक्षिण में मुसलमान कुंजाली मरिकार के समुद्री यात्राओं के कौशल से प्रभावित होकर सोलहवीं सदी के मध्य में कालिकट के ज़ेमोरिन शासक ने निर्णय लिया कि उसके राज्य में प्रत्येक मछुआरा परिवार में एक लड़के का पालन–पोषण मुसलमान के रूप में किया जाये जो उसकी मुस्लिम नौसेना का सदस्य बन सके। 17वीं शताब्दी के प्रारम्भ में बंगाल के बेड़े में 4000 से 5000 तक समुद्री जहाज़ थे और उनमें से प्रत्येक 400 से 500 टन का था। ये समुद्री जहाज़ बंगाल में बने थे और वहीं प्रयोग किये जा रहे थे। इन पर ले जाई जाने वाली वस्तुओं एवं उत्पादों की भारी लोकप्रियता को देखते हुए अठारहवीं सदी के मध्य तक इनकी संख्या बढ़

गयी। तेज़ी से बढ़ रही नौ–परिवहन एवं जलपोत निर्माण की संस्कृति को ब्रिटिश शासकों ने कठोरता से नष्ट कर दिया।

1757 के बाद प्रतियोगिता को कम करने के लिए कम्पनी एवं ब्रिटिश शासकों द्वारा ठेके पर लिए गये जलपोतों को पहले भारतीय व्यापारियों द्वारा प्रयुक्त किये जा रहे व्यापार मार्गों सहित सभी व्यापार मार्गों पर एकाधिकार प्रदान कर दिया गया। भारतीय बन्दरगाहों पर आने वाले और यहाँ से जाने वाले केवल विदेशी ही नहीं अपितु भारतीय व्यापारी जलपोतों पर भी कर लगा दिये गये। इस तरह देश के नौ–परिवहन उद्योग का गला घोंट दिया। परन्तु कम क़ीमत की देशी वस्तुओं को स्थानीय उपभोक्ताओं तक पहुँचाने के लिए कुछ छिट–पुट तटीय नौ–परिवहन जारी रहा।

ब्रिटिश नौ–परिवहन नीति की सिर्फ़ निजी हितों से जुडी प्रकृति नेपोलियनी युद्धों के दौरान प्रत्यक्ष हो गयी थी जिसके परिणामस्वरूप ब्रिटेन में व्यावसायिक पोतों की भारी कमी हो गयी (1803 के युद्ध में ब्रिटिश नौसेना का 1,73,000 टन नौ–परिवहन नष्ट हो गया, जिसने सरकार को ब्रिटिश व्यापार को चलाने के लिए 112,840 टन के विदेशी पोत लगाने के लिए विवश कर दिया)। अब भारतीय नौ–परिवहन को ब्रिटिश नौ–परिवहन समझा जाता था और भारतीय सैनिकों को ब्रिटिश नाविकों के रूप में वर्गीकृत कर दिया गया। परिणामतः उन्हें जहाज़रानी अधिनियम के अन्तर्गत ब्रिटिश व्यापारिक मार्गों पर जाने की अनुमति दे दी गयी। परन्तु जैसे ही नेपोलियन के युद्ध बन्द हुए, जहाज़रानी अधिनियम को पुनः संशोधित कर भारतीय नौ–परिवहन को इसकी सीमा से बाहर कर दिया गया और इस उद्योग में एक बार फिर गिरावट आ गयी।

यह कहानी बीसवीं सदी के प्रारम्भ में एक बार फिर दोहराई गयी जब प्रथम विश्वयुद्ध तक चलने के लिए मद्रास में वी ओ चिदम्बरम पिल्लई को नौ–परिवहन कम्पनी स्थापित करने की अनुमति दे दी। उसकी सफलता ने ख़तरे की घण्टियाँ बजा दीं और जब केवल नियमों से उसके व्यवसाय को नष्ट नहीं किया जा सका तो उसे तुरन्त उसके राष्ट्रवादी विचारों के लिए जेल भेज दिया गया, जिसने उसके साहस और उसके उद्योग की रीढ़ को तोड़ दिया। इस प्रकार भारत के उभरते नौ–परिवहन को व्यवसाय से बाहर कर दिया गया। भारतीय नौ–परिवहन के अनुभव से यह पुष्टि होती है कि ब्रिटिश अधिकारियों ने अपनी आवश्यकता के समय में भारतीय उद्योगों का

बहुत कटुतापूर्ण एवं सोचे–समझे ढंग से दोहन किया और अन्यथा उनका दमन किया। इतनी लम्बी तट रेखा वाले क्षेत्र में भारतीय जलपोत निर्माण की गाथा और भी जटिल परन्तु उतनी ही ज्ञानवर्द्धक है। ईस्ट इण्डिया कम्पनी के प्रभुत्व के प्रारम्भ में भारतीय जलपोत निर्माण उद्योग में आये ठहराव व गिरावट के बाद अठारहवीं शताब्दी की अन्तिम तिमाही में यह उद्योग बंगाल में फिर फलने–फूलने लगा। इसका श्रेय ब्रिटिश उद्यमियों को जाता है जिन्हें भारतीय श्रमिकों के सहयोग से कलकत्ता में ही अपने जलपोत बनाने के लाभों का अहसास हो गया था। गवर्नर जनरल वेल्स्ले ने लिखा है कि 1800 तक कलकत्ता की ब्रिटिश भारतीय बन्दरगाह पर भारत में निर्मित 10,000 टन के मालवाहक जहाज़ थे। 1831 से 1839 की अवधि में बंगाल में 327 और जहाज़ों का निर्माण किया गया, जो सब ब्रिटिश मालिकों के थे।

भारत में ब्रिटिशों के नेतृत्व में इन व्यावसायिक गतिविधियों का कारण पूरी तरह से पेशेवर एवं अच्छे आर्थिक गणित पर आधारित था। ब्रिटेन के पोत निर्माता भारतीय कारीगरी एवं देश की लम्बी पोत निर्माण परम्परा को अत्यधिक महत्त्व देते थे और वे अपने पोतों के निर्माण में नौ–वहन शिल्प की अनेक भारतीय तकनीकों को अपना रहे थे। एक तत्कालीन ब्रिटिश टिप्पणीकार ने लिखा था, 'भारतीय जलपोतों में भव्यता एवं उपयोगिता का संगम दिखाई देता है और वे धैर्य एवं उत्तम कारीगरी का नमूना हैं।' भारतीय कामगर जलपोत निर्माण की सभी सामग्रियों–लकड़ी, लोहा और पीतल (लकड़ी से बनाये जाने वाले जलपोतों में उच्च तन्यता वाला पीतल अनिवार्य घटक था चूँकि यह जहाज़ की फिटिंग, पानी की स्रोत पाइपों, शेफ्ट और कीलों में भी प्रयोग में लाया जाता था)–के प्रयोग में निपुण थे, और उनका काम असाधारण रूप से टिकाऊ था। बंगाल में निर्मित जलपोत की औसत आयु बीस वर्ष से अधिक होती थी जबकि अंग्रेज़ों द्वारा बनाये गये जलपोत कभी भी ग्यारह–बारह वर्ष से अधिक नहीं चलते थे और उनकी भारतीय बन्दरगाहों पर प्रायः मरम्मत करनी पड़ती थी अथवा पुनः निर्माण करना पड़ता था। (इसका कुछ कारण तो भारतीयों द्वारा पोत–निर्माण में प्रयोग में लाई जाने वाली लकड़ी की क्वालिटी भी हो सकती थी। वे ब्रिटिश निर्माताओं द्वारा प्रयोग की जाने वाली बलूत और देवदास की लकड़ी के विपरीत सागौन और साल का प्रयोग करते थे)।

इससे तात्पर्य यह था कि भारत में बनाये जाने वाले जलपोत की न केवल निर्माण लागत कम होती थी, वे ख़राब भी जल्दी नहीं होते थे। इससे ब्रिटिश उद्यमियों के लिए इनका महत्त्व और भी बढ़ जाता था। भारतीय जलपोतों की कम लागत के परिणामस्वरूप इंग्लैण्ड में निर्मित जहाज़ों को रखने वाली कम्पनियों की तुलना में उनकी मालभाड़े की दरें भी कम होती थीं। ब्रिटिश उद्यमियों के लिए भारत में जलपोत निर्माण इतना आकर्षक था कि उन्नीसवीं सदी के दूसरे दशक तक उनके घरेलू जलपोत निर्माण उद्योग में बेरोज़गारी बढ़ने लगी। लन्दन में सैकड़ों की संख्या में जलपोत निर्माता, बढ़ई, कराँती और सन्दबन्दकार बेरोज़गारी की सूची में आ गये।

ब्रिटेन स्थित जलपोत निर्माण व्यवसाय भारतीय उद्योग से प्रतियोगिता नहीं कर सका, इसलिए उन्होंने संसद में भारतीय जलपोत–निर्माण पर प्रतिबन्ध लगाने की याचिका दी। उनके पक्ष में प्रथम वैधानिक अधिनियम 1813 में आया जिसके अन्तर्गत बनाये गये क़ानून के अनुसार 350 टन से कम के जलपोतों के भारतीय उपनिवेशों एवं इंग्लैण्ड के बीच चलने पर प्रतिबन्ध लगा दिया गया। इससे बंगाल में निर्मित 40 प्रतिशत समुद्री जहाज़ मुनाफ़े वाले भारत–इंग्लैण्ड व्यवसाय से बाहर हो गये।

1814 में लाये गये एक अन्य अधिनियम ने भारत में निर्मित जहाज़ों को अमरीका व यूरोपीय महाद्वीप में व्यापार करने के लिए 'ब्रिटिश रजिस्टर्ड पोत' माने जाने का अधिकार समाप्त कर दिया। सैद्धान्तिक रूप से वे अब भी चीन के साथ व्यापार कर सकते थे। परन्तु वह सेक्टर अब लाभकारी नहीं रहा था, क्योंकि इस अधिनियम के आने से पहले जहाज़ भारतीय सामान लेकर कलकत्ता से चीन जाते और वहाँ से लन्दन के लिए चाय चढ़ाई जाती और वे ब्रिटेन के सामान के साथ कलकत्ता पहुँचते। उनके लिए लन्दन सेक्टर में प्रवेश पर प्रतिबन्ध लगा दिये जाने से ये जहाज़ कलकत्ता से केवल चीन तक जाकर वहीं से लौट आते परन्तु भारत में चीनी सामान का कोई बाज़ार नहीं था (भारतीयों ने अभी चाय पीना शुरू नहीं किया था) और लन्दन में प्रवेश न मिलने पर इन जहाज़ों को प्रायः खाली लौटना पड़ता था।

इस दौरान भारतीय नाविकों को भी ग़ैर–ब्रिटिश समझा जाता था और कम्पनियों को उन्हें इंग्लैण्ड की यात्रा के लिए भर्ती करने के लिए निरुत्साहित किया जाता। वहाँ यह भी सम्भावना थी कि उन्हें यूरोपीय

मानसिकता के कारण स्थानीय लोगों के लम्पट व्यवहार का सामना करना पड़ता और वे उस सम्मान व विशवास से वंचित हो जाते जो उन्हें भारत में मिलता था। (नैतिकता व प्रजातिवाद को अपने व्यावसायिक हितों को ढकने के लिए कभी भी प्रयोग में लाया जा सकता था)। परन्तु भारतीय बन्दरगाहों पर ब्रिटिश नाविकों की उपलब्धता के अभाव के कारण गवर्नर से इस आशय का प्रमाणपत्र लेकर कि ब्रिटिश नाविक उपलब्ध नहीं थे, इन नाविकों को बड़े जलपोतों के चालक दल में शामिल कर लिया जाता था। इस स्थिति में क़ानून के अन्तर्गत जहाज़ के मालिक से यह अपेक्षित होता था कि इंग्लैण्ड से लौटते हुए वह ब्रिटिश चालक दल की सेवाएँ ले। इससे यात्रा की लागत दो कारणों से बहुत अधिक बढ़ जाती थी–पहला, जहाज़ के मालिक को दो चालक दलों को भुगतान करना पड़ता था और दूसरा, ब्रिटिश नाविकों का पारिश्रमिक बहुत अधिक होता था।

सोचे–समझे वैधानिक भेद–भाव की नीतियों के परिणामस्वरूप ब्रिटिश कम्पनियों द्वारा भारत में जलपोत निर्माण एवं यहीं से उन्हें चलाने के लाभ समाप्त होने लगे। इस प्रकार भारत का एक समय पर फलता–फूलता जलपोत निर्माण उद्योग नष्ट हो गया और 1850 तक यह लुप्त ही हो गया। इसका कुछ लोगों द्वारा दिये गये इस तर्क से कोई सम्बन्ध नहीं है कि भारत तथाकथित रूप से बदल रही प्रौद्योगिकी के साथ क़दम से क़दम मिलाकर नहीं चल सका। यह गिरावट तो नौवहन पोतों का स्थान भाप से चलने वाले जहाज़ों के आने से बहुत पहले ही शुरू हो गयी थी, और वैसे भी नये क़ानूनों एवं परिणामतः बाज़ार की सम्भावनाओं के कम होने से इस काम के लाभकारी न रह जाने से पहले ही बंगाल ने वाष्पचालित पोतों के निर्माण में भी अपनी दक्षता को सिद्ध कर दिया था। विक्टोरिया युग के टिप्पणीकार विलियम डिग्बि के अनुसार समुद्रों की पश्चिमी जगत की मलिकाओं ने पूर्व के समुद्रों की मलिकाओं की हत्या कर दी थी।

अन्य व्यापारिक उद्यम भी भेदभाव की इस नीति का अपवाद नहीं थे। औपनिवेशिक भेदभाव का लगभग सर्वत्र दिखाई देने वाला एवं अत्यधिक प्रभावी रूप था–ब्रिटिश व्यवसाय को भारतीय से पृथक् करने एवं दोनों को उपलब्ध अवसरों को संचालित करने के लिए मुद्रा का प्रयोग। 'स्टर्लिंग' (लन्दन से बाहर काम करने वाली कम्पनियाँ) एवं 'रुपया' (भारत से बाहर काम करने वाली कम्पनियाँ) में व्यवसाय के विभाजन ने ऐसी व्यावसायिक

दरार पैदा कर दी जिसे आसानी से भरा नहीं जा सका। स्टर्लिंग कम्पनियों में केवल बरतानवी ही निवेश कर सकते थे जबकि 'रुपया' कम्पनियाँ बरतानवी एवं भारतीय–दोनों से निवेश के लिए खुली थीं। स्टर्लिंग कम्पनियों का रुझान उपयोगिता के सामान, चाय और पटसन पर रहता था जिससे अभिप्राय था कि बरतानवियों द्वारा अपने लिए आरक्षित कर लिए गये इन बाज़ारों में भारतीयों के प्रवेश पर अनेक बाधाएँ थीं। इसके अतिरिक्त सभी स्टर्लिंग कम्पनियों से यह अपेक्षित था कि उनके प्रबन्धक ब्रिटिश एजेण्ट ही होने चाहिए, तभी लन्दन आधारित कम्पनियाँ उनमें निवेश करती थीं। भारतीय निवेशकों को इससे बाहर ही रखा जाता था। इस प्रकार 1914 में भारत में चाय उद्योग में 385 संयुक्त स्टॉक कम्पनियों में से 376 कलकत्ता में थीं और उन सबके मालिक ब्रिटिश थे। जानकारों के अनुसार 1915 में भारत के पटसन के सभी कारख़ाने बरतानवी लोगों के हाथ में थे। 1929 तक यह आँकड़ा कम होकर 78 प्रतिशत रह गया था परन्तु फिर भी ब्रिटिश प्रभुत्व अभी सुरक्षित था।

साम्राज्यवादी व्यवसाय एवं भुगतान व्यवस्था में ब्रिटिश भारत की स्थिति बहुत विचित्र थी। 1910 से 1947 तक भारतीय अर्थव्यवस्था में आर्थिक एवं विनिमय दर सम्बन्धी अनेक प्रयोग हुए। इनमें अन्य के अतिरिक्त स्वर्ण सर्राफा से स्टर्लिंग विनिमय स्टैण्डर्ड में परिवर्तन भी शामिल था– यह सोचे–समझे ढंग से रुपये में गिरावट को सम्भव बनाने के लिए एक विवादास्पद निश्चित विनिमय दर व्यवस्था थी। कमज़ोर बैंक व्यवस्था में धीरे–धीरे सुधार एवं अन्ततः सीमित अधिकारों के साथ (1934–35 में) भारतीय रिजर्व बैंक की स्थापना भी इन प्रयोगों का भाग थे। माँग एवं आपूर्ति की वैश्विक एवं साम्राज्यवादी शक्तियों के दबदबे के कारण भारत को प्रति वर्ष 20–30 प्रतिशत तक की बड़ी मूल्य अस्थिरता का सामना करना पड़ा। बरतानवियों ने ब्रिटेन के चालू खाता घाटों एवं अन्य घरेलू संकटों से निपटने के लिए अपने लिए अनुकूल निश्चित विनिमय दर प्रणाली का प्रयोग किया। अपनी भारतीय प्रजा के प्रति उनमें कोई सम्मान नहीं था। ऐसी नीतियों ने भारत की वित्तीय अस्थिरता को और गम्भीर बनाकर राज के अधीन भारतीयों के कष्टों को और बढ़ा दिया।

औपनिवेशिक उद्यमों का हमेशा से एक अंग रहा मुद्रा का छलपूर्ण प्रयोग 1929–30 की भारी मन्दी के दौर में तब अपने चरम पर पहुँच गया

जब भारतीय किसानों ने (उत्तरी अमरीका के घास के मैदानों के समान) अन्न तो उगाया परन्तु देखा कि उसे ख़रीद पाने की सामर्थ्य किसी में नहीं थी। कृषि उपज की क़ीमतें औंधे मुँह गिर गयीं परन्तु बरतानवियों की कर की माँगें नहीं कम हुईं और उन्होंने निर्दयता से भारत की धन की सप्लाई पर पाबन्दी लगाने का निर्णय ले लिया। उन्हें डर था कि भारतीय मुद्रा के अवमूल्यन से भारत में उनकी परिसम्पत्तियों के स्टर्लिंग मूल्य में उसी अनुपात में गिरावट आने से उनकी हानि होगी। अतः ब्रिटेन ने इस बात पर ज़ोर दिया कि भारतीय रुपये की क़ीमत 1 शिलिंग 6 पैनी पर निश्चित रहे। विनिमय दर को ऊँचा रखने के लिए उन्होंने भारतीय सरकार को नोट व सिक्के चलन से निकाल लेने के लिए विवश किया। भारतीय अर्थव्यवस्था में 1929 में नक़द प्रवाह की कुल 500 करोड़ की राशि 1930 में कम होकर 400 और 1938 में 300 करोड़ रह गयी। भारतीय भूखों मरने लगे परन्तु उनकी मुद्रा ऊँची रही और भारत में उनकी परिसम्पत्तियों का मूल्य सुरक्षित रहा।

अन्य अवसरों पर भी रुपये में स्थिर गिरावट ब्रिटिश नीति का सुविचारित भाग थी जिससे कि पाउण्ड स्टर्लिंग की क्रय सामर्थ्य सुदृढ़ रहे और स्थानीय मुद्रा में पैसा पाने वालों की आर्थिक स्थिति और कमज़ोर हो जाये। सत्रहवीं शताब्दी में विश्व की सबसे मज़बूत मुद्राओं में से एक रही भारतीय मुद्रा उन्नीसवीं शताब्दी के अन्त तक गिर कर अपने पूर्व के मूल्य का अंश मात्र रह गयी थी। ऑस्कर वाइल्ड के 1895 के नाटक 'द इम्पोर्टेंस ऑफ़ बीइंग अर्नेस्ट' में मिस प्रिज्म अपने अतिसंवेदनशील बच्चे सिस्ली से कहती है, 'अपनी राजनीतिक अर्थव्यवस्था को मेरी ग़ैर–मौजूदगी में पढ़ा करो। रुपये की गिरावट का अध्याय तुम छोड़ सकते हो। यह बहुत सनसनीखेज है। धातु से जुडी ये समस्याएँ भी एक भावुकतापूर्ण पहलू लिए हुए हैं!'

## भारतीय इस्पात से चुराना

भारतीय इस्पात उद्योग की कहानी से स्पष्ट होता है कि उपनिवेश की अवधि के उत्तरार्द्ध में भी किस प्रकार दोहन जारी रहा, जिसे कई बार साम्राज्य के समर्थक औपनिवेशिक शासन के अधिक प्रबुद्ध काल के रूप में व्यक्त करते रहे हैं जबकि इस काल में दमन एवं भेदभाव सिर्फ़ अधिक मँजे हुए ढंग से हो रहे थे।

बरतानवी इस बात के ख़िलाफ़ थे कि भारत अपने इस्पात उद्योग का विकास करे। भारत निःसन्देह इस्पात उद्योग में सोलहवीं शताब्दी से ही अग्रणी रहा था। सबसे मज़बूत स्टील, जो वूट्ज नाम से विख्यात हुआ (कन्नड़ शब्द 'उक्कू' का बिगड़ा हुआ रूप, जिसे अंग्रेज़ी में ग़लत रूप में 'वूक' लिखा गया और फिर बिगाड़ कर 'वूट्ज' कर दिया गया), भारत में ही बना था और भारतीय स्टील ने विश्व के बेहतरीन स्टील के रूप में विश्व प्रसिद्धि प्राप्त कर ली थी। (अरब के लोगों द्वारा बारहवीं सदी में भारतीय पद्धति पर इस्पात उद्योग की स्थापना से विश्व को प्रसिद्ध डेमास्कस स्टील प्राप्त हुआ)। भारत में निर्मित तलवारों की कहानियाँ प्रसिद्ध थीं। वास्तव में भारत में औपनिवेशिक शासन के विस्तार के प्रारम्भिक दिनों में भारत में बनी तलवार यूरोप की तलवारों के मुक़ाबले इतनी बढ़िया होती थीं कि अंग्रेज़ सैनिक युद्ध में अपनी तलवारों को हत्थे से अलग करके उसके स्थान पर पराजित शत्रु की तलवारें लगा लिया करते थे। बरतानवियों ने जितना सम्भव हो सकता था, हमसे टेक्नॉलोजी सीखी और फिर अठारहवीं सदी के अन्त तक भारत के धातु उद्योगों को बन्द कर दिया। इसे पुनरुज्जीवित करने के प्रयासों के मार्ग में बाधाएँ खड़ी की गयीं और उपहास उड़ाया गया।

नयी सदी के प्रारम्भ में जब जमशेद जी टाटा ने कठोर ब्रिटिश विरोध के बीच भारत का प्रथम आधुनिक स्टील कारख़ाना लगाने का प्रयास किया (उन्होंने 1883 में इसकी अनुमति के लिए ब्रिटिश शासकों को याचिकाएँ देना प्रारम्भ कर दिया था और भारतीय निवेशकों से धन एकत्र कर लिया था। बार–बार इनकार किये जाने और अनेक प्रकार से काम में विलम्ब होने के बाद अन्ततः 1912 में उनके बेटे दोराबजी के नेतृत्व में इस कारख़ाने में उद्योग प्रारम्भ हो गया) तो साम्राज्य के एक वरिष्ठ अधिकारी ने उपहास करते हुए कहा था कि भारतीय जिस प्रकार के स्टील का उत्पादन कर सकते हैं, वह उसका एक–एक ओंस खा जायेगा। यह बहुत अफ़सोस की बात है कि वह ब्रिटिश स्टील का जो भी शेष बचा या, उसे 2006 में टाटा द्वारा कोरस के रूप में ख़रीद लिए जाने का दिन देखने के लिए जीवित नहीं रहा। (बाद में टाटा स्टील का ब्रिटेन से निकल आने का निर्णय और ब्रिटिश सरकार का अपने स्टील उद्योग के बचे–खुचे को उबारने का गम्भीर प्रयास कुछ भारतीयों में आनन्द की अनुभूति भी उत्पन्न कर सकता है)।

टाटा जब किसी भी प्रकार अन्य भारतीयों को प्रोत्साहित करते हुए आगे बढ़ चले तो बरतानवियों ने उनके विकास को रोकने के प्रभावी मार्ग ढूँढ़ निकाले। भारत में स्टील के दो सबसे बड़े उपभोक्ता–सरकार और रेलवे (दोनों ब्रिटिशों द्वारा नियन्त्रित थे)–ब्रिटिश स्टैण्डर्ड स्पेसिफिकेशन स्टील (बी.एस.एस.एस.) पर ज़ोर देने लगे जिसकी क्वालिटी अधिकतर शेष विश्व द्वारा प्रयोग में लायी जाने वाली ग़ैर–ब्रिटिश स्टैण्डर्ड स्पेसिफिकेशन स्टील (एन.बी.एस.एस.एस.) की तुलना में बहुत अच्छी थी। ऐसा मूल रूप से औपनिवेशिक भारतीय बाज़ार से सस्ते महाद्वीपीय स्टील को बाहर रखने के लिए किया गया था, परन्तु यह भारतीय स्टील निर्माताओं के लिए भी एक बाधा बन गयी। भारत में स्टील के टाटा जैसे घरेलू उत्पादक इन उच्च मानकों को पूरा करने अथवा सरकार और रेलवे के ठेकों से बाहर होने के लिए विवश हो गये।

बी.एस.एस.एस. के उत्पादन पर ध्यान देने के कारण भारतीय कम्पनियाँ सस्ते एन.बी.एस.एस.एस. का उत्पादन नहीं कर पा रही थीं, जो कि अधिकतर ग़ैर–ब्रिटिश विश्व में प्रयोग में लाया जाता था। बी.एस.एस.एस. के घरेलू उत्पादन की उच्च लागत ने भारतीय स्टील को व्यापक अन्तर्राष्ट्रीय बाज़ार में अप्रतियोगी बना दिया, ख़ासकर भारी मन्दी के दौर के साथ–साथ 1930 के अन्त में इससे उबरने के दौरान भी। 1930 के दशक में भारत के प्रतियोगी अन्य विकासशील देशों ने बिना किन्हीं बड़ी समस्याओं के एन.बी.एस.एस.एस. का प्रयोग करते हुए अपने स्टील उद्योगों को विकसित कर लिया।

वे निःसन्देह ब्रिटेन को बी.एस.एस.एस. स्टील का निर्यात कर सके थे परन्तु ब्रिटेन के स्टील उद्योग इसके ख़िलाफ़ था। अतः ब्रिटेन द्वारा भारतीय स्टील के आयात पर प्रतिबन्ध लगा दिये गये। बरतानवियों ने बहुत अच्छे ढंग से दिखा दिया कि वे स्वयं अपना स्टील रूपी केक बना सकते थे और इसे खा भी सकते थे।

दूसरे शब्दों में, भारत को ऐसा स्टील बनाने एवं प्रयुक्त करने के लिए विवश किया गया जो उसकी आवश्यकता की सीमा से बाहर था। देश से बाहर अपना बाज़ार तलाशने की उसकी योग्यता सीमित थी और उसके विस्तार के प्रत्येक प्रयास को दबाया जाता था। अतः टाटा स्टील जैसी भारतीय कम्पनियों के पास ब्रिटिश आर्थिक परिवेश में विकास के बहुत कम अवसर थे।

जैसाकि हम जानते हैं कि ब्रिटिश शासन के कुछ समर्थक यह तर्क देते हैं कि भारतीय उद्योगों एवं आर्थिक विकास के विनाश के लिए ब्रिटेन की आलोचना करना औचित्यपूर्ण नहीं है। उनका दावा है कि ब्रिटेन ने भारत में उद्योगों को समाप्त नहीं किया। विश्व के सकल घरेलू उत्पाद (जीडीपी) में भारत का हिस्सा इसलिए कम हुआ कि भारत ने औद्योगिकरण की 'बस पर सवार होने' के अवसर को खो दिया और वह पश्चिम का रूपान्तरण करने वाली प्रौद्योगिक लहर के साथ भी क़दम–से–क़दम मिलाकर नहीं चल सका। विश्व जब बहुत अधिक कृषि आधारित था तो जीडीपी में भारत का उल्लेखनीय हिस्सा था। उनका तर्क है कि जैसे ही विश्व बदला, अन्य देश वैज्ञानिक एवं औद्योगिक प्रगति के कारण भारत से आगे बढ़ गये जो कि भारत कर पाने में असमर्थ था।

यह अत्यन्त आपत्तिजनक व्याख्या है। जैसाकि मैंने बताया है, भारतीय उद्योगों का खात्मा सुविचारित ब्रिटिश नीति थी, कोई दुर्घटना नहीं। ब्रिटिश उद्योग फले–फूले और भारतीय उद्योग नहीं, इसके पीछे शुल्क एवं नियामक उपायों की आड़ में किया गया योजनाबद्ध विनाश था। ये शुल्क एवं नियामक उपाय ब्रिटिश उद्योगों के भारतीय बाज़ार पर छा जाने के लिए तैयार किये गये थे न कि विपरीत स्थिति के लिए। भारत का आर्थिक शोषण औपनिवेशिक उद्यम का अभिन्न अंग था। भारतीय शुल्कों एवं लूट से प्राप्त और इंग्लैण्ड को जाने वाली बड़ी धनराशियाँ डिग्बि के अनुमान के अनुसार यद्यपि अरबों पाउण्ड से कुछ कम थीं, परन्तु इनसे ब्रिटिश उद्योग के लिए पूँजी प्राप्त हुई और वहाँ एक औद्योगिक क्रान्ति के लिए धन उपलब्ध करवाना सम्भव हो पाया।

अगर भारत को उसके हाल पर छोड़ दिया गया होता तो पहले से मौजूद भारतीय उद्योगों का आधुनिकीकरण क्योंकर न हुआ होता, जैसाकि अन्य ग़ैर–औपनिवेशिक देशों के उद्योगों के साथ हुआ। प्रौद्योगिक नवविचारों के अभाव के लिए भारत की आलोचना करने वालों में कोई भी यह नहीं स्पष्ट कर सकता कि जो देश अन्य युगों में नयी सोच एवं औद्योगिक प्रगति की दृष्टि से प्रथम पंक्ति में था, उसकी नयी तकनीक की क्षमता अठारहवीं एवं उन्नीसवीं सदी में अकस्मात कैसे समाप्त हो गयी। मैंने भारत के इस्पात उत्पादकों एवं पोत निर्माताओं की दक्षता का उल्लेख किया है। परन्तु अन्य शासकों एवं शासनों के अधीन, जिन्होंने नयेपन को

प्रोत्साहित किया, भारत ने गणित, भौतिकी, औषधि, उत्खनन, धातु विज्ञान एवं रॉकेट विज्ञान (टीपू सुल्तान एवं हैदर अली के अधीन) में असाधारण प्रदर्शन किया।

वैज्ञानिक और प्रौद्योगिकीय नवविचार तभी पनप पाते यदि किसी प्रगतिशील भारतीय शासक ने देश को शैक्षिक और वैज्ञानिक संस्थान दिये होते, जहाँ अनुसन्धान करना सम्भव होता। परन्तु ब्रिटिश शासक ऐसे संस्थानों की स्थापना में असफल रहे। ब्रिटिश शासन काल में सर्वोच्च भारतीय अनुसन्धान संस्थान इण्डियन इंस्टीट्यूट ऑफ़ साइंस की स्थापना ब्रिटिश सरकार की तो क्या बात करें, किसी ब्रिटिश परोपकारी ने भी नहीं की। यह महान काम जमशेद जी टाटा ने किया। यदि औद्योगीकृत हो रहे यूरोप के साथ प्रतियोगिता करना एक चुनौती था तो स्वतन्त्र भारत ने समान स्तर के क्षेत्र को क्यों चुना होता? वह ऐसा क्षेत्र चुनता जहाँ सुरक्षा की आवश्यकता होने पर वह अपने शुल्क लगाता, अपनी रियायतें देता और स्वयं अपने विश्व बाज़ारों का विकास करता।

यह बिल्कुल बेतुकी बात है कि जब पश्चिमी जगत में औद्योगिकीकरण हो रहा था तो ऐसा कर पाने की अक्षमता भारत की असफलता थी, कि यह देश के किसी अभाव का परिणाम थी, न कि भारत पर शासन करने वालों की योजनाबद्ध ढंग से तैयार की गयी नीतियों का सुविचारित परिणाम। यदि भारत की जीडीपी में इसलिए गिरावट आयी कि यह औद्योगिकीकरण की 'बस पर सवार नहीं हो सका' तो यह इसलिए कि ब्रिटिश शासकों ने भारतीयों को पहियों के नीचे फेंक दिया था।

स्कॉटलैंड के राष्ट्रवाद एवं इंग्लैण्ड के भविष्य को लेकर ज़ोरदार अटकलों के ये दिन ब्रिटेन द्वारा भारत के आर्थिक शोषण के मुद्दे पर एक विडम्बनापूर्ण फुटनोट हैं। प्रायः यह भुला दिया जाता है कि इंग्लैण्ड को एकजुटता किसने प्रदान की। ईस्ट इण्डिया कम्पनी द्वारा औपनिवेशिक शोषण में भागीदारी से स्कॉटलैण्ड के लोगों को उपलब्ध हुई डबलरोटी एवं मछलियों ने। इंग्लैण्ड के साथ जुड़ने से पहले स्कॉटलैण्ड ने अपने उपनिवेश बनाने के प्रयास किये थे। लेकिन उसका प्रत्येक प्रयास, मुख्य रूप से सेंट्रल अमरीका एवं कैरेबियन में, असफल रहा था। जब इंग्लैण्ड उसके हाथ में आ गया तो अनेक दूसरे अवसरों के साथ–साथ भारत भी उसके हाथ में आ गया। औपनिवेशिक उद्यम में असंख्य स्कॉट लोगों को

सैनिक, नाविक, व्यापारी, एजेण्ट एवं कर्मचारियों के रूप में नौकरियाँ दी गयीं। ब्रिटेन की जनसंख्या में स्कॉटलैण्ड के लोगों का प्रतिशत केवल 9 था परन्तु ब्रिटेन द्वारा भारत में अपनी सेवा में लिए गये स्कॉट लोगों का प्रतिशत 25 था। भारत में अर्जित धन ने स्कॉटलैण्ड को निर्धनता से उबार लिया और उसकी समृद्धि में सहायता दी। डूंडी में कारख़ानों की भरमार, ख़ूब फलफूल रहे जलपोत निर्माण के कारख़ाने और भारत में काम कर रहे स्कॉट नागरिकों द्वारा घरों में भेजा जाने वाला धन–ये सब लाभदायक सम्बन्धों का जीता–जागता प्रमाण थे। सर वॉल्टर स्कॉट ने भारत को स्कॉटलैण्ड के लिए 'मकई की तिजोरी' के रूप में वर्णित किया है। भारत के हाथ से निकल जाने से इंग्लैण्ड के साथ स्कॉटलैण्ड का सम्बन्ध ढीला पड़ रहा है...।

# अध्याय दो

# ब्रिटिश शासन ने क्या भारत को राजनीतिक एकता दी थी?

*ब्रिटेन का भारतीय एकता के सृजन का दावा–प्राचीन 'भारत की धारणा' और केन्द्रीयकरण की चाह–इतिहास के प्रति–तथ्य–राजनीतिक संस्थानों का विनाश–देश के राजाओं' का तख़्ता–पलट–ग्रामीण स्व–शासन का निर्बल होना–भारतीय सामाजिक संरचनाओं से अपरिचय–बढ़ता ब्रिटिश नियन्त्रण–शासन की संस्थाओं को समाप्त करना–स्वदेशी शासक कम्पनी से बुरे नहीं–ब्रिटिश तख़्त का अपने नगीने पर क़ब्ज़ा–साम्राज्यवादी आडम्बर एवं तड़क–भड़क–कर्ज़न एवं ब्रिटेन का आत्मसम्मान–अभारतीय सिविल सेवा–धनवान एवं कुख्यात लोगों की जीवनशैली–साम्राज्य की सेवा में भारतीय–भारतीय प्रतिभा का निष्कासन एवं दमन–चेट्टी, टैगोर, बैनर्जी, घोष–साम्राज्यवादी नस्लवाद–ब्रिटिश शासन, स्वदेशी आन्दोलन एवं महात्मा गाँधी का आगमन–मॉन्टेग–चेम्सफोर्ड 'सुधार'–महान युद्ध एवं महान विश्वासघात।*

बरतानवी स्वयं को निर्दोष सिद्ध करने के क्षणों में इस बात का उल्लेख करना पसन्द करते हैं कि भारत की राजनीतिक एकता का श्रेय उनको दिया जाना चाहिए–कि परस्पर युद्धरत अनेक रियासतों एवं राज्यों के स्थान पर एक सत्ता (अब तीन, परन्तु ब्रिटिश राज के दौरान एक) के रूप में 'भारत' की अवधारणा ही ब्रिटिश साम्राज्य के शासन का एक ऐसा योगदान है जिसे चुनौती नहीं दी जा सकती।

अगर हम इस बात को भूल जायें कि उपमहाद्वीप के सम्पूर्ण इतिहास में एकता के लिए हमेशा एक प्रबल इच्छा रही है तो बरतानवियों के इस

कथन का खण्डन कर पाना कठिन है। सम्पूर्ण भारतीय इतिहास में अनेक शासनों–मौर्य (322 ईसा पूर्व–185 ईसा पूर्व), गुप्त (320–550 ईस्वी में अपने चरम पर), मुग़ल शासन (1526–1857 ईस्वी) और अपेक्षाकृत कम सीमा तक दक्षिण में विजयनगर शासन (1136–1565 ईस्वी में अपने चरम पर) और पश्चिम में मराठा शासन (1674–1818 ईस्वी)–जिन्होंने सम्पूर्ण उपमहाद्वीप में अपने विस्तार का प्रयत्न किया, में एकता की यह इच्छा झलकती है। सम्पूर्ण भारतीय इतिहास में अव्यवस्था के प्रत्येक काल के बाद केन्द्रीकरण की इच्छा बलवती होती रही, और यदि बरतानवियों ने अपेक्षाकृत बेहतर अस्त्र–शस्त्र के साथ भारत की अव्यवस्था का पहले लाभ न उठा लिया होता तो यह पूर्णतः सम्भव था कि किसी भारतीय शासक ने वह कर लिया होता जो बरतानवियों ने किया और अधिकांश उपमहाद्वीप पर अपना शासन स्थापित कर लिया होता।

प्राचीन महाकाव्यों महाभारत एवं रामायण में व्यक्त 'भारत की धारणा' के समान यह इच्छा एवं प्रेरणा भारतीयों की उनके अपने राष्ट्र की कल्पना में भी व्यक्त होती है जिसे बीसवीं सदी के राष्ट्रवादियों ने पहचाना। इन महाकाव्यों ने भारतीय संस्कृति के ठोस और परिष्कृत सूत्रों की भूमिका निभाई है। इन्होंने उपमहाद्वीप की विभिन्न जातियों, भाषाओं और लोगों को आपस में बाँधा है और महान नायकों व नायिकाओं–जिनकी कथाएँ एक समान भावना एवं अर्थ के साथ दर्जनों अनुवादों और रूपों में सुनाई जाती थीं–के महिमामंडन में उन्हें एक सांस्कृतिक सूत्र में पिरोया है। महाभारत (लगभग 400 ईसा पूर्व से 400 ईस्वी सन् के दौरान लिखित) में पांडवों ने जो भूमि देखी थी, वह सम्पूर्ण भारत की भूमि थी। पूरे भारत में उनकी यात्राओं एवं उनकी गाथाओं से व्यक्त होता है कि महाकाव्य में उल्लिखित सभी स्थानों पर भारतीय सैकड़ों भाषाएँ एवं हज़ारों बोलियाँ होते हुए भी एक ही सभ्यता थी। भगवान राम की भारत के भीतर यात्रा और लंका के असुर राजा के विरुद्ध उनके प्रागैतिहासिक युद्ध में भी यही राष्ट्रीय विचार व्यक्त होता है।

पीछे मुड़कर देखें तो कम–से–कम तीसरी सदी ईसा पूर्व में राजा अशोक के काल तक में युगों–युगों से भारत में सांस्कृतिक एवं भौगोलिक एकता रही है। भारतीय एकता की धारणा को भौतिक साकार रूप हिन्दू ऋषि आदि शंकर ने दिया जिन्होंने धुर दक्षिण में केरल से उत्तर के छोर कश्मीर तक और पश्चिम में द्वारका से पूर्व में पुरी तक यात्रा की। ईसा

के बाद सातवीं सदी में की गयी इन यात्राओं के दौरान उन्हौंने इन सब स्थानों पर मन्दिरों की स्थापना की जो आज तक खड़े हुए हैं। भारत के 'पवित्र भूगोल' पर डायना ईक के लेखों में पवित्रता की धारणा के माध्यम से प्राप्त राजनीतिक एकता की प्राचीन धारणा का विस्तार से वर्णन किया गया है। जैसाकि ईक ने लिखा है–'भारत के लम्बे इतिहास की दृष्टि से यहाँ कुछ घड़ियों को छोड़कर राजनीतिक एवं प्रशासनिक एकता रही है। एक राष्ट्र के रूप में इसकी एकता एक साझे और श्रद्धेय भूगोल–इसके पर्वत, जंगल, नदियाँ और पर्वत की चोटियों पर स्थित धर्मस्थल...जो सब तीर्थ–यात्रा के मार्गों से आपस में जुड़े हुए हैं–पर आधरित है।'

यह एक होने का भाव विशुद्ध रूप से 'हिन्दू' धारणा भी नहीं है। शेष विश्व ने भारत को हमेशा एक ही देश के रूप में देखा है। उदाहरण के लिए, अरबवासी पूर्ण उपमहाद्वीप को 'अल् हिन्द' और समस्त भारतीयों को 'हिन्दी' मानते थे, चाहे फिर वे पंजाब, बंगाल अथवा केरल से हों। महान राष्ट्रवादी मौलाना आज़ाद ने एक बार बताया था कि किस प्रकार हज में सभी भारतीयों को एक ही प्रदेश से माना जाता था और वे भी स्वयं को ऐसा ही समझते थे। उन प्राचीन युगों में राजाओं एवं ऋषियों द्वारा साकार की गयीं ये भावनाएँ क्या आधुनिक परिवहन, सम्प्रेषण और दूरदर्शी नेताओं के माध्यम से एक राजनीतिक एकता का रूप न ले पातीं?

इन स्थापित तथ्यों को ध्यान में रखते हुए अठारहवीं सदी के उत्तरार्द्ध एवं उन्नीसवीं सदी के प्रारम्भ में ब्रिटिश उपनिवेश के एक वैकल्पिक परिदृश्य की परिकल्पना करना सम्भव हो जाता है। यह वह समय था जब मराठा शासक देश भर में अपने राज्य का विस्तार कर रहे थे और उन्हें अपनी सत्ता को सिर्फ़ नाममात्र के लिए एक मुग़ल शासक के अधीन रखना राजनीतिक दृष्टि से सुविधाजनक प्रतीत हो रहा था। भले ही मराठा शासकों ने एक कमज़ोर मुग़ल राजा के नाम भर के आधिपतित्व में देश पर शासन किया होता (जैसाकि स्वयं ब्रिटिश शासन को भी थोड़े समय के लिए करना पड़ा था), परन्तु इससे यह अनिवार्य रूप से संवैधानिक शासन में रूपान्तरित हो गया होता–जैसाकि सत्रहवीं सदी की गौरवशाली क्रान्ति एवं तदुपरान्त ब्रिटेन की संसद के सुदृढ़ होने से इंग्लैण्ड का सम्पूर्ण राजतन्त्र एक संवैधानिक राजतन्त्र में रूपान्तरित हुआ था।

ग़ैर–औपनिवेशिक विश्व के अनेक अन्य देशों अर्थात् पूरे यूरोप और

मुट्ठी भर एशियाई देशों, जिनका उपनिवेश नहीं हुआ था (मुख्य रूप से चीन, जापान एवं थाईलैण्ड), के समान भारत में भी ऐसा हो सकता था। स्वाभाविक तौर पर यह प्रक्रिया पीड़ारहित न होती; क्रान्तियाँ और सैनिक संघर्ष हुए होते; बाधाएँ एवं विवाद भी होते; परन्तु भारत के संसाधन भारत में ही रह गये होते और देश का भविष्य इसके अपने लोगों द्वारा निश्चित किया गया होता। ब्रिटिश उपनिवेशवाद के प्रारम्भ ने इस प्राकृतिक सम्भावना को बाधित किया और इसे फलने–फूलने नहीं दिया। परन्तु यह कहना कि आज की राजनीतिक एकता ब्रिटिश शासन के बिना सम्भव ही नहीं थी, बेतुकी बात है और इसके समर्थन में प्रमाण उपलब्ध नहीं हैं।

प्रति–तथ्यों को सिद्ध करना निःसन्देह असम्भव है। जो घटनाएँ वास्तव में घटी ही नहीं, उनके विषय में कोई दावा करना या बरतानवी शासन की अनुपस्थिति में भारत का कोई बिस्मार्क, माज़िनी, अतातुर्क अथवा गरिबाल्दी बनकर देश का केन्द्रीयकरण करने वाले व्यक्ति का नाम सुझाना भी सम्भव नहीं है। परन्तु यह भी सच है कि ऐतिहासिक घटनाएँ अपने पात्र स्वयं ढूँढ़ लेती हैं और यह कहना अनुचित होगा कि जो कुछ अन्य देशों में घटित हुआ, वह भारत में नहीं हो सकता था। प्रारम्भ में इतनी मिश्रित रही व्यवस्था से एक आधुनिक संवैधानिक राजतन्त्र एवं मुग़ल प्रशासनिक प्रणाली के आधार पर निर्मित एवं मराठा शासकों द्वारा संशोधित राजनीति संस्थान आवश्य ही उभर सकते थे। परन्तु ये केवल अनुमान हैं। बरतानवी आये और किसी ऐसे ग़ैर–औपनिवेशिक भारत ने स्वरूप नहीं लिया।

प्रति–तथ्य केवल सैद्धान्तिक हैं, परन्तु तथ्य वही हैं जो वास्तव में वे हैं। तथ्य स्पष्ट रूप से इस बात का संकेत करते हैं कि ब्रिटिश शासकों ने ब्रिटिश प्रभुत्व को बनाये रखने एवं उसके विस्तार के उद्देश्य से भारत में मौजूद राजनीतिक संस्थाओं को समाप्त किया; योजनाबद्ध ढंग से साम्प्रदायिक विभाजन एवं राजनीतिक भेदभाव को भड़काया।

ब्रिटिश शासक अन्ततः 1947 में जब यहाँ से गये तो वे भारत को एक कार्यशील प्रजातन्त्र के रूप में छोड़कर गये। अनेक बरतानवी भारतीय प्रजा में प्रजातन्त्र की भावना एवं क़ानून के राज का श्रेय लेते थे, चाहे भारतीयों को सही अर्थों में इनसे वंचित रखा गया हो। इस दावे की गहरी जाँच की जाने की आवश्यकता है।

## राजनीतिक संस्थाओं का विनाश

यह बहस का मुद्दा है कि ब्रिटिश साम्राज्यवादियों के प्रजातान्त्रिक मूल्य अन्य औपनिवेशकों से बेहतर थे। कुछ विद्वानों ने हाल ही में राजनीतिक शासनों के सह–सम्बन्धों के आँकड़ों के विश्लेषण के आधार पर दर्शाया है कि ब्रिटेन के अधिकांश पूर्व उपनिवेश प्रजातन्त्र हैं और एक ब्रिटिश उपनिवेश और प्रजातन्त्र में बहुत गहरा सम्बन्ध है। मायरान वेनर ने उल्लेख किया है कि 'अमरीका के देशों एवं ऑस्ट्रेलिया को छोड़कर न्यूनतम दस लाख की जनसंख्या वाला प्रत्येक देश (और लगभग सभी छोटे देश भी), जो औपनिवेशिक शासन से उभरे और जिन्होंने निरन्तर प्रजातन्त्र प्रणाली को देखा, वे पूर्व ब्रिटिश उपनिवेश हैं।' (ऐसे भी ब्रिटिश उपनिवेश रहे हैं जिनमें प्रजातन्त्र प्रणाली निरन्तर नहीं रही अपितु उनमें सैनिक तानाशाही के कालखण्ड रहे हैं; इनमें पाकिस्तान और बांग्लादेश भी शामिल हैं)। अतः ऐसा प्रतीत होता है कि ब्रिटिश अपने विचारों पर खरा उतरने में कितने ही असफल रहे हों, उन्होंने 1776 में अमरीकियों को 'अंग्रेज़ होने का अधिकार' देने से इनकार करने के समान भारतीयों को भी कितनी ही सख़्ती से अपने अधिकारों से वंचित रखा हो, उन्होंने अपने पूर्व उपनिवेशों में प्रजातन्त्र की प्रकृति का इतना संचार किया कि वे उनके नियन्त्रण से निकलने के बाद भी प्रजातन्त्र बने रहे।

परन्तु ब्रिटिश शासन के वास्तविक इतिहास से ऐसा कोई संकेत नहीं मिलता कि यह उनकी किसी नीति या व्यवहार का हिस्सा था।

1757 के बाद के वर्षों में बरतानवी शासकों ने चालाकी से भारतीय राजाओं के बीच विभाजन को उकसाया और धीरे–धीरे अपने प्रभुत्व को सुदृढ़ कर लिया। इस नीति को 1858 के बाद 'बाँटो और राज करो' कहा गया। उस समय पर यह विशुद्ध रूप से एक राजनीतिक हथकंडा था और कम्पनी ने जिस विभाजन को प्रोत्साहित किया, वह किसी धार्मिक अथवा सामाजिक विचारधारा पर नहीं अपितु पूर्णतः लालसा एवं आत्म–विकास की इच्छा पर आधारित था। कम्पनी की मदद से राजसी वर्ग के एक चचेरे–ममेरे भाई को दूसरे के विरुद्ध खड़ा कर दिया जाता। प्रायः मात्र यही उद्देश्य होता था कि कौन ब्रिटिश शासकों को अधिक पैसा देगा। वफ़ादारियाँ ख़रीदी जा सकती थीं और कई बार तो एक बार से अधिक। इस प्रकार जैसाकि हमने देखा है, 1757 में क्लाइव ने एक बड़ी धनराशि

लेकर मीर जाफ़र को बंगाल की गद्दी पर बैठा दिया था। यह प्लासी के युद्ध में पूर्व नवाब सिराजुद्दौला के साथ किये गये विश्वासघात का पुरस्कार था। क्लाइव के उत्तराधिकारियों ने कुछ कम राशि लेकर (क्योंकि यह रक़म उन्हें मिली थी, न कि क्लाइव को) मीर जाफ़र को गद्दी से उतारकर उसके स्थान पर मीर क़ासिम को राजपाठ सौंप दिया। तीन वर्ष बाद उन्होंने ही जाफ़र को पुनः शासन सौंप दिया, क्योंकि इस बार मीर जाफ़र ने बरतानवियों को मीर क़ासिम की तुलना में ढाई गुणा अधिक रक़म दी थी। इसके दो वर्ष बाद उन्होंने मीर जाफ़र को एक बार फिर गद्दी से हटाने के लिए नज़ीमुद्दौला से पैसा ले लिया। इस प्रकार की रिश्वत, बहकाने–फुसलाने और शासन करने की प्रणाली कम्पनी के मुख्य उद्देश्यों को देखते हुए समझ में भी आती है। इन्हीं तरीक़ों से ईस्ट इण्डिया कम्पनी भारत में अपनी जड़ें जमाती चली गयी। परन्तु यह उन्नीसवीं शताब्दी के लगभग समाप्ति के समय से और अधिक छलपूर्ण 'बाँटो और शासन करो' की नीति का पूर्व संकेत था। इस नीति ने विभाजनों के आधार पर भारतीयों को भारतीयों के विरुद्ध ही भड़का दिया और देश के सामाजिक सद्भाव को दूरगामी क्षति पहुँचाई।

जिन राजाओं के नाम की आड़ में ईस्ट इण्डिया कम्पनी शासन करती थी, उन्हें गद्दी पर बैठाने और हटाने की बर्बर नीति में भारत में पहले से मौजूद राजनीतिक संस्थाओं के प्रति किसी तरह की सम्मान भावना नहीं थी, नये युग की चुनौतियों का सामना करने के लिए विकास की आवश्यकता के लिए तो दूर की बात। इससे भारत की राजनीतिक संस्थाओं की कमज़ोरी और गहरी होती चली गयी। 'स्थायी उपनिवेश' के अंग के रूप में बरतानवी शासकों ने ग्रामीण समुदायों को भी शक्तिहीन कर दिया, क्योंकि वे राजस्व उगाही को बढ़ाने के लिए प्रत्येक स्थानीय प्रमुख के साथ सीधे सम्बन्ध रखते थे। उन्होंने ग्रामीण समुदायों द्वारा अपने क्षेत्राधिकार में निष्पादित की जाने वाली न्यायिक एवं कार्यकारी शक्तियों का भी केन्द्रीयकरण कर दिया। कम्पनी के पर्यवेक्षकों द्वारा लिखी गयी रिपोर्टों में ग्रामीण समुदायों का स्व–शासन करने वाले गणतन्त्रों एवं कार्यशील आर्थिक इकाइयों के रूप में वर्णन किया गया है, जो उपनिवेश से पूर्व एक व्यापक विश्व बाज़ार से जुड़े हुए थे और जिन्होंने केन्द्र में चाहे कोई भी सत्ता आये और जाये, हमेशा स्व–शासन ही किया था।

यह याद रखना महत्त्वपूर्ण है कि ये गाँव किसी प्रकार के अलग–थलग देहात नहीं थे अपितु ये सक्रिय और कार्यशील राजनीतिक व आर्थिक इकाइयाँ भी थे। एक प्रसिद्ध अंग्रेज़ प्रशासनिक सेवा अधिकारी ने लिखा है : 'भारत में ग्रामीण व्यवस्था एक ऐसा संघटन है जो अनेक वर्षों की अराजकता और आक्रमणों के बाद भी अस्तित्व में था और जब हमने भारत पर विजय पायी तो यह पूर्ण उत्साह से काम कर रहा था।' जो लोग इस विषय पर और अधिक पढ़ना चाहते हैं, वे सर हेनरी सम्बर मेन की पुस्तक 'इण्डियन विलेज कम्युनिटीज' में यह देख सकते हैं। स्व–शासन को ग्रामीण स्तर से ऊपर उठाने की बजाय, जैसाकि बरतानवी ईमानदार और निष्कपट होने की स्थिति में कर सकते थे, कम्पनी ने जो पहले से था, उसे भी नष्ट कर दिया; और जब अन्ततः साम्राज्य ने देश को अपने नियन्त्रण में लिया तो ऊपर से प्रारम्भ कर सरकारी सत्ता को छोटे–छोटे भागों में अनिर्वाचित प्रान्तीय और केन्द्रीय विधान परिषदों को सौंप दिया। इन परिषदों के सदस्य एक छोटे–से शिक्षित प्रबुद्ध वर्ग का प्रतिनिधित्व करते थे। उनकी जनता के प्रति कोई जवाबदेही नहीं थी। उन्होंने न तो कोई अर्थपूर्ण क़ानून बनाये और न ही अपनी वास्तविक शक्ति का प्रयोग किया। वे इसी बात से सन्तुष्ट रहे कि सरकार ने उनसे परामर्श लिया है, चाहे उन्होंने कोई वास्तविक निर्णय न लिये हों।

एक समस्या यह भी थी कि बरतानवी भारतीय सामाजिक संरचनाओं से परिचित नहीं थे, जिनके अपने गाँव ज़मींदारों के साथ अधिकतर सामन्तवादी सम्बन्धों का सामना कर रहे थे। एक प्रकार से साम्राज्य बरतानवियों द्वारा अपने नियन्त्रण में लिये गये उपनिवेशों में ब्रिटिश सामाजिक संरचनाओं के विस्तार का वाहन था। ब्रिटिशों द्वारा अपने उपनिवेशों में बनाई गयी सामाजिक–राजनीतिक संरचनाएँ मुख्य रूप से इंग्लैण्ड की पारम्परिक, व्यक्तिवादी, असमान एवं वर्गवाद से प्रभावित समाजिक व्यवस्था का ही प्रतिबिम्ब थीं। साम्राज्य के शिल्पकारों ने अपने ज्ञान के अनुसार टोरी इंग्लैण्ड के ग्रामीण क्षेत्र का पुनः सृजन करने का प्रयास किया, जहाँ पर सोलहवीं सदी से स्थानीय सरकार को उच्च सामाजिक प्रतिष्ठा वाले लोगों द्वारा नियन्त्रित किया जा रहा था और शासन स्थापित ज़मींदार वर्ग द्वारा किया जा रहा था। ब्रिटिश शासन द्वारा भारत में उखाड़ी गयी स्वायत्त ग्रामीण सरकारों के विपरीत अंग्रेज़ों के गाँव पारम्परिक ज़मींदारों के हाथ में थे

और उनके मुखिया व महत्त्वपूर्ण लोगों को उनके साथ सम्बद्ध अभिजात वर्ग सहयोग देता था। अंग्रेज़ों ने अपने उपनिवेशों के पारम्परिक समाजों में भी ऐसी ही संरचनाएँ ढूँढ़ने का प्रयास किया और जब उन्हें वे मिली नहीं तो उन्होंने लगभग उसी तर्ज़ पर नयी गठित कर दीं। इस प्रकार सरकार की 'अप्रत्यक्ष शासन' प्रणाली का जन्म हुआ जिसमें लगभग साम्राज्य की ही विशिष्टताएँ थीं और शक्तियाँ ब्रिटिश 'जेंटलमैन' के खाँचे में ढले उच्च वर्ग के हाथ में थीं। उनके द्वारा किये जाने वाले काम के लिए अनेक को ब्रिटिश शासन द्वारा आविष्कृत 'राय बहादुर' अथवा 'नाइट' (और कुछ मामलों में अभिजात वर्ग में शामिल करना) की भी उपाधि दी जाती थी। यह व्यवस्था साम्राज्य के लिए कम ख़र्चीली थी और उनके अपने देश की व्यवस्था के समान इसे ग़ैर–पेशेवर लोगों द्वारा चलाया जाता था। इस प्रकार ऐसे भारतीयों का एक पेशेवर वर्ग तैयार करने की आवश्यकता नहीं थी जिसके राजनीतिक अधिकार हों और फिर वह उनका निष्पादन करने की माँग करे।

ब्रिटिश व्यवस्था, जिससे भारत बिल्कुल परिचित नहीं था, ने दीर्घकालीन क्षति की। इतिहासकार जॉन विल्सन का तर्क है कि भारत में एक गतिशील आर्थिक व राजनीतिक व्यवस्था थी–'छोटी–छोटी संस्थाओं का एक समाज'–जहाँ शासक एवं शासित के बीच निरन्तर समझौते की प्रथा थी। भारत के गाँव सुखद एकान्त में वास कर रहे आत्मनिर्भर गणतन्त्र नहीं थे। वे परस्पर सम्बद्ध थे। यह तो भारतीय उद्योगों के विनाश ने लोगों को पुनः कृषि की ओर लौटने एवं उस पर ध्यान देने के लिए विवश किया, जिसके परिणामस्वरूप एक अतिरिक्त कृषि समाज का जन्म हुआ और किसानों को बेदखल करने की समस्या उत्पन्न हुई। 1800 के प्रारम्भ में भारत एक उन्नतिशील एवं जटिल व्यवसायिक नेटवर्क में काम कर रहे दस्तकारों, व्यापारियों, योद्धाओं और सौदागरों की भूमि से किसानों एवं महाजनों का मात्र कृषि समाज बनकर रह गया। व्यापक अध्ययनों द्वारा दर्शाया गया है कि किस प्रकार ब्रिटिश शासकों ने भूमिहीनता उत्पन्न कर दी, आत्मनिर्भर किसानों को काश्तकारों, कर्मचारियों एवं दासों में बदल दिया, सामाजिक सम्बन्धों का स्वरूप बदल दिया, और परिणामस्वरूप कृषि उन्नति व विकास को कम कर दिया। ऐसी नीतियों का प्रभाव आज तक बना हुआ है और इसने भारत के विकास पर विकृत कर देने वाला प्रभाव

डाला है। उदाहरण के लिए बैनर्जी और अय्यर ने दर्शाया है कि किस प्रकार ब्रिटेन के उपनिवेश की नीतियों के चयन ने आर्थिक परिणामों को बदल दिया—'जिन क्षेत्रों में भूमि पर मालिकाना अधिकार ऐतिहासिक रूप से ज़मींदारों को दिये जाते थे, उनमें उन क्षेत्रों, जहाँ के अधिकार काश्तकारों को दिये जाते थे, की तुलना में स्वतन्त्रता प्राप्ति के बाद के काल में कृषि निवेश और उत्पादकता अत्यधिक कम है। उपनिवेश में हुआ कोई काम ऐसा नहीं था, जिससे लोग प्रभावित न हुए हों; ब्रिटिश शासन ने जो कुछ किया, उसकी गूँज आज तक सुनाई दे रही है।'

भारत में ब्रिटिश साम्राज्य के विस्तार के मूल में अनेक प्रेरणाएँ एवं अनुमान थे—जैसाकि हमने उल्लेख किया है, सीमापार व्यावसायिक प्रलोभन और लाभों व हितों की रक्षा के लिए राजनीतिक शक्ति को संचित करने की आवश्यकता। परन्तु इबीरिया की अमरीका पर विजय के दौरान सर्वाधिक स्पष्ट एवं कठोर शब्दों में व्यक्त किया गया वर्गवादी यूरोपीय सिद्धान्त इसके मूल में था कि 'विधर्मी भारतीय राष्ट्र वैध प्रभुसत्ता होने का दर्जा प्राप्त करने के योग्य नहीं है'। अमरीका में यूरोपीय व्यापारियों के प्रति विरोध एवं ईसाई धर्म का प्रतिरोध न्यायोचित युद्ध का पर्याप्त कारण समझे जाते थे, जिसमें क्षेत्रीय विजय एवं हारने वाले की दासता को उचित ठहराया जाता था। भारत में यह तर्क स्पष्ट रूप से उतना चलन में नहीं था। बरतानवी शासकों की धारणाएँ पश्चिम में अपने यूरोपीय सहयोगियों के समान ही थीं।

प्रारम्भ में गद्दी का खेल शासक के रूप में कम्पनी का आश्रय प्राप्त नवाबों को आधिकारिक शासक के रूप में सामने रखकर खेला जाता था। ऐसा इसलिए था कि 1764 में कम्पनी का आधिकारिक दर्जा पूर्वी भारत में तीन प्रमुख मुग़ल प्रान्तों के राजस्व प्रशासक का था। जैसाकि एक सहमे हुए और कमज़ोर मुग़ल शासक के आदेश से स्पष्ट होता है, यह दीवानी उसके द्वारा जारी की गयी। रॉबर्ट क्लाइव ने 27 जनवरी, 1764 को ईस्ट इण्डिया कम्पनी के बोर्ड ऑफ़ गवर्नर्स को लिखे अपने पत्र में अपनी भूमिका स्पष्ट करते हुए लिखा है कि : 'हमें नवाब के नाम की छाया में छिपा हुआ झरना समझा जा सकता है जो मूलभूत संविधान से छेड़छाड़ किये बिना सरकार के इस व्यापक तन्त्र को गोपनीय ढंग से गति प्रदान कर रहा है। हम धीरे–धीरे अपनी शक्ति में बढ़ोतरी और उसकी शक्ति में

कमी करने के उद्देश्य को उसके विशेषाधिकारों का अतिक्रमण किये बिना पूरा कर रहे हैं। सम्पूर्ण सिविल प्रशासन, न्याय व्यवस्था, कार्यालयों के काम का निपटान और वे समस्त प्रभुसत्तात्मक अधिकार जो उसके सम्मान का आधार हैं, नवाब के हाथ में है–जो हमारे बीच सर्वाधिक सुविधाजनक बाधा भी है और अन्य यूरोपीय कालोनियों की ईर्ष्या का कारण भी।

यूँ भारत में ब्रिटिश सत्ता की सर्वोच्चता की सच्चाई पहले ही स्पष्ट हो चुकी थी, जिसका श्रेय भारतीय राजाओं पर ईस्ट इण्डिया कम्पनी की अनेक सैनिक विजयों और उसकी अधीनता को स्वीकार करने वाली असमान सन्धियों को जाता था। ईस्ट इण्डिया कम्पनी के साथ कुछ वर्षों तक काम करने वाले एक बड़े व्यापारी विलियम वोल्ट्स ने 1772 में लिखा था कि कम्पनी व्यापारियों के एक निरंकुश गुट, जिसने प्रभुसत्ता होने का दर्जा हड़प लिया था, से अधिक कुछ नहीं थी। बंगाल का नवाब 'वेतनभोगी नौकर' से कुछ ही अधिक था और मुग़ल शासक एक पेंशनभोगी और 'उनकी शक्ति का माध्यम मात्र' था। वोल्ट्स के अनुसार, राजस्व प्रशासन का दर्जा दिखावा मात्र था, जो कम्पनी एवं उसके नौकरों के निजी उद्देश्यों के लिए नयी प्रान्तीय परिसम्पत्तियों के अधिग्रहण को वैध रूप प्रदान करता था। ब्रिटिश इतिहासकार एडवर्ड थॉम्पसन का तर्क है कि 1819 में लॉर्ड लेक द्वारा मराठा शासकों को पराजित करने बाद 'सिर्फ़ मूर्खता या ढोंग या अतिधूर्तता से यह दिखावा किया गया कि ईस्ट इण्डिया कम्पनी सर्वोच्च शक्ति नहीं थी या कोई भारतीय राजा इसके बराबर था।'

इन सबके ऊपर भारत का गवर्नर जनरल था, जो ईस्ट इण्डिया कम्पनी द्वारा नियुक्त एक एक्ज़ीक्यूटिव था, परन्तु वास्तव में वह सबका राजा था। डेलरिम्पल ने एक तत्कालीन टिप्पणीकार के हवाले से लिखा है : 'सभी मानवीय स्थितियों से सर्वाधिक भव्य और साथ ही सर्वाधिक असंगत भी ब्रिटिश भारत के गवर्नर जनरल की स्थिति है। एक सामान्य अंग्रेज़ सज्जन और संयुक्त स्टॉक कम्पनी का नौकर, विश्व के सबसे बड़े साम्राज्य में तैनात किया गया सर्वोच्च अधिकारी है; दस करोड़ लोगों का शासक; उसके अधीन राजा–महाराजा आदर, भय और समर्पण से उसके सामने सिर झुकाते हैं। इतिहास में उसका कोई सानी नहीं है...।'

ब्रिटिश सत्ता के विस्तार की अनियमित प्रवृत्ति ने भारतीय शासन संस्थाओं का ख़ात्मा कर दिया। 1746 और 1763 के बीच कम्पनी ने तीन

कर्नाटक युद्ध लड़े। स्थानीय प्रभुत्व की इच्छा के साथ–साथ फ्रांस पर अपनी वरिष्ठता साबित करने का संकल्प इसका संयुक्त कारण था। उसी समय यूरोप में भी ऐसे ही युद्ध चल रहे थे। अपने अनेक विजय अभियानों के दौरान कम्पनी ने भाड़े के सिपाहियों और विभिन्न प्रकार के सशस्त्र समूहों का प्रयोग करने में कोई संकोच नहीं किया। विद्वान ईस्ट इण्डिया कम्पनी को 'सैनिक संरक्षण शासन' के उदाहरण के रूप में देखते हैं, जिसने बिना किसी औपचारिक अथवा संस्थागत संरचनाओं पर ध्यान दिये जंगली योद्धा कबीलों को अपना संरक्षण दिया। कम्पनी सैनिकों को उनकी सेवाओं के बदले में अनिवार्य वस्तुओं की ख़रीद के लिए भुगतान करती थी तथा उनके सहयोग को सुनिश्चित करने के लिए उन्हें अन्य लाभ भी प्रदान करती थी। आज की भाषा में कहें तो हिंसा का ठेका शासन से बाहर के लोगों को दे दिया जाता था। इन तरीक़ों ने भारत पर ब्रिटेन की जीत को एक अनौपचारिक और ग़ैर–संस्थागत स्वरूप प्रदान कर दिया और देश में राजनीतिक संस्थाओं के सामान्य विकास की सम्भावना कम होती चली गयी।

खुले घूमने वाले भाड़े के सिपाहियों से भारत को बहुत क्षति पहुँची। उदाहरण के लिए, लॉर्ड कॉर्नवेलिस के पास अनियमित घुड़सवार यूनिटों को नियमित रूप से राशन प्रदान करने के संसाधन नहीं थे, अतः उसने उन्हें अपने भरण–पोषण के साधन ढूँढ़ने का आदेश दे दिया। इससे आगे बढ़ती सैनिक टुकड़ियों द्वारा लूटपाट एवं फिरौती की घटनाएँ बढ़ीं जिससे देश की जनता के कष्ट और बढ़ गये। वैसे देशवासियों का कल्याण कम्पनी की प्राथमिकता कभी भी नहीं रहा था। कम्पनी से जुड़ी इन स्वतन्त्र योद्धा टुकड़ियों एवं भाड़े के सिपाहियों ने कुछ भी लूट लेने के लाइसेंस का भरपूर लाभ उठाया। इसे भारत में अच्छे शासन में ब्रिटेन का योगदान नहीं कहा जा सकता।

विस्तार का यह तरीक़ा बहुत देर तक चलने वाला नहीं था, जिसका श्रेय कम्पनी की असन्दिग्ध सैनिक वरिष्ठता को जाता था। क्लाइव ने एक बार जिन्हें 'अन्य यूरोपीय उपनिवेश' कहा था, वे सब उखाड़ दिये गये थे अथवा उन्हें उनकी औक़ात दिखा दी गयी थी। कम्पनी, जो अभी भी एक व्यापारिक निगम थी, को देशी राजाओं को पदच्युत करने और उनके राज्य को अपने शासन में मिला लेने का कुछ भी खेद नहीं था। महारानी

विक्टोरिया ने 1858 की उद्घोषणा के माध्यम से जब राज का दायित्व सँभाला तो उसका यह प्रयत्न रहा कि भारत के पारम्परिक शासकों को उनके स्थान पर अपने अधिकारों के साथ रहने दिया जाये, परन्तु उन्हें ब्रिटिश शासन के अधीन रखा जाये। (ब्रिटेन ने राजाओं के दरबार में अपना एक अधिकारी तैनात कर दिया, जिसे वे 'द रेजिडेंट' का साधरण–सा नाम देते थे। यह भी बरतानवियों द्वारा अपनी कठोर सत्ता की वास्तविकता पर पर्दा डालने का एक और उदाहरण था।)

बरतानवी शासकों ने एक सदी तक धीरे–धीरे भारत की सत्ता हथियाने के दौरान जहाँ–जहाँ अपने अधीन लिये गये राजाओं के क्षेत्र को अपने क़ब्ज़े में नहीं लिया, वहाँ उन्होंने उनसे एक असमान सन्धि पर हस्ताक्षर करवाये। इस अध्याय में जैसाकि मैंने उल्लेख किया है, बरतानवियों द्वारा भारत पर शासन करने के तौर–तरीक़ों का यह मिश्रण दूर–दूर तक भारत की राजनीतिक संस्थाओं के विकास के अनुकूल नहीं था और न ही इसमें नाममात्र के उन शासकों, जिनके नाम पर तथाकथित रूप से शक्ति का प्रयोग किया जाता था, के प्रति कुछ सम्मान ही था।

यहाँ पर इस मिथ्या दावे या ग़लतफ़हमी को ख़त्म कर देना भी उचित होगा कि कम्पनी की चाहे जो कमियाँ और त्रुटियाँ रही हों, इसका शासन बरतानवियों द्वारा उखाड़े गये तथाकथित लोभी राजाओं के शासन से बुरा नहीं था। यह स्पष्ट झूठ है। 1857 से पहले बरतानवी शासन के अधिकतर विजय अभियान एवं विस्तार देश के कल्याणकारी या ऐसे देशी शासकों के विरुद्ध थे जो दमनकारी नहीं थे। तीन शासकों के नाम लें तो मराठा पेशवा, मैसूर के शासक एवं शतरंज खेलने वाले अवध के नवाब के विरुद्ध कुशासन के कोई आरोप नहीं थे। वे बस इतने शक्तिशाली थे कि औपनिवेशिक शासकों के लिए यह असुविधाजनक था या वे इतने धनवान थे कि धनलोलुप ब्रिटिश शासकों की दृष्टि से बच नहीं सके। (निःसन्देह उस समय भारत में अच्छे शासन के, विशेष रूप से ट्रेवनकोर, सहित कई श्रेष्ठ उदाहरण मौजूद थे, जहाँ 1819 में लड़कों व लड़कियों दोनों को सर्वमुखी, अनिवार्य एवं निःशुल्क प्राथमिक शिक्षा प्रदान करने वाली विश्व की प्रथम सरकार थी।) बरतानवियों ने अपने द्वारा पदच्युत किये गये शासकों के विरुद्ध जो आरोप लगाये हैं, वे मिथ्या हैं। 1907 में किये गये एक अध्ययन से यह निष्कर्ष सामने आया है–'अतीत की निराशावादिता का

इसके अतिरिक्त कोई आधार नहीं मिलता कि वे यूरोपीय तौर–तरीक़ों को, चाहे कितनी ही बेईमानी से, बेहतर प्रदर्शित करने के लिए उत्सुक थे।' जहाँ बरतानवियों द्वारा लगाये गये कुशासन के आरोपों में कुछ सत्यता है तो वह भी मुख्य रूप से उन शासकों के विरुद्ध है जिन्हें या तो उन्होंने स्वयं अधिष्ठापित किया था अथवा जो बीसवीं सदी के ऐसे राजा थे जो एटन और हैरो से शिक्षा प्राप्त थे और उन्हें अपने सांस्कृतिक परिवेश से हटाकर अपनी ही भूमि पर विदेशी बना दिया गया था।

इसका अर्थ यह नहीं है कि उपनिवेश–पूर्व के भारत में निरापवाद रूप से अच्छा शासन था–जैसाकि हम जानते हैं, तब भारत विघटन और अस्त होते मुग़ल शासन के दौर से गुज़र रहा था और अनेक स्थानों पर परिस्थितियाँ निरंकुशता के वातावरण जैसी हो गयी थीं–मेरा उद्देश्य मात्र इस धारणा का खण्डन करना है कि बरतानवी लोलुपता को उस समय के अधिकतर भारतीयों ने सुधार माना होगा। ब्रिटिश औपनिवेशिक विस्तार की अवधि के दौरान भारत के बहुत–से भागों से पर्याप्त अच्छी एवं लोकप्रिय सरकारों को हटा दिया गया और इसके पीछे ब्रिटिश शासन के जो उद्देश्य थे, वे कुल मिलाकर पदच्युत किये गये शासकों की तुलना में कहीं अधिक निन्दनीय थे।

## ब्रिटिश तख़्त का अपने नगीने पर क़ब्ज़ा

भारत में कम्पनी शासन के दौरान कुव्यवस्था का आरोप अखण्डनीय है। यह बहुत–से अन्य लोगों के विवरणों के साथ–साथ एडमण्ड बुर्क द्वारा वॉरेन हेस्टिंग्स पर प्रसिद्ध दोषारोपण, मैकॉले द्वारा 'नवोबों' के लोभ की निन्दा एवं स्वयं क्लाइव की आत्महत्या से प्रमाणित हो जाता है। लेकिन महारानी (ब्रिटिश तख़्त) द्वारा अपने साम्राज्य के 'नगीने' (भारत) का राजपाठ सँभाल लिए जाने के बाद तस्वीर थोड़ी बदल जाती है। 1858 में रानी विक्टोरिया की उद्घोषणा के साथ, बरतानवियों ने भारत में अपने शासन के लिए यह तर्क दिया कि वे 'केवल भीतरी शान्ति एवं अच्छे शासन से प्राप्त होने वाली समृद्धि एवं सामाजिक विकास...' की प्राप्ति के लिए शासन करेंगे। महारानी ने आगे जोड़ते हुए इसे 'भारत के शान्तिपूर्ण उद्योग को अनुप्राणित करने, जन–उपयोगिता एवं सुधार के कार्यों को बढ़ावा देने और इसमें रहने वाली हमारी समस्त प्रजा के हितों के लिए शासन करने की

तीव्र इच्छा' बताया। 'उनकी समृद्धि हमारी शक्ति, उनकी सन्तुष्टि हमारी सुरक्षा और उनकी कृतज्ञता हमारा पुरस्कार होगी।' उन्होंने आगे जोड़ा।

'हम आपकी अपनी भलाई के लिए शासन कर रहे हैं' वाली विचारधारा का यह एक झकझोर देने वाला घोषणा-पत्र था, जिसका कम-से-कम घोषित लक्ष्य ईस्ट इण्डिया कम्पनी के निर्लज्ज लोभ से बहुत दूर था। बेंजामिन डिसरायली द्वारा ब्रिटिश राज को एक नया स्वरूप प्रदान किया गया। 1877 के राज्याभिषेक के साथ महारानी साम्राज्य के एक अंग के रूप में भारत की भी सम्राज्ञी बन गयीं। अब सबसे नया और सर्वाधिक चमचमाता हुआ नगीना भारत उसके मुकुट में था और उसका प्रभुत्व विश्वभर में अभूतपर्व सीमा तक फैल चुका था। साम्राज्य के लिए इससे जुड़ी भव्यता की अनुभूति बहुत महत्त्वपूर्ण थी। भारत में बरतानवियों ने इसके प्रदर्शन पर असीमित व्यय किया, परन्तु इस भड़कीली चमक-दमक के पीछे भी साम्राज्य का अपना एक उद्देश्य था। जेन मॉरिस के मतानुसार बरतानवी 'देश के लोगों को चकित कर देना और आंशिक रूप से स्वयं को सुदृढ़ करना चाहते थे। राजा-महाराजाओं के इस देश में उन्होंने राजपाठ से जुड़ी रहस्यात्मकता और चकाचौंध को अपने प्रभुत्व के एक शस्त्र के रूप में प्रयोग किया।'

इस 'स्तब्ध व चकित करने' की नीति का पालन करते हुए राजसी समारोह के उपलक्ष्य में तीन दरबार लगाये गये। 1887 में रानी विक्टोरिया को भारत की सम्राज्ञी का मुकुट पहनाने के अवसर पर भव्य शानो-शौकत वाले राजसी दरबार की अध्यक्षता वाइसराय लॉर्ड लिटन ने की; 1903 में नववर्ष दिवस पर एडवर्ड सप्तम का लॉर्ड कर्ज़न के और भी भव्य दरबार में राज्यारोहण किया गया; और अन्ततः 1911 में किंग जॉर्ज पंचम और रानी मैरी का नयी राजधानी दिल्ली में स्वागत करते हुए राजसी दरबार लगाया गया।

इस धूमधाम के चरम पर ब्रिटिश सरकार ने दिल्ली में अत्यन्त प्रभावशाली नयी राजसी राजधानी नयी दिल्ली का योजनाबद्ध निर्माण किया। फ्रांसीसी राजनेता जॉर्ज क्लीमेन्सी इसे देखकर चकित रह गये और उन्होंने इसे साम्राज्य की मूर्खताओं की लम्बी क़तार में नवीनतम मूर्खता बताया। ऐसा कहा जाता है कि जब उन्होंने 1920 में उसी क्षेत्र में सात पुराने नगरों के मलबे के बीच अर्धनिर्मित नयी दिल्ली को देखा तो टिप्पणी की, 'यह इन

सब खण्डहरों में सबसे अधिक शानदार खण्डहर होगा।' वर्षों बाद प्रबन्धन सिद्धान्तवादी सी. नॉर्थकोट पार्किन्सन ने नयी दिल्ली के निर्माण को अपने 'दूसरे नियम' (संस्थाएँ अप्रासंगिकता के गर्त में खोने से पहले अपने भव्य स्मारक बनाती हैं) के अनेक उदाहरणों में से एक बताया।

मॉरिस ने लॉर्ड कर्ज़न द्वारा दिल्ली में आयोजित राजसी दरबार का विस्तार से वर्णन किया है, जहाँ हाथियों और तुरहियों के बीच हीरे–जवाहरात से सजे महाराजा सम्मान व्यक्त कर रहे थे और उपमहाद्वीप के चारों कोनों से जनता राजसी पोशाकों को देखने के लिए जुटी थी, 'रंगमंच सजीव हो उठा था।' यह पर्याप्त उचित था कि कर्ज़न ने चलचित्रों की तत्कालीन नयी प्रौद्योगिकी के प्रयोग से दरबार की फ़िल्म भी बनवा ली थी। (यद्यपि महात्मा गाँधी ने अपनी आत्मकथा में टिप्पणी की है कि अनेक महाराजा को अपने सिंहासनों एव विशेषाधिकारों को बचाये रखने और बरतानवियों को खुश करने के लिए जिस सीमा तक जाना पड़ता था और जैसी जटिल वेशभूषा एवं तड़क–भड़कपूर्ण आभूषण उन्हें पहनने पड़ते थे, उससे निजी तौर पर वे सब खुश नहीं थे।)*

विनाशकारी अकाल के केवल दो ही वर्ष बाद कर्ज़न द्वारा आयोजित सर्वाधिक भव्य दरबार वाइसराय के रूप में साम्राज्य की भव्यता का चरम था। जेन मॉरिस ने जिसे कर्ज़न की 'भव्यता के प्रति रुचि एवं निएल फर्ग्यूसन ने 'टोरीवादिता' कहा है, वह उसके वाइसराय के पद का अभिन्न अंग थी। इसे वह जिस प्रकार और जिस अधिकार के साथ व्यवहार में लाता था, वह एक पुराने ब्रिटिश अभिजात वर्ग के वशंज के रूप में बिल्कुल उपयुक्त थी। (उसका परिवार 800 वर्ष पूर्व ब्रिटेन के विजयी नॉर्मेन आक्रमणकारियों का वंशज था)। कर्ज़न का सार्वजनिक जीवन लम्बे समय से बेलिऑल की चार पंक्तियों की तुकबन्दी से प्रभावित था, जो बेलिऑल ने कर्ज़न के ऑक्सफोर्ड के विद्यार्थी काल में लिखी थीं। कर्ज़न को जब भी कोई नयी नियुक्ति प्राप्त होती थी तो लोकप्रिय प्रेस उन पंक्तियों का उल्लेख करना नहीं भूलती थी : 'मेरा नाम है जॉर्ज नेथेनियल कर्ज़न / व्यक्तियों में सबसे

* केवल महाराजाओं को ही कष्ट नहीं उठाने पड़े थे। प्रत्येक भारतीय स्कूली बच्चा भी भारतीयों पर थोपी गयी बरतानवी पोशाक संहिता के प्रभाव–विशेष रूप से करोड़ों स्कूली बच्चों के लिए भारत की पसीने से तर–बतर कर देने वाली गर्मी में आज भी स्थायी फंदे के रूप में टाई–पर ज़रूर रोता होगा।

उत्तम/मेरे बाल हैं काले, चिकना है चेहरा/हर सप्ताह मैं ब्लेनहेम में भोजन करता हूँ।* स्नातक–पूर्व कक्षाओं के इस हास्य–गीत ने यदि उसे अमर कर दिया है तो उसके वाइसराय के पद ने भी ऐसा ही किया है, जो उसके अन्ततः निराशाजनक रहे राजनीतिक कैरियर में उसकी प्रत्येक उपलब्धि को ग्रहण की भाँति निस्तेज करता रहा है। कर्ज़न की बचपन से ही वाइसराय बनने की इच्छा थी और उसने इसके साथ साम्राज्यवादी भव्यता को भी जोड़ दिया, जिसे वह कार्य व जीवन–शैली दोनों स्तरों पर अमल में लाता था।

कर्ज़न ने जिस कार्य–शैली को अपने चरम पर पहुँचाया, उसे ब्रिटिश लेखक डेविड कैनेडाइन ने 'अलंकारवाद' कहा है। कैनेडाइन के शब्दों में कर्ज़न 'आडम्बरपूर्ण प्रबन्धक' था। कैनेडाइन ने एक पूरी पुस्तक इस विषय को समर्पित की है कि ब्रिटिश साम्राज्य 'पुरातनता एवं विसंगतियों, परम्परा व सम्मान, आदर्श एवं अधीनता, महिमा एवं शौर्य, घोड़ों व हाथियों, 'नाइट' की उपाधि प्राप्त एवं समकक्षों, जुलूसों व आयोजनों, बढ़िया टोपों व रोएँदार श्वेत लबादों; प्रमुखों व अमीरों; सुलतानों व नवाबों, वाइसराय एवं राज्यपालों, सिंहासनों एवं मुकुटों, शासन एवं पदानुक्रम, आडम्बर एवं अलंकरणवाद का पर्याय था।' ऐसा ठीक अन्तिम समय तक जारी रहा, जब अन्तिम वाइसराय लॉर्ड लुइस माउण्टबेटन की तड़क–भड़कपूर्ण पोशाक राजनीतिक शक्ति पर उसकी ढीली पड़ती पकड़ के विपरीत अनुपात में दिखाई देती थी।

ब्रिटिश केवल अपनी रानी के प्रति सम्मान अर्जित करने के लिए ही इस आडम्बर व धूमधाम में संलिप्त नहीं रहे, अपितु उन्होंने इसे भारत में भी विस्तार देते हुए 'देशी राजाओं को सम्मान' प्रदान किया और कुछ अन्य लोगों को अभिजात वर्ग में शामिल करके आडम्बरपूर्ण और कृत्रिम आभिजात्य परम्परा को बढ़ावा दिया ताकि वे अपने शासन को वैध रूप दे सकें। इस प्रकार बरतानवियों ने दरबारी संस्कृति की रचना की, जिसका राजाओं को

---

* मैंने इन पंक्तियों की शुद्धता का स्वयं को विश्वास दिलाने के लिए 1910 के ब्रिटिश समाचार–पत्र देखे। इसे बार–बार दोहराये जाते हुए इसमें कुछ सुधार हुआ है और कुछ पाठक, सम्भव है कि इन पंक्तियों के परिवर्तित रूप से अधिक परिचित होंगे, जो इस प्रकार हैं : 'मेरा नाम है जॉर्ज नेथेनियल कर्ज़न/व्यक्ति में सबसे उत्तम/मेरे गाल हैं गुलाबी, मेरे बाल हैं रेशमी/हर सप्ताह मैं ब्लेनहेम में भोजन करता।'

पालन करना पड़ता था; उन्होंने एक ऐसा वरिष्ठताक्रम स्थापित किया, जो यह प्रदर्शित करता था कि महारानी मुग़ल शासक की उत्तराधिकारी हैं। व्यापक वर्गीकरण के साथ नौ से उन्नीस तोपों की सलामी (केवल पाँच मामलों में इक्कीस*), शासक के महत्त्व एवं सहयोग पर निर्भर करती थी; कौन 'हाइनेस' है और कौन नहीं और किस प्रकार का (हैदराबाद के निज़ाम को प्रथम विश्वयुद्ध के लिए बड़ी धनराशि प्रदान करने के पुरस्कार में 'हिज़ हाइनेस से हिज़ एग्ज़ाल्टिड हाइनेस' बना दिया गया) जैसे नियम बड़ी होशियारी से बनाये गये थे। लन्दन में भारत के दफ़्तर में प्रवेश के लिए दो एक समान दरवाज़े थे जिससे कि यदि कभी दो एक समान स्तर के राजाओं का एक ही समय पर स्वागत करना पड़े तो उनमें से कोई आगे और पीछे न हो। इस प्रकार की अनेक व्यवस्थाएँ थीं...

डेविड गिल्मौर ने लिखा है कि इस समस्त व्यवस्था एवं आडम्बर के बावजूद बरतानवियों के मन में भारतीय आभिजात्य, जिसका वे स्वयं आनन्द ले रहे थे, के प्रति नाममात्र का सम्मान था। स्वयं कर्ज़न ने 'अर्ध–अंग्रेज़, अर्ध–राष्ट्रवादी, यूरोपीय महिलाओं के पीछे दौड़ने वाले, छद्म खिलाड़ी और प्रायः अन्त में मद्यपान करने वाले युवा देशी प्रमुखों का ख़ूब मज़ाक़ उड़ाया है।' यूँ उसे इस बात का अहसास था कि भारतीय राजसी लोगों के साम्राज्यी वर्ग के रूप में उदय के लिए केवल ब्रिटेन ही दोषी था। 1888 में केन्द्रीय भारत में साम्राज्य के एक अधिकारी ने रिपोर्ट दी थी कि उसके दायित्व क्षेत्र में 'राजसी युवाओं के लिए अंग्रेज़ी' प्रशिक्षण का अब तक का परिणाम था–'लौंडेबाज़, बुद्धू और शराबी...भद्रपुरुष...जिन्हें पुराना गनौरिया रोग होने के कारण रानी के जन्मदिन पर अपनी शुभकामनाएँ देने से रोकना पड़ा।' स्वयं कर्ज़न ने 1990 में 'निरर्थक एवं कई बार अनैतिकता की सीमा तक फ़िज़ूलख़र्ची करने वाले लोगों के भारतीय राजाओं के दमकते पदों पर पहुँचने' की शिकायत की थी। उसने रानी विक्टोरिया को लिखा था कि धौलपुर का राजा 'तेज़ी से नशे और शराब में डूब रहा

---

* प्रथम विश्वयुद्ध तक केवल हैदराबाद, बड़ौदा एवं मैसूर को 21 बन्दूक़ों की सलामी का अधिकार प्राप्त हुआ। महान युद्ध में उनके सैनिकों द्वारा ब्रिटेन को प्रदान की गयी सेवा की प्रशंसा में 1917 और 1921 में ग्वालियर और जम्मू व कश्मीर भी इस सूची में शामिल हो गये। अन्य राजाओं को अपने अधिकार क्षेत्रों में 21 बन्दूक़ों की सलामी की अनुमति थी, परन्तु वहाँ से बाहर केवल 19 की और वग़ैरह–वग़ैरह। यह व्यवस्था अत्यन्त सूक्ष्म एवं व्यापक थी।

है', पटियाला का महाराजा 'एक मक्कार से थोड़ा बेहतर है', होल्कर का महाराजा 'आधा पागल' और 'भयंकर व्यसनों का आदी है' और कपूरथला का राजा पेरिस में केवल इश्कबाज़ी करने में प्रसन्न है। निःसन्देह प्रबुद्ध एवं कल्याणकारी और कुछ दूरदृष्टि वाले भारतीय राजा भी थे। बड़ौदा, ट्रेवनकोर एवं मैसूर के राजाओं की ख्याति सितारों के समान थी और वे अपनी प्रजा के हित के लिए चिन्तित रहते थे—परन्तु अच्छे शासन की गाथाओं की तुलना में दुराचारी राजाओं की कहानियाँ अधिक मिलती थीं।

## अ-भारतीय प्रशासनिक सेवा

ब्रिटिश शासन द्वारा भारत की सत्ता अपने हाथ में लिये जाने की धूमधाम एवं सज–धज के साथ–साथ महारानी अपने शासन को सुदृढ़ करने के लिए और आगे बढ़ीं। 1858 की अपनी प्रसिद्ध उद्घोषणा में उन्होंने यह इच्छा व्यक्त की कि 'हमारी प्रजा चाहे जिस भी जाति अथवा वर्ग की हो, उन्हें हमारी सेवा में स्वतन्त्र एवं निष्पक्ष रूप से लिया जाये, उन्हें ऐसे दायित्व दिये जायें जिनके निर्वाह के लिए वे अपनी शिक्षा, योग्यता एवं निष्ठा को देखते हुए योग्य पात्र हों।'

परन्तु वास्तविकता क्या थी? विल दुरान्त के शब्दों में यह 'राजनीतिक अपवर्जन एवं सामजिक घृणा' की वास्तविकता थी। 1857 में बंगाल के औपनिवेशिक प्रशासक एफ.जे. शौरी, जिन्हें मैंने पहले भी उद्धृत किया है, ने ब्रिटेन की संसद के समक्ष शपथ लेते हुए स्वीकार क़िया कि 'भारतीयों को प्रत्येक ऐसे सम्मान, गरिमा अथवा पद से निष्कासित कर दिया गया है जिसे स्वीकार करने के लिए निम्नतम दर्जे के अंग्रेज़ को राज़ी किया जा सकता था।' दशकों बाद भारत, यूरोप और अमरीका के श्रेष्ठ विश्वविद्यालयों के भारतीय स्नातकों ने भी यह पाया कि उन्हें अधिकांशतः सरकारी सेवा के केवल निम्नतम पदों पर रखा जा सकता था। दुरान्त के अनुसार 1930 तक भारतीय (प्रारम्भ में 'इम्पीरियल') प्रशासनिक सेवा में सर्वोच्च संवर्ग में केवल 4 प्रतिशत 'शपथबद्ध' पद ही भारतीयों द्वारा भरे जाते थे।

आलोचकों ने जैसाकि उल्लेख किया है, ऐसा नहीं था कि भारत में बरतानवियों के लिए उपलब्ध पदों पर केवल श्रेष्ठ और प्रतिभावान स्टाफ ही लगाया जाता था। लॉर्ड एस्क्विथ ने 1909 में घोषणा की कि 'यदि उच्च पदों पर अंग्रेज़ों की तुलना में, जो उस समय भारत में उन पदों

पर तैनात थे, आधे ही अनुपयुक्त भारतीयों को लगाया जाता तो इसे एक सार्वजनिक काण्ड माना गया होता।' सब स्थानों पर सामान्य योग्यता के लोग ही तैनात थे और उन्हें भारतीयों की तुलना में कहीं अधिक वेतन दिया जाता था, क्योंकि उन्हें भारतीय गर्मी की 'कठिनाई' को सहना पड़ता था–हालाँकि ठण्ड एवं कोहरे से आने वाले अधिकतर लोगों को सूर्य की गर्मी से सुखद राहत मिलती थी (जैसाकि रुडयार्ड किपलिंग ने अपने उपन्यास 'द लाइट दैट फेल्ड' में लन्दन वापसी को इन अविस्मरणीय पंक्तियों में व्यक्त किया है : 'शहर पर हल्का धुँधला कोहरा लटका था और गलियाँ बहुत ठण्डी थीं; क्योंकि इंग्लैण्ड में गर्मी थी।') उनमें से सैद्धान्तिक रूप से हर व्यक्ति दम्भी, आत्म–तुष्ट और भारतीयों के प्रति असह्य स्तर तक तिरस्कारपूर्ण रवैया (जब वे केवल तिरस्कारपूर्ण नहीं होते थे) रखने वाला था। जवाहरलाल नेहरू ने इस पर बहुत तीक्ष्ण टिप्पणी की है : उन्होंने कहा था कि भारतीय सिविल सेवा 'न तो भारतीय, न सिविल और न ही सेवा थी।'

बरतानवियों ने औपचारिक शिष्टाचार, शराब एवं अत्यधिक कटुता का सहारा लेकर दृढ़ आत्म–विश्वास के साथ उन्नीसवीं सदी के भारत पर शासन किया। स्टालिन को यह बहुत हास्यास्पद लगा था कि 'कुछ सौ अंग्रेज़ों का भारत पर प्रभुत्व हो।' गणित की दृष्टि से वे सही नहीं थे परन्तु सिद्धान्त रूप में ते सही थे : यह उल्लेखनीय था कि ब्रिटिश राज इतने कम लोगों द्वारा संचालित किया जाता था। 1805 में भारत में केवल 31,000 बरतानवी थे (उनमें से 22,000 सेना में थे और 2,000 सिविल सरकार में थे)। 1857 के बाद यह संख्या उल्लेखनीय रूप से बढ़ गयी, परन्तु फिर भी 1890 में 6,000 बरतानवी अधिकारी 25 करोड़ भारतीयों पर शासन कर रहे थे। उनके साथ 70,000 यूरोपीय सैनिक एवं बड़ी संख्या में वर्दीधारी भारतीय थे। 1911 में भारत में 1,64,000 बरतानवी रह रहे थे (उनमें से 66,000 सेना और पुलिस में थे और केवल 4,000 प्रशासनिक सेवा में थे)। 1931 तक 30 करोड़ की आबादी तक पहुँच रहे देश को चलाने वाले बरतानवियों की संख्या बढ़कर केवल 1,68,000 ही हुई थी (जिनमें से 60,000 पुलिस व सेना में जबकि प्रशासनिक सेवा में तब भी केवल 4,000 लोग थे)। यह प्रजातीय आत्मविश्वास, अपेक्षाकृत बेहतर सैनिक प्रौद्योगिकी, आधुनिकता की रहस्यात्मकता एवं प्रबुद्ध प्रगतिशीलता

के साजो–समान का असाधारण संयोजन था। इसके साथ ही इस तथ्य का भी स्पष्ट रूप से उल्लेख किया जाना चाहिए कि यह कायरता, अर्थ–लिप्सा, अवसरवादिता एवं दमित लोगों की ओर से संगठित प्रतिरोध के अभाव एवं आवश्यकता पड़ने पर क्रूर बल के औचित्यपूर्ण प्रयोग का भी मिश्रण था, जिसने साम्राज्य को पोषित किया।

भारत में बरतानवियों की संख्या यहाँ की आबादी के 0.05 प्रतिशत से अधिक कभी नहीं थी। हॉब्सबॉम के आह्वानकारी शब्दों में, शासन को 'इतनी आसानी से जीत लिया गया, इसका इतना संकीर्ण आधार था, इतने हास्यास्पद ढंग से, इतनी आसानी से इस पर शासन हो सका–इसका श्रेय कुछ गिने–चुने लोगों की लगन एवं अनेक लोगों की असक्रियता को जाता है।'

क्लाइव के समय में कम्पनी ने 'दोहरी' प्रणाली से काम किया : कम्पनी अपनी शक्ति को प्रयोग में लाती थी, परन्तु एक कठपुतली नवाब बैठा दिया जाता था। वॉरेन हेस्टिंग्स ने इस दिखावे को समाप्त करते हुए नवाबों को हटा दिया, जिसके बाद प्रशासन सीधा कम्पनी के नियन्त्रण में आ गया। कॉर्नवेलिस ने 1785 में कम्पनी की सेवा में काम कर रहे लोगों का एक पेशेवर कैडर बना दिया, जिन्हें कम्पनी के लिए देश का प्रशासन चलाना था। उसने सभी उच्चस्तरीय पद बरतानवियों के लिए आरक्षित कर दिये और अंग्रेज़ों को प्रत्येक ज़िले का प्रभारी बनाकर उन्हें 'कलेक्टर' का एक बहुत स्पष्ट अर्थ वाला पद दे दिया, चूँकि राजस्व एकत्र करना उनका मुख्य उद्देश्य था। कलेक्टर अपने ज़िले में प्रायः मजिस्ट्रेट के रूप में दोहरा काम करता था।* इस प्रकार बरतानवी सरकार चलाते थे, कर एकत्र करते थे, जिसे न्याय कहा जाता था, वह देते थे और भारतीयों को इन सब कामों से बाहर रखा जाता था।

इन सब कामों को करने के लिए प्रशासनिक सेवा अथवा सिविल सर्विस

---

* बरतानवी विभिन्न अनेक रूपों में एक जटिल प्रशासन प्रणाली चलाते थे। सारांश में, ब्रिटिश भारत गवर्नर जनरल (बाद में वाइसराय) के अधीन अपने चरम पर अनेक प्रेसिडेंसी और प्रान्तों में विभाजित था, जिनमें से प्रत्येक का प्रमुख उसके आकार एवं महत्त्व के अनुसार गवर्नर, लेफ्टिनेंट गवर्नर अथवा कमिश्नर होता था। प्रत्येक प्रान्त अथवा प्रेसिडेंसी के अनेक प्रभाग होते थे, जिसका प्रमुख डिविज़नल कमिश्नर होता था। ये प्रभाग आगे ज़िलों में विभाजित होते थे जो आधारभूत प्रशासनिक इकाइयाँ थीं; प्रत्येक ज़िले का प्रभारी एक कलेक्टर और ज़िला मजिस्ट्रेट अथवा डिप्टी कमिश्नर होता था (अधिकतर मामलों में यह एक ही व्यक्ति होता था, जो प्रायः 25 से 30 वर्ष तक का युवा अंग्रेज़ होता था)।

का प्रारम्भ हुआ जिसमें कम्पनी के सर्वोच्च लोगों द्वारा अपनी पहचान के रसूखदार युवा लोगों को लिया जाता था। 1806 के बाद उन्हें कम्पनी की नौकरी करने के लिए लन्दन के निकट हेलेबरी कॉलेज में प्रशिक्षण दिलवाया जाने लगा। 1833 के बाद एक प्रतियोगी परीक्षा करवाई जाने लगी, यद्यपि निदेशकों द्वारा नामांकित युवाओं को अब भी आँख के संकेत भर से भर्ती किया जा सकता था। 1853 के बाद इस सेवा के लिए चयन पूर्णतः प्रवेश परीक्षा आधारित हो गया और सभी श्वेत बरतानवी इस परीक्षा में बैठ सकते थे।

ब्रिटेन की प्रशासनिक सेवा की माँग बहुत अधिक थी, क्योंकि वेतन काम के अनुपात से बहुत ऊँचे थे और कम्पनी के कर्मियों को भारत में सही मायने में राजनीतिक ताक़त प्राप्त थी, जिसकी वे ब्रिटेन में समान स्तर की नौकरी में आशा भी नहीं कर सकते थे। इस नौकरी की प्रवेश परीक्षा में भारत की जानकारी अथवा यहाँ के लोगों के प्रति भावना की परख नहीं की जाती थी, अपितु शास्त्रीय शिक्षा एवं अच्छे साहित्यिक कौशल पर ज़ोर दिया जाता था। 1860 के बाद भारतीयों को भी इस परीक्षा में बैठने की अनुमति दे दी गयी, परन्तु भारतीय प्रशासनिक सेवा की प्रकृति बरतानवी ही थी। एक वाइसराय लॉर्ड मेयो ने एक बार वक्तव्य दिया था कि 'हम सब ब्रिटिश भद्र पुरुष हैं जो एक निम्नतर प्रजाति के प्रशासन का महान कार्य कर रहे हैं।' कुछ लोगों ने इसे विक्टोरिया की 'भूरी चमड़ी के लोगों के प्रति रूमानी अनुभूति' बताया। डेविड गिल्मौर के मतानुसार उन्हें भारतीयों को स्वशासन के लिए तैयार करने के सम्बन्ध में कोई भ्रम नहीं था। भारतीयों के प्रति उनकी अच्छी सोच पितृात्मक थी और निकृष्टतम स्तर पर तिरस्कारपूर्ण भी (20वीं सदी में भी उन्होंने भारतीयों के साथ स्व–शासन करने में अक्षम 'बच्चों' के समान व्यवहार करने की बात कही व लिखी थी)। कुछ परिवारों की अनेक पीढ़ियों ने भारत में नौकरी की; कुछ परिवार अपनी जड़ें बनाये बिना यहाँ तीन शताब्दियों तक रहे। वे अपने बच्चों को अपने देश में स्कूल भेजते और अपने प्रियजनों से वर्षों का वियोग सहते। निःसन्देह यह सब केवल आत्म–बलिदान और कठोर परिश्रम ही नहीं था। आई.सी.एस. के अधिकारियों को विश्व के किन्हीं भी अधिकारियों की तुलना में सबसे अधिक वेतन मिलता था और जैसाकि हमने देखा है, इसके साथ बड़ी संख्या में छुट्टियाँ और निश्चित पेंशन भी

मिलती थी। उनमें से कुछ को तो अपनी आय को ख़र्च कर पाना 'बिल्कुल असम्भव' लगता था। अंग्रेज़ राजनीतिक सुधारक जॉन ब्राइट ने साम्राज्य को 'ग्रेट ब्रिटेन' के अभिजात वर्ग के लिए आराम की एक विशाल व्यवस्था बताया था।

आई.सी.एस. अधिकारियों का भारत में कार्य–स्थल का व्यवहार उन्नीसवीं सदी के अन्त तक अत्यधिक बिगड़कर उत्सुकता एवं चिन्ता के स्थान पर आत्म–तुष्टि एवं आडम्बरपूर्ण हो चुका था। आई.सी.एस. में तीस वर्ष की सेवा के बाद एच. फील्डिंग हॉल ने लिखा कि शासित लोगों के प्रति सरकार का पूर्ण दृष्टिकोण दूषित हो चुका था। ज्ञान एवं समझ की आवश्यकता के स्थान पर एक निश्चित सोच थी जो प्रायः पूर्व धारणाओं, दोषपूर्ण सलाह या परिवर्तित हो चुकी परिस्थितियों पर आधारित थी। इन धारणाओं को कभी सही नहीं किया जाता था। युवा सचिव पीछे के परिपत्र देखते थे और अपनी त्रुटियों को दोहराते रहते थे।

ब्रिटेन के लेबर राजनेता केर हार्डी ने भारत में ब्रिटिश शासन का 'प्रशासनिक अफ़सरशाही के कुछ मिश्रण के साथ एक विशाल सैनिक तानाशाही' के रूप में वर्णन किया है। यह अफ़सरशाही सर्वव्यापी, सीमातीत वेतन प्राप्त, अत्यधिक प्रक्रियाग्रस्त, अक्षम एवं उन लोगों, जिन पर शासन के लिए इसकी रचना की गयी थी, के कल्याण के प्रति प्रायः उदासीन थी। लॉर्ड लिटन ने एक बार मज़ाक़ करते हुए भारत में ब्रिटिश शासन को पूर्ण तानाशाही एवं लापरवाही का संयुक्त रूप बताया था।

अफ़सरों की तानाशाही अठारहवीं सदी के उत्तरार्द्ध में कम्पनी के प्रारम्भिक वर्षों से ही जारी थी, जब लॉर्ड कॉर्नवेलिस ने घोषणा की थी कि 'सब अधिकारों को क़लमबद्ध कर दिया गया है।' ईस्ट इण्डिया कम्पनी के लिए 'भारतीय पत्राचार के परीक्षक (एग्ज़ामिनर ऑफ़ इण्डियन कॉरेसपॉण्डेंस) के आरामदायक पद पर काम करने वाले जॉन स्टुअर्ट मिल के शब्दों में 'हमारे भारतीय प्रशासन की महान सफलता' इसी से स्पष्ट होती है कि यह 'लिखित में किया जाता है', परन्तु यह वास्तव में ब्रिटिश व्यवस्था का एक बड़ा दोष था। अतीत में भारतीय शासक अपनी स्थानीय प्रजा के साथ बातचीत व समझौता करते थे क्योंकि उन्हें उनके साथ ही रहना होता था। अब कम्पनी अपने लोगों से एक दूरी बनाये हुए थी और उसे एक ही बात की–उस व्यवस्था की जो सुदूर लन्दन में निदेशकों को

यथाशीघ्र एवं कुशलता से नक़द भेजती थी–चिन्ता थी। जैसाकि जॉन विल्सन ने उल्लेख किया है, मिल काग़ज़ों के जिस असाधारण प्रवाह पर प्रसन्न हो रहे थे, उनमें पत्रों, बही–खातों और लेखा पुस्तकों के ढेर थे; एक साफ़–सुथरी, स्पष्ट व्यवस्था और क्रम था; परन्तु जो उन शक्तियों को समझ अथवा नियन्त्रित नहीं कर सकते थे जो एक ग्रामीण समाज को उसका स्वरूप प्रदान करती थीं। काग़ज़–पत्रों की इस नयी भूल–भुलैया ने शासन एवं स्थानीय सामन्तों के बीच पारस्परिक सम्बन्धों की रचना को बाधित कर दिया, जबकि इससे पहले तक राजनीतिक सत्ता एवं आर्थिक समृद्धि इन्हीं पर निर्भर करती थी।

इसका तात्पर्य यह भी था कि निर्णय प्रायः दफ़्तरों में, बन्द दरवाज़ों के पीछे विदेशियों द्वारा लिये जा रहे थे, जिनका उन लोगों से कोई सम्बन्ध नहीं था जिनकी नियति का वे निर्णय कर रहे थे। शासकों के अधिकारों के सार्वजनिक प्रदर्शन का स्थान समझ न आने वाले पत्रों के निजी परिचालन ने ले लिया था। निर्णय ऐसे लोगों द्वारा लिये जा रहे थे, जिन्हें इन निर्णयों से प्रभावित होने वाले लोग देख नहीं पाते थे। सार्वजनिक स्थान, जहाँ भारतीय अपने शासकों की जवाबदेही माँग सकते थे, पहुँच से परे थे, अतः छल व भ्रष्टाचार की सम्भावना बढ़ गयी। भारतीय चिन्तित थे कि ऐसे निर्णय लिये जा रहे थे जिनमें उनकी कोई भूमिका नहीं थी। अति–महत्त्वपूर्ण फाइलों में क्या लिखा जा रहा था, यह जानने के लिए क्लर्कों को रिश्वत दी जा रही थी। बन्द दरवाज़ों के पीछे क्या हो रहा था, नादिया के राजा यह जानने के लिए इतने चिन्तित थे कि उन्होंने कलेक्टर के दफ़्तर में एक बंगाली क्लर्क को यह बताने के लिए रिश्वत दी कि ज़िले की राजधानी व कलकत्ता के बीच हो रहे पत्रों में क्या लिखा था।

पुराने भारतीय शासकों, जिन तक जनता की पहुँच थी, के स्थान पर अब नये ब्रिटिश अफ़सर थे, जो नये नियमों के अनुसार पत्र–व्यवहार करने में तो कुशल थे परन्तु उनकी अपनी प्रजा के हितों में न तो कोई रुचि थी और न ही अपने नियमों का हवाला देने के अतिरिक्त अपनी सत्ता स्थापित करने की कोई क्षमता ही थी। इन नियमों का जब उल्लंघन किया जाता था तो वे बलपूर्वक क़ानून और व्यवस्था लागू करने का सहारा लेते थे। विल्सन के शब्दों में, 'नयी व्यवस्था भारतीय ग्रामीण क्षेत्रों में स्थायी राजनीतिक व्यवस्था की स्थापना करने के लिए उपयुक्त

नहीं थी। इसका उद्देश्य ब्रिटेन में ईस्ट इण्डिया कम्पनी पर लगने वाले भ्रष्टाचार व दुराचार के आरोपों से उबरना था। यह व्यवस्था महानगरीय नैतिक आक्रोश' से निपटने के लिए अस्तित्व में आयी, न कि भारतीयों की शिकायतों का निपटारा करने के लिए बनायी गयी।' कम्पनी के दफ़्तरों में रखे साफ़–सुथरे रजिस्टरों के कारण 'ब्रिटिश अधिकारी यह कल्पना कर सके थे कि उन्होंने शासन की एक प्रभावी, एकरूपात्मक संरचना तैयार कर दी है; वे सत्ता का भ्रम पाले हुए थे।'

कम्पनी ने यही परम्परा ब्रिटिश साम्राज्य को हस्तान्तरित कर दी, जिसने इसे बिना किसी परिवर्तन के जारी रखा। जैसाकि लिटन ने संकेत किया था, अधिकांश ब्रिटिश अफ़सरशाही अत्यधिक औपचारिक थी। यह भावना कि फॉर्मों की चार प्रतियाँ भरना अथवा स्टाम्प पेपर पर लिखा गया वक्तव्य ( जो कि बरतानवियों का आविष्कार था) दस्तावेज़ को एक शक्ति प्रदान करता था, बरतानवियों को नियन्त्रण की अनुभूति करवाती थी। इस विचार ने कि लिखकर किया जाने वाला कोई भी काम सम्भवतः अन्याय नहीं हो सकता, उन्हें प्रक्रियाओं व दस्तावेज़ों के प्रति सनकी बना दिया था। एक के बाद एक नियम–पुस्तिका तैयार करने के पीछे यह सत्य भी छिपा था कि जिस समाज पर वे शासन कर रहे थे, उस पर उनकी पकड़ कितनी कमज़ोर थी। विनियम बनाये जाते थे और बिना सन्दर्भों पर ध्यान दिये उन्हें लागू किया जाना होता था और उन विनियमों में इनके द्वारा नियन्त्रित होने वाले लोगों की परिस्थितियों पर भी विचार नहीं किया जाता था। निर्णय तथ्यों की बजाय नियमों पर आधारित होते थे, जो 'प्रायः अधिकारियों को उन राजनीतिक परिस्थितियों, जिनके कारण उन्हें नियम बनाने की आवश्यकता पड़ी, से असम्बद्ध कर देते थे।'

भारत में शासन की ब्रिटिश प्रणाली किसी भी मापदण्ड से उल्लेखनीय थी। 24 वर्षीय ज़िला अधिकारी को 4,000 वर्ग मील और दस लाख लोगों का प्रभारी बना दिया जाता था। ज़िला अधिकारी द्वारा किये जाने वाले कार्य एक तत्कालीन विवरण के अनुसार निम्नलिखित थे : 'भू–राजस्व का कलेक्टर, ज़िले में भू–सम्पदा का रजिस्ट्रार, मकान मालिक व किरायेदार के बीच जज, न्यायालय का सरकारी अधिकारी, ज़िले का ख़ज़ाँची एवं लेखाकार, ज़िला उत्पाद शुल्क प्रशासक, स्थानीय दर समिति का पदेन अध्यक्ष, सार्वजनिक कार्यों के लिए अधिग्रहित की गयी भूमि के मुआवज़े

से सम्बन्धित सभी विषयों के लिए मध्यस्थ, सभी स्थानीय मुक़दमों, जिनमें सरकार को पार्टी बनाया गया हो, में सरकार का एजेण्ट, स्थानीय सार्वजनिक कार्यों में मध्यस्थ, नाबालिगों की परिसम्पत्तियों का प्रबन्धक, मजिस्ट्रेट, पुलिस मजिस्ट्रेट एवं आपराधिक मामलों का न्यायाधीश, पुलिस प्रमुख, नगर पालिकाओं का पदेन अध्यक्ष...' ये समस्त कार्य एक युवा व्यक्ति द्वारा एक दूसरे देश में, जहाँ की स्थानीय भाषा अथवा परिस्थितियों की उसकी जानकारी लगभग न के बराबर होती थी, एक सुदूरवर्ती सरकार द्वारा बनाये गये एकसमान प्रक्रिया नियमों का पालन करते हुए किये जाते थे। परन्तु वह, जिन लोगों पर शासन का दायित्व उसे सौंपा गया था, उन पर स्वाभाविक उच्चता एवं इन सब कार्यों को करने के लिए उसे ईश्वर–प्रदत्त अधिकारों के प्रति आश्वस्त होता था।

इतना ही नहीं, वह युवा अधिकारी पहले के आदेशों एवं वरिष्ठताक्रम के प्रति सतर्क समाज में कठोर शिष्टाचार के भय से ग्रस्त होता था, इसलिए वह एकाकीपन और अकेले छोड़ दिये जाने के भय से निपटने के लिए चुप रहने के असीम महत्त्व को सीख जाता था। ख़ामोशी ऊँचे पद पर एक सनातन सामाजिक दायित्व होता था (एक लेफ्टिनेंट गवर्नर एक ही दिन में नाव में दोपहर के भोजन, अनौपचारिक नृत्य पार्टी, एक उद्यान पार्टी और क्लब में रात्रिभोज की मेजबानी करता था)। बीसियों प्रकार के मनोरंजन थे। केवल अपने आनन्द से बँधा ब्रिटिश अफ़सर मैदानों की झुलसा देने वाली गर्मी से बचने के लिए महीनों तक पहाड़ों पर चले जाते थे, जहाँ वे अपना समय मनोरंजन, नृत्यों एवं सामाजिक ठाठ में बिताते थे, जबकि उनके शासन की प्रजा यानी भारतीय जनता का नीचे निष्ठुरतापूर्ण शोषण होता था।

परन्तु फिर भी अनेक अंग्रेज़ नागरिकों के साहस भरे कारनामों के सम्बन्ध में कोई सन्देह नहीं था, जो नहरें खोदते थे, कॉलेज बनाते थे, न्याय देते थे और कुछ मामलों में भारतीय स्व–शासन की पैरवी करते थे। उनके नाम इस उपमहाद्वीप के भूगोल का भाग बन गये : एबटाबाद, लायलपुर, कॉक्स बाज़ार, कॉर्बेट पार्क, कॉटन हिल, द मेकनब्वाह कनाल ऐसे ही कुछ नाम हैं। आईसीएस के एक दुर्लभ वामपन्थी के रूप में जॉन मेनार्ड ने लिखा है, ये 'भद्दे, मरियल, चिड़चिड़े लोग अपनी खीज भरी असन्तुष्टियों और विचित्र कामनाओं के बीच महान कार्य करने में सफल रहे।'

ब्रिटिश अधिकारियों की जीवन–शैली अधिकतर उन्हें उस जनसमूह से पृथक् कर देती थी, जिस पर वे शासन करते थे। भारत में बरतानवियों ने अंग्रेज़ियत के छोटे–छोटे द्वीपों की रचना कर ली थी–वे फर्न और गुलाब उगाते और अपने बँगलों को ग्रासमेर लॉज (ऊटी में) और विल्लोडेल (दार्जिलिंग में) जैसे अपनी यादों से भरे नाम देते। उन्नीसवीं शताब्दी के प्रारम्भ तक बरतानवियों ने स्वयं को शासक जाति के रूप में स्थापित कर लिया था, परन्तु इस अम्बार के शिखर पर बैठे वे निम्न जातियों, दूसरे शब्दों में भारतीयों के साथ अन्तर्विवाह अथवा उनके साथ भोजन नहीं करते थे। वे अपने ही क्षेत्रों, जिन्हें कैंटोनमेंट यानी छावनियाँ और 'सिविल लाइन्स' कहा जाता था, में बँगलों में रहते थे। ये क्षेत्र 'ब्लैक टाउन्स' कहे जाने वाले क्षेत्रों, जहाँ स्थानीय लोग रहते थे, से पृथक् होते थे। वे अपने क्लबों तक सीमित रहते थे और इन क्लबों में भारतीयों को प्रवेश नहीं मिलता था। उनकी निष्ठा सुदूर अपने देश से जुड़ी रही, उनके बच्चों को समुद्री जहाज़ों में ब्रिटिश पब्लिक स्कूलों में भेजा जाता था और वे स्थानीय लोगों के साथ मिलते–जुलते नहीं थे। उनकी पुस्तकों व विचारों के समान उनके कपड़े और अन्य सामान इंग्लैण्ड से आता था। भारत में अपना सेवाकाल समाप्त हो जाने पर उनमें से अधिकांश अपने 'घर' लौट जाते थे। अंग्रेज़ लेखक हेनरी नेविनसन ने बीसवीं सदी के प्रथम दशक में टिप्पणी की थी : 'सुदूर देश के मुट्ठी भर लोग जो सामाजिक सम्पर्क, विवाह अथवा स्थायी निवास द्वारा पृथक् हैं, अपना प्रभुत्व बनाये हुए हैं।' सहानुभूति रखने वाले एक अन्य अंग्रेज़ ने 1907 में लिखा, 'भारत पर वास्तव में इस समय सफरी थैलों के साथ एक के बाद एक आने वाले अंग्रेज़ों के समूहों का शासन है–वे अंग्रेज़ जो सफरी बैगों के साथ बाहर जाते हैं और पेटियों के साथ लौटते हैं। उनकी स्थानीय लोगों के प्रति वास्तविक सहानुभूति प्रायः उतनी ही कम होती है, जितनी कम उन्हें उनकी आदतों और उनके रीति–रिवाजों की जानकारी है।'

भारतीय सिविल सेवा में विशेष रूप से इस बात पर ज़ोर दिया जाता था कि सभी आईसीएस अधिकारी तीस वर्ष तक अविवाहित रहें। यह शर्त उन्हें जाल में फँसाई जाने वाली अच्छी मछलियाँ बना देती थी और उन्नीसवीं शताब्दी के मध्य और उत्तरार्द्ध में पतियों की तलाश में अंग्रेज़ महिलाओं से भरी नावें भारत पहुँचती थीं। ये महिलाएँ प्रायः ब्रिटिश उच्च

एवं उच्च मध्य वर्गों में विवाह के लिए अस्वीकार की गयी होती थीं। जो महिलाएँ 'अच्छे पति' पाने के लिए या तो अत्यधिक चालाक अथवा अत्यधिक साधारण होती थीं, वे प्रायः अपनी किशोरावस्था के अन्त में अथवा बीस वर्ष से कुछ ही अधिक आयु की होती थीं। अंग्रेज़ विवाह बाज़ार में विवाह के लिए एक बार अधिक आयु का समझ लिये जाने पर नाव से भारत पहुँचने अथवा घर पर 'गवर्नेस' के रूप में अविवाहित जीवन के ही विकल्प बचते थे। उपनिवेशों में बरतानवी जीवन की सुविधाओं के क़िस्से इस नाव को अधिक आकर्षक विकल्प बना देते थे। स्थानीय महिलाओं से मेल–जोल रखने से प्रतिबन्धित आईसीएस अधिकारी (उस दृष्टि से अन्य नागरिक भी) तीस वर्ष की आयु होने तक ऊब जाते थे, एकाकी और निराश महसूस करते थे और वे विवाह के चुनाव के लिए बहुत उपयुक्त होते थे। 'मछली की तलाश वाले समूह' की ये महिलाएँ विवाह योग्य लोगों के साथ अन्य पार्टियों, शेर के शिकारों, टेनिस मंचों व अंग्रेज़ों के क्लबों के चक्कर काटा करती थीं। अपने पालन–पोषण एवं सामाजिक परिस्थितियों के कारण भारत से पूर्णतः कटी हुई, नौकरों की फ़ौज पर निर्भर, किसी भी अन्य भारतीय के सम्पर्क से विहीन और विक्टोरिया युग के श्वेत इंग्लैण्ड की पूर्वधारणाओं के प्रति संवेदनशील ये महिलाएँ देश में प्रजातिवाद एवं घृणा के लिए प्रायः सबसे अधिक दोषी थीं। ब्रिटिश समाज को भारतीयों के साथ उसके सम्बन्धों में औपचारिक और उसके दृष्टिकोण को दम्भ की सीमा तक विशिष्ट बनाने के लिए वाही ज़िम्मेदार थीं।

यह एक आईसीएस अधिकारी का जीवन था और फिर इस उपमहाद्वीप पर जैसाकि हमने देखा है, पच्चीस या इससे भी अधिक वर्ष व्यतीत करने के बाद वे चेल्टनहेम अथवा साउथ केन्सिंगटन जैसे अंग्रेज़ उपनगरों, जो 'एशिया माइनर' अथवा 'एंग्लो–इण्डियन क्वार्टर' के नाम से विख्यात हो गये थे, में लौट जाते; जहाँ वे स्वयं को उस देश, जहाँ उन्होंने शासन किया था की स्मृतियों व स्मृति–चिह्नों से घेरे रखते। थेम्स के किनारे टेडिंग्टन में जाकर बसे एक सिविल अधिकारी ने अपने आवास का नाम बलूचिस्तान की राजधानी के नाम पर 'क्वेटा' रख लिया था। एक अन्य अंग्रेज़ विलियम स्टार्ची ने इंग्लैण्ड लौटकर अपनी घड़ी को कलकत्ता के समय से मिला लिया था और फिर वह 'चाय के समय पर नाश्ता करता और अपना अधिकतर जीवन मोमबत्ती की रोशनी में बिताता।' यह बहुत

मर्मस्पर्शी बिम्ब है परन्तु मोमबत्ती की लौ धीमी पड़ चुकी है : अंग्रेज़ों के लिए स्थानों के जो नये नाम रख दिये गये थे, उनमें से अधिकतर के नये नाम रख दिये गये हैं। पाकिस्तान में लायलपुर का नाम बदलकर एक सउदी राजा के नाम पर फ़ैसलाबाद कर दिया गया है। पुराने शासक वर्ग को अब कोई वरीयता नहीं दी जाती।

## साम्राज्य की सेवा में भारतीय

इस व्यवस्था को भारतीयों की नज़र से जो चीज़ दोषी और अपराधी बना देती थी, वह था इसका विदेशीपन और भारतीय जनता, जिसके हित के लिए उसे शासन करना था, से इसकी दूरी–जिसे अंग्रेज़ों की दृष्टि में एक गुण माना जाता था। भारतीयों को आईसीएस में प्रवेश देने के वादे का ब्रिटिश अधिकारियों द्वारा प्रत्येक स्तर पर प्रतिरोध होता रहा और इसे बरतानवियों से मृत व्यक्ति की मुट्ठी से सोने के टुकड़े के समान छीनना पड़ा। एच. फील्डिंग हॉल जैसे नरमपन्थी सिविल सेना अधिकारी (जिन्होंने सेवानिवृत्त होने के बाद भारत के सम्बन्ध में कई पुस्तकें लिखीं जिनमें भारतीयों के प्रति भरपूर सहानुभूति होती थी, हालाँकि वे साम्राज्यिक दृष्टिकोण से प्रभावित होती थीं) ने अनुबन्ध आधारित सिविल सेवा में भारतीयों के प्रवेश पर आपत्ति पर यह कहा था : 'भारत की सरकार भारतीय नहीं है, यह अंग्रेज़ है। यह अनिवार्य रूप से अंग्रेज़ है। ऐसा इसलिए भी है और ऐसा होना और भी आवश्यक है कि यह भारत में है...इंग्लैण्ड ने स्वयं को भारत के लिए उत्तरदायी बनाया है और वह इस दायित्व से मुँह नहीं मोड़ सकता अथवा अपने दायित्व को बाँट नहीं सकता।' उन्होंने आगे लिखा : 'सरकार को अपना काम अपने ही तरीक़े से करना चाहिए और यही अंग्रेज़ों का काम करने का ढंग है, कोई भारतीय यह नहीं कह सकता कि यह क्या है।'

परिणामस्वरूप भारत में रानी विक्टोरिया की प्रतिमाओं की संख्या सिविल सेवा में उच्चतम स्तरों पर भारतीयों की संख्या से अधिक थी। केवल प्रजातिवाद के अलावा निःसन्देह एक और बहाना भी था : 'भारतीय नागरिकों को उन स्थानों पर तैनात करना असम्भव है, जहाँ सेना अथवा सैनिक पुलिस अधिकारियों के साथ सहयोग अनिवार्य हो।' परन्तु समस्या का आधारभूत कारण शीघ्र ही उभरकर सामने आ गया। भारत में मौजूद

श्वेत कभी भी भारतीयों को वास्तविक शक्ति के पद पर स्वीकार नहीं करते थे। फील्डिंग हॉल ने 1913 में ज़ोर देकर कहा था कि 'एक भारतीय यूरोपीय लोगों पर शासन करे और शान्ति एवं व्यवस्था को बनाये रखने, आपराधिक व दीवानी मामलों में न्याय--प्राप्ति के लिए वे एक भारतीय की ओर देखें, यह सोचा भी नहीं जा सकता। प्रशासन की स्थिरता इसके अंग्रेज़ होने में ही निहित है और स्थिरता को किसी भी प्रकार के ख़तरे को सहन नहीं किया जा सकता।'

अपने कथन के प्रमाण में फील्डिंग हॉल ने आईसीएस में शुरू में आये एक भारतीय 'श्री चेट्टी' का उदाहरण दिया है, जिन्होंने रेन्स एण्ड ऑक्सफोर्ड में अंग्रेज़ी पद्धति की शिक्षा प्राप्त करने के बाद सिविल सेवा परीक्षा में उच्च स्थान प्राप्त किया था और उन्हें भारत में एक ज़िले में तैनात किया गया था। परन्तु वहाँ के क्लब ने, जो अफ़सरों एवं अन्य अंग्रेज़ अधिकारियों के लिए समस्त सामाजिक जीवन का केन्द्र था, उन्हें सदस्यता देने से इनकार कर दिया। यह निजी पीड़ा से भी अधिक था : यह उसके कैरियर की एक बहुत बड़ी बाधा थी, क्योंकि कितना ही सरकारी काम और कितने ही पेशेवर सम्बन्ध क्लब में मदिरापान के दौरान किये जाते और बनते हैं। फील्डिंग हॉल अपने अंग्रेज़ साथियों द्वारा किये जाने वाले प्रजातीय भेदभाव से इनकार नहीं करते। वे उन नौकरियों, जिन्हें केवल अंग्रेज़ों द्वारा ही किया जाना चाहिए था, में भारतीयों को भर्ती करने की अविवेकपूर्ण नीति को दोषी ठहराते हैं। चेट्टी जैसे आईसीएस अधिकारियों के सम्बन्ध में उनका मत है : 'सामाजिक स्तर पर वह किसी दुनिया का नहीं है। उसने अपनी दुनिया छोड़ दी है और दूसरी में वह प्रवेश कर नहीं सकता, और आप सामाजिक जीवन को कामकाजी जीवन से अलग नहीं कर सकते। वे दो चीज़ें नहीं, बल्कि एक ही है।' फील्डिंग ने आगे लिखा है : 'अन्त में चेट्टी ने स्वयं को गोली मार ली। यह उस जैसे प्रतिभाशाली एवं प्रिय व्यक्ति का दुखद अन्त था। यद्यपि ऐसा अन्त असमान्य है परन्तु इस अन्त के कारण सर्वव्यापी हैं। मैं अनेक अधिकारियों को जानता हूँ, जो भारतीय हैं और मेरे विचार में वे सब दुखी हैं।'

यह वर्णन किसी भी आधुनिक सोच के व्यक्ति में सिरहन पैदा कर देगा, परन्तु फील्डिंग हॉल किसी भी पहलू से अपने वर्ग के लोगों में सबसे बुरे नहीं थे : उन्हें पढ़ते हुए आपको अहसास होगा कि वे अपने समकक्ष

अनेक लोगों से अधिक उदार एवं मानवीय विचारधारा के व्यक्ति थे। आईसीएस में प्रजातीय भेदभाव अत्यधिक व्याप्त था। भारतीय प्रशासनिक सेवा में वरिष्ठ पदों को प्राप्त करने के लिए यद्यपि भारतीय पात्र थे और सत्येन्द्रनाथ टैगोर (नोबेल पुरस्कार प्राप्त महान कवि रवीन्द्रनाथ टैगोर के बड़े भाई) 1863 में ही इसके एक विशिष्ट स्तर पर पहुँच गये थे। परन्तु उनके बाद चूँकि दशकों तक अधिकतर प्रत्याशियों को अस्वीकार कर दिया जाता था, केवल मुट्ठी भर लोग ही इस सेवा में आ पाये। सत्येन्द्रनाथ टैगोर और उनके बाद आने वाले अधिकारियों ने अपने कैरियर में सर्वाधिक भयंकर प्रजातीय भेदभाव एवं निजी अपमान का दंश झेला। आईसीएस सेवा में अनेक मामूली पदों पर काम करते हुए तीस वर्ष बाद सत्येन्द्रनाथ, जो कि एक प्रतिभाशाली भाषाविद्, गीतकार और समाज–सुधारक थे, महाराष्ट्र प्रान्त के क़स्बे सतारा में एक जज के पद से सेवानिवृत्त हुए।

लॉर्ड लिटन ने 1878 में वाइसराय के रूप में लन्दन में अपने वरिष्ठ अधिकारियों को गोपनीय स्तर पर लिखते हुए 'शिक्षित भारतीयों, जिनके विकास को सरकार बढ़ावा तो देती है परन्तु इसके सदस्यों की कामनाओं को सन्तुष्ट नहीं कर पाती', के साथ होने वाले विश्वासघात को ईमानदारी से दर्ज किया है। उन्होंने आगे लिखा है, 'ऐसा प्रत्येक भारतीय पहले सिविल सेवा के लिए आरक्षित रहे पदों पर एक बार सरकारी सेवा में आने के बाद उस सेवा में उच्चतर पदों पर पदोन्नति प्राप्त करने की आशा करने एवं नियुक्ति का दावा करने का पात्र हो जाता है। हम सब जानते हैं कि ऐसे दावे एवं अपेक्षाएँ कभी भी पूरी नहीं की जा सकतीं अथवा की जायेंगी। हमें उन्हें प्रतिबन्धित करने और उनके साथ धोखा करने में से एक का चुनाव करना था और हमने न्यूनतम सीधे रास्ते को चुना है।'

यह धोखाधड़ी अनेक दशकों तक भयंकर ढंग से जारी रही। बहुत शुरू में सत्येन्द्रनाथ टैगोर के बाद दूसरी बार 1869 में आईसीएस में प्रवेश पा जाने वाले सुरेन्द्रनाथ बैनर्जी को इस आरोप के साथ प्रतिबन्धित किया गया कि उन्होंने अपनी आयु के सम्बन्ध में ग़लत सूचना दी थी। उन्होंने इसके विरुद्ध सफलतापूर्वक अपील की और उन्हें सिल्हेट में एक छोटे–से पद पर तैनात कर दिया गया। परन्तु उन्हें माफ़ नहीं किया गया था और 1874 में एक छोटे–से उल्लंघन के कारण उन्हें सेवा से बरख़ास्त कर दिया

गया (यह उल्लंघन उनके द्वारा ग़लती से सिविल लाइन्स में बरतानवियों के समान आवास का आग्रह करने की प्रक्रिया सम्बन्धी अनियमितता थी, जिसके लिए किसी अंग्रेज़ अधिकारी को शायद फटकार भी न लगाई गयी होती)। वे आगे चलकर एक विख्यात शिक्षाविद्, पत्रकार, सम्पादक और वक्ता बनकर उभरे (एक अंग्रेज़ पत्रकार ने उन्हें एक बेहतरीन वक्ता, जैसा उसने ग्लैडस्टोन के बाद किसी को नहीं देखा था, बताया) और दो बार वे इण्डियन नेशनल कांग्रेस के अध्यक्ष चुने गये। परन्तु यह ध्यान देने योग्य है कि अपने अधिकतर समकालीनों से अधिक बौद्धिक एवं प्रशासनिक योग्यता रखने वाले व्यक्ति को एक ऐसी प्रतिभा के रूप में नहीं, जिसे सरकार के लाभ के लिए प्रयोग में लाया जा सके, अपितु एक ऐसे तत्त्व के रूप में देखा गया, जिसे सेवा से बरख़ास्त कर देना चाहिए। (लगभग चार दशक के संघर्ष के बाद बैनर्जी, जिन्होंने अपने देशवासियों से 'विद्रोह करो, विद्रोह करो, विद्रोह करो, तुम्हें अभी गरजने की कला सीखनी है', की विख्यात अपील की थी, ने नाइट की उपाधि स्वीकार कर ली। ऐसी असम्भव विषमताओं के बीच प्रथम दो आईसीएस भारतीयों द्वारा बनाये गये रास्ते पर बाद में बड़ी संख्या में उनके देशवासी अपेक्षाकृत अधिक सरलता से चल पाये।)

इसी प्रकार अरबिंदो घोष—तब उनका नाम एकरॉयड घोष था—ने मैनचेस्टर, सेंट पॉल स्कूल और कैम्ब्रिज विश्वविद्यालय में शिक्षा प्राप्त करने के बाद भारतीय प्रशासनिक सेवा की लिखित परीक्षा में अनेक हज़ार उम्मीदवारों में दूसरा स्थान प्राप्त किया। परन्तु बैनर्जी के विपरीत उनका इस सेवा के लिए चयन ही नहीं किया गया, क्योंकि उनके मामले में यह माना गया कि वे घुड़सवारी की परीक्षा में असफल रहे थे। (इससे शायद वे अपने प्रतिभाशाली पूर्ववर्ती के समान बाद में बर्खास्त होने के अनुभव से बच गये क्योंकि उनका तुनकमिज़ाज स्वभाव उनके ब्रिटिश उच्च अधिकारियों को रास न आया होता। उन्होंने आगे चलकर विश्व स्तर पर ख्याति और आज भी पाण्डिचेरी में फल—फूल रहे वैश्विक आध्यात्मिक आन्दोलन के संस्थापक श्री अरबिंदो के रूप में अमरता प्राप्त की।)

सिर्फ़ तब जब प्रथम विश्वयुद्ध के दौरान हज़ारों ब्रिटिश युवक साम्राज्य की सेवा में आने की बजाय बंकरों में ऑफ़िसर ड्यूटी पर चले गये, बरतानवियों को बड़ी अनिच्छा से और अधिक भारतीयों को भर्ती करने

की आवश्यकता महसूस हुई और 'राज' के अन्तिम तीन दशकों के दौरान आईसीएस में भारतीयों की संख्या धीरे–धीरे बढ़ती गयी।

तब तक भारतीयों के पास पद तो थे, लेकिन कोई वास्तविक अधिकार नहीं थे। 1887 में इलाहाबाद उच्च न्यायालय की पीठ में नियुक्त और कैम्ब्रिज में शिक्षा प्राप्त भारतीय जज, न्यायमूर्ति सैयद महमूद को प्रतिदिन विशेष रूप से प्रमुख न्यायाधीश सर जॉन एज के भेदभाव एवं पक्षपातपूर्ण व्यवहार का सामना करना पड़ा था। महमूद को ऐसा महसूस होता कि वह उनके साथ समान न्यायिक अधिकारी की बजाय विजित प्रजा के रूप में व्यवहार करता था। हाल ही में इंग्लैण्ड से लौटे और साम्राज्य को लेकर उत्साहित युवा के रूप में महमूद ने उस दिन का स्वप्न देखा था, जब 'अंग्रेज़ शासकों एवं विदेशी विजेताओं के स्थान पर मित्रों एवं सह–नागरिकों के रूप में व्यवहार करेंगे।' पर ऐसा कभी नहीं हुआ। प्रसिद्ध सुधारक सर सैयद अहमद ख़ान, जिनका सहयोग बरतानवियों के लिए भारतीय मुसलमानों के बीच अत्यधिक महत्त्वपूर्ण था, के दूसरे बेटे महमूद ने बरख़ास्तगी की सीमा पर पहुँचकर 1892 में अपने पद से त्याग–पत्र दे दिया। वे न्याय देने वाले संस्थानों की ऊँची मेज़ों से स्वयं को बाहर रखे जाने से बरतानवी क़ानून में अपनी आस्था न बनाये रख सके और मदिरापान व अवसाद में डूब गये। केवल 53 वर्ष की आयु में एक टूट चुके व्यक्ति के रूप में उनका देहान्त हो गया।

एंग्लो–मोहम्मडन कॉलेज के संस्थापक एवं भारत में ब्रिटिश शासन के प्रसिद्ध हिमायती सर सैयद अहमद ख़ान ने इलाहाबाद उच्च न्यायालय से अपने बेटे के ज़बरन त्याग–पत्र दिये जाने पर लिखा था : 'ऐसे ऊँचे पद पर कोई भारतीय जब आभिजात्य एवं ईमानदारी के साथ स्वतः ही आने वाले अपने आत्म–सम्मान की रक्षा का प्रयास करता है तो उसके और उसके यूरोपीय सहकर्मियों के बीच सम्बन्ध कटुतापूर्ण हो जाते हैं। दूसरी ओर यदि वह अपने आत्म–सम्मान को पूर्णतः भुलाकर स्वयं को अपने यूरोपीय सहकर्मी, क्योंकि वह विजेता जाति का सदस्य है और स्वभावतः अपनी वरिष्ठता में विश्वास करता है, की इच्छाओं का दास बना लेता है तो वह बहुत आसानी से जीवन व्यतीत कर सकता है। परन्तु अपनी चेतना के प्रति सच्चा रहने की इच्छा रखने वाले व्यक्ति, जिसकी शिराओं में अपने आभिजात्य पूर्वजों का ख़ून दौड़ता हो, से ऐसी अपेक्षा कभी नहीं

की जा सकती। यह बात छिपी नहीं है कि एक अंग्रेज़ के अपने देश के व्यक्ति और दूसरे देश के व्यक्ति के साथ व्यवहार में उतना ही अन्तर है, जितना काले और सफ़ेद में।'

काला और सफ़ेद, रात और दिन : ये अन्तर प्रत्येक स्तर पर स्पष्ट दिखाई देते थे। मैंने इस बात का उल्लेख किया है कि ब्रिटिश अधिकारी तन्त्र को भारत में कितना अच्छा भुगतान होता था, परन्तु स्थानीय अधिकारियों की तुलना में उनके अत्यधिक असन्तुलित वेतन ने स्थितियों को और अधिक प्रभावित किया। जे.टी. संडरलैण्ड ने टिप्पणी की थी कि बीसवीं सदी के प्रथम दशक में वेतन एवं परिलब्धियों के बीच अन्तर इतना अधिक था कि 8,000 ब्रिटिश अधिकारियों को 13,930,554 पाउण्ड का भुगतान होता था, जबकि सरकारी सेवा में कार्यरत 130,000 भारतीयों को कुल मिलाकर 3,284,163 पाउण्ड का भुगतान किया जाता था। भारतीयों को उनके पदों, अधिकारों, दिये गये कार्यों; पदोन्नति के अवसरों के अभाव और प्रतिमाह वेतन पर्चियों के पहुँचने पर उनकी औक़ात दिखा दी जाती थी।

इसके लम्बी अवधि के परिणामों में भारत में मानव निवेश विकसित कर पाने की असफलता भी सम्मिलित है। दादाभाई नौरोजी ने 1880 में लिखा था : 'भौतिक सम्पदा के साथ देश का विवेक एवं अनुभव भी चला जाता है। सरकार के प्रत्यक्ष अथवा परोक्ष नियन्त्रण में आने वाले प्रत्येक विभाग में लगभग सभी उच्च पदों पर यूरोपीय लोग तैनात हैं। जब वे भारत में होते हैं तो वे भारत का धन, अनुभव एवं विवेक प्राप्त कर लेते हैं, और जब वे लौटते हैं तो वे दोनों चीज़ें अपने साथ ले जाकर भारत को भौतिक एवं नैतिक सम्पदा की दृष्टि से अत्यन्त निर्धन छोड़ जाते हैं। इस प्रकार भारत सूझबूझ और अनुभव की दृष्टि से एक बड़े अधिकारी वर्ग से वंचित रह जाता है–जो प्रत्येक देश में नयी उभरती पीढ़ियों के राष्ट्रीय एवं सामाजिक व्यवहार में और अपने देश की नियतियों में स्वाभाविक मार्गदर्शक बनते हैं। यह दुखद, बहुत दुखद क्षति है!'

## साम्राज्य का नस्लवाद

दरअसल यह एक सोची–समझी नीति थी। विलियम मेकपीस ठाकरे ने भारत के 'हठ', 'चिन्तन–मनन' और 'आत्मा की स्वाधीनता' के दमन की आवश्यकता की बात कही है : 'ये हमारी शक्तियों और हितों से सीधे

टकराते हैं। हमें जनरल, राजनेता और विधायक नहीं चाहिए, हमें परिश्रमी पशु–पालकों की आवश्यकता है।' निःसन्देह, इसका परिणाम था प्रत्येक क्षेत्र में भेदभाव। 'इण्डियन नेशनल पार्टी' द्वारा 1915 में लन्दन में प्रस्तुत किये गये एक विचार में तर्क दिया गया था : 'इंग्लैण्ड ने नियन्त्रित प्रजातियों के लातिनीकरण एवं आत्मसात्करण की रोमन व्यवस्था को लाने का प्रयास नहीं किया है, अपितु इसकी प्रणाली एक प्रजाति द्वारा अपने भौतिक लाभों के लिए दूसरी प्रजाति के शोषण एवं अवमूल्यन की प्रणाली है।'

नस्लवाद ने केवल प्रशासनिक सेवा ही नहीं अपितु साम्राज्य के प्रत्येक पक्ष को प्रभावित किया था। यह साम्राज्य का केन्द्रीय तत्त्व थी। सर्वव्यापी, स्पष्ट एवं अत्यधिक अपमानजनक नस्लवाद ब्रिटिश ताक़त के बढ़ने के साथ और भी गहरा होता गया। भारत में शुरू में श्वेतों के दृष्टिकोण, जब वे प्रभुतापूर्ण पदों पर नहीं थे, पर ध्यान देना उपयुक्त होगा। विलियम डेलरिम्पल ने बहुत अच्छा वर्णन किया है कि किस प्रकार 1600 से 1800 तक प्रथम दो शताब्दियों में ईस्ट इण्डिया कम्पनी के शासन के दौरान उपनिवेशित एवं उपनिवेशक के बीच परस्पर संवाद एवं व्यवहार का एक उल्लेखनीय स्तर दिखाई देता था। इस परस्पर संवाद में केवल व्यावसायिक, राजनीतिक एवं वित्तीय सम्बन्ध ही नहीं, अपितु मित्रताएँ, प्रेम–सम्बन्ध एवं प्रायः विवाह–सम्बन्ध भी सम्मिलित थे। डेलरिम्पल के अनुसार अठारहवीं सदी में 'पश्चिमी लोगों द्वारा भारत के रीति–रिवाजों एवं धर्मों को भी स्वीकार करना उतना ही प्रचलित था, जितना कि विपरीत स्थिति में था। रूढ़ि और प्रचलित धारणा के विपरीत आश्चर्यजनक स्तर तक बड़ी संख्या में कम्पनी के लोग धीरे–धीरे अपना बरतानवीपन अवांछित चमड़ी की भाँति त्याग रहे थे और भारतीय वेशभूषा को अपना रहे थे और जिस मुग़ल शासक वर्ग का स्थान लेने वे आये थे, उसके रंग–ढंग अपना रहे थे।' सलमान रुश्दी ने इसे 'चयनीकरण' कहा है तो डेलरिम्पल ने इस तरह का व्यवहार करने वालों को 'श्वेत मुग़ल' का नाम दिया है।

डेलरिम्पल का कथन है कि 1780 से 1785 के बीच कम्पनी कर्मियों की वसीयतों से स्पष्ट होता है कि तीन में से एक ब्रिटिश व्यक्ति अपना सब कुछ भारतीय पत्नियों के पास छोड़कर जा रहा था। इनमें प्रायः उनके प्रेम की मर्मस्पर्शी अभिव्यक्तियाँ होती थीं, जिनमें वे अपने घनिष्ठ मित्रों से अपने 'अत्यन्त प्रिय' भारतीय जीवनसाथी का ध्यान रखने का आग्रह

करते थे, जैसाकि एक ब्रिटिश व्यक्ति के शब्दों से स्पष्ट है, ''मेरे दो बच्चों की बेहतरीन एवं आदरणीय माँ, जिसके लिए मेरे मन में असीमित प्यार, स्नेह और सम्मान की अनुभूति है।' उस समय के पारिवारिक चित्र इस दृष्टि से अनूठे हैं कि उनसे पता चलता है कि दो प्रजातियों व धर्मों के लोग कितनी सहजता से एक साथ रहते थे। बरतानवी पुरुष पगड़ी और कुर्ता–पाजामा पहनते और उनकी भारतीय पत्नियाँ यूरोपीय फ़र्नीचर पर यूरोपीय सज–धज के साथ बैठी होतीं। बॉस्टन में जनमे एक अधिकारी सर डेड ऑक्टरलोनी अपनी सभी तेरह भारतीय पत्नियों को हर शाम दिल्ली में घुमाने ले जाते थे और प्रत्येक पत्नी अपने अलग हाथी पर बैठी होती थी। इतना ही नहीं, उसने अपने और अपनी प्रमुख पत्नी के लिए एक मुग़ल मक़बरा बनवाया जिसमें बीच के गुम्बद पर एक क्रूस बना हुआ था और उसके आसपास अनेक मीनारें थीं। ऑक्टरलोनी की एक टिप्पणी से उस युग की आश्चर्यजनक सीमा तक बहुधर्मिता स्पष्ट होती है। उसने कलकत्ता में रिपोर्ट भेजी कि 'लेडी ऑक्टरलोनी ने हज के लिए मक्का जाने के लिए छुट्टी का आवेदन किया है।'

ब्रिटिश शासन के दूसरे दौर में, जो निर्विवाद रूप से ब्रिटिश राजनीतिक और सैनिक प्रभुत्व का दौर था, इंग्लैण्ड से बड़ी संख्या में विवाह की इच्छुक महिलाओं (फिशिंग फ्लीट) का आगमन और 1857 के विद्रोह (क्रान्ति) के बाद कई गुणा बढ़ गया ब्रिटिश भय और क्रोध दिखाई देता है। बाद में बम्बई के गवर्नर सर जॉन मेल्कॉम ने 1832 में लिखा था, 'हमने पूर्वी साम्राज्य प्राप्त कर लिया गया है और हमें इसे तलवारों से बनाये रखना है।' शासक वर्ग में शासित की सहमति को लेकर कोई दिखावा नहीं था (मेल्कॉम ने लिखा था, 'भारतीय अपने विदेशी मालिकों को सदैव मौन राजभक्ति ही देंगे')। कुल मिलाकर, लगभग पूर्ण रंगभेद या नस्लवादी भिन्नताओं में गहरा विश्वास और 'कड़ाई से सुरक्षित रखी जाने वाली नस्लवादी और धार्मिक सीमाएँ, जिनमें किसी तरह की मित्रता या विवाह' की सम्भावना नहीं थी।

1942 में बरतानवियों के माल्या, सिंगापुर और बर्मा से लौटने के दुर्भाग्यपूर्ण समय में भी यह नस्लवाद दिखाई देने लगा। महात्मा गाँधी ने 1942 में अपने समाचार–पत्र के एक कॉलम में लिखा था : 'हज़ारों नहीं तो कम–से–कम सैकड़ों लोग बर्मा से लौटते हुए मार्ग में बिना भोजन

और पानी के मर गये, क्योंकि ऐसे दुखी और बेहाल लोगों ने भी घिनौने भेदभाव का सामना किया। एक मार्ग श्वेत लोगों के लिए था तो काले लोगों के लिए दूसरा मार्ग। भारत को जापानियों के आने से भी पहले मिट्टी में मिलाया और अपमानित किया जा रहा है।' उस माह 'भारत छोड़ो' का प्रारम्भ करने के गाँधीजी के निर्णय में पराजय में भी कटुता और नस्लवादी भेदभाव की कम भूमिका नहीं थी। गाँधीजी ने 'भारत छोड़ो' आन्दोलन द्वारा बरतानवियों से भारत से चले जाने का आह्वान किया।

साम्राज्य के अधिकांश साहित्य में ब्रिटिश शासन को एक 'परिवार' और रानी को उसकी दूर–दराज़ फैली सन्तानों को एक दयालु मातृसत्ता के समान प्रमुखता देते हुए दिखाया गया है; भारतीयों का वर्णन ऐसे सीधे–सादे बच्चों के रूप में हुआ है, जिन्हें सख़्त अनुशासन की आवश्यकता है; जबकि साम्राज्य एक विक्टोरियाकालीन विशाल बैठक के समान है जहाँ शरारती गँवार सन्तानों को सभ्य चाल–चलन सिखाया जा सके।

यही रूपक ई.एम. फॉर्स्टर की पुस्तक 'ए पैसेज टू इण्डिया' में रॉनी और मिसेज मूरे के झगड़े में उभरकर सामने आता है, जब रॉनी बहस करता है कि 'भारत एक बैठक नहीं है', जबकि उसकी माँ शिष्टता और दयालुता के घरेलू गुणों को बिटिश साम्राज्य को 'एक अलग तरह का संस्थान' बनाने की दिशा में ले जाते देखती है।

इन अनिवार्य मूल्यों का साम्राज्य की परियोजना में समावेश रुडयार्ड किपलिंग की कहानी 'नबोथ' में स्पष्ट दिखाई देता है। यह कहानी एक भारतीय फेरीवाले की है जो उपनिवेश के एक अंग्रेज़ की दयालुता का लाभ उठाते हुए धीरे–धीरे उसकी ज़मीन हड़पता रहता है और फिर उस पर अपने लिए एक झोंपड़ी बना लेता है। स्वभाविक रूप से अन्त में अंग्रेज़ उस भारतीय को बाहर धकेल देता है (जो आख़िरकार भारत की ही ज़मीन है) और कहानी कथावाचक की अकृतज्ञ भारतीय पर विजय के साथ समाप्त हो जाती है : 'नबोथ अब जा चुका है और उसकी झोंपड़ी पर हल चलाकर इसे देश की ज़मीन में नमक के स्थान पर मिठाई के साथ मिला दिया गया है जो इस बात का प्रतीक है कि वह स्थान अभिशप्त है। उद्यान को देखने के लिए मैंने इस पर ग्रीष्मकाल के लिए एक घर बना लिया है और यह मेरी सीमा पर एक क़िले के समान है जहाँ मैं अपने साम्राज्य की रक्षा करता हूँ।'

रुडयार्ड किपलिंग (1865–1936) ने ब्रिटेन के राजकवि होने के अनेक आमन्त्रणों को ठुकरा दिया था, परन्तु वे अपने अधिकतर वयस्क जीवन में साम्राज्य के अघोषित राजकवि रहे। साम्राज्यवाद के उत्कृष्ट लेखक होने की उनकी जड़ें गहरे तक जाती हैं। लाहौर और लखनऊ के समाचार–पत्रों के साथ सात वर्ष तक प्रशिक्षु रहे किपलिंग की आयु अठारह वर्ष की थी जब लॉर्ड रिपन ने भारतीय न्यायाधीशों को यूरोपीय लोगों के मामलों में निर्णय देने का अधिकार देने का असफल प्रयास किया और इस विवाद ने (जिसमें किपलिंग की सहानुभूति निःसन्देह अपने नस्लवादी उपनिवेशकों के साथ थी) किपलिंग की विचारधारा को 'बिना क़ानून के तुच्छ' लोगों पर 'प्रभुत्व' की आवश्यकता का पक्षधर बना दिया। किपलिंग ने ऐसे लेख लिखे जिनमें भारतीयों की स्व–शासन की अक्षमता को वर्णित किया जाता था और साम्राज्यवाद के पैरवीकार के रूप में श्वेत लोगों पर इस बोझ का ज़ोर–शोर से वर्णन किया गया था। इन दोनों ही अवतारों में एक अनुभूतिपूर्ण जीवनीकार की स्वीकारोक्ति के अनुसार धूर्त साम्राज्यवादी किपलिंग ने भारतीयों के सम्बन्ध में 'कभी दुर्लभ ही दिखाई देने वाली भारत की समझ के साथ लिखा और अक़सर खीझते हुए अपनी सदैव की घृणा के साथ लिखा'। किपलिंग के लेखन में भारतीय महत्त्वपूर्ण नहीं हैं और न ही उसके लेखन में जानबूझकर भरे जाने वाले भारत के भौतिक या सामाजिक विवरण महत्त्व रखते हैं, अपितु उसकी कल्पना में जीवन का संचार कर देने वाली व्यापकता एवं उत्साह तथा साम्राज्य का चित्रण भर है। विद्वान किपलिंग के लेखन को उपनिवेशवाद को परिभाषित करने वाले भाषण के भाग के रूप में देखते हैं, जिसमें अर्ध–ईश्वर के रूप में और मानवीय असफलता के रूप में अंग्रेज़ों और अर्ध–नागरिकों के बीच विभाजन को खड़ा करने वाले सांस्कृतिक प्रभुत्व एवं मानसिकता को प्रकट किया गया है।

ब्रिटिश स्वयं को एक सभ्यकारी शक्ति मानते थे और रानी विक्टोरिया की हीरक जयन्ती के अवसर पर सर लुइस मॉरिस द्वारा लिखी कविता की पंक्ति में व्यक्त 'साहसी द्वीपीय क़िला/तूफानी समुद्र में' के रूप में देखते थे। मैकॉले अपने सभी दोषों के बावजूद साम्राज्य के लक्ष्य के विरोधाभासों के प्रति अधिक सतर्क थे। उन्होंने लिखा, 'लोगों का पिता एवं दमनकर्ता बनो', 'न्यायपूर्ण और अन्यायपूर्ण, विनम्र और हिंसक बनो'। परन्तु भारत

में प्रत्येक अंग्रेज़ पर ऐसे विचार या धारणा रखने का आरोप नहीं लगाया जा सकता। फॉर्स्टर की पुस्तक 'ए पैसेज टु इण्डिया' में अध्यापक सीरिल फील्डिंग के समान अनेक लोग स्वयं को भारत में केवल इसलिए पाते थे क्योंकि उन्हें नौकरी की आवश्यकता थी–एक महान उद्देश्य, जिसके सम्बन्ध में वे निजी तौर पर कुछ नहीं सोचते थे, में जुटे ऐसे आम लोग जिन्हें यह उद्देश्य बाइबिल, संगीत और शराब के माध्यम से पूरा होता दिखाई देता था।

ब्रिटिश अभिजात वर्ग निःसन्देह स्वयं को भारत के किसी भी वंश के लोगों की प्रत्येक सम्भव श्रेष्ठता से ऊपर देखते थे। लन्दन में हेराल्ड्स कॉलेज में एक बार टिप्पणी की गयी कि 'आग़ा ख़ाँ को उसके अनुयायी ख़ुदा के सीधे वंशज के रूप में देखते हैं। अंग्रेज़ नेतृत्व उससे भी पहले आता है।'

रुडयार्ड किपलिंग उन्नीसवीं सदी के उत्तरार्द्ध के विरोधाभास का प्रतीक था : साम्राज्य के लोग अपना मिशन अपने द्वारा क़ब्ज़े में ली गयी एवं शासित भूमि तक ही सीमित नहीं देखते थे, अपितु स्वयं को अधिकाधिक विनम्र हो रहे धर्माधिकारियों की रीढ़ को सीधा करने के महत्त्वपूर्ण कार्य के भाग के रूप में भी देखते थे। कठोर अंग्रेज़ों के लिए जंगली क्षेत्र अपने साहस की परीक्षा करने, अपनी कठोरता के प्रदर्शन, अपने पौरुष की विशेषताओं का आनन्द उठाने, अपने देशवासियों की फ़ौज के प्रति निष्ठा एवं रानी व देश के प्रति वफ़ादारी प्रदर्शित करने का स्थान था। किम ने ज़म–ज़माह तोप के ऊपर बैठे एक अंग्रेज़ सेनाधिकारी के वर्णन से प्रारम्भ किया, यह तोप सत्ता एवं पंजाब पर नियन्त्रण का प्रतीक है, जो अपने सामने हिन्दुओं और मुसलमानों को तोप से नीचे धकेल चुका है। 'ज़म–ज़माह पर, उस आग उगलती ड्रैगन पर जिसका नियन्त्रण है, उसी का पंजाब पर नियन्त्रण है, क्योंकि काँसे का हरा बड़ा टुकड़ा ही सदा विजेता की लूट की पहली वस्तु होता है। किम के लिए कुछ औचित्य था...चूँकि पंजाब पर अंग्रेज़ों का नियन्त्रण था और किम अंग्रेज़ था।

इस विचारधारा के अनुसार साम्राज्य के कार्य के लिए साहसी एवं हिंसा करने में सक्षम, किसी भी समय निम्नवर्गीय लोगों के विरुद्ध कार्यवाही के लिए तैयार आदमियों की आवश्यकता थी। किपलिंग के लेखन (जैसाकि स्टॉकी एण्ड कम्पनी, जहाँ ब्रिटिश स्कूली लड़के पाशविकता के द्वारा जीत

प्राप्त करते हैं) एवं साम्राज्य के अन्य पुरुषत्ववादी लेखकों के लेखन में इन गुणों की पुनः पुष्टि की गयी है। यह साहित्यिक पुनः अभिव्यक्ति और भी विडम्बनाकारी हो जाती है क्योंकि इसमें उन विशेषताओं का गुणगान किया गया है जिन्हें सभ्य बनाने के कार्य में गर्व से प्रयोग में लाया जाता है। अन्य शब्दों में साम्राज्य के नायक वे व्यक्ति थे जो तथाकथित पाशविकता को शान्त और समाप्त करने के लिए बर्बरता का प्रयोग करते थे।

लेफ्टिनेंट हर्बर्ट एडवर्ड्स ने 1846 में भारत में अपने मिशन के सम्बन्ध में जैसाकि लिखा है : 'पंजाब जैसे प्रान्त की अयाल पर सभ्यता का हाथ रखने और हिंसक मनोभावों को तुच्छ समझने में कुछ अच्छाई है।' यह अत्यन्त विचित्र है कि इस रूपक में पंजाब एक हिंसक अथवा जंगली पशु के समान है जिसकी 'अयाल' पर ब्रिटिश शासकों का सभ्य बनाने वाला हाथ दृढ़ता से रखा जाना चाहिए। लॉर्ड कर्ज़न ने 1907 में ऑक्सफोर्ड विश्वविद्यालय में कहा था कि साम्राज्य की असभ्य सीमाओं पर हमारे युवाओं को बचाने वाली, उदात्तकारी एवं अनुप्राणित करने वाली उत्तेजना प्राप्त हुई जिसने क्षयकारी आलस्य के साथ–साथ पश्चिमी सभ्यता की घिनौनी उत्तेजना से उनकी रक्षा की। ऐसे विचारों से प्रेरित होकर साम्राज्यवादियों में उन्नीसवीं शताब्दी के पचास के बाद के वर्षों में शिक्षित विदेशियों पर (अशक्त, सांस्कृतिक दृष्टि से प्रसंस्कृत, पश्चिमीकृत पूर्वी भद्र पुरुष जिनका बाद में मैकॉलेपुत्रों के रूप में उपहास किया गया) उदात्त असभ्य लोगों, (आदिकालीन जंगली सैनिक परन्तु 'पुरुषोचित' आदिवासी एवं उसका परिवार) के प्रति सुदृढ़ प्राथमिकता विकसित एवं अभिव्यक्ति हुई।

किपलिंग के नस्लवादी घृणा से भरे 'किम' उपन्यास में इस दूसरे वर्ग को हरीचन्द्र मुखर्जी नाम के पात्र के माध्यम से चित्रित किया गया है, जो ब्रिटिश अधिकारियों की नौकरी में नृजातीय विज्ञानी 'बाबू' है जिसकी टूटी–फूटी अंग्रेज़ी एवं ब्रिटिश रॉयल सोसायटी में चुने जाने की साहसिक कामना का उपहास किया जाता है। यह मुखर्जी की वह बनने की कामना है जो वह कभी नहीं बन सकता–उनकी प्रजा का मात्र एक सदस्य होने की बजाय औपनिवेशीकरण करने वाले वर्ग का सदस्य होने की कामना।

ई.एम. फॉर्स्टर, जिनके उपन्यास 'ए पैसेज टु इण्डिया' का उसके समय में भारतीय राष्ट्रवादियों ने बिना किसी आलोचना के सर्वाधिक स्वागत किया (इण्डिया लीग के प्रमुख कृष्ण मेनन ने एलन लेन द्वारा इसके प्रकाशन की

व्यवस्था तक करवाई), ने उल्लेखनीय रूप से अपने उपन्यास के समापन की प्रसिद्ध पक्तियों में एक अंग्रेज़ और भारतीय के बीच मित्रता की असम्भावना को व्यक्त करते हुए साम्राज्य की धारणा को व्यक्त किया है :

> *'हम अब मित्र क्यों नहीं हो सकते?' दूसरे व्यक्ति ने स्नेहपूर्वक उसका हाथ पकड़ते हुए पूछा, 'मैं यही चाहता हूँ, तुम भी यही चाहते हो।' परन्तु घोड़े यह नहीं चाहते थे, वे पीछे हट गये; चट्टानें, जिनके बीच में से घुड़सवारों को एक क़तार में गुजरना पड़ता था, और धरती यह नहीं चाहती थी : मन्दिर, तालाब, जेल, महल, पक्षी एवं मृत पशु, गेस्ट हाउस, जो सब तंग मार्ग से निकलने पर दिखाई देने लगे और सामने नीचे मऊ था, वे सब यह नहीं चाहते थे। उन्होंने अपनी सैकड़ों आवाज़ों में कहा, 'नहीं, अभी नहीं' और आकाश ने कहा, 'न, वहाँ नहीं।'*

निःसन्देह फॉर्स्टर का भारतीय चरित्र, एक परम्परागत मुस्लिम परिवार का मध्यमवर्गीय डॉक्टर सामाजिक व बौद्धिक दृष्टि से अंग्रेज़ पात्र फील्डिग के समान स्तर का नहीं था और उन दोनों के बीच सच्ची मित्रता शायद ग़ैर–साम्राज्यवादी भारत में भी सम्भव न हुई होती। परन्तु फॉर्स्टर, जिनकी पुस्तक में भारतीय राष्ट्रीय आन्दोलन का कुछ भी वर्णन नहीं किया गया और जिन्होंने अपने एकमात्र प्रमुख हिन्दु पात्र का हास्यास्पद चित्रण किया है, ऐसा प्रतीत होता है कि आईसीएस में प्रवेश पाने वाले भारतीय (सुरेन्द्रनाथ बैनर्जी जैसे) अथवा ऐसे भारतीय (जवाहरलाल नेहरू जैसे) जिसकी साम्राज्य की आलोचनाएँ 'राज' की नींव को ही चुनौती दे रही थीं, की कल्पना ही नहीं कर सके। यह वह मूर्खतापूर्ण सीमित कल्पना है जो इस नेक सोच वाले अंग्रेज़ ने भारत को जैसा रहस्यात्मक और अव्यवस्थित देखा, उससे ऊपर नहीं उठ पाती। फॉर्स्टर के 'हॉवर्ड्स एंड' में अविस्मरणीय पुरालेख में कहा गया है : एक भारतीय पाठक के रूप में कोई यह कामना ही कर सकता है कि उसमें और भारत में आये बरतानवियों के बीच 'सिर्फ़ सम्पर्क' होता।

## ब्रिटिश शासन, स्वदेशी आन्दोलन एवं महात्मा गाँधी का आगमन

प्रथम अध्याय में जैसाकि मैंने वर्णन किया है ब्रिटेन का उद्देश्य चाहे पूर्णतः स्वार्थपरक रहा हो, परन्तु यदि सकारात्मक दृष्टि से देखें तो इसके साम्राज्य

ने भयंकर अराजक प्रतीत होने वाली स्थिति में क़ानून और व्यवस्था की स्थापना की, परस्पर युद्धरत समूहों व राज्यों के बीच के विवादों को सुलझाया और भारत में राजनीतिक टकराव के कम हिंसक स्वरूप की नींव रखी। रॉबर्ट कप्लान का मत है कि 'साम्राज्यवाद प्रभुसत्ता का एक कम कठोर एवं स्वीकृत स्वरूप प्रस्तुत करता है जो अराजकता एवं पूर्ण सरकारी नियन्त्रण के बीच का मध्यमार्ग है।' 'स्वीकृत' एक विवादास्पद शब्द है परन्तु मौन स्वीकृति भी स्वीकृति का ही एक प्रकार है और अन्त में अनेक भारतीयों ने ब्रिटिश प्रभुसत्ता को स्वीकार कर लिया, क्योंकि शायद उनके पास कोई विकल्प नहीं था।

भारत सरकार अधिनियम, 1858 ने गवर्नर जनरल के पद को रूपान्तरित (शीघ्र ही वाइसराय के रूप में पुनः स्थापित) कर दिया, जो प्रान्तीय गवर्नरों के साथ भारत के प्रशासन के लिए प्रत्यक्ष रूप से उत्तरदायी था। गवर्नर जनरल अथवा वाइसराय को परिषदें प्रदान की गयीं जिनमें सदस्यों को नामित किया गया। 1861 में नये क़ानूनी–विधान के द्वारा गवर्नर जनरल और प्रान्तीय गवर्नरों की विधायी परिषदों में भारतीयों को नामांकन द्वारा सम्मिलित करने की अनुमति दी गयी। भारतीयों को 1892 के भारतीय परिषद अधिनियम जिसके द्वारा 1861 के अधिनियम को संशोधित किया गया था एवं उसके बाद 1909 के मिण्टो–मॉर्ले सुधारों के आने तक केन्द्र एवं प्रान्तीय दोनों स्तरों पर परिषदों में भारतीयों की भागीदारी बढ़ने से प्राप्त होने वाले लाभों के लिए प्रतीक्षा करनी पड़ी। ये दोनों ही 1885 में एलन ह्यूम एवं विलियम वेडरबर्न द्वारा अनेक महत्त्वपूर्ण अंग्रेज़ी शैली में ढल चुके भारतीयों के साथ स्थापित की गयी भारतीय राष्ट्रीय कांग्रेस के बहुत बाद आये।

परन्तु 1892 और 1909 के अधिनियम स्थापित व्यवस्था में दिखावे भर का परिवर्तन थे और इनके द्वारा इन भारतीय परिषदों के गठन एवं कार्य में नाममात्र का प्रभाव पड़ा। (दूसरे शब्दों में बरतानवियों द्वारा चयन) इन अधिनियमों से परिषदों में परोक्ष चुनाव के माध्यम से सदस्यता बढ़ा दी गयी। परन्तु वास्तव में इन परिषदों के पास कोई ताक़त नहीं थी। उनके पास परिषदों में मुद्दे उठाने का अधिकार था परन्तु निर्णय लेने का नहीं। वे भारतीय जनता (अथवा कम–से–कम प्रबुद्ध, अंग्रेज़ी शिक्षा प्राप्त वर्गों) की आवाज़ को व्यक्त कर सकते थे, परन्तु उनके पास क़ानून अथवा बजट

पारित करने का कोई अधिकार नहीं था। शक्ति और अधिकार अब भी गवर्नर जनरल के पास थे जो परिषद् द्वारा पारित किसी भी प्रस्ताव को अस्वीकार कर सकता था अथवा भारत के लिए आवश्यक समझे जाने पर परिषद् को प्रस्ताव पर चर्चा करने एवं उसे पारित करने की आवश्यकता के लिए बाध्य कर सकता था।

भारत के लिए राज्य सचिव जॉन मॉर्ले, जिसके नाम पर 1909 के सुधारों का नाम रखा गया, ने भारतीय परिषदों में भारतीयों की बढ़ती संख्या का विरोध भी किया था। उसका तर्क था कि उसके मतानुसार भारत में ब्रिटिश सरकार भारतीय लोगों की आवश्यक सहमति एवं प्रतिनिधित्व से चलाई जा रही थी। उसने घोषणा की कि सुधारों के इस अध्याय का सीधा अथवा अनिवार्य रूप से परिणाम भारत में संसदीय प्रणाली की स्थापना है तो मेरा इससे कोई सम्बन्ध नहीं होगा। निःसन्देह ऐसा विचार सुधारकों की सोच से दूर नहीं रहा होगा; ब्रिटिश सरकार 1935 के भारत सरकार अधिनियम के आने तक भारतीय प्रशासन में जो भी 'सुधार' लायी, उसने गवर्नर जनरल और ब्रिटेन की संसद के सम्पूर्ण अधिकार की रक्षा की। केन्द्रीय एवं प्रान्तीय स्तरों पर भारतीय परिषदें सदैव ही वास्तव में ऐसे निकाय थीं जिनके पास किसी भी महत्त्वपूर्ण विषय पर कोई वास्तविक अधिकार नहीं थे और बजट, सुरक्षा एवं क़ानून व व्यवस्था दृढ़ता से ब्रिटिश हाथों में ही रहे। प्रतिनिधि सरकार को धीरे–धीरे बढ़ाना, न कि सम्पूर्ण प्रजातन्त्र की स्थापना, ही इसका उद्देश्य था।

सी. ए. बेली ने अपनी पुस्तक 'रिकवरिंग लिबर्टीज' में एक महत्त्वपूर्ण बात कही है, जो बहस का विषय है। बेली ने लिखा है कि ब्रिटेन ने स्कूलों, कॉलेजों, अख़बारों और औपनिवेशिक अदालतों के माध्यम से उदारता का संस्थाकरण करके उदारता को भारत में जड़ें जमाने देने में सहायता की और परिणामस्वरूप भारत की एक सम्पूर्ण पीढ़ी को अपने भविष्य के प्रति सोचने के मार्ग पर डाल दिया और वर्तमान भारतीय प्रजातन्त्र इसी का परिणाम है। समस्या यह है कि इस उदारतावाद का पालन कठोर सीमाओं के भीतर किया जाता था। 1885 में भारतीय राष्ट्रीय कांग्रेस की स्थापना स्कॉट नागरिक एलन ऑक्टेवियन ह्यूम और सुशिक्षित, राजधर्म समर्थक भारतीयों के द्वारा नरमपन्थी, संवैधानिक भारतीय विचारधारा की आवाज़ के रूप में की गयी। प्रजातन्त्र की स्थापना के इच्छुक एवं सच्चे उदार

शासक के रूप में ऐसे विकास का स्वागत करना तो दूर बरतानवी शासन ने इसके प्रति विरोध एवं अपमान के विभिन्न स्तरों पर प्रतिक्रिया की।

अंग्रेज़ पत्रकार हेनरी नेविनसन ने 1908 में लिखा :

> *बाईस वर्ष तक यह (कांग्रेस) व्यवस्था एवं संवैधानिक औचित्य का आदर्श थी। इसने उत्कृष्ट प्रस्ताव पारित किये, इसने समस्याओं के निपटारे की माँग की, एक विश्वसनीय निष्ठा से इसने शासन में प्रतिनिधियों की नियुक्ति की व्यवस्था की। एंग्लो–इण्डियन्स (भारत में ब्रिटिश लोग)* इसके संवैधानिक औचित्य को कायरता कहते थे, इसके प्रस्तावों पर ध्यान नहीं दिया गया, इनकी शिकायतों को समाधान नहीं मिला और शासन के प्रतिनिधियों ने इनकी प्रतिनियुक्तियों को स्वीकार करने से इनकार कर दिया... (भारतीयों को अहसास हुआ) कि पावन प्रस्तावों को सरकारी कूड़े की टोकरी में डालना व्यर्थ था।*

इसी दृष्टिकोण ने किसी भी अन्य कारण की तुलना में भारतीय राष्ट्रीय आन्दोलन को अधिक आक्रामक रूप लेने के लिए प्रेरित किया। बोलने की स्वतन्त्रता के अधिकार के साथ किये जाने वाले राजनीतिक गतिविधियों के दमन के प्रयासों से ईमानदारी का अभाव अथवा उदारतावाद के दावों का खोखलापन ही व्यक्त होता है। सदी के प्रारम्भ में मद्रास के समुद्र–तट पर एक राजनीतिक बैठक में भाग लेने वाले नेविनसन ने अपने विचारों को इस प्रकार दर्ज किया है–

> *अध्यक्ष ने...पिछले वर्ष के इतिहास को संक्षेप में सन्देह, दमन, निर्वासन, बन्दीकरण, राजनीतिक कारणों से लड़कों एवं विद्यार्थियों को कोड़े लगाने एवं राजद्रोहात्मक सभा अधिनियम का वर्ष बताया–यह सब किसी आवेश अथवा अतिशयोक्ति के बिना किया गया और उसने एक साधारण प्रस्ताव के साथ अपनी बात समाप्त*

---

* बरतानवियों ने 'एंग्लो–इण्डियन' शब्द का प्रयोग भारत में रह रहे और काम कर रहे ब्रिटिश लोगों के लिए किया और 'यूरेशियन' शब्द का प्रयोग मिश्रित वंशावली के लिए किया यानी ये प्रायः निम्न वर्ग के यूरोपीय अथवा 'अन्य स्तरों' के लोगों, जो 'फिशिंग फ्लीट' की महिलाओं में से किसी को फँसा पाने में असफल रहकर अन्ततः भारतीय महिलाओं के साथ रहने लगे और कुछ मामलों में उनसे विवाह भी कर लिया–के बच्चे थे। आज इन यूरेशियनों के वंशजों को 'एंग्लो–इण्डियन्स' कहा जाता है। यह शब्द औपनिवेशिक दस्तावेज़ों के पाठकों के लिए भ्रम उत्पन्न करता है जबकि उनमें यह शब्द केवल भारत में आये अंग्रेज़ों के लिए प्रयुक्त किया जाता है।

*की, जिसमें सरकार से इंग्लैण्ड द्वारा बन्दी प्रत्यक्षीकरण के अन्तर्गत अपने लिए सुरक्षित कर लिये गये अधिकारों के विपरीत निर्वासन अधिनियम को रद्द करने की अपील की गयी। चार वक्ताओं ने प्रस्ताव का समर्थन किया और वे सब एक समान औचित्यपूर्ण ढंग से बोले जो हमारी पूर्वी सोच की धारणा से बहुत भिन्न था... केवल एंग्लो–इण्डियन (अर्थात् भारत में अंग्रेज़) ही इन भाषणों को राजद्रोहात्मक कह सकते हैं। एक साधारण प्रकार की एंग्लो–इण्डियन सोच के लिए सरकार की कोई भी आलोचना, आज़ादी को बढ़ावा देने वाला कोई भी दावा राजद्रोहात्मक है–हालाँकि यह प्रकट रूप से चरमपंथियों की बैठक थी, इसके भाषणों में सामान्य मानवाधिकारों–कि लोगों के पास उनके अपने मामलों में आवाज़ उठाने एवं उनका अपना धन व्यय करने का अधिकार हो–का मामला उठाया गया।*

ऐसे प्रयासों का चूँकि कभी कोई लाभ नहीं हुआ, इसलिए ब्रिटिश शासकों पर प्रभाव डालने के लिए राष्ट्रीय आन्दोलन ने नया मार्ग अपनाना प्रारम्भ कर दिया और वह था कर्ज़न के 1905 के बंगाल–विभाजन के विरुद्ध राजनीतिक जन–विद्रोह का मार्ग। उग्र बंगाली युवकों ने लोगों से यह अपील करने के लिए कि वे अपनी मातृभूमि के औपनिवेशीय विभाजन के प्रति विरोध प्रदर्शित करें, स्वदेशी के प्रचार (भारत–निर्मित वस्तुओं पर निर्भरता) एवं ब्रिटिश वस्तुओं का बहिष्कार करने के लिए गाँवों व क़स्बों में अभियान चलाया। विदेशी वस्तुओं की बिक्री जारी रखने वाली दुकानों को युवकों ने घेर लिया एवं ग्राहकों को कभी भी आतंकित करके नहीं, अपितु दण्डवत् होकर अनुनय–विनय से बिना वस्तुएँ ख़रीदे लौटने की याचना की। इस प्रकार का धरना कभी भी हिंसक नहीं था, परन्तु बरतानवी इस प्रकार के प्रदर्शन के आदी नहीं थे। बंगाल के ब्रिटिश व्यापारियों द्वारा उनकी बिक्री में नाटकीय गिरावट एवं नियमित लाभ के नुक़सान (जिससे उनका सामना पहले नहीं हुआ था) की शिकायत की गयी, विद्रोह की जीत हुई थी। बरतानवियों ने बंगाल विभाजन को वापस ले लिया।

थोड़े समय तक चले इस राजनीतिक जन–आन्दोलन की सफलता से पूरी तरह से अवगत एक दुबले–पतले, चश्मा लगाये और घर के बुने मोटे कपड़े की पोशाक पहने एक वकील मोहनदास करमचन्द गाँधी दक्षिण

अफ्रीका में लम्बा समय बिताने के बाद 1915 में भारत लौट आये। वहाँ उनकी पुस्तक 'सत्य के प्रयोग' एवं भारतीयों के नैतिकता आधारित नेतृत्व ने उन्हें महात्मा (महान आत्मा) का उपनाम दे दिया था। उन्होंने एक बहुत ही साधारण वकील के रूप में शुरुआत की, जब दक्षिण अफ्रीका में एक भारतीय द्वारा एक साधारण मामले में उन्हें अपना वकील बनाया गया। दक्षिणी अफ्रीका में अपने देशवासियों से किये जाने वाले प्रजातीय भेदभाव से त्रस्त गाँधीजी ने बरतानवी व दक्षिण अफ्रीकी निवासियों द्वारा भारतीयों के साथ किये जाने वाले अन्याय का विरोध करने एवं उसे समाप्त करवाने के लिए क़ानूनी एवं राजनीतिक कार्यवाहियों की एक श्रृंखला प्रारम्भ कर दी। वे एक प्रबल हस्ती बन गये थे। अन्याय के लिए सत्ता से याचना के उनके सभी प्रयास (और उनकी हिमायत के लिए भारतीयों की एक स्वैच्छिक एम्बुलेंस ब्रिगेड का आयोजन) अप्रभावी हो गये तो गाँधीजी ने सविनय अवज्ञा के द्वारा विरोध की अनुपम विधि विकसित की।

गाँधीजी की संगठन की प्रतिभा (उन्होंने नेटल भारतीय कांग्रेस की नींव रखी) के समान ही उनमें आत्म–परीक्षण एवं दार्शनिक चिन्तन के प्रति भी गहन झुकाव था। दक्षिण अफ्रीका के भारतीय समुदाय में उनका स्तर उन्हें जो बुर्जुआ सुविधाएँ प्रदान कर सकता था, उन्हें स्वीकार करने के स्थान पर वे डरबन से बाहर अपने द्वारा बनाये गये एक सामुदायिक फार्म पर चले गये। वहाँ उन्होंने हेनरी डेविड थोरो का अध्ययन किया एवं जॉन रस्किन और लियो टॉल्स्टॉय जैसे लोगों के साथ पत्राचार कर निजी जीवन एवं सार्वजनिक कार्यों में 'सत्य' की समझ प्राप्त करने का प्रयास किया। याचना की राजनीति से सत्याग्रह तक की यात्रा न तो छोटी थी और न ही आसान थी। इसके बाद वे अपनी मातृभूमि लौट आये और उन्होंने भारत के प्रारम्भिक राष्ट्रवादी आन्दोलन को एक सन्त एवं एक कूटनीतिज्ञ के रूप में असाधारण ख्याति प्रदान की।

महात्मा का एकमात्र विचार यह था कि आत्म–सम्मान करने वाले एवं अनिर्वाचित प्रबुद्ध वर्ग द्वारा की जा रही ड्रॉइंग रूम यानी बैठकों की राजनीति से स्व–शासन कभी प्राप्त नहीं हो सकेगा। उनके अनुसार स्व–शासन में जनता को, भारत के कठोर परिश्रम कर रहे जनसाधारण को, जिसके नाम पर उच्च वर्ग होमरूल का शोर मचा रहे थे, सशक्त करना होगा। यह तर्क भारत के राजनीतिक वर्ग को, जिसमें उन दिनों

अभिजात वर्ग के लोग और वकील तथा अंग्रेज़ी में प्रवचन करने वाले एवं अंग्रेज़ों के अधिकारों की माँग करने वाले साधन–सम्पन्न लोग थे, पसन्द नहीं आया और न ही उन्हें गाँधीजी का यह आग्रह अच्छा लगा कि जनसाधारण को राजकुमार और राजा (उनका शब्द) की विधियों की बजाय प्राचीन परम्परा से प्राप्त और स्वदेशी एवं सत्याग्रह में निहित नैतिक मूल्यों से जागरूक किया जाये।

अपने सिद्धान्तों को व्यवहार में लाने के लिए महात्मा गाँधी एक आश्रम में लगभग पूर्ण निर्धनता का जीवनयापन करने लगे और रेलगाड़ी में तीसरी श्रेणी में पूरे देश की यात्राएँ कीं। इन यात्राओं में उन्होंने अस्पृश्यता, अस्वच्छता, बाल–विवाह के विरुद्ध अभियान चलाया और यौन संयम से लेकर खादी बुनने और प्रायः पिचकारी करने के लाभों का प्रचार किया। इसमें कोई सन्देह नहीं था कि वे धुन के पक्के थे और उन्होंने जनता के तार झंकृत कर दिये थे–और यह भी शीघ्र ही स्पष्ट हो गया कि वे एक प्रबल राजनीतिक शक्ति थे।

ब्रिटिश राज की स्वयं उसके द्वारा प्रचारित सिद्धान्तों और मूल्यों पर खरा उतरने में असफलता से गाँधीजी को ऊपर उठने में सहायता मिली–जिसने ब्रिटिश उदारतावाद के खोखलेपन को, न कि बेले के अनुसार उसके औचित्य को, सिद्ध कर दिया।

*

बीसवीं सदी में जब बरतानवी भारत में राज्य सचिव लॉर्ड मॉन्टेग के शब्दों में 'दायित्वपूर्ण स्व–शासन' की ओर अनिच्छापूर्वक बढ़े, तब भी उनकी भारत में विश्वसनीय राजनीतिक संस्थाओं के विकास की कोई गम्भीर मंशा नहीं थी। व्यापक स्तर पर यह आशा की जा रही थी कि प्रथम विश्वयुद्ध में भारतीय सेनाओं के बलिदान को छोड़ भी दें तो भी भारत और विशेष रूप से महात्मा गाँधी द्वारा प्रदान किये गये सहयोग के चलते इस युद्ध के अन्त में भारत को स्वतन्त्र उपनिवेश का दर्जा दे दिया जायेगा (अर्थात् साम्राज्य के रहते हुए स्वायत्त स्व–शासन के अर्थ में, जैसाकि ऑस्ट्रेलिया, कनाडा एवं शेष श्वेत राष्ट्रमण्डल को प्राप्त था)। 1917 में लॉर्ड मॉन्टेग ने ब्रिटिश मन्त्रिमण्डल के समक्ष एक घोषणा प्रस्तावित की जिसमें 'भारत

में अन्ततः स्व–शासन की दृष्टि से धीरे–धीरे स्वतन्त्र संस्थाओं के विकास की प्रतिज्ञा थी।' पूर्व वाइसराय और बाद में विदेश सचिव बने लॉर्ड कर्ज़न ने सोचा कि यह तो बहुत हो गया और 'येस, मिनिस्टर' में सर हम्फ्री के शब्दों में विकल्प सुझाया कि सरकार 'प्रशासन की प्रत्येक शाखा के साथ भारतीयों के जुड़ाव को बढ़ाने और धीरे–धीरे स्व–शासित संस्थाओं के विकास की दिशा में काम करेगी, ताकि ब्रिटिश साम्राज्य के अभिन्न अंग के रूप में भारत में उत्तरदायी सरकार का प्रगामी विकास किया जा सके।' मन्त्रिमण्डल ने मॉन्टेग के मूल शब्दों के स्थान पर इस लच्छेदार और कपटपूर्ण फॉर्मूला को अनुमोदित कर दिया और तुरन्त अपनी मंशा की ओर किये गये संकेत की दिशा में बढ़ चले।

'मॉन्टेग चेम्सफोर्ड सुधारों' के अन्तर्गत स्व–शासन द्वारा इस घोषणा के अनुपालन के लिए जो प्रयास किये गये, वे एक ऐसी व्यवस्था थे जिसमें भारतीय ब्रिटेन के साम्राज्य की शक्ति के लिए खिड़की के पर्दे के समान सजावट का काम करेंगे। इतने सीमित एवं चुनिन्दा मताधिकार प्राप्त लोगों (250 भारतीयों में से केवल एक को ही मताधिकार प्राप्त था) द्वारा चुने गये प्रतिनिधि उस 'अहानिकारक' प्रजा पर अपना शासन करेंगे जिसकी बरतानवियों को कोई चिन्ता नहीं थी। वे शिक्षा व स्वास्थ्य जैसे विषयों को देखेंगे जबकि कराधान, क़ानून एवं व्यवस्था और भारतीय विधायक के किसी वोट को निरस्त करने का अधिकार प्रान्त के बरतानवी गवर्नर के पास रहेगा। गवर्नर और केन्द्र में वाइसराय के पास चुने गये विधायकों के वोटों को रद्द करने एवं कोई भी ऐसा क़ानून, जिसे चुने हुए प्रतिनिधियों ने पारित करने से इनकार दिया हो, बनाने का अधिकार सुरक्षित था। 'भारत में उत्तरदायी सरकार को अधिकाधिक साकार करने' से कहीं दूर यह वास्तव में पीछे लौटना था और इसे भारतीय लोकमत एवं गहरा धोखा खाये महात्मा द्वारा एकमत से अस्वीकार कर दिया गया।

इसका परिणाम था असहयोग आन्दोलन और भारतीय राष्ट्रवादियों द्वारा की गयी हिंसा की एक भयंकर घटना के बाद यद्यपि इसे स्थगित कर दिया गया परन्तु ब्रिटिश उपनिवेश के साथ समझौते को अस्वीकार करना निश्चित हो गया। 1930 तक भारतीय राष्ट्रीय कांग्रेस ने अपने 1918 के साधारण उद्देश्यों से आगे बढ़ने का निर्णय ले लिया था। इसने 26 जनवरी, 1930 को स्वतन्त्रता की एक घोषणा जारी की :

*भारत में ब्रिटिश सरकार ने भारत के लोगों को न केवल अपने अधिकारों से वंचित किया है, अपितु जनसाधारण के शोषण को अपना आधार बना लिया है...इसने भारत को आर्थिक, राजनीतिक, सांस्कृतिक एवं आध्यात्मिक दृष्टि से नष्ट कर दिया है...इसलिए... भारत को बरतानवियों के साथ सम्पर्क तोड़ देने चाहिए और 'पूर्ण स्वराज' अथवा 'सम्पूर्ण स्वतन्त्रता' प्राप्त करनी चाहिए।*

## महान युद्ध एवं महान विश्वासघात

विश्वासघात की इस भावना की पृष्ठभूमि को समझना आवश्यक है। गाँधी के भारत लौटने से आठ वर्ष पूर्व और युद्ध से बहुत पहले हेनरी नेविनसन ने 1908 में ही वे कारण बता दिये थे कि भारतीय ब्रिटिश राज से क्यों असन्तुष्ट थे–

*बंगाल के विभाजन में भारतीयों की भावनाओं के तिरस्कारपूर्ण अपमान एवं भारतीयों की मिथ्यावादिता पर लॉर्ड कर्ज़न का विश्वविद्यालय में दिया गया भाषण; रानी विक्टोरिया की 1858 की उद्घोषणा के विपरीत पूर्ण योग्यता प्राप्त भारतीयों को सार्वजनिक पदों से हटाया जाना, अदालतों में अन्याय के अनेक कुख्यात मामले जिनमें अंग्रेज़ अपराधी शामिल थे; राजनीतिक विचारों के लिए उत्पीड़न के असंख्य मामले; निजी स्वतन्त्रता एवं बोलने की स्वतन्त्रता के दमन के प्रसिद्ध हथकण्डे, पुलिस और डाककर्मियों द्वारा जासूसीय एंग्लो–इण्डियनों में बढ़ती अश्लीलतापूर्ण बदतमीजी, जैसाकि उनके सामान्य व्यवहार और उनके विचारों को व्यक्त करने वाले अख़बारों में भी दिखाई देता है–इन सब घटनाओं से भारत में आक्रोश पैदा हुआ है। युद्ध में भारतीयों द्वारा दिये गये असाधारण सहयोग और इसके लिए ब्रिटेन द्वारा दिये गये अपमानजनक इनाम ने आग में घी का काम किया है।*

प्रथम विश्वयुद्ध में 74,187 भारतीय सैनिकों की मृत्यु हो गयी और इतने ही घायल हुए। उनकी कहानियों और उनकी वीरता को ब्रिटेन के युद्ध के प्रसिद्ध इतिहासों में से या तो अधिकतर हटा ही दिया गया है अथवा पाद टिप्पणियों तक सीमित कर दिया गया है।

भारत ने यूरोपीय, भूमध्य सागरीय देशों, मेसोपोटामिया, उत्तरी अफ्रीका

और पूर्वी अफ्रीका के युद्ध में अनेक डिविज़न और टुकड़ियाँ भेजीं। भारत द्वारा आदमी, जानवर, राशन आपूर्ति और धन के रूप में ब्रिटेन को जो सहयोग दिया गया, वह किसी भी अन्य राष्ट्र द्वारा दिये गये सहयोग से अधिक था। इतिहास की पुस्तकों में प्रायः यह औपचारिक उल्लेख मिलता है कि भारत की सरकार ने ब्रिटेन को सहायता का प्रस्ताव दिया और महामहिम सरकार ने असाधारण बड़ी धनराशि के इस प्रस्ताव को 'कृपापूर्वक स्वीकार' कर लिया। इसमें यूरोपीय युद्ध में महामहिम सरकार के ख़र्च के लिए 10 करोड़ पाउण्ड के एकमुश्त भुगतान का विशेष योगदान भी शामिल था। स्वाभाविक रूप से इस तथ्य को छिपा लिया गया कि भारत की सरकार में वे अंग्रेज़ थे जो ब्रिटेन में महामहिम सरकार के प्रति जवाबदेह थे।

प्रथम विश्वयुद्ध के दौरान भारत से विदेश–सेवा पर भेजे गये सैनिकों और सहायक स्टाफ की संख्या विशाल है–उनमें से 5,88,717 लोग मेसोपोटामिया, 1,16,159 मिस्र, 1,31,496 फ्रांस, 46,936 पूर्वी अफ्रीका, 4,428 गलिपोली, 4,938 सलोनिका, 20,243 एडन और 29,457 फ़ारस की खाड़ी में गये। 29,762 भारतीय मारे गये, 59,296 ज़ख़्मी हुए, 3,289 लापता हो गये और मृत मान लिये गये तथा 3,289 को बन्दी बना लिया गया। विदेश भेजे गये कुल 12,15,318 सैनिकों में से 1,01,439 हताहत हुए।

बरतानवियों ने भारत से आदमी और धन लेने के साथ–साथ खाद्य पदार्थों की बड़ी आपूर्ति, नगद एवं गोला–बारूद भी लिया, जो बरतानवियों द्वारा भारत पर कर लगाने के आलावा नाममात्र के स्वायत्त राजाओं के प्रान्तों से इकट्ठा किया गया। इसके अतिरिक्त भारत द्वारा ब्रिटिश अधिकारियों के 'युद्ध के इनाम' (वार ग्रेच्यूटीज) एवं भारत के सामान्य सैनिक दलों के लोगों के लिए 35 लाख पाउण्ड की अतिरिक्त राशि दी गयी। इसके बाद युद्ध के कार्यों के लिए भारतीय राजस्व में से 1.31 करोड़ पाउण्ड का एक और भुगतान किया गया। उस समय यह अनुमान लगाया गया था कि भारत द्वारा नगद व अन्य रूपों में किया गया योगदान 14.62 करोड़ पाउण्ड की क़ीमत का था, जो आज की धनराशि में 5,000 करोड़ पाउण्ड है (कुछ अन्य अनुमानों में भारतीय योगदान का मूल्य इससे बहुत अधिक बताया गया है।)

यूरोप में भारतीय सैनिक सबसे पहले खाद्यों की विभीषिका का शिकार हुए। युद्ध के दूसरे वर्ष में प्रवेश करने से पहले उनके झुण्ड–के–झुण्ड मारे जा चुके थे। उन्होंने जर्मनी के अनेक हमलों का भी सामना किया। भारतीय

जवानों ने 1914 की बसन्त में प्रैस में जर्मन सेनाओं को आगे बढ़ने से रोक दिया था। इसके तुरन्त बाद युद्ध छिड़ गया जबकि बरतानवी अभी अपने सैन्यबल की भर्ती और प्रशिक्षण कर ही रहे थे। सैकड़ों वीरतापूर्वक लड़ते हुए मारे गये, हालाँकि नौंवे नेपल में उन्हें हार का मुँह देखना पड़ा। एक हज़ार से अधिक गलिपोली में मारे गये। इसके लिए लाइट ब्रिगेड की तरह एक ग़लत योजना पर आधारित चर्चिल का मूर्खतापूर्ण आदेश ज़िम्मेदार था। मेसोपोटामिया में जर्मनी के मित्र ओटोमन शासन के विरुद्ध लगभग 7,00,000 सिपाही लड़े, जिनमें से अनेक भारतीय मुसलमान थे। उन्होंने ब्रिटिश शासन की सुरक्षा के लिए अपने ही धर्म के लोगों के विरुद्ध हथियार उठा लिये थे।

फ्रांस और बेल्जियम से भारतीय सैनिकों द्वारा भारत के गाँवों में अपने परिवारों को भेजे गये पत्रों में भावपूर्ण भाषा में सांस्कृतिक विस्थापन व त्रासदी का वर्णन किया गया था। एक ने लिखा था, 'मानसून की बरसात के समान गोलियाँ बरस रही हैं।' एक अन्य ने लिखा था, 'पूरे क्षेत्र में शव ऐसे फैले पड़े हैं मानो कटी हुई मकई के ढेर पड़े हों।'

वे निःसन्देह बहादुर लोग थे। उन्हें एक अपरिचित देश में युद्ध में धकेल दिया गया था, जहाँ के कठोर और बर्फ़ीले मौसम के न तो वे आदी थे और न ही उसके लिए तैयार थे। वे एक ऐसे शत्रु से लड़ रहे थे जिसे वे बिल्कुल भी नहीं जानते थे और अपने जीवन को प्रतिदिन जिसके लिए दाँव पर लगा रहे थे, वह गौरव से अधिक कुछ नहीं था। फिर भी युद्ध के समाप्त हो जाने पर प्रायः गुमनामी में रहना उनकी नियति थी। जिनके लिए वे लड़े, वे बरतानवी उनकी उपेक्षा कर रहे थे और उनका अपना देश, जिससे वे आये थे, उन्हें अनदेखा कर रहा था। इसका एक कारण यह भी था कि वे अपने देश के लिए नहीं लड़ रहे थे। कोई भी सैनिक जब्री रंगरूट नहीं था–लड़ना उनका पेशा था। वे उस ब्रिटिश साम्राज्य के लिए काम कर रहे थे जो उनके अपने देश में उनके अपने लोगों पर अत्याचार कर रहा था।

भारत द्वारा प्रदान किये गये असाधारण सहयोग के बदले में ब्रिटिश साम्राज्य ने युद्ध समाप्त हो जाने पर भारत को प्रगतिशील स्वशासन प्रदान करने का बढ़–चढ़कर वादा किया था। उन्होंने यदि अपने इस वादे को पूरा किया होता तो प्रथम विश्वयुद्ध के सैनिकों के बलिदान को उनके अपने देश में शायद भारत की आज़ादी में योगदान के रूप में देखा गया होता।

परन्तु बरतानवियों ने अपना वादा तोड़ दिया। जैसाकि हमने देखा है कि जनवरी, 1915 में सदैव के लिए अपने देश लौट आये महात्मा गाँधी ने बोअर युद्ध के समान प्रथम विश्वयुद्ध में भी बरतानवियों को सहयोग दिया। उन्होंने लिखा है कि उन्हें आशा थी कि 'इस कार्य से भारत सर्वाधिक प्रिय भागीदार (ब्रिटेन का) बन जायेगा और नस्लवादी भेदभाव अतीत की बात हो जायेगी।' सर रवीन्द्रनाथ टैगोर राष्ट्रवाद के सम्बन्ध में कुछ अधिक कटु थे : 'पूर्व के भूखों मर रहे, फटेहाल, सताये गये लोगों को सम्पूर्ण मानवता के लिए स्वतन्त्रता जीतनी है!' उन्होंने युद्ध के दौरान लिखा था, 'हमारी भाषा में 'नेशन' के लिए कोई शब्द नहीं है। युद्ध में सहायता करने के लिए ऊँचे करों और इसके साथ आयी महँगाई ने भारत को नष्ट कर दिया। युद्ध के कारण व्यापार में आये व्यवधान से व्यापक आर्थिक हानि हुई है और इस दौरान देश अपने उफान पर इन्फ्लुएंजा संक्रमण से भी जूझ रहा था, जिसमें लाखों जानें चली गयीं। परन्तु राष्ट्रवादी 1917 की मॉन्टेग घोषणा से यही समझते रहे कि युद्ध के अन्त में भारत को स्वतन्त्र उपनिवेश का दर्जा मिल जायेगा जो तब तक श्वेत कॉमनवेल्थ देशों के लिए आरक्षित था।'

पर ऐसा नहीं हुआ। अन्त में ब्रिटेन की जीत के साथ जब युद्ध समाप्त हुआ तो भारत को किये गये वादे के अनुसार पुरस्कार देने से इनकार कर दिया गया। स्वशासन के स्थान पर ब्रिटेन ने 1918 में छलपूर्ण मॉन्टेग–चेम्सफोर्ड सुधारों का प्रस्ताव रखा, जिसमें सारी शक्ति ब्रिटेन के पास ही रहती और भारतीयों को महत्त्वहीन मुद्दों पर नाममात्र के अधिकार होते। यदि भारतीय निराश थे तो न्यायप्रियता का अहसास रखने वाले कुछ बरतानवी भी परेशान थे। ब्रिटिश सांसद डॉ. रदरफोर्ड ने लिखा–

> *विश्व के इतिहास में एक महान राष्ट्र के साथ ऐसा धोखा पहले कभी नहीं हुआ, जैसा इंग्लैण्ड ने भारत के साथ किया है...युद्ध में भारत के अमूल्य सहयोग के बदले में उसे ऐसा शर्मनाक, अपमानजनक, अप्रजातान्त्रिक और निरंकुश संविधान थमाकर।*

भारत को और अधिक प्रजातन्त्र प्रदान करने की बजाय ब्रिटिश शासन विपरीत दिशा में और आगे बढ़ गया। उसने 1919 में दमनकारी रॉलेट एक्ट पारित किया, जिसके द्वारा युद्धविराम के दौरान बोलने की स्वतन्त्रता और इकट्ठा होने से उठा लिये गये प्रतिबन्ध पुनः लागू कर दिये गये। इस अधिनियम ने वाइसराय की सरकार को प्रेस को ख़ामोश और सेंसर

करने, राजनीतिक कार्यकर्ताओं को बिना मुक़दमा चलाये हिरासत में रखने तथा साम्राज्य के विरुद्ध राजद्रोह के सन्देह में किसी भी व्यक्ति को बिना वारंट गिरफ़्तार करने के अधिकार देकर असाधारण शक्तियाँ प्रदान कर दीं। इस अधिनियम ने शासन को भारतीयों को मात्र सन्देह के आधार पर गिरफ़्तार करने और वकील करने अथवा अपील करने के अधिकार के बिना गोपनीय सुनवाई की शक्ति भी प्रदान कर दी। यह अपराध की भावना से चालित स्पेन के धर्माधिकरण की कार्यपद्धति की वापसी थी जिसमें आरोपी को उन लोगों के विरुद्ध कोई अधिकार नहीं था जो ये सोचते थे कि उन्होंने अभी–अभी अपनी राजनीतिक नियति को नियन्त्रित करने का अधिकार पा लिया है।

निष्ठुर विधायिका के प्रति जन–विद्रोहों को कठोरता से कुचला गया। सबसे भयानक घटना वर्ष 1919 में सैकड़ों निहत्थे निर्दोष लोगों का जलियाँवाला बाग़ का क़त्लेआम था, जिस पर अध्याय 3 और 4 में और विस्तार से चर्चा की गयी है। अमृतसर में असाधारण पाशविकता और नस्लवाद का प्रदर्शन करने वाले ब्रिगेडियर जनरल रेजिनाल्ड डायर को बरतानवियों द्वारा एक नायक की भाँति सम्मानित किया गया और उसके इस कार्य के लिए पुरस्कार देने के उद्देश्य से एक बड़ी धनराशि जुटाई गयी। इस घटना ने बरतानवी साम्राज्यवाद और इसकी भारतीय प्रजा के बीच अन्तिम दरार पैदा कर दी। सर रवीन्द्रनाथ टैगोर ने 'भारत में ब्रिटेन की प्रजा के रूप में हमारी असहाय परिस्थिति' के विरोध में अपनी नाइट की उपाधि लौटा दी। ब्रिटिश शासन के मूल्य एवं लाभों के सम्बन्ध में टैगोर की प्रारम्भिक उभयमुखता अमृतसर की घटना के बाद उनके अपने शब्दों में 'एक विदेशी प्रजाति द्वारा शासित होने के दुर्भाग्य' पर 'अपमानजनक मोहभंग' में परिवर्तित हो गयी। वे 'अपमान के बेमेल सन्दर्भ' में 'सम्मान का बिल्ला' नहीं चाहते थे।

भारत ने युद्ध में अपना सब कुछ समर्पित कर दिया था और बदले में उसे ठोकर मार दी गयी। इस बरतानवी विश्वासघात के साथ भारतीय राष्ट्रवादियों ने अनुभव किया कि विश्वासघाती एल्बियन से वैध तरीक़ों से स्व–शासन कभी प्राप्त नहीं किया जा सकता, अपितु इसे ब्रिटिश साम्राज्य के अवांछित शिकंजे से स्वतन्त्रता के संघर्ष द्वारा ही छुड़वाना होगा।

# अध्याय तीन

# प्रजातन्त्र, प्रेस, संसदीय प्रणाली एवं विधि सम्मत नियम

*उदार प्रजातन्त्र के लिए ब्रिटेन का तर्क–(आंशिक) स्वतन्त्र प्रेस–स्वतन्त्रता एवं प्रतिबन्ध–भारतीय समाचार–पत्रों का उदय–भाषायी प्रेस अधिनियम–हिन्दू–अमृत बाज़ार पत्रिका एवं इसके द्वारा किया गया कश्मीर भण्डाफोड़–1919 का प्रेस अधिनियम–भारत में संसदीय प्रणाली–'क़ानून का नियम' : बूट और तिल्ली–क्या अंग्रेज़ भारतीयों की हत्या कर सकते हैं?–नारी द्वेषात्मक क़ानून–प्रजातियता–'अपराधी जनजातियाँ'–भारतीय दण्ड संहिता में निहित औपनिवेश युग की पूर्व धारणाएँ–धारा 377, राजद्रोह एवं व्यभिचार–ब्रिटिश क़ानून उपनिवेशवाद के बाद भी बने रहे।*

भारत में राजनीतिक एकता एवं प्रजातन्त्र लाने के ब्रिटिश दावे का एक बड़ा भाग औपनिवेशिक युग के दौरान प्रजातन्त्र के तीन निर्माण खण्डों : स्वतन्त्र प्रेस, प्रारम्भिक संसदीय प्रणाली और क़ानून का नियम के उद्‌भव से जुड़ा हुआ है। ये तीनों, जिन्हें भारत अब भी सुरक्षित रखे हुए है और जो अपने ढंग से निरन्तर विकासशील हैं, औपनिवेश काल में भी थे परन्तु अत्यधिक विकृत रूप में, और इसलिए यह जाँच–पड़ताल का विषय है।

इक्कीसवीं सदी के प्रारम्भ में साम्राज्यवादी अक्खड़ता के चरम पर जब अमरीका इराक़ पर आक्रमण करने के लिए तैयार था, रूस की वापसी हो रही थी, तालिबान अस्त–व्यस्त था और बिन लादेन छिपा हुआ था और वैश्वीकरण की धाराएँ तीव्रता से (और ऐसा प्रतीत होता है कि बिना किसी प्रतिरोध के) विश्व भर में प्रवाहित हो रही थीं, तो ऐसे समय में स्कॉटलैण्ड के विवादास्पद इतिहासविद् निएल फर्ग्यूसन ने 'एम्पायर : हाऊ ब्रिटेन

मेड द वर्ल्ड' शीर्षक से पुस्तक प्रकाशित की, जिसमें अतीत में वे सभी विशेषताएँ देखी गयीं, जो वह वर्तमान में देखने की कामना करता था। फर्ग्यूसन ने लिखा कि बरतानवियों ने वाणिज्य, विजय एवं कुछ 'ईसाई धर्म के साम्राज्यवाद' को वैश्वीकरण के प्रारम्भिक स्वरूप में—अथवा अनुपयुक्त शब्द का प्रयोग करें तो 'एंग्लोबेलाइजेशन' में संयुक्त कर दिया और ऐसा करके ब्रिटेन ने विश्व के एक बड़े भाग को अपनी नौ सर्वाधिक विशिष्ट एवं प्रशंसनीय विशेषताएँ वसीयत में दे दीं, वही विशेषताएँ जिन्होंने ब्रिटेन को महान बनाया था : अंग्रेज़ी भाषा, ज़मीन की काश्तकारी का अंग्रेज़ी स्वरूप, स्कॉट और अंग्रेज़ों की बैंक प्रणाली, आम क़ानून, प्रोटेस्टैंट धर्म, टीम खेल, नाममात्र की पहरेदारी वाली सरकार (नाइट वॉचमैन स्टेट), प्रतिनिधि विधानसभाएँ एवं स्वतन्त्रता की धारणा। इनमें से अन्तिम, निएल के अनुसार, 'साम्राज्य का सबसे विशिष्ट गुण है' क्योंकि 'जब भी बरतानवी निरंकुशता का व्यवहार करते थे तो ब्रिटिश समाज में ही उस व्यवहार का सदा कोई उदार आलोचक होता था।'

हम फर्ग्यूसन के विश्लेषण के मुख्य तत्त्वों (और साम्राज्य के लॉरेंस जेम्स जैसे अन्य समर्थकों) की ओर अध्याय सात में लौटेंगे परन्तु अभी हमें उदार प्रजातन्त्र का दावा रोक रहा है। फर्ग्यूसन ने दृढ़ता से कहा है : 'भारत विश्व का सबसे बड़ा प्रजातन्त्र है। ब्रिटिश नियम के प्रति कृतज्ञता व्यक्त करना जितना फ़ैशन है, यह उसका उससे अधिक ऋणी है। इसके उच्च वर्ग के स्कूलों, विश्वविद्यालयों, प्रशासनिक सेवा, इसकी सेना, इसकी प्रेस और इसकी संसदीय प्रणाली में आज भी ब्रिटिश मॉडल स्पष्ट दिखाई देता है...।' उसने आगे लिखा है, 'यह विश्वास करना कठिन है कि ब्रिटिश शासन के प्रभाव के बिना विश्व के अधिकतर देशों में संसदीय प्रजातन्त्र की संस्थाएँ, जैसीकि आज हैं, अपनाई जातीं।'

एक आर्थिक इतिहासविद् के नाते फर्ग्यूसन ने बाद के अपने भारत से परे तक के शोध—कार्य में तर्क दिया है कि साम्राज्य में वस्तुओं, श्रमिकों एवं पूँजी के न केवल मुक्त अन्तर्राष्ट्रीय आदान—प्रदान की हिमायत की गयी है अपितु इसके द्वारा ऐसी परिस्थितियों को भी सृजित किया गया एवं समर्थन किया गया है जिनके बिना बाज़ार नहीं चल सकते—यह शान्ति एवं व्यवस्था, क़ानून के द्वारा नियम, अभ्रष्ट प्रशासन, स्थायी वित्तीय व आर्थिक नीतियों के अतिरिक्त परिवहन मूल ढाँचा, अस्पताल एवं स्कूलों

जैसे सार्वजनिक हित के संस्थानों का प्रावधान करता है, जिनका साम्राज्य के बिना अस्तित्व सम्भव नहीं था।' साम्राज्य के उदारतावाद का अर्थ है कि जो इसकी प्रजा बन जाते हैं, वे इस अधीनता से अत्यधिक लाभ प्राप्त करते हैं और फर्ग्यूसन के अनुसार इससे यह प्रमाणित होता है कि साम्राज्य से उपनिवेशों एवं साम्राज्य के केन्द्र को भी लाभ पहुँचता है। फर्ग्यूसन के इस शोध का उद्देश्य भारत में ब्रिटिश शासन का चित्रण करना है और इस (इससे पहले एवं अगले के समान) अध्याय में हम उदार प्रजातन्त्र के तत्त्वों, जिनके सम्बन्ध में बहुत डींगे हाँकी जाती हैं, के विकास में ब्रिटेन के वास्तविक रिकॉर्ड की पड़ताल करेंगे, जैसाकि राज–समर्थक प्रायः इसका उल्लेख करते हैं।

## (आंशिक) स्वतन्त्र प्रेस

ब्रिटेन के समर्थक और अनेक आलोचक भारत में स्वतन्त्र प्रेस की धारणा का प्रारम्भ करने, प्रथम समाचार–पत्र की शुरुआत करने और एक स्वतन्त्र नागरिक के अधिकारों, जिनका आनन्द उठाने के वे पात्र हैं, के प्रति जागरूकता को बढ़ावा देने का श्रेय साम्राज्य को देने का प्रयास करते हैं। यह निश्चित ही सत्य है कि स्वतन्त्र प्रेस के सक्रिय योगदान के बिना भारतीय राष्ट्रवाद एवं स्वतन्त्रता आन्दोलन का देश भर में प्रसार सम्भव नहीं था।

इस उपमहाद्वीप पर प्रथम प्रिंटिंग प्रेस यद्यपि 1550 में पुर्तगालियों ने प्रारम्भ की परन्तु इसमें केवल पुस्तकें प्रकाशित की जाती थीं, वस्तुतः जैसा कि 1664 में बम्बई में स्थापित प्रथम ब्रिटिश प्रिंटिंग प्रेस ने किया। भारत में पहला समाचार–पत्र प्रकाशित होने में एक शताब्दी से अधिक समय लग गया, जब 1780 में जेम्स ऑगस्तस हिकी ने 'बंगाल गैज़ेट' अथवा 'कलकत्ता जनरल एडवर्टाइजर' का प्रकाशन किया परन्तु शीघ्र ही कम्पनी इसके असुविधाजनक विचारों को सन्देह की दृष्टि से देखने लगी और बढ़ते क्रोध के दो वर्ष के बाद 1782 में उसकी प्रेस को ज़ब्त कर लिया गया।

इससे हिकी की तुलना में कम विवादास्पद अन्य लोग निरुत्साहित नहीं हुए और शीघ्र ही भारत में अनेक ब्रिटिश समाचार–पत्रों का प्रकाशन प्रारम्भ हो गया : प्रथम चार कम्पनी की राजधानी कलकत्ता से प्रारम्भ हुए–1784 में 'कलकत्ता गैज़ेट', 1785 में 'बंगाल जर्नल' और 'द ओरिएण्टल मैगज़ीन

ऑफ़ कलकत्ता' और 1786 में 'द कलकत्ता क्रॉनिकल'–और फिर दो अन्य प्रमुख ब्रिटिश व्यवसाय केन्द्रों–1788 में 'द मद्रास कूरियर' एवं 1789 में 'द बॉम्बे हेराल्ड'–पर प्रारम्भ हुए। ये समाचार–पत्र छोटे–से यूरोपीय समुदाय के हितों, विशेष रूप से वाणिज्यिक हितों पर केन्द्रित थे और प्रायः जलपोतों के आगमन–प्रस्थान एवं कॉलोनी के शासन में विकास–कार्यों के सम्बन्ध में सही नहीं तो कम–से–कम उपयोगी सूचना दिया करते थे। उन्होंने ब्रिटिश भारत में समाचार–पत्रों की संस्कृति की स्थापना की और यद्यपि प्रारम्भ का कोई भी समाचार–पत्र अपने अस्तित्व को बनाये नहीं रख सका परन्तु शीघ्र ही स्पष्ट हो गया कि प्रेस यहाँ बनी रहेगी।

समाचार–पत्रों के प्रसार से सचेत होकर एवं इस बात से चिन्तित होकर कि कम्पनी के आलोचक और शत्रु (समझ में आने वाले फ्रांस सहित) प्रेस का प्रयोग कम्पनी के हितों के विरुद्ध कर सकते हैं, लॉर्ड वेलस्ले सेंसरशिप ऑफ़ प्रेस एक्ट, 1799 ले आये जिसके द्वारा भारत के सभी समाचार–पत्रों की प्रकाशन से पूर्व भारत सरकार द्वारा जाँच की जाती। इस अधिनियम को आगे चलकर वर्ष 1807 में सभी प्रकार के प्रकाशनों–समाचार–पत्र, पत्रिकाएँ, पुस्तकें, पर्चे–पर प्रभावी बना दिया गया। कुछ अधिक विरोधपूर्ण प्रकाशनों को बन्द कर दिया गया : 'इण्डियन वर्ल्ड', 'बंगाल गैज़ेट' और 'कलकत्ता जर्नल' के सम्पादकों को तो गिरफ़्तार कर उन्हें कम्पनी के अधिकारियों व नीतियों की अत्यधिक आलोचना करने के आरोप में इंग्लैण्ड निर्वासित कर दिया गया। यह भारत में स्वतन्त्र प्रेस की धारणा की अच्छी शुरुआत नहीं थी।

भारत पर कम्पनी की पकड़ मज़बूत हो जाने एवं यूरोपीय प्रतिद्वन्द्वियों से ख़तरे के समाप्त हो जाने पर शीघ्र ही कठोर प्रतिबन्धों को ढीला कर दिया गया। उनकी अपनी मातृभूमि में प्रेस की बढ़ती स्वतन्त्रता भारत में भी दिखाई देनी प्रारम्भ हो गयी। प्रारम्भिक समाचार–पत्रों में से अनेक कभी प्रकाशक की मृत्यु अथवा उसके छोड़कर चले जाने से, क्योंकि बहुत सीमित पाठक वर्ग होने के कारण वे व्यावसायिक दृष्टि से व्यावहारिक नहीं थे और कभी क्योंकि सम्पादकों व स्टाफ में अपने कार्य के प्रति उत्साह नहीं रहा और उनके स्थान पर पर्याप्त स्टाफ नहीं मिला तो बन्द हो गये। जबकि अन्य न केवल बने रहे अपितु उनका एक अलग पाठक वर्ग बन गया। शीघ्र ही 1838 में बम्बई से प्रारम्भ हुए समाचार–पत्र 'द टाइम्स

ऑफ़ इण्डिया' और 'कलकत्ता स्टेट्समैन (जो 1875 में प्रारम्भ हुआ परन्तु इसने 1818 में स्थापित हुए 'फ्रैंड ऑफ़ इण्डिया' को स्वयं में सम्मिलित कर लिया) ने स्वयं को प्रकाशन के विश्वसनीय स्तम्भों के रूप में स्थापित कर लिया। ये दोनों समाचार–पत्र यद्यपि ब्रिटिश साम्राज्य के हितों के प्रति सुदृढ़ता से समर्पित थे परन्तु ये सरकार की नीतियों व कार्यों की उत्तरदायी ढंग से आलोचना करने में भी सक्षम थे। जैसे ही ब्रिटिश साम्राज्य का उत्तर भारत में प्रसार हुआ, 'द पायनीयर' लखनऊ से प्रारम्भ होकर औपनिवेशिक समाचार–पत्र–त्रयी में शामिल हो गया। इसकी विचारधारा भी भारत में ब्रिटिश समुदाय का प्रतिनिधित्व करती थी।

अतः इस सत्य को स्वीकार किया जाना चाहिए कि भारत में समाचार–पत्रों की स्थापना बरतानवियों ने की और औपनिवेशिक शासन से पूर्व इनका अस्तित्व नहीं था। ब्रिटिश साम्राज्य को यह श्रेय जाता है कि उन्होंने भारतीयों को अपना अनुकरण करने की अनुमति देकर छोटे से अंग्रेज़ी शिक्षा प्राप्त वर्ग (और इसका अनुकरण करने के इच्छुकों) के लिए अंग्रेज़ी और भारतीय भाषाओं में भी समाचार–पत्रों का प्रारम्भ होने दिया। गुजराती भाषा में 'द बॉम्बे समाचार' 1822 में प्रारम्भ हुआ (यह अभी भी चल रहा है और स्वयं को गर्व से एशिया का अभी भी छप रहा सबसे पुराना समाचार–पत्र बताता है) और कुछ दशक बाद कलकत्ता में बंगाली लोगों द्वारा दो समाचार–पत्र आये, इनमें से 'द बंगाली' 1879 में प्रारम्भ हुआ (इसे आगे चलकर सुरेन्द्रनाथ बैनर्जी ने आईसीएस छोड़ने के बाद ख़रीद लिया और सैंतीस वर्ष तक इसका सम्पादन किया) और 1868 में ज़ोरदार समाचार–पत्र 'अमृत बाज़ार पत्रिका' का प्रकाशन शुरू हुआ (इसकी स्थापना तो बंगाली समाचार–पत्र के रूप में हुई थी और 1878 में राष्ट्रवादी हितों की पैरवी के लिए अंग्रेज़ी भाषा का समाचार–पत्र बन जाने से पूर्व यह कुछ समय तक द्विभाषी साप्ताहिक रहा)। अमृत बाज़ार पत्रिका कांग्रेस की प्रबल आवाज़ बन गया था जो बीसवीं सदी के उत्तरार्द्ध तक चलता रहा और 1986 में बन्द हो गया।

भारतीयों के स्वामित्व वाले अन्य अंग्रेज़ी समाचार–पत्रों ने स्वयं को भारतीय पाठकों के प्रति समर्पित रखा परन्तु वे इस बात को लेकर सतर्क थे कि उनके विचारों को औपनिवेशिक अधिकारी ध्यानपूर्वक देखेंगे। इसने उन्हें स्वतन्त्रता के आन्दोलन में अत्यधिक प्रभावशाली बना दिया। निश्चय

ही मद्रास से प्रकाशित होने वाला 'द हिन्दू' इनमें सर्वाधिक उल्लेखनीय था जिसकी 1878 में साप्ताहिक के रूप में स्थापना हुई थी परन्तु 1889 से यह एक दैनिक समाचार–पत्र बन गया। ब्रिटिश शासक लम्बे समय तक भारतीय विचारधारा की उत्तरदायी आवाज़ के रूप में इसका सम्मान करते रहे ('द हिन्दू' के प्रथम संस्करण की कुल जमा अस्सी प्रतियाँ प्रकाशित हुईं, इस पर 'एक रुपया आठ आना' की लागत आयी थी और इसे क़ानून के चार विद्यार्थियों एवं दो अध्यापकों के समूह ने उधार ली हुई रक़म से छापा था)।

बीसवीं शताब्दी के प्रारम्भ में भारतीय राष्ट्रवादियों ने अपने विचारों को व्यक्त करने के स्पष्ट लक्ष्य से समाचार–पत्र प्रकाशित करने प्रारम्भ कर दिये। इनमें से श्रेष्ठ थे–पूर्व कांग्रेस अध्यक्ष सर फ़िरोज़शाह मेहता द्वारा 1910 में प्रकाशित 'द बॉम्बे क्रॉनिकल', कांग्रेस का समर्थन करने के लिए व्यावसायिक घराने बिरला द्वारा 1924 में स्थापित 'हिन्दुस्तान टाइम्स' एवं स्वयं जवाहरलाल नेहरू का 'नेशनल हेराल्ड', जिसका प्रकाशन 1938 में प्रारम्भ हुआ। मुस्लिम लीग भी इसी मार्ग पर चल पड़ी और जब युद्ध के वर्षों के दौरान राजनीतिक भाग्य बेहतर हुआ तो मुहम्मद अली जिन्ना ने 1941 में कराची और दिल्ली से 'डॉन' का प्रकाशन प्रारम्भ किया।

एक आकलन के अनुसार 1875 में भारत में 475 समाचार–पत्र थे जिनमें से अधिकतर के मालिक भारतीय थे और उनके सम्पादक भी भारतीय थे। वे शिक्षित अल्पसंख्यक वर्ग के लिए थे परन्तु उनका प्रभाव इस वर्ग से बाहर भी था क्योंकि उनके द्वारा प्रकाशित समाचार और विचार एक व्यक्ति से दूसरे व्यक्ति तक पहुँचते थे। समाचार–पत्रों का मुद्रण और प्रकाशन यद्यपि बड़े नगरों में होता था परन्तु उनके संस्करण कभी–कभी तो तीन दिन बाद ग्रामीण क्षेत्रों व 'मुफ़स्सल नगरों' में पहुँच जाते और वहाँ उनकी बहुत उत्सुकता से प्रतीक्षा होती और पढ़ा जाता। इसमें कोई सन्देह नहीं कि प्रेस ने भारत में राष्ट्रवादी भावनाओं की बढ़ोतरी और विकास में महत्त्वपूर्ण भूमिका निभाई, व्यापक जन–चेतना का संचार किया, औपनिवेशिक प्रशासन की अनेक असफलताओं को उजागर किया एवं ब्रिटिश शासन के अनेक पहलुओं के प्रति विरोध को भड़काने में प्रभावकारी भूमिका निभाई।

ब्रिटिश अधिकारी निश्चित ही सतर्क होने लगे थे। लॉर्ड लिटन द्वारा

भारतीय भाषायी समाचार–पत्रों पर नियन्त्रण के लिए 1878 में भाषायी प्रेस अधिनियम लाया गया और उसकी सरकार अंग्रेज़ी भाषा के समाचार–पत्रों के साथ पक्षपातपूर्ण व्यवहार करती थी (इस अधिनियम के कारण ही 'अमृत बाज़ार पत्रिका' समाचार–पत्र इस नये क़ानून की सीमा में आने से बचने के लिए रातोरात बदलकर अंग्रेज़ी भाषा का समाचार–पत्र बन गया)। फिर भी यह स्पष्ट सेंसरशिप और दमन इंग्लैण्ड में आम जनता को पसन्द नहीं आया होगा और अधिकारियों को सावधानी से चलना पड़ा। ब्रिटेन को गम्भीर ख़तरे के कुछ अवसरों, विशेष रूप से युद्ध के समय और राष्ट्रवादी विरोध के बढ़ जाने के समय प्रेस द्वारा साम्राज्य के हितों की रक्षा के लिए समाचार–पत्रों में सीधे–सीधे काट–छाँट की जाती थी–यहाँ रॉलेट एक्ट याद आता है, अन्यथा व्यापक सीमा तक ब्रिटिश प्रशासन की आलोचना की अनुमति थी। भारतीय भाषायी प्रेस को वस्तुतः अशिष्ट ढंग से भर्त्सना करने की अनुमति दी गयी थी। उदाहरण के लिए, 1889 में एक बंगाली समाचार–पत्र 'हलिशाहर पत्रिका' ने ब्रिटिश लेफ्टिनेंट गवर्नर सर जॉर्ज कैम्पबेल का 'बैबून (लंगूर) कैम्पबेल...शरीर बालों से ढका और आँखें क्रोध उगलती हुईं और पूँछ लपटों से घिरी'–के रूप में बहुत रंगीन वर्णन किया। परन्तु यदि इसका उपनिवेश–विरोध अधिक राजनीतिक पुट ले लेता–यथा ब्रिटिश शासन के आधार पर ही प्रश्न चिह्न लगा देता अथवा उसे उखाड़ने का आह्वान करता तो ब्रिटिश अधिकारी इतने सहनशील न रहे होते।

अपेक्षाकृत अधिक स्वतन्त्र समय में भारतीय राष्ट्रवादी मीडिया की सर्वाधिक उल्लेखनीय उपलब्धियों में से एक के प्रभाव, आज भी उपमहाद्वीप में दिखाई देते हैं, वर्ष 1891 में 'अमृत बाज़ार पत्रिका' का एक पत्रकार वाइसराय लॉर्ड लैंस्डाउन के कार्यालय में रद्दी काग़ज़ों की टोकरी को खँगालने में सफल हो गया। उसमें उसे एक फटे हुए पत्र के टुकड़े मिले जिन्हें वह बहुत श्रमपूर्वक किसी प्रकार जोड़ सका। पत्र में विस्फोटक समाचार था, पत्र में वाइसराय की हिन्दू महाराज द्वारा शासित मुस्लिम बहुल राज्य जम्मू–कश्मीर पर क़ब्ज़ा करने की योजना का विस्तार से वर्णन था। ब्रिटिश अधिकारी यह देखकर भौंचक्के रह गये कि 'अमृत बाज़ार पत्रिका' ने उस पत्र को अपने मुख पृष्ठ पर छापा था। रहस्य उजागर हो चुका था। अख़बार कश्मीर के महाराजा तक पहुँच गया था जिसने तत्काल इसका विरोध किया और लन्दन रवाना हो गया, जहाँ उसने अपने

राज्य को 'स्वतन्त्र' दर्जा दिये जाने के वचन का सम्मान करने के लिए अधिकारियों को अपने पक्ष में करने के ज़ोरदार प्रयास किये। महाराजा सफल हुआ और भारतीय राष्ट्रवादियों ने उपनिवेशकों के साम्राज्यवादी इरादों को विफल कर देने के लिए 'पत्रिका' को बधाई दी। यह योजना यदि उजागर न हुई होती तो कश्मीर देशी रियायत अर्थात् 'प्रिंसली स्टेट' न रहा होता और उसे 1947 में आज़ादी के बाद अपना देश व शर्तें चुनने की स्वतन्त्रता न होती। यह बरतानवी भारत का प्रान्त होता जिसके लिए विभाजन के दौरान किसी ने लापरवाही से क़लम चला दी होती। 'कश्मीर समस्या' का स्वरूप उस स्थिति में आज से बहुत भिन्न होता।

लैंस्डाउन–पत्रिका की घटना एक अपवाद है : अधिकांशतः भारतीय मीडिया कठोर प्रतिबन्धों में काम करता था। 1910 के संशोधित प्रेस अधिनियम का लक्ष्य जनमत पर सम्पादकों के प्रभाव को सीमित करना था; यह भारतीय प्रेस पर ब्रिटिश नियन्त्रण का मुख्य हथियार बन गया। इसके प्रावधानों के अन्तर्गत एक स्थापित प्रेस अथवा समाचार–पत्र को पाँच हज़ार रुपये तक की सिक्योरिटी जमा करवानी होती थी (यह उन दिनों में एक बड़ी राशि थी) : नये प्रकाशन को दो हज़ार रुपये तक की राशि देनी होती थी। यदि समाचार–पत्र कुछ ऐसा प्रकाशित करता जिसे सरकार की अनुमति नहीं थी तो यह राशि ज़ब्त की जा सकती थी, प्रेस को बन्द किया जा सकता था और इसके मालिकों व सम्पादकों पर मुक़दमा चलाया जा सकता था। कांग्रेस नेता एनी बेसेंट ने, उदाहरणतः होमरूल की पैरवी के लिए चलाये जा रहे समाचार–पत्र के लिए सिक्योरिटी देने से इनकार कर दिया और उन्हें ऐसा न करने और अधिनियम का उल्लंघन करने के लिए गिरफ़्तार कर लिया गया।

यह उल्लेखनीय है कि भड़काने वाले और आलोचनात्मक लेख न प्रकाशित न करने के अपने वचन को न निभाने पर केवल भारतीय प्रकाशनों की ही अधिकारियों के पास रखी गयी सिक्योरिटी राशि ज़ब्त होती थी; ब्रिटिश स्वामित्व वाली प्रेस के प्रजातिवाद की ऐसी कटु आलोचना कभी नहीं होती थी। प्रान्तों की बरतानवी औपनिवेशिक सरकारों को किसी भी समाचार–पत्र के परिसरों की तलाशी लेने एवं उनके द्वारा पायी जाने वाली किसी भी 'राजद्रोहात्मक' सामग्री को ज़ब्त करने का अधिकार था। दूसरे शब्दों में, भारतीय प्रेस स्वतन्त्र होने की बजाय बेड़ियों में थी परन्तु फिर

भी इसका अस्तित्व बना हुआ था और यह जनमत की अभिव्यक्ति के मंच के रूप में काम कर रही थी–जिसका श्रेय ब्रिटिश अधिकारियों एवं इसमें काम करने वाले भारतीयों दोनों को जाता था।

भारतीय समाचार–पत्रों–विशेष रूप से देशी भाषायी जो औपनिवेशिक अधिकारियों की भर्त्सना करने में कम नियन्त्रित थे–को जुर्माना लगाया जाता, शोषण किया जाता और उन्हें बन्द कर दिया जाता। उन समाचार–पत्रों के सम्पादकों को आमतौर पर गिरफ़्तार कर लिया जाता और भर्त्सनापूर्ण छोटे–से लेख के लिए उन्हें तेईस माह का कठोर श्रम का कारावास भुगतना पड़ता। प्रेस अधिनियम के अन्तर्गत उनके टाइप के भण्डार को, जिसके बिना वे छपाई नहीं कर सकते थे, ज़ब्त किया जा सकता था। परन्तु ऐसे ख़तरे भारत में साम्राज्य के हिमायती बरतानवी समाचार–पत्रों को कभी नहीं होते थे। उदार सोच के ब्रिटिश टिप्पणीकार हेनरी नेविनसन ने 1908 में लिखा था कि 'मैंने किसी भी भारतीय समाचार–पत्र को एंग्लो–इण्डियन (भारत में स्थापित बरतानवी) अख़बारों की तुलना में अधिक नस्लवादी घृणा एवं हिंसा को उकसाने के जानबूझकर प्रयास करते नहीं देखा है।' नेविनसन ने कलकत्ता से प्रकाशित होने वाले एंग्लो–इण्डियन साप्ताहिक (9 मई, 1908) 'द एशियन' द्वारा 'अन्धाधुन्ध' मारकाट को भड़काने के लिए स्पष्ट रूप से उकसाए जाने का उदाहरण दिया है :

> *श्री किंग्सफोर्ड (कलकत्ता में एक ब्रिटिश मजिस्ट्रेट, जिसकी अदालत को बम का निशाना बनाया गया) के पास बहुत बड़ा मौक़ा है और हमें आशा है कि वह कम दूरी पर निशाना लगाने वाला ठीक–ठाक निशानेबाज़ है। हम उसकी जानकारी में माउजर पिस्तौल लाना चाहते हैं या फिर कोल्ट ऑटोमेटिक जिसकी गोली भारी होती है और ज़ोर से लगने वाली और पीड़ा देने वाली होती है। हमें आशा है कि श्री किंग्सफोर्ड इससे बहुत बड़ा 'शिकार' कर पायेंगे और हमें उसे मिले अवसर से ईर्ष्या है। उनके घर अथवा स्वयं उनकी ओर बढ़ने वाले प्रत्येक अजनबी देशी व्यक्ति को मार गिराना उनके लिए औचित्यपूर्ण होगा और स्वयं उनकी भलाई के लिए ही हमें आशा है कि अपने हथियार को अपने कोट की जेब से निकाले बिना ही काफ़ी सीधा निशाना लगाना सीख लेंगे। इससे समय की बचत होगी और इससे लगभग दस से*

*पन्द्रह गज़ तक किसी भी दूरी पर काफ़ी अच्छी उछाल मिलती है। उस आदमी को, जो स्थिति की ज़रूरतों को सही ढंग से समझता है, हमारी शुभकामनाएँ।*

नेविनसन ने आगे लिखा है कि एंग्लो–इण्डियन प्रेस का लहजा लगभग सदा अक्खड़पूर्ण एवं भड़काऊ होता है। यदि 'राजद्रोह' का अर्थ केवल 'हिंसा की सम्भावना वाला' है तो यह भी राजद्रोहात्मक है। दूसरे शब्दों में, प्रेस स्वतन्त्र थी परन्तु कुछ समाचार–पत्र (ब्रिटिश स्वामित्व वाले) दूसरों से अधिक स्वतन्त्र थे।

## भारत में संसदीय प्रणाली

स्वतन्त्रता प्राप्ति के समय तक ब्रिटिश भारत में स्पेन, पुर्तगाल, फ्रांस, डेनमार्क और बेल्जियम जैसे उपनिवेशों से विपरीत, लेकिन कई अन्य बरतानवी उपनिवेशों की तरह चुनाव, राजनीतिक दल, कम या ज़्यादा स्वतन्त्र प्रेस और विधि सम्मत नियम थे। प्रजातन्त्रीकरण की प्रक्रिया चाहे धीमी, अनिश्चित एवं क्रमिक रही हो परन्तु यह ब्रिटेन के पूर्व उपनिवेशों में अन्य स्थानों की तुलना में अधिक सफल थी। भारतीय राष्ट्रवादी संघर्ष और इसके विभिन्न चरणों–उदारवादियों द्वारा विधायी अधिकारों की माँग, स्वराज का शोर मचा रहे 'चरमपन्थी', अहिंसक संघर्ष की वकालत कर रहे गाँधी एवं उनके अनुयायी, सीमित मतों के लिए लड़ रही कांग्रेस, मुस्लिम लीग और अन्य पार्टियों का उद्‌भव–के अनुभवों ने एक प्रकार से समाजीकरण की प्रक्रिया का काम किया और देश के स्वतन्त्रता के रूपान्तरण को सरल बनाने में सहायता की।

यह बहुत विचित्र है कि जब अपने स्वतन्त्रता संघर्ष में विजयी हुए भारतीय राष्ट्रवादी स्वतन्त्र भारत के लिए संविधान लिखने बैठे तो उन्होंने एक ऐसी राजनीतिक प्रणाली की रचना की जो पूर्णतया ब्रिटिश संसदीय प्रजातन्त्र पर आधारित था। क्या ऐसा केवल इसलिए था कि उन्होंने इसे दूर ही से देखा था और उन्हें स्वयं इस तक नहीं पहुँचने दिया गया था और इसलिए वे भारत में वेस्टमिंस्टर की प्रतिकृति चाहते थे अथवा सम्भवतः क्या इसका कारण यह भी हो सकता है कि बरतानवियों ने अपनी सत्ता के उदाहरण से भारतीयों को वास्तव में विश्वास दिला दिया कि उनकी व्यवस्था अनुकरणीय है?

यहाँ एक विषयान्तर है–मैं दूर–दूर तक इस बात से सहमत नहीं हूँ कि ब्रिटिश प्रणाली भारत के लिए उपयुक्त है। हमने जिस संसदीय प्रजातन्त्र को अपनाया है, उसमें कार्यकारिणी के गठन के लिए विधान मण्डल के चुनाव का बरतानवी दुराग्रह शामिल है : इसने विधिकर्ताओं के एक ऐसे वर्ग को खड़ा कर दिया है जो अधिकांशतः क़ानून बनाने के लिए योग्यता प्राप्त नहीं है और जिसने केवल कार्यकारी शक्ति के व्यवहार के लिए चुनाव लड़ा था। इससे ऐसी सरकारों का जन्म हुआ जो नीति अथवा कार्य की अपेक्षा राजनीति पर केन्द्रित होने के लिए बाध्य हैं। इसने मतदान करने के लिए मतदाताओं की वरियताओं को परिवर्तित अथवा विकृत कर दिया है जो यह तो जानते हैं कि उन्हें कौन–सा उम्मीदवार चाहिए परन्तु अनिवार्य रूप से यह नहीं जानते कि कौन–सी नीतियाँ चाहिए। इस व्यवस्था ने ऐसे दलों को जन्म दिया है जो विचारों के सम्बद्ध अथवा संयुक्त समूह का वाहन होने के स्थान पर वैयक्तिक रुचियों के अनुसार अपने गठजोड़ बदल रहे हैं। इसने सरकारों को सत्ता में बने रहने की तुलना में प्रशासन पर कम ध्यान देने और अपने गठजोड़ की शर्तों को प्रमुखता देने के लिए बाध्य कर दिया है। अब समय आ गया है कि इसे बदला जाये।

बहुवादी प्रजातन्त्र भारत की सबसे बड़ी शक्ति है परन्तु इसकी वर्तमान कार्य–पद्धति हमारी प्रमुख दुर्बलताओं का कारण है। भारत की अनेक चुनौतियों के लिए ऐसी राजनीतिक व्यवस्था की आवश्यकता है जिससे कि निर्णयात्मक कार्य हो सकें जबकि हमारी राजनीतिक व्यवस्था अधिकाधिक पथ–विचलन एवं अनिर्णय को बढ़ावा देती है। हमारे पास ऐसी सरकार होनी चाहिए जिसके नेता सत्ता में बने रहने से अधिक शासन पर ध्यान केन्द्रित कर सकें। संसदीय प्रणाली जो अच्छा कर सकती थी, वह बहुत पहले कर चुकी है। इतना ही नहीं, यह प्रारम्भ से ही भारतीय परिस्थितियों के अनुकूल नहीं है और हमारी अनेक राजनीतिक बुराइयों के लिए उत्तरदायी है। इसलिए मैंने बार–बार भारत के लिए राष्ट्रपति प्रणाली की वकालत की है। इसका उद्देश्य केवल दिल्ली में ही संघीय सरकार बनाना नहीं है अपितु यह एक ऐसी प्रणाली हो जिसमें ग्राम, नगर, राज्य और केन्द्र स्तर पर कार्यकारी प्रमुख चुने जायें जिनका चुनाव पाँच वर्ष के लिए हो और वे प्रत्येक पाँच वर्ष के बाद मतदाताओं को जवाबदेह हों, न कि वे विधानमण्डल की इच्छा से चलें और अधिकतर नगर परिषदों अथवा ग्राम पंचायतों को बदलते रहें।

एक छोटे–से द्वीपीय राष्ट्र ब्रिटेन, प्रारम्भ में जिसके मतदाताओं की संख्या प्रति सांसद कुछ हज़ार से अधिक नहीं थी और आज भी प्रति चुनाव क्षेत्र एक लाख से अधिक नहीं है, द्वारा बनाई गयी संसदीय प्रणाली में अनेक परिस्थितियों को ध्यान में रखा गया है, जो भारत में हैं ही नहीं। ब्रिटिश प्रणाली में स्पष्ट परिभाषित राजनीतिक दल होने चाहिए जिनमें से प्रत्येक की सुस्पष्ट प्रासंगिक नीतियाँ और वरीयताएँ हों, जो उसे दूसरे दल से पृथक् करती हों जबकि भारत में पार्टी प्रायः एक सुविधाजनक लेबल होती है जिसे एक राजनेता एक बॉलीवुड स्टार द्वारा बार–बार बदली जाने वाली पोशाकों के समान अपनाता अथवा छोड़ देता है। प्रमुख दल–चाहे राष्ट्रीय हों अथवा अन्यथा–अपनी आस्थाओं के विषय में अस्पष्ट हैं : प्रत्येक पार्टी की 'विचारधारा' केन्द्रीय लोकप्रियतावाद का एक अथवा दूसरा स्वरूप है, जो कम अथवा अधिक मात्रा में कांग्रेस के नेहरूवादी समाजवाद से प्रभावित है। परन्तु हमें इस व्यवस्था के साथ बाँध देने के लिए हम बरतानवियों को दोष नहीं दे सकते। यद्यपि यह उनकी 'संसदों की जननी है', जिसका हमारे पूर्वजों ने अनुकरण करने का प्रयास किया है। सबसे पहले तो बरतानवियों की भारतीयों को प्रजातन्त्र देने की कोई मंशा ही नहीं थी और दूसरा, भारतीयों ने स्वयं 'संविधान सभा' में संसदीय प्रणाली का स्वतन्त्र रूप से चयन किया।

दो शताब्दी पूर्व के अमरीकी क्रान्तिकारियों के समान भारतीय राष्ट्रवादी भी 'अंग्रेज़ों के अधिकारों' के लिए लड़े थे जिससे उन्होंने सोचा था कि संसद के सदनों का प्रतिरूप उसका प्रतीक भी होगा और गारण्टी भी। ब्रिटेन के पूर्व प्रधानमन्त्री क्लीमेण्ट एटली ने ब्रिटिश संवैधानिक आयोग के सदस्य के रूप में भारतीय नेताओं को अमरीका की राष्ट्रपति प्रणाली का उदाहरण दिया तो उन्हें याद दिलाया कि भारतीयों ने बहुत ज़ोर देकर इसे अस्वीकार कर दिया था। मुझे ऐसा महसूस हुआ था कि उन्होंने सोचा था कि मैं उन्हें मक्खन के स्थान पर मारगरिन दे रहा था। हमारे अनेक मंझे हुए सांसदों ने–जिनमें से अनेक इंग्लैण्ड से शिक्षा प्राप्त थे और ब्रिटेन की संसदीय परम्पराओं को प्रशंसा से देखते थे–ब्रिटिश संसदीय प्रथाओं पर अडिग रहने पर खुशियाँ मनाई थीं और अपनी सोच की प्रामाणिकता पर स्वयं को बधाई दी थी। आज भी भारतीय सांसद अनुमोदन में अपने डेस्क को थपथपाते हैं, न कि ताली बजाकर प्रशंसा करते हैं। जब

वोटिंग के लिए बिल प्रस्तुत किये जाते हैं तो वे सहमति में आज भी 'यस' कहने के स्थान पर 'ये' कहते हैं। हमारे मार्क्सवादियों ने भी इस प्रणाली को प्रसन्नतापूर्वक अपना लिया है : एक अंग्रेज़-प्रेमी मार्क्सवादी सांसद प्रो. हितेन मुखर्जी बहुत गर्वपूर्वक बताते थे कि ब्रिटेन के प्रधानमन्त्री एंथनी एडन को ऑस्ट्रेलिया की बजाय भारतीय संसद में प्रश्नकाल के दौरान अधिक परिचित अनुभव हुआ था।

परन्तु स्वतन्त्रता के छह दशकों में महत्त्वपूर्ण परिवर्तन हुए हैं, चूँकि ब्रिटिश प्रथाओं का प्रभाव धुँधला पड़ गया है और भारत के स्वाभाविक शोरगुल ने अपना स्थान बना लिया है। हमारी संघीय प्रणाली में अनेक राज्य विधान सभाएँ अनियन्त्रित विधायकों द्वारा फ़र्नीचर फेंकने, माइक्रोफोन को उखाड़ लेने, चप्पलें फेंकने के दृश्य पहले ही देख चुकी हैं और राजनेताओं के बीच हाथापाई में घूँसेबाज़ी और कपड़े फाड़ने के बारे क्या कहें। राष्ट्रीय विधायिका के 'वेल' में एक सांसद द्वारा विद्रोह के दौरान काली मिर्च का छिड़काव किया गया, हम इसके लिए बरतानवियों को दोष नहीं दे सकते।

*

फिर भी यह तर्क कि बरतानवी हमें स्व-शासन के संस्थानों और प्रजातन्त्र के फन्दों में उलझा गये, औपनिवेशिक दमन के समक्ष उचित प्रतीत नहीं होता। मैं एक ऐसे व्यक्ति का उदाहरण देना चाहूँगा जिन्होंने स्वयं औपनिवेशिक अनुभव किया, वे हैं जवाहरलाल नेहरू। उन्होंने 1936 में एक अंग्रेज़ लॉर्ड लोथियन को एक पत्र में लिखा कि ब्रिटिश शासन 'व्यापक हिंसा के चरम रूप पर आधारित है और एकमात्र दण्ड भय है। यह लोगों के विकास के लिए अनिवार्य मानी जाने वाली सामान्य स्वतन्त्रताओं का दमन कर देता है; साहसी, बहादुर, संवेदनशील लोगों को यह कुचल देता है जबकि डरपोक और अवसरवादी, दबंग तथा डराने-धमकाने वाले लोगों को प्रोत्साहित करता है। यह स्वयं को जासूसों एवं सूचना देने वालों की एक बड़ी फ़ौज से घेरे रहता है। क्या इस वातावरण में अधिक वांछित गुणों का विकास होता है अथवा प्रजातान्त्रिक संस्थान फलते-फूलते हैं?' नेहरू ने आगे लिखा कि यह 'मानवीय सम्मान एवं शिष्टता के कुचले जाने, आत्मा और

शरीर को भी पहुँचने वाली चोटों और जो इसका इस्तेमाल करते हैं और जो इससे पीड़ित हैं, उन्हें भी नीचे गिराता है।' ये प्रजातन्त्र एवं भारत में इसकी प्रजा के प्रति सम्मान का संचार करने अथवा बढ़ावा देने के उपाय नहीं थे। भारत की आत्मा पर हुए घाव–राष्ट्र के आत्म–सम्मान के आधार–को ही उपनिवेशवाद के समर्थकों द्वारा सदा अनदेखा किया गया।

## विधि सम्मत नियम : बूट और तिल्ली

इस तर्क के पीछे कि ब्रिटेन ने भारत को राजनीतिक एकता प्रदान की और प्रजातन्त्र दिया, यह धारणा है कि उसने देश में 'क़ानून के राज' की स्थापना की। यह अनेक प्रकार से ब्रिटेन की साम्राज्य के उद्देश्य की आत्मधारणा का केन्द्र था। हमने पहले उन पहलुओं को देखा है जिन्हें बरतानवी भारत में अपने 'मिशन' के रूप में देखते थे। इस देश के निवासियों तक बरतानवी क़ानून पहुँचाना इस मिशन के सर्वाधिक महत्त्वपूर्ण घटक तत्त्वों में से एक था। किपलिंग क़ानून से विहीन लोगों को क़ानून देने के शुभ कार्य पर भावपूर्वक बोलते थे। बरतानवी शासकों ने क़ानून को लागू किया एवं ऐसा करके स्वयं अपनी दृष्टि में और विश्व की नज़रों में वैधता प्राप्त की। निःसन्देह क़ानून के माध्यम से ही ब्रिटिश अधिकारों का प्रयोग किया गया परन्तु जहाँ बरतानवी क़ानूनी व्यवस्था से पहले ही क़ानूनों की व्यवस्था मौजूद थी, जैसाकि भारत में था, वहाँ स्वयं अपनी क़ानूनी संस्कृति वाली एक प्राचीन एवं अधिक जटिल सभ्यता पर ब्रिटिश क़ानून थोपा जाना पड़ा और यहाँ किपलिंग जैसे लोग किनारों से उधड़ने लगते हैं। भारत में बरतानवी अपनी बात मनवाने के लिए बल–प्रयोग एवं क्रूरता के प्रयोग के लिए विवश थे, क्योंकि प्रायः उन्हें पुरानी प्रथाओं एवं पारम्परिक व्यवस्था को समाप्त करना पड़ता और इस प्रक्रिया में सिविल समाज को पुनः स्वरूप प्रदान करना पड़ता। एक ब्रिटिश विद्वान ने टिप्पणी की है कि इन परिस्थितियों में 'जो क़ानून बनाया गया, वह ऐसा नहीं कहा जा सकता कि औपनिवेशिक प्रजा के हितों की रक्षा करता था।'

भारत में बरतानवी साम्राज्यवाद की बपौती में साम्राज्य द्वारा भारत को दी गयी दण्ड संहिता को गौरवपूर्ण स्थान प्राप्त है, जिसका प्रारूप मैकॉले द्वारा 'विजित प्रजाति के लिए विधि–निर्माण के स्पष्ट उद्देश्य से तैयार किया गया था। एक ऐसी प्रजाति के लिए, जिस पर हमारे संविधान

के प्रावधान सुरक्षित रूप से लागू नहीं किये जा सकते। मैकॉले तीन वर्ष तक उन लोगों से, जिनके लिए वे तथाकथित रूप से काम कर रहे थे, पूरी तरह से कटकर ऊँची दीवारों के पीछे बैठे और एक ऐसी आपराधिक विधि संहिता की रचना की जो ऐसा न्यायशास्त्रीय निकाय थी कि प्रत्येक के लिए होकर भी किसी के लिए नहीं थी और जिसका पहले के भारतीय क़ानूनों अथवा शासन के किसी भी स्वरूप से कोई सम्बन्ध नहीं था।' बरतानवी भी उसके प्रयास के सम्बन्ध में आश्वस्त नहीं थे और मैकॉले की दण्ड संहिता 1837 में उनके द्वारा पूरी कर ली जाने के बाद चौबीस वर्ष तक अकार्यान्वित ही रही। अन्ततः 1861 में लागू होकर यह अपनी सम्पूर्ण विक्टोरियन गरिमा के साथ अधिकांशतः लागू ही है। इसके अतिरिक्त बरतानवियों ने न्यायपीठ द्वारा मुक़दमे, अभिव्यक्ति की स्वतन्त्रता एवं क़ानून की उचित प्रक्रिया के सम्बन्ध में अपने विचारों को लागू किया। ये उनकी वास्तविक कार्य–पद्धति को छोड़कर निर्विवाद क़ानूनी मूल्य हैं क्योंकि औपनिवेशिक युग में इनके व्यवहार में अथवा इन्हें प्रयुक्त करते हुए विधि सम्मत नियम पूर्णतः निष्पक्ष नहीं थे।

ब्रिटिश भारत में न्याय को अन्धा नहीं कहा जा सकता; यह प्रतिवादी की त्वचा के रंग के प्रति अत्यधिक सचेत था। भारतीयों के विरुद्ध श्वेतों द्वारा किये गये अपराधों में न्यूनतम दण्ड होता था; अपने भारतीय नौकर की गोली मारकर हत्या कर देने वाले एक अंग्रेज़ को छह माह की जेल और लगभग एक सौ रुपये का नाममात्र का जुर्माना लगाया गया जबकि एक अंग्रेज़ महिला के साथ बलात्कार का प्रयास करने वाले एक भारतीय को 20 वर्ष के कठोर कारावास की सज़ा दी गयी। ब्रिटिश शासन के प्रथम 150 वर्षों में केवल मुट्ठी भर अंग्रेज़ों को भारत में हत्या का दोषी पाया गया। ब्रिटिश व्यक्ति द्वारा एक भारतीय की हत्या सदैव एक दुर्घटना होती थी और एक भारतीय द्वारा होने के कारण एक अंग्रेज़ की हत्या सदा मृत्युदण्ड का एक अपराध होती थी। न्यायमूर्ति सैयद महमूद के मामले में जैसाकि हमने देखा है, भारतीय जज भी नस्लवादी भेदभाव के शिकार थे। उन्नीसवीं सदी में भारत में भेजे गये एकमात्र सुहृदय एवं ग़ैर–प्रजातिवादी वाइसराय लॉर्ड रिपन ने जब भारतीय न्यायाधीशों को बरतानवी प्रतिवादियों के मुक़दमे सुनने एवं नगरपालिका मुद्दों में सुदृढ़ भूमिका (इल्बर्ट विधेयक के माध्यम से) निभाने की अनुमति देने का प्रयास किया तो इसका कड़ा

विरोध हुआ। उसके सहायकों ने विरोध किया कि 'एक बंगाली बाबू को उसके अपने स्कूलों एवं नालों की चर्चा किये जाने की अनुमति देने से ब्रिटिश शासन समाप्त नहीं हो सकता, परन्तु जहाँ तक बरतानवियों का सम्बन्ध है न तो अदालतें और न ही नगरपालिकाएँ भारतीयों की भागीदारी के लिए स्वीकृत क्षेत्र हैं। ब्रिटिश प्रवासियों द्वारा रिपन का विरोध किया गया और प्रजातिवादी शोर के परिणामस्वरूप इल्बर्ट विधेयक रद्द हो गया और रिपन को समय-पूर्व पद से हटा दिया गया।

ब्रिटिश औपनिवेशिक अदालतों में एक विशेष प्रकार का मामला आमतौर पर आता था। अनेक भारतीय मलेरिया अथवा अन्य रोगों के कारण बढ़ी तिल्ली के बड़ा हो जाने की शिकायत से ग्रस्त थे। जब भी एक ब्रिटिश मालिक एक भारतीय नौकर को पेट में लात मारता-जो कि उन दिनों एक सामान्य व्यवहार था-भारतीय नौकर की बढ़ी हुई तिल्ली फट जाती और उसकी मृत्यु हो जाती। यह न्यायशास्त्रीय प्रश्न था कि लात मारने से हुई मृत्यु हत्या का मामला था अथवा आपराधिक व्यवहार का? इन्हीं परिस्थितियों में जब रॉबर्ट ऑगस्तस फुलर ने अपने नौकर को 1875 में घातक रूप से पीटा तो फुलर ने दावा किया कि उसने तो चेहरे पर मारा था, परन्तु तीन प्रत्यक्षदर्शियों ने गवाही दी कि फुलर ने पेट में लात मारी थी। उसे केवल 'जानबूझकर ज़ख्मी' करने का दोषी पाया गया और उसे पन्द्रह दिन की क़ैद अथवा नौकर की विधवा को तीस रुपये का भुगतान करने के जुर्माने का दण्ड दिया गया (कोरोनर के अनुसार नौकर की तिल्ली इतनी बड़ी हो चुकी थी कि हल्की-सी मार से भी यह फट गयी होती)।

कैप्टेन स्टेनले डी वेर जूलियस ने 1903 में अपनी पुस्तक 'नोट्स ऑन स्ट्राइकिंग नेटिव्स' में लिखा, 'गर्मियों की एक मध्यरात्रि में पंखा रुक जाता है और बैठक के एक कमरे में गर्मी और अनिद्रा से क्रोधित एक व्यक्ति दौड़ता हुआ जाता है एवं बिना परिणाम की चिन्ता किये पंखाकुली को ग़लत स्थान, उसकी तिल्ली पर लात मारता है। क्या आप उसे दोष देंगे? हाँ या नहीं। यह कुछ इस बात पर भी निर्भर करता है कि क्या वह अपने जूते पहनने के लिए रुका था।' पंच ने भारतीयों को ठीक रखने के एक प्रिय औज़ार 'द स्टाउट ब्रिटिश बूट' पर एक पूरी कविता लिखी थी। इसकी समापन पंक्ति थी : 'लेट अस सिंग, लेट अस शाउट फॉर द लैदर-शोड फ़ुट, एण्ड इन्स्क्राइब ऑन आवर बैनर्स 'द स्टाउट ब्रिटिश बूट।'

भारत में ब्रिटिश जजों की किसी अंग्रेज़ को हत्या का दोषी ठहराए जाने की अनिच्छा विक्टोरियाई लन्दन में हत्या के मामलों में दर्ज हुई गिरावट में प्रतिबिम्बित होती है। मार्टिन वेनर ने 'नियति' का एक नमूना प्रस्तुत किया : ब्रिटेन में हत्या की दर कम हो गयी है क्योंकि 'सर्वाधिक आक्रामक नागरिक विदेश में तबाही करने में व्यस्त हैं।' इससे स्पष्ट हो गया कि लात की घातक मार को लन्दन में निःसन्देह 'जानबूझकर की गयी हत्या' समझा जाता था जबकि भारत में इसे–यदि पीड़ित भारतीय हो–'चोट पहुँचाने' अथवा 'उतावलेपन और लापरवाही से किये गये काम' का आरोप माना जायेगा।

यह सत्य है कि बीसवीं सदी के प्रारम्भिक वर्षों में भारतीय राष्ट्रवादियों से आतंकवाद का ख़तरा था और सम्भव है कि इसने भारतीयों पर श्वेतों द्वारा की गयी हिंसा के मामलों में जजों के निर्णय को प्रभावित किया हो। परन्तु यूरोपीय लोगों द्वारा की गयी भारतीयों की हत्या के मामले में स्वदेशी बम फेंकने वालों के स्थान पर नौकर अथवा अन्य छोटा–मोटा काम करने वाले लोग होते थे और इन मामलों का राजनीतिक आतंकवाद से कोई सम्बन्ध नहीं था। परन्तु फिर भी एक अंग्रेज़ द्वारा की गयी हत्या की गम्भीरता को कम करने के लिए परिस्थितियों को सदा विस्तार दिया जा सकता था। बंगलौर में लेफ्टिनेंट थॉम्पसन और नीव ने एक भारतीय लड़के की जब गोली मारकर हत्या कर दी और भारतीय गाँववासियों ने नीव की बन्दूक़ को जबरन ज़ब्त कर लिया तो इस मामले में दो ग्रामीणों को एक श्वेत की बन्दूक़ को ज़ब्त करने के अपराध में छह माह के कारावास का दण्ड दिया गया जबकि हत्यारों को कोई दण्ड नहीं मिला। निःसन्देह 'यूरोपीय लोगों के विरुद्ध भारतीयों' की घटना के रूप में यह मामला दर्ज हुआ।

बरतानवी जजों द्वारा दिये जाने वाले दण्ड कभी भी भारतीयों और यूरोपीय लोगों के मामलों में समान नहीं होते थे। कलकत्ता में एक आकलन के अनुसार, एक समान अपराध के लिए भारतीय क़ैदियों की सज़ा यूरोपीय लोगों की तुलना में दस गुना अधिक होती थी। हिंसक अपराधों के लिए हत्या अथवा हत्या के प्रयास के आरोप का सामना करने वाले भारतीय प्रतिवादी यूरोपीय प्रतिवादियों की तुलना में दोगुने से अधिक होते थे। आँकड़ों के अनुसार भारतीयों द्वारा यूरोपीय लोगों पर आक्रमण की अपेक्षा

यूरोपीय लोगों द्वारा भारतीयों पर आक्रमण अधिक होते थे परन्तु फिर भी सभी भारतीयों पर हत्या का आरोप लगाया जाता और यूरोपीय लोगों के अधिकतर कुकृत्यों को दुर्घटना अथवा आत्मरक्षा में किया गया हमला करार देकर किसी भी प्रकार से हत्या से कम करके मात्र आक्रमण बना दिया जाता। एक मामले में जहाँ ब्रिटिश जज को अपराध के 'स्पष्ट' हत्या होने का सबूत मिल गया, वहाँ ब्रिटिश हत्यारे को विक्षिप्त पाया गया और इसलिए वह इस अपराध के लिए उत्तरदायी नहीं था।

इस प्रकार के न्याय पर सभी बरतानवी खुश नहीं थे। 1902 में नौवीं लान्सर्स के तीन अश्वारोहियों ने एक भारतीय को सियालकोट में पीट–पीटकर मार डाला क्योंकि उसने रात में उन्हें एक औरत मुहैया करवाने से इनकार कर दिया था। रेजीमेंट के अधिकारियों ने मामले की जाँच–पड़ताल का कोई प्रयास नहीं किया और मृत व्यक्ति को एक शराबी बनाकर मामले को दबाने की कोशिश की परन्तु इस दुर्घटना से भारत में बड़ी संख्या में रहने वाले बरतानवियों को धक्का लगा और अपमानित महसूस हुआ। वाइसराय लॉर्ड कर्ज़न, जो भारतीयों को कतई पसन्द नहीं करते थे, भी इससे बहुत सन्त्रस्त थे और उन्होंने घोषणा की : 'मैं ग़लत मामलों को अपमानजनक ढंग से दबाने में, जो इस देश में बहुत अधिक हैं अथवा इस सोच में कि एक श्वेत एक काले व्यक्ति को बिना कोई दण्ड पाये लात मार सकता है अथवा पीट–पीटकर हत्या कर सकता है, क्योंकि वह केवल एक हब्शी है–भागीदार नहीं बनूँगा।' कर्ज़न दण्ड को तो नहीं बढ़ा सके परन्तु उन्होंने पूरी रेजीमेंट को एडन में स्थानान्तरित कर दिया। फिर भी कुछ सप्ताह बाद दिल्ली में एक परेड में मार्च पास्ट करती इस रेजीमेंट को लोग ज़ोर–ज़ोर से तालियाँ बजाकर प्रोत्साहित करते मूक दर्शक बन देखने के लिए विवश थे। यदि कर्ज़न तक ने द्रवित होकर भारतीयों के प्रति यह सहानुभूतिपूर्वक वक्तव्य दिया तो समस्या के स्तर की सहज ही कल्पना की जा सकती है।

एक विद्वान जोर्डन्ना बेल्किन ने उल्लेख किया है कि प्रजाति आधारित न्याय की इस प्रथा के कुछ (यद्यपि गिने–चुने) अपवाद भी थे। तीन दुर्लभ मामलों में बरतानवियों को भारतीयों की हत्या के अपराध में सज़ा हुई–

बंगाल में जॉन रड्ड (1861), बम्बई में चार नाविक विल्सन, एपोसल, निकोलस और पीटर्स (1867 में) और बंगाल में जॉर्ज नेर्न्स (1880)। परन्तु दो

सौ वर्ष के ब्रिटिश शासनकाल में हज़ारों मामलों में, जिनमें भारतीयों की अपने औपनिवेशिक मालिकों के हाथों हत्या हुई, केवल ये तीन मामले अपवाद हैं। सामान्यतः बरतानवी सिविल जज एवं ग्रामीण क्षेत्रों के मजिस्ट्रेट यूरोपीय लोगों को दण्ड देने में संकोच करते थे जबकि सैनिक अदालतें एवं शहरी क्षेत्रों के उच्च न्यायालय भारतीयों पर हुए हमलों के लिए अपेक्षाकृत अधिक गम्भीर दण्ड देने के इच्छुक होते थे। उन्नीसवीं शताब्दी के उत्तरार्द्ध में तीस वर्ष तक सेवा में रहे एक आईसीएस अधिकारी के अनुसार 'लोगों व अदालतों में एक बड़ी एवं भयंकर खाई है और इस खाई को पाटने का कोई उपाय नहीं।'

नरमपन्थी राष्ट्रवादी 'प्रभात' पत्रिका ने अपने दिसम्बर, 1925 के अंक में एक अंग्रेज़ द्वारा एक भारतीय की लात मारकर हत्या करने के मामले में अंग्रेज़ को दोषमुक्त सिद्ध कर उसकी रिहाई के बाद दुख प्रकट करते हुए लिखा था–

> *भारतीय ब्रिटिश शासन से क्यों असन्तुष्ट हैं, इसका उत्तर ऐसी घटनाओं में देखा जा सकता है। भारतीय जीवन का ऐसा असम्मान प्रत्येक भारतीय के हृदय पर एक गहरी छाप छोड़ने के अलावा कुछ नहीं कर सकता और इसमें कोई आश्चर्य नहीं कि महात्मा गाँधी के अहिंसा के सम्बन्ध में बलपूर्वक आग्रह के बावजूद गुमराह भारत में क्रान्तिकारी षड्यन्त्र सुनाई पड़ते हैं। बूट और तिल्ली के बीच जब तक यह सम्बन्ध बना रहेगा, भारत विश्व का सर्वाधिक अस्पृश्य एवं निम्न कोटि का देश बना रहेगा। क़ानून की साम्राज्यवादी प्रणाली की रचना एक विदेशी प्रजाति द्वारा की गयी और इसे उन विजित लोगों पर थोपा गया जिनसे इसकी रचना में कोई परामर्श नहीं लिया गया। यह सीधे–सीधे एवं विशुद्ध रूप से साम्राज्यवादी नियन्त्रण का उपकरण था। हेनरी नेविनसन ने भी टिप्पणी की है कि विधि सम्मत नियम, जैसाकि यह था, एक ऐसी व्यवस्था में लागू था जिसमें भारतीय 'स्थायी रूप से सरकारी निगरानी में रहने के लिए विवश थे, जिसमें उनके निजी पत्र पढ़े जाते थे, उनके तार रोके जाते थे और उन पर निगरानी रखने के लिए आदमियों को नौकरी पर रखा जाता था।'*

तो यह विधि सम्मत नियम था जो बरतानवियों ने हमें पढ़ाया। हमें बहुत कुछ अनसीखा करना होगा, भुलाना होगा।

समस्याएँ और भी थीं। औपनिवेशिक 'विधि सम्मत नियम' प्रायः भारत में रह रहे श्वेतों, प्रबुद्ध वर्ग एवं पुरुषों के हित में काम करता था। प्रजातीय भेदभाव वैध था। जैसा कि हमने देखा है, केवल श्वेतों को प्रवेश देने वाले निजी क्लबों के अलावा अनेक ब्रिटिश होटलों व संस्थानों के बाहर एक बोर्ड लगा रहता, जिस पर लिखा होता–'भारतीयों एवं कुत्तों का प्रवेश निषिद्ध' (ऐसे ही एक होटल–बम्बई में वॉटसन होटल–से निकाले जाने के अनुभव ने जमशेद जी टाटा को अपने समय के विश्व के बेहतरीन एवं भव्य होटलों में से एक ताजमहल होटल के निर्माण के लिए प्रेरित किया जिसके द्वार सभी भारतीयों के लिए खुले थे)।

महिलाओं के साथ विक्टोरिया युग की पितृसत्तात्मक व्यवस्था के अनुसार व्यवहार किया जाता था। उदहारण के लिए, मालाबार तटीय क्षेत्र की महिलाएँ मातृकुलीय क़ानून का लाभ उठाते हुए शारीरिक स्वायत्तता ही नहीं, व्यापक सम्पत्ति और सामाजिक अधिकार प्राप्त थीं। उन्हें पितृसत्तात्मक व्यवस्था की बेड़ियों को स्वीकार करने के लिए विवश किया गया क्योंकि उनके अनुसार स्वयं को शारीरिक, सामाजिक एवं आर्थिक दृष्टि से पतियों और पुत्रों का दास बना देना ही जीवन जीने का 'सही' एवं 'नैतिक' ढंग है (दक्षिण भारतीय महिलाएँ पारम्परिक रूप से अपने स्तनों को बिना ढके ही रखती थीं, उन्हें नैतिकता के विक्टोरियाई मापदण्डों का पालन करने के अपमान का सामना करना पड़ा; शीघ्र ही अपने स्तनों को ढकने का अधिकार उच्च–वर्गीय सम्मान का प्रतीक हो गया और निम्न जाति की महिलाओं को इस विशेषाधिकार से वंचित रखने के प्रयास किये गये जिसके फलस्वरूप ट्रेवनकोर एवं मद्रास प्रेसिडेंसी में 1813 से 1859 तक मिशनरी प्रेरित औपनिवेशिक कौतूहलपूर्ण 'ब्रेस्ट क्लॉथ एजिटेशन' हुआ)। औपनिवेशिक युग की भारतीय दण्ड संहिता में भारत का बलात्कार क़ानून पीड़िता को अपने 'अच्छे चरित्र' को स्थापित करने एवं यह सिद्ध करने, कि बलात्कार हुआ, के लिए उत्तरदायी बनाता था जिसके चलते वह विपक्षी वकील द्वारा अपमान का शिकार होती थी। व्यवस्था द्वारा पीड़िता के इस अपमान के परिणामस्वरूप बलात्कार की अनेक घटनाओं की कभी रिपोर्ट ही दर्ज नहीं करवाई जाती थी।

विधि सम्मत नियम का लक्ष्य चूँकि भारत में ब्रिटेन के नियन्त्रण को स्थायी बनाना था अतः इसे साम्राज्य के शासन के एक उपकरण के रूप में

तैयार किया गया। राजनीतिक असन्तोष को विभिन्न अधिनियमों के माध्यम से वैध्र ढंग से दबा दिया जाता। दण्ड संहिता में उनचास अनुच्छेद शासन के विरुद्ध असन्तोष से सम्बन्धित थे (और मृत्यु के अपराधों पर केवल ग्यारह थे)।

औपनिवेशिक शासन का नस्लवाद इसकी दण्ड संहिता में भी दिखाई देता है। आपराधिक जनजातियाँ क़ानून 1911 में बरतानवियों को आवाजाही प्रतिबन्धित करने, विशिष्ट समूहों के लोगों की तलाशी लेने और हिरासत में भी लेने का अधिकार था क्योंकि इन समूहों के लोगों को सदैव से 'आपराधिक' कार्यों में शामिल समझा जाता था। यह एक बुरा समाजशास्त्र और उससे भी बुरा क़ानून था परन्तु स्वतन्त्रता के बाद तक यह पुस्तकों में बना रहा। इसके प्रभाव अमानवीय थे। विद्वान संजय निगम के शोध–कार्य में यह दर्शाया गया कि किस प्रकार से बरतानवियों की 'आपराधिक जनजातियों' की धारणा के आविष्कार एवं इस वर्गीकरण की पुष्टि के लिए उनके द्वारा क़ानून बनाये जाने के फलस्वरूप कैसे निजी विवरणों के अनधिकार रिकॉर्ड इकट्ठे किये गये, इन जनजातियों के सदस्यों की गतिविधियों पर प्रतिबन्ध लगाये गये, 'क्रिमिनल ट्राइब्स' के लोगों को बलपूर्वक ग्रामीण क्षेत्रों में विस्थापित किया गया अथवा सुधार शिविरों में भेजा गया और बच्चों को जानबूझकर अपने माता–पिता से पृथक् किया गया।

निःसन्देह अदालत प्रणाली, दण्ड संहिता, न्यायशास्त्र के प्रति सम्मान एवं न्याय की मूल्य प्रणाली–इन सबको औपनिवेशिक युग में भारतीयों पर यद्यपि न्यायोचित ढंग से लागू नहीं किया गया, ये सब प्रशंसनीय दाय हैं और भारतीय उन्हें पाकर प्रसन्न है परन्तु इस प्रक्रिया में ब्रिटेन ने हमें एक दुर्भाग्यपूर्ण क़ानूनी व्यवस्था से बाँध दिया है जो अत्यधिक प्रक्रियात्मक औपचारिकताओं से ग्रस्त है और भारत की परम्परागत न्याय–व्यवस्था से बहुत दूर है। निःसन्देह उत्तर की खाप पंचायतों जैसी परम्परागत प्रणालियों में अपनी कठोर सीमाएँ थीं और उनका प्रयोग प्रायः अन्यायपूर्ण सामाजिक व्यवस्था को बनाये रखने के लिए किया जाता था। परन्तु जैसाकि रवांडा की परम्परागत गकाका अदालतों से दर्शाया गया है कि परम्परागत व्यवस्थाओं को प्रक्रिया सम्बन्धी देरियों, औपचारिकताओं और पश्चिमी न्याय प्रणाली पर होने वाले ख़र्च के बिना न्याय के आधुनिक मापदण्डों के अनुकूल बनाया जा सकता है। औपनिवेशिक न्याय प्रणाली ने हमें लम्बे चलने वाले मुक़दमे तथा लम्बे समय से लम्बित मामले दिये

हैं जिसने भारत को विश्व के किसी भी देश से अधिक लम्बित न्यायिक मामलों का अवांछनीय विश्व रिकॉर्ड दिया है (भारत की कुछ निचली अदालतों में आज भी ऐसे मले लम्बित हैं जो ब्रिटिश राज के समय पर दायर किये गये थे)।

## अ-हस्तक्षेप अथवा छल-कपट

ब्रिटिश औपनिवेशिकता शुभचिन्तक और हितैषी थी, इसके समर्थन में दिये जाने वाले तर्क में यह भी कहा जाता है कि बरतानवी एक बिन्दु के बाद अधिकतर अ–हस्तक्षेपी अर्थात् हस्तक्षेप न करने वाले शासक थे, जिनकी भारतीय जनता के स्थानीय मामलों में हस्तक्षेप की कतई इच्छा नहीं थी। उनका विश्वास था कि भारतीय परम्पराएँ और रीति–रिवाज चाहे कितने ही 'घिनौने' और 'आदिम' हों, उनका सम्मान किया जाना चाहिए। जैसाकि रानी की 1858 की उद्घोषणा में स्पष्ट शब्दों में कहा गया है–

> *हम इसे अपनी राजसी इच्छा और प्रसन्नता घोषित करते हुए कहना चाहते हैं कि किसी को भी उसकी धार्मिक आस्थाओं अथवा प्रथाओं के कारण उत्पीड़ित अथवा परेशान न किया जाये, बल्कि सभी को क़ानून से एक समान एवं निष्पक्ष सुरक्षा प्राप्त हो; हम अपने अधीन अधिकार प्राप्त सभी व्यक्तियों को सख़्ती से यह दायित्व एवं आदेश देते हैं कि वे हमारी प्रजा के किसी भी व्यक्ति की धार्मिक आस्थाओं अथवा पूजा–अर्चना में किसी भी प्रकार के हस्तक्षेप से परहेज़ करें।*

ब्रिटिश शासक चूँकि न तो स्पेन के जिहादी ईसाई धर्म से और न ही फ्रांस के सांस्कृतिक उत्साह से प्रेरित थे, बल्कि केवल आर्थिक लोभ से चालित थे, अतः वे भारतीय समाज को रूपान्तरित करने अथवा अपनी कल्पना के अनुसार स्वरूप प्रदान करने के लिए व्यर्थ ही चिन्तित नहीं थे। यह पर्याप्त सत्य है कि ब्रिटिश नस्लवाद ईसाई वरिष्ठता की धारणा से प्रभावित था : जैसाकि ब्रिटेन के सर्वाधिक प्रसिद्ध ईसाई प्रचारक विलियम विल्बरफोर्स ने लिखा है : 'हमारा धर्म उत्कृष्ट, शुद्ध एवं शुभेच्छु है, उनका धर्म तुच्छ, व्यभिचारी एवं क्रूर है।'

अनेक बरतानवियों के लिए साम्राज्यवाद भारतीयों को 'अज्ञानता, मूर्तिपूजा एवं अन्य बुराइयों' से मुक्त करने के नैतिक जिहाद के रूप में

सैद्धान्तिक रूप से उचित था, परन्तु वे इस दिशा में काम करने में संकोच करते थे (जबकि पुर्तगालियों ने गोवा का तेज़ी से ईसाइकरण कर दिया)। उदाहरणतः, बरतानवी 1813 तक अपना प्रथम बिशप नहीं लाये थे। जॉन विल्सन के शब्दों में, 'भारत में ब्रिटिश शक्ति का प्रथम एवं प्रायः एकमात्र उद्देश्य भारत की धरती पर ब्रिटेन की उपस्थिति की रक्षा करना था।' अनेक साम्राज्यवादियों के लिए भारत एक कैरियर था, न कि धर्मयुद्ध। भारत को बदलना उनका उद्देश्य नहीं था, अपितु भारत से धन कमाना था। एंगस मेडिसन ने टिप्पणी की है : 'ग्रामीण समाज, जाति व्यवस्था, अस्पृश्यों की स्थिति, संयुक्त परिवार व्यवस्था अथवा कृषि में उत्पादन तकनीकों में महत्त्वपूर्ण परिवर्तन नहीं हुए।' उसका यह कथन पूर्णतः सही नहीं था। जैसाकि हम आगे चलकर देखेंगे कि जाति प्रथा उपनिवेश से पूर्व के भारत की अपेक्षा ब्रिटिश शासन में अधिक कठोर हो गयी। फिर भी ब्रिटिश शासक पाशविक सती प्रथा (विधवाओं का अपने पति की चिता पर आत्मदाह करना, यह प्रथा इस तथ्य के प्रकाश में और भी विचित्र लगती थी कि सती होने वाली अनेक युवा लड़कियाँ थीं जिनका अपने से कहीं अधिक आयु के व्यक्ति से विवाह हुआ था) और ठगी (अपराधियों के एक समूह द्वारा माँ काली के नाम पर की जाने वाली कर्मकाण्डी डकैती एवं हत्या जिन्हें अंग्रेज़ी भाषा में एक सामूहिक नाम 'ठग' दे दिया गया) को समाप्त करने का दावा करते हैं। तथ्य यह है कि ब्रिटिश शासकों ने सामाजिक रीति–रिवाजों में तभी हस्तक्षेप किया, जब उनके लिए ऐसा करना अनुकूल बैठता था। सर्वमुक्तिवाद के उदार सिद्धान्तों और न्याय व शासन की वास्तविक उपनिवेशी प्रणाली में विशाल अन्तर था। बरतानवी सामाजिक सुधारों के और अधिक गुमराह करने वाले दावों का वर्णन मैं पुस्तक में आगे चलकर करूँगा। यहाँ तो मैं बस यही कहना चाहूँगा कि ब्रिटिश शासक स्थानीय रीति–रिवाजों में तभी हस्तक्षेप करते थे, जब उन्हें ऐसा करना उचित लगता था अन्यथा वे इससे परहेज़ ही करते थे। परन्तु दोनों ही परिस्थितियों में वे अपने आचरण की महान विशेषता का दावा करते थे।

क़ानून व्यवस्था को संहिताबद्ध एवं भारतीय दण्ड संहिता का प्रारम्भ करते हुए बरतानवियों ने भारत को उपनिवेश युग की पूर्व धारणाओं के साथ बाँध दिया है, जिन्हें वे अपने देश में तो बहुत पहले छोड़ चुके हैं

परन्तु जो भारत में गहरे पैठ चुकी हैं और लाखों लोगों को अकथनीय कष्ट दे रही हैं। 2016 में भारत में उठे अनेक विवादों, यद्यपि वे ऊपर से असम्बद्ध प्रतीत होते हैं, ने उन सबमें पाये जाने वाले एक सामान्य तत्त्व पर गम्भीर रूप से ध्यान आकृष्ट किया है–ये सभी विवाद उपनिवेश युग के ब्रिटिश विधि शास्त्र में लिपिबद्ध आपराधिक मामले हैं जिनसे बाहर निकलने में भारत या तो असमर्थ है अथवा अनिच्छुक है।

अन्य बातों के अतिरिक्त (और ये कुछ ही उदाहरण हैं), ब्रिटिश साम्राज्यवादी शासकों द्वारा उन्नीसवीं शताब्दी के मध्य में लिखी गयी भारतीय दण्ड संहिता में धारा 377 के अन्तर्गत समलैंगिकता को अपराध की श्रेणी में रखा गया है; यह दण्ड संहिता नारे लगाते विद्यार्थियों को 'राजद्रोह' के अपराध के अन्तर्गत रखती है ( इसलिए उन्हें गिरफ़्तार कर लिया गया), और परस्त्रीगमन को लेकर भी इसके दोहरे मापदण्ड हैं।

'राजद्रोह' की कठोर अवधारणा को 1870 में ब्रिटिश नीतियों की आलोचना के दमन के लिए अपराध की श्रेणी में रखा गया था। भारतीय दण्ड संहिता की धारा 124ए के अन्तर्गत 'सरकार के विरुद्ध असन्तोष को भड़काने वाले शब्दों, संकेतों अथवा दृश्य प्रतीकों' का प्रयोग करने वाले व्यक्ति पर राजद्रोह का आरोप लगाया जा सकता है और उसे मृत्युदण्ड दिया जा सकता है। एक अधीन देश में अभिव्यक्ति की स्वतन्त्रता को प्रतिबन्धित करने के आधार पर तत्कालीन समय में यह क़ानून बनाने वाला पूर्णतः सही था। 1870 में एक ब्रिटिश प्रतिनिधि ने शान्ति को पूर्णतः भंग न करने वाले राजद्रोहात्मक अपराधों को नियन्त्रित करने के लिए एक क़ानून की आवश्यकता पर बहुत स्पष्टता से अपने विचार व्यक्त किये थे। अन्य शब्दों में भारतीयों के लिए अभिव्यक्ति की स्वतन्त्रता नहीं होनी चाहिए।

इस क़ानून को 1898 में जब इसे इंग्लैण्ड की अपेक्षा अधिक कठोर बनाने के लिए और कड़ा कर दिया गया था तो बंगाल के ब्रिटिश लेफ्टिनेंट गवर्नर ने स्वीकार किया था : 'यह स्पष्ट है कि राजद्रोह क़ानून जो अपनी ही राष्ट्रीयता एवं आस्था की सरकार द्वारा शासित लोगों के लिए पर्याप्त है, वह विदेशी शासन के अधीन किसी देश के लिए अपर्याप्त अथवा कुछ पहलुओं से अनुपयुक्त हो सकता है।'

इस प्रकार राजद्रोह स्पष्ट रूप से भारतीय राष्ट्रवादियों को आतंकित करने का एक हथियार था : महात्मा गाँधी इसके शिकार हुए महत्त्वपूर्ण

लोगों में से एक थे। प्रजातान्त्रिक भारत में इसे लागू किया जाता देख अनेक भारतीयों को धक्का लगा। क़ानून की भाषा यदि लचीली और उपनिवेश–प्रेरित न होती तो फरवरी, 2016 में जवाहरलाल नेहरू विश्वविद्यालय (जेएनयू) दिल्ली के विद्यार्थी को एक अपराध सिद्ध आतंकवादी के सह–अपराधी को फाँसी की सज़ा सुनाये जाने के विरोध–प्रदर्शन के दौरान 'भारत–विरोधी' नारे लगाने के आरोप में गिरफ़्तार कर पाना और इन्हीं आरोपों में अगस्त, 2016 में एमनेस्टी इण्टरनेशनल के विरुद्ध एफआईआर दर्ज करवा पाना सम्भव न होता।

क़ानून में उपनिवेश–युग के प्रावधानों के विरुद्ध आक्रोश से सहमत होते हुए मैंने एक सांसद के नाते निचले सदन में विधेयक लाकर इन क़ानूनों को संशोधित करने का प्रयत्न किया। मेरा यह तर्क था कि संविधि–संग्रह में इन प्रावधानों की मौजूदगी ने अधिकारियों द्वारा भारतीयों के संवैधानिक अधिकारों का अतिक्रमण करते हुए हमारी दण्ड संहिता के दुरुपयोग को सम्भव बना दिया है। मेरे द्वारा प्रस्तुत किये गये विधेयक के अनुसार किसी व्यक्ति पर राजद्रोह का आरोप तभी लगाया जा सकेगा, जब उसके शब्द अथवा कार्य सीधे–सीधे हिंसा के प्रयोग अथवा हिंसा को भड़काने वाले हों अथवा उसने आपराधिक मानव–वध, हत्या अथवा बलात्कार जैसे अपराध किये हों, जो भारतीय दण्ड संहिता के अन्तर्गत आजीवन कारावास के दण्ड से दण्डनीय हों। सरकार के कार्यों अथवा प्रशासनिक कार्रवाई की शब्दों अथवा संकेतों से आलोचना राजद्रोह की श्रेणी में नहीं आयेगी। मेरा उद्देश्य हिंसा को भड़काने वाले शब्दों के प्रति सुरक्षा को सुनिश्चित करते हुए अभिव्यक्ति की स्वतन्त्रता एवं सरकार के विरुद्ध असहमति व्यक्त करने के अधिकार को बढ़ावा देना है–और ये विकल्प बरतानवी शासन के अन्तर्गत भारतीयों को उपलब्ध नहीं थे।

इसी प्रकार भारतीय दण्ड संहिता की 1860 में लिखित धारा 377 प्रकृति की व्यवस्था के विरुद्ध दैहिक सम्भोग को दण्ड की श्रेणी में रखती है। ये शब्द इतने प्राचीनकाल के हैं कि अधिकतर आधुनिक समाज में ये उपहास का कारण बन सकते हैं। ब्रिटेन के विक्टोरियाई शासन से पहले भारतीय संस्कृति एवं सामाजिक व्यवहार में समलैंगिकता कभी भी वर्जित नहीं थी। धारा 377 वयस्कों के निजी स्तर पर परस्पर सहमति से बने यौन सम्बन्धों को अपराध की श्रेणी में रखते हुए स्वतन्त्र भारत के संविधान के अनुच्छेद 21

(निजता एवं सम्मान सहित जीवन व स्वतन्त्रता), अनुच्छेद 14 (क़ानून के समक्ष समानता) एवं अनुच्छेद 15 (भेदभाव पर प्रतिबन्ध) के अन्तर्गत प्रदान किये गये मूलभूत अधिकारों का उल्लंघन करती है।

धारा 377 के मेरे प्रस्तावित संशोधन द्वारा किसी भी लिंग अथवा स्थिति के दो वयस्कों के बीच परस्पर सहमति से बने यौन सम्बन्धों का ग़ैर–आपराधिकरण हो गया होता। सत्ताधारी बीजेपी पार्टी के रूढ़िवादी सांसदों ने इस विधेयक को संसद में लाये जाने के लिए विरोध में मत दिया, जिसके परिणामस्वरूप एलजीबीटी कार्यकर्ता सर्वोच्च न्यायालय चले गये और न्यायालय ने इस क़ानून को बनाये रखने के अपने पहले दिये गये निर्णय की 'समीक्षा' सुनवाई की सहमति दे दी है। दण्ड संहिता की इस अन्यायपूर्ण धारा को पलटने में न्यायिक मार्ग निःसन्देह अधिक प्रभावी समाधान दे सकता है। केवल दो वर्षों (2014 और 2015) में अपने घरों की चारदिवारी के भीतर किये गये कार्यों के लिए अट्ठावन भारतीयों को धारा 377 के अन्तर्गत गिरफ़्तार किया गया है, जो कोई छोटी संख्या नहीं है।

विडम्बना यह है कि भारत में विभिन्न लैंगिक पहचानों एवं यौन रूझानों के लोगों को सदैव स्थान मिलता रहा है। भारतीय इतिहास और पुराणों में यौन भिन्नता के आधार पर भेदभाव का कोई उदाहरण नहीं मिलता। इसके विपरीत महान महाकाव्य महाभारत में लिंग बदल लेने वाले शिखण्डी ने भीष्म की हत्या की। अर्द्धनारीश्वर के सिद्धान्त में स्वयं ईश्वर की कल्पना आधे पुरुष और आधी नारी के रूप में की जाती है, जिससे प्रेरित होकर आन्ध्र प्रदेश के फ़िल्मस्टार मुख्यमन्त्री ने 1980 में अर्द्धनारीश्वर के रूप में वेशभूषा बनाकर अपने अनुयायियों को चकित कर दिया था–यह बहुत असाधारण एवं सनकपूर्ण कार्य था परन्तु फिर भी इसे भारतीय परम्परा के अनुकूल माना गया। वैदिक एवं पौराणिक साहित्य में उभयलिंगी लोगों को नपुंसक लिंग का नाम देकर भारत के पूरे इतिहास में महत्त्व दिया गया था (और मुग़ल शासनकाल के दौरान इस्लामी अदालतों में भी)। जैन कथाओं में लिंग पहचान का अपेक्षाकृत व्यापक सिद्धान्त अपनाते हुए मानसिक सेक्स की धारणा को शारीरिक से भिन्न बताया गया है। दुर्भाग्यवश ब्रिटिश शासकों ने भारतीय दण्ड संहिता लिखते हुए मानव व्यवहार एवं मानवीय वास्तविकता के उन पक्षों का अपराधीकरण कर दिया जिन्हें पहले आपराधिक अथवा क़ानूनी दण्ड संहिता की अपेक्षा रखने वाला नहीं माना

जाता था। भारतीय दण्ड संहिता की धारा 377 एवं 1871 के आपराधिक जनजातियाँ अधिनियम में उभयलिंगी समुदाय एवं समलैंगिकों को भी लक्ष्य बनाया गया है। वे भारतीय संस्कृति के आचरण, पुराणों, इतिहास, पौराणिक कथाओं एवं भारतीय जीवन पद्धतियों की कम–से–कम 2000 वर्ष पुरानी भारतीय परम्पराओं एवं लोकाचार का उल्लंघन करते हैं। भारत की परम्परागत सहिष्णुता एवं 'जीयो और जीने दो' के स्थान पर बरतानवियों ने देश को भारतीयों के लिए क्या अच्छा और सही है–की उपनिवेश–युग की व्याख्या के साथ बाँध दिया। भारतीय संस्कृति के स्वयं–घोषित रक्षकों को अब मन्त्रीपीठ पर बैठे ब्रिटिश विक्टोरियावादी नैतिकता के निकृष्टतम पूर्वाग्रहों के रक्षक के रूप में काम करते देखना बहुत विडम्बनापूर्ण है।

भारतीय दण्ड संहिता समलैंगिक पुरुषों की तुलना में स्त्रियों के साथ कुछ कम कठोर नहीं है। धारा 497 के द्वारा व्यभिचार को अपराध की श्रेणी में रखते हुए वैवाहिक महिलाओं के साथ विवाहेत्तर सम्बन्धों के लिए दण्ड दिया जाता है, विवाहित पुरुषों के साथ नहीं। एक पति अपनी पत्नी पर व्यभिचार एवं पुरुष पर अपनी पत्नी के साथ यौन सम्बन्ध रखने के लिए मामला दर्ज कर सकता है परन्तु एक महिला अपने पति पर विवाहेत्तर सम्बन्धों के लिए मुक़दमा नहीं कर सकती बशर्ते कि उसका साथी नाबालिग अथवा विवाहित न हो। हाल ही में अनेक मामलों में उजागर हुए ये दोहरे मापदण्ड इक्कीसवीं सदी की नैतिकता की धारणाओं के स्थान पर विक्टोरिया युगीन मूल्यों को दर्शाते हैं। यह अत्यन्त विडम्बनापूर्ण है कि इन तीनों ही मामलों में बरतानवियों ने अपने क़ानूनों को संशोधित कर लिया है, अतः कोई भी व्यवहार जिसे वे अपराध की श्रेणी में रखते थे, ब्रिटेन में अब अवैध नहीं है। उपनिवेशवाद की सबसे बुरी बपौती यह है कि इसके दुष्प्रभाव साम्राज्य के बाद भी बने रहे।

इन अन्यायों के बने रहने के लिए केवल बरतानवियों को दोषी ठहराने का मेरा अभिप्राय नहीं है, परन्तु बरतानवियों ने ऐसे क़ानून बनाये जिन्हें संशोधित करना इतना कठिन सिद्ध हो रहा है। भारत के राष्ट्रपति प्रणव मुखर्जी ने स्वयं भारतीय दण्ड संहिता के 155 वर्ष पूरे होने पर इसके व्यापक संशोधन की आवश्यकता व्यक्त की। उन्होंने घोषणा की कि हमारा आपराधिक क़ानून 'ब्रिटिश शासकों द्वारा मुख्यतः अपनी औपनिवेशिक आवश्यकताओं की पूर्ति के लिए बनाया गया था।' इसे संशोधित किये

जाने की आवश्यकता है जिससे 'यह हमारी समकालीन सामाजिक चेतना' को प्रतिबिम्बित कर सके और यह 'सभ्यता के मूलभूत मूल्यों, जिन पर यह टिकी है, का सही दर्पण बन सके।'

भारतीयों ने अब तक ऐसा नहीं किया है। इसमें ब्रिटेन का कोई दोष नहीं, परन्तु पुस्तकों में अन्यायपूर्ण क़ानूनों को स्थान देकर बरतानवियों ने एक दमनकारी बपौती अवश्य छोड़ी है। इक्कसीवीं सदी के भारत में अब वह समय आ गया है कि सरकार को शयनकक्ष से बाहर निकाला जाये जिसमें घुसने में ब्रिटिश शासकों को कोई संकोच नहीं था। बहुत समय बीत चुका, अब हमें यह भी पहचान लेना चाहिए कि एक सजीव एवं सक्रिय प्रजातन्त्र में स्वीकार्य राजनीतिक विचार की सीमा घातक राज़द्रोह क़ानून के अस्तित्व के साथ समझौता नहीं कर सकती।

# अध्याय चार

# बाँटो और राज करो

*बाँटो और राज करो औपनिवेशिक परियोजना के रूप में—जाति, प्रजाति एवं वर्गीकरण—सामुदायिक भावना का जन्म—ब्रिटिश पण्डिताई—कैसे जनगणना ने एकमत/सर्वसम्मति को समाप्त कर दिया—ब्रिटिश उपनिवेशवाद स्व—न्यायोचित—उपनिवेशवाद द्वारा स्वरूप प्रदत्त जाति—हिन्दू—मुस्लिम विभाजन—औपनिवेशिक रचना के रूप में सम्प्रदायवाद—भारतीय राष्ट्रीय कांग्रेस एवं मुस्लिम लीग—ब्रिटिश एवं शिया—सुन्नी विभाजन—ब्रिटिश साम्प्रदायिक भेदभाव—पापियों के बीच एक सन्त—पृथक् मतदाता—लड़खड़ाते हुए विनाशकारी अन्त की ओर बढ़ना—कांग्रेस के त्याग—पत्र—भारत छोड़ो—मुस्लिम लीग का पुनरुत्थान—क्रिप्स मिशन—अन्तिम खेल—चुनाव, बग़ावत, विभाजन—भारत छोड़ने को लेकर मोल—तोल—दो समर्पण—ब्रिटिश छोड़ गये और कांग्रेस झुक गयी—भारत छोड़ना, पाकिस्तान बनना—'ट्रिस्ट विद डेस्टिनी'।*

पिछले अध्यायों में किये गये विश्लेषण के बाद ब्रिटेन के ये दावे कि उसने भारत में व्यावहारिक राजनीतिक संस्थाओं, प्रजातान्त्रिक भावनाओं, सक्षम अफ़सरशाही एवं क़ानून सम्मत नियमों की रचना की, अगर पूर्णतः खोखले दिखाई देते हैं तो भारत को उसकी राजनीतिक एकता सौंप जाने का उसका गर्वीला दावा भी उतना ही निराधार प्रतीत होता है। ऊपर रेखांकित घटनाएँ जब घटित हो रही थीं तो ठीक उसी समय एक अन्य प्रजातन्त्र विरोधी बरतानवी परियोज़ना फलीभूत हो रही थी, जो भारत की राजनीतिक एकता के ब्रिटिश दावे को और भी अविश्वसनीय बना देती है।

1857 में हिन्दू और मुसलमान सैनिकों के एक साथ बग़ावत करने और उनकी समानान्तर लड़ाई के दृश्य एक–दूसरे के शासन में एकजुट होने के इच्छुक एवं अशक्त मुग़ल शासक के प्रति संयुक्त निष्ठा की शपथ ने बरतानवी शासकों को सचेत कर दिया और उन्हें इस निष्कर्ष पर पहुँचने में देर नहीं लगी कि दोनों समूहों के बीच दरार खड़ी करके उन्हें एक–दूसरे के विरोध में खड़ा कर देना साम्राज्य को बिना किसी चुनौती के जारी रखने का सर्वाधिक प्रभावी उपाय था। 1859 में ही बम्बई के बरतानवी गवर्नर लॉर्ड एल्फिन्स्टोन ने लन्दन को सलाह दी थी कि 'डिवाइड एट इम्पेरा' एक प्राचीन रोमन कहावत थी और यह हमारी होनी चाहिए। (ऐसा सोचते हुए वह पूर्णतः सही नहीं था। यह कहावत रोमवासियों की ईजाद की हुई नहीं थी अपितु मेसिडोनिया के फ़िलिप द्वितीय की थी।) कुछ दशक बाद सर जॉन स्टार्ची ने मत व्यक्त किया कि 'भारत में शत्रु प्रजातियों का अस्तित्व भारत में हमारी राजनीतिक स्थिति' के लिए अनिवार्य है।

## जाति, प्रजाति एवं वर्गीकरण

ब्रिटिश शासकों में विशेषाधिकार की पहचानों की रचना करने एवं उन्हें बढ़ावा देने और अपने सभी उपनिवेशों में जाति आधारित प्रशासनिक रेखाएँ खींचने की विशेष प्रतिभा थी। विद्वानों ने इसके पक्ष में यह सिद्धान्त दिये हैं कि यह प्रथा अपनी स्वयं की आदर्शीकृत अंग्रेज़ियत की पहचान को हल्का करने के बरतानवी संत्रास की उपज हो सकती है, जिसकी कामना करने की उनकी औपनिवेशिक प्रजा को अनुमति नहीं थी। इस दृष्टि से वे फ्रांसीसियों से बहुत भिन्न थे जिनकी सांस्कृतिक समावेशन की नीति इतनी व्यापक थी कि छोटे–छोटे अफ्रीकी और एशियाई बच्चों को भी सेनेगल अथवा वियतनाम के स्कूलों की कक्षाओं में बहुत निष्ठा से 'हमारे पूर्वज फ्रांसीसी' (आवर्स एन्सेस्टर्स द गॉल्स) गाते सुना जा सकता था। भारतीय सदैव प्रजा थे, नागरिक नहीं थे। पूर्ण साम्राज्यकाल के दौरान कोई भी भारतीय ऐसा कहने की सोच भी नहीं सकता था कि 'मैं ब्रिटिश हूँ' (आई एम ब्रिटिश) जैसे फ्रांसीसी अफ्रीकियों को 'जी सुइस फ्रेंकायस' (आई एम फ्रेंच) कहने के लिए प्रेरित करते थे।

पृथक् रखने की यह प्रवृत्ति ब्रिटिश व्यवहार में प्रारम्भ से ही दिखाई देती थी। निःसन्देह इसका प्रमाण ब्रिटेन द्वारा अपना उपनिवेश बनाये गये एकमात्र

पहले से ही श्वेत देश–आयरलैण्ड में मिल चुका था। आयरलैण्डवासियों को ब्रिटिश प्रजाति में मिला लेने की बजाय उन्हें उनके नये शासकों ने अधीन ही रखा, अन्तर्जातीय विवाह वर्जित थे (जैसा कि आयरिश भाषा को सीखना अथवा आयरिश वेशभूषा को अपनाना भी वर्जित था) और अधिकतर आयरिश लोगों को 'बियॉण्ड द पेल' कहकर पृथक् कर दिया जाता था। बरतानवी यदि अपने जैसे दिखाई देने वाले लोगों के साथ ऐसा कर सके तो भारत में विजयी बनाये गये काली चमड़ी के लोगों के साथ तो उनकी इससे कहीं अधिक बुरा करने की मंशा थी। इस घटनाक्रम के कुछ पहलुओं पर हम इससे पहले के अध्यायों में प्रकाश डाल चुके हैं, यहाँ मैं यह जानना चाहूँगा कि उन्होंने कैसे भारतीयों को विभिन्न निश्चित वर्गों में विभाजित किया, विशेष रूप से धार्मिक व जातीय वर्गों में।

आब हम बरतानवियों को सन्देह–लाभ देने एवं यह मान लेने से प्रारम्भ करते हैं कि उन्हें शायद यह सन्देह होगा कि भारतीय भी उनके समान ही होंगे और स्वयं को अपनी पहचानों के पीछे सुरक्षित रखने से अधिक कुछ नहीं चाहेंगे। परन्तु बरतानवियों का अपनी प्रजा के जातीय, धार्मिक, साम्प्रदायिक और नस्ली भिन्नताओं को समझने का प्रयास इन भिन्नताओं को परिभाषित करने, विभाजित करने एवं इन भिन्नताओं को स्थायी रूप से बनाये रखने की दिशा में किया गया प्रयत्न बन गया। अतः औपनिवेशिक प्रशासक नियमित रूप से ऐसी रिपोर्टें लिखते और जनगणनाएँ करवाते थे जो उनकी प्रजा को भाषा, धर्म, सम्प्रदाय, जाति, उपजाति, प्रजाति एवं त्वचा के रंग के आधार पर चौंका देने वाली संकीर्ण श्रेणियों में बाँट देती थी। वर्गीकरण एवं श्रेणीकरण की इस प्रक्रिया से न केवल सामुदायिक धारणाएँ साकार हो गयीं अपितु पूर्णतः नये समुदाय बन गये–उन लोगों के समुदाय जिन्होंने पहले कभी स्वयं को अपने आसपास के लोगों से विशेष रूप से भिन्न सोचा ही नहीं था।

अमरीकी सामाजिक मानवशास्त्री निकोलस बी. डर्क्स ने बहुत स्पष्ट शब्दों में इसका वर्णन किया है : 'शासन की सांस्कृतिक प्रौद्योगिकियों एवं विदेशी भूमि पर शक्ति की प्रथम स्थापना करने वाली, विजयी बनाने की अधिक स्पष्ट एवं पाशविक विधियों से उपनिवेशवाद सम्भव, स्थायी एवं सुदृढ़ हुआ...उपनिवेशवाद स्वयं में नियन्त्रण की एक सांस्कृतिक परियोजना थी। औपनिवेशिक ज्ञान ने जीत को सम्भव बनाया और इसी के द्वारा ही

यह ज्ञान उत्पन्न था, कुछ महत्त्वपूर्ण पहलुओं से यह ज्ञान इसी सम्बन्ध में था कि उपनिवेशवाद था क्या। समाजों में 'परम्परागत' के रूप में नव–वर्गीकृत सांस्कृतिक स्वरूपों की इसी ज्ञान के द्वारा पुनः रचना एवं रूपान्तरण किया गया–जिन्होंने उपनिवेशक एवं उपनिवेशित, यूरोपीयन और एशियाई, आधुनिक एवं पारम्परिक पश्चिम और पूर्व के बीच नयी श्रेणियों व विरोधों की रचना की। चूँकि भारत का मानवशास्त्रीयकरण औपनिवेशिक हित में हुआ था इसके सामाजिक गठन, राजनीतिक क्षमता एवं इसकी सभ्यता सम्बन्धी बपौती के विवरणों में औपनिवेशिक अपरिहार्यता एवं ब्रिटिश साम्राज्य के शासन के स्थायित्व की कथा अधिकाधिक दिखाई देने लगी।'

भारत में ब्रिटिश औपनिवेशिकता के विद्वान बर्नार्ड कोह्न का तर्क है कि उन्होंने भारतीय समाज में जो विशेषताएँ देखीं, उनकी उन्होंने ग़लत व्याख्या करने के साथ–साथ अतिसाधारणीकरण करते हुए उन्होंने भारतीयों को अपने द्वारा परिभाषित निश्चित सीमाओं वाले डिब्बों में बाँट दिया और यह कार्य प्राचीन परम्परा के नाम पर किया गया : 'बरतानवियों ने भारत को समझने एवं यहाँ कार्य करने के लिए जो सैद्धान्तिक योजना बनायी, उन्होंने सदैव उसी तर्क पर कार्य किया, उन्होंने अत्यन्त जटिल संकेतों एवं उनसे जुड़े अर्थों को कुछ लाक्षणिक अथवा प्रतीकात्मक शब्दों तक सीमित कर दिया।' क़ानूनों को उन अर्थों में रूपान्तरित करना पड़ा जिसे ब्रिटिश शासक समझ व लागू कर सकें। भारत जैसे जटिल, प्रायः अव्यवस्थित एवं लचीले समाज को 'बरतानवियों द्वारा नियमों एवं व्यवस्थाओं के स्थान के रूप में पुनः परिभाषित किया गया। भारतीय नियमों एवं रीति–रिवाजों से उनका क्या अभिप्राय है–उनके द्वारा एक बार अपनी सन्तुष्टि के स्तर तक परिभाषित कर दिये जाने के बाद, भारतीयों को उनका अनुसरण करना पड़ा।'

ऐसा कार्य आधुनिकता–पूर्व युग में ज़हाँ पहचानें लचीली और अधिक अस्पष्ट थीं, शायद सम्भव नहीं हुआ होता और पृथक् करने वाली दूरियों एवं सम्प्रेषण कर पाने की कठिनाइयों ने केवल स्थानीय सीमाओं से परे पहचान की चेतना उत्पन्न करना कठिन बना दिया। रूढ़िवादी मार्ग से हटकर लिखने वाले एवं राष्ट्रवादिता के विचारक बेनेडिक्ट एंडरसन ने बहुत उपयुक्त उल्लेख किया है कि बड़ी संख्या को सम्मिलित कर प्रदान की गयी पहचानें एक निश्चित प्रौद्योगिकीय स्तर पर पहुँच जाने के बाद

ही प्राप्त की जा सकीं। व्यापक समुदायों को सम्मिलित कर गहरी एवं स्पष्ट पहचान देना अपेक्षाकृत हाल ही की घटना है—यह गम्भीर विवाद का विषय नहीं है और न ही इन पहचानों की काफ़ी सीमा तक वैसी 'कल्पना' और 'आविष्कार' किया गया है, जैसा कि एंडरसन ने माना था। बरतानवियों ने ठीक उस समय पर भारत में शासन किया, जब इस प्रकार की पहचान रचना सम्भव हो पा रही थी और इसका श्रेय परिवहन एवं सम्प्रेषण में आधुनिक विकास को जाता है। अकबर जैसे व्यक्ति ने जहाँ ऐसी प्रौद्योगिकियों का प्रयोग विभिन्न प्रकार के लोगों को एकजुट करने के लिए किया होता, वहीं बरतानवियों ने लोगों को पृथक्, वर्गीकृत और विभाजित करने के लिए किया।

कुछ आलोचकों ने टिप्पणी की है कि भारतीय समाज में पहले ही से विद्यमान विभाजनों, विशेष रूप से जाति प्रथा के लिए बरतानवियों को दोष नहीं दिया जा सकता। हिन्दू जनसंख्या का अधिकांश भाग इसके द्वारा परस्पर एकान्तिक एवं प्रायः बेमेल सामाजिक स्तरीकरण में विभाजित था (और आज भी है)। यह तर्क सही है, परन्तु यह भी सच है कि बरतानवियों ने जानबूझकर अथवा अनजाने में जाति प्रथा की अन्यायपूर्णता को सुदृढ़ करने एवं बनाये रखने में सहायता की। ब्रिटिश शासक क्योंकि पदानुक्रम विभाजित समाज से आये थे, जिसमें जाति प्रथा निबद्ध थी। अतः स्वाभाविक रूप से उन्होंने भारत में ऐसी ही व्यवस्था को तलाशना शुरू कर दिया था। उन्होंने भारतीय समाज को 'वर्गों' में विभाजित करने से प्रारम्भ किया जिसे उन्होंने 'मुख्यतः धार्मिक' प्रकृति का बनाया, फिर उन्होंने जाति को आधार बनाया। परन्तु जाति ब्रिटिश—पूर्व के समय में एक स्थायी स्वाभाविक संरचना नहीं थी; विभिन्न समय एवं स्थान पर इसके विभिन्न स्वरूप थे। जाति व्यापक स्तर पर सामाजिक संगठन का ऐसा परिवर्तनशील स्वरूप थी जो तत्कालीन समय के शासकों के विश्वासों, राजनीति एवं प्रायः आर्थिक हितों के अनुसार निरन्तर नया आकार एवं स्वरूप लेती रहती थी। तथापि ब्रिटिश शासकों ने इस सिद्धान्त को प्रचारित किया कि जाति—क्रम एवं भेदभाव भारतीय समाज के काम—काज को प्रभावित करता था। ब्रिटिश—पूर्व काल में भारतीय समाज वास्तव में कैसे कार्य करता था, यह सिद्धान्त उसकी बहुत संकीर्ण परिभाषा है और यह श्रेय औपनिवेशिक शासन को जाता है कि यह अब एक परम्परागत ज्ञान बन गया है।

डर्क्स ने अपनी प्रारम्भिक पुस्तक 'कास्ट्स ऑफ़ माइंड' में विस्तार से वर्णन किया है कि कैसे ब्रिटिश शासनकाल में 'जाति' भारत में सामाजिक पहचान, समुदाय एवं संगठन के विभिन्न स्वरूपों को 'व्यक्त, संगठित एवं सर्वाधिक व्यवस्थित करने में समर्थ' एकमात्र शब्द बन गया। ब्रिटिश प्रभुत्व के दो सौ वर्षों के दौरान औपनिवेशिक आधुनिकता के गहन सम्पर्क में आने के परिणामस्वरूप...'औपनिवेशिकता ने जाति को वह बना दिया, जो यह आज है।' डर्क्स ने ब्रिटिश शासकों के द्वारा अपनी औपनिवेशिक शक्ति का प्रयोग करके जाति को समस्त सामाजिक वस्तुओं के मापक के रूप में पुष्ट करके जाति को साकार करने में ब्रिटिश साम्राज्य की भूमिका की आलोचना की है।

उसके अनुसार वास्तव में जाति 'पहचान को संगठित एवं व्यक्त करने का अनेक अन्य वर्गों में से एक वर्ग, एक मार्ग थी। इतना ही नहीं, जाति ब्राह्मणों के लिए भी श्रेणीकरण का एकमात्र वर्ग अथवा एकमात्र आधार नहीं थी जिनको जाति की धारणा से मुख्य रूप से लाभ होता था। क्षेत्रीय, ग्रामीण अथवा आवासीय समुदाय, सम्बन्ध समूह, दल पार्टियाँ, मुख्यतः सैनिक टुकड़ियाँ, राजनीतिक सम्बन्ध आदि केवल एक पहचान के रूप में जाति का अतिक्रमण भी कर सकते थे अथवा जाति संगठन के अनुसार पुनर्गठित भी हो सकते थे...इस प्रकार उपनिवेशवाद के अधीन जाति का प्रभाव पहले से कहीं अधिक व्यापक, कहीं अधिक समग्र एवं कहीं अधिक समरूप था।' डर्क्स इसे भारतीय समाज के ज्ञान को स्वरूप देने के लिए औपनिवेशिक शक्ति के प्रमुख घटक के रूप में देखते हैं। बहुत सोच–समझकर वे कहते हैं कि जाति 'सिविल समाज का औपनिवेशिक स्वरूप थी' अथवा पार्थ चैटर्जी के शब्दों में यह भारत में सिविल समाज के फल–फूल न सकने का औपनिवेशिक तर्क थी; जाति के द्वारा भारतीयों, जो अन्ततः प्रजा थे, नागरिक नहीं, को राजनीतिक अधिकार न देने को न्यायोचित ठहराया जाता था और उन्होंने इसे औपनिवेशिक शासन की आवश्यकता बताया है।

जिन विद्वानों ने औपनिवेश–पूर्व के जाति–सम्बन्धों का अध्ययन किया है, वे इस धारणा को स्वीकार नहीं करते कि वर्ग व्यवस्था–समस्त जातियों का चार क्रमागत समूहों में वर्गीकरणधजिसमें ब्राह्मण सर्वोच्च थे और यहाँ तक कि राजा और योद्धा उनसे एक सोपान नीचे थे–वास्तविकता की सम्पूर्ण

तस्वीर को प्रस्तुत कर सकी (उदाहरणतः, क्षत्रिय राजा व्यावहारिक रूप में ब्राह्मणों से निचले स्तर पर कभी नहीं थे, चूँकि उन्हें तो वे अपने यहाँ नौकरी देते थे, वेतन और प्राश्रय देते थे और विभिन्न समयानुसार जैसा भी उपयुक्त हो, उनकी बात सुनते अथवा खारिज कर देते थे)। ऐसा साधारण वर्गीकरण इतने व्यापक उपमहाद्वीप पर समस्त भारतीयों की न्यायोचित पहचानों एवं सम्बन्धों को संगठित कर भी नहीं सकता था। विभिन्न स्थानों पर विभिन्न प्रकार से वैकल्पिक एवं अन्य पहचानें, उपजातियाँ, कुल और वंश एवं अन्य गठन भी वर्तमान थे और फल–फूल रहे थे। आधुनिक विद्वानों का ठोस प्रमाण के साथ बलपूर्वक यह मानना है कि भारत–भर में व्याप्त एवं इसके जटिल सभ्यता सम्बन्धी विस्तार को समाविष्ट करती हुई चार स्तरीय जाति व्यवस्था की धारणा ब्रिटिश औपनिवेशिक शासन की विशेष परिस्थितियों में ही विकसित हुई। ब्रिटिश शासकों ने इस आधारभूत सत्य को या तो समझा नहीं अथवा अनदेखा करना ही उचित समझा कि आवश्यक नहीं कि व्यवस्था सैद्धान्तिक वर्णन के अनुसार ही कार्य करे।

## ब्रिटिश पाण्डित्य

अठारहवीं शताब्दी के उत्तरार्द्ध में जब ईस्ट इण्डिया कम्पनी भारत में अपनी पकड़ मज़बूत कर रही थी और इसके वरिष्ठ अधिकारियों में से कुछ की इस देश को समझने में सच्ची रुचि थी, तो बरतानवियों ने शास्त्रों का अध्ययन प्रारम्भ किया ताकि वे विधि सिद्धान्तों का एक संग्रह तैयार कर सकें जो उन्हें भारतीय समाज में विवादों का निपटारा करने में सहायता दे सकें। गवर्नर जनरल वॉरेन हेस्टिंग्स ने पण्डितों के विधानों के रूप में विख्यात संग्रह की रचना के लिए ग्यारह पण्डितों की सेवाएँ लीं। बरतानवी क्योंकि प्राचीन संस्कृत पुस्तकों को पढ़ अथवा उनकी व्याख्या नहीं कर सकते थे अतः उन्होंने अपने ब्राह्मण सलाहकारों से भारत की धार्मिक पुस्तकों एवं भारतीय रीति–रिवाजों के सम्बन्ध में अपने ज्ञान के आधार पर एक संहिता की रचना करने के लिए कहा। 'एंग्लो–ब्राह्मणिकल' इसका परिणाम था जिसमें वास्तविक चलन का पूर्णतः उल्लंघन हुआ है–शाब्दिक रूप से इसलिए कि यह मूल पाठों की दृष्टि से अशुद्ध है और भावात्मक स्तर पर इसलिए कि पण्डितों ने उन्हें सौंपे गये कार्य के अवसर का अपनी जाति के प्रति पक्षपात करने के रूप में लाभ उठाया

एवं परमपावन 'रीति–रिवाजों' की ऐसी व्याख्या और रचना तक कर दी जिनका वास्तव में कोई शास्त्रीय आधार नहीं था। इससे देश में जाति के वरिष्ठता क्रम की समस्या और अधिक बढ़ गयी।

विद्वानों का तर्क है कि इससे पूर्व भारतीय नागरिक समाज में विवादों का निपटारा जाति अथवा बिरादरी के द्वारा किया जाता था अर्थात् किसी व्यक्ति की नियति का निर्णय समुदाय अथवा कुल के भीतर उसके अपने ही लोगों के द्वारा अपनी स्थानीय परम्पराओं और मूल्यों के अनुसार कर दिया जाता था और उस पर किसी उच्च जाति के अधिकारियों का अनुमोदन प्राप्त करने की आवश्यकता नहीं होती थी। पण्डितों ने इस व्यापक चलन का वर्णन करने के स्थान पर लम्बे समय से उपेक्षित मूल पाठों से सैद्धान्तिक तर्कों का उल्लेख किया। उनका उद्देश्य अपने स्तर को एकमात्र आधिकारिक सत्ता के रूप में स्थापित करना था और अधिकतर बरतानवियों ने उनके कथन पर विश्वास कर लिया। (कुछ को इस पर सन्देह था। 1979 में कलकत्ता में एशियाटिक सोसायटी की स्थापना करने वाले सर्वोच्च न्यायालय में कार्य कर चुके ब्रिटिश प्राच्यविदों में सर्वाधिक विद्वान विलियम जॉन्स ने टिप्पणी की, 'मैं पण्डितों की दया पर अब और अधिक नहीं रह सकता जो हिन्दू क़ानून को अपनी इच्छानुसार प्रयुक्त करते हैं और बने–बनाये नियम न मिलने पर उपयुक्त दरों पर इन्हें बनाते हैं।' परन्तु जॉन्स की युवावस्था में ही मृत्यु हो गयी और उसकी विद्वत्ता उसके बाद के किसी व्यक्ति में दिखाई नहीं दी।)

भारतीय समाज को सरसरी दृष्टि से देखने पर स्पष्ट हो जाता था कि वास्तविक सामाजिक व्यवहार अनिवार्य रूप से आधिकारिक अथवा 'शास्त्रीय' संहिता का अनुसरण नहीं करते थे, परन्तु अब प्राचीन धर्मग्रन्थों का उल्लेख किया जा रहा था, उन्हें कट्टर स्वरूप दिया जा रहा था, जो वास्तव में था नहीं। इसका स्पष्ट उद्देश्य समाज की स्वायत्तता को सीमित करना था और इस प्रकार धार्मिक सत्ता के नाम पर इसे आसानी से नियन्त्रित करना था। इससे ब्रिटिश नीति के हित रक्षित होते थे जो प्रशासनिक उद्देश्य से स्पष्ट रूप से उनकी (औपनिवेशिक) जनसंख्या एवं संसाधनों की गणना, वर्गीकरण एवं मूल्यांकन की अपेक्षा रखती थी। औपनिवेशित भारतीय जनसंख्या पर ब्रिटिश नियन्त्रण को अधिक प्रभावी रूप से लागू करने एवं बनाये रखने के लिए मानव–जातीय, सामाजिक, जाति व प्रजाति आधारित

वर्गीकरण किये जाते थे। इस प्रक्रिया ने उनकी इस प्रारम्भिक धारणा को और पुष्ट कर दिया कि वेदों का ज्ञान रखने वाले ब्राह्मण सर्वाधिक योग्य थे और भारत पर शासन करने के लिए उनके मध्यस्थ होने के सर्वाधिक उपयुक्त थे। ब्राह्मणों को अन्य समूहों की अपेक्षा ब्रिटिश प्रश्रय अधिक प्राप्त था और उन्होंने स्वयं को अन्य सभी जातियों, जिन्हें बरतानवी ब्राह्मणों की पूर्व धारणाओं को स्वीकार करते हुए निम्न जातियों के रूप में देखते थे, से ऊपर समझना प्रारम्भ कर दिया।

परिणामतः ब्रिटिश राज में महत्त्वपूर्ण पदों पर ब्राह्मण अत्यधिक प्रभावी हो गये। कुल जनसंख्या के दसवें भाग तक सीमित ब्राह्मणों ने सरकारी सेवा में भारतीयों को प्राप्त स्थानों में से निम्नतम पदों को छोड़कर 90 प्रतिशत पर अधिकार कर लिया। जो कार्य–क्षेत्र भारतीयों के लिए खुले थे (विशेष रूप से वकालत एवं चिकित्सा), उनमें ब्राह्मणों का प्रभुत्व था। वे पत्रकारिता एवं शिक्षा के क्षेत्रों में भी प्रवेश पा गये। अतः भारतीय मत की आवाज़ के रूप में उनकी आवाज़ सबसे ऊँची सुनाई देती थी। ब्राह्मणों को ऐसे महत्त्वपूर्ण पदों पर सम्मिलित करने वाले ब्राह्मण राज की स्थापना से पहले भारत कहीं अधिक मेधावी समाज था।

उन्नीसवीं सदी की प्रजाति की धारणा भी इसमें मिश्रित हो गयी। अमरीकी विद्वान थॉमस मेटकाफ ने दर्शाया है कि किस प्रकार उस युग में प्रजाति की धारणा में यूरोपीय सभ्यता को मानवीय उपलब्धियों के चरम पर पहुँच चुकी सभ्यता के रूप में देखा जाता था, जबकि काली चमड़ी वाली प्रजातियों को आदिमकालीन दुर्बल एवं विकास के लिए यूरोपीय संरक्षण पर निर्भर दर्शाया जाता था। श्वेतों के दो सदियों के प्रभुत्व एवं उन्हें बार–बार ब्रिटिश श्रेष्ठता के सम्बन्ध में बताये जाने के चलते भारतीयों ने इनमें से अनेक पूर्वाग्रहों को स्वीकार कर लिया। मुझे बचपन में इंग्लैण्ड की यात्रा पर जाने वाले प्रारम्भिक भारतीयों में से एक के वर्णन को पढ़ना याद है। वह चकित था कि वहाँ जूते पॉलिश करने वाला लड़का भी ब्रिटिश था। भारत में अंग्रेज़ प्रभुत्व की रहस्यात्मकता इतनी पूर्णता से रच–बस गयी थी। एक युवा राजकुमार रणजी जो आगे चलकर क्रिकेट जगत का सितारा बना, जब एक विद्यार्थी के रूप में इंग्लैण्ड पहुँचा तो 'बरतानवियों को निम्न जाति के कार्य करते देख' भौचक्का रह गया (उसे विश्वास दिलाया गया था कि जहाज़ी कुली 'केवल आयरिश' थे)।

## जनगणना ने सर्वसम्मति को कैसे समाप्त कर दिया

ब्रिटिश कार्टोग्राफ़ी में स्थानों की परिभाषा ने मानचित्र को औपनिवेशिक नियन्त्रण का हथियार बना दिया। साम्राज्य की योजना को आगे बढ़ाने के लिए मूल्यवान बरतानवी संग्रहालय खड़े किये गये, ताकि वहाँ वस्तुओं, कलाकृतियों एवं प्रतीकों को ज़ब्त करके रखा जा सके, उन्हें नाम दिये जा सकें, पर्चियाँ लगाई जा सकें। उन्हें व्यवस्थित, क्रमबद्ध, वर्गीकृत और इस प्रकार नियन्त्रित किया जा सके जैसे लोगों को किया जा सकता था।

उन्नीसवीं सदी में बरतानवी साम्राज्य के प्रभुत्व के औज़ारों मानचित्रों व संग्रहालय में जनगणना को भी जोड़ दिया। वर्गीकरण विज्ञान एवं सामाजिक श्रेणीकरण के प्रति बरतानवी रुझान उनके पूरे शासनकाल में दिखाई देता रहा और इसे उनके द्वारा 1872 में करवाई गयी प्रथम जनगणना के माध्यम से औपचारिक रूप दिया गया और फिर 1881 से प्रत्येक दस वर्षों के बाद जनगणना होने लगी जिसे 1901 में 'मानव जातीय जनगणना' में परिवर्तित कर दिया गया।

जनगणना ने जातियों को कुछ निश्चित विशेषताओं के साथ जोड़कर और सम्पूर्ण समुदायों के लिए असाधारण नामों यथा 'योद्धा अथवा युद्धप्रिय प्रजातियाँ' एवं 'आपराधिक जनजातियाँ' का आविष्कार करके जातियों को परिभाषित करने की प्रक्रिया को सुदृढ़ कर दिया, जैसे 'ब्राह्मण' सामाजिक पहचान प्रदान करने वाला एक लोकप्रिय पद बन गया, वैसे ही किसी व्यक्ति की जाति को जनगणना द्वारा दी गयी परिभाषा देश भर में उसकी पहचान को निर्धारित कर किसी भी 'शूद्र' की नियति को मोहरबन्द करने का प्रयास थी। जहाँ ब्रिटिश शासन से पूर्व किसी शूद्र को अपनी किस्मत आजमाने के लिए केवल अपना गाँव छोड़कर देश की किसी भिन्न रियासत में, जहाँ जाति उसका पीछा न करे, जाना होता था जबकि उपनिवेशवाद ने उसे, वह जहाँ भी हो, जीवन–भर के लिए 'शूद्र' बना दिया। 'योद्धा प्रजातियों' के लड़ने के गुणों के प्रति बरतानवियों के विश्वास ने उन लोगों के कैरियर की सम्भावनाओं को सीमित कर दिया जिन्हें इस वर्ग में नहीं रखा गया था, क्योंकि ब्रिटिश सेना की भर्ती नीतियाँ प्रायः जाति के वर्गीकरण पर आधारित थीं। प्राचीन समय में योद्धा के लिए अपेक्षित एक निश्चित कद एवं मांसपेशीय गठन का व्यक्ति, वह चाहे किसी भी जातीय पृष्ठभूमि का हो, एक योद्धा के रूप में आजीविका कमा सकता था। ब्रिटिशकालीन

भारत में यह असम्भव नहीं तो बहुत अधिक कठिन था क्योंकि पूरी टुकड़ी ही जाति सम्बन्धी पहचान के आधार पर बनाई जाती थी।

ब्रिटिशकालीन भारत में जनगणना ब्रिटेन की जनगणना से बहुत भिन्न थी, चूँकि उनके अपने देश से भिन्न भारत में जनगणना का नेतृत्व ब्रिटिश मानव विज्ञानी करते थे जिनका उद्देश्य बेहतर नियन्त्रण एवं शासन के लिए भारतीय समाज की संरचना का विश्लेषण करना होता था। जैसाकि मैंने पहले भी उल्लेख किया है, उपनिवेश–पूर्व समय में भारतीय अस्पष्ट रूप से परिभाषित समुदायों में रहते थे और उनके सांस्कृतिक व्यवहार एक–दूसरे से मिलते–जुलते थे, जाति सम्बन्धी स्व–चेतना न्यूनतम होती थी, अन्य समुदायों से उनकी भिन्नता के विवरणों की कोई जानकारी नहीं होती थी। अत्यधिक सामान्य रूप से उनकी भिन्नता व्यक्त होती थी। इसे विद्वान सुदीप्त कविराज द्वारा रेखांकित किया गया जिनके अनुसार उपनिवेश–पूर्व के समुदायों की सीमाएँ अस्पष्ट थीं क्योंकि कुछ सामूहिक पहचानें क्षेत्रीय आधार लिये हुए नहीं होतीं और 'सामाजिक मानचित्रण की यह अस्पष्टता आंशिक रूप से इसलिए भी होगी क्योंकि आधुनिक समुदायों से भिन्न परम्परागत समुदायों की गणना नहीं की जाती।'

जनगणना ने निःसन्देह इसे बदल दिया, जैसाकि बरतानवियों द्वारा अपने नये एवं बहुत सटीक मानचित्रों पर खींची गयी अधिक स्थिर प्रान्तीय रेखाओं के द्वारा भी किया गया था। उपनिवेश–पूर्व युग में सामुदायिक सीमाएँ कहीं अधिक धुँधली थीं जिसके परिणामस्वरूप समुदायों में वैसा संकोच नहीं था, जैसा औपनिवेशिक शासन के अन्तर्गत हो गया था। आधुनिक युग की 'केन्द्रित एवं गहन निष्ठाओं' के अभाव में उपनिवेश–पूर्व समूह सम्भवतः ज्ञात समुदाय अथवा सामुदायिक भिन्नताओं को लेकर एक–दूसरे के प्रतिद्वन्द्वी नहीं थे। बरतानवियों द्वारा परस्पर एकान्तिक दृष्टि से की गयी उनकी 'परिभाषा' के फलस्वरूप ही वे ऐसे हो गये हैं।

ब्रिटिश शासकों को कोई ऐसा नहीं मिला, जो उन्हें अधिकारपूर्वक बता सके कि कोई विशिष्ट समुदाय कहाँ था अथवा उसके सदस्यों की संख्या कितनी थी। जनगणना आयुक्त ने पाया कि हिन्दुओं, सिखों एवं जैन पन्थियों के बीच सीमारेखाएँ लगभग थी ही नहीं। देश के विभिन्न भागों में अनेक हिन्दू एवं मुस्लिम समूहों में विवाह, उत्सवों, भोजन एवं पूजा की एक समान सामाजिक व सांस्कृतिक प्रथाएँ थीं। यह औपनिवेशिक धारणा

के विरुद्ध था, जिनके अनुसार समुदाय परस्पर अनिवार्यतः भिन्न होने चाहिए और एक व्यक्ति एक समुदाय का सदस्य हो या दूसरे का। तब उन्होंने अपनी धारणाओं को भारतीय वास्तविकता पर थोपते हुए जनगणना आयुक्त के प्रश्नों के दिये गये अनिश्चित और अस्पष्ट जवाबों के आधार पर लोगों को धर्म, जाति अथवा जनजाति में वर्गीकृत कर दिया।

यह ब्रिटिश प्रयास अनिवार्य रूप से पूर्व धारणाओं एवं आयु की सीमाओं से प्रभावित था। इस प्रकार आईसीएस के हर्बर्ट रिस्ले, जो 1901 की जनगणना के आयुक्त थे, ने अपनी सारगर्भित पुस्तक 'द पीपुल ऑफ़ इण्डिया' में मानवजातीय एवं सुजननवादी मार्ग अपनाते हुए तत्कालीन समय में प्रचलित मान्यता कि शारीरिक गुणों में प्रजातीय रूढ़िबद्ध स्वरूप प्रतिबिम्बित होते हैं–भारतीय लोगों की खोपड़ियों एवं नाकों की पैमाइश की (रिस्ले ने ही घोषित किया था कि 1901 की जनगणना मानवजातीय जनगणना होगी एवं स्वयं इसका नेतृत्व किया)। चेहरे के नाक–नक्श एवं अनेक चित्रों तथा सामाजिक प्रथाओं के आधार पर रिस्ले के कार्य ने ब्रिटिश शासकों को इस वर्गीकरण को दो प्रकार से सहायता की–भारतीयों की तुलना में यूरोपीय जैव श्रेष्ठता की उनकी धारणा की पुष्टि में और भारत के लोगों के विभिन्न समूहों की प्रजातीय, सामाजिक एवं 'जनजातीय' भिन्नताओं को स्थापित करने में, जिससे वे 'सामाजिक ज्ञान के प्रचलित प्रतिमान' को पुनः स्वरूप प्रदान कर सके एवं प्रमाणित कर सके।

रिस्ले की टीम ने जिन भारतीयों से प्रश्न किये, उन्होंने पूर्वानुमान लगाते हुए अपनी जातिगत पहचानों के साथ–साथ अन्य जातियों की अपेक्षा विशेषाधिकारों की अपनी पात्रता पर बल दिया। ऐसा करते हुए उन्होंने अपनी जाति की उन्हीं भिन्नताओं को रेखांकित किया, जिन्हें ब्रिटिश शासन देखना चाहता था।

ऐसा करते हुए उन्होंने अपने समूह के लिए दूसरे की क़ीमत पर अथवा उनके समान कुछ निश्चित सैनिक टुकड़ियों में प्रवेश अथवा कुछ शिक्षा संस्थानों में छात्रवृत्तियों जैसे लाभों की माँग की। ब्रिटिश पूर्व के समय में ऐसी जातिगत प्रतियोगिता सुनाई नहीं देती थी। जातिबोध उन्नीसवीं सदी के उत्तरार्द्ध के समान कभी इतना स्पष्ट नहीं किया गया था।

बदले में ये समस्त वर्गीकरण उपनिवेशकों के हित–साधन में सहायक हुए। इससे उन्हें विभिन्न समूहों के बीच एकता को न पनपने देकर भिन्नता

की धारणा उत्पन्न करने का औज़ार मिल गया और वे अपने प्रभुत्व को भी औचित्यपूर्ण बना सके–सदाशय साम्राज्य के कृपापूर्ण प्रश्रय के अधीन केवल इसे ही समस्त भिन्नताओं से ऊपर उठकर भारतीयों का अस्तित्व के उच्चतर, अधिक सभ्य धरातल पर मार्गदर्शन करते देखा जा सकता था। बरतानवियों ने इसे आस्था की ऐसी वस्तु बना दिया था कि भारतीयों के प्रति मुख्यतः सहानुभूतिपूर्ण समझे जाने वाले लेखक ई.एम. फॉर्स्टर की पुस्तक 'द पैसेज टु इण्डिया' में एक भारतीय नायक अज़ीज़ है जो कहता है–'कुछ भी पूरे भारत को अंगीकार नहीं करता, कुछ भी नहीं, कुछ भी नहीं।'

बरतानवी भारत में पहचान–सृजन की यह औपनिवेशिक प्रक्रिया भाषायी पहचानों के निर्माण में भी दिखाई देती है। डेविड वाशब्रुक एवं डेविड लीलिवेल्ड दोनों का ही मानना है कि प्रान्तीय आधार पर परिभाषित भाषायी जनसंख्या का अस्तित्व नियन्त्रण के लिए भारतीय समाज को वर्गीकृत गणना एवं श्रेणीबद्ध करने की ब्रिटिश औपनिवेशिक परियोजना की ही उपज है। उनके अनुसार भाषायी पहचानों की धारणा का उदय ही उन्नीसवीं सदी के सामाजिक सम्बन्धों को सुदृढ़ करने वाले सूत्र के रूप में भाषा के प्रति आस्था के साथ–साथ इस अस्पष्ट धारणा कि 'प्रजातियाँ' अथवा 'राष्ट्र' एक समान भाषा बोलते हैं और परिभाषित प्रान्तीय सीमाओं में रहते हैं–से हुआ। संयोगवश, वर्गीकरण के प्रति अपने उत्साह के चलते ब्रिटिश शासकों ने देवदासियों (मन्दिर की नर्तकियों) अथवा बैजियों (दरबारों के संगीतकार) जैसे पेशों, जो प्राचीन थे और असम्मानजनक नहीं थे और जो कुछ मामलों में जापान की गिशाज जैसे कार्य करते थे–को कुछ अस्पष्ट और तैयार श्रेणी 'वेश्या' में शामिल कर लिया और इस प्रकार पहली बार उन्हें सम्मानजनक समाज से बाहर कर दिया।

सामाजिक प्रमुखता के इस परिवर्तित स्वरूप का एक तकलीफ़देह प्रभाव राजनीतिक था। ब्रिटिश शासन में प्रजातन्त्र की धारणाएँ भारतीय समाज के सभी स्तरों तक व्यापक नहीं थीं। इसका संकेत हमें अनेक 'पिछड़ा वर्गों' के स्वतन्त्र भारत में राजनीतिक महत्त्व के पदों में पहुँच जाने में दिखाई देता है। यह केवल इसलिए सम्भव हो पाया कि प्रजातन्त्र ने स्वतन्त्र भारतीयों को ब्रिटिश मक्खन से चुपड़ी भारतीय सामाजिक व्यवस्था की कुछ अधिक हानिकारक कठोरताओं को समाप्त करने की अनुमति दे दी।

सामाजिक पृथक्करण की प्रक्रिया संयोगवश अथवा सप्रयास अथवा दोनों ही प्रकार से इन ब्रिटिश नीतियों का परिणाम थी, जो शीघ्र ही मनोवैज्ञानिक पृथक्करण एवं भिन्नता बोध में साकार हुई जो जहाँ सम्भव था, वहाँ भौतिक पृथक्करण एवं–जब स्वशासन की माँगें उठीं–राजनीतिक संविभाजन का कारण बनी क्योंकि प्रत्येक समुदाय को यह भय दिखाया गया कि इसके अपने हित दूसरे समुदाय की सफलता के कारण ख़तरे में पड़ सकते हैं।

## हिन्दू-मुस्लिम विभाजन

पहचान की भिन्नताओं का सर्वाधिक महत्त्वपूर्ण प्रभाव हिन्दुओं और मुसलमानों के बीच धार्मिक दरार के रूप में दिखाई दिया, जो भले ही वास्तविक रही हो अथवा काल्पनिक परन्तु इस पर तुरन्त ध्यान केन्द्रित कर दिया गया।

धर्म अब 'बाँटो और राज करो' का एक महत्त्वपूर्ण औज़ार बन गया। अमरीकी विद्वान पीटर गोट्शल्क ने लिखा है कि हिन्दू–मुस्लिम विभाजन ब्रिटिश शासकों द्वारा एक सोची–समझी नीति के अन्तर्गत परिभाषित, रेखांकित एवं भड़काया गया था। जैसाकि रोमिला थापर ने वर्णन किया है कि भारतीय इतिहास की औपनिवेशिक व्याख्या के तीन आधारभूत तर्क हैं। पहला था : ब्रिटिश शासकों द्वारा भारतीय इतिहास को शासकों के धर्म के अनुसार 'कालों' अथवा 'युगों' में विभाजित करना, इस प्रकार जेम्स मिल की पुस्तक 'द हिस्ट्री ऑफ़ ब्रिटिश इण्डिया' (1817 और 1826 के बीच प्रकाशित) में 'हिन्दू', 'मुस्लिम' एवं 'ब्रिटिश' कालों का वर्णन मिलता है। इस काल–विभाजन में यह पूर्व धारणा अन्तर्निहित थी कि भारत का गठन सदैव अखण्ड एवं परस्पर विरोधी धार्मिक समुदायों, प्रमुख रूप से हिन्दू एवं मुसलमान–से हुआ था। एक अन्य बुनियादी व आधारभूत तर्क यह था कि उपनिवेश–पूर्व भारत की राजनीतिक अर्थव्यवस्था 'पूर्व–देशीय तानाशाही' का एक स्वरूप थी जिसका अभिप्राय अनिवार्य रूप से यह था कि भारतीय समाज एक स्थिर समाज था जिस पर 'तानाशाह एवं दमनकारी शासकों' ने शासन किया जिन्होंने लोगों को कंगाल बना दिया। मैंने इसी धारणा का स्पर्श किया है और इस पुस्तक में पहले उसको अनदेखा करते हुए उसकी उपेक्षा की है। चौथे बुनियादी तर्क कि हिन्दू समाज सदैव चार प्रमुख जातियों अथवा वर्णों में विभाजित था–को इस अध्याय में अलग से उठाया गया है।

उन्नीसवीं सदी के मध्य तक मिल, मैकॉले एवं जर्मन भारतविद् (फ्रेडरिक मैक्स) मूलर की ब्रिटेन में काम कर रही तिकड़ी ने भारतीय अतीत के औपनिवेशिक गठन को प्रभावी रूप से स्थापित कर दिया था और भारतीयों को भी इसे स्वीकार करने की शिक्षा दे दी गयी थी। उनकी धारणा के अनुसार भारतीय सभ्यता को अनिवार्य रूप से हिन्दू सभ्यता माना जाता था, जैसाकि उच्च जातियों द्वारा परिभाषित किया गया है और आर्य प्रजाति इसकी वंशज थी। दावा किया जाता है कि इस प्रजाति ने लगभग 1500 ईसा पूर्व में उत्तर में केन्द्रीय एशियाई घास के मैदानों से प्रवेश किया, स्थानीय आबादी को विस्थापित किया और उनके साथ घुल–मिल गयी। इस प्रजाति से एक स्थायी कृषि सभ्यता का विकास हुआ जो संस्कृत बोलती थी और जिसने वेदों की रचना की। मुसलमान आक्रमणकारियों एवं विजेताओं की प्रथम लहर के रूप में आये जिन्हें बरतानवियों द्वारा उखाड़ दिया गया। यह इतिहास उन्नीसवीं सदी के उत्तरार्द्ध में भारतीय राष्ट्रवादियों, हिन्दू एवं मुस्लिम पुनरुद्धारवादियों व थियोसोफ़िकल सोसायटी जैसे प्राचीन भारतीय अध्यात्मवाद से उत्पन्न होने वाले विश्वव्यापी आन्दोलनों के लिए अर्जित अथवा प्राप्त ज्ञान बन गया। थियोसोफ़िकल सोसायटी के सह–संस्थापक कर्नल एच.एस. ऑल्कॉट उन्नीसवीं सदी में 'आर्यन उत्पत्ति' के सिद्धान्त के प्रमुख प्रचारक बन गये। यद्यपि यह तर्क देने वाले ऑल्कॉट प्रथम व्यक्ति थे कि आर्य भारत के ही निवासी थे, जो सभ्यता को भारत से पश्चिम में लेकर गये। आज हिन्दू मतानुयायियों द्वारा इसी धारणा को प्रचारित किया जा रहा है।

अनिवार्य राष्ट्रीय विवरणों में से मुसलमानों को निकाल दिये जाने से भारतीय इतिहास की उन्नीसवीं सदी की औपनिवेशिक व्याख्याओं ने बीसवीं सदी में दो राष्ट्र के सिद्धान्त के जन्म में सहायता की, जिसने अन्ततः देश को विभाजित कर दिया। विद्वत्ता के आवरण के साथ 'बाँटो और राज करो' की ब्रिटिश कूटनीति को भी इसने वैध बना दिया। इस नीति के द्वारा साम्राज्यवादियों ने हिन्दुओं और मुसलमानों के बीच के अन्तर को बढ़ा–चढ़ाकर व्यक्त करने का प्रत्येक प्रयत्न किया और मुसलमानों को विश्वास दिलाया कि उनके हित हिन्दुओं के विकास से मेल नहीं खाते एवं परस्पर विरोधी थे।

एक बार फिर जाति एवं भाषायी भिन्नताओं के समान इसका भी

उपनिवेश पूर्व–इतिहास में कोई आधार नहीं है। विद्वान ज्ञानेन्द्र पाण्डे का मत है कि धार्मिक साम्प्रदायिकता बड़े अंश में उपनिवेश की देन है। उनके शोध में दर्शाया गया है कि किस प्रकार उनके द्वारा शासित भारतीयों को सूचीबद्ध, वर्गीकृत एवं श्रेणीबद्ध करने के उपनिवेशवादी प्रयासों ने सीधे–सीधे अत्यधिक 'क्षैतिज जाति बोध' को जन्म दिया और हिन्दुओं व मुसलमानों के बीच धार्मिक भिन्नताओं के बोध को भी बढ़ाया। उपनिवेश के अधिकारी प्रायः दोनों समुदायों के प्रतिनिधियों को एक 'स्थापित' प्रथा के स्व–चेतना से गठन के लिए कहते, उदाहरणतः वे उनसे गो–हत्या के सम्बन्ध में प्रचलित मतों एवं प्रथाओं के बारे में पूछकर दोनों समूहों को उनके मतानुसार धारणाएँ एवं प्रथाएँ कैसी होनी चाहिए–इस सम्बन्ध में बढ़ा–चढ़ाकर कठोर पक्ष प्रस्तुत करने के लिए उकसाते। पाण्डे ने यद्यपि इस बात की पुष्टि की है कि ऐसी पहचानें उपनिवेश–पूर्व काल में भी उपस्थित थीं परन्तु उनका विश्वास है कि औपनिवेशिक नीतियों ने इन साम्प्रदायिक पहचानों को कठोर बना दिया।

यह पूर्णतया विश्वसनीय प्रतीत होता है। उपनिवेश–पूर्व काल में दोनों समुदायों के सैद्धान्तिक रूप से एक के लाभ के लिए प्रायः इकट्ठे काम करने के विवरण मिलते हैं; उदाहरण के लिए, किसी मस्जिद के पुनर्निर्माण में हिन्दुओं द्वारा मुसलमानों की सहायता करना अथवा हिन्दू मन्दिर बनाये जाने के समय मुसलमानों द्वारा ऐसा करना। धर्म–परायण हिन्दुओं के कई बार मुसलमान नाम रख दिये जाते थे और वे प्रायः फ़ारसी के धाराप्रवाह विद्वान होते थे; मुसलमान मराठा (हिन्दू) योद्धा राजा शिवाजी की सेना में काम करते थे, जैसेकि हिन्दू राजपूत कट्टर इस्लामी औरंगज़ेब की सेना में थे। विजयनगर सेना में मुसलमान घुड़सवार टुकड़ी थी। अनेक इतिहासविदों का मानना है कि ग्राम स्तर पर हिन्दुओं व मुसलमानों की प्रथाएँ एवं आस्थाएँ एक समान थीं, कई बार तो वे एक ही सन्त अथवा पवित्र स्थल की पूजा करते थे। केरल के प्रसिद्ध तीर्थस्थल साबरीमाल में पर्वत की चोटी पर स्थित भगवान अयप्पा के मन्दिर की कठिन चढ़ाई चढ़ने के बाद श्रद्धालुओं को पहले उनके मुसलमान शिष्य वावर स्वामी का मन्दिर मिलता है। मुस्लिम प्रथा के अनुसार इसके भीतर कोई प्रतिमा अथवा मूर्ति नहीं है, प्रतीकात्मक रूप में पत्थर की केवल एक शिला, एक तलवार (वावर एक योद्धा थे) और हरा कपड़ा है, जो कि इस्लाम का रंग

है। इस धर्मस्थल की देखभाल मुस्लिम धर्मोपदेशक करते हैं। (एक अन्य आश्चर्यजनक उदाहरण में, आश्चर्यजनक इसलिए कि यह कालभ्रमयुक्त होने के साथ–साथ समन्वयवादी भी है, दक्षिण अर्काट, तमिलनाडु के एक मन्दिर में मुत्ताल रावुत्तन नाम के एक मुस्लिम सरदार की मूर्ति है–इसके चेहरे पर दाढ़ी, कुमकुम और ताड़ी भरा एक बरतन है–उन्होंने महाभारत में द्रौपदी की रक्षा की थी। यह ध्यान देने योग्य है कि महाभारत के रचनाकाल में निःसन्देह इस्लाम का अस्तित्व नहीं था परन्तु इस्लाम के उद्‌भव के बाद के विवरणों में एक मुस्लिम सरदार महाभारत की कथा में प्रवेश कर गया)।

समस्त धार्मिक समुदायों के भारतीयों का जीवन लम्बे समय से परस्पर गुँथा हुआ था, धार्मिक प्रथाएँ भी विरले ही एक–दूसरे का प्रवेश वर्जित करती थीं। इस प्रकार मुसलमान संगीतकार हिन्दुओं के भक्ति गीत गाते–बजाते थे। हिन्दू सूफी धर्म–स्थलों पर जाते और वहाँ मुसलमान सन्तों की पूजा–अर्चना करते और बनारस के मुसलमान दस्तकार हिन्दू रामलीला के पात्रों के लिए परम्परागत मुखौटे बनाया करते थे। उत्तर भारत में 'गंगा–जमुनी तहज़ीब' एक समन्वयवादी संस्कृति थी जिसमें दोनों आस्थाओं की सांस्कृतिक प्रथाएँ घुल–मिल जाती थीं। रोमिला थापर ने वर्णन किया है कि किस प्रकार मुसलमान परिवारों में जन्म लेने वाले परन्तु हिन्दू देवी–देवताओं की पूजा करने वाले कुछ कवियों ने कितनी गहरी भक्ति कविताएँ लिखी थीं। इनमें रसखान के नाम से लोकप्रिय सैयद इब्राहिम उल्लेखनीय हैं जिनके भगवान कृष्ण को समर्पित दोहों व भजनों को सोलहवीं सदी में व्यापक रूप से गाया जाता था। उन्होंने टिप्पणी की है कि मुग़ल दरबार संस्कृत के अनेक धार्मिक ग्रन्थों को फ़ारसी में अनुवाद करने के सर्वाधिक प्रभावशाली आश्रय स्थल बन गये। महाकाव्य महाभारत (रज़्मनामा शीर्षक से अनूदित) एवं भगवद्‌गीता का फ़ारसी में अनुवाद किया गया और इस अनुवाद–कार्य में ब्राह्मण पुजारियों ने फ़ारसी विद्वानों की सहायता की।

ज्ञानेन्द्र पाण्डे के अनुसार ऐसी गाथाएँ एवं मुग़ल दरबारों में हिन्दू जनरलों अथवा सिख शासक रणजीत सिंह के दरबार में (जाति के भी) पर हिन्दू व मुसलमान आबादी में आत्म–परिचय का अभाव था। ये कहानियाँ परस्पर असंगत अथवा विद्वेषपूर्ण धारणाओं की ओर संकेत नहीं करतीं।

स्वामी विवेकानन्द ने, जैसाकि प्रसिद्ध है, शिकागो में धर्मों की विश्व संसद में घोषणा की थी कि भारतीय अनुभव के सभ्यता के अपने लम्बे इतिहास में भिन्नता के प्रति स्वीकृति केन्द्रीय तत्त्व है।

अतीत में धर्म अनिवार्य रूप से सामूहिक कार्य का आधार नहीं था–राजनीतिक संघटन की तो बात ही क्या; जाति, समुदाय और बिरादरी की अपनी भूमिकाएँ थीं। परन्तु औपनिवेशिक शासन ने विभिन्न समुदायों की सीमाओं का अतिक्रमण करके और देशी सामाजिक सम्बन्धों को अमान्य करार देकर इन विभाजनों के साथ पीढ़ियों तक उन्हें एक साथ रखने वाले बन्धनों को ढीला कर दिया।

तथ्य स्पष्ट हैं : हिन्दुओं और मुसलमानों के बीच बड़े पैमाने पर संघर्ष (धार्मिक स्तर पर परिभाषित) औपनिवेशिक शासन के बाद ही प्रारम्भ हुए। अनेक अन्य प्रकार के सामाजिक द्वन्द्व को इसलिए धार्मिक जामा पहना दिया गया कि उपनिवेशवादियों की पूर्व के सम्बन्ध में धारणा थी कि धर्म भारतीय समाज का बुनियादी विभाजक है। इस पर सामान्य सहमति है कि यह सन्देहास्पद है कि उन्नीसवीं सदी से पहले भारत में किसी सार्थक अर्थ में सम्पूर्ण हिन्दू अथवा मुस्लिम पहचान विद्यमान थी।

मुझे लगता है कि यह दावा उन संशयवादियों को उत्तेजित क़र देगा जो यह तर्क देते हैं कि हिन्दू और मुसलमान 712 ईस्वी में किशोर अरब योद्धा मोहम्मद बिन क़ासिम द्वारा सिन्ध का हिन्दू शासन जीतने के समय से ही एक–दूसरे का गला काटने में लगे थे। उत्तर भारत में इस्लाम के आगमन के समय से 1200 वर्षों तक हिन्दुओं और मुसलमानों में तनाव था–यह तर्क पाकिस्तानियों (अपने पृथक् होने को न्यायोचित ठहराने के लिए) एवं हिन्दू हित रक्षकों–दोनों के द्वारा ही दिया जाता है। हिन्दू प्रायः यह दावा करते हैं कि मुसलमान शासकों ने शताब्दियों तक 60,000 हिन्दू मन्दिरों को ध्वस्त कर दिया और उनमें से 3,000 मन्दिरों की नींवों पर मस्जिदें बना दीं।

यह निर्विवाद है कि इसमें से कुछ तो हुआ होगा; इसके लिए दिल्ली के कुतुब कॉम्प्लेक्स में जाकर सुल्तान इल्तुतमिश की प्रसिद्ध मस्जिद एवं इसके आसपास की स्थापत्य कला देखें। इसके स्तम्भों पर आज भी हिन्दू धर्म की व्यापक नक़्क़ाशी दिखाई देती है। परन्तु इतिहासविद् सिन्थिया टेल्बॉट एवं रिचर्ड एम. एटन द्वारा भारत के दो भिन्न भागों में पृथक्–पृथक्

किये गये शोध–कार्यों में संकेत किया गया है कि मन्दिरों का अपवित्रीकरण मुख्य रूप से 'सीमाओं के बढ़ने की घटना' थी, जो युद्ध के परिणामस्वरूप होती है। ये युद्ध परिवर्तित होती सीमारेखाओं पर सशस्त्र संघर्षों के गम्भीर उन्माद से चालित होते थे। एटन का मानना है कि तुर्कों एवं मुस्लिम शासकों द्वारा भारत भर में मन्दिरों का विनाश मुख्य रूप से उन राज्यों में हुआ जो उनके द्वारा विजित होने के पथ पर थे, हिन्दू राजनीतिक विचारधारा में भव्य मन्दिर राजा की शक्ति का प्रतीक होता था, अतः इसे नष्ट करने का अभिप्राय था राजा का पूर्ण अपमान। आन्ध्र प्रदेश क्षेत्र में मुसलमानों के विस्तार के सम्बन्ध में टेल्बॉट के अनुसन्धान से भी इस बात की पुष्टि होती है। दूसरे शब्दों में, आक्रमणकारियों के द्वारा मन्दिरों पर आक्रमण धर्म नहीं अपितु राजनीति–चालित होते थे। एटन और टेल्बॉट, दोनों का यह मानना है कि मुसलमानों को इस्लामी मूर्ति–भंजक, जो धार्मिक कट्टरता के कारण मन्दिरों को नष्ट करते थे, के रूप में प्रदर्शित करना सत्य से बहुत दूर है। स्वभावतः महमूद ग़ज़नी, मोहम्मद गौरी एवं नादिर शाह जैसे आये और चले गये आक्रमणकारी विध्वंस और लूटपाट की मंशा रखते थे परन्तु जो मुसलमान भारत में रहते थे, उन्होंने मन्दिरों को नष्ट करने के उद्देश्य से उन पर आक्रमण नहीं किया अपितु इसलिए किया कि वे उनके महत्त्व को समझते थे।

ऐसा तर्क निश्चित रूप से विवादास्पद सिद्ध होगा, विशेष रूप से जब मुस्लिम योद्धाओं द्वारा मूर्ति–भंजन के अनगिनत उदाहरण मिलते हैं परन्तु सद्भावना एवं सह–अस्तित्व के उदाहरणों की संख्या उनसे कहीं अधिक है। उपनिवेश–पूर्व युग में पहचानों के भारतीय धार्मिक सह–अस्तित्व का श्रेष्ठ उदाहरण आज के केरल राज्य में दिखाई देता है, जिसे बरतानवियों ने मलाबार कोस्ट का नाम दिया। वहाँ ये पहचानें इतने रचनात्मक रूप लिये थीं कि सरलता से एक–दूसरे के साथ चल पायीं। बाहरी प्रभावों–अरब, रोमन, चीनी, ब्रिटिश, इस्लामी, ईसाई, ब्राह्मणवादी–का खुलापन, जिनसे मलयाली लोगों का व्यक्तित्व बना है, उनके व्यापारी विरासत में दिखाई देता है। दो हज़ार वर्ष से भी अधिक समय पूर्व केरलवासियों के केवल भारत के अन्य भागों के साथ ही नहीं अपितु अरब देशों, फोनीशियाई एवं रोमन साम्राज्यों के साथ भी व्यावसायिक सम्बन्ध थे। इसलिए मलयाली लोगों का लम्बे समय से शेष मानवता के प्रति एक उदार एवं स्वागतपूर्ण

दृष्टिकोण है। रोमन अत्याचारों से बचकर भागे यहूदियों को यहाँ शरण प्राप्त हुई। 68 सीई जितने प्राचीन समय में क्रेन्गनॉर में यहूदियों की बसावट के प्रमाण मिलते हैं और 1500 वर्ष बाद यहूदी कोची में बस गये, जहाँ उन्होंने एक भव्य यहूदी प्रार्थना–गृह का निर्माण किया जो आज भी मौजूद है। केरल के ईसाई फ़िलिस्तीन से बाहर विश्व के प्राचीनतम ईसाई समुदाय से सम्बन्ध रखते हैं। और जब ईसा मसीह के बारह प्रचारकों में से एक सेंट थॉमस ईसाई धर्म को केरल में लेकर आये तो ऐसा कहा जाता है कि बाँसुरी बजाती एक यहूदी लड़की ने तट पर उनका स्वागत किया था। सेंट थॉमस ने कुलीन अभिजात वर्ग–नम्बूदिरि ब्राह्मणों का धर्म–परिवर्तन करवाया जिसका अभिप्राय है कि ऐसे भारतीय भी थे जिनके परिवारों में किसी बरतानवी के वंशजों द्वारा दावा किये जाने से बहुत पहले से ईसाई धर्म का पालन किया जा रहा था।

केरल में इस्लाम का आगमन उत्तर भारत के समान तलवार के बल पर नहीं हुआ अपितु व्यापारियों, यात्रियों और धर्म–प्रचारकों के माध्यम से हुआ जिन्होंने तटीय लोगों तक इसका समानता एवं भाईचारे का सन्देश पहुँचाया। नयी आस्था को अस्वीकार करने की बजाय शान्तिपूर्वक स्वीकार एवं प्रोत्साहित किया गया। जैसाकि मैंने पहले उल्लेख किया है कि कालिकट के ज़ेमोरिन इस समुदाय के समुद्री यात्राओं के कौशल से इतने प्रभावित थे कि उन्होंने सोलहवीं सदी में एक आदेश जारी कर अपने शासन के प्रत्येक मछुआरा परिवार के लिए अपने एक बेटे का पालन–पोषण मुसलमान के रूप में करना अनिवार्य कर दिया जो उनकी समस्त–मुसलमान नौसेना में काम करे। इस नौसेना का नेतृत्व अरब वंश के नाविकों कुंजली मरिकारों द्वारा किया जाता था। केरल में हिंसा की पहली दर्ज घटना, जिसमें मुसलमान समुदाय के लोग शामिल थे, ब्रिटिश भारत के समय की है जब 1920 में 'मोप्लाह क्रान्ति' हुई थी। इस घटना को परस्पर युद्धरत योद्धाओं अथवा राजाओं की लड़ रही सेनाओं के विपरीत धार्मिक परिभाषित किया गया है।

मुस्लिम आक्रमणों (चौदहवीं से सत्रहवीं शताब्दियों तक) के समय प्रायद्वीपीय दक्षिण भारत पर सिन्थिया टेल्बॉट ने टिप्पणी की है कि मध्यकालीन दक्षिण भारतीय आबादी का एक बड़ा भाग ग़ैर–मुसलमान था, परन्तु राजनीतिक दृष्टि से मुसलमान प्रभुत्व वाले क्षेत्रों में भी दोनों

समुदाय परस्पर घुले–मिले हुए थे। इन परिस्थितियों में एक निश्चित स्तर का सहयोग होना अनिवार्य था। प्रायद्वीप के मुस्लिम राज्यतन्त्र कर एकत्र करने एवं नगरों से बाहर व्यवस्था को बनाये रखने के लिए हिन्दू अधिकारियों एवं योद्धाओं पर निर्भर थे। एक–दूसरे का आडम्बरपूर्ण वर्णन करते हुए 'किसी भी समय पर एक–दूसरे का अपमानजनक एवं सहिष्णु प्रतिनिधित्व एक साथ मौजूद था', परन्तु वे धर्म के स्थान पर विदेशीपन को रेखांकित करने का प्रयत्न करते थे। और विदेशीपन, निःसन्देह एक ऐसी विशेषता थी जो समय के साथ यदि पूर्ण रूप से समाप्त नहीं हुई तो धुँधली अवश्य पड़ रही थी।

ब्रिटिश शासन द्वारा उपनिवेश–पूर्व अतीत को नकारने एवं 1857 के बाद साम्राज्य के सोचे–समझे 'हिन्दू–मुस्लिम भेद' के परिणाम उन्नीसवीं सदी के अन्त तक स्पष्ट दिखाई देने लगे थे। एलन ऑक्टेवियन ह्यूम ने जब राष्ट्रीय भारतीय कांग्रेस की नींव रखी तो उन्होंने सब आस्थाओं के भारतीयों का इसमें गर्मजोशी से स्वागत किया। इसके कुछ अध्यक्षों में हिन्दू, मुसलमान पारसी और ईसाई थे। ब्रिटिश शासकों को ह्यूम का यह उदार दृष्टिकोण स्वीकार्य नहीं था (यदि वे अंग्रेज़ी शिक्षा प्राप्त भारतीयों के एक सहयोगी वर्ग को सशक्त करने के प्रति ईमानदार होते तो वे इन उदार वकीलों, जो अधिकतर भारत के बरतानवी शासन में शामिल थे, को सहयोजित करके आसानी से ऐसा कर सकते थे)। परन्तु वे बरतानवी धर्म की सीमाओं से परे धर्मनिरपेक्ष निकाय कांग्रेस को अधिकाधिक अस्वीकार के साथ विशिष्टता प्राप्त करते देखते रहे और उन्होंने इसे हिन्दू प्रभुत्व वाला संगठन घोषित कर दिया। उन्होंने ढाका के एक कुलीन मुसलमान नवाब ख़्वाजा सलीमुल्लाह को केवल अपने सह–धर्मियों के लिए 1906 में एक प्रतिद्वन्द्वी संगठन–मुस्लिम लीग की स्थापना करने के लिए उकसाया।

इसी दौरान 1905 में लॉर्ड कर्ज़न के ऊपरी तौर पर प्रशासनिक कारणों से परन्तु वास्तव में पूर्व में मुसलमान–बहुल प्रान्त बनाने के उद्देश्य से बंगाल–विभाजन के निर्णय का बंगाली समाज के समस्त वर्गों एवं सब स्थानों पर भारतीय राष्ट्रवादियों द्वारा भयंकर विरोध हुआ। वे इसे देश को विभाजित करने के पारदर्शी प्रयास के रूप में देख रहे थे। ब्रिटिश शासकों ने जानबूझकर बंगाल के विभाजन को मुसलमानों को उनके हितों को बढ़ावा देने के रूप में 'बेचा'। प्रारम्भ में अपने प्रान्त के विभाजन को

'पाशविक' कहकर आलोचना करने वाले ढाका के नवाब की सोच को लॉर्ड कर्ज़न ने स्वयं उसके पास जाकर बदलवा दिया। इसके बाद वाइसराय द्वारा अनेक भाषण दिये गये जिसमें उसने वादा किया कि यह विभाजन 'पूर्वी बंगाल के मुसलमानों में एकता लायेगा जिससे वे पुराने मुसलमान वाइसराय एवं राजाओं के समय से वंचित रहे थे।' इस गोली को और मीठा करने के लिए ब्रिटिश सरकार ने नवाब को रियायती ब्याज दर पर 1,00,000 पाउण्ड का निजी ऋण दे दिया और शीघ्र ही नवाब व उसके अनुयायी पासा पलटकर बंगाल–विभाजन के कट्टर समर्थक बन गये।

ब्रिटिश शासकों ने अपने पक्षपात को छिपाने का कोई प्रयत्न नहीं किया। इस योजना के निर्माता हर्बर्ट रिस्ले ने स्पष्ट रूप से स्वीकार किया कि 'विभाजन भी हमारे लक्ष्यों में से एक है जिसके द्वारा हमारे शासन के विरोधियों के सुदृढ़ समूह को कमज़ोर किया जा सके।' बंगाल के गवर्नर सर बेम्फील्ड फुलर ने सार्वजनिक रूप से कहा–बाद में उसने दावा किया कि उसने ऐसा मज़ाक़ में किया था–कि उसकी दो पत्नियों (यानी उसके प्रान्त के हिन्दू व मुसलमान वर्ग) में से मुस्लिम उसकी प्रिय पत्नी थी।' उसके इस उपहास को कुछ मुसलमान तत्त्वों द्वारा गम्भीरता से लिया गया जिन्होंने यह निष्कर्ष निकाला कि इन शब्दों के अनुसार ब्रिटिश अधिकारी उन्हें हिन्दू–विरोधी हिंसा के लिए सुरक्षा प्रदान करने को तैयार थे जो उस समय पूर्वी बंगाल में फैलने लगी थी। हिन्दू अल्पसंख्यकों के विरुद्ध आक्रमण, बलात्कार एवं अपहरण की घटनाएँ होने लगीं। हेनरी नेविनसन ने लिखा है कि 'इस प्रकार पूर्वी बंगाल में एक नयी धार्मिक शत्रुता स्थापित हो गयी।' विरोध प्रदर्शनकर्ताओं ने स्पष्ट देखा कि प्रशासनिक विभाजन ने बंगाली समुदायों की सामाजिक एकता पर प्रहार का काम किया।

नेविनसन ने आगे लिखा है :

> *जहाँ कहीं भी प्रजाति अथवा धर्म को लेकर कोई शत्रुता है भी तो अंग्रेज़ अधिकारियों व कर्मचारियों को मैंने लगभग हर बार मुसलमानों का पक्ष लेते देखा है और पूर्वी बंगाल में इस राष्ट्रीय प्रवृत्ति को अब सरकार के अपने सामर्थ्य के भीतर किसी भी साधन से विभाजन के प्रति मुसलमानों का समर्थन बनाये रखने के खुले संकल्प द्वारा प्रोत्साहित किया जा रहा है। अधिकारी तन्त्र के समस्त छोटे–मोटे अत्याचार अब केवल हिन्दुओं को लक्षित*

> *हैं। उन्हें ही सरकारी पदों से बाहर रखा गया था; वे हिन्दू स्कूल ही थे, जिनसे सरकार का संरक्षण समाप्त कर दिया गया था। मुसलमान जब दंगे करते तो पुलिस हिन्दू घरों को छान डालती, ठिगने गोरखों की कम्पनियाँ हिन्दू आबादियों में तैनात की गयीं। हिन्दुओं को ही एक स्थान पर नदी किनारे बैठने से रोका गया और तर्क निःसन्देह यह था कि केवल हिन्दू ही विभाजित करने की सरकार की नीति का विरोध कर रहे थे। अतः केवल उन्हीं का दमन आवश्यक था।*

फिर भी कांग्रेस ने इस घटनाक्रम को प्रारम्भ में सहज ही लेने का निर्णय लिया। लीग को मुस्लिम आबादी में केवल ज़मींदार अभिजात वर्ग और उच्च वर्ग के व्यापारियों व भूमालिकों का प्रतिनिधित्व करते देख कांग्रेस ने इसे ख़तरे के रूप में नहीं लिया। नरमपन्थी आग़ा ख़ाँ को अपना प्रथम अध्यक्ष निर्वाचित करना निःसन्देह इस सोच की पुष्टि करता प्रतीत होता था। कांग्रेस ने लीग की सदस्यता को कांग्रेस की सदस्यता के प्रतिकूल न होना घोषित किया और लीग के सदस्यों को कांग्रेस की बैठकों में आमन्त्रित करना जारी रखा और तीन महत्त्वपूर्ण अवसरों पर मुस्लिम लीग के सदस्यों ने कांग्रेस की अध्यक्षता की (हकीम अजमल ख़ाँ, मौलाना मोहम्मद अली और डॉ. एम.ए. अंसारी को किसी एक को छोड़े बिना कांग्रेस व लीग दोनों की ही अध्यक्षता करने का गौरव प्राप्त है।

1916 में कांग्रेस द्वारा मेधावी युवा मुसलमान वकील मोहम्मद अली जिन्ना के साथ मिलकर मुस्लिम लीग के साथ सहयोग के सिद्धान्त का प्रारूप तैयार करने के लिए मोतीलाल नेहरू को चुना गया। अल्पसंख्यक समुदाय के हितों व आस्थाओं को प्रभावित करने वाले कोई भी निर्णय उस समुदाय के प्रतिनिधियों के बहुमत की सहमति के बिना नहीं लिए जायेंगे—इस सिद्धान्त के आधार पर तैयार उनके प्रारूप को लखनऊ समझौते का नाम दिया गया। कांग्रेस की अग्रणी साहित्यिक रोशनी, कवयित्री सरोजिनी नायडू ने जिन्ना को 'हिन्दू–मुस्लिम एकता का राजदूत' बताते हुए उसके भाषणों व लेखों के सम्पादन व संकलन का कार्य प्रारम्भ किया।

ब्रिटिश शासकों के सम्पूर्ण प्रोत्साहन के बावजूद भारत के मुसलमान निश्चय ही अपने भविष्य को अपने हिन्दू हमवतनों के साथ गुँथा होने के अतिरिक्त कुछ नहीं सोचते थे। यह बहुत विडम्बनाजनक है कि 1918 तक

में आग़ा ख़ाँ ने अपनी सर्वाधिक महत्त्वपूर्ण पुस्तक 'द इण्डियन क्वेश्चन' में भारत की चार सभ्यताओं–'पश्चिमी', 'सुदूर पूर्वी' (ब्राह्मणवादी' एवं 'मुस्लिम'–के संगम के रूप में अपनी कल्पना को व्यक्त किया है और भारतीय देशभक्ति को हिन्दुओं व मुसलमानों के बीच घनिष्ठ समझ के रूप में व्यक्त किया है (ब्रिटेन की बजाय भारत द्वारा पूर्वी अफ्रीका को उपनिवेश बनाये जाने की हिन्दुओं व मुसलमानों की एक–समान इच्छा सहित!)। इसी प्रकार उन्होंने 'राजनीतिक पूर्ण–इस्लाम' को ख़ारिज करते हुए इस्लाम को विश्व भर में इस धर्म को मानने वालों को नैतिक रूप से जोड़ने वाली सामाजिक, सांस्कृतिक एवं आध्यात्मिक शक्ति बताया है। परन्तु उन्होंने इस बात पर बल दिया है कि धर्म आधुनिक विश्व में अधिकाधिक आध्यात्मिक शक्ति और कम–से–कम लौकिक शक्ति बन गया है। इस युग में राष्ट्रीय एवं भौतिक हित धार्मिक बन्धनों से ऊपर उठ गये हैं। अन्य शिक्षित भारतीय मुसलमानों के भी व्यापक रूप से यही विचार थे और चार दशक पहले न्यायमूर्ति सैयद महमूद ने भी लगभग इसी तर्ज़ पर अपने विचार व्यक्त किये थे।

कांग्रेस का नेतृत्व सँभालने के बाद महात्मा गाँधी ने भी मुसलमान विचारधारा के साथ एकमत होने का प्रयास करते हुए ख़िलाफ़त आन्दोलन की अगुवाई की जो प्रथम विश्वयुद्ध के दौरान ओटोमन शासन के विनाश के बाद तुर्की में पुनः ख़लीफ़ा तन्त्र की बहाली की भारतीय मुसलमानों की माँग के समर्थन में था। कुछ घरेलू घटनाओं के कारण यह आन्दोलन असफल हो गया (ख़लीफ़ा तन्त्र समर्थकों द्वारा इस आन्दोलन को पर्याप्त समर्थन न देते प्रतीत होने वाले हिन्दुओं पर कुछ आक्रमणों सहित), और यूँ भी इसे तुर्की में कुछ घटनाओं ने अप्रासंगिक बना दिया। परन्तु यह किसी भी आस्था के समस्त भारतीयों का प्रतिनिधित्व करने एवं धार्मिक विभाजन की ब्रिटिश साम्राज्य की किसी भी योजना के समक्ष घुटने न टेकने के कांग्रेस के दृढ़ संकल्प का उत्साहपूर्ण प्रदर्शन था।

ब्रिटिश साम्राज्य द्वारा की गयी जनगणना के पीछे राजनीतिक लाभ थे, क्योंकि जनगणना से प्राप्त हुई संख्याएँ बीसवीं शताब्दी के प्रारम्भ में राजनीतिक वाद–विवाद एवं परिचर्चाओं के लिए महत्त्वपूर्ण थीं। ब्रिटिश भारतीय सेना में इन संख्याओं को अनदेखा किया गया। कुल जनसंख्या का केवल 20 प्रतिशत होने के बावजूद सेना में भारतीयों की कुल संख्या

में आधे मुसलमान थे। (दलित नेता डॉ. बी.आर. अम्बेडकर का मत था कि सेना में यह अनुपातहीन प्रतिनिधित्व ब्रिटिश राज के विरुद्ध हिन्दू शक्तियों के विरोध का सामना करने के लिए सोच–समझकर रखा गया था)। परन्तु राजनीति के सन्दर्भ में जनगणना की संख्याएँ ब्रिटिश शासकों के लिए मुसलमानों में अल्पसंख्यक समूह की भावना को बढ़ावा देने के उद्देश्य से बहुत उपयोगी प्रमाणित हुईं। मिण्टो–मॉर्ले सुधारों के द्वारा जब पहली बार धार्मिक पहचान के आधार पर पृथक् मतदाता समूहों को परिभाषित किया जा रहा था तो सामुदायिक पहचान एवं प्रतिनिधित्व बड़े मुद्दे बन गये। इसी प्रकार, जैसाकि हमने देखा है, जब बरतानवियों ने बंगाल–विभाजन का प्रयास किया तो जनगणना से प्राप्त संख्याओं ने औपनिवेशिक शासन में एक बड़ी समस्या उत्पन्न कर दी।

ठीक इसी प्रकार मॉन्टेग–चेम्सफोर्ड सुधारों के द्वारा जब साधारण भारतीयों को अन्ततः ब्रिटिश–अनुमोदित निकायों में सीमित अधिकारों वाले पदों के लिए मतदान करने का सीमित अधिकार दिया गया तो साम्राज्य के अधिकारियों ने ब्रिटेन की सरकार द्वारा भारतीय समाज के भीतर उत्पन्न की गयी अनेक सामुदायिक पहचानों को राजनीतिक विशेषाधिकार प्रदान किये। उपनिवेशकों की कृपादृष्टि प्राप्त करने के लिए इन समुदायों में परस्पर होड़ लगी थी। हिन्दुओं, मुसलमानों, सिखों इत्यादि के लिए पद आरक्षित थे। परिणामस्वरूप साम्प्रदायिक पहचानें और भी बढ़ गयीं जिससे राजनीति में जो थोड़ी–सी भी भागीदारी की अनुमति दी जाती थी, वह सीमित संसाधनों के लिए शीघ्र ही साम्प्रदायिक प्रतियोगिता का रूप ले लेती थी। भारतीयों में इन मतभेदों को बढ़ावा देने के लिए लोगों की भावनाओं को भड़काया जा सकता था, जो ब्रिटिश शासकों के लिए लाभकारी ही था क्योंकि वे इस सबसे ऊपर थे। अतः जो अंग्रेज़ गोल्डर्स ग्रीन के यहूदियों को लन्दन चुनावों में अलग से मतदान करने की अनुमति देने के विचार मात्र से काँप जाते, उन्हीं अंग्रेज़ों ने भारत के मुसलमानों के लिए पृथक् चुनाव की अत्यधिक उत्साह से व्यवस्था की जिसमें मुसलमान मतदाता केवल मुस्लिम उम्मीदवारों को वोट डाल सकते थे, सिख केवल सिखों को और ईसाई मतदाता केवल ईसाई उम्मीदवारों को मतदान कर सकते थे। इस व्यवस्था में विल दुरान्त ने पाया कि ब्रिटिश शासकों की यह व्यवस्था उस 'जातिगत एवं धार्मिक विभाजन को

प्रबल एवं प्रोत्साहित करती है जिसे कोई भी विवेकवान राजनेता समाप्त करने का प्रयत्न करेगा।'

हमने इस अध्याय के प्रारम्भ में देखा है कि मतभेदों को समाप्त करना सरकारी नीति का उद्देश्य नहीं था : विभाजित लोगों पर शासन करना अपेक्षाकृत सरल था। भारत में सरकार के सचिव लॉर्ड ओलिवीयर ने 1920 में 'मुस्लिम समुदाय के प्रति ब्रिटिश अफ़सरशाही के प्रबल पक्षपात, जो मुंख्यतः हिन्दू राष्ट्रवाद के विरुद्ध था'–को स्पष्ट रूप से स्वीकार किया है। यह पक्षपात मुसलमानों को उनके द्वारा माँगे गये से अधिक देने के ब्रिटिश प्रयासों से और अधिक बढ़ गया। अतः मुस्लिम लीग ने पाँच मुसलमान–बहुल प्रान्तों में दो विशेषाधिकारों–क़ानून सम्मत संयुक्त निर्वाचन के साथ संवैधानिक बहुमत अथवा मुसलमानों के लिए पृथक् निर्वाचन व्यवस्था–में से एक की माँग की तो बरतानवी शासन ने उन्हें 'साम्प्रदायिक पुरस्कार' में पृथक् मतदान के साथ संवैधानिक बहुमत प्रदान कर मुस्लिम लीग के लोगों को दोनों प्रकार से लाभ पहुँचाया।

यह विडम्बनापूर्ण है कि भारतीय राजनीति को यदि ब्रिटिश राजनीति के समान सैद्धान्तिक तर्ज़ पर विकसित होने के लिए प्रोत्साहित किया गया होता तो एक रूढ़िवादी पार्टी और एक समाजवादी पार्टी विकसित हो सकती थी और इनके बीच कुछ उदारवादी होते। इस प्रकार के रूढ़िवादी राजनीतिक संघर्ष ने भारत को एकजुट और अविभाजित रखा होता तथा इस प्रकार उभरकर सामने आते भारतीय शासन में जिन्ना और नेहरू अपने युग के डिसराइली और ग्लैडस्टोन बन गये होते। परन्तु औपनिवेशिक नीतियों ने रूढ़िवादियों व समाजवादियों को एक समान रूप से साम्प्रदायिक सन्दर्भ में स्वयं को परिभाषित करने के लिए प्रेरित किया, जिसके परिणामस्वरूप अन्ततः देश का दुखद विभाजन हुआ।

इससे भारतीय संवेदनशीलता में गम्भीर परिवर्तन हुए। भारतीय इतिहास के अधिकतर विद्वान पहले परिभाषित एवं स्वीकृत समन्वयवादी परम्पराओं के धीरे–धीरे कम होने के लिए ब्रिटिश शासकों को दोषी ठहराते हैं। जैसाकि एलक्स वॉन टंज़लमैन ने अपनी इतिहास की पुस्तक 'इण्डियन समर : द सीक्रेट हिस्ट्री ऑफ़ द एंड ऑफ़ एन एम्पायर' में लिखा है कि जब 'ब्रिटिश शासकों ने धार्मिक पहचानों के आधार पर 'समुदायों' को परिभाषित करना एवं उनके साथ राजनीतिक प्रतिनिधित्व को जोड़ना प्रारम्भ किया

तो अनेक भारतीयों ने अपने विचारों की विविधता को स्वीकार करना छोड़ स्वयं से यह प्रश्न करना प्रारम्भ कर दिया कि वे किस समूह अथवा बन्द डिब्बे से सम्बन्धित थे।

ऐसे विभाजन केवल दो धार्मिक समुदायों के बीच ही नहीं अपितु उनके भीतर भी बढ़ते गये। इस प्रकार लखनऊ की मुसलमान आबादी में अब तक अनुपस्थित शिया–सुन्नी तनावों को उत्पन्न करने के लिए मुख्य रूप से ब्रिटिश शासकों को ही दोषी ठहराया जा सकता है। अवध पर ब्रिटिश साम्राज्य का क़ब्ज़ा होने से पहले दोनों समुदाय शिया नवाब के शासन में सद्भावनापूर्वक रहते थे; शिया उत्सव मुहर्रम में सुन्नी समुदाय के लोगों के साथ–साथ सभी हिन्दुओं का भी शामिल होना उस नवाब के शासन में भाईचारे की सार्वजनिक पुष्टि करता था। 1856 में ब्रिटिश साम्राज्य द्वारा उसे गद्दी से हटा दिये जाने के बाद राजगद्दी का सबको एकजुट करने वाला प्रतीक समाप्त हो गया और शासक शिया अभिजात वर्ग एवं ग़ैर–शिया प्रजा (सुन्नी एवं हिन्दू) के बीच सम्बन्ध सदा के लिए परिवर्तित हो गये। ब्रिटिश साम्राज्य द्वारा साम्प्रदायिक पहचानों को अत्यधिक बढ़ावा देने से अब दो मुसलमान समुदायों ने साम्प्रदायिक मतभेदों को स्वीकार कर लिया।

विद्वान केथ जोर्टशोज ने वर्णन किया है कि, '1905 तक शिया व सुन्नी समुदायों के बीच कलह इतनी अधिक बढ़ गयी कि लखनऊ के सुन्नी लोग मुहर्रम के दौरान मर्सिया में शामिल नहीं होते थे और प्रथम तीन ख़लीफ़ाओं के प्रशंसा गीतों का गायन करते थे। इसका प्रतिकार करते हुए शिया लोग अभिशाप देते।' शिया नेता ब्रिटिश सरकार को यह समझाने में सफल हो गये कि मुहर्रम के दौरान सुन्नी सम्प्रदाय द्वारा निभाई जाने वाली प्रथाएँ अधिकतर अप्रासंगिक हैं। परिणामस्वरूप ब्रिटिश शासकों ने शिया समुदाय को आपत्तिजनक लग सकने वाली सुन्नी प्रथाओं के विरुद्ध कड़े क़ानून बना दिये। उन्होंने मुहर्रम मनाने के लिए शिया व सुन्नी समुदायों द्वारा अलग–अलग जुलूसों को अधिकृत करने का निर्णय लिया।

लखनऊ में ब्रिटिश शासकों द्वारा प्रेरित शिया–सुन्नी विभाजन अनेक स्पष्ट उदाहरणों में से एक है कि किस प्रकार ब्रिटिश शासकों ने मतभेदों को बढ़ावा दिया और किस प्रकार भारतीयों ने ऐसे समुदाय बनाने का प्रयत्न किया, जिन्हें 'राज' का समर्थन प्राप्त होगा और जिन्हें राजनीतिक महत्त्व प्रदान किया जायेगा। यह ठीक उस समय पर घटित हुआ, जब

मिण्टो–मॉर्ले सुधारों के अन्तर्गत वाइसराय एवं गवर्नर परिषदों के लिए घोषित भारतीयों के अपेक्षाकृत अधिक प्रतिनिधित्व में स्थान प्राप्त करने के लिए विभिन्न राजनीतिक समूहों में परस्पर होड़ लगी थी। जोर्टशोज के मतानुसार, 'जब ब्रिटिश अधिकारियों ने स्मृति समारोहों पर प्रतिबन्ध लगाने अथवा उनकी स्वीकृति देने, विवादों में मध्यस्थता करने और जुलूसों के मार्गों को नियन्त्रित करने का दायित्व सँभाल लिया तो उन्होंने धार्मिक मतभेदों को सार्वजनिक, राजनीतिक एवं क़ानूनी मुद्दों में रूपान्तरित कर दिया और वे वैसे ही रह गये हैं।'

भारतीय राजनीतिक एकता को बढ़ावा देना तो दूर, ब्रिटिश नीतियों द्वारा ऐसे विभाजनों की पहचान कर उन्हें बढ़ावा दिया गया और उन्हें वैध क़ानूनी जामा पहनाया गया। उन्हें केवल हिन्दू–मुस्लिम विभाजन के लिए ही ज़िम्मेवार नहीं ठहराया जा सकता अपितु सुन्नी और शिया समुदायों के बीच एक नये राजनीतिक विभाजन को एक वैध परिभाषा देने का श्रेय भी दिया जा सकता है।

बरतानवी शासकों द्वारा इस दरार को बढ़ावा देकर मुस्लिम समुदायों का भी बँटवारा कर दिया गया। उनके द्वारा किये गये साम्प्रदायिक ध्रुवीकरण का विरोध करने वाले एवं लीग की पाकिस्तान परियोजना के विरुद्ध लड़ने वाले देवबन्दी के एक प्रसिद्ध आलिम मौलाना हुसैन अहमद मदनी ने 1945 में अपने एक समान धर्मानुयायी को बहुत भावपूर्ण ढंग से लिखा :

> *मुसलमान हिन्दुस्तान में आने के समय से ही हिन्दुओं के साथ हैं और मैं अपने जन्म के समय से ही उनके साथ हूँ। मेरा जन्म और पालन–पोषण यहीं पर हुआ। यदि दो व्यक्ति एक ही देश, एक ही नगर में इकट्ठे रहते हैं तो वे एक–दूसरे के साथ बहुत कुछ साझा करेंगे। मुसलमान जब तक भारत में हैं, वे हिन्दुओं के साथ ही होंगे–बाज़ारों, घरों, रेलगाड़ियों, ट्राम बसों, लॉरियों, स्टेशनों, कॉलेजों, डाकघरों, जेलों, पुलिस स्टेशनों, अदालतों, परिषदों, विधानसभाओं, होटलों आदि में वे इकट्ठे होंगे। आप मुझे बतायें कि कहाँ और कब हम उनसे नहीं मिलते अथवा उनके साथ इकट्ठे नहीं हैं? आप ज़मींदार हैं। क्या आपके किरायेदार हिन्दू नहीं हैं? आप व्यवसायी हैं, क्या आप हिन्दुओं के साथ क्रय–विक्रय नहीं करते? आप वकील हैं, क्या आपके हिन्दू मुवक्किल नहीं हैं? आप*

*ज़िला अथवा नगरपालिका बोर्ड में हैं; क्या आपका हिन्दुओं के साथ आमना–सामना नहीं होगा? कौन हिन्दुओं के साथ नहीं है?*

हिन्दू–मुस्लिम वैमनस्य को उत्पन्न करना एवं उसे बढ़ावा देना ब्रिटिश साम्राज्यवादी नीति का सर्वाधिक उल्लेखनीय कृत्य है। बाँटो और राज करो की योजना अपने चरम पर विभाजन की वीभत्सता पर पहुँची जो अन्ततः 1947 में ब्रिटिश शासन की समाप्ति के साथ–साथ हुआ।

## दुराचारियों के बीच एक सन्त

ब्रिटिश राज के महान भारतीय विरोधी महात्मा गाँधी ने औपनिवेशिक शासन का असाधारण ढंग से विरोध किया–हिंसा के द्वारा नहीं अपितु नैतिक शक्ति के बल पर। गाँधी का जीवन निःसन्देह उनकी शिक्षा था। वे अपनी आस्थाओं का अनुसरण करने के ही नहीं अपितु आस्थाओं व कार्यों के बीच किसी भिन्नता को अस्वीकार करने के दृढ़ संकल्प की दृष्टि से बीसवीं सदी के राजनेताओं मे अनुपम थे। गाँधी एक दार्शनिक थे जो अपने विचारों–वे चाहे वैयक्तिक स्तर पर आत्म–सुधार अथवा सामाजिक परिवर्तन पर लागू होते हों–का निरन्तर अनुसरण करते थे। उनकी आत्मकथा का बहुत सटीक शीर्षक था–'सत्य के प्रयोग' ('माई एक्सपेरिमेंट्स विद ट्रुथ')। सत्य की प्राप्ति 'असत्य' अथवा अपने विरोधी के प्रति हिंसा करने जैसे अनौचित्यपूर्ण साधनों से नहीं की जा सकती। साधन लक्ष्य के अनुकूल होने चाहिए, यदि ऐसा नहीं तो लक्ष्य भी असफल होंगे।

अपने तरीक़ों का वर्णन करने के लिए महात्मा गाँधी ने 'सत्याग्रह' शब्द ईजाद किया जिसका शाब्दिक अर्थ है 'सत्य की राह पर चलना' अथवा जैसाकि उन्होंने स्वयं इसका सत्य की शक्ति, प्रेम की शक्ति अथवा आत्मा की शक्ति के विभिन्न रूपों में वर्णन किया है। उन्हें अंग्रेज़ी शब्द पैसिव रेसिस्टेंस (निष्क्रिय विरोध) नापसन्द था क्योंकि सत्याग्रह के लिए निष्क्रियता नहीं सक्रियता की आवश्यकता थी। गाँधी के अनुसार यदि आपका सत्य में विश्वास है और इसकी प्राप्ति की आपको पर्याप्त चिन्ता है तो आप निष्क्रिय नहीं हो सकते। आपको सत्य के लिए कष्ट उठाने हेतु सक्रिय रूप से तैयार होना होगा। अतः आगे चलकर निषेध के साथ आने वाले असहयोग से लेकर अ–सुयोजन के सिद्धान्तों के समान अहिंसा का अर्थ–विरोधी के प्रति अस्वीकार से कहीं अधिक था, यह हिंसा की मात्र

अनुपस्थिति नहीं था। अहिंसा विरोधी नहीं अपितु स्वयं को कष्ट पहुँचाकर सत्य को उचित ठहराने का मार्ग था। अपनी धारणाओं की ताक़त को प्रदर्शित करने के लिए दण्ड को स्वेच्छा से स्वीकार करना अनिवार्य था।

गाँधीजी ने भारत की स्वतन्त्रता के आन्दोलन में इस दृष्टिकोण को सम्मिलित किया और यह सफल रहा। जहाँ छिट–पुट आतंकवाद एवं नरमपन्थी संविधानवाद–दोनों अप्रभावी सिद्ध हुए थे, वहीं गाँधीजी आज़ादी के मुद्दे को जनता के बीच ठीक व ग़लत के रूप में लेकर गये और उन्हें एक ऐसी तकनीक दी जिसका ब्रिटिश शासकों के पास कोई उत्तर नहीं था। परिषदों व बैठक कक्षों से परे उन्होंने लोगों की कल्पना को जीता। हिंसा से अलग रहकर महात्मा गाँधी ने नैतिक लाभ प्राप्त कर लिया। अहिंसात्मक ढंग से क़ानून का उल्लंघन करके उन्होंने क़ानून के अनौचित्य को प्रदर्शित किया। लगाये गये दण्ड को स्वीकार करके उन्होंने स्वयं को बन्दी बनाने वालों का सामना स्वयं उनकी पाशविकता से किया। अपनी भूख हड़तालों में स्वयं को स्वेच्छा से कष्ट पहुँचाकर उन्होंने प्रदर्शित किया कि उनकी दृष्टि में जो सही था, उसकी रक्षा के लिए वे किस सीमा तक जाने के लिए तैयार थे। अन्त में उन्होंने ब्रिटिश शासन के स्थायित्व को असम्भव बना दिया।

1905 में बहादुर राष्ट्रवादी लाला लाजपत राय ने जो कहा था, गाँधीजी एक तरह से उसी को साकार कर रहे थे। लाला लाजपत राय ने कहा था कि 'ब्रिटिश आध्यात्मिक लोग नहीं हैं : वे या तो योद्धा प्रजाति अथवा व्यावसायिक राष्ट्र हैं। उच्च नैतिकता अथवा न्याय व नैतिक आधार पर उन्हें अपील करना सूअर के सामने मोती फेंकने के समान होगा। वे आत्म–निर्भर, अहंकारी लोग हैं जो अपने विरोधी में भी आत्म–सम्मान एवं आत्म–निरर्भता की प्रशंसा कर सकते हैं (यह जानकारी होने के बावजूद लाला लाजपत राय 1928 में तिरसठ वर्ष की आयु में ब्रिटिश पुलिस सुपरिटेंडेंट जेम्स स्कॉट द्वारा डण्डे से उनके सिर पर बार–बार किये गये प्रहार से मारे गये थे। वे उस समय एक शान्तिपूर्ण और अहिंसक विद्रोह का नेतृत्व कर रहे थे)।

1920 और 1930 के दशकों में जब गाँधीजी द्वारा अपने सत्याग्रह, अनशनों एवं साम्राज्य को चुनौती देने वाले नमक आन्दोलन के माध्यम से विश्व का ध्यान खींचने से भारत के अहिंसक राष्ट्रवादी आन्दोलन ने

ज़ोर पकड़ा, उसे सार्वजनिक सहानुभूति एवं अन्तर्राष्ट्रीय स्तर पर पहचान मिली तो ब्रिटिश शासक भारत सरकार अधिनियम, 1935 के माध्यम से स्व–शासन के बेहतर उपाय प्रदान करने के लिए विवश हो गये। फिर भी मताधिकार जनसंख्या के 10 प्रतिशत से कम को दिया गया और पहले की भाँति भारतीयों ने एक ही देश के नागरिकों के समान नहीं अपितु विभिन्न धार्मिक समूहों के सदस्यों के रूप में मतदान किया जिसमें मुसलमानों ने एक आरक्षित सूची में से मुसलमान सदस्यों को चुना जो बाँटो और राज करो की एक और पुष्टि थी। पृथक् निर्वाचन ब्रिटिश शासन का महात्मा गाँधी की जन–राजनीति को असफल बनाने के प्रयास का भाग था और इसने पहली बार केवल शिक्षित प्रबुद्ध वर्ग, जिसका पहले कांग्रेस पर आधिपत्य था–में ही नहीं, अपितु सामान्य जनता, जिसे उन्होंने सफलतापूर्वक संघटित किया था–में भी एक सामान्य राष्ट्रीय चेतना का संचार किया।

ब्रिटिश शासन के तब 'अस्पृश्य' के रूप में ज्ञात समुदाय (जिसे आज दलित अथवा अधिक आधिकारिक रूप से अनुसूचित जाति के रूप में जाना जाता है) को अल्पसंख्यक समुदाय के रूप में घोषित करने के निर्णय को भारतीय राष्ट्रवादियों के द्वारा साम्राज्य के हितों को बढ़ावा देने के लिए बहुसंख्यक समुदाय को विभाजित करने के षड्यन्त्र के रूप में देखा गया। इसे हिन्दुओं से पृथक् 'दमित वर्ग' नाम से एक नये वर्ग, जो पृथक् प्रतिनिधित्व का पात्र होगा, में रखे जाने का प्रस्ताव था। दूसरी ओर दलितों ने राष्ट्रवादी आन्दोलन में लम्बे समय से अपने प्रति भेदभाव करने वाली 'उच्च' जातियों के प्रभुत्व को ही देखा और केवल प्रतिभा के बल पर गहरी जड़ें जमाईं। निर्धनता से उठे संविधान के विद्वान अम्बेडकर जैसे दलित नेताओं ने अपने प्रतिनिधियों को चुनने के अपने अधिकार को व्यक्त करने के लिए पृथक् निर्वाचन को माध्यम चुना।

महात्मा गाँधी के नेतृत्व में भारतीय राष्ट्रीय कांग्रेस पहले ही मुसलमानों, सिखों व ईसाइयों के लिए पृथक् चुनाव का विरोध कर रही थी। चूँकि इसके अनुसार इस व्यवस्था का लक्ष्य इस भावना को बढ़ावा देना था कि वे विभिन्न समुदाय हैं जिनके हित भारतीयों की आम जनता से भिन्न थे। परन्तु फिर भी कांग्रेस औपचारिक रूप से पृथक् निर्वाचन का विरोध नहीं कर सकती क्योंकि उसे भय था कि इससे अल्पसंख्यक समूह नाराज़ न हो जायें जबकि ब्रिटिश शासक भारत में यदि और जब भी स्व–शासन

आने पर हिन्दुओं के प्रभुत्व के अल्पसंख्यकों के भय को भड़काने में व्यस्त थे। अतः कांग्रेस ने अपने विरोध को इस सिद्धान्त तक सीमित रखा कि पृथक् निर्वाचन अनुचित व अनावश्यक था परन्तु इसे केवल अल्पसंख्यकों की सहमति से समाप्त किया जा सकता था।

दमित वर्गों को पृथक् करने के ब्रिटिश प्रयास का लक्ष्य भिन्न था, चूँकि यह पहली बार था जब एक धार्मिक समुदाय के भीतर पृथक् निर्वाचन का प्रस्ताव रखा जा रहा था और भारतीय राष्ट्रवादिता को टुकड़ों में बाँटने एवं भारतीय जन–मानस की एकता को तोड़ने की नीति कांग्रेस को स्पष्ट दिखाई दे रही थी। गाँधीजी ने माँग की कि दमित श्रेणियों के प्रतिनिधियों का चयन एक व्यापक और यदि सम्भव हो तो एक सामान्य मताधिकार के अधीन सामान्य मतदाताओं द्वारा किया जाना चाहिए। उन्होंने 1932 में आमरण अनशन किया जिसने पूरे राष्ट्र को अपनी लपेट में ले लिया और ब्रिटिश शासन व दलित नेतृत्व को झुकाने के लिए विवश कर दिया। पूना समझौता के नाम से विख्यात एक राजनीतिक समझौते के अन्तर्गत उस वर्ष दमित वर्गों के लिए पृथक् निर्वाचन को समाप्त कर दिया गया परन्तु प्रान्तीय व केन्द्रीय विधायिका में उनके लिए अतिरिक्त सीटें आरक्षित कर दी गयीं। प्रान्तीय विधायिका में 71 सीटों की संख्या बढ़ाकर 147 कर दी गयी और केन्द्रीय विधान मण्डल में 18 प्रतिशत की वृद्धि की गयी।

(यह अत्यन्त रोचक है कि इस मुद्दे पर गाँधी के साथ विवाद करने वाले दलित नेता डॉ. बी. आर. अम्बेडकर स्वतन्त्रता प्राप्ति के बाद भारतीय संविधान की प्रारूप समिति के अध्यक्ष बने और उन्होंने सुनिश्चित किया कि उनके देश में उनके समुदाय के लिए विश्व की पहली और दूरगामी निश्चयात्मक कार्रवाई की योजना होगी। पृथक् निर्वाचन को यद्यपि सदा के लिए समाप्त कर दिया गया परन्तु स्वतन्त्र भारत के 543 सीटों वाले निचले सदन में 85 सीटें अनुसूचित जातियों व जनजातियों के लिए आरक्षित थीं और इसी प्रकार सरकारी सेवा एवं विश्वविद्यालयों में उनके लिए आरक्षित सीटों का प्रावधान था–जो केवल अवसर नहीं अपितु निश्चयात्मक परिणामों की गारण्टी देता था)।

दलितों को यदि पृथक् निर्वाचन नहीं मिला तो मुस्लिम लीग को प्रारम्भ में इनसे लाभ प्राप्त करना कठिन लगा। 'हिन्दू–मुस्लिम एकता का राजदूत' केवल एक नाम नहीं था जिसे जिन्ना को सहन करना था। गाँधी

की लोकप्रियता एवं जन–जन तक पैठ से अप्रसन्न होकर जिन्ना इंग्लैण्ड में क़ानून की प्रैक्टिस करने के लिए लौट गया और लम्बी राजनीतिक नाराज़गी के बाद एक ऐसे नेता के रूप में लौटा जो मुस्लिम लीग को विभाजन की ओर ले जाने के लिए दृढ़ संकल्प था। जिन्ना ने यह दावा करना प्रारम्भ कर दिया कि भारत के मुसलमान स्वयं में एक राष्ट्र का प्रतिनिधित्व करते हैं। उसने अपने समस्त पालन–पोषण, कैरियर, सामाजिक सम्बन्धों एवं निजी जीवन को निर्लज्जतापूर्वक नकारते हुए घोषणा की कि 'हम भिन्न इनसान हैं। जीवन में ऐसा कुछ नहीं है जो हमें एक–दूसरे से जोड़ता हो। हमारे नाम, हमारे वस्त्र, हमारा भोजन–ये सब भिन्न हैं; हमारा आर्थिक जीवन, हमारे शैक्षिक विचार, हमारा महिलाओं के साथ व्यवहार, जन्तुओं के प्रति हमारा दृष्टिकोण...हम एक–दूसरे को फटकार के प्रत्येक बिन्दु से चुनौती देते हैं।' सविले रो सूट पहनने वाले, सॉसेज खाने वाले और व्हिस्की गटकने वाले जिन्ना के लिए कपड़ों व भोजन की बात करना वैसे ही थोड़ा अधिक था, जैसा कि अपनी युवा पत्नी की 'बोल्ड' पोशाक पर आसक्त होने वाले व्यक्ति के रूप में प्रसिद्ध व्यक्ति के होंठों से महिलाओं की बात किया जाना।

परन्तु भिन्नताओं पर ज़ोर देने का राजनीतिक चुनाव कर लिया गया था और मुस्लिम लीग नेता का लक्ष्य यही था। उसने लीग की स्थापना भारत के मुसलमानों की 'एकमात्र प्रतिनिधियों' के रूप में करने का प्रयास किया, परन्तु यह पर्याप्त असुविधाजनक था कि मुसलमान मतदाताओं ने इण्डियन नेशनल कांग्रेस के मुसलमान सदस्यों और लीग सहित अन्य राजनीतिक निष्ठाओं के मुसलमानों के लिए भी मतदान करने पर आपत्ति की।

1937 के चुनावों में भारतीय राष्ट्रीय कांग्रेस आठ प्रान्तों में निर्वाचित हुई; पार्टी ने 739 'सामान्य' सीटों पर चुनाव लड़ा और यह आश्चर्यजनक था कि इनमें से 617 पर उसकी जीत हुई और केवल मुसलमानों के लिए आरक्षित 59 सीटों में से 25 पर भी वह विजयी रही। अनेक अन्य पार्टियों और 385 स्वतन्त्र उम्मीदवारों ने भी चुनाव जीता। कांग्रेस के बाद एक बड़े अन्तर से मुस्लिम लीग दूसरे स्थान पर थी। मुस्लिम लीग मुसलमानों के लिए आरक्षित पदों पर भी बहुमत प्राप्त करने में असफल रही और 1,585 सीटों में से केवल 106 पर इसे विजय प्राप्त हुई और यह किसी भी प्रान्त का नियन्त्रण नहीं प्राप्त कर सकी। ऐसा प्रतीत होता था कि घरेलू

राजनीतिक मुक़ाबला निर्णयात्मक रूप से समग्र, अनेकवादी, बहु–जातीय पार्टी कांग्रेस के पक्ष में गया।

परन्तु जिन्होंने इसे इस रूप में देखा, वे अपना मत व्यक्त करने में जल्दबाज़ी कर गये। कांग्रेस की जीत निर्णयात्मकता से कहीं दूर थी। यद्यपि चुनावों में 1.55 करोड़ मतदाताओं ने मतदान किया था और यह प्रतिनिधात्मक शासन के गठन की दिशा में एक महत्त्वपूर्ण क़दम था, परन्तु अब भी मुख्य शक्तियाँ वाइसराय के पास थीं और केन्द्र सरकार के लिए कोई चुनाव नहीं करवाए गये और इसका संचालन वाइसराय द्वारा ही किया जाता रहा। ऐसा जानबूझकर किया गया था : कांग्रेस की बढ़ती लोकप्रियता से सचेत होकर ब्रिटिश सरकार वाइसराय लॉर्ड लिनलिथगो के अनुसार 'कांग्रेस की क्रान्ति के अखिल भारतीय उपकरण के रूप में प्रभावक्षमता को नष्ट करने के लिए प्रान्तीय स्वायत्तता की शक्ति' पर भरोसा करती रही पार्टी के प्रान्तीय नेताओं को राष्ट्रीय नेतृत्व से विमुख करने के लिए पद के पर्याप्त छिटपुट स्वाद दिये जाते और उन्हें 'राज' के साथ मिलकर कार्य करने पर निजी लाभ प्रदान करने का उद्देश्य था। निर्वाचन पद्धति भी कपटपूर्णता से ग्रामीण प्रतिनिधित्व के पक्ष में थी जिससे कि अधिक ज़मींदार निर्वाचित हों जिनके हित कांग्रेस के राष्ट्रीय नेताओं के समाजवादी कार्यक्रमों से भिन्न होंगे।

स्व–शासन की बात अधिकांशतः खोखली थी और इसके खोखलेपन की तब पुष्टि हो गयी जब 1939 में भारतीय जनता के निर्वाचित प्रतिनिधियों ने नहीं परन्तु वाइसराय ने भारत की ओर से जर्मनी के साथ युद्ध की घोषणा की। परिणामस्वरूप कांग्रेस के निर्वाचित मन्त्रियों ने ऐसे महत्त्वपूर्ण मुद्दे पर उनकी राय न लेने के विरोध में तत्काल त्याग–पत्र दे दिये। भारत में उत्तरदायी राजनीतिक संस्थानों के विकास का दिखावा समाप्त हो गया और यीट्स के अमर शब्दों में एक जंगली जानवर भारत के मुसलमानों के बीच से उठ खड़ा हुआ और अभी पैदा होने वाले नये बेथ्लेहम की ओर ख़तरनाक चाल से चलने लगा।

## विनाशकारी संघर्ष की ओर

समर्थक व आलोचक दोनों ही चकित थे कि नौ प्रान्तों में कांग्रेसी मन्त्रियों ने ब्रिटिश राज की सरकारी व्यवस्था के कुशल प्रबन्धक के रूप में कार्य

किया था। उन्होंने दमनकारी बरतानवी क़ानूनों को समाप्त करने के लिए लगभग कुछ नहीं किया और कुछ मामलों में वे अतिवादियों को गिरफ़्तार करने में बरतानवियों के समान ही उत्साही प्रमाणित हुए।

इस दौरान मुस्लिम लीग का कठोरपन्थी नेता मोहम्मद अली जिन्ना चुनावों में अपनी पार्टी को लगे धक्के एवं बाद में जब कांग्रेस ने अपने मन्त्रियों के त्याग–पत्र के द्वारा अवसरों का झरोखा खोल दिया–दोनों ही अवसरों पर कुशल चालबाज़ सिद्ध हुआ, उसने पंजाब और बंगाल के मुस्लिम–बहुल प्रान्तों में विजयी नेताओं (यूनियनिस्ट पार्टी के सर सिकन्दर हयात् ख़ान और कृषक प्रजा पार्टी के फ़ज़लुल हक़) को लीग में सह–योजित कर लीग की हार की क्षतिपूर्ति कर दी। कांग्रेस अपनी भीतरी कलह से ग्रस्त थी। इसके द्वारा यह स्वीकार किये जाने से इसका वामपन्थ भी इससे दूर हो गया था और इसे मुस्लिम अल्पसंख्यकों पर 'हिन्दू बहुसंख्यक शासन' थोपने के व्यर्थ आरोपों का भी सामना करना पड़ा।

यह विडम्बनापूर्ण है कि जब युद्ध हुआ तो वाइसराय को कांग्रेस से स्वतः समर्थन प्राप्त हुआ, उसके नेता जवाहरलाल नेहरू ने घोषणा कर दी थी कि प्रजातन्त्र और फासिवाद के बीच किसी भी संघर्ष में 'हमारी सहानुभूतियाँ अनिवार्य रूप से प्रजातन्त्र के पक्ष में होनी चाहिए...मैं चाहूँगा कि भारत अपनी सम्पूर्ण भूमिका निभाये और अपने समस्त संसाधन नयी व्यवस्था के संघर्ष में झोंक दे।' नेहरू को फासिवाद से इतनी घृणा थी कि वे स्वतन्त्र भारत को प्रजातन्त्रों के पक्ष में युद्ध में धकेल देते, बशर्ते कि यह चुनाव भारतीयों का होता और ब्रिटिश शासकों द्वारा उन पर थोपा गया न होता। परन्तु जब जर्मनी द्वारा 1 सितम्बर, 1939 को पोलैण्ड पर आक्रमण किया गया तो ब्रिटेन ने इसके विरुद्ध युद्ध की घोषणा कर दी। भारतीयों ने इस विडम्बना को अनुभव किया कि अंग्रेज़ एक कमज़ोर देश की प्रभुसत्ता की रक्षा के लिए लड़ रहे हैं जो विदेशी विजय की क्रूर ताक़तों का प्रतिरोध कर रहा है–भारतीय राष्ट्रवादी ब्रिटिश साम्राज्यवाद के विरुद्ध ठीक यही तो कर रहे थे। अतः जर्मनी के साथ ब्रिटेन पोलैण्ड के साथ वही करने के लिए लड़ रहा था, जो ब्रिटेन स्वयं भारत के साथ लगभग दो सौ वर्ष से कर रहा था।

स्पेन की फासिवाद के सामने हार, इटली द्वारा इथोपिया के साथ किये गये विश्वासघात और चेकोस्लोवाकिया को नाज़ियों को बेच देने के लिए

नेहरू ने ब्रिटिश शान्ति प्रस्ताव को दोषी ठहराया। वे चाहते थे कि ब्रिटेन की नीति में भारत की कोई ज़िम्मेदारी नहीं होनी चाहिए, क्योंकि उनकी दृष्टि में यह नीति कुछ साम्राज्यवादियों के संकीर्ण श्रेणी आधारित हितों की रक्षा के लिए बनी थी। भारतीयों पर ब्रिटिश शासन को बनाये रखने के लिए भारतीयों से बलिदान की अपेक्षा क्यों की जानी चाहिए–नेहरू को इसका कोई कारण नहीं दिखाई देता था। परतन्त्र भारत को पोलैण्ड की स्वतन्त्रता के लिए लड़ने का आदेश कैसे दिया जा सकता था? दूसरी ओर स्वतन्त्र व प्रजातन्त्र भारत स्वतन्त्रता व प्रजातन्त्र के लिए सहर्ष युद्ध करता।

उनके निर्देशानुसार कांग्रेस वर्किंग कमेटी ने इसे मुद्दा बनाने का प्रस्ताव पारित किया (पूर्व अध्यक्ष सुभाषचन्द्र बोस की तत्काल सविनय अवज्ञा प्रारम्भ करने की माँग को अस्वीकार कर दिया गया)। नेहरू ने अपने नाज़ी विरोधी विचारों को गोपनीय नहीं रखा; वे तो बस ब्रिटेन की सरकार से उनकी स्थिति के सम्बन्ध में कुछ संकेत चाहते थे जिससे कि फिर भारत और ब्रिटेन सहर्ष 'स्वतन्त्रता संघर्ष में भाग ले सकें।' कांग्रेस के नेताओं ने वाइसराय को स्पष्ट कर दिया कि वे तो केवल एक घोषणा चाहते हैं कि युद्ध के बाद भारत को अपने भविष्य का फ़ैसला करने का अवसर दिया जायेगा। ब्रिटेन के वामपन्थी वर्गों ने कांग्रेस के निर्णय को समझते हुए इसका स्वागत किया और इस पर उनकी कुछ सहमति भी थी परन्तु लॉर्ड लिनलिथगो ने इस सत्य के बावजूद कि उसे प्रान्तों एवं केन्द्रीय विधानसभा में कांग्रेस विधान मण्डल में फासिस्ट–विरोधी कांग्रेस सरकारों में कुछ मित्र भी मिल गये होते परन्तु उसने जर्मनी के विरुद्ध भारत की ओर से युद्ध की घोषणा करने से पूर्व भारत के निर्वाचित नेताओं के साथ विचार–विमर्श करने का दिखावा तक भी नहीं किया। इसकी बजाय उसने मुस्लिम लीग से समर्थन माँगा।

कांग्रेस ने युद्ध के मुद्दे पर वास्तव में लीग के साथ मिलकर संयुक्त प्रयास की आशा की थी। अक्टूबर, 1939 में कांग्रेस की स्थिति को ज़ोर देकर निरस्त करने वाले वाइसराय के वक्तव्य से आक्रोश में आकर नेहरू के नेतृत्व में वर्किंग कमेटी ने अपने समस्त प्रान्तीय मन्त्रियों को युद्ध के प्रयासों, जिनमें उन्हें सम्मानजनक भूमिका दिये जाने से इनकार कर दिया गया था, में योगदान देते रहने की बजाय त्याग–पत्र देने का आदेश दे दिया गया। यह निर्णय एक सिद्धान्त के आधार पर लिया गया था परन्तु

यह एक अविस्मरणीय भारी भूल प्रमाणित हुआ। इसने कांग्रेस को, उनकी चुनावी सफलता के फलों को एक ओर रखते हुए ब्रिटिश सरकार में उनकी एकमात्र शक्ति से वंचित कर दिया और जिन्ना को इससे स्वर्णिम अवसर मिल गया। उसने कांग्रेस के साथ बातचीत बन्द कर दी और कांग्रेस मन्त्रियों के त्याग–पत्र दिये जाने के दिन को 'मुक्ति दिवस' घोषित करते हुए वाइसराय के पाले में चला गया।

1937 के चुनावों से लगे झटके के बाद राजनीतिक निर्वासन के दो वर्षों ने लीग के स्वरूप को पहले ही बदल दिया था। अनेक प्रान्तों में कांग्रेस के शासन ने अनजाने ही मुसलमानों की चिन्ता को बढ़ा दिया था। वे देश में, जो कि इतना अधिक हिन्दू था, प्रजातान्त्रिक बहुमत वाले शासन के परिणामों के सम्बन्ध में सावधान भी हो गये थे। अनेक मुसलमानों ने स्वयं को राजनीतिक एवं आर्थिक अल्पसंख्यक वर्ग के रूप में देखना प्रारम्भ कर दिया था और लीग ने उनकी असुरक्षा की भावना के सम्बन्ध में बात भी की थी। जिन्ना ने इस निष्कर्ष पर पहुँचना प्रारम्भ कर दिया था कि कांग्रेस की राजनीतिक शक्ति का एकमात्र प्रभावी उत्तर होगा–उत्तर–पश्चिम एवं पूर्व के मुसलमान–बहुल क्षेत्रों में स्वतन्त्र राज्य के गठन के लिए देश का विभाजन। यह माँग लीग के 23 मार्च, 1940 के लाहौर प्रस्ताव में शामिल कर ली गयी जिसके द्वारा पाकिस्तान के सृजन की बात कही गयी। नेहरू और उनके साथी कांग्रेसी नेता अनेक लीग सदस्यों की सोच में परिवर्तन से अनभिज्ञ रहे, जो अधिकाधिक लोकप्रिय राजनीतिक कूटनीति में व्यक्त हुई (उदाहरण के लिए, जिन्ना ने केवल 1937 में उर्दू सीखना और सरकारी तस्वीरों में मुस्लिम अचकन पहनना प्रारम्भ किया। ये कृत्य 1848 के फ्रांसीसी हुड़दंग में पुराने लोगों ने जो देखा, उसकी याद दिलाते हैं : 'मैं उनका नेता हूँ, मुझे उनका अनुसरण अवश्य करना चाहिए।')

अक्टूबर, 1939 में जिन्ना ने लीग को भारत के मुसलमानों के एकमात्र प्रतिनिधि के रूप में कांग्रेस के समान वार्ताकार के रूप में सूची में शामिल करने के लिए वाइसराय लॉर्ड लिनलिथगो को मना लिया जबकि चुनावी परिणामों के अनुसार यह अभी इस पद की पात्र नहीं थी। युद्ध के मुद्दे पर कांग्रेस–लीग की एकता को लेकर चिन्तिन वाइसराय ने स्वीकृति दे दी। उसने देखा कि लीग की नीति अब भारत की स्वतन्त्रता की किसी

भी बातचीत के मार्ग में बाधा उत्पन्न करने की थी। अतः इसे प्रोत्साहित किये जाने की आवश्यकता थी। उस वर्ष नवम्बर में जिन्ना को पहली बार ईद के अवसर पर मुसलमानों के लिए अपना विशेष सन्देश प्रसारित करने के लिए आमन्त्रित किया गया, यह लीग के अध्यक्ष को मुसलमान समुदाय का प्रवक्ता मानने की स्पष्ट स्वीकृति थी। नेहरू और कांग्रेस ने इन दावों को केवल अवैध एवं कट्टरता पर आधारित होने के रूप में देखा; परन्तु उन्होंने मुस्लिम समुदाय में बहुमत की सरकार की सम्भावना को लेकर मुस्लिम समुदाय में उबल रहे विश्वास के संकट को दूर करने के लिए वास्तव में कुछ नहीं किया।

1940 में कांग्रेस अधिकतर समय ब्रिटिश रियायतों की आशा में प्रतीक्षारत रही। कुछ कांग्रेसी आगे बढ़कर युद्ध के प्रयासों मं इस शर्त पर सीधा समर्थन देने के लिए तैयार थे कि इसे समर्थन देने के लिए भारत में राष्ट्रीय सरकार की स्थापना कर दी जायेगी। परन्तु लिनलिथगो एक विशाल, धीरे चलने वाला एवं धीमी सोच का व्यक्ति था। उसकी सोच का सर्वाधिक मूलभूत भारतीय अपेक्षाओं से दूर तक कोई सम्बन्ध नहीं था। (उसने अप्रैल, 1940 में लन्दन को लिखा : 'मैं उस समय की बातचीत प्रारभ करने का बहुत इच्छुक नहीं हूँ जिसके बाद भारत में ब्रिटिश शासन समाप्त हो जायेगा। मुझे सन्देह है कि वह दिन बहुत दूर है और मुझे लगता है कि हम इसके सम्बन्ध में जितना कम कहें, उतना अच्छा है।' वास्तव में यह वही वर्ष था जिसमें चर्चिल ने बहुत विश्वास के साथ इस मत को व्यक्त किया था कि ब्रिटिश साम्राज्य एक हज़ार वर्ष तक चलेगा।*) अगस्त, 1940 में जब सरकार की आधिकारिक प्रतिक्रिया आयी तो यह कुछ 'प्रतिनिधि भारतीयों' को वाइसराय की शक्तिहीन सलाहकार परिषदों के साथ सम्बद्ध करने का उपहासपूर्ण प्रस्ताव था। नेहरू ने इसे पूर्णतः अस्वीकार कर दिया। सविनय अवज्ञा इसका एकमात्र उत्तर प्रतीत होता था।

सरकार ने यह प्रतीक्षा न करने का निर्णय लिया कि नेहरू क्या करते हैं। उन्होंने 30 अक्टूबर, 1940 को उन्हें गिरफ़्तार कर लिया और आरोपी द्वारा शानदार वक्तव्य दिये जाने ('यह स्वयं ब्रिटिश साम्राज्य है जिस पर

---

* ब्रिगेडियर इनॉक पॉवेल (भावी कंज़र्वेटिव राजनीतिज्ञ) ने मई, 1946 में लिखा कि 'भारत को कम–से–कम 50 और वर्षों के लिए किसी–न–किसी प्रकार के ब्रिटिश नियन्त्रण की आवश्यकता होगी।'

विश्व की अदालत के सामने मुक़दमा चल रहा है।') के बाद मुक़दमा चलाकर उन्हें चार वर्ष के कारावास की सज़ा दे दी। उनकी नज़रबन्दी की शर्तें असाधारण रूप से कठोर थीं। उन्हें अनेक छिटपुट प्रकार से अपमानित किया गया–विशेष रूप से चिट्ठियाँ भेजने अथवा प्राप्त करने की अनुमति के सम्बन्ध में; जिसके अनुसार वर्षों से पत्र उन्हें जो राहत व सान्त्वना प्रदान कर रहे थे, उन्हें उससे वंचित कर दिया गया। दिसम्बर, 1941 में विन्सटन चर्चिल के विरोध के बावजूद लन्दन की युद्ध कैबिनेट ने सभी नज़रबन्द कांग्रेसियों को रिहा कर दिया। नेहरू को ब्रिटिश शासन द्वारा किसी नीति की घोषणा की खोखली आशा थी जिससे वे सम्बन्धित लक्ष्य के लिए भारत को समर्पित कर सकेंगे परन्तु प्रतिक्रियावादी चर्चिल एवं नयी दिल्ली में उसकी आँखों पर पर्दा डाले प्रतिनिधियों ने अन्य मार्ग अपना लिया। चर्चिल ने स्पष्ट घोषणा की कि एटलांटिक चार्टर के सिद्धान्त भारत पर लागू नहीं होंगे (आगे चलकर चर्चिल की स्वतन्त्रता के समर्थक के रूप में घोषणा और भी निरर्थक प्रतीत होती है)। एशिया में बरतानवी शक्तियों की हार के चलते यह और भी अस्पष्ट था। फ़रवरी में सिंगापुर गिरा, बर्मा मार्च में; पूर्व में जापानी युद्ध भारत के दरवाज़ों पर थे। ब्रिटिश भारत से फ़रार होकर गये सुभाषचन्द्र बोस ने 1941 के मध्य में युद्धबन्दियों को लेकर 'भारतीय राष्ट्रीय सेना' (आईएनए) की स्थापना कर ली, जो जापानियों के साथ मिलकर लड़ सके। नेहरू की एक राजा के स्थान पर दूसरे विदेशी शासन को देखने की कोई इच्छा नहीं थी। उन्होंने जापानियों को रोकने के लिए तैयार करने हेतु कांग्रेस को संगठित करना प्रारम्भ किया। अमरीकी सहानुभूति युद्ध मन्त्रिमण्डल में लेबर पार्टी के समान थी। क्लीमेण्ट एटली ने अपने साथियों को समाजवादी सर स्टैफोर्ड क्रिप्स को 1942 के प्रारम्भ में इस प्रस्ताव के साथ भारत भेजने के लिए मना लिया कि युद्ध के बाद भारत को विभाजन की सम्भावना के साथ स्वतन्त्र उपनिवेश का दर्जा दे दिया जायेगा।

क्रिप्स पहले ही ब्रिटेन की राजनीति में एक महान व्यक्ति थे जो सॉलिसिटर जनरल रह चुके थे और उन्हें कंज़र्वेटिव पार्टी के साथ मिलकर यूनाइटेड फ्रंट की हिमायत करने के लिए (जो युद्ध के दौरान पारित हो गया था) 1939 में लेबर पार्टी से निष्कासित कर दिया गया था। क्रिप्स का व्यक्तित्व तपस्वी के शाकाहारवाद एवं व्यक्त अहंकार का मिश्रण था

(चर्चिल ने क्रिप्स के लिए कहा था : 'यदि भगवान की कृपा नहीं होती तो ये भगवान ही जा रहे होते'।) क्रिप्स 1939 में युद्ध छिड़ जाने के बाद भारत आये थे और अनेक भारतीय नेताओं को जानते थे; वे नेहरू को मित्र मानते थे। फिर भी क्रिप्स मिशन का जिन्ना ने स्वागत किया परन्तु यह कांग्रेस के विरोध से असफल हो गया। महात्मा गाँधी ने सैद्धान्तिक रूप से इसका विरोध किया क्योंकि ब्रिटेन का प्रस्ताव विभाजन के विचार को स्वीकार करता दिखाई दे रहा था; उन्होंने इस प्रस्ताव को यादगार शब्दों में एक 'पोस्ट डेटिड चैक' (एक कल्पनाशील पत्रकार ने इसमें जोड़ा, 'डूब रहे बैंक का') बताया और इसे अस्वीकार किये जाने का आग्रह किया। कांग्रेस के अध्यक्ष मौलाना आज़ाद ने इस बात पर बल दिया कि भारत की पैरवी करना भारत के प्रतिनिधियों का उत्तरदायित्व होना चाहिए, न कि ब्रिटिश वाइसराय के नेतृत्व में अनिर्वाचित भारत सरकार का और इसी मुद्दे पर ही नेहरू ने समझौता करने से इनकार कर दिया था। क्रिप्स घुटने टेक देना चाहते थे और उन्होंने भारतीय राष्ट्रीय सरकार द्वारा देश की रक्षा का काम देखने की बात कही जिसमें वाइसराय नाममात्र को (ब्रिटिश राजा के समान) काम करेगा। परन्तु वे अपने निर्देशों में इससे आगे बढ़ गये। चर्चिल (मुझे भारतीयों से घृणा है, वे पाशविक लोग हैं जिनका धर्म भी पाशविक एवं घृणापूर्ण है) ने दुबले–पतले वाइसराय लिनलिथगो और अयोग्य कमाण्डर–इन–चीफ़ लॉर्ड आर्किबाल्ड वेवेल के उकसावे में आकर समझौता बातचीत को बीच में छोड़ दिया।

चर्चिल के गाँधी के विषय में सुदृढ़ विचार थे। महात्मा की भारत के वाइसराय के साथ 1931 में बैठक पर टिप्पणी करते हुए उसने कुख्यात वक्तव्य दिया था : 'मिडल टेम्पल के राजद्रोही वकील, जो अब पूर्व के विख्यात प्रकार के फ़क़ीर का ढोंग कर रहा है, अर्धनग्न अवस्था में वाइसराय के महल की सीढ़ियाँ लम्बे–लम्बे डग भरते चढ़ता है–को देखकर डर लगता है और मितली आती है। वह राजा के प्रतिनिधि के साथ समान स्तर पर सन्धिवार्ता करने के लिए अभी भी सविनय अवज्ञा के अभियान का आयोजन और संचालन कर रहा है (गाँधीजी में कुछ भी फ़क़ीरों–मुसलमान आध्यात्मिक भिक्षुकों जैसा नहीं था, परन्तु चर्चिल ने भारत के सम्बन्ध में विरले ही सही बात कही थी)। चर्चिल ने घोषणा की कि 'गाँधीवाद और इसका जो भी लक्ष्य है–सबको जल्दी या देरी से

दबोचना एवं अन्ततः कुचल देना पड़ेगा।' ऐसे मामलों में चर्चिल सर्वाधिक प्रतिक्रियावादी अंग्रेज़ था। उसके विचार इतने अतिवादी थे कि उन्हें उनके समय का प्रतिबिम्ब कहकर माफ़ नहीं किया जा सकता। वास्तव में चर्चिल के वक्तव्यों से उसके अधिकतर समकालीन चकित रह जाते थे।' आज उस पर सकारात्मकता का चढ़ाया जा रहा मुलम्मा भी अक्षम्य प्रतीत होता है। बोरिस जॉनसन ने अपनी चर्चिल की हाल ही की प्रशंसात्मक जीवनी में लिखा है कि : 'उसने स्वयं को अप्रासंगिक साम्राज्यवादी रोमांटिकों के आन्दोलन, राज के कट्टर समर्थकों तथा उसके बरामदे में बैठने का ईश्वर प्रदत्त अधिकार और...भारत पर नियन्त्रण की महिमा रखने वाले, गुलाबी जबड़े वाले प्रत्येक अंग्रेज़ के अग्रणी रखा।'

ब्रिटिश शासकों से अधिकाधिक क्रोधित महात्मा गाँधी का तर्क था कि नेहरू की मित्र राष्ट्रों के प्रति झुकाव की स्थिति से भारत को कोई रियायतें नहीं मिलीं। उनका सरकार को सार्वजनिक सन्देश था कि 'भारत को भगवान अथवा अराजकता के भरोसे छांड़ दो।' नेहरू, जिन्हें सदा ही हैरो की अंग्रेज़ी सभ्यता पसन्द रही थी, ने क्रोमवेल का उद्धरण देते हुए कहा (हैरो के एमरी को जानते–बूझते, प्रतिध्वनित करते हुए, जिन्होंने केवल दो वर्ष पहले संसद में प्रधानमन्त्री के रूप में नेवेल चैम्बरलिन का त्याग–पत्र माँगते हुए ठीक इन्हीं शब्दों का प्रयोग किया था।) : 'आप यहाँ बहुत लम्बे समय तक बैठे रहे हो और कोई भी भला काम नहीं किया। मैं कहता हूँ, चले जाओ, भगवान के लिए चले जाओ।' 7 अगस्त, 1942 को बम्बई में अखिल भारतीय कांग्रेस कमेटी ने गाँधी के आग्रह पर नेहरू द्वारा रखा गया एवं पटेल द्वारा समर्थित प्रस्ताव पारित किया जिसके द्वारा ब्रिटेन से पत्रकारिता के शब्दों में–जो प्रस्ताव के वास्तविक शब्दों से अधिक प्रसिद्ध हो गये–'भारत छोड़ो' की अपील की गयी थी (गाँधीजी के अपने अधिक प्रिय शब्द थे–'करो या मरो।') छत्तीस घण्टे के भीतर कांग्रेसी नेताओं को गिरफ़्तार कर लिया गया।

गाँधीजी के अहिंसा के प्रति समस्त समर्पण के बावजूद उनके अन्य कांग्रेसी नेताओं के साथ जेल जाने से 'भारत छोड़ो' आन्दोलन युवा एवं आक्रोशपूर्ण लोगों के हाथ में आ गया था। एक भूमिगत आन्दोलन का जन्म हुआ, जो सक्रिय रूप से तोड़–फोड़ की गतिविधियों में संलिप्त था। साधारण लोगों ने राष्ट्रीय ध्वज को सरकारी भवनों पर फहराने के असम्भावित ख़तरे

उठाये। युवा समाचार विक्रेता लड़के धीमी आवाज़ में बिक्री की विनाशकारी आवाज़ें लगाते : 'टाइम्स ऑफ़ इण्डिया, क्विट इण्डिया! टाइम्स ऑफ़ इण्डिया, क्विट इण्डिया!' गिरफ़्तारियों के बाद के सप्ताहों में कोई दिन ऐसा नहीं जाता था, जिस दिन प्रदर्शनकारियों व पुलिस के बीच झगड़ों की ख़बरें न आती हों। ब्रिटिश शासकों ने क्रूर दमनकारी प्रतिक्रिया की, वे निहत्थे प्रदर्शनकारियों पर गोलियाँ चलाते, जिससे हर सप्ताह दर्जनों लोग मारे जाते, अपराधियों को कोड़े लगाते और राष्ट्रवादी समाचार–पत्रों पर सेंसर लगाते (और बन्द कर देते)। 'क्विट इण्डिया' जागरूक हो रहे राष्ट्र का नगाड़ा बन गया परन्तु इस सबने राष्ट्र की दासता की अवधि को और लम्बा ही किया।

युद्ध ने ब्रिटिश शासकों के क़ैदियों के प्रति दृष्टिकोण को भी कठोर बना दिया। चर्चिल ने मन्त्रिमण्डल से कहा, 'गाँधी को केवल अनशन की धमकी के कारण रिहा नहीं किया जाना चाहिए। यदि वह मर गया तो हम एक बुरे आदमी और साम्राज्य के शत्रु से मुक्त हो जायेंगे।' वह इस प्रक्रिया को अंजाम देने के लिए बिल्कुल तैयार था, उसका सुझाव था कि महात्मा के 'हाथ–पैर दिल्ली के दरवाज़ों से बाँध देने चाहिए और वाइसराय एक विशाल हाथी पर बैठकर उसे (महात्मा को) कुचल दे।'

नेहरू द्वारा जेल में बिताये गये सबसे लम्बे समय 9 अगस्त, 1942 से 15 जून, 1945 तक कुल 1,040 दिन अथवा चौंतीस महीने के दौरान ब्रिटिश शासन में जिन्ना एवं मुस्लिम लीग की स्थिति मज़बूत हो गयी। वे पार्टी के भीतर जिन्ना के आलोचकों पर लीग में और उसके नेतृत्व में बने रहने का दबाव डाल रहे थे। पाकिस्तान की विचारधारा वाले मुसलमान विरोधियों को निरुत्साहित किया गया अथवा मार्ग से हटा दिया गया। जो अन्य प्रभावशाली हो सकते थे (जैसे पंजाब में सर सिकन्दर हयात ख़ान और सिन्ध में अल्लाह बक्श), उनकी परिणाम को प्रभावित करने से पहले ही मृत्यु हो गयी। लीग ने उन प्रान्तों में, जिनमें चुनावों में इसे उखाड़ दिया गया था, सरकारें बनाईं (प्रायः ब्रिटिश सदस्यों के वोट से और कांग्रेस विधायक जेल में थे) और जहाँ औपचारिक पद सम्भव नहीं थे वहाँ संरक्षण में नियुक्तियों का आनन्द उठाया। इस प्रयास में ब्रिटिश शासक बहुत जटिल थे। जैसाकि ब्रिटेन के वाइसराय लॉर्ड लिनलिथगो ने द्वितीय विश्वयुद्ध के ख़तरों से भरपूर वर्षों के दौरान जिन्ना के सम्बन्ध में स्वीकार

किया, 'वह अल्पसंख्यक वर्ग का प्रतिनिधि है और ऐसा अल्पसंख्यक वर्ग जो स्वयं को हमारी सहायता से प्रभावी ढंग से खड़ा रख सकता है।' ब्रिटिश के संरक्षण में लीग जैसे ही विकसित हुई, इसकी 1941 में 1,12,000 की सदस्यता 1944 में बढ़कर 20 लाख सदस्यों तक पहुँच गयी।

'भारत छोड़ो' आन्दोलन की निरर्थकता, जिससे और कुछ तो नहीं मिला परन्तु कांग्रेस को राष्ट्रीय मामलों से निष्कासित कर दिया गया, ने कांग्रेस की इसके मन्त्रियों द्वारा त्याग–पत्र दिये जाने की मौलिक चूक को और बड़ा बना दिया। इससे मुस्लिम लीग के लिए मैदान साफ़ हो गया जो युद्ध से अपार शक्ति एवं सम्मान पाकर उभरी। 1939 में मन्त्रियों के त्याग–पत्र और 1942 में 'भारत छोड़ो' आन्दोलन दोनों ही दूरगामी राजनीति के स्थान पर निरर्थक प्रयास प्रमाणित हुए। इन्होंने मुस्लिम लीग की विजय का मार्ग प्रशस्त कर दिया।

15 जून, 1945 को नेहरू एवं उनके कांग्रेसी सहकर्मी जेल से बाहर आये, धूप में उनकी आँखें चौंधिया रही थीं। युद्ध समाप्त हो चुका था और उन्हें रिहा कर दिया गया था। वे आज़ादी की तरफ़ अपने पहले क़दम एक ऐसे संसार में बढ़ा रहे थे, जो बहुत ज़्यादा बदल चुका था।

## अन्तिम खेल : चुनाव, विद्रोह, विभाजन

ब्रिटिश शासकों ने युद्ध के दौरान स्वयं का महिमामण्डन नहीं किया था। उन्होंने उस देश में सैनिक तानाशाही की थी जिसे वे प्रजातन्त्र के लिए तैयार करने का दावा करते थे। उनके शासनकाल में मानवीय इतिहास का सबसे बुरा अकाल–1943 में बंगाल का अकाल पड़ा और उस समय वे भोजन (चर्चिल के वैयक्तिक आदेशों पर) भूख से मर रहे नागरिकों की बजाय भरपूर सप्लाई प्राप्त करने वाले अंग्रेज़ सिपाहियों को भेज रहे थे (अगले अध्याय में इस पर और प्रकाश डाला जायेगा)। सैनिक असफलता (उत्तरी अमरीका के रेगिस्तान एवं बर्मा के जंगलों में) के लिए वाइसराय के रूप में लिनलिथगो का स्थान पाने के रूप में पुरस्कृत लॉर्ड वेवेल ने भी भारत के प्रति ब्रिटिश सरकार के दृष्टिकोण को उस स्तर तक, जिसकी मैंने कल्पना नहीं की थी, उपेक्षापूर्ण, शत्रुतापूर्ण एवं तिरस्कारपूर्ण बताया।

ब्रिटेन के आम चुनावों में लेबर पार्टी की जीत का अभिप्राय था कि कुख्यात चर्चिल के स्थान पर शीघ्र ही एटली को प्रधानमन्त्री के रूप में

लाया जायेगा परन्तु इससे भारत में ब्रिटिश अधिकारियों के कांग्रेस–विरोधी दृष्टिकोण में कोई अन्तर नहीं आया। वेवेल ने जून, 1945 के अन्त में शिमला में एक सम्मेलन का आयोजन किया जिसे वाइसराय ने जिन्ना द्वारा बरबाद करने दिया गया। रोष एवं निराशा के इस वातावरण में ब्रिटिश शासकों ने 1945 के अन्त में केन्द्रीय एवं प्रान्तीय विधानसभाओं की सीटों के लिए चुनावों की घोषणा कर दी।

कांग्रेस उस समय अत्यधिक शोचनीय स्थिति में थी कि चुनावों का सामना कर पाती। 1939 में शक्ति की कमानों को समर्पित कर देने की बड़ी चूक और 1942 से अपने नेतृत्व के जेल में होने का अर्थ था कि यह थकी हुई, हतोत्साहित एवं असंगठित ढंग से चुनाव अभियान में उतरी। दूसरी ओर लीग युद्ध के दौरान फल–फूल गयी थी और इसकी राजनीतिक मशीनरी संरक्षण एवं धन से भली प्रकार से चिकनी थी जबकि कांग्रेस को कुप्रयोग के कारण जंग लग चुका था। 1937 में निर्वाचन क्षेत्र का सौभाग्य अब उल्लेखनीय ढंग से विपरीत हो चुका था। कांग्रेस को प्रान्तों में फिर भी बहुमत प्राप्त हुआ परन्तु उत्तर–पश्चिमी फ्रंटियर प्रान्तों में स्थिति भिन्न थी, जहाँ कांग्रेस ने 19 मुस्लिम सीटों पर विजय प्राप्त की और लीग को सत्रह सीटें मिलीं। लीग ने मुसलमानों के लिए आरक्षित समस्त सीटें जीत लीं। साम्प्रदायिक संक्रमण से अछूते प्रतीत होने वाले बम्बई और मद्रास जैसे प्रान्तों में भी यही स्थिति थी। इसकी कैफ़ियत जो भी रही हो और नेहरू कुछ कैफियत दे सकते थे, परन्तु अब इस सच्चाई से मुँह नहीं मोड़ा जा सकता था कि भारत के अधिकतर मुसलमानों की बात रखने के लिए जिन्ना और मुस्लिम लीग अब वैध रूप से लोकप्रिय जनादेश का दावा कर सकते थे।

नेहरू को यह विश्वास नहीं था कि इसका अभिप्राय था कि देश का विभाजन अपरिहार्य है जिसे वे तब तक पूर्णतया अव्यावहारिक मानते थे। 1945 के अन्त एवं 1946 के प्रारम्भ में वे भाषणों, साक्षात्कारों एवं लेखों में यही विश्वास व्यक्त करते रहे कि विदेशी शासन से मुक्ति मिलने के बाद भारत के मुसलमान पृथक् होने का कोई भी विचार त्याग देंगे। उन्होंने लिखा कि भारत के मुसलमान 'केवल तकनीकी दृष्टि से अल्पसंख्यक हैं। उनकी संख्या बहुत बड़ी है और वे अन्य प्रकार से बहुत शक्तिशाली हैं और यह स्पष्ट है कि उन्हें अपनी इच्छा के विरुद्ध बाध्य नहीं किया जा

सकता...यह साम्प्रदायिकता का प्रश्न अनिवार्य रूप से निहित हितों की रक्षा के लिए है और धर्म इस उद्देश्य के लिए सदा ही एक बहुत लाभकारी बहाना एवं आड़ रहा है।' उन्होंने तो यह तर्क भी दिया कि मुसलमानों के भय को दूर करने के लिए कांग्रेस को उन्हें पृथक् होने का अधिकार देना चाहिए। उन्हें यह अपेक्षा नहीं थी कि मुस्लिम लीग के शासन वाले प्रान्त वास्तव में इस अधिकार का प्रयोग करेंगे। अनेक भारतीय विश्लेषकों का मत है कि क्या जिन्ना वास्तव में एक पृथक् राज्य स्थापित करना चाहते थे अथवा केवल कांग्रेस की तुलना में अधिक शक्ति प्राप्त करने के लिए पाकिस्तान बनाने की पैरवी कर रहे थे, परन्तु उनके अनुयायियों ने उनके कथन पर विश्वास किया। वे एक अपनी सरकार बनाने के लिए दृढ़ संकल्प थे और 1946 की बसन्त तक नेहरू का आदर्शवाद बहुत नासमझी भरा और ख़तरनाक लगने लगा था।

यह दुखद था कि 'बाँटो और राज करो' का सिद्धान्त बहुत अच्छे से काम कर गया था। ब्रिटिश भारत की अखण्डता को बनाये रखने के औज़ार ने ब्रिटिश शासकों के बिना अखण्डता को बनाये रखना असम्भव कर दिया था।

*

यह स्पष्ट था कि अब भारत में ब्रिटेन का समय पूरा हो गया था। भारतीय सैनिक एवं पुलिसकर्मी भी अपने ब्रिटिश अधिकारियों की प्रतिक्रिया की परवाह किये बिना अब खुलेआम राष्ट्रवादी नेताओं के प्रति अपना समर्थन व्यक्त कर रहे थे। वायुसेना एवं ब्रिटिश भारतीय नौसेना में बग़ावतें हो गयीं। नौसेना में हुआ सैन्य विद्रोह अधिक गम्भीर था क्योंकि इससे अठहत्तर जलपोत और 20,000 नौसेना कर्मियों वाले 20 तटीय प्रतिष्ठान प्रभावित हुए थे। राजनीतिक कार्यक्रमों में हिंसा भड़क उठती। बम्बई में ब्रिटिश सैनिकों ने ब्रिटेन–विरोधी दंगों को शान्त करते हुए 233 प्रदर्शनकारियों को मार दिया। इस सबके पीछे आज़ादी की माँग थी।

ब्रिटिश सरकार ने परस्पर युद्धरत गुटों को एक होने का अन्तिम अवसर प्रदान करते हुए बोस की आज़ाद हिन्द फ़ौज के भगोड़ों को दण्डित करने का निर्णय लिया। स्वयं बोस का युद्ध के अन्त में फॉर्मोसा (ताइवान) में

एक विमान दुर्घटना में देहान्त हो गया था। अतः ब्रिटिश शासन ने इसके लेफ्टिनेंटों में से बलि के बकरे ढूँढ़ने का प्रयास किया। निष्पक्ष दिखाई देने की इच्छा में ब्रिटिश शासकों ने आईएनए के तीन सिपाहियों–एक हिन्दू, एक मुसलमान और एक सिख–को दिल्ली के ऐतिहासिक लाल किले में मुक़दमा चलाने के लिए चुना। इसका परिणाम था राष्ट्रीय स्तर पर होहल्ला, जिसने साम्प्रदायिक विभाजन को पाटने का काम किया। आईएनए के आदमियों की जो त्रुटियाँ और ग़लत निर्णय रहे हों (नेहरू का विश्वास था कि विदेशी फासिवादियों की तो बात ही छोड़ दी जाये, विदेशियों के साथ गठजोड़ करके स्वतन्त्रता कभी प्राप्त नहीं हो सकती) परन्तु वे अपनी मातृभूमि के प्रति विश्वासघाती नहीं थे। इन तीनों प्रतिवादियों में से प्रत्येक देश को विदेशी शासन से मुक्त करवाने के अपने समुदाय के गौरवपूर्ण दृढ़संकल्प का प्रतीक बन गया। कांग्रेस व लीग दोनों ही इन तीनों की रक्षा में आगे आयीं। नेहरू और जिन्ना अपने लम्बे कैरियर में पहली बार एक ही मामले की पैरवी कर रहे थे और नेहरू ने पच्चीस वर्ष के बाद बैरिस्टर का चोगा पहना था।

परन्तु वह क्षण बीत गया; तीन देशभक्तों की पैरवी करना अब देशभक्ति की एक समान परिभाषा का पर्याप्त प्रमाण नहीं रह गया था। देशभर में फैली उत्तेजना और विक्षोभ ने मुक़दमों के परिणामों को लगभग अप्रासंगिक बना दिया। अन्ततः मुक़दमे बन्द कर दिये गये क्योंकि जब तक उन्हें शुरू किया गया था, तब तक यह स्पष्ट हो गया था कि ब्रिटिश राज के प्रति अन्तिम राजद्रोह की योजना उसकी अपनी राजधानी लन्दन में ही तैयार हो रही थी।

लेबर पार्टी के नेतृत्व में लन्दन, जो कि युद्ध से थक चुका था, स्वयं को भारतीय शासन के बोझ से मुक्त करने के लिए दृढ़ संकल्प था। फरवरी 1946 में प्रधानमन्त्री एटली ने घोषणा की कि भारतीय संविधान तैयार करने के लिए भारतीय विचारधारा के नेताओं से विचार–विमर्श करने के उद्देश्य से एक कैबिनेट मिशन भारत के लिए रवाना हो चुका है। अन्तिम खेल प्रारम्भ हो गया था।

अप्रैल, 1946 में नेहरू को निष्पक्ष रूप से कांग्रेस का अध्यक्ष चुन लिया गया चूँकि मई में कैबिनेट मिशन की शिमला में होने वाली बैठक से पूर्व एक अन्तरिम भारतीय सरकार का गठन किया जा रहा था। सर

स्टैफोर्ड क्रिप्स, लॉर्ड पेथिक लॉरेंस एवं ए.वी. अलेग्ज़ेंडर की त्रयी वाला मिशन बैठ गया। यह अनुभव होने पर कि अब राज समाप्ति पर है, गिद्धों ने दावत के लिए इकट्ठा होना शुरू कर दिया था। सम्बन्धित दलों–ब्रिटिश शासक, कांग्रेस, मुस्लिम लीग, हिन्दू महासभा, वफ़ादार, कम्यूनिस्ट एवं प्रशासनिक सेवा के अधिकारियों के बीच परस्पर एवं भीतर गपशप, षड्यन्त्र, छल–कपट और गम्भीर हो गये और दिनोदिन और जटिल होते गये। वेवेल की आश्चर्यजनक रूप से साफ़गोई से लिखी डायरियों में उसके सम्पर्क में आये वास्तव में प्रत्येक भारतीय राजनेता के प्रति उसकी नफ़रत एवं अविश्वास प्रकट होता है। उसकी दृष्टि में प्रत्येक अपने से बाद वाले से अधिक बेईमान था। अधिकतर ब्रिटिश प्रशासकों के समान यद्यपि उसका व्यवहार कांग्रेस के प्रति विद्वेषपूर्ण एवं अपनी सरकार द्वारा पोषित लीग के प्रति सहानुभूतिपूर्ण था परन्तु वह लीग के नेताओं के झूठ एवं उनके 'हिन्दुओं के विरुद्ध घृणा के राग' के प्रति अपनी नाराज़गी में बहुत कठोर था (किसी भी कांग्रेसी नेता ने वाइसराय के समक्ष मुसलमानों के प्रति कोई घृणा व्यक्त नहीं की थी)।

पाकिस्तान की धारणा भी इसके अपने पैरवीकारों के मस्तिष्क में अनेक स्वरूप लेती प्रतीत हो रही थी, अनेक लोग इसे एकीकृत भारत के भीतर एक मुस्लिम राज्य के रूप में देखते थे और अन्य स्पष्ट विभाजन की बजाय विकेन्द्रीकृत संघों के रूप में इसके मिले–जुले स्वरूप की वकालत कर रहे थे (अमरीकी पत्रकार फ़िलिप्स टेल्बॉट ने मुझे बताया कि 1940 में लीग के सर अब्दुल्ला हारून ने उसे पाकिस्तान के लिए आठ पृथक् योजनाएँ दिखाईं, जिन पर लीग का हाई कमान विचार–विमर्श कर रहा था)। जिन्ना देश के उत्तर–पश्चिम एवं पूर्व में एक पृथक् राज्य की अपनी माँग पर अटल था परन्तु वह इस सम्बन्ध में सटीक उत्तर देने के लिए तैयार नहीं था कि ऐसे राज्य अथवा देश का गठन हिन्दू बहुल प्रान्तों में मुसलमानों की सुरक्षा के घोषित लक्ष्य को किस प्रकार पूरा करेगा। इस दौरान नेहरू ब्रिटिश शासकों द्वारा देश छोड़कर चले जाने से कम कुछ नहीं चाहते थे : उन्होंने घोषणा की कि भारत की राजनीतिक व्यवस्थाओं को देखने का काम किसी ब्रिटिश मध्यस्थता के बिना सम्बन्धित विधानसभाओं के भारतीयों द्वारा निश्चित करने के लिए छोड़ दिया जाना चाहिए।

ब्रिटिश शासकों के वास्तविक इरादों के सम्बन्ध में नेहरू की अत्यधिक

ग़लत गणना एवं अनुमान उस समय इस समस्या का आंशिक कारण हो सकते हैं। जेल में होने के कारण वैश्विक मुद्दों की राजनीतिक वास्तविकता से दूर हो चुके नेहरू इस विश्वास के साथ शिमला आये (जैसाकि उन्होंने फ़िलिप्स टेल्बॉट से कहा था) कि विश्वासघाती एल्बियन अभी भी भारतीय पार्टियों में फूट को बढ़ावा देकर भारतरूपी हीरे को साम्राज्य के मुकुट में बनाये रखना चाहता था। टेल्बॉट ने अनुभव किया कि नेहरू को यह अहसास ही नहीं हुआ था कि ब्रिटेन थक चुका था, लगभग दिवालिया हो गया था और लन्दन में सरकार के अनुमान के अनुसार भारत पर अपने नियन्त्रण को पुनः स्थापित करने के लिए आवश्यक 60,000 ब्रिटिश सैनिक भेजने में असमर्थ व अनिच्छुक था। लन्दन डोर काटकर भागना चाहता था और ब्रिटिश यदि अपने पीछे संयुक्त भारत नहीं छोड़कर जा सके तो वे भागने से पहले देश को शाब्दिक अर्थ में काट डालने, टुकड़े–टुकड़े कर देने के लिए तैयार थे। अभी भी यह कल्पना करते हुए कि सर्व–शक्तिमान विरोधी अपने आधिपत्य को बनाये रखना चाहता है और इस बात से अनभिज्ञ कि लीग भारत के मुसलमानों के बीच किस सीमा तक लोकप्रिय पार्टी बन चुकी है–नेहरू ने दोनों ही मुद्दों का ग़लत अनुमान के आधार पर सामना किया। टेल्बॉट ने आश्चर्य व्यक्त करते हुए लिखा है : 'नेहरू एवं उनके सहकर्मियों ने ब्रिटेन की उनकी दृष्टि में ताक़त से ही प्रभावित न रहते हुए यदि उसकी कमज़ोरी को समझा होता तो उन्होंने किस भिन्न प्रकार से इस पर समझौता किया होता?' यह प्रश्न हमारा पीछा करता है।

9 मई, 1946 को जब शिमला वार्ता प्रारम्भ हुई तो नेहरू के साथ शिष्ट व्यवहार कर रहे जिन्ना ने दो मुसलमान कांग्रेसियों–आज़ाद एवं ख़ान अब्दुल गफ़्फ़ार ख़ान में से किसी से भी हाथ मिलाने से इनकार कर दिया; वह मुस्लिम भारत के एकमात्र प्रवक्ता के रूप में स्वयं को प्रस्तुत करना चाहता था। फिर भी कैबिनेट मिशन ने भारत के प्रशासन के लिए तीन स्तरीय योजना का प्रस्ताव रखा तो लीग ने इस प्रस्ताव को स्वीकार कर लिया, चाहे इसका अभिप्राय प्रभुसत्ता–सम्पन्न पाकिस्तान के विचार को छोड़ना था। मिशन द्वारा प्रस्तावित योजना में कमज़ोर केन्द्र (सुरक्षा, विदेश मामले एवं सम्प्रेषण तक सीमित), स्वायत्त प्रान्त (पाँच वर्ष के बाद पृथक् होने के अधिकार के साथ) एवं प्रान्तों के समूह (जिनमें से कम–से–कम एक प्रमुख रूप से मुसलमान होगा) थे।

वाइसराय ने योजना पर कांग्रेस की औपचारिक स्वीकृति की प्रतीक्षा किये बिना अन्तरिम सरकार बनाने के लिए चौदह भारतीयों को आमन्त्रित कर लिया। इस सूची में सभी अग्रणी मुस्लिम लीग नेता एवं कांग्रेस सदस्य थे, परन्तु इसमें एक आश्चर्यचकित कर देने वाली त्रुटि थी : एक भी मुसलमान कांग्रेसी को इस सूची में सम्मिलित नहीं किया गया था। कांग्रेस ने उत्तर दिया कि इसे यह योजना सैद्धान्तिक रूप से स्वीकार है परन्तु यह ऐसी सरकार को स्वीकार नहीं कर सकती जिसके सभी मुसलमान सदस्य लीग से हैं। जिन्ना ने स्पष्ट कर दिया कि वह इसके अतिरिक्त कुछ भी स्वीकार नहीं कर सकता और परिणामस्वरूप इस गतिरोध को तोड़ना कठिन हो गया। कैबिनेट मिशन अपनी योजना को स्वीकार करवाकर, परन्तु इस अनसुलझे विवाद के साथ एक केयरटेकर वाइसराय परिषद को देश का प्रभारी बनाकर लन्दन लौट गया। यह विडम्बनापूर्ण है कि इसका एकमात्र भारतीय सदस्य (सात अंग्रेज़ लोगों के साथ) मुसलमान प्रशासनिक सेना अधिकारी सर अकबर हैदरी थे, जिन्होंने पाकिस्तान की अवधारणा के प्रति अपने मूलभूत विरोध को सैद्धान्तिक रूप से स्पष्ट कर दिया था।

इस दौरान कैबिनेट मिशन द्वारा प्रस्तावित सरकार की समस्या का कोई समाधान नहीं हुआ। कांग्रेस और लीग–दोनों ने इस योजना को सैद्धान्तिक रूप से स्वीकार किया था; इसके विवरणों पर सहमति अभी बननी थी। नेहरू, जिनकी कांग्रेस की अध्यक्षता अभी नयी–नयी ही फिर से बहाल हुई थी, ने बम्बई में एआईसीसी की एक बैठक की अध्यक्षता की। नेहरू ने इस बैठक में जल्दबाज़ी में कांग्रेस की इस योजना पर स्वीकृति के अभिप्राय की इस प्रकार व्याख्या की कि 'हमने संविधान सभा में जाने का निर्णय लिया है, इसके अतिरिक्त हम किसी भी चीज़ के लिए बाध्य नहीं हैं।' उनके वक्तव्य के परिणामों की अभी व्याख्या की ही जा रही थी कि उन्होंने इसके तुरन्त बाद एक संवाददाता सम्मेलन में इसे दोहराते हुए जोड़ा कि 'हम काम करने के लिए पूर्णतः स्वतन्त्र हैं'। नेहरू ने स्पष्ट रूप से यह कहा कि वे नहीं सोचते कि लीग के लिए इतना महत्त्वपूर्ण प्रान्तों का समूहीकरण अवश्य ही स्वतन्त्र वोट प्राप्त कर सकेगा। क्रोधित जिन्ना ने प्रतिक्रियास्वरूप कैबिनेट मिशन योजना से अपनी स्वीकृति वापस ले ली।

संयुक्त भारतीय सरकार में कांग्रेस–लीग सहयोग, वह चाहे लीग की

शर्तों पर ही हो, की संक्षिप्त आशा की समाप्ति को उकसाने के लिए नेहरू को विचारहीनता का दोषी ठहराया गया। नेहरू ने जुलाई, 1946 में अपनी ज़ुबान पर नियन्त्रण रखा होता तो भी यह किसी भी तरह से स्पष्ट नहीं था कि कांग्रेस–लीग की परस्पर समझ बनी रहती। आज़ाद एकता की ख़ातिर सरकार में मुसलमान–कांग्रेसियों के दावे को छोड़ने के लिए तैयार थे परन्तु पूरी पार्टी इस बिन्दु पर जिन्ना से सहमत होने के लिए तैयार नहीं थी। यह वक्तव्य देकर कि प्रान्तों का समूहीकरण अपरिवर्तनीय नहीं था, नेहरू योजना की यदि भावना नहीं तो इसे अक्षरशः व्यक्त कर रहे थे (लीग ने जब यह घोषणा की कि योजना ने इसे पाकिस्तान के लिए काम करने का आधार दे दिया है, तो उसे भी इसी प्रकार दोषी ठहराया जा सकता था)। अतः उन्हें देश के विभाजन को रोकने के अन्तिम अवसर को समाप्त अथवा नष्ट कर देने वाले प्रमुख व्यक्ति के रूप में देखना, मामले को बढ़ा–चढ़ाकर प्रस्तुत करना है। नेहरू के जीवनीकार एम.जे. अकबर ने जैसा कि लिखा है, 'पाकिस्तान की रचना जिन्ना की इच्छा (विल) और ब्रिटेन की रज़ामन्दी (विलिंगनेस) से हुई'–न कि नेहरू के दुराग्रह से।

8 अगस्त, 1946 को कांग्रेस कार्यकारी समिति ने इसके अध्यक्ष के द्वारा नियुक्त नये चेहरों के प्रवेश से सुदृढ़ होकर (दो अपेक्षाकृत युवा महिलाओं, कमला देवी चट्टोपाध्याय एवं राजकुमारी अमृत कौर सहित) यह घोषणा की कि यह विवरण के मुद्दों पर इसकी अपनी व्याख्याओं के साथ कैबिनेट मिशन योजना को स्वीकार करती है परन्तु यह जिन्ना को मैदान में वापस लाने के लिए पर्याप्त नहीं था। नेहरू अन्तरिम सरकार पर सहमति प्राप्त करने के लिए उससे (बम्बई में जिन्ना के घर पर) मिले, परन्तु वह बहुत हठी सिद्ध हुआ। वह पाकिस्तान प्राप्त करने के लिए दृढ़ संकल्प था। मुस्लिम लीग के नेताओं ने अपनी इस माँग को सामने रखने के लिए 16 अगस्त, 1946 का दिन सीधी कारवाई (डायरेक्ट एक्शन डे) के रूप में घोषित किया। मुस्लिम लीग के हज़ारों सदस्य हिंसा, लूट व मारकाट के नाच में सड़कों पर उतर आये। परिणामस्वरूप हुए दंगों में, विशेष रूप से कलकत्ता में 16,000 निर्दोष लोग मारे गये। पुलिस और सेना हाथ–पर–हाथ रखे यह सब देखती रही; ऐसा प्रतीत होता था कि ब्रिटिश शासकों ने कलकत्ता को भीड़ के हवाले करने का निर्णय ले लिया था। अन्ततः सेना के आने से पहले तीन दिन तक शहर में हुए साम्प्रदायिक दंगों में अनेक मौतें व

बरबादी हुई। इस हत्याकाण्ड और घृणा ने राष्ट्रीय मानस में कुछ अकथनीय चीर डाला था, अब सामंजस्य असम्भव दिखाई देता था।

परन्तु फिर भी एक सप्ताह बाद वेवेल और नेहरू भारत के लिए एक अन्तरिम सरकार पर विचार–विमर्श कर रहे थे जिसमें पाँच जातिगत हिन्दू, पाँच मुसलमान, एक अनुसूचित जाति का सदस्य और अल्पसंख्यकों के तीन प्रतिनिधि होंगे। वे इस बात पर सहमत थे कि जिन्ना अपने प्रतिनिधियों को नामित कर सकता था परन्तु सैद्धान्तिक रूप से राष्ट्रवादी मुसलमान सहित कांग्रेस के नामांकन में उसकी कोई भूमिका नहीं हो सकती थी। लीग इसमें शामिल होने के निर्णय पर अभी विचार–विमर्श कर ही रही थी कि भारत की अंतरिम सरकार की घोषणा कर दी गयी और कांग्रेस के सदस्यों ने 2 सितम्बर, 1946 को शपथ ग्रहण कर ली। नेहरू ने 7 सितम्बर को अपने प्रसारण में इसे एक नये संघर्ष की समाप्ति के रूप में देखा : 'बहुत लम्बे समय तक हम घटनाओं को मूकदर्शक की भाँति देखते रहे हैं, जो दूसरों के लिए तमाशा थीं। अब हमारे लोगों के पास नेतृत्व आया है तो अब हम अपनी इच्छानुसार इतिहास बनायेंगे।'

'सीधी कारवाई' की विभीषिका होने देने वाली लीग एवं बंगाल में इसकी सरकार को ब्रिटिश शासन का समर्थन अब भी जारी था। कलकत्ता में हुई हत्याओं के परिणामस्वरूप बंगाल की स्थितियों के सम्बन्ध में नेहरू ने क्रोधित होकर वेवेल को लिखा, 'भारत की अन्तरिम सरकार बनाने का क्या लाभ, यदि जब हज़ारों लोगों का क़त्ल किया जा रहा हो तो हम असहाय देखने के अतिरिक्त कुछ नहीं कर सकते...?' परन्तु वे वेवेल से यद्यपि कांग्रेस शासित, परन्तु मुस्लिम–बहुल उत्तर–पश्चिम फ्रंटियर प्रान्त का दौरा करने का बलपूर्वक आग्रह करते हुए बहुत दूर चले गये। उनके विरुद्ध लीग द्वारा आयोजित प्रदर्शन, जिसमें पत्थर बरसाये गये एवं नेहरू को चोटें भी आयीं, की ओर से ब्रिटिश सरकार ने आँखें मूँद लीं। इससे भी महत्त्वपूर्ण यह था कि इस असफलता से यह संकेत मिल गया था कि एक हिन्दू होने के नाते नेहरू प्रान्त के मुसलमानों को राष्ट्रीय नेता के रूप में कभी भी स्वीकार्य नहीं हो सकते।

इस दौरान लीग के अन्तरिम सरकार में प्रवेश को सम्भव बनाने के लिए ब्रिटिश शासकों द्वारा कांग्रेस पर जिन्ना को और रियायतें देने के दबाव के चलते गाँधी और नेहरू ने स्वेच्छा से मुसलमान सदस्य नामित

करने का अपना अधिकार छोड़ दिया। यह क़दम जिन्ना के लिए सौदेबाज़ी करने वाला प्रमाणित हुआ और अब वह किसी समझौते पर पहुँचने के लिए नेहरू के साथ चर्चा में भाग लेने के लिए तैयार प्रतीत हुआ। परन्तु उनकी बातचीत आगे बढ़ने लगी तो जिन्ना ने एक बार फिर हठ की कि कांग्रेस लीग को भारतीय मुसलमानों की एकमात्र प्रतिनिधि के रूप में मान्यता दे। नेहरू ने यह कहकर ऐसा करने से इनकार कर दिया कि यह कांग्रेस में अनेक राष्ट्रवादी मुसलमानों के साथ विश्वासघात करने जैसा होगा और स्वयं उनके अपने एवं देश के सम्मान पर एक धब्बा होगा। इस पर वाइसराय ने सीधे जिन्ना के साथ बातचीत की और उसके मुसलमानों एवं अनुसूचित जाति के सदस्यों के नामांकन को स्वीकार कर लिया। 15 अक्टूबर को मुस्लिम लीग ने अन्तरिम सरकार में भाग लेने की औपचारिक घोषणा की।

परन्तु लीग ने ऐसा इसे भीतर से बरबाद करने के लिए किया था। लीग के नामित सदस्यों ने 26 अक्टूबर को शपथ ग्रहण करने से पहले ही दिये गये अपने भाषणों में घोषणा की कि उनकी वास्तविक मंशा पाकिस्तान बनाने के लिए काम करने की थी। लीग के सदस्य कैबिनेट की प्रत्येक बैठक से पहले आपस में मिलते और कैबिनेट में शासक गठजोड़ के भाग होने की बजाय विपक्षी समूह के रूप में काम करते। वे छोटे–से–छोटे मुद्दे से लेकर सबसे अधिक महत्त्वपूर्ण मुद्दे पर कांग्रेस के प्रत्येक प्रयास अथवा प्रस्ताव का विरोध कर सरकार के काम–काज में बाधा डालते। इस दौरान पार्टी ने देश भर में हिंसा भड़काना जारी रखा। नवम्बर माह के प्रारम्भ में जब बिहार में दंगे शुरू हो गये (गाँधी अकेले ही इस दंगा–पीड़ित प्रान्त में चलते हुए शान्ति बहाली का काम करते रहे) तो जिन्ना ने 14 नवम्बर को घोषणा की कि पाकिस्तान की रचना होने तक हत्याएँ नहीं थमेंगी। ब्रिटेन ने दिसम्बर में एक बैठक बुलाई जिसका उद्देश्य कांग्रेस पर लीग को और अधिक रियायतें देने का दबाव बनाना था जिससे कि इसे संविधान सभा में भाग लेने के लिए मनाया जा सके। बम्बई संवाददाता सम्मेलन की प्रतिक्रिया के सेंक को नेहरू अभी भूले नहीं थे और इस समय उनकी सोच सर्वाधिक समझौतावादी थी परन्तु जिन्ना को ब्रिटिश शासकों का दृष्टिकोण इस बात की पुष्टि प्रतीत हुआ कि उनकी पार्टी का भाग्य चढ़ान पर है और उसने अपनी माँगें बढ़ा दीं। नेहरू को ऐसा

अनुभव हुआ कि ब्रिटेन ने 1930 के दशक में यूरोप की शान्ति नीति की असफलता से कोई सबक़ नहीं लिया था।

संविधान सभा की बैठक अपनी निर्धारित तिथि 9 दिसम्बर को लीग की प्रतिभागिता के बिना हुई परन्तु बैठक में ऐसे कोई भी निर्णय न लेने का ध्यान रखा गया कि जिससे जिन्ना इससे हट जाते। फिर भी 29 जनवरी, 1947 को मुस्लिम लीग की वर्किंग कमेटी ने एक प्रस्ताव पारित किया जिसमें ब्रिटिश सरकार से यह घोषणा करने के लिए कहा गया कि कैबिनेट मिशन की योजना असफल हो गयी है और वह एसेम्बली को भंग करे। अन्तरिम सरकार के कांग्रेसी सदस्यों ने इस पर माँग की कि लीग के सदस्यों ने योजना को अस्वीकार कर दिया है और वे त्याग–पत्र दे दें। अपनी नीति पर लड़ाई–झगड़े के बीच ब्रिटिश सरकार ने घोषणा की कि चाहे कुछ भी हो जाये, वे जून, 1948 से पहले भारत से चले जायेंगे और सत्ता के हस्तान्तरण के लिए वेवेल को बदला जायेगा।

इस समस्त गतिरोध के मध्य सुदूर दक्षिण के सुप्रीम एलाइड कमाण्डर महामहिम रीयर एडमिरल राइट ऑनरेबल लॉर्ड लुइस फ्रांसिस एल्बर्ट विक्टर निकोलस, बर्मा के विस्काउण्ट माउण्टबेटन, केसीजी, पीसी, जीएमएसआई, जीएमआईई, जीसीएफओ, केसीडी, डीएसओ आ पहुँचे। राजसी वंश का कुलीन, अभिजात (महारानी विक्टोरिया उसकी पड़दादी थी और इस प्रकार वह शासन कर रहे राजा का चचेरा भाई था), माउण्टबेटन भी दम्भी, खोखला, आकर्षक एवं आवेगपूर्ण था। उसके अपने चीफ़ ऑफ़ स्टाफ जनरल इस्मे ने स्वीकार किया कि 'मैं कभी किसी ऐसे व्यक्ति से नहीं मिला जिसे आगे के पहियों की ब्रेक की इससे अधिक आवश्यकता हो।'

यह दुखद है कि भारत को इन ब्रेकों की ही आवश्यकता थी, जो संकट में सिर के बल कूद गया था।

## दो आत्म-समर्पण : ब्रिटिश शासकों का जाना और कांग्रेस का झुकना

नेहरू को अब यह अधिकाधिक स्पष्ट होता जा रहा था कि किसी भी रूप में पाकिस्तान बनाना ही पड़ेगा; भारत की संयुक्त सरकार में लीग काम नहीं करने वाली थी, फिर भी उन्होंने लीग के नेताओं को नयी व्यवस्था के सम्बन्ध में चर्चा में भाग लेने के लिए प्रेरित किया जिससे उन्हें अभी भी आशा थी कि सम्पूर्ण विभाजन से बचा जा सकेगा। उत्तर

भारत में जब मार्च के प्रारम्भ तक साम्प्रदायिक दंगे जारी रहे तो उनकी यह आशा भी धुँधली पड़ गयी। सरदार वल्लभभाई पटेल और नेहरू दोनों इस बात पर सहमत हो गये कि गाँधी द्वारा इस सम्भावना पर विचार करने से इनकार कर दिये जाने के बावजूद कांग्रेस के पास पंजाब और बंगाल के विभाजन के अतिरिक्त कोई विकल्प नहीं था। अर्ध–प्रभुत्व वाले पाकिस्तान सहित लचीले भारतीय संघ का विकल्प न तो लीग को स्वीकार्य होगा और न ही शेष भारत के लिए एक व्यावहारिक सरकार दे सकेगा। 24 मार्च, 1947 को माउण्टबेटन के पहुँचने से पहले ही खाँचा बन चुका था। यह माउण्टबेटन ही था जिसने इस खेल को शीघ्रता से पूरा ही ख़त्म कर दिया।

माउण्टबेटन ने बाद में दावा किया कि उसने अपने व्यक्तित्व से शासन किया और निःसन्देह उसकी सकारात्मक एवं नकारात्मक दोनों ही विशेषताएँ निर्णयात्मक होंगी। एक ओर अपने लगभग प्रत्येक पूर्ववर्ती से भिन्न वह केन्द्रित होकर काम करने वाला ऊर्जावान, आकर्षक एवं जातीय पक्षपात से मुक्त था तो दूसरी ओर वह आश्चर्यजनक ढंग से अहंकारी, अत्यधिक धैर्यहीन और आसानी से निजी पसन्द व ना–पसन्द के प्रभाव में आने वाला था। उसकी पत्नी एडविना उसकी सक्रिय साथी थी जिसने भारत के मामलों में सही अर्थों में रुचि ली। उनका विवाह सम्बन्ध बहुत विचित्र था। एडविना बार–बार विश्वासघात करती जिसे वह माफ़ कर देता और ऐसा कहा जाता है कि नेहरू के प्रति उसके लगाव ने भारत की स्वतन्त्रता के सम्बन्ध में उनके (एवं माउण्टबेटन) कुछ निर्णयों में महत्त्वपूर्ण भूमिका निभायी। इसमें कोई सन्देह नहीं है कि नेहरू व एडविना वास्तव में बहुत घनिष्ठ हो गये थे परन्तु इसकी कोई सम्भावना प्रतीत नहीं होती कि इसका कोई राजनीतिक प्रभाव था।

इस दौरान भारत में प्रशासन बिगड़ रहा था। साम्प्रदायिक हिंसा एवं हत्याएँ हर दिन की बात बन गये थे; इस बात को छोड़कर कि वह भारत के मुसलमानों का प्रतिनिधित्व करता है और कांग्रेस हिन्दुओं का, जिन्ना किसी आधार पर कांग्रेस से सहयोग करने को तैयार न था। ब्रिटिश शासकों ने उसे अपने इस हठ पर बने रहने के लिए अत्यधिक प्रोत्साहित किया। उत्तर–पश्चिम फ्रंटियर प्रान्त के लीग समर्थक गवर्नर सर ऑलफ केरोई अनैतिकतापूर्ण ढंग से इस मुस्लिम–बहुल राज्य की कांग्रेस सरकार

पर लीग के लिए रास्ता साफ़ करने का दबाव बना रहे थे, क्योंकि इसके जारी रहने से पाकिस्तान का बनना असम्भव हो जाता।

अन्तरिम सरकार में यह गतिरोध अभी जारी ही था कि माउण्टबेटन और उसके सलाहकारों ने 'बाल्कन योजना' तैयार की जिससे शक्तियाँ केन्द्र सरकार की बजाय प्रान्तों को स्थानान्तरित हो जातीं और वे संघ में शामिल होने (अथवा न होने) के लिए स्वतन्त्र हो जाते। 'बाल्कन योजना' की जब लन्दन में समीक्षा (एवं संशोधन) की जा रही थी तो नेहरू को अँधेरे में रखा गया–यह इस साम्राज्य के लिए और भी विडम्बनापूर्ण है जो यह दावा करता था कि उसके पास एकीकृत अथवा संयुक्त भारत था। नेहरू को जब अन्ततः 10 मई की रात शिमला में माउण्टबेटन ने इसकी इबारत पढ़वाई तो वे क्रोध से आगबबूला होते हुए रात के 2 बजे अपना ग़ुस्सा उगलने के लिए कृष्ण मेनन के कमरे में गये। यह योजना यदि लागू कर दी गयी होती तो नेहरू भारत की जिस धारणा को अपने लेखों में इतनी कुशलता से व्यक्त कर रहे थे, वह जिन्ना के द्वारा प्रस्तावित किये जा रहे ढंग से भी अधिक टुकड़े–टुकड़े हो गयी होती। बाल्कीकरण से गृहयुद्ध छिड़ गया होता और अकल्पनीय स्तर तक अव्यवस्था फैल जाती क्योंकि प्रान्त, राजसी राज्य एवं विभिन्न राजनीतिक शक्तियाँ ब्रिटिश राज के जाने के बाद सत्ता–प्राप्ति के लिए संघर्ष करने लगतीं।

नेहरू द्वारा माउण्टबेटन को विरोध में लिखे गये एक लम्बे, भावपूर्ण एवं कभी–कभी असम्बद्ध नोट ने इस योजना को ख़ारिज कर दिया। परन्तु एकमात्र विकल्प विभाजन था। मई में नेहरू ने देश में विस्फोटक आक्रोश देखा। कठोर एवं अप्रिय निर्णय लेने का समय आ गया था और वे उन्हें लेने के लिए तैयार थे। उन्होंने अनिच्छा से माउण्टबेटन के उत्तर–पश्चिमी फ्रंटियर प्रान्त एवं मुस्लिम–बहुल ज़िले सिल्हट में जनमत संग्रह करवाने के प्रस्ताव पर सहमति दे दी। वे कांग्रेस के सिन्ध के हिन्दू–बहुल ज़िलों में भी ऐसा ही करने के प्रति–प्रस्ताव के समक्ष भी झुक गये और सर्वाधिक आश्चर्यजनक ढंग से कांग्रेस द्वारा लम्बे समय तक की जा रही पूर्ण स्वतन्त्रता की माँग के स्थान पर ब्रिटिश राष्ट्रमण्डल के भीतर भारत के औपनिवेशिक दर्जे पर भी सहमत हो गये।

जब तक ब्रिटिश शासकों ने जिन्ना को उसे अप्रिय लगने वाले प्रत्येक प्रस्ताव पर विशेषाधिकार दिया और जब तक वे लगभग अपनी जान

निकालकर देते रहे, तब तक नेहरू विभाजन के समक्ष घुटने टेक देने के अतिरिक्त कुछ नहीं कर सकते थे। उस समय के अन्य प्रमुख राष्ट्रवादियों के लेखों एवं विचारों में भी ऐसे कोई प्रमाण नहीं मिलते कि उनमें से किसी के पास बेहतर सुझाव थे। महात्मा गाँधी एकमात्र अपवाद थे। वे माउण्टबेटन के पास गये कि यदि जिन्ना को पूरे देश का नेतृत्व दे दिया जाये तो भारत को टूटने से बचाया जा सकता है। नेहरू और पटेल दोनों ने इस सुझाव पर लगभग कोई ध्यान नहीं दिया और माउण्टबेटन ने भी शायद इसे गम्भीरता से नहीं लिया।

इसमें कोई सन्देह नहीं कि माउण्टबेटन अनुचित रूप से जल्दी करता प्रतीत हुआ और उसने योजना से बहुत पहले की तिथि–15 अगस्त निश्चित कर ली। इस तिथि का चयन उसने अपनी मर्ज़ी से किया था क्योंकि इसी दिन उसने दक्षिण–पूर्वी एशिया में सुप्रीम एलाइड कमाण्डर के रूप में जापान का आत्मसमर्पण स्वीकार किया था और उसने भारतीय नेताओं को भी अपने बहकावे में ले लिया। नेहरू को इसमें सन्देह नहीं था कि जिन्ना देश को आग लगाने एवं राष्ट्रवादी आन्दोलन ने जिस सबके लिए काम किया था, उसे नष्ट करने में सक्षम था; विनाश की बजाय भारत का विभाजन स्वीकार्य था। नेहरू ने अपनी पार्टी को बताया, 'मेरे हृदय में कोई प्रसन्नता नहीं है कि मैं इन प्रस्तावों की अनुशंसा कर रहा हूँ। यद्यपि मुझे कोई सन्देह नहीं कि यही उचित मार्ग है।' हृदय व मस्तिष्क के बीच अन्तर मर्मस्पर्शी व गम्भीर था।

नेहरू, जिन्ना और सिख नेता बलदेव सिंह ने 3 जून को देश के विभाजन पर अपनी स्वीकृति का समाचार प्रसारित किया। इस अवसर पर भी नेहरू का श्रेष्ठ स्वरूप प्रस्तुत हुआ। उन्होंने कहा, 'हम बड़े उद्देश्य के लिए काम कर रहे छोटे इनसान हैं। आज विश्व और देश में शक्तिशाली ताक़तें काम कर रही हैं....(मुझे आशा है) कि इस प्रकार हम इससे विपरीत स्थिति की तुलना में शीघ्रता से संयुक्त भारत का लक्ष्य प्राप्त करेंगे और कि भारत की नींव अपेक्षाकृत मज़बूत और सुरक्षित होगी....भूगोल का, इतिहास और परम्परा का भारत, हमारे मस्तिष्क व हृदयों का भारत बदल नहीं सकता।' परन्तु निःसन्देह यह बदल सका : भूगोल के टुकड़े होने थे, इतिहास की ग़लत व्याख्या, परम्परा का अस्वीकार एवं सोच तथा हृदयों को फाड़ दिया जाना था।

नेहरू ने कल्पना की थी कि लीग की पाकिस्तान की माँग को लेकर जिन दंगों एवं हिंसा ने देश को झकझोरकर रख दिया था, वे माँग को स्वीकार कर लिये जाने पर बन्द हो जायेंगे, परन्तु वे अपनी इस सोच में ग़लत थे। हत्याएँ एवं बड़े स्तर पर विस्थापन की घटनाएँ और भी बढ़ गयीं क्योंकि घबराए हुए लोग ब्रिटिश शासकों द्वारा उनकी मातृभूमि पर खींची जाने वाली रेखा के 'सही' ओर होना चाहते थे। भारत व पाकिस्तान की आज़ादी से पहले और बाद में हुए वहशीपन में लाखों लोग मारे गये; लगभग 1.7 करोड़ लोग विस्थापित हुए और अनगिनत सम्पत्तियाँ नष्ट हुईं व उन्हें लूटा गया। रेखाओं से तात्पर्य था ज़िन्दगियाँ। नेहरू ने जिसे भारत के कुछ भागों के बँटवारे के रूप में सोचा था, वह दो पृथक् एवं शत्रु देशों के सृजन में बदल गया, वे देश जो आगे चलकर परस्पर चार युद्ध लड़ेंगे और दशकों बाद परमाणु हथियारों पर उलझेंगे और आतंकवाद से उधड़े गतिरोध पर आ खड़े होंगे।

केवल गाँधी को ही विश्वासघात की भावना का सामना नहीं करना पड़ा था। राष्ट्रीय दल द्वारा अपमानित उत्तर–पश्चिम फ्रंटियर प्रान्त की कांग्रेस ने जनमत संग्रह का बहिष्कार करने का निर्णय लिया जो कि केवल 50.49 प्रतिशत मतदाताओं द्वारा पारित हुआ (परन्तु मतदान करने वालों का 99 प्रतिशत)। काफ़ी समय से गवर्नर जनरल के पद पर दो स्वतन्त्र उपनिवेशों के बीच पुल का काम कर रहे माउण्टबेटन को जिन्ना ने रुखाई से बता दिया कि पाकिस्तान में इस पद पर स्वयं लीग के नेता काम करेंगे। अतः निवर्तमान वाइसराय को केवल भारत के नाममात्र के प्रभुत्व से स्वयं को सन्तुष्ट करना होगा।

उत्तरी भारत के एक बड़े भाग को अपनी लपेट में ले लेने वाले दंगों व नरसंहार के बीच जवाहरलाल नेहरू को यह सुनिश्चित करने का समय मिल गया कि इस क्षण को कोई संकीर्णता अथवा तंगदिली बिगाड़ न पाये : उन्होंने स्वतन्त्रता समारोह से यूनियन जैक को औपचारिक रूप से नीचे उतारने को हटा दिया जिससे कि ब्रिटिश भावनाएँ आहत न हों। भारतीय तिरंगा सूर्यास्त से बिल्कुल पहले ऊपर चढ़ाया गया और जैसे ही यह ध्वज–दण्ड पर फहराया तो इसके पीछे मानसून के आख़िरी दिनों का इन्द्रधनुष दिखाई दिया, जो स्वर्ग की एक चमकती–दमकती श्रद्धांजलि थी। मध्यरात्रि से ठीक पहले, नेहरू संविधान सभा में किसी भारतीय द्वारा दिया गया सर्वाधिक प्रसिद्ध भाषण देने के लिए उठे :

*अनेक वर्ष पूर्व हमारी नियति से भेंट हुई थी और अब वह समय आ गया है, जब हम अपनी प्रतिज्ञा को केवल पूरी तरह से न सही, अपितु बहुत वास्तविक अर्थ में पूरा करें। मध्यरात्रि में घड़ी पर बारह बजते ही, जब संसार सो रहा होगा, भारत ज़िन्दगी एवं आज़ादी की नयी सुबह में जागेगा। एक क्षण आता है, जो किन्तु इतिहास में विरले ही आता है, जब हम पुराने से निकलकर नये की ओर बढ़ते हैं, जब एक युग का अन्त होता है और लम्बे समय से राष्ट्र की दमित आत्मा को वाणी मिलती है।*

भाषण में ब्रिटिश शासकों के लिए कोई कटु शब्द नहीं थे जिनका राज मध्यरात्रि में समाप्त हो रहा था। उन्होंने आगे कहा था, 'दुर्भावना अथवा दूसरों पर दोषारोपण का कोई समय नहीं है। हमें स्वतन्त्र भारत का शानदार महल बनाना है जहाँ उसके सभी बच्चे रह सकें।'

## भारत को छोड़ते, पाकिस्तान का निर्माण करते हुए

स्वतन्त्रता एवं विभाजन की अन्तिम उन्मादी अन्धाधुन्ध दौड़ में ब्रिटिश शासकों को कोई श्रेय नहीं मिला। युद्ध से पहले उनकी इतनी शीघ्र अथवा बिल्कुल भी सत्ता हस्तान्तरण की कोई मंशा नहीं थी। ब्रिटिश राज के अन्तिम वर्षों में निर्वाचित सरकारों के अनुभव ने यह पुष्टि कर दी थी कि वे भारतीयों द्वारा भारत के उत्तरदायी प्रशासन को बढ़ावा देने की अपनी घोषित योजना के प्रति कभी भी गम्भीर नहीं थे। कांग्रेस के मन्त्रियों ने जब त्याग–पत्र दिये तो ब्रिटिश शासकों ने उनके स्थान पर मुस्लिम लीग के अनिर्वाचित सदस्यों को नियुक्त करने के विषय में लगभग नहीं ही सोचा और न ही अनेक मामलों में उन कार्यों को, जिन्हें वे अनुमानतः भारतीयों को सुपुर्द कर चुके थे, सीधे अपने नियन्त्रण में लेते हुए ही विचार किया। लीग की कहीं पर भी अधिकतर मुस्लिम सीटों पर विजय प्राप्त करने की अक्षमता एवं परिणामस्वरूप 'बाँटो और राज करो' की शक्ति को कम करने से निराश ब्रिटिश शासकों ने आंशिक रूप से सुपुर्द कर दी गयी शक्ति को प्राप्त करने एवं इस प्रक्रिया में लीग को भारतीय राष्ट्रीय कांग्रेस के प्रमुख विकल्प के रूप में सहारा देने के अवसर का स्वागत किया। उन्होंने मुस्लिम लीग को प्रभाव एवं संरक्षण का प्रयोग करने के प्राप्त हुए आशातीत अवसर का लाभ उठाने में खुले तौर पर सहायता की, चुनावों के माध्यम

से तो लीग इसे प्राप्त नहीं कर सकी थी। लीग के प्रमुख प्रतिद्वन्द्वी जब जेल के कष्टों को झेल रहे थे तो लीग की अपना समर्थन जुटाने में भी उन्होंने सहायता की।

यह सब 'बाँटो और राज करो' की नीति का भाग था : 1940 तक ब्रिटेन में किसी भी उत्तरदायी पद पर आसीन किसी भी व्यक्ति की मोटा कपड़ा पहनने वाले राष्ट्रवादी भारतीयों की भीड़ को साम्राज्य सौंपने अथवा ब्रिटेन के ताज के हीरे को छोड़ देने की कोई मंशा नहीं थी। परन्तु द्वितीय विश्वयुद्ध की तबाही का अर्थ था कि वाक्य का केवल दूसरा भाग ही शेष रह सका। छह वर्ष के रक्तपात, बमबारी और मारकाट से ब्रिटेन केवल विभाजित ही कर सका परन्तु यह और अधिक शासन नहीं कर सका।

जर्मनी की बमबारी से आतंकित, विभिन्न पराजयों एवं बड़ी संख्या में उनके सैनिकों के जेलों में डाल दिये जाने से हतोत्साहित, भारतीय सैनिकों के पलायन एवं नौ–सैनिकों की बग़ावत, 1945–46 की रिकॉर्ड सर्दी की ठिठुरन, युद्ध–उपरान्त कोयले की कमी के कारण बिजली कटौती एवं फैक्टरियों के बन्द होने से पंगु हुए ब्रिटिश शासक थक चुके थे और उनकी अपने ही देश में अपनी आवश्यकताओं के चलते अब वे एक सुदूर साम्राज्य पर ध्यान देने के इच्छुक नहीं थे। वे न्यूनाधिक दिवालिया हो चुके थे। अर्थव्यवस्था अमरीकी ऋणों पर चल रही थी और इन्हें लौटाये जाने की आवश्यकता थी और भारत पर भी काफ़ी ऋण था। विदेशों के साथ काम करना अब व्यावहारिक अथवा लोकप्रिय नहीं रह गया था। भारत छोड़कर चले जाना एकमात्र व्यावहारिक विकल्प था : प्रश्न था कि वे पीछे क्या छोड़कर जायेंगे–एक भारत, दो अथवा अनेक टुकड़े?

युद्ध से पहले और युद्ध के दौरान ब्रिटेन के अपने दाँव–पेंचों–जो–कांग्रेस की अपनी समस्त शक्तियाँ छोड़कर जेल चले जाने की मूर्खता से और जटिल हो गये थे–ने यह सुनिश्चित कर दिया कि जब तक अंग्रेज़ जायेंगे, तब तक उनके जाने के बाद संयुक्त भारत के शेष रहने की सम्भावना अनिवार्य रूप से धुँधली पड़ चुकी थी। 'बाँटो और राज करो' की नीति ने बहुत कुशलता से काम किया था : अब ये दो भारत होंगे।

दो राष्ट्रों को विभाजित करने का काम सर साइरिल रेडक्लिफ को सौंपा गया। वे एक वकील थे और इससे पहले कभी भारत नहीं आये थे। भारत के इतिहास, समाज और परम्पराओं के सम्बन्ध में सर रेडक्लिफ कुछ

भी नहीं जानते थे। उन्होंने चालीस दिन के भीतर प्रान्तों, ज़िलों, गाँवों, घरों व हृदयों को बाँटने वाले नक़्शे तैयार कर दिये और तुरन्त अपने घर ब्रिटेन भाग गये व फिर कभी भारत नहीं लौटे। एलक्स वॉन टंज़लमैन के शब्दों में, 'ब्रिटिश साम्राज्य क्षीण नहीं हुआ, इसका तो पतन ही हो गया।' ब्रिटिश शासकों को उनके द्वारा इतनी तेज़ी से निकलने से ख़त्म होने वाली ज़िन्दगियों की कोई चिन्ता नहीं थी।

विभाजन से हुए दुखद विघटन का पहले ही इतना वर्णन किया जा चुका है कि अनेक लोग जिसका पहले ही इतना वीभत्स वर्णन कर चुके हैं, उसका वर्णन करने के लिए और नये शब्द लिखना निरर्थक होगा। यहाँ पर ब्रिटिश–मुस्लिम विद्वान यास्मीन ख़ान की प्रसिद्ध इतिहास पुस्तक 'द ग्रेट पार्टीशन : द मेकिंग ऑफ़ इण्डिया एण्ड पाकिस्तान' से उद्धरण देना पर्याप्त होगा। ख़ान ने लिखा है कि 'विभाजन साम्राज्य की मूर्खताओं का वसीयतनामा है, जिसने सामुदायिक विकास को विदीर्ण कर दिया, इतिहास के मार्ग को विकृत कर दिया और समाजों से बलपूर्वक हिंसक ढंग से राज्यों का निर्माण किया। ये समाज अन्यथा भिन्न और अज्ञात मार्गों पर चले होते।'

अतः साम्राज्य के अपने ही पक्ष में दिये गये तर्क–कि ब्रिटेन ने भारत को इसकी राजनीतिक एकता एवं प्रजातन्त्र प्रदान किया–को स्वीकार करना कठिन है।

हाँ, इसके द्वारा अनेक राज्यों को सामान्य क़ानून एवं प्रशासन की व्यवस्था में एकजुट व परस्पर सम्बद्ध किया गया, परन्तु ऐसा ब्रिटिश विज़न एवं शासन की अनियमित तथा पाखण्डपूर्ण प्रकृति के चलते अनेक प्रकार की तोड़–मरोड़ (इससे पहले के अध्यायों में रेखांकित) के साथ एवं ब्रिटिश शासन के भारतीयों को प्रतिनिधि संस्थानों में उचित राजनीतिक अधिकारों के अवसर न देने के दृढ़ संकल्प के साथ किया गया।

जैसाकि अनेक ब्रिटिश यह दिखावा करना पसन्द करते हैं, तानाशाही एवं निरंकुशता के दलदल में फँसे देश में प्रजातन्त्र लाने की बात तो दूर, ब्रिटिश साम्राज्य ने एक ऐसे देश को राजनीतिक स्वतन्त्रता देने से इनकार कर दिया जिसे आध्यात्मिक एवं प्रशासन जैसे महत्त्वपूर्ण मुद्दों पर भी चर्चा एवं असहमति की सांस्कृतिक परम्परा के चलते विभिन्न राजाओं के शासन में भी लम्बे समय से यह प्राप्त थी।

निःसन्देह भारत एक फलते–फूलते बहुवादी प्रजातन्त्र के रूप में उभरा है, जबकि पाकिस्तान एवं भारत दोनों को ऐसा करने में कठिनाइयों का सामना करना पड़ा। पाकिस्तान असैनिक शासन के अधीन भी ग़ैर–मुसलमान नागरिकों के साथ आधिकारिक एवं ग़ैर–प्रजातान्त्रिक ढंग से भेदभाव करता है, परन्तु भारत के सात दशक के फलते–फूलते प्रजातन्त्र का कोई श्रेय ब्रिटिश शासन को नहीं जाता, अपितु जैसाकि मैंने ऑक्सफोर्ड में इसका उल्लेख किया कि 200 वर्ष तक एक देश के लोगों का दमन, शोषण, प्रताड़ित एवं अंग–भंग करना, उन्हें जेलों में भेजना व इसके बाद स्वयं को शाबाशी देना कि अन्ततः वे एक प्रजातन्त्र हैं, अत्यन्त विडम्बनापूर्ण है।

अन्त में सर्वाधिक पीड़ाजनक प्रश्न : साम्राज्य के शासन को जारी रखने के लिए धार्मिक शत्रुता को उकसाने वाली ब्रिटिश की 'बाँटो और राज करो' की सोची–समझी नीति के प्रत्यक्ष प्रमाण के रूप में विभाजन की विभीषिकाओं को ध्यान में रखते हुए किस राजनीतिक एकता के लिए शाबाशी दी जा सकती है।

अशोक से लेकर अकबर तक दूरदृष्टि रखने वाले राजाओं की कामना को पूरा करते हुए भारत कही जाने वाली एक राजनीतिक इकाई का सृजन यदि ब्रिटेन की सबसे बड़ी उपलब्धि थी तो जिस भूमि व देश की बेहतरी के लिए शासन का वे दावा करते थे, उस देश में लाखों लोगों को मृत, 13 मिलियन लोगों को विस्थापित, अरबों रुपये की और नष्ट एवं बरबाद हो साम्प्रदायिक घृणा की लपटों में धधकते देश से अलग होकर भाग जाना इसकी सबसे बड़ी हार है।

भारत में ब्रिटिश शासन की असफलता का इसके त्रासदीपूर्ण अन्त से अधिक बड़ा कोई अभियोग नहीं हो सकता।

# अध्याय पाँच

# प्रबुद्ध निरंकुशता का मिथक

*प्रबुद्ध निरंकुशता का मामला–दावत एवं अकाल : ब्रिटिश एवं 'भूख से पीड़ित भारत'–ब्रिटिश औपनिवेशिक विध्वंस–अकाल एवं ब्रिटिश नीति–एडम स्मिथ एवं मेल्थस–परेशान अन्तःकरण, अविकल उदासीनता–लॉर्ड लिटन की कृपापूर्ण उदासीनता–भारतीय राहत में सक्रिय–'सांख्यिक वाग्मिता'–बंगाल का अकाल एवं चर्चिल का दृष्टिकोण–बलपूर्वक स्थानान्तरण : देशनिकाला दिये गये एवं अनुबन्धित श्रमिक–जलसंयोजी उपनिवेश, मॉरिशस एवं अन्य स्थानों पर–अनुबन्धित श्रमिक–ब्रिटिश राज–औपनिवेशिक जनसंहार–जलियाँवाला बाग़ की गाथा–जनरल डायर द्वारा आतंक का राज–ब्रिटिश शासन द्वारा एक हत्यारे को पुरस्कृत करना।*

अनेक अंग्रेज़ियत प्रेमी भारतीयों सहित बहुत–से लोगों में ब्रिटिश औपनिवेशिक शासन को एक कृपालु और अठारहवीं व उन्नीसवीं सदियों का प्रतिनिधित्व करने वाली 'प्रबुद्ध निरंकुशता' के रूप में देखने की प्रवृत्ति रही है। इस दृष्टिकोण वाले लोगों के अनुसार ब्रिटिश चाहे भारतीयों को प्रजातन्त्र से वंचित करने वाले साम्राज्यवादी थे परन्तु उन्होंने अपनी प्रजा के महान हित के लिए उदारतापूर्वक एवं विवेकपूर्ण शासन किया। ऑस्ट्रिया के राजा जोसेफ़ द्वितीय का यह कथन प्रसिद्ध है कि : 'सब लोगों के लिए, लोगों के द्वारा कुछ नहीं।' इसके अनुसार ब्रिटिश शासकों ने भारतीयों को चाहे कुछ नहीं करने दिया हो परन्तु उन्होंने सब कुछ भारतीयों के लिए किया।

यह निर्णय करना कठिन है कि यह दृष्टिकोण भोलेपन का परिचायक है अथवा आत्म–प्रशंसा का। ब्रिटिश साम्राज्य ने भारत में वास्तव में कैसा

प्रशासन दिया, इसके लिए कुछ उदाहरणों की विवेचना करना उपयुक्त होगा, क्योंकि ये उदाहरण इस व्याख्या को असत्य प्रमाणित करते हैं। सबसे उपयुक्त उदाहरण विभिन्न अकालों के सम्बन्ध में है, जो ब्रिटिश शासकों के कारण हुए और इनसे निपटने के लिए उन्होंने बद–इन्तज़ामी की; यह देशनिकाला देकर और अनुबन्धित श्रम द्वारा भारतीयों के बलपूर्वक उत्प्रवास से और उस क्रूरता से भी सम्बन्धित है, जिससे असहमति का दमन किया गया। हम इनमें से प्रत्येक की यहाँ संक्षेप में विवेचना करेंगे।

## दावत एवं अकाल : ब्रिटिश और भूखों मरता भारत

भारत जहाँ ब्रिटेन की समृद्धि के लिए अत्यधिक महत्त्वपूर्ण बन चुका था, वहीं लाखों भारतीय विभिन्न अकालों के दौरान पूर्णतया अनावश्यक मौतों का ग्रास बने, जिसे केवल ब्रिटिश औपनिवेशिक विनाश का नाम ही दिया जा सकता है। इसके परिणामस्वरूप एवं ब्रिटेन द्वारा क्रूरतापूर्वक लागू की गयी आर्थिक नीतियों के कारण ब्रिटिश राज के दौरान 3 से 3.5 करोड़ भारतीय भूख से मरे। अकालों की विभीषिका के दौरान भी लाखों टन गेहूँ का भारत से निर्यात किया जाता रहा। राहत शिविरों की स्थापना तो की गयी परन्तु इनमें रहने वालों को लगभग न के समान भोजन दिया जाता था और लगभग सभी की मृत्यु हो जाती थी।

यह अत्यन्त आश्चर्यजनक है कि भारत में अन्तिम बड़ा अकाल ब्रिटिश शासन के दौरान पड़ा; उनके जाने के बाद से कोई ऐसा अकाल नहीं पड़ा, क्योंकि भारतीय प्रजातन्त्र ब्रिटिश शासकों की तुलना में अकाल–प्रभावित एवं निर्धनता से ग्रस्त भारतीयों के प्रति अधिक उत्तरदायी रहा है। नोबल पुरस्कार प्राप्त विद्वान अमर्त्य सेन के अनुसार, स्वतन्त्र प्रेस वाले किसी प्रजातन्त्र में कभी भी अकाल नहीं पड़ा क्योंकि सार्वजनिक जवाबदेही प्रभावी प्रतिक्रिया को सुनिश्चित करती है। सेन के संवेदनापूर्ण एवं मात्रात्मक अनुसन्धान से अब व्यापक रूप से स्वीकृत सिद्धान्त की स्थापना हुई है कि अकालों को प्रायः सदा ही रोका जा सकता है और ये भोजन के अभाव नहीं अपितु भोजन तक पहुँच के अभाव के कारण होते हैं तथा इनमें भोजन–वितरण का घटक महत्त्वपूर्ण है। प्रजातन्त्र सरकार की व्यवस्था भोजन को व्यापक एवं निष्पक्ष रूप से वितरित करवाती है। भारत में ब्रिटिश शासन में प्रजातन्त्र एवं सार्वजनिक जवाबदेही का अभाव था।

ब्रिटिश शासन के दौरान पड़े बड़े अकालों की सूची भयंकर विवरण प्रदान करती है : बंगाल का बड़ा अकाल (1770), मद्रास (1782–83), दिल्ली व इसके आसपास के क्षेत्रों में चेलिसा अकाल (1783–84), हैदराबाद के आसपास बड़ा अकाल (1791–92), आगरा का अकाल (1837–38), उड़ीसा का अकाल (1866), बिहार का अकाल (1873–74), दक्षिण भारत का अकाल (1876–77), भारत का अकाल (लगभग 1896–1900), बम्बई का अकाल (1905–06) और इनमें से सबसे भयंकर बंगाल का अकाल (1943–44)।*

इन अकाल–अवधियों के दौरान हुई मौतों के आँकड़े विचलित कर देने वाले हैं : 1770 से 1900 के बीच अनुमानतः 2.5 करोड़ भारतीयों की अकालों में मृत्यु हो गयी। इनमें से 1.5 करोड़ लोग उन्नीसवीं सदी के दूसरे भाग में पाँच अकालों के दौरान मौत का शिकार हुए। बीसवीं सदी के अकालों में सम्भवतः कुल 3.5 करोड़ से अधिक लोगों की मृत्यु हुई। विलियम डिग्बि की एक टिप्पणी के अनुसार 1793 से 1900 तक विश्व भर के समस्त युद्धों में मिलाकर अनुमानतः 50 लाख लोग मारे गये थे जबकि भारत में 1891–1900 के दौरान केवल 10 वर्षों में अकालों में 1.9 करोड़ लोगों की मृत्यु हुई। मानवीय मौतों की तुलनाएँ यद्यपि सदैव आपत्तिजनक होती हैं, परन्तु 'राज' के दौरान जो 3.5 करोड़ लोगों की अकाल एवं महामारी से मृत्यु हुई, वह स्टालिन के सामूहिकीकरण अभियान एवं राजनीतिक शुद्धिकरण में मरे 2.5 करोड़ लोगों, माओ की सांस्कृतिक क्रान्ति में कालग्रस्त हुए 4.5 करोड़ और द्वितीय विश्वयुद्ध में विश्व भर में मृत्यु को प्राप्त हुए 5.5 करोड़ लोगों की याद दिलाती है। औपनिवेशिक विनाश में मृत्यु के आँकड़े इनके समकक्ष हैं, जिनमें से कुछ आधुनिक समय में मानव की मानव के प्रति अमानवता के दुखद उदाहरण प्रस्तुत करते हैं।

औपनिवेशिक भारत के अन्तिम वर्षों में अकाल राजनीतिक विवाद का महत्त्वपूर्ण मुद्दा बन गये। इनका बार–बार होना, ब्रिटिश शासकों की अच्छा शासन प्रदान करने के वायदों को पूरा करने में असफलता और परिणामस्वरूप बड़े स्तर पर भुखमरी ने भारतीय राष्ट्रवादी नेताओं को एकजुट

---

* सूचियों में भिन्नताएँ हैं। ऑरिएण्टल हेराल्ड ने फ़रवरी, 1838 में सात दशकों के दौरान ब्रिटिश भारत में पन्द्रह अकालों की ख़बर दी थी : भारत में 1766, 1770 (जब बंगाल की आधी आबादी ख़त्म हो गयी थी), 1782, 1792, 1803, 1804, 1819, 1820, 1824, 1829, 1832, 1833, 1836, 1837 एवं 1838 में।

होने का एक मज़बूत कारण दे दिया : दादाभाई नौरोजी ने उड़ीसा में हुई मौतों की विर्भ षिका से आन्दोलित होकर प्रसिद्ध 'आर्थिक शक्तिहीनता' के सिद्धान्त एवं भारत में ब्रिटिश शासन' पर अपना शोध प्रारम्भ किया। अब तक उन्हें अंग्रेज़ियत–प्रेमी एवं ब्रिटिश उदारतावाद के प्रशंसक के रूप में देखा जाता था, परन्तु वे अब अपने मोह–भंग को और नहीं छिपा सके। नौरोजी ने लिखा, 'इस समय के दौरान हमें निःसन्देह जीवन और सम्पत्ति की बेहतर सुरक्षा प्राप्त है परन्तु एक अकाल में पन्द्रह लाख लोगों की मृत्यु (1866 में उड़ीसा का आँकड़ा) इस प्रकार सुरक्षित जीवन और सम्पत्ति की क़ीमत का विचित्र वर्णन करती है।'

ब्रिटिश शासकों ने अकाल की स्थिति में पर्याप्त सरकारी उपायों द्वारा हस्तक्षेप करने से इनकार को तीन आधारों पर व्यक्त करने का प्रयास किया है : स्वतन्त्र व्यापार के सिद्धान्त (बाज़ार की शक्तियों में हस्तक्षेप न करो), मेल्थसवादी सिद्धान्त (जनसंख्या में देश द्वारा पोषण किये जाने के स्तर से अधिक वृद्धि अनिवार्य रूप से मृत्यु का कारण बनेगी। इस प्रकार जनसंख्या उचित स्तर पर पहुँच जायेगी) एवं वित्तीय विवेक (जो रक़म हमारे बजट में नहीं है, उसे ख़र्च मत करो)। इन आधारों पर ब्रिटेन ने आयरलैण्ड में ज़िन्दगियाँ बचाने अथवा वहाँ अकाल के दौरान अमरीका की तरफ़ पलायन को रोकने का प्रयत्न नहीं किया। दिन्यर पटेल ने उन्नीसवीं सदी के मध्य में टिप्पणी की थी कि 'यह सामान्य आर्थिक समझ थी कि अकाल की घटनाओं में सरकार का हस्तक्षेप अनावश्यक और हानिकारक है, बाज़ार उचित सन्तुलन को बहाल कर देगा। मेल्थसवादी सिद्धान्तों के अनुसार अत्यधिक मौतों की घटनाएँ अतिरिक्त जनसंख्या से निपटने का प्रकृति का उपाय होती हैं।'

इस प्रकार बंगाल के राज्यपाल सर सिसिल बीडन (जिसने अकालग्रस्त क्षेत्र का दौरा करने के बाद घोषणा की थी कि 'विधाता की ऐसी आपदाओं को रोकने अथवा कम करने के लिए कोई भी सरकार बहुत कुछ नहीं कर सकती) की 1866 के उड़ीसा के अकाल के दौरान खाद्य पदार्थों की क़ीमतों को कम करने का कोई प्रयास न करने के लिए आलोचना की गयी तो उसने घोषणा की कि 'यदि मैं ऐसा करने का प्रयास करता हूँ तो मुझे स्वयं को एक डाकू अथवा चोर से कम नहीं समझना चाहिए।' राज्यपाल उड़ीसा में लोगों की मृत्यु की त्रासदी से अधिक एडम स्मिथ

के स्वतन्त्र बाज़ार के सिद्धान्तों के लिए निष्ठा के प्रति और अर्थशास्त्र के 'प्राकृतिक नियमों' में हस्तक्षेप करते देखे जाने पर अपने राजनीतिक सम्मान को पहुँचने वाली क्षति के प्रति चिन्तित था।

यह उल्लेख अवश्य किया जाना चाहिए कि इसने कुछ विवेकवान अंग्रेज़ों को निःसन्देह परेशान किया : सेलिस्बरी के मार्किस, जो 1866 के उड़ीसा के अकाल के समय भारत के सेक्रेटरी ऑफ़ स्टेट थे, ऐसा कहा जाता है कि इस संकट के प्रारम्भ होने की सूचना दिये जाने के दो माह तक कोई क़दम उठाने में अपनी असफलता के लिए स्वयं की प्रतिदिन भर्त्सना करते थे; अकाल से हुई एक मिलियन मौतों के लिए उनकी निष्क्रियता को दोष दिया जाता है। ब्रिटिश प्रशासकों ने कम–से–कम 1860 से तो बहुत सीमा तक यह स्वीकार किया है कि बार–बार होने वाली अकाल की घटनाएँ स्वभावतः भोजन के अभाव का परिणाम नहीं थीं अपितु लोगों की भोजन ख़रीदने की अक्षमता अथवा एक विद्वान के शब्दों में, 'सूखे एवं फ़सल के न होने से बाज़ार के प्रभावों से उत्पन्न जटिल आर्थिक संकट' का परिणाम थीं। उस अक्षमता के कारण, ब्रिटिश जिनका उल्लेख करना पसन्द करते, उससे परे थे एवं इन्होंने स्वयं औपनिवेशिक शासकों को दोषी ठहरा दिया। सेलिस्बरी की नींद उड़ा देने वाले 1866 के उड़ीसा के अकाल के दौरान ही, जिसमें पन्द्रह लाख लोग भूख से मृत्यु का शिकार हो गये थे, ब्रिटिश शासकों ने स्थिति के प्रति उदासीन रहते हुए 20 करोड़ पाउण्ड चावल ब्रिटेन को निर्यात किया।

एक ओर बार–बार होने वाली अकाल की घटनाओं ने ब्रिटिश शासकों के विवरणों में योगदान दिया, चूँकि वे यह तर्क देने के लिए उनका उल्लेख कर सकते थे कि भारतीयों को ब्रिटिश शासन की निगरानी की आवश्यकता थी, ब्रिटिश शासन की परोपकारिता के बिना सभी भारतीय भूख से मर रहे होते। दूसरी ओर ब्रिटिश शासकों ने अकाल की आधिकारिक रिपोर्टों व समीक्षाओं में बहुत सतर्कता से स्वयं को छोड़कर सब कुछ–अत्यधिक आबादी, कम होते चावल उत्पादन, मौसम एवं अन्य अनियन्त्रित घटकों, परिवहन के अभाव और यहाँ तक कि स्थानीय संस्कृति–को दोषी ठहराया। इन सब कारकों पर खाने के अभाव को रोकने के लिए अच्छे ब्रिटिश प्रशासन के उत्कृष्ट प्रयासों को विफल करने वाले कारणों के रूप में बल दिया गया। भोजन के अभाव, भारतीय कृषि वर्ग की क्रय क्षमता को नष्ट

करने एवं मौसम द्वारा किये जाने वाले विनाश को कम करने की असफलता का कारण बनने वाली नीतियों व इन घटनाओं को आकार देने वाली प्रथाओं एवं व्यवहारों की भूमिका पर लगभग कोई ध्यान नहीं दिया गया।

यह केवल उन्नीसवीं सदी की घटना नहीं थी अपितु सम्पूर्ण ब्रिटिश औपनिवेशिक नीति में दिखाई देती है। 1943 में भी बंगाल के अकाल की रिपोर्ट के अन्तिम अनुच्छेद में इसका उदाहरण देखने को मिलता है : 'अकाल को नियन्त्रित करने में असफल रहने के लिए हमने बंगाल की सरकार की आलोचना की है। लोगों का नेतृत्व करना एवं रोके जा सकने वाले संकट को नियन्त्रित करने के लिए प्रभावी क़दम उठाना सरकार का उत्तरदायित्व है। बंगाल की जनता अथवा कम–से–कम इसके कुछ भागों का भी इसमें कुछ दोष है। हमने भय एवं लालसा के वातावरण का भी हवाला दिया है, जो नियन्त्रण के अभाव में क़ीमतों के स्तर में तेज़ी से बढ़ोतरी के कारणों में से एक रहा है। आपदाओं के समय बड़े मुनाफ़े कमाये गये और इन परिस्थितियों में कुछ लोगों के लिए मुनाफ़े दूसरों के लिए मृत्यु बन गये। समुदाय का एक बड़ा भाग प्रचुरता में जी रहा था तो कुछ दूसरे भूखे मर रहे थे तथा संकट की इस घड़ी में बहुत उदासीनता थी। सम्पूर्ण राज्य में भ्रष्टाचार का बोलबाला था और समाज के अनेक वर्गों में...समाज अपने घटकों सहित अपने अपेक्षाकृत कमज़ोर सदस्यों की रक्षा में असफल रहा। निःसन्देह नैतिक व सामाजिक स्थिति बिगड़ चुकी थी और इसमें प्रशासनिक असफलता भी शामिल थी।'

इस आत्म–दोष की मुक्ति के विपरीत जब आप किसी त्रासदी के लिए सबको दोषी ठहराते हैं तो आप किसी पर भी दोषारोपण नहीं कर रहे होते। विल दुरान्त के शब्दों में : "भारत में भयंकर अकालों के मूलभूत स्रोत के रूप में इन सबके पीछे ऐसा क्रूर शोषण, वस्तुओं का ऐसा असन्तुलित निर्यात एवं अकाल के दौरान ही उच्च करों की ऐसी क्रूर वसूली है कि भूखे किसान वह नहीं दे पाते, जिसकी माँग की जाती है...सरकार जब मर रहे लोगों से टैक्स इकट्ठे कर रही थी तो भारत के अकाल की राहत का भुगतान प्रायः अमरीकी दान से किया गया है।" रोमेश चन्द्र दत्त ने बहुत उचित लिखा है कि 'एक भी वर्ष ऐसा नहीं रहा है जब लोगों के लिए देश की खाद्य–आपूर्ति अपर्याप्त रही हो।' दुरान्त ने एक अमरीकी धर्म–विज्ञानी डॉ. चार्ल्स हिल द्वारा भी इसी मत को आगे यह कहते हुए

उद्धृत किया है कि : 'भारतीय भूखे रहते हैं जिससे कि भारत का वार्षिक राजस्व एक डॉलर से भी कम न हो। समस्त जनसंख्या के 80 प्रतिशत को वापस कृषि में फेंक दिया गया है कि इंग्लैण्ड के भेदभावपूर्ण करों ने स्थानीय निर्माण की वास्तव में प्रत्येक शाखा को नष्ट कर दिया है। हम अन्न के भरे हुए जहाज़ भारत में भेजते हैं परन्तु भारत में बहुत अन्न है। कठिनाई यह है कि लोगों को आर्थिक दृष्टि से इतना तोड़ डाला गया कि वे इतने निर्धन हो गये कि वे इसे ख़रीदने में भी अक्षम थे।'

ब्रिटिश शासकों के आने से पहले भारतीय शासक भोजन के अभाव के समय में कर में राहत, अन्न की क़ीमतों को निर्धारित करके एवं अकाल–प्रभावित क्षेत्रों से खाद्यान्नों के निर्यात की नीतियों के द्वारा लोगों की सहायता करते थे। इसके अतिरिक्त विशेष रूप से अभाव के समय निजी दान की सुदृढ़ परम्परा थी। कठिन समय में ज़मींदारों एवं व्यापारियों सहित समृद्ध भारतीय प्रायः निर्धनों को काम देकर, भोजन देकर अथवा खाद्यान्नों की क़ीमतें कम करके इसे बाज़ार दरों से कम पर बेचकर सहायता करने का दायित्व ले लेते थे। ईस्ट इण्डिया कम्पनी ने इस प्रकार के भारतीय भिक्षा–दान को हल्की दृष्टि से देखा और इसे घूमते हुए ग़रीब लोगों को दायित्वहीन ढंग से आकृष्ट करने वाला गुप्त दान कहकर ख़ारिज कर दिया। एक लेखक ने इसे 'अन्धविश्वास एवं दिखावे से प्रेरित एक अविवेकपूर्ण स्थानीय भिक्षा–दान' बताया। अतः ब्रिटिश शासकों ने घोषित किया कि वे 'शारीरिक रूप से सक्षम लोगों को रोज़गार प्रदान करेंगे' परन्तु आम जनता को 'अकारण राहत' नहीं।

कम्पनी के सरकारी उत्तराधिकारी उनसे बेहतर नहीं थे। पूरा समय साम्राज्य के शासक भारतीय निर्धन वर्ग के कल्याण के प्रति अपने भय के सम्बन्ध में कहीं अधिक चिन्तित थे, जो कम–से–कम आंशिक रूप से ब्रिटिश क़ानून के 1834 के संशोधन के अनुभव पर आधारित था। अनेक लोगों को यह डर था कि इससे कंगाली को प्रोत्साहन मिला था। और अब उन्हें भय था कि संस्थागत अकाल राहत सरकारी सहायता पर निर्भरता की संस्कृति उत्पन्न कर देगी।

अनेक ब्रिटिश अधिकारियों ने 'तंगहाल निर्धन' एवं 'धार्मिक भिक्षुक' के बीच में अन्तर किया और 'धार्मिक भिक्षुओं' को वे सहायता–प्राप्ति का अपात्र मानते थे। भारतीय दानकर्ता ऐसी कोई विभाजन–रेखाएँ नहीं खींचते थे। वे

सहस्राब्दियों से सन्तों और साधुओं, भिक्षुओं व संन्यासियों के आदी थे जो मार्ग में आने वाले गृहस्थों से भोजन प्राप्त करने की आशा में सम्मानपूर्वक द्वार–द्वार और गाँव–गाँव जाते थे। ब्रिटिश शासकों ने चाहे उन्हें 'भिक्षु', सामाजिक जोंकें कहा हो जो सहायता की अपेक्षा नहीं रखते थे परन्तु भारतीय उनकी सहायता करके बहुत प्रसन्न थे। भारतीयों की दान की धारणा ब्रिटिश रीति–रिवाजों से बहुत भिन्न थी। समृद्ध भारतीयों से आम जनता की जिस प्रकार से सहायता की अपेक्षा थी, वे भारत में ब्रिटिश लोगों को सहज रूप से स्वीकार्य नहीं थे। अठारहवीं और उन्नीसवीं सदी में निःसन्देह कुछ भारतीय ब्रिटिश लोगों की इसलिए आलोचना करते थे कि वे उन लोगों, जिनका उन्होंने शोषण किया और उन्हें लम्बे समय से चली आ रही भारतीय परम्परा में कुएँ खोदते, तालाब बनाते, पुल बनाते अथवा वृक्ष लगाते छोड़कर कम्पनी से बड़ी धन–सम्पत्ति प्राप्त कर घर लौट गये।

स्थापित ब्रिटिश नीति का अनुसरण करते हुए वाइसराय लॉर्ड लिटन ने विख्यात आदेश जारी किये जिनके द्वारा अकाल के दौरान मूल्यों में किसी गिरावट को प्रतिबन्धित कर दिया। उसने घोषणा की कि 'भोजन की क़ीमतें कम करने के उद्देश्य से सरकार की ओर से किसी प्रकार का कोई हस्तक्षेप नहीं होगा' और ज़िला अधिकारियों को 'राहत–कार्यों को प्रत्येक सम्भव ढंग से निरुत्साहित करने के लिए निर्देशित किया'...क्योंकि 'केवल विपत्ति राहत कार्यों को शुरू करने का पर्याप्त कारण नहीं है।' इतिहासविद् प्रोफ़ेसर माइक डेविस के अनुसार लिटन की उद्घोषणाएँ अ–हस्तक्षेप को 'सस्ती भावनाओं' के प्रति विलक्षण घृणा के साथ जोड़ने के लिए ध्यान देने योग्य हैं जो कि जनता की आवश्यकताओं के प्रति उदासीन उच्च पद पर नियुक्त ग़ैर–ज़िम्मेदार व्यक्ति का विशेषाधिकार है (यह विडम्बनापूर्ण कि वाइसराय के पद के लिए लॉर्ड लिटन की एकमात्र पात्रता यह थी कि वह रॉबर्ट बुल्वर लिटन के रूप में महारानी विक्टोरिया का प्रिय कवि था)।

लिटन अनेक लोगों की अपेक्षा अधिक स्पष्टवादी था और अपने ब्रिटिश आलोचकों पर 'मानवतावादी उन्माद' में संलिप्त होने का आरोप लगाते हुए उन्हें, यदि वे भारतीय ज़िन्दगियों को बचाना चाहते थे तो आकर बिलों का भुगतान करने के लिए आमन्त्रित करता था। वित्तीय विवेक को प्रोत्साहित करने एवं सरकारी लागतों में कमी करने के अपने दृढ़ संकल्प के चलते उसने सर रिचर्ड टेम्पल नाम के एक अधिकारी को 1876–77 के अकाल

के दौरान 'मानवतावादी गप' को न सुनने व राहत कार्यों की लागत को कम करने के निर्देशों के साथ मद्रास भेजा। इस लक्ष्य को जन–साधारण की पीड़ा को अनदेखा करते हुए प्राप्त किया गया; जनता की स्थिति सरकार की लेखा पुस्तकों की स्थिति की तुलना में गौण थी। टेम्पल ने इससे पहले 1860 के उड़ीसा के अकाल के दौरान उड़ीसा के भूखे लोगों के लिए बर्मा से चावल आयात किया तो 'द इकोनॉमिस्ट' ने भारतीयों को यह सोचने देने के लिए कि 'उन्हें जीवित रखना सरकार का कर्तव्य है'–टेम्पल की कटु आलोचना की। 1877 का टेम्पल एक भिन्न व्यक्ति था। ब्रिटिश शासकों ने अकाल–राहत के रूप में 'कार्य शिविर' लगाये थे (जिससे कि भूख–पीड़ित लोग श्रम करके अपनी रोटी कमा सकें)। इस अधिकारी ने जो सबसे महत्त्वपूर्ण बपौती छोड़ी है, वह है 'टेम्पल मज़दूरी' जो माइक डेविस के शब्दों में आठ वर्ष बाद कुख्यात बुखेनवाल्ड के नज़रबन्दी शिविर के लोगों को जो मिलता था, उसकी तुलना में अकाल के दौरान ब्रिटिश श्रम शिविरों में 'कठोर परिश्रम के बदले कम आहार प्रदान किया जाता था।'

दूसरे शब्दों में ब्रिटिश शासकों पर 1876–77 के अकाल के दौरान 'कुछ न करने' का आरोप नहीं लगाया जा सकता अपितु इसके प्रभाव को और गम्भीर बनाने के लिए बहुत कुछ करने का लगाया जा सकता है। भारत के खाद्यान्नों का विश्व के बाज़ारों में निर्यात जारी रहा, ठीक जैसे स्टालिन 1930 में रूस और यूक्रेन को घेरने वाले 'सामूहिकीकरण अकालों' के दौरान कर रहा था : वास्तव में प्रो. माइक डेविस ने लिखा है : 'लन्दन भारत की डबलरोटी खा रहा था, जबकि भारतीय अकाल से मर रहे थे। जले पर नमक छिड़कते हुए ब्रिटिश शासकों ने कृषक वर्ग पर कर बढ़ा दिये और जो लोग इतने भूख–ग्रस्त थे कि काम कर सकें, उनका उन्होंने 'आलसी' एवं 'काम करने के अभ्यस्त' नहीं कहकर उपहास किया। कुछ विवेकवान अंग्रेज़ लोगों ने जब इसका विरोध किया एवं स्वयं अपने राहत–कार्य प्रारम्भ किये तो ब्रिटिश सरकार ने उन्हें क़ैद कर लेने की धमकी दी। भूख से पीड़ित लोगों को अपने धन से खाद्यान्न बाँटने वाले एक श्री मेकमिन्न को कड़ी फटकार लगाई गयी, उन्हें अपने पद से अवनत करने की धमकी दी गयी और यह राहत–कार्य तत्काल बन्द करने का आदेश दिया गया।'

प्रत्यक्ष गवाह रहे लेफ्टिनेण्ट कर्नल रोनाल्ड ऑस्बॉर्न ने 1877 की विभीषिका के सम्बन्ध में बहुत मर्मस्पर्शी ढंग से लिखा है : 'सैकड़ों कंकाल पुराने कुओं में धकेल दिये गये क्योंकि इतने बड़े पैमाने पर असंख्य मौतें हुईं कि मृतकों के दुखी सम्बन्धी परम्परा के अनुसार अन्तिम संस्कार करने में असमर्थ थे। माँओं ने थोड़े से भोजन के लिए अपने बच्चों को बेच दिया। पतियों ने अपनी पत्नियों को, उन्हें भूख के कष्ट झेलते हुए मरते देखने की पीड़ा से बचने के लिए तालाबों में फेंक दिया, मृत्यु के इन दृश्यों के बीच भारत की सरकार ख़ामोश रही और इसकी प्रसन्नता पर कोई प्रभाव नहीं पड़ा। समाचार–पत्रों को मौन रहने के लिए समझा दिया गया था। नागरिकों को कड़े आदेश दिये गये थे कि किन्हीं भी परिस्थितियों में वे इस दिखावे का समर्थन नहीं करेंगे कि लोग भूख से मर रहे थे।'

वास्तव में, 1877–78 में दक्षिण भारत के अकाल के दौरान ब्रिटिश सरकार व्यय पर कड़ा नियन्त्रण रखने के साथ–साथ यह प्रदर्शित न होने देने के लिए भी चिन्तित थी कि जानें बचाने के लिए यह दान पर निर्भर थी। जीऑर्जिना ब्रीविस ने इसका वर्णन करते हुए लिखा है : 'अगस्त, 1877 में जब मद्रास के महत्त्वपूर्ण नागरिकों, भारतीय व यूरोपीय दोनों–ने अकाल–राहत कोष में दान के लिए ब्रिटेन में अपील की तो लिटन ने इसे अवज्ञापूर्ण कार्य समझा तथा बंगाल के लेफ्टिनेण्ट गवर्नर को कूट भाषा में तार भेजकर तुरन्त इस कोष को दबाने के लिए कहा। इसकी जानकारी जब भारतीय व ब्रिटिश प्रेस तक पहुँच गयी तो बहुत शोर मचा। समाचार–पत्रों ने तुरन्त टिप्पणी की कि इस कोष के प्रति लिटन के विरोध ने भारत की नयी पदनामित 'सम्राज्ञी' एवं ब्रिटेन की दानकर्ताओं की सूची में अग्रणी अनेक भूतपूर्व गवर्नर–जनरलों सहित सभी दानकर्ताओं को ग़लत ठहरा दिया था। एक नेता ने 'द टाइम्स' में अत्यधिक अफ़सोस प्रकट किया कि 'वाइसराय ने निजी दान के भावपूर्ण कार्य को रोकने के लिए हस्तक्षेप किया' और अकाल–राहत को 'केवल अर्थव्यवस्था को सोच में रखकर' देखने की उसकी नीति की आलोचना की। अन्ततः लॉर्ड लिटन राहत कोष को बनाये रखने की अनुमति देने एवं इसमें स्वयं दस हज़ार रुपये (1000 पाउण्ड) का दान देने के लिए विवश हो गया, उसने निजी स्तर पर स्वीकार किया कि यह कार्य उसने 'दुर्भावना' से किया था। राहत कोष में अन्त में प्राप्त हुई कुल 8,20,000 पाउण्ड की राशि लोगों, स्कूलों,

चर्चों और समस्त ब्रिटिश विश्व की रेजीमेण्ट से छोटे–छोटे दान के द्वारा जुटाई गयी थी। तथापि दिसम्बर, 1877 तक लिटन इस राहत कोष को 'पूर्णतः आपत्तिजनक' बताकर कड़ी चेतावनियाँ जारी करता रहा कि 'सारा धन दायित्वहीन समिति द्वारा व्यर्थ गँवा दिया जायेगा।'

इस घटना के बाद भारत की ब्रिटिश सरकार ने अकाल–राहत को अधिक औपचारिक रूप से स्वयं सँभाल लिया। दान राहत के 'वैध' उद्देश्यों को परिभाषित करने वाले नियम बना दिये एवं अन्तर्राष्ट्रीय अपीलें जारी करने की मंजूरी देने व स्वयंसेवियों पर निगरानी रखने की ताक़तें स्वयं अपने पास रख लीं। अक्टूबर, 1896 में जब एक ओर नया अकाल पड़ा तो लिटन भगवान की कृपा से बहुत पहले ही जा चुका था और सरकार लोगों के कष्टों को दूर करने के लिए कुछ करने के स्थान पर नियमों के अध्ययन में व्यस्त रही। अन्ततः जब इंग्लैण्ड में जनमत को अब और अनदेखा नहीं किया जा सका तो अन्त में जनवरी, 1897 में अन्तर्राष्ट्रीय अपील जारी की गयी। तब तक अकाल प्रारम्भ हुए चार महीने बीत चुके थे और अनेक लोगों की जानें जा चुकी थीं।

उन्नीसवीं शताब्दी के अन्तिम वर्षों में 'सिविलाइज़िंग मिशन' के चरम पर भी ब्रिटिश अपराधों के तथ्य चौंका देने वाले हैं परन्तु आधुनिक समर्थक उन पर मुलम्मा चढ़ाने और सफाई देने में लगे रहते हैं। लॉरेंस जेम्स नाम के एक व्यक्ति का तथ्यों की अवहेलना करते हुए कहना है कि 'भारत के ब्रिटिश साम्राज्य के शासक सहृदय इनसान थे और अपर्याप्त प्रशासनिक मशीनरी और सीमित संसाधनों की बाधा होते हुए भी उन्होंने 1870 और 1890 के दशकों के अकालों के दौरान भूखे लोगों को भोजन देने के दृढ़ प्रतिज्ञ प्रयास किये।' इसके लिए उसका एकमात्र प्रमाण यह है कि 1871–1901 की अकाल की अवधि के दौरान भारत की जनसंख्या 3 करोड़ बढ़ गयी। भारत एक बड़ा देश है और अकाल का प्रभाव सब ओर नहीं पड़ा। जहाँ इसका प्रभाव था, वहाँ इसका प्रभाव अनर्थकारी था और उसमें लाखों लोग काल का ग्रास हुए, परन्तु अन्य स्थानों पर जीवन पूर्ववत् जारी रहा और परिणामस्वरूप भारत की जनसंख्या बढ़ गयी। परन्तु इससे यह अभिप्राय नहीं है कि अकालग्रस्त स्थानों पर लाखों लोगों की मृत्यु नहीं हुई। जेम्स के तर्क के अनुसार माओ के समय में चीन की जनसंख्या में बढ़ोतरी एवं स्टालिन के नियन्त्रण के दौरान सोवियत यूनियन की जनसंख्या में वृद्धि

को भी इसी प्रकार उन देशों में बड़े पैमाने पर भुखमरी की रक्त–रंजित गाथाओं को झूठ करार देना चाहिए। अकाल–प्रभावित वर्षों के दौरान मृत्यु एवं कुपोषण दोनों में वृद्धि एक अपेक्षाकृत बेहतर सूचक होगा परन्तु जेम्स उन आँकड़ों को देने से परहेज़ करते हैं।

ब्रिटिश–प्रेरित आकालों में केवल मनुष्य ही इसका शिकार नहीं थे, जानवर भी मरे थे। यह आश्चर्यजनक है कि 1859 में खालों व चमड़ियों का 50 लाख रुपये का निर्यात व्यापार 1901 में बढ़कर लगभग 1.15 करोड़ रुपये हो गया था। यह चौंका देने वाली बढ़ोतरी, विशेष रूप से एक ऐसी संस्कृति में जहाँ गाय की मृत्यु सर्वनाश की सूचक होती है–केवल धार्मिक कारणों से ही नहीं अपितु यह ढुलाई के साधन एवं ग्रामीण समाज में सामाजिक स्तर की भी प्रतीक होती है। इतनी अधिक गायों की मृत्यु गम्भीर ग्रामीण संकट की सूचक है। किसानों के लिए अपने जानवर की मृत्यु से पहुँचने वाले धक्के से अधिक संकटपूर्ण लगभग कुछ नहीं। जानवर की मृत्यु उनके वर्तमान को बड़ा झटका देने के साथ–साथ भविष्य की आशाओं को भी समाप्त कर देती है। वस्तुतः कुछ अधिकारी गाय की मृत्यु को मनुष्य की मृत्यु से भी अधिक दुखद मानते प्रतीत होते थे : अकाल की एक रिपोर्ट में लिखा गया कि कृषि पर पड़ने वाले प्रभाव की दृष्टि से जानवर की मृत्यु शायद आबादी की मृत्यु से अधिक गम्भीर व स्थायी संकट लाने वाली होती है। एक नियम के अनुसार, भूख से मरने वाले अनिवार्य रूप से वृद्ध एवं असहाय होंगे, जबकि स्वस्थ देह वाले और उपयोगी लोग इसके प्रभाव से बच जाते हैं। परन्तु यदि जानवर मर जाये तो खेती लगभग असम्भव हो जाती है।

जानवरों की मृत्यु ने सीधे–सीधे कृषि की उत्पादकता को प्रभावित किया जिसे अकाल–पूर्व के स्तर पर लाने में दशक नहीं तो वर्षों लग जायेंगे। सर्वाधिक निर्धन किसान सबसे अधिक प्रभावित हुए क्योंकि उनका जीवन सदा आर्थिक व्यवहार्यता के हाशिये पर था, परन्तु उनके पशुओं की क्षति के लिए सरकारी राहत–नीतियों द्वारा कभी मुआवज़ा नहीं दिया गया। नीति में 'स्वस्थ' जानवर के लिए सहायता को वरीयता दी जाती थी। ऐसे जानवर प्रायः उन लोगों के होते थे, जो उन्हें बेहतर खुराक दे सकते थे। अकालों के दौरान लगाये जाने वाले 'पशु शिविरों' में भी व्यय को कम–से–कम रखने का प्रयास किया जाता और इसे भी दान–राशि से वसूल कर लिए जाने का प्रयत्न होता। उदाहरण के लिए 1899–1900 के

अकाल के दौरान बॉम्बे प्रेसिडेंसी में नौ शिविर लगाये गये और सरकार ने उनमें ख़र्च हुई राशि के 75 प्रतिशत की भरपाई कर ली। वित्तीय विवेक द्वारा निरन्तर 'मानवतावादी ढोंग' का ढोल पीटा जाता। भारतीय जब स्वयं अकाल के प्रभाव में नहीं होते थे तो वे अधिक उदार प्रमाणित होते थे। पशुओं को बचाने के लिए 'स्थानीय दान' प्रायः उपलब्ध होता था। इसमें प्रायः गाँव के ज़मींदार से आने वाली सहायता भी शामिल होती जो अपने लोगों व उनकी गायों को बचाने के लिए यथासम्भव राहत प्रदान करने के सामाजिक दायित्व की भावना से दान देता।

यहाँ इस पर भी ध्यान दिया जाना है कि ब्रिटिश–पूर्व भारत में अन्न–बहुल क्षेत्रों से अभाव वाले क्षेत्रों में अन्न ले जाने के लिए पर्याप्त मूल ढाँचे एवं परिवहन का अभाव भी एक बड़ी चुनौती थी। फ्लोरेंस नाइटिंगेल ने इसे अकालों का एक प्रमुख कारण बताया था परन्तु यह चुनौती रेलवे के आ जाने के बाद ब्रिटिश भारत में अप्रासंगिक हो गयी। फिर भी सबसे भयंकर अकाल उन्नीसवीं शताब्दी में हुए, जब हज़ारों मील लम्बी रेल की पटरियाँ बिछ चुकी थीं। इससे अधिक ज्वलन्त प्रमाण नहीं हो सकता कि अकालों का दायित्व प्रशासन एवं उसकी नीतियों का था।

ब्रिटिश साम्राज्य के भारतीयों की अपेक्षाओं पर खरा न उतरने के बावजूद भी ब्रिटेन के कुछ वर्गों में भारत के भिक्षा–पात्रों में चमकते सिक्के डालकर उदार संरक्षक के रूप में दिखावा करने का चलन था। 1897 में 'डेली मेल' में घोषणा की गयी कि 'हमारे साम्राज्य को भूख की पैशाचिक सेनाओं से बचाना हमारा कर्तव्य है...इसके लिए हमारा हथियार है अच्छा ईमानदार ब्रिटिश धन।' उसी साँस में, जैसा कि मैंने पहले उल्लेख किया है, भारतीय दान को अस्वीकार कर दिया गया। इससे कोई अन्तर नहीं पड़ता कि ब्रिटिश शासक इसे कैसे देखते थे परन्तु सच्चाई यह थी कि अकालों के दौरान भारतीयों ने ही अधिकतर आयोजित राहत–कार्यों में सहायता प्रदान की। इनमें सरकार की अपर्याप्तता उदारतापूर्वक कार्य करने के सरकारी संकोच के चलते और अधिक बढ़ गयी। ब्रिटिश उपनिवेशों में बनाये गये कोषों में भारतीय लोगों ने बड़ी धनराशियों से योगदान दिया। उदाहरण के लिए, 1897 और 1900 के भारतीय अकालों के समय महात्मा गाँधी ने दक्षिण अफ्रीका में धन जुटाया। भारत में लापरवाह एवं असहयोगी ब्रिटिश सरकार द्वारा छोड़े गये अन्तरालों को भरने के लिए विभिन्न भारतीय

राहत संगठन आगे आये। अकाल–प्रभावित समय में भारतीय दानकर्ताओं ने रसोइयों, अनाथ आश्रमों, निर्धनों के लिए किफ़ायती अनाज की दुकानों और मकानों का निर्माण किया। अनेक ग़ैर–सरकारी संगठनों, संघों एवं सभाओं तथा आर्य समाज, ब्रह्म समाज व रामकृष्ण मिशन जैसी सुधारवादी धार्मिक सोसाइटियों ने राहत–कार्य को सेवा के रूप में देखा और सरकारी राहत–कार्यों की कमियों को पूरा करने की इच्छा से कार्य किया।

अकाल के कष्टों के शिकार इनसानों के प्रति उदासीनता के अतिरिक्त भारत में अकाल राहत–कार्य ने औपनिवेशिक शासन के एक अन्य नकारात्मक पक्ष को उजागर किया–वह था इसकी अपनी सीमाओं को स्वीकार करने के प्रति अनिच्छा एवं अव्यवस्था और कुव्यवस्था को विवेकपूर्ण नीति का जामा पहनाने की इसकी योग्यता। वे राहत–कार्यों में अपनी निष्क्रियता एवं दुर्बलता को आँकड़ों की सटीकता के प्रदर्शन से ढकने का प्रयास करते मानो उँगलियों पर आँकड़े होने से वे स्थितियाँ अपने नियन्त्रण में होने की पुष्टि कर रहे हों।

एक विद्वान के शब्दों में अकाल पर चर्चाओं में 'सांख्यिक आडम्बर' को एक औज़ार के रूप में प्रयुक्त करने का एक उदाहरण लीयोपोल्ड एमरी के एक वक्तव्य में देखा जा सकता है। एमरी 1943 में बंगाल के अकाल के सम्बन्ध में ब्रिटिश संसद में भारत के लिए सेक्रेटरी ऑफ़ स्टेट था। लॉर्ड एमरी द्वारा वक्तव्य दिये जाने के समय तक अकाल 30 लाख जानों को अपना ग्रास बना चुका था। एमरी ने भारत की जनसंख्या में उल्लेखनीय वृद्धि की तुलना अन्न की उत्पादन दरों में सामान्य गिरावट से की : 'पिछले 12 वर्षों में भारत की जनसंख्या में 6 करोड़ की बढ़ोतरी हुई थी और यह अनुमान लगाया गया था कि बंगाल में पिछले 30 वर्षों में प्रति व्यक्ति वार्षिक चावल उत्पादन 384 से कम होकर 282 रह गया था।' ब्रिटिश अपना श्रेष्ठ प्रयास कर रहे थे परन्तु मेल्थसवादी संकट को टाल नहीं सके। एमरी प्रायः ब्रिटिश संसद में संख्याओं की बात करता। एक बार दिसम्बर में अस्पताल में भर्ती हुए एवं मृत्यु को प्राप्त हुए लोगों का आँकड़ा देते हुए उसने बहुत सावधानी से काम लेते हुए यह सूचना भी जोड़ी कि इनमें से कुछ मौतें अकाल से नहीं भी हुई हो सकती हैं : सरकार द्वारा दी जाने वाली संख्याओं एवं इससे अपेक्षित राहत उपायों की प्रभाव क्षमता के बीच प्रायः विपरीत सह–सम्बन्ध होता था।

जैसा कि हमने देखा है, 1943 के अकाल की समाप्ति तक लगभग 40 लाख लोगों की भूख से मृत्यु हो चुकी थी। विन्सटन चर्चिल के घृणास्पद व्यवहार को कोई माफ़ नहीं कर सकता जिसने जानबूझकर भोजन को भूखे मर रहे भारतीय नागरिकों की बजाय अच्छी सप्लाई प्राप्त कर रहे ब्रिटिश सैनिकों एवं यूनान व अन्य स्थानों पर यूरोपीय भण्डारों में भेजने के आदेश दे दिये। उसका तर्क था कि 'यों भी कुपोषित बंगालियों की भूख मज़बूत यूनानियों की भूख की तुलना में कम गम्भीर है।' ब्रिटिश सिपाहियों के लिए खाद्यान्न, ब्रिटेन की घरेलू खपत के लिए डबलरोटी (2.7 मिलियन टन आयातित खाद्यान्न अत्यधिक भारी मात्रा है) और यूरोप में बड़ा अतिरिक्त भण्डार (अभी मुक्ति प्राप्त करने वाले यूनानियों एवं यूगोस्लाव के लोगों के लिए) चर्चिल की प्राथमिकताएँ थे, न कि अपनी प्रजा का जीवन अथवा मृत्यु। उसे जब अपनी नीतियों की शिकार प्रजा के कष्टों की याद दिलाई गयी तो उसका उत्तर ठेठ चर्चिल जैसा था। उसने कहा था कि अकाल उनका अपना दोष था क्योंकि वे 'खरगोशों के समान बच्चे पैदा करते हैं।' संवेदनशील अधिकारियों ने जब प्रधानमन्त्री को तार भेजकर उसके निर्णयों से उत्पन्न संकट की गम्भीरता की जानकारी दी तो चर्चिल की प्रतिक्रिया मात्र इतनी थी कि उसने चिढ़ते हुए पूछा था : 'गाँधी की अभी तक मृत्यु क्यों नहीं हुई?'

मधुश्री मुखर्जी के प्रमाणों के साथ दिये गये बंगाल के विवरण से जैसा कि ज्ञात होता है कि भारत के अपने अतिरिक्त खाद्यान्न सिलोन को निर्यात कर दिये गये : लिया का गेहूँ भारतीय नगरों से पार होता हुआ (जहाँ भूख से मरे लोगों की लाशें गलियों में बिखरी पड़ी थीं) भूमध्यसागरीय व बाल्कन डिपुओं में भण्डार करने के लिए भेज दिया गया जिससे कि युद्ध के उपरान्त ब्रिटेन पर पड़ने वाले दबाव को हल्का किया जा सके तथा अमरीका व कनाडा के खाद्य पदार्थों की सहायता के प्रस्तावों को अस्वीकार कर दिया गया। उपनिवेश को अपने स्टर्लिंग भण्डार को ख़र्च करने अथवा वास्तव में खाद्य पदार्थों के आयात के लिए अपने जलपोत प्रयोग में लाने की अनुमति नहीं थी। आपूर्ति और माँग के नियम भी इसमें कुछ सहायता नहीं कर सके, अन्य स्थानों पर अपने सैन्य दलों को सप्लाई सुनिश्चित करने के लिए ब्रिटेन की सरकार ने भारत के खुले बाज़ार में अनाज के लिए उच्च दरों का भुगतान किया और इस प्रकार यह साधारण भारतीयों की पहुँच से बाहर हो गया।

बंगाल के अकाल के दौरान ब्रिटिश अधिकारियों व मन्त्रियों के व्यवहार से एक ऐसी तस्वीर उभरकर आती है, जो साम्राज्य के लिए नैतिक औचित्य के अन्तिम कण को भी समाप्त कर देती है। ब्रिटेन के युद्ध के समय वित्तीय प्रबन्धन एवं युद्ध के लिए भारतीय सप्लाई को भेजने से, जिस पर अकाल की ज़मीन तैयार हो गयी; सेक्रेटरी ऑफ़ स्टेट एमरी एवं अक्खड़ चर्चिल, जिसका युद्ध के प्रति लगाव 'औपनिवेशिक अर्थशास्त्र जैसे इतने नीरस मुद्दे' से अधिक था–के बीच आदान–प्रदान, चर्चिल के फटकार लगाने योग्य सहायक, मास्टर–जनरल लॉर्ड चेरवेल की नैतिकताहीन प्रजातिवादिता जिसने भारत की अकाल–राहत से इनकार करते हुए व्यवस्था सम्बन्धी अधिकतर ऐसे निर्णय लिए जिनकी क़ीमत अनेक लोगों को अपनी जानें देकर चुकानी पड़ी–ये सब दो शताब्दियों की औपनिवेशिक क्रूरता का चरम है। अन्तर केवल इतना है कि 1943 में ब्रिटिश निष्ठुरता एवं नस्लवाद के प्रमाण इससे पहले के दर्जन भर विकट अकालों की तुलना में बेहतर ढंग से दर्ज हैं।

मैंने अकालों पर इतने विस्तार से इसलिए प्रकाश डाला है कि वे ब्रिटिश औपनिवेशिक भ्रष्टाचार का उत्कृष्ट उदाहरण प्रस्तुत करते हैं। ब्रिटिश शासन में भारतीयों को निरन्तर अपनी जकड़ में लेते रहे महामारी रोग का उल्लेख भी किया जा सकता था। इन घटनाओं के दौरान भी ब्रिटिश अधिकारी असहाय खड़े देखते रहे थे। दुरान्त के समान बीसवीं सदी के केवल प्रथम चार वर्षों पर प्रकाश डालने के लिए : 1901 में 2,72,000 लोगों की प्लेग से मृत्यु हो गयी, 1902 में 5,00,000, 1903 में 8,00,000 एवं 1904 में 10,00,000 लोगों की मृत्यु से स्पष्ट होता है कि मृत्यु के आँकड़े प्रतिवर्ष बढ़ रहे थे। स्पेनिश इन्फलुएंजा की 1918 में महामारी के दौरान फ्लू के 12.5 करोड़ मामले दर्ज हुए थे (जनसंख्या के एक तिहाई से अधिक) और भारत में मृत्यु दर किसी भी पश्चिमी देश से अधिक थी, भारत में 1.25 करोड़ लोगों की मृत्यु हुई थी। एक अमरीकी राजनेता (और तीन बार डेमोक्रेटिक पार्टी के प्रेसिडेंट पद के उम्मीदवार) विलियम जेनिंग्स ब्रायन ने जैसा कि उल्लेख किया है कि अनेक ब्रिटिश लोग प्लेग से हुई मौतों को 'अत्यधिक जनसंख्या को नियन्त्रित करने का दैवी उपाय' बता रहे थे। ब्रायन ने कहा है कि यह विडम्बनापूर्ण है कि ब्रिटिश शासन को इन आधारों पर औचित्यपूर्ण ठहराने का प्रयत्न किया

गया कि 'यह लोगों को एक–दूसरे को मारने से रोकता है।' और प्लेग इसलिए प्रशंसनीय है कि यह उन लोगों को समाप्त कर देता है जिन्हें सरकार ने कत्लेआम से बचाया है।

यह तर्क दिया जाता है महामारियाँ औपनिवेशवाद से पहले भी थीं और इन्हें औपनिवेशिक नीति का परिणाम होना अथवा उससे और विकट होना नहीं कहा जा सकता। अतः मेरी बहस के उद्देश्य से ये अकाल की घटनाओं से तुलनीय नहीं हैं, परन्तु उनका बार–बार होना एवं इनसे बड़ी संख्या में लोगों की दुखद मृत्यु ब्रिटिश राज को चलाने वालों की भारतीय लोगों के कष्टों के प्रति उदासीनता का गम्भीर आरोप बना हुआ है। यह और भी अधिक सत्य है कि भारत में ब्रिटिश राज के पक्षधर प्रायः 'जनता के स्वास्थ्य में उल्लेखनीय सुधार' का उदाहरण देते हैं। इस दावे का कोई बहुत बड़ा प्रमाण नहीं है, यह दावा अधिकतर मलेरिया–रोधी दवा कुनीन लाने (यद्यपि यह प्रमुखतया टॉनिक में प्रयोग में लायी जाती थी जिसे शराब में मिलाकर पीने के बाद जंगल की चौकियों में ब्रिटिश डूबे रहते थे और इस प्रकार अपनी शराब को न्यायोचित ठहराते थे), चेचक के टीकाकरण का लोक कार्यक्रम (यह इतना अपर्याप्त था कि स्वतन्त्रता के बाद ही आज़ाद भारत ने देश को इस महान विपत्ति से मुक्त किया) एवं जल–आपूर्ति में सुधार (यह इतने निष्प्रभावी ढंग से किया गया कि वास्तव में हैजा एवं पानी से होने वाले रोग 'राज' की सम्पूर्ण अवधि में बने रहे) के आधार पर किया जाता है। यह भी उल्लेखनीय है कि ब्रिटिश राज के दौरान देश में कहीं भी किन्हीं बड़े अस्पतालों की स्थापना नहीं की गयी। यह आश्चर्यजनक है कि ब्रिटिश भारत में प्रत्येक बड़े आधुनिक चिकित्सा प्रतिष्ठान की स्थापना भारतीय संरक्षकों की उदारता से हुई। इन भारतीय दानकर्ताओं ने, चाहे स्वतः स्पष्ट कारणों से, अपने अस्पतालों का नाम ब्रिटिश औपनिवेश की बड़ी हस्तियों के नाम पर रखा।

## बलपूर्वक देशान्तरण : निष्कासित एवं अनुबन्धित श्रमिक

ब्रिटिश शासनकाल में इंग्लैण्ड की सीमा से अधिक भरी जेलों की समस्या से निपटने एवं कम जनसंख्या वाले उपनिवेशों को मानव–शक्ति सप्लाई सुनिश्चित करने के लिए दण्डरूपी उपनिवेशों में देशनिकाला देना एक प्रिय उपाय बन गया था। सरकारी नियन्त्रण के क़ैदी श्रमिकों को शीघ्र

ही अनुबन्धित श्रमिकों के निजी नियन्त्रण के व्यापार के साथ मिलाकर कैरेबियाई एवं अन्य अमरीकी उपनिवेशों को भेजा जाने लगा। यह नीति भारत में भी अपनाई गयी।

1787 से भारतीय क़ैदियों को प्रारम्भ में दक्षिण एशिया के दण्डरूपी उपनिवेशों, विशेष रूप से सुमात्रा के बेन्कूलीन में (1787–1825 जब ब्रिटिश शासकों और डच ने क्रमशः मलेशिया व इण्डोनेशिया पर अपने नियन्त्रण को सुदृढ़ करने के लिए बेन्कूलीन के बदले में मलाका ले लिया), पेनान्ग, अन्यथा प्रिंस ऑफ़ वेल्स आइलैण्ड के नाम से विख्यात (1790–1860), मॉरिशस (1815–53), मलाका और सिंगापुर (1825–60) और बर्मा के प्रान्तों–अराकन और तीनास्सेरम (1828–62) भेजा गया। चूँकि उन्हें अधिकतर मूल ढाँचा–निर्माण योजनाओं में काम पर लगाया जाता था अतः भारतीय क़ैदियों की विशेष रूप से सिंगापुर की तेज़ी से बढ़ रही जलसन्धि बस्तियों में बहुत माँग थी। ईस्ट इण्डिया कम्पनी के अच्छे दिनों में उन्हें 'बॉटनी बेज ऑफ़ इण्डिया' कहा जाता था। पेनान्ग के सफल औपनिवेशीकरण में सभी सार्वजनिक परियोजनाओं में कम क़ीमत के श्रमिकों के रूप में भारतीय क़ैदी श्रमिकों ने महत्त्वपूर्ण भूमिका निभाई। 1852 और 1854 के बीच जब क्षेत्र में श्रमिक लागत अनुमानतः 30 प्रतिशत तक बढ़ गयी तो जलसन्धि बस्तियों में कम्पनी की सरकार लोक कार्यों के निर्माण के लिए लगभग पूर्णतः भारतीय क़ैदी श्रमिकों पर निर्भर रही। 1825 से 1872 के बीच सिंगापुर की सभी लोक–निर्माण परियोजनाओं में भारतीय क़ैदियों ने बड़े स्तर पर श्रमिक बल के रूप में कार्य किया।

भारतीय क़ैदी–यह शब्द चोरी से लेकर ऋण तक छोटे–मोटे अपराधों व अनेक आरोपों के लिए प्रयुक्त हुआ है–ब्रिटिशों द्वारा नेपोलियन के युद्धों में मॉरिशस को फ्रांस से ले लिए जाने के बाद इस द्वीप में भी भेजे गये। यद्यपि 1829 में उनका पहली बार वहाँ जाना सफल नहीं रहा था। मॉरिशस की बाग़वानी आधारित अर्थव्यवस्था मुख्य रूप से दासता पर आधारित थी परन्तु दासता की समाप्ति के बाद श्रमिक संकट के चलते भारत से श्रमिकों की माँग हुई और ब्रिटिश शासकों ने 1834 में उन्हें नये सिरे से भेजना प्रारम्भ किया। 1838 तक 25,000 भारतीय पहुँच चुके थे। दासता–विरोधी अभियानकर्ताओं द्वारा लाये गये प्रतिबन्ध के चलते 1839–42 के दौरान भारतीय लोगों का उत्प्रवास रुक गया परन्तु इस स्थिति को पुनः पलट

दिया गया और 1843 में आधिकारिक रिपोर्टों के अनुसार 30,218 पुरुष और 4,307 महिला अनुबन्धित उत्प्रवासी मॉरिशस में प्रविष्ट हुए। अनुबन्धित दासता की अवधि के बाद वहाँ बने रहने के लिए श्रमिकों को प्रोत्साहित करने हेतु महिलाओं का वहाँ जाना अनिवार्य समझा गया। 1868 तक विनियमों के द्वारा महिला प्रवासियों की संख्या बढ़ाकर प्रत्येक एक सौ पुरुषों पर कम–से–कम चालीस कर दी गयी।

अनुबन्धित श्रमिकों के लिए कॉन्ट्रेक्ट की व्यवस्था के अन्तर्गत कुछ 5,00,000 श्रमिकों को भारत से मॉरिशस भेज दिया गया। इनमें से अनेक क़ैदी थे परन्तु अन्य स्वेच्छा से गये थे, यद्यपि उनकी इच्छा कई बार उन पर दबाव बनाकर बलपूर्वक ले ली जाती थी। एक विद्वान के अनुसार, 'ये श्रमिक मुख्य रूप से दास बनाये जाते, प्रशिक्षु बनाये जाते अथवा अनुबन्ध पर लिए जाते परन्तु इस प्रकार बन्दी बनाना एक व्यापक प्रक्रिया का भाग था जिसके माध्यम से औपनिवेशिक श्रमिक बल का नियमन निजी से सार्वजनिक धरातल पर ले लिया जाता था।'

अण्डमान द्वीपों पर भारतीय महाद्वीप के निकट एक क़ैदी कॉलोनी बनाने का प्रयास भी किया गया परन्तु प्रथम प्रयास सफल नहीं रहा और 700 क़ैदियों को 1796 में अण्डमान की दण्डितों की बस्तियों से पेनान्ग भेजा गया। 1860 में जलसंयोजी बस्तियों के ब्रिटिश भारत से पृथक् हो जाने के बाद ब्रिटिश शासकों के पास, यदि वे भारतीय दण्डभोगियों को भेजना जारी रखना चाहते, दण्डितों की बस्तियों का पुनः विकास करने के अतिरिक्त कोई विकल्प नहीं था और उन्होंने 1858 के बाद ऐसा कर लिया। शीघ्र ही अण्डमान उन भारतीयों का प्रमुख ठिकाना बन गया, जिन्हें ब्रिटिश शासक राजनीतिक उपद्रवी समझते थे।

निःसहाय भारतीयों को अनुबन्धित श्रमिकों के रूप में जलसन्धि–मार्ग बस्तियों एवं मॉरिशस के अतिरिक्त विश्व भर में फैले ब्रिटिश उपनिवेशों–गुयाना और कैरेबियाई द्वीपों से दक्षिण अफ्रीका और प्रशान्त में फिजी तक भेजा गया। लगभग 19 से 35 लाख भारतीय (विभिन्न स्रोतों में यह संख्या इस दृष्टि से भिन्न है कि किसकी गणना की गयी है) औपनिवेशिक परियोजनाओं के अन्तर्गत प्रायः अनिच्छा से आधे भूमण्डल तक पहुँच गये। उन्होंने गन्ने के खेतों में काम करते हुए, इमारतें व सड़कें बनाते हुए, जंगल साफ़ करते हुए साम्राज्य की मशीनरी के पहियों में दाँते

के रूप में भूमिका निभाई। अत्यन्त यन्त्रणापूर्ण यात्राओं में अनेक लोगों ने भयंकर कष्ट उठाए, कुछ ने तो रास्ते में ही दम तोड़ दिया जबकि अन्य ने भयंकर कठिनाई का सामना किया। प्रोफ़ेसर क्लेयर एंडरसन के हाल के शोध से अनेक कष्टों का खुलासा हुआ है; केवल एक वर्ष 1856–57 में कोलकाता से त्रिनिदाद जाते हुए पानी के जहाज़ों में अनुबन्धित श्रमिकों की मृत्यु का प्रतिशत, भयंकर स्तर पर पहुँच गया : सभी पुरुषों के 12.3 प्रतिशत, महिलाओं के 18.5 प्रतिशत लड़कों में से 28 प्रतिशत और लड़कियों में से 36 प्रतिशत की मृत्यु हो गयी और समस्त बच्चों में से 55 प्रतिशत दुखद मौत का ग्रास बने। स्वीकार्य आपत्तिजनक तुलना करते हुए कुख्यात 'मिडल पैसेज' (ग़ुलामों के व्यापार में प्रयुक्त होने वाला मार्ग) पर ग़ुलामों की मृत्यु का अनुमानित प्रतिशत 12.5 है। ब्रिटिश जलपोतों से अनुबन्धित भारतीय श्रमिक के रूप में कैरेबियन द्वीप भेजे जाने का अर्थ था जीवन और मृत्यु की लॉटरी लेना जिसमें आपके जीवित रहने के अवसर बेड़ियों में जकड़े अफ्रीकी ग़ुलामों की तुलना में बहुत कम थे।

इस त्रासदीजनक अनुभव का सांस्कृतिक परिणाम था दासता में जकड़े एवं अनुबन्धित श्रमिकों के बीच एक सामान्य दुख भरे सम्बन्ध का सृजन। 'नाव का भाईचारा' कविता, साँझे लोकगीतों एवं सबसे अधिक संगीत का विषय बन गया जो आज तक भी बना हुआ है।

इस प्रकार भेजे जाने वाले लोगों को भारत लौटने अथवा पीछे घर पर छोड़े गये परिवारों से सम्पर्क की कोई आशा नहीं थी। अनेक अनुबन्धित श्रमिकों को यद्यपि पाँच वर्ष की बँधुआ मज़दूरी के बाद घर लौटने की माँग करने का अधिकार था। यह अधिकतर सिद्धान्त रूप में ही था और लगभग न के बराबर श्रमिकों को इस अधिकार की प्राप्ति की अनुमति दी जाती थी (नियमों में चतुराईपूर्ण किया गया फेर–बदल यथा मूल अनुबन्ध की अवधि की समाप्ति के छह माह के भीतर दावा न किये जाने पर इसे ज़ब्त कर लेना अथवा यात्रा के लिए वसूले जाने वाले भारी एवं मज़दूरों की भुगतान क्षमता से अधिक किराये के चलते अनेक इस अधिकार को प्राप्त करने के प्रति निरुत्साहित हो जाते थे)। कुछ–भारत से भेजे गये श्रमिकों का एक छोटा–सा अल्पसंख्यक समूह–सफलतापूर्वक भारत लौटे बताये जाते हैं परन्तु मुझे केवल एक ही मामले की जानकारी है कि 1868 में सेंट क्रोइवस के कैरेबियाई द्वीप के लिए जहाज़ भरकर भेजे गये। दुर्भाग्यपूर्ण

लोगों में से मुट्ठी भर जीवित बचे लोग ही भारत पहुँच पाये, उनमें से अधिकतर की जहाज़ पर ही मृत्यु हो गयी।

1519–1939 की अवधि के दौरान 5,300,000 लोग जिन्हें विद्वानों द्वारा भद्रता से 'अस्वतन्त्र प्रवासी' कहा गया है, ब्रिटिश जहाज़ों में ले जाये गये। इनमें से 58 प्रतिशत मुख्यतः अफ्रीका के ग़ुलाम थे, 36 प्रतिशत अनुबन्धित श्रमिक थे जो मुख्यतः भारत से थे एवं 6 प्रतिशत भारत तथा अन्य उपनिवेशों के अपराधी थे। यदि और कुछ नहीं तो औपनिवेशिक परियोजनाओं की साधारण आवश्यकताओं के लिए ब्रिटिश शासकों के इस प्रयास ने दर्जनों देशों की जनसांख्यिकी के स्वरूप को रूपान्तरित कर दिया और उसके परिणाम आज भी देखे जा सकते हैं।

अपराधियों के विपरीत अनेक स्वयंसेवियों एवं अन्य भेजे गये लोगों ने कम्पनी शासन में शामिल होने के परिणामस्वरूप अनुबन्धित दासता पर हस्ताक्षर किये; हज़ारों भारतीय किसानों को अपनी ज़मीन से निकाल दिया गया और उनकी उपजाऊ भूमि को अफ़ीम की खेती के लिए लेकर उन्हें देशान्तरण के लिए विवश किया गया। इनमें से कुछ पूर्व सिपाही थे और कुछ 1857 की बग़ावत के बाद क्रूर ब्रिटिश प्रतिहिंसा से भागे रंगरूट थे (इससे ब्रिटिश शासकों को कोई अन्तर नहीं पड़ता था। उनके लिए बग़ावतकारी 'अपराधी' एवं निर्धनता से निकलने का प्रयास करने वाले एक समान थे)। निएल फर्ग्यूसन इस उत्पन्न पीड़ादायी एवं विघटनकारी विस्थापन को रबड़ उगाने एवं सोना खोदने के लिए सस्ती और शायद कम पैसे में काम कर रहे एशियाई श्रमिकों को संघटित करना कहकर ख़ारिज करते हैं। इसके प्रति शायद अधिक मानवीय दृष्टिकोण भारतीय उपन्यासकार अमिताव घोष ने व्यक्त किया है, जिन्होंने लिखा है कि किसानों का गंगा के मैदानों से स्थानान्तरण 'ऐसा था मानो नियति ने भूमि के सजीव मांस के भीतर अपनी मुट्ठी डालकर इसके व्यथित हृदय में से एक टुकड़ा निकालने का प्रयत्न किया हो।' निर्जनता, उजाड़ और विषाद के दृश्यों के बीच लोगों को अपने घरों से निकाल लेना एक अपराध था, जो आने वाली पीढ़ियों तक भारत में ब्रिटिश शासन के इतिहास का पीछा करेगा।

## पाशविक राज

ब्रिटिश साम्राज्यवाद ने लम्बे समय तक यह दिखावा करके कि यह प्रबुद्ध तानाशाही थी और शासितों की भलाई के लिए थी, स्वयं को न्यायोचित ठहराने का प्रयास किया। 1943 की गर्मियों एवं बसन्त में चर्चिल के अमानवीय व्यवहार ने इस मिथक को झूठा बना दिया, परन्तु वह पहले ही दो सदियों से सब तहस–नहस कर चुका था। ब्रिटिश साम्राज्यवाद ने केवल बड़े पैमाने पर जीत एवं धोखे के साथ ही विजय प्राप्त नहीं की थी परन्तु, जैसाकि मैंने उल्लेख किया है, असहमति का क्रूरतापूर्वक दमन करके, विद्रोहियों एवं भगोड़ों को फाँसी देकर एवं निपुण बुनकरों के अँगूठे काटकर (ताकि वे उस महीन कपड़े का उत्पादन न कर सकें जिसके सामने ब्रिटेन के निर्माता अकुशल दिखाई देते थे) अपना वर्चस्व बनाये रखा। 1857 की क्रान्ति को अथाह पशुता से कुचला गया जिसमें सैकड़ों विद्रोहियों के तोपों की नालों से चिथड़े उड़ा दिये गये अथवा उन्हें सार्वजनिक रूप से फाँसी के तख़्ते पर लटका दिया गया। महिलाओं व बच्चों की सामूहिक हत्याएँ की गयीं (यह स्वीकार किया जाना चाहिए कि ब्रिटिश महिलाओं व बच्चों की हत्याओं के प्रतिकार के रूप में) और 1,00,000 से अधिक जानें चली गयीं।

अनेक लोगों को 'ब्रिटिश पाशविकता' इस मायने में विरोधाभासी प्रतीत होती है क्योंकि ब्रिटिश आख़िरकार भद्रता, शालीनता और विनम्रता का पर्याय हैं। वे प्रतिभा, न कि बन्दूक़ों के बल पर विजय प्राप्त करते हैं; निश्चित ही वे कांगो में हत्यारे बेल्जियन की भाँति व्यवहार नहीं कर सकते थे!

पर उन्होंने ऐसा किया। हर समय नहीं, और किंग लीयोपोल्ड के अनैतिक हत्यारों की निरन्तर एवं अमानवीय पाशविकता से नहीं, किन्तु वे इस आधारभूत नियम का अपवाद नहीं थे कि साम्राज्यवाद स्वयं को पाशविक शक्ति से लागू करता है। इतिहासविद् जॉन विल्सन के शब्दों में, 'अधिकतर समय ब्रिटिश साम्राज्यवादी प्रशासकों के कार्य विवेकहीन भावनाओं से प्रेरित होते थे, न कि सुनियोजित योजनाओं से। सेना शायद ही काफ़ी होती थी। हिंसक शक्तियों का प्रयोग प्रायः किसी विशेष प्रकार के व्यावसायिक अथवा राजनीतिक हितों की माँग से कहीं अधिक मात्रा में होता था।'

पाशविकता, ईस्ट इण्डिया कम्पनी के सैनिक अभियानों का प्रारम्भिक

भाग थी। इतिहासविद् ब्रिटिश शासकों की प्रारम्भिक दुष्टता का कारण 'उनकी असुरक्षा की भावना एवं अपनी बात मनवाने की अक्षमता बताते हैं। स्थानीय समाज के साथ सुदृढ़ सम्बन्धों के अभाव में वे अपमान की छिट–पुट कार्यवाहियों से अपनी शक्ति को व्यक्त करते थे।' (1721 के अन्जेंगो हत्याकाण्ड का कारण यह दुर्व्यवहार ही था जब नायर योद्धाओं ने उनके सम्मान पर बार–बार आघात पहुँचाये जाने पर अनेक ब्रिटिश सैनिकों व कम्पनी के आदमियों को मौत के घाट उतार दिया था)। अपराधियों को दण्ड दिया गया और ब्रिटिश शासकों ने अपनी हिंसा की उच्च शक्ति को दुगुना कर दिया। निरन्तर बनी रहने वाली सम्भ्रान्ति ने बातचीत की बजाय बल–प्रयोग को प्रेरित किया जिसे सदैव परिस्थितियों के नाम पर न्यायोचित ठहराया जाता। अंग्रेज़ अधिकारियों में से एक ने 1790 के दशक में तंजौर के राजा के विरुद्ध अभियान के दौरान कम्पनी की कौंसिल को रिपोर्ट दी कि : 'मैं प्रतिरोध को केवल प्रतिहिंसा से शान्त कर सकता हूँ, जिसके लिए मुझे लूट–पाट करनी होगी, गाँवों को जलाना होगा और उन गाँवों के प्रत्येक व्यक्ति को मौत के घाट उतारना होगा और महिलाओं व बच्चों को बन्दी बनाना होगा। इस प्रकार के युद्ध के लिए ऐसे काम करने की आवश्यकता होगी।'

कम्पनी के भारतीय सिपाहियों की वर्दियाँ बदले जाने से, जो हिन्दुओं व मुसलमानों दोनों को आपत्तिजनक लगी थीं, भड़की वेल्लौर की 1806 की बग़ावत को ब्रिटिश शासन ने क्रूरतापूर्ण ढंग से दबा दिया। 300 (कहीं यह संख्या 350 बताई गयी है) बग़ावतकारियों को इकट्ठा बाँधकर अदालत की दीवार के साथ खड़ा कर दिया गया और केवल 30 गज़ की दूरी से गोलियों से उड़ा दिया गया। ऐसा संक्षिप्त मुक़दमे और अपनी बात कहने का अवसर दिये बिना ही कर दिया गया। शेष बागियों के मामले में अधिक औपचारिक कोर्ट मार्शल की प्रक्रिया के बाद छह विद्रोहियों को तोपों के मुँह से उड़ा दिया गया, पाँच को गोलीबारी करने वाले दल ने गोलियों से भून दिया, आठ को फाँसी पर लटकाया गया एवं पाँच विद्रोहियों को दण्ड उपनिवेश में भेज दिया गया।

1857 की क्रान्ति के दौरान हज़ारों क्रान्तिकारी और बड़ी संख्या में नागरिक (पुरुष व महिलाएँ दोनों) इसी प्रकार मारे गये थे। जनरल जेम्स जॉर्ज स्मिथ नेल इलाहाबाद एवं कानपुर दोनों स्थानों पर विशेष रूप से

रक्तपिपासु था। सर ह्यूज रोज़ ने झाँसी में भी यही किया, जहाँ दुर्जेय रानी लक्ष्मीबाई के विद्रोही नगर के निवासियों को कोई 'भावुकतापूर्ण राज्यक्षमा' प्रदान किये बिना लगभग 5,000 नागरिकों को मौत के घाट उतार दिया गया। जब दिल्ली को दूसरी बार जीता गया तो नृशंस बर्बरता दिखाई गयी : केवल एक ही क्षेत्र कच्चा चीलाँ में लगभग 1,400 निहत्थे निवासियों को मार डाला गया। एक युवा अधिकारी ने दर्ज किया कि 'प्रत्येक व्यक्ति को गोली से उड़ा देने के आदेश दिये गये। यह बिल्कुल हत्या थी।' इतने अधिक नागरिक मारे गये कि एक प्रत्यक्षदर्शी के अनुसार 'प्रत्येक गली में शव जलते सूरज की गर्मी में सड़ रहे थे।' मस्जिदों में छिपे शरणार्थियों को निकालकर फाँसी के तख़्ते पर लटका दिया गया। अनेक लोगों को एक साथ फाँसी दिया जाना सामान्य था। पाँच लाख की आबादी वाली मुग़ल राजधानी दिल्ली निर्जन खण्डहर में बदल दी गयी।

अकारण हत्याएँ अनसुनी नहीं थीं क्योंकि ब्रिटिश भारतीयों को असुरक्षा की भावना से मार देते थे। डेनिस जुड्ड ने एक घटना का वर्णन किया है जिसमें ब्रिटिश सैनिक ने एक छकड़े पर बैठे दो सैनिकों को कानपुर की चर्चा करते सुना। कानपुर 1857 की क्रान्ति के अधिक पाशविक युद्धों में से एक की स्थली था। सैनिक के अपने शब्दों में, 'मैं जानता था कि उसका क्या अर्थ था। अतः मैं टॉम वॉकर को बुला लाया और उन्हें 'कॉनपोर' कहते सुना और वह इसका अर्थ जानता था। अतः हमने उन दोनों को उड़ा दिया।'

विशेष रूप से किसी विद्रोह को दबाने के लिए की गयी इन हत्याओं को यदि माफ़ नहीं किया जा सकता तो कम–से–कम उनका जवाब तो माँगा जा सकता है किन्तु कुछ प्रतिहिंसाएँ तो निष्ठुरतापूर्ण थीं। मुग़ल शासक बहादुर शाह ज़फ़र के परिवार ने यद्यपि ब्रिटिश बलों द्वारा दिल्ली पर क़ब्ज़ा कर लिए जाने के बाद उनके सामने शान्तिपूर्वक समर्पण कर दिया था परन्तु फिर भी उन्हें क्रूरतापूर्वक मारा गया। उसके सोलह बेटों में से अधिकतर पर मुक़दमा चलाकर फाँसी दे दी गयी और अनेक को निष्ठुरतापूर्वक गोली मार दी गयी। इससे पहले उनसे उनके हथियार और स्वभावतः हीरे–जवाहरात छीन लिए गये। सरकारी आदेशों पर नागरिकों को भी यन्त्रणाएँ दी गयीं। 1872 में पंजाब के मलेरकोटला में 65 नामधारी सिखों को तोपों के मुँह पर बाँधकर उनके चिथड़े उड़ा दिये गये। पेशावर

के क़िस्सा ख्वानी बाज़ार में 1930 में 400 भारतीयों को मौत के घाट उतार दिया गया। इसके अतिरिक्त पीटने, कोड़े लगाने, प्रजातीय अपमान व आक्रमण, गोलीबारी, फाँसी पर लटकाने और अनेक प्रकार के आरोपों के लिए भारतीयों को देशनिकाला देने की असंख्य घटनाओं के दाग ब्रिटिश औपनिवेश के रक्त–रंजित इतिहास पर लगे हुए हैं।

ईस्ट इण्डिया कम्पनी के दिनों अथवा ब्रिटिश शासन के प्रारम्भिक दिनों से ही ऐसी पाशविकता के उदाहरणों के लिए वे यह सफाई देने का प्रयास करते हैं कि वे भिन्न समय थे, जब अन्य चलन लागू होते थे। परन्तु वे बीसवीं सदी तक भी जारी रहे। 1942 के भारत छोड़ो आन्दोलन के दमन के लिए जो पाशविक शक्तियाँ प्रयोग में लायी गयीं, उनमें ऐसे दाँव–पेंच शामिल थे कि एक ब्रिटिश गवर्नर के शब्दों में यदि 'दिन की रोशनी में किसी को खींच लिया जाता तो कोई उसे बचा नहीं सकता था।' पुलिस द्वारा सामूहिक बलात्कार की घटनाएँ असामान्य नहीं थीं : सत्याग्रहियों को आतंकित करने के लिए पुलिस ने 73 महिलाओं का शील भंग किया, क़ैदियों को बेहोश हो जाने तक बर्फ़ की सिलों पर नंगे बदन लेटने के लिए विवश किया जाता और हज़ारों लोगों को जेल में पीटा गया। नागरिक विद्रोहियों पर हवा में गोली चलाने के भी अधिकार थे। सदी के प्रारम्भ में रस्किन ने घोषणा की कि 'हमारी भारतीय विधायिका के अन्तर्गत अथवा उसे अशक्त बनाने वाली प्रत्येक बग़ावत, प्रत्येक ख़तरा, प्रत्येक आतंक और प्रत्येक अपराध सीधे–सीधे भारत की लूट पर जीवन चलाने की हमारी राष्ट्रीय इच्छा से चालित होता है।' उसने टिप्पणी की कि ब्रिटिश शासन द्वारा किये जाने वाले निरन्तर शोषण को दी जाने वाली भारतीय चुनौती के विरुद्ध प्रतिहिंसाओं का कोई नैतिक आधार नहीं था परन्तु फिर भी वे जारी रहीं।

मैं जिस बड़े मुद्दे को रख रहा हूँ, उसे व्यक्त करने के लिए बीसवीं सदी में ब्रिटिश औपनिवेशिक आचरण की एक घटना पर विस्तार से रोशनी डाला जाना आवश्यक है। यह घटना प्रथम विश्वयुद्ध के बिल्कुल अन्त में हुई (वुडरो विल्सन के गूँजते शब्दों में 'विश्व को प्रजातन्त्र के लिए सुरक्षित बनाने हेतु' युद्ध)। मैं निःसन्देह जलियाँवाला बाग़ की बात कर रहा हूँ।

यह 1919 की बात है, ओटोमन और ऑस्ट्रो–हंगेरियन साम्राज्यों का पतन हो चुका था। उनके अवशेषों से नये राष्ट्र उभर रहे थे; आत्म–संकल्प

की चर्चा हवा में थी। भारत प्रथम विश्वयुद्ध में बड़े बलिदान और आदमियों व सामग्री, रक्त और ख़ज़ाने से ब्रिटिश के युद्ध–प्रयासों में योगदान देकर अभी बाहर ही निकला था। भारत को आशा थी कि इसे किसी स्तर तक स्व–शासन से पुरस्कृत किया जायेगा। ये आशाएँ, जैसाकि दूसरे अध्याय में वर्णन किया गया है, झूठी प्रमाणित हुईं। छलपूर्ण मॉन्टेग–चेम्सफोर्ड सुधार और दण्डात्मक रॉलेट एक्ट भारत के एकमात्र पुरस्कार थे।

इसके बाद जो हुआ, वह इस प्रकार है :

मार्च और अप्रैल, 1919 में भारतीय रॉलेट एक्ट के विरोध में पूरे पंजाब में इकट्ठे हुए। उन्होंने 30 मार्च और 6 अप्रैल को हड़तालों के माध्यम से अमृतसर सहित अनेक शहरों में सामान्य व्यापार बन्द रखा। खाली सड़कों व बन्द दुकानों के माध्यम से ब्रिटिश शासकों द्वारा लोगों के साथ किये गये विश्वासघात पर असन्तोष व्यक्त किया गया। यह गाँधी के अहिंसक असहयोग का एक रूप था। हड़तालों के दौरान किसी हिंसा और अव्यवस्था की रिपोर्टें नहीं मिलीं, परन्तु 9 अप्रैल को ब्रिटिश सरकार ने बिना किसी उकसावे के पंजाब में दो राष्ट्रवादी नेताओं डॉ. सैफुद्दीन किचलू एवं डॉ. सत्यपाल को गिरफ़्तार कर लिया। उन्होंने विरोध–सभाओं को सम्बोधित किया था। गिरफ़्तारी की ख़बर जैसे ही फैली, अमृतसर के लोग सड़कों पर उतर आये और गिरफ़्तारियों के विरोध में पुलिस मुख्यालय की ओर बढ़ने का प्रयास करने लगे। पुलिस ने उनके मार्ग को रोका, कुछ उत्तेजित नागरिकों ने पत्थर फेंके जिसके जवाब में पुलिस ने गोलियाँ चला दीं और इस प्रकार दस प्रदर्शनकारियों की मृत्यु हो गयी। इससे भीड़ भड़क उठी और पुलिस द्वारा की गयी हत्याओं की प्रतिक्रिया में उन्होंने ब्रिटिश शासन की दिखाई देने वाली किसी भी चीज़ पर अपना ग़ुस्सा निकाला। इसके बाद होने वाले दंगों में पाँच अंग्रेज़ मारे गये एवं एक महिला मिशनरी पर भी हमला हुआ (परन्तु उसे भारतीयों द्वारा बचाकर सुरक्षित स्थान पर पहुँचा दिया गया)।

ब्रिटिश शासकों ने व्यवस्था की बहाली के लिए तुरन्त अमृतसर में सैनिक दल भेज दिये। 11 अप्रैल तक 600 सिपाही पहुँच गये और इसके बाद अगले दिन उनका कमाण्डर ब्रिगेडियर जनरल रेजिनाल्ड डायर भी पहुँच गया। तब तक शहर शान्त हो चुका था और जो भी प्रदर्शन एवं विरोध में बैठकें हो रही थीं, वे पूर्णतया शान्तिपूर्ण थीं। परन्तु फिर भी डायर ने अपनी शक्ति के प्रदर्शन में अनेक गिरफ़्तारियाँ कीं और 13 अप्रैल को

उसने एक उद्घोषणा की जिसके द्वारा लोगों को पास लिए बिना शहर छोड़कर जाने, प्रदर्शन अथवा जुलूस निकालने अथवा तीन लोगों से अधिक के समूह में इकट्ठा होने से भी रोका गया। शहर इन प्रतिबन्धों में खौल रहा था परन्तु कोई विरोध–प्रदर्शन भी नहीं हुए। इसी दौरान इस घोषणा से अनजान आसपास के ज़िलों के कोई दस से पन्द्रह हज़ार लोग अपना महत्त्वपूर्ण धार्मिक त्योहार बैसाखी मनाने के लिए शहर में इकट्ठे हो गये। वे चारदिवारी में बन्द एक बाग़–जलियाँवाला बाग़ में एकत्र हो गये। यह बाग़ अमृतसर में सार्वजनिक कार्यक्रमों के लिए एक प्रसिद्ध स्थान था परन्तु इसके भीतर केवल पाँच तंग दरवाज़ों से जाया जा सकता था।

डायर को जब इस मीटिंग का पता चला तो उसने यह जानने का कोई प्रयत्न नहीं किया कि यह किस सम्बन्ध में थी, मीटिंग में भाग लेने वाले लोग उसके आदेशों को खुली चुनौती देते हुए यहाँ आये थे अथवा केवल उसके आदेशों से अनभिज्ञ थे। उसने तुरन्त बख्तरबन्द कारों में सैनिकों के दल लिए जो मशीनगनों से लैस थे। उन्होंने अपने वाहन बाग़ के दरवाज़े के सामने लगा दिये। भीड़ को तितर–बितर होने के आदेश अथवा कोई चेतावनी दिये बिना डायर ने बाग़ की ईंटों से बनी दीवारों के पीछे खड़े अपने सैन्य दलों को 150 गज़ की दूरी से गोलियाँ चलाने के आदेश दे दिये। हालाँकि यह स्पष्ट था कि यह निहत्थे नागरिकों की एक शान्तिपूर्ण सभा थी। दीवारों में बन्द शान्तिपूर्ण ढंग से इकट्ठे हुए निहत्थे एवं अहिंसक पुरुषों, महिलाओं व बच्चों ने चीख़ना एवं भय से बन्द दरवाज़ों को धकेलना शुरू कर दिया, परन्तु डायर ने अपने सिपाहियों को गोला–बारूद समाप्त होने तक गोलीबारी जारी रखने का आदेश दिया। सिपाहियों ने जब गोलीबारी बन्द की तो वे 1,650 गोलियाँ चला चुके थे। 379 लोगों को मार चुके थे (यह मृतकों की वह संख्या है जिसे वे स्वीकार करने के लिए तैयार थे और 1,137* लोगों को ज़ख्मी कर चुके थे। डायर ने बहुत सन्तोष के साथ टिप्पणी की थी कि एक भी गोली व्यर्थ नहीं गयी थी।

---

* अनधिकारिक भारतीय संख्याएँ अधिक हैं : अधिकांशतः रिपोर्टों में मृतकों की संख्या 1,499 है। तथापि 1,650 गोलियाँ चलाने और 1,137 के घायल होने के आँकड़ों पर कोई विवाद नहीं है। मृतकों की संख्या की सच्चाई शायद कहीं बीच की संख्या होगी; 379 का सरकारी आँकड़ा न्यूनतम है। सरकारी आँकड़े सही हों तो भी 1,650 गोलियों से 1,516 चपेट में आये जो कि यह बताता है कि डायर का काम कितना सरल और कितना पैशाचिक था।

ऐसी कोई चेतावनी अथवा घोषणा नहीं थी कि यह भीड़ अवैध थी और इसे वहाँ से हटना था, शान्तिपूर्वक वहाँ से चले जाने के कोई निर्देश भी नहीं दिये गये, कुछ भी तो नहीं था। डायर ने अपने आदमियों को हवा में अथवा अपने निशाने पर आये लोगों के पैरों पर गोलियाँ चलाने के लिए नहीं कहा था। उन्होंने डायर के आदेश पर निहत्थी एवं निःसहाय भीड़ की छातियों, चेहरों और गर्भाशय पर गोलियाँ चलाईं।

इतिहास इस घटना को जलियाँवाला नरसंहार के नाम से जानता है। यह नरसंहार उन्मादी पागलपन नहीं था अपितु सोची–समझी जानबूझकर पूरी की गयी औपनिवेशिक इच्छा थी। डायर एक उन्मादी विक्षिप्त नहीं, एक दक्ष हत्यारा था। वह एक सैनिक अफ़सर की मात्र एक कल्पनातीत बुराई और पाशविकता थी। परन्तु बैसाखी के उस दिन उसकी यह कार्यवाही उस व्यवस्था की बुराई की प्रतीक बन गयी, जिसकी ओर से एवं जिसकी रक्षा के लिए वह काम कर रहा था। समाज के सभी वर्गों के भारतीयों की इस सत्य की भयंकर अनुभूति में जलियाँवाला बाग़ नरसंहार का सच्चा महत्त्व छिपा था। औपनिवेश जो सर्वाधिक बुरा कर सकता था–यह उसका प्रतीक था और इसे होने देकर ब्रिटिश शासक उस बिन्दु, जहाँ से कोई लौट नहीं सकता और जो लोगों के केवल मस्तिष्कों में होता है–को पार कर गये थे। यह वह बिन्दु था जिसका किसी भी असमान स्तर के सम्बन्ध में सम्बन्ध को बनाये रखने के लिए स्वामी व प्रजा दोनों को सम्मान करना चाहिए।

इस घटना ने राजभक्तों को राष्ट्रवादी बना दिया और संविधानवादियों को आन्दोलनकर्ता बना दिया। इस घटना ने नोबल पुरस्कार विजेता रवीन्द्रनाथ टैगोर को अपनी नाइट की उपाधि लौटाने के लिए विवश कर दिया और ब्रिटिश पदों पर नियुक्त अनेक भारतीयों ने अपने अधिकार–पत्र लौटा दिये और इस सबसे ऊपर इसने महात्मा गाँधी में भारतीय स्वातन्त्र्य की नैतिक न्यायसंगतता में एक सुदृढ़ एवं अविचलित व अटल निष्ठा कूट–कूटकर भर दी और वे भारत को एक ऐसे साम्राज्य जिसे उन्होंने अपूरणीय बुराई और यहाँ तक कि पैशाचिक रूप में देखा था–से मुक्त करवाने के अपने दृढ़ संकल्प से कभी विचलित नहीं हुए। इतिहासविद् एजेपी टेलर ने इस नरसंहार को 'एक ऐसा निर्णयात्मक क्षण' बताया है, 'जिससे भारतीय ब्रिटिश शासन से विमुख हो गये।' क़ानून और व्यवस्था के नाम पर किसी अन्य दण्ड में इतने लोग हताहत नहीं हुए : पीटरलू

नरसंहार में 11 जानें गयीं। अटलांटिक में ब्रिटिश सैनिकों ने बॉस्टन के आम लोगों पर गोलियाँ चलाईं जिसमें पाँच लोगों की मृत्यु हुई। इस घटना पर जानबूझकर किये जाने वाले नरसंहार का आरोप लगाया गया। 1916 में डबलिन में स्वतः घोषित ईस्टर विद्रोह में ब्रिटिश लोगों ने सोलह आयरिश लोगों को मार दिया था। जलियाँवाला की घटना ने पुष्टि कर दी कि ब्रिटिश शासकों की दृष्टि में ज़िन्दगियों की कितनी क़ीमत थी।

सरकार द्वारा बैठाई गयी हण्टर–कमीशन जाँच में अपनी करतूतों का वर्णन करते हुए डायर ने थोड़ा–सा भी पश्चात्ताप अथवा आत्म–सन्देह व्यक्त नहीं किया। उसका दावा था कि 'यह एक विद्रोही सभा' थी जिसने उसके आदेशों की अवहेलना की थी और इसे दण्डित किया जाना पड़ा। 'यह भीड़ को मात्र तितर–बितर करने का प्रश्न नहीं था अपितु 'नैतिक प्रभाव' डालने का प्रश्न था जो भारतीयों द्वारा आदेश–पालन को सुनिश्चित करता। भीड़ को हटाने के लिए केवल हवा में गोली चलाना पर्याप्त न होता क्योंकि सब लोग वापस आकर मुझ पर हँसते।' उसने कहा कि उसने स्वयं निकास द्वारों पर गोलियाँ चलाने के लिए निर्देश दिया था (मुख्य द्वार और पाँच संकीर्ण मार्ग) क्योंकि उन्हीं स्थानों पर भीड़ सबसे अधिक थी; उसने घोषणा की कि 'निशाने अच्छे लगे।' नरसंहार दस मिनट तक चला और मरे हुए लोगों की संख्या असाधारण थी–'टर्न–की शूट' के समान। जब गोलीबारी बन्द हुई और मृत व घायल ख़ून के तालाब में पड़े थे–दर्द से कराहते हुए तो डायर ने अपने सैनिकों को घायलों को कोई भी सहायता देने से रोक दिया। उसने सभी भारतीयों को चौबीस घण्टे के लिए अमृतसर की गलियों से दूर रहने का आदेश दिया जिससे ज़मीन पर पीड़ा से कराह रहे और सहायता की पुकार लगा रहे घायल लोगों को पानी का एक प्याला तक देने के लिए सम्बन्धियों व मित्रों को रोक दिया गया।

इसके बाद औपनिवेशिक आतंक और बढ़ गया। सलमान रुश्दी का मानना है कि मिशनरी महिला पर आक्रमण के बाद 'यह झूठा आरोप...कि कोमल इंग्लिश गुलाबों को कामुक उन्मादियों से निरन्तर यौन ख़तरा है' ने भी जनरल डायर के मस्तिष्क में कुछ भूमिका निभाई होगी। चाहे यह ही सत्य हो और चूँकि एक भारतीय के लिए इस नरसंहार एवं इसके प्रभाव के विषय में निष्पक्ष होकर लिखना सम्भव नहीं है तो उस वीभत्स वर्णन के लिए मैं अमरीकी विल दुरान्त का उद्धरण दे रहा हूँ :

*जनरल डायर ने आदेश जारी किया कि उस गली, जिसमें महिला मिशनरी को पीटा गया था, को प्रयुक्त करने वाले हिन्दू पेट के बल रेंगकर उर्स पार करें : यदि वे अपने हाथों और पैरों के बल रेंगने का प्रयत्न करते तो उन पर सिपाहियों की बन्दूक़ों के हत्थे से प्रहार किया जाता। उसने 500 प्रोफ़ेसरों और विद्यार्थियों को गिरफ़्तार किया एवं सभी विद्यार्थियों को प्रतिदिन हाजिरी के लिए उपस्थित होने के आदेश दिये, हालाँकि कुछ को इसके लिए प्रतिदिन 16 मील चलना पड़ता। उसने सैकड़ों नागरिकों व कुछ स्कूली लड़कों को भी बिना कोई अपराध के सार्वजनिक रूप से कोड़े लगवाए। गिरफ़्तार किये गये लोगों को क़ैद करने के लिए उसने एक पिंजरा बनवाया जो ऊपर से खुला था। इसलिए उसमें धूप से कोई सुरक्षा नहीं थी; अन्य कैदियों को उसने एक रस्सी से इकट्ठा बँधवाकर पन्द्रह घण्टे तक खुले ट्रकों में रखा। उसने साधुओं के नंगे बदन पर चूना छिड़कवाया और फिर उन्हें धूप में खड़ा कर दिया जिससे चूना कड़ा होकर उनकी चमड़ी को चीर दे। उसने भारतीय घरों में बिजली और पानी की सप्लाई बन्द कर दी और भारतीयों से अपने सभी बिजली के पंखे सौंप देने के लिए कहा जो ब्रिटिश लोगों को मुफ्त दे दिये गये। अन्त में उसने खेतों में काम कर रहे पुरुषों और स्त्रियों पर विमानों से बम फिंकवाये।*

सरकारी जाँच आयोग ने डायर के व्यवहार पर अधिकतर लीपा–पोती कर दी तो कांग्रेस ने मोतीलाल नेहरू को इन अत्याचारों की सार्वजनिक जाँच का प्रमुख नियुक्त किया और उन्होंने अपने बेटे जवाहरलाल नेहरू को तथ्यों का पता लगाने के लिए अमृतसर भेजा। जवाहरलाल नेहरू की डायरी में ये तथ्य बहुत व्यवस्थित ढंग से दर्ज हैं : उन्होंने एक दीवार के एक भाग पर एक बार सड़सठ गोलियों के निशान देखे। वे उस गली को भी देखने गये जिसे भारतीयों को पेट के बल रेंगकर पार करने का आदेश दिया गया था और उन्होंने प्रेस में यह बताया कि यह रेंगना हाथों और पैरों के बल न होकर साँपों व कीड़ों के समान पूरी तरह से पेट के बल था। रेलगाड़ी से दिल्ली लौटते हुए डायर एवं ब्रिटिश सेना अधिकारियों का एक दल भी उनके डिब्बे में था। नेहरू द्वारा स्वयं किये गये वर्णन के अनुसार

डायर ने डींग मारते हुए कहा कि 'पूरा नगर उसकी दया पर था और उसने महसूस किया था कि उसने उपद्रवी शहर को राख के ढेरों में बदल दिया था परन्तु उसे दया आ गयी थी और वह रुक गया...मुझे उसकी बातचीत सुनकर और उसका निर्दयतापूर्ण व्यवहार देखकर गहरा धक्का लगा।'

निःसन्देह कुछ अच्छे अंग्रेज़ लोग कहेंगे कि ब्रिगेडियर जनरल डायर बुद्धि–भ्रष्ट अथवा मानसिक विकार वाला व्यक्ति था, सेना के उन परपीड़ावादियों में से एक जिन्हें सेना समय–समय पर ऊपर चढ़ाती रहती है और वह वर्दीधारी एक प्रबुद्ध व्यक्ति नहीं था, जो प्रायः ब्रिटिश राज की सेवा में थे। यह बहाना कुकृत्य को धो नहीं देगा। डायर को जैसा वह चाहे, वैसा करने की स्वतन्त्रता ही नहीं दी गयी, बल्कि उसकी नृशंसता की ख़बर ब्रिटिश शासन ने छह माह तक दबाए रखी और जब उसके द्वारा किये गये अतिशय अत्याचार की ख़बरों पर क्रोध बढ़ने लगा तो सरकारी जाँच आयोग–हण्टर आयोग बैठाकर उसके पापों की लीपा–पोती करने का प्रयास किया गया। आयोग ने उसे 'गम्भीर त्रुटि' का दोषी पाया। राष्ट्रीय भारतीय कांग्रेस के जाँच दल ने पूरी तरह से दस्तावेज़ों के साथ एक रिपोर्ट प्रस्तुत की तो ब्रिटिश शासन ने स्वीकार किया कि क्या हुआ था। डायर को अपनी कमान से हटा दिया गया और ब्रिटिश संसद में इसकी निन्दा हुई। परन्तु तुरन्त हाउस ऑफ़ लॉर्ड्स ने उसे निर्दोष सिद्ध करके और बड़ी पेंशन के साथ सेवानिवृत्त होने की अनुमति दे दी। साहित्य का नोबल पुरस्कार प्राप्त करने वाले एवं ब्रिटिश साम्राज्यवाद की काव्यात्मक वाणी रुडयार्ड किपलिंग ने उसकी 'भारत को बचाने वाला व्यक्ति' कहकर प्रशंसा की।

भारत में उसके साथ ब्रिटिशों को भी यह उसके गौरवमयी नरसंहार की पर्याप्त पूर्ति नहीं प्रतीत हुई। उन्होंने उसकी निर्दयता को सम्मानित करने के लिए धन एकत्रित करने के उद्देश्य से एक सार्वजनिक अभियान चलाया और उन दिनों की दृष्टि से आश्चर्यजनक रूप से एक बड़ी राशि 26,317 पाउण्ड एकत्र की गयी जो आज साढ़े सात लाख पाउण्ड होती है। उसे यह रक़म एक जवाहरात–जड़ित तलवार के साथ भेंट की गयी। इसके विपरीत न्याय के लिए अनेक माह तक लड़ने के बाद जलियाँवाला बाग़ नरसंहार का शिकार हुए परिवारों को प्रत्येक मृत व्यक्ति के लिए सरकार ने प्रतिपूर्ति के रूप में 500 रुपये दिये–उस समय की विनिमय दर से यह रक़म 37 पाउण्ड (अथवा आज लगभग 1,450 पाउण्ड) बनती है।

जवाहरलाल नेहरू की दृष्टि में नरसंहार के प्रति अंग्रेज़ों की प्रतिक्रिया–और डायर को सार्वजनिक रूप से सम्मानित करना–नरसंहार के समान ही बुरी थी। उन्होंने बाद में लिखा कि, 'उस कृत्य की इतनी निष्ठुर स्वीकृति ने मुझे बुरी तरह से झकझोर दिया था। यह पूर्णतः अनैतिक, असम्मानजनक प्रतीत होता है; पब्लिक स्कूल की भाषा का प्रयोग करूँ तो यह 'बैड फॉर्म' की पराकाष्ठा थी। मुझे तब यह अहसास हुआ, पहले किसी भी समय की तुलना में सर्वाधिक–कि साम्राज्यवाद कितना हिंसक और अनैतिक था और इसने कैसे ब्रिटिश उच्च वर्गों की आत्माओं को खोखला कर दिया था।'

अब यह दावा करना सम्भव नहीं था कि डायर भारत में ब्रिटिश शासन का प्रतिनिधि नहीं था; उन्होंने उसे उनके अपनों में से एक होने–अपना उद्धारक होने–को स्वीकार किया था।

*

अकाल, बलपूर्वक देशान्तरण और पाशविकता : भारत में ब्रिटिश शासन निरंकुश क्यों था और अन्य चाहे जो भी हो, प्रबुद्ध नहीं था–के तीन उदाहरण, परन्तु किसी को चकित क्यों होना चाहिए? प्रधानमन्त्री स्टेनले बाल्डविन की कंजर्वेटिव सरकार में गृहमन्त्री सर विलियम हिक्स ने इस मुद्दे को 1928 में बहुत रुखाई से इन शब्दों में व्यक्त किया था : 'मैं जानता हूँ कि मिशनरी सभाओं में यह कहा जाता है कि हमने भारतीयों के स्तर को ऊँचा उठाने के लिए भारत को विजित किया। यह पाखण्ड है, हमने ब्रिटेन की वस्तुओं के बाज़ार के रूप में भारत को जीता। हमने तलवार से भारत पर जीत हासिल की और तलवार से ही हम इस पर शासन करेंगे। मैं इतना ढोंगी नहीं हूँ कि कहूँ कि हम भारतीयों के लिए भारत पर शासन कर रहे हैं। हम एक हाथ में डण्डा और दूसरे हाथ में तलवार लेकर गये और तलवार से हम उन्हें असहाय बनाये हुए हैं और डण्डा हम उनके गले में भोंकते हैं।'

डायर के मामले में तलवार रत्न–जड़ित थी; पैमाना ब्रिटिश कोषागार में लेखा पुस्तिकाएँ। अपने उच्च प्रतिनिधियों की स्पष्टवादिता के लिए किसी सरकार की कभी भर्त्सना नहीं करनी चाहिए।

# अध्याय छह

# साम्राज्य का शेष मामला

प्रोत्साहन दिया, इसके लिए कुछ उदाहरणों की विवेचना करना उपयुक्त होगा, [illegible] ये उदाहरण इस व्याख्या को असत्य प्रमाणित करते हैं [illegible] उपरोक्त उदाहरण विभिन्न अकालों के [illegible] हैं, [illegible] ब्रिटिश [illegible] के कारण हुए और इनसे निपटने के लिए उन्होंने [illegible] की, [illegible] और अनुबंधित श्रम द्वारा भारतीयों के [illegible] उत्प्रवास से और उसे प्रेरणा से भी सम्बन्धित है, [illegible] [illegible] हम इनमें से प्रत्येक की यहाँ संक्षेप में विवेचना करें।

[illegible] ब्रिटिश और भारतीय [illegible]

[illegible] की पुष्टि [illegible] [illegible] विभिन्न अकालों के [illegible] पूर्णतया [illegible] [illegible] केवल ब्रिटिश औपनिवेशिक [illegible] [illegible] सकती है। [illegible] द्वारा [illegible] लाभ [illegible] आर्थिक [illegible] के कारण ब्रिटिश राज के दौरान 3 से 3.5 करोड़ भारतीय [illegible] अकालों की [illegible] के दौरान भी [illegible] को भारत से निर्यात किया जाता रहा। राहत [illegible] की स्थापना तो की गयी परन्तु उनमें [illegible] के [illegible] दिया जाता था और लगभग सभी की मृत्यु हो जाती थी।

यह अत्यंत आश्चर्यजनक है कि भारत में [illegible] अकाल ब्रिटिश शासन के दौरान पड़े [illegible] [illegible] नहीं [illegible] [illegible] भारतीयों [illegible] [illegible] पुरस्कार [illegible] अमर्त्य सेन [illegible] [illegible] कभी भी अकाल नहीं [illegible] सार्वजनिक [illegible] को सुनिश्चित करती है। [illegible] अनुसंधान [illegible] आकलन [illegible] [illegible] और [illegible] के [illegible] [illegible] [illegible] निष्कर्ष [illegible] भारत में ब्रिटिश शासन में [illegible] एवं सार्वजनिक जवाबदेही का अभाव था।

*ब्रिटिश मुनाफ़े, भारतीय कर–निजी उद्यम और सार्वजनिक ख़तरे–ब्रिटेन को लाभ–भारतीय यात्रियों का शोषण–रोज़गार में भेदभाव–महान भारतीय रेलवे की अनुपमता–रेलवे द्वारा की गयी आर्थिक गड़बड़ी–ब्रिटिश शिक्षा नीति–भारतीय शिक्षा का विनाश–पाठशालाएँ, मदरसे, मकतब–शिक्षा और अंग्रेज़ी भाषा–शिक्षा पर मैकॉले का विवरण–मिल की उपयोगितावादिता–प्राच्यवादी बनाम अंग्रेज़ियतवादी–भारतीय विश्वविद्यालयों की सीमाएँ–भारतीयों का विराष्ट्रीकरण–धर्मग्रन्थों के सन्दर्भ में शोषण–ब्रिटिश इतिहास–अंग्रेज़ी साहित्य–पश्चिमी विचारों का प्रभाव–जाति एवं शिक्षा–भारतीय सोच का औपनिवेशीकरण– वोड़हाउस उपनिवेशवाद एवं अंग्रेज़ी भाषा–सहानुभूतिरहित चाय–चाय बाग़ानों के श्रमिकों का शोषण–भारत में चाय का प्रसार–भारत का क्रिकेट–क्रिकेट व सामाजिक स्तर–रणजी–क्रिकेट एवं राष्ट्रवादिता।*

## तो भारत में ब्रिटिश साम्राज्य के मामले में और क्या शेष बचता है?

एलक्स वॉन टंज़लमैन की पुस्तक 'इण्डियन समर' के चतुराई भरे प्रारम्भ ने मेरी बात को सर्वाधिक प्रभावशाली बना दिया : 'प्रारम्भ में दो राष्ट्र थे। एक व्यापक, शक्तिशाली और वैभवपूर्ण साम्राज्य था, विवेकपूर्ण ढंग से व्यवस्थित एवं सांस्कृतिक दृष्टि से एकजुट, जिसका प्रभुत्व पृथ्वी के एक बहुत बड़े भाग पर था। दूसरा एक अविकसित, अर्ध–सामन्ती राज्य, धार्मिक गुटबन्दी से टुकड़े–टुकड़े हुआ और अपने अशिक्षित, रुग्ण एवं बदबूदार जनसमूह को भोजन देने में लगभग अक्षम। पहला राष्ट्र भारत था। दूसरा इंग्लैण्ड था।'

ब्रिटिश इतिहासविद् एंड्रयू रॉबर्ट्स ने यह आश्चर्यजनक दावा किया है कि ब्रिटि'ा शासन ने 'उप–महाद्वीप का आधुनिकीकरण, विकास, सुरक्षा, कृषि विकास, भाषायी एकीकरण और अन्ततः प्रजातन्त्रीकरण किया।' हमने ऐसे विचार का सामना किया है कि भारत की राजनीतिक एकता व प्रजातन्त्र ब्रिटेन की देन है; हमने ब्रिटिश शासकों द्वारा देश में क़ानून–सम्मत शासन लाने में कठोर सीमाएँ व्यक्त की हैं, हमने भारत के आर्थिक शोषण और इसकी भूमि पर लूट को उघाड़कर रख दिया है जो रॉबर्ट के 'आधुनिकीकरण, विकास एवं कृषि विकास' के दावे को झूठा ठहराते हैं और हमने इस धारणा कि भारत में ब्रिटिश निरंकुशता में कुछ सद्यपूर्ण एवं प्रबुद्ध था–को त्याग दिया है।

परन्तु यह धारणा कि ऐसा आधुनिकीकरण ब्रिटिश साम्राज्य के शासन के बिना नहीं हो सकता था–विशेष रूप से परेशान करने वाली है। अपने सम्पूर्ण इतिहास में विश्व की ज्ञात सभ्यताओं में से कुछ महानतम् (और अपने समय में सर्वाधिक आधुनिक) का सृजन करने वाले भारत को यदि ऐसा करने के लिए स्वतन्त्र छोड़ दिया गया होता तो उसने आज के विकसित राष्ट्र के साजो–सामान को क्यों न प्राप्त कर लिया होता? जैसाकि मैंने पहले उल्लेख किया है, अपनी अनेक हज़ार वर्ष पुरानी सभ्यता के इतिहास के विभिन्न चरणों में भारत की गाथा महान शिक्षा संस्थानों, अपने समय में विश्व में कहीं भी महानगरीय भीड़–भाड़ से पूर्व भव्य नगरों, अग्रणी आविष्कारों, विश्वस्तरीय निर्माण एवं उद्योग, कुल मिलाकर उच्च जीवन स्तर, समृद्धि प्रदान करने वाली आर्थिक नीतियों और प्रचुर समृद्धि–संक्षेप में आज सफल 'आधुनिकता' के सभी प्रतीकों–से भरपूर रही है। इस ज़मीन से जुड़े ऐसे कोई कारण नहीं हैं कि ऐसा पुनः क्यों नहीं हो सकता था, बशर्ते कि इसके पास ऐसा करने के संसाधन होते जो ब्रिटिश शासकों ने सोख लिए थे। यूरोपीय सामाजिक प्रजातान्त्रिक पाठकों के लिए एक अंग्रेज़ लेखक के द्वारा यह स्पष्ट रूप से लिखा गया है कि : 'भारतीयों को जहाँ भी स्वतन्त्र अभिव्यक्ति का अवसर दिया जाता है, वे उच्चतम योग्यताओं का प्रदर्शन करते हैं और यह तर्क बहुत निरर्थक है कि हज़ारों वर्षों तक अपने कार्य को सफलतापूर्वक व्यवस्थित करते रहे महान राज्य–जो ऐसे आक्रमणों एवं विनाशों के बावजूद अपने अस्तित्व को बनाये रख सके एवं उनसे उबर सके जिन्होंने कम ऊर्जावान देशों

को कुचल ही दिया होता–अपने मामले को सफलतापूर्वक नियन्त्रित करने में असमर्थ हो जायेंगे, सिर्फ़ इसलिए कि कुछ मुट्ठीभर असहानुभूतिपूर्ण विदेशियों को उनके बीच से निकाल दिया जाता है।'

इस तर्क का निर्णायक प्रमाण इस तथ्य में छिपा है कि उपनिवेशवाद ने देश को जिस गहरे सामाजिक–आर्थिक गर्त में धकेल दिया था, उससे उबरने के बावजूद; और स्वतन्त्रता के वर्षों के दौरान एवं बाद में अपनी ग़लतियाँ करने के बावजूद भारत ब्रिटिश शासकों के जाने के बाद सात दशकों से भी कम समय में विश्व की तीसरी सबसे बड़ी अर्थव्यवस्था बन गया है। इतना ही नहीं, भारत ने 'आधुनिक' विशिष्टताओं की एक प्रभावशाली सूची अपने नाम कर ली है जिसमें अन्य के अलावा पहले ही प्रयास में मंगल की कक्षा में सफलतापूर्वक उपग्रह को भेजना शामिल है। ऐसा करने वाला भारत विश्व का पहला देश है (यह एक ऐसी उपलब्धि है जिसे अमरीका नहीं प्राप्त कर सका और जिसे प्राप्त करने के चीन व जापान के प्रयास असफल रहे)। भारत को ब्रिटिश साम्राज्य ने बीस दशक तक जिस दुःस्वप्न के साथ बाँध दिया था, यदि वह न होता तो भारत ने कितनी बेहतर उपलब्धियाँ प्राप्त की होतीं?

साम्राज्य के समर्थक अनेक अन्य लाभों का उल्लेख करते हैं जो ब्रिटिश शासक भारत के लिए छोड़ गये : रेलवे, सबसे ऊपर–अंग्रेज़ी भाषा शिक्षा प्रणाली और संगठित खेल भी, विशेष रूप से क्रिकेट, जो एक ऐसा खेल है जिसमें भारतीय दो बार चैम्पियन रहे हैं। आइए, हम इन पर एक–एक करके प्रकाश डालते हैं।

## महान भारतीय रेलवे की अनुपमता

साम्राज्य के समर्थक भारतीय रेलवे के निर्माण का उल्लेख ब्रिटिश शासकों द्वारा उपमहाद्वीप को प्रदान किये गये लाभों में से एक के रूप में करते हैं। ऐसा कहते हुए वे यह स्वाभाविक तथ्य भूल जाते हैं कि अनेक देशों ने औपनिवेश होने के संकट का सामना करने एवं क़ीमत चुकाए बिना भी रेलवे का निर्माण किया परन्तु तथ्य और भी कटु हैं।

पहली बार रेलवे की कल्पना ईस्ट इण्डिया कम्पनी ने और अन्य चीज़ों के समान गणना करके अपने लाभों के लिए की थी। गवर्नर जनरल लॉर्ड हार्डिंग ने 1843 में तर्क रखा कि रेलवे 'वाणिज्य, सरकार एवं देश के सैनिक

नियन्त्रण के लिए लाभकारी होगी।' दस वर्ष बाद उसके उत्तराधिकारी लॉर्ड डलहौजी ने 'ब्रिटिश निर्माताओं के लिए बाज़ार एवं कृषि सम्बन्धी कच्ची सामग्रियों के सप्लायर के रूप में भारत की सम्भावित महत्त्वपूर्ण भूमिका' को रेखांकित किया। निःसन्देह भारत के व्यापक भीतरी भाग को बाज़ार के रूप में केवल रेलवे द्वारा ही खोला जा सकता था, नये उद्यमों के लिए आवश्यक श्रमिकों की आवाजाही भी इसके द्वारा की जा सकती थी और रेलवे की सहायता से ही इंग्लैण्ड की 'शैतान मिलों को सामग्री भेजने के लिए खदानों से लाभ लिया जा सकता था।'

परिकल्पना व निर्माण के समय से ही भारतीय रेलवे एक बड़ा ब्रिटिश औपनिवेशिक काण्ड था। ब्रिटिश शेयरधारकों ने रेलवे में निवेश करके बड़ा धन कमाया जिसमें सरकार ने पूँजी पर पाँच प्रतिशत प्रतिवर्ष की दर से लाभ की गारण्टी दी थी और यह किसी भी अन्य सुरक्षित निवेश में सम्भव नहीं था। उन दिनों यह लाभ की अत्यधिक उच्च दर थी जो केवल इसलिए सम्भव हो पायी थी कि सरकार ने अपने राजस्व की कमी (निःसन्देह ब्रिटिश नहीं, भारतीय करों से आने वाले भुगतान) को इससे पूरा किया था। इन अतिशय लाभों के चलते रेलवे को बनाने वाली कम्पनियों को किफायत की दृष्टि से कोई प्रोत्साहन नहीं दिये गये–जितना अधिक उनका पूँजी व्यय होगा, उतनी ही उच्च और सुरक्षित ब्याज दर पर उनका निश्चित लाभ होगा।

परिणामस्वरूप 1850 और 1860 के दशक के दौरान भारतीय रेलवे के प्रत्येक मील के निर्माण पर 18,000 पाउण्ड ख़र्च हुए, जबकि उसी समय अमरीका में इस काम पर दो हज़ार डॉलर का ख़र्च आया। उस स्थिति में भारतीय रेल की प्रथम पटरियों से अपनी पूँजी लागत के 5 प्रतिशत से अधिक का लाभ कमाने में 20 वर्ष लग गये परन्तु सरकार द्वारा 1880 के दशक में रेलवे निर्माण का काम अपने हाथ में ले लिए जाने के बावजूद–इस कार्य के लिए नियत की गयी निजी ब्रिटिश फर्मों के लोभ को यह श्रेय जाता है कि–भारतीय रेलवे के एक मील के निर्माण पर कनाडा व ऑस्ट्रेलिया के उतने ही कठिन एवं कम आबादी वाले क्षेत्रों की तुलना में दोगुनी लागत आयी।

यह भारतीय करदाताओं को छोड़कर सबके लिए एक शानदार षड्यन्त्र था। सुरक्षित लाभ की दृष्टि से भारतीय रेलवे के शेयर ब्रिटिश सरकार के

अपने स्टॉक की तुलना में दोगुना लाभ देते थे। सुनिश्चित लाभ देने वाले भारतीय रेलवे शेयरों द्वारा 1870 तक 20 वर्षों में ब्रिटिश निवेश का पाँचवाँ भाग तक ख़र्च कर लिया गया–पहली रेल लाइन 1853 में प्रारम्भ हुई। परन्तु इसमें से केवल एक प्रतिशत भारत में थी, ब्रिटिश शासकों ने पैसा बनाया, प्रौद्योगिकी को नियन्त्रित किया एवं सभी उपस्करों (साजो–सामान) की सप्लाई की जिससे तात्पर्य था कि लाभों को वापस अपने देश भेजा गया। यह एक योजना थी जिसे उस समय 'जनता के जोखिम पर निजी उद्यम' कहा गया। सब हानियों की भरपाई भारतीय लोगों द्वारा की जाती थी और सभी लाभ ब्रिटिश व्यापारियों को मिलते थे, जिसने रेलवे के द्वारा भारतीय अर्थव्यवस्था में गहरी पैठ बना ली थी। इंग्लैण्ड के इस्पात उद्योग को अपने अत्यधिक महँगे उत्पादों के लिए भारत में बाज़ार मिल गया जिसकी उसे बहुत अधिक आवश्यकता थी। रेलवे के लिए आवश्यक लगभग सब कुछ–स्टील की पटरियाँ, इंजन, रेल के डिब्बे, मशीनरी और संयंत्र इंग्लैण्ड से आता था। ब्रिटिश शासकों ने भारत के लिए अच्छा किया–इस तर्क को स्वीकार करने से बहुत दूर रेलवे वास्तव में इस धारणा का प्रमाण है कि ब्रिटेन ने अपने सर्वाधिक भव्य उपनिवेश में से इसे कुछ देने की तुलना में इससे बहुत अधिक लिया।

भारतीयों के लिए न ही कुछ महत्त्वपूर्ण बचा–खुचा लाभ उपलब्ध था, रेलवे का मुख्य लक्ष्य निकाले गये कोयला, लौह–अयस्क, कपास आदि जैसे संसाधनों को ब्रिटिश शासकों के लिए बन्दरगाहों तक पहुँचाना था जिससे वहाँ से वे उन्हें जलयानों में भरकर अपने देश ले जाकर अपनी फैक्ट्रियों में प्रयोग कर सकें। इनके माध्यम से लोगों की आवाजाही कभी–कभी ही औपनिवेशिक लाभों के लिए होती थी और तीसरे दर्जे के डिब्बों में लकड़ी के बेंच होते थे और सुविधाएँ तो पूरी तरह से नदारद होती थीं। भारतीयों की भीड़ इन डिब्बों में भर दी जाती। इन डिब्बों पर उस समय भी भयंकर टिप्पणियाँ की गयीं : (और किन्हीं भी शक्तियों से वंचित विधायिका में प्रश्न भी हुए। 1921 और 1941 के बीच प्रतिवर्ष विधानसभा में इस मुद्दे पर 14 प्रश्न हुए और राज्य परिषद् में प्रतिवर्ष 18 और प्रश्न होते। परिस्थितियाँ जैसे–जैसे बिगड़ती गयीं, चिन्ता उसी प्रकार बढ़ती गयी। 1937–1941 के लिए वार्षिक औसत क्रमशः सोलह और चौबीस था। महात्मा गाँधी के भारत लौटने पर उनका पहला संघर्ष तीसरी श्रेणी के यात्रियों की ओर से

था), परन्तु फिर भी तीसरी श्रेणी के यात्री रेलवे के लिए लाभ का स्रोत बन गये थे। चूँकि भारत में ब्रिटिश व्यापारियों ने सुनिश्चित किया कि मालभाड़ा कम रखा जाये (वास्तव में विश्व में सबसे कम), जबकि तीसरी श्रेणी के यात्री–किराये को रेलवे कम्पनियों ने लाभ का प्रमुख स्रोत बना लिया। लोकप्रिय परिवहन के लिए सप्लाई को माँग के अनुरूप सुनिश्चित करने के लिए रेलवे लाइनों के निर्माण का कोई प्रयास नहीं किया गया।

और निःसन्देह नस्लवाद का बोलबाला था; यद्यपि केवल श्वेतों के लिए डिब्बे आर्थिक व्यवहार्यता के आधार पर तुरन्त बन्द कर दिये गये। भारतीयों को अपनी संख्या की दृष्टि से एवं उनकी सामर्थ्य के भीतर उपलब्ध स्थान बहुत कम प्रतीत हुआ। (स्वतन्त्रता प्राप्ति के बाद के एक बेहतरीन कार्टून में इस स्थिति को सटीकता से दर्शाया गया : इसमें एक भीड़ भरी गाड़ी से लोगों को लटकते, खिड़कियों से चिपके, छत पर जोखिम भरे ढंग से उकडूँ बैठे और तीसरी श्रेणी के डिब्बों से बाहर निकल पड़ रहे दिखाया गया जबकि प्रथम श्रेणी के खाली डिब्बे में सोला टोपी पहने बैठे दो ब्रिटिश नागरिक एक–दूसरे से कह रहे थे कि 'दोस्त, इस गाड़ी में कोई नहीं है!')।

जैसाकि दुरान्त ने उल्लेख किया है, रेलवे का निर्माण आख़िरकार 'ब्रिटिश सेना और ब्रिटिश व्यापार के लिए किया गया था...उनका सबसे अधिक राजस्व अमरीका के समान वस्तुओं के परिवहन से नहीं आता (क्योंकि ब्रिटिश व्यापारी दरों को नियन्त्रित करते हैं), अपितु तीसरी श्रेणी के यात्रियों–हिन्दुओं से आता है; परन्तु इन यात्रियों को बूचड़ खाने ले जाये जा रहे जानवरों के समान लगभग सुविधाविहीन डिब्बों में ठूँस दिया जाता है...एक डिब्बे में बीस या इससे अधिक यात्री।'

भारतीयों को रेलवे में नौकरी भी नहीं दी जाती थी। भारतीय रेलवे की नौकरियाँ देने को भेदभावपूर्ण नीति से अभिप्राय था कि महत्त्वपूर्ण औद्योगिक कौशल भारतीय कर्मियों की प्रभावशाली ढंग से प्रदान नहीं किये जाते थे, जो लोगों के लिए लाभकारी प्रमाणित हो सकते थे। तत्कालीन दृष्टिकोण यह था कि 'निवेशों की सुरक्षा' के लिए रेलवे का स्टाफ लगभग पूरी तरह से यूरोपीय होगा। यह विशेष रूप से सिग्नलमैन एवं भाप से चलने वाली गाड़ियों को चलाने एवं उनकी मरम्मत करने वाले कर्मियों के मामले में सत्य था। परन्तु इस नीति को विचित्र स्तर तक लागू कर दिया गया

और बीसवीं शताब्दी के प्रारम्भ में भी रेलवे बोर्ड के निदेशकों से लेकर टिकट काटने वाले तक श्वेत थे जिन्हें वेतन और अन्य लाभ भी भारत नहीं यूरोपीय स्तर के दिये जाते जिनका बड़ा भाग इंग्लैण्ड भेज दिया जाता। इतना ही नहीं, इस नीति में जब कुछ ढील दी गयी और महँगे यूरोपीय श्रमिक कम किये गये तो 'ब्रिटिश–जैसे' श्रमिकों की निरन्तर तलाश की जाती। इस प्रकार भारतीय रेलवे में एंग्लो–भारतीय समुदाय की लम्बे समय तक चलने वाली पहचान प्रारम्भ हुई। चूँकि सबसे पहले ब्रिटेन के 'अन्य रैंक' के लोगों व स्थानीय भारतीय महिलाओं के सम्पर्क से उत्पन्न, सैनिक अनाथालयों से आने वाले ये यूरेशियन ही थे जिन्हें उन कार्यों का प्रशिक्षण दिया गया, जिन्हें इससे पहले करने के लिए केवल यूरोपीय लोगों को ही सक्षम माना जाता था। (ब्रिटिश शासकों की सृजनशास्त्र की धारणा के अनुसार और चूँकि आंग्ल–भारतीय एक बहुत बड़ा समुदाय नहीं थे तो 'वीर' सिखों व पीली चमड़ी वाले पारसियों को भी नौकरी दी गयी। हालाँकि उन्हें स्टेशन यार्ड के भीतर ही ड्राइविंग इंजनों का प्रभारी बनाया जाता और कम यातायात वाले स्टेशनों पर तैनात किया जाता)।

रेलवे के मामलों में ब्रिटेन के प्रजातिवादी सिद्धान्त अपने चरम पर थे : ऐसा माना जाता था कि भारतीयों में आपातस्थितियों से निपटने के लिए प्रतिभा और निर्णय–शक्ति नहीं होती और उनमें रेलवे के नियमों का कड़ाई से पालन करवाने के लिए आवश्यक चरित्र शक्ति भी दुर्लभ होती है। 1870 में जब आर्थिक कारणों से पहली बार रेलवे के भारतीयकरण का प्रयास किया गया तो रेलवे अधिकारियों ने तर्क दिया कि एक यूरोपीय व्यक्ति के काम को करने के लिए तीन भारतीयों की आवश्यकता होगी। भारतीय कर्मचारियों के प्रति प्रजातिगत भेदभाव इतना अधिक था कि ड्राइवरों के प्रशिक्षण की योजना तीन वर्ष के प्रयोग के बाद बन्द कर दी गयी और जिन ड्राइवरों को प्रशिक्षण दिया गया था, उन्हें एक बार फिर यार्ड के काम तक सीमित कर दिया गया।

यहाँ भी ब्रिटिश औपनिवेशिक न्याय के पहले वर्णन किये गये दोहरे मापदण्ड बहुत स्पष्ट थे, जैसाकि 1861 में कोन्नागार और बेली के बीच एक डाकगाड़ी और एक मालगाड़ी के बीच हुई टक्कर की घटना से प्रमाणित होता है। मालगाड़ी का चालक और गार्ड दोनों नशे में थे और फायरमैन (कोयला डालने वाला) को गाड़ी का प्रभार सौंपकर सो गये।

वह बेचारा व्यक्ति अपना काम करता रहा—कोयला भरता रहा—और उसकी गाड़ी डाक गाड़ी से जा टकराई। इस दुर्घटना की जब जाँच की गयी तो अचेत यूरोपीय कर्मियों के व्यवहार के स्थान पर अनुपस्थित बंगाली स्टेशन मास्टर दोषी ठहरा दिया गया।

अन्य प्रकार से भी दोहरे मापदण्ड व्यवहार में लाये जाते थे : ब्रिटेन में फायरमैन की ड्राइवर के पद पर पदोन्नति को सुनिश्चित किया जाना सामान्य चलन में था, इसी प्रकार छोटे ग्रामीण स्टेशनों के स्टेशन मास्टर को पदोन्नत कर बड़े स्टेशनों पर तैनात किया जाता था। ऐसा भारत में नहीं होता था क्योंकि निचले दर्जे के इन पदों पर भारतीयों को रखा जाता था और पदोन्नति से जब वे उच्च पदों पर पहुँचते, उन पर यूरोपीय पहले से तैनात होते थे। वर्ष 1900 तक वेतन, पदोन्नति और नौकरी के लिए उपयुक्तता अथवा आज जिसे हम मानव संसाधन प्रबन्धन नियम कहते हैं, के नियमन के लिए कर्मचारियों को यूरोपीयन, यूरेशियन, निग्रो वंश के शुद्ध अथवा मिश्रित पश्चिमी भारतीय, ग़ैर—भारतीय एशियाई अथवा भारतीय वर्गों में विभाजित किया जाता था। रोज़गार मिलने पर स्थानीय चिकित्सा अधिकारी उम्मीदवार की प्रजाति और जाति की पहचान प्रमाणित करता था और इसे उसकी हिस्ट्री शीट पर लिखता था—इससे उसका भावी वेतन, छुट्टी, भत्ते, सम्भावित पदोन्नतियाँ और शेष कैरियर में रेलवे के वरिष्ठता क्रम में उसका स्थान निश्चित होता था।

लन्दन के निकट कूपर्स हिल पर 1872 में भारत के लिए इंजीनियर तैयार करने के उद्देश्य से स्थापित 'द रॉयल इण्डियन इंजीनियरिंग कॉलेज' में केवल उन्हीं उम्मीदवारों को प्रवेश की अनुमति थी जो गणित, विज्ञान, लैटिन, ग्रीक, जर्मन और अंग्रेज़ी साहित्य व इतिहास में परीक्षाएँ पास कर पाते थे—ये शर्तें अधिकतर भारतीय उम्मीदवारों को बाहर रखने के लिए तैयार की गयी थीं : इन नियमों का अपेक्षित प्रभाव पड़ा : 1886 में लोक निर्माण विभाग (पीडब्ल्यूडी) में कुल 1,015 इंजीनियरों में से केवल 86 भारतीय थे।

कार्य—क्षमता को नष्ट करने के लिए नस्लवाद को ब्रिटिश आर्थिक हितों के साथ जोड़ा गया। गाड़ियों के रख—रखाव के लिए 1862 में बंगाल के जमालपुर और अजमेर के राजपुताना में रेलवे वर्कशॉप्स स्थापित की गयीं परन्तु वहाँ के भारतीय मैकेनिक इतने कुशल हो गये कि 1878 में

उन्होंने अपने इंजन का डिजाइन तैयार करना एवं निर्माण शुरू कर दिया। उनकी सफलता से ब्रिटिश बहुत सावधान हो गये क्योंकि भारतीय इंजन उनके बनाये इंजनों के समान स्वर के थे और उनकी तुलना में बहुत सस्ते थे। इसलिए ब्रिटिश शासकों ने 1912 में संसद का एक अधिनियम पारित करके इसके माध्यम से भारतीय वर्कशॉप द्वारा इंजन के डिजाइन एवं निर्माण को स्पष्ट रूप से असम्भव बना दिया। इस अधिनियम ने भारतीय कारख़ानों द्वारा वह किये जाने पर प्रतिबन्ध लगा दिया जिसे वे तीन दशकों तक सफलतापूर्वक कर चुके थे; इसके स्थान पर उन्हें ब्रिटेन एवं अन्य औद्योगिकृत देशों से आने वाले इंजनों का रख–रखाव करने मात्र की अनुमति थी। 1854 और 1947 के बीच भारत ने इंग्लैण्ड से लगभग 14,400 इंजनों का आयात किया (ब्रिटेन के कुल इंजन उत्पादन का लगभग 10 प्रतिशत) और 3,000 इंजन कनाडा, यू.एस. और जर्मनी से आयात हुए परन्तु 1912 के बाद भारत में कोई इंजन नहीं बनाया गया। पैंतीस वर्ष बाद स्वतन्त्रता–प्राप्ति के पश्चात् भारत अपने पुराने तकनीकी ज्ञान को इतना पूरी तरह से खो चुका था कि भारतीय रेलवे को ब्रिटेन के पास जाकर विनम्रतापूर्वक भारत में पुनः इंजन निर्माण का कारख़ाना लगाने के लिए मार्गदर्शन देने का आग्रह करना पड़ा।

इस कहानी का एक उपयुक्त पश्च–लेख भी है। ब्रिटिश रेलवे की प्रमुख प्रौद्योगिकीय परामर्शक, लन्दन आधारित कम्पनी रेंडल पामर एण्ड ट्रिट्टन पूरी तरह से भारतीय तकनीकी विशेषज्ञता पर निर्भर करती है जो उन्हें भारतीय रेलवे द्वारा नियन्त्रित 'राइट्स' प्रदान करती है।

यह इक्कीसवीं सदी के टिप्पणीकार के सुविधाजनक परिप्रेक्ष्य में की गयी बीते समय की आलोचना से बहुत भिन्न है। इसके विपरीत उन्नीसवीं सदी के भारतीय उनके देश के किये जा रहे सीमाहीन शोषण में रेलवे की घृणापूर्ण भूमिका को भली–भाँति जानते थे। बंगाली समाचार–पत्र 'समाचार' ने 30 अप्रैल, 1884 को लिखा कि 'लोहे की सड़कों का अर्थ है लोहे की बेड़ियाँ'–इसने लिखा कि विदेशी सामान अधिक सरलता से यहाँ आ सकता था। परिणामस्वरूप स्थानीय भारतीय उद्योग समाप्त हो रहे थे और भारतीय निर्धनता को बढ़ा रहे थे। जीवी जोशी, जीएम अय्यर, गोपालकृष्ण गोखले और दादाभाई नौरोजी जैसे राष्ट्रवादियों ने 1890 में सार्वजनिक रूप से आवाज़ उठाकर इस ओर ध्यान आकृष्ट किया कि भारत को रेलवे के

लाभ कितने सीमित थे और कैसे इसके लाभ विदेश में विदेशियों को जा रहे थे और भारतीय राजकोष पर कितना बड़ा बोझ था। उन्होंने उल्लेख किया कि इंग्लैण्ड को ब्याज के रूप में प्रतिवर्ष नियमित रूप से जो धन भेजा जा रहा था, वह भारतीय उद्योगों में उत्पादक निवेश में, सिंचाई जैसे मूल ढाँचा कार्य में (विशेष रूप से सिंचाई में, जिससे भारतीय किसानों को सहायता मिलेगी और इसे रेलवे द्वारा दी जा रही सरकारी सहायता राशि का केवल नौवाँ भाग प्राप्त हो रहा था) प्रयुक्त की जा सकती थी अथवा इसे स्थानीय अर्थव्यवस्था को बढ़ावा देने के लिए केवल भारत में ख़र्च किया जा सकता था। गोखले ने घोषणा की कि 'भारतीय लोग यह महसूस करते हैं कि रेलवे का निर्माण मुख्य रूप से अंग्रेज़ व्यावसायिक एवं धनवान वर्गों के हितों के लिए किया गया है और यह हमारे संसाधनों के और अधिक शोषण में सहायता करता है।' उस समय के भारतीयों ने भी यह आवाज़ उठाई कि यह तर्क कि रेलवे से अकाल में सहायता प्राप्त होगी और इससे लोगों की सामान्य आर्थिक स्थिति में सुधार होगा—कपटपूर्ण है। अकाल वास्तव में रेलवे के आने के बाद भी पड़ते रहे। रेलवे ने तो अन्न एवं अन्य कृषि उत्पादों के निर्यात में सहायता की। उन्हीं अतिरिक्त खाद्य पदार्थों—जो अकाल के समय उपयोगी होते—को ही प्रभावशाली ढंग से हटाकर बाहर भेजा जाता रहा।

कई अन्य आलोचक भी थे। गाँधी ने 'स्वराज' में लिखा कि रेलवे द्वारा ही गिल्टी प्लेग फैला। रेलवे निर्माण के पारिस्थितिकी पर पड़ने वाले प्रभावों पर भी उस समय चिन्ता व्यक्त की गयी। बंगाल डेल्टा में सारा—सिरागंज लाइन बिछाने के लिए जलमार्गों को बन्द करने हेतु अथाह मिट्टी डाली गयी जिससे पुलों पर कम व्यय हो और नमी के प्रभाव को रोका जा सके। ऐसा करते हुए उत्तर—पश्चिम में बहुत बड़े कृषि—क्षेत्र में पानी खड़ा हो गया और उस क्षेत्र की कृषि—क्षमता नष्ट हो गयी। 1918 की बाढ़ों में रेलवे बाँधों ने प्राकृतिक जलमार्गों को अवरुद्ध कर दिया और परिणामस्वरूप भयंकर बाढ़ आयी।

रेलवे विकास के साथ बाज़ार में भी बहुत नकारात्मक परिवर्तन हुआ। उदाहरण के लिए, चावल की क़ीमत में तेज़ी से वृद्धि के लिए रेलवे ही उत्तरदायी था। रेलवे के आने से पहले अतिरिक्त सामग्री को धीमी गति के जल—आधारित परिवहन के द्वारा आसपास के ज़िलों में भेज दिया जाता

था जिससे किसी भी क्षेत्र में क़ीमतें कम रहती थीं। परन्तु रेलगाड़ियों की सहायता से अतिरिक्त खाद्यान्नों को पूरी तरह से निकाल लिया जाता था और चावल का उत्पादन करने वाले क्षेत्रों में किसानों को सीधे नगरीय भारतीयों और चावल–निर्यातकों के साथ प्रतियोगिता करनी पड़ती थी। यही स्थिति मछली बाज़ारों की थी।

रेलवे को चलाने में भारतीयों के हित कभी भी कारण नहीं थे–इसे दर्शाने वाले और भी उदाहरण हैं : प्रथम विश्वयुद्ध के दौरान भारत की अनेक रेल लाइनें उखाड़कर देश से बाहर मेसोपोटामिया में युद्ध से सम्बन्धित कार्यों के लिए भेज दी गयीं।

कुल मिलाकर प्रसिद्ध इतिहासविद् बिपिन चन्द्रा का विचार सही था। उन्होंने लिखा कि भारत में रेलवे के निर्माण में ब्रिटिश लक्ष्य 'घृणापूर्ण और स्वार्थपूर्ण थे...ब्रिटिश व्यापारियों, निर्माताओं और निवेशकों के हितों को...भारतीय राजस्व के जोखिम और व्यय पर बढ़ावा देना'; उनका 'अनिवार्य प्रयोजन' 'भारत के संसाधनों के दोहन में ब्रिटिश उद्यमों की सहायता करना' था।

और यही प्रमाणित भी होता है।

## शिक्षा एवं अंग्रेज़ी भाषा

ऑक्सफोर्ड में दिये गये मेरे भाषण की प्रतिक्रिया में इण्डियन यूथ वेबसाइट पर एक ब्रिटिश ब्लॉगर ने लिखा–'ब्रिटेन ने भारत को स्वतन्त्रता के आवश्यक साधन प्रदान किये–एक संविधान एवं नागरिक अधिकारों की गारण्टी के साथ एक स्वशासित देश की धारणा भारत में विदेशों में शिक्षा प्राप्त भारतीयों द्वारा लायी गयी बैरिस्टर मोहनदास करमचन्द गाँधी इसका सर्वाधिक प्रसिद्ध उदाहरण हैं जिनका स्वतन्त्रता में योगदान कम महत्त्वपूर्ण नहीं है। अंग्रेज़ी भाषा को भी न भूलें जिसके बिना पूरे भारत में विद्रोह एवं बाद में सम्प्रेषण एवं संस्कृति कल्पनातीत है।'

यह बात प्रायः सद्भावनापूर्ण व्यक्तियों द्वारा कही जाती है और शायद यह संकेत करना आवश्यक नहीं होना चाहिए कि महात्मा गाँधी की प्रजातन्त्र एवं नागरिक अधिकारों की धारणाएँ ब्रिटिश शासन का समर्थन नहीं, विरोध करते हुए विकसित हुई थीं परन्तु फिर भी अंग्रेज़ी भाषा के उपहार से इनकार नहीं किया जा सकता–मैं आख़िरकार अपने लेखन

में इसका प्रयोग कर ही रहा हूँ–और न ही शिक्षा–व्यवस्था को अनदेखा किया जा सकता है जिसका मैंने भी लाभ उठाया है। अतः आइए हम इन दोनों पर गहराई से प्रकाश डालें।

ब्रिटिश शासक जब भारत छोड़कर गये तो साक्षरता दर 16 प्रतिशत थी और महिला साक्षरता दर केवल 8 प्रतिशत थी–1947 में 12 भारतीय महिलाओं में से केवल एक पढ़ और लिख सकती थी। यह सही मायने में बहुत अच्छा रिकॉर्ड नहीं है परन्तु जनता को शिक्षित करना ब्रिटिश शासकों की प्राथमिकता नहीं थी।

जैसाकि विल दुरान्त ने उल्लेख किया है : 'ब्रिटिश लोग जब आये तो भारत में सामुदायिक स्कूलों की व्यवस्था थी और इनका प्रबन्धन ग्रामीण समुदायों द्वारा किया जाता था। ईस्ट इण्डिया कम्पनी के एजेण्टों ने इन ग्रामीण समुदायों को नष्ट कर दिया तथा इनके स्थान पर स्कूलों की व्यवस्था के लिए कोई क़दम नहीं उठाए; आज भी (1930) ...इनकी संख्या एक सौ वर्ष पहले की संख्या का केवल 66 प्रतिशत है। भारत में अब 7,30,000 गाँव हैं और केवल 1,62,015 प्राथमिक स्कूल हैं। केवल 7 प्रतिशत लड़के और 1 प्रतिशत लड़कियाँ और इस प्रकार कुल मिलाकर 4 प्रतिशत बच्चे स्कूलों में जाते हैं। सरकार द्वारा स्थापित ये स्कूल निःशुल्क नहीं हैं अपितु ट्यूशन फीस लेते हैं...सदा भुखमरी के कगार पर खड़े परिवार के लिए यह बहुत अधिक प्रतीत होता है।'

दूसरे शब्दों में, ब्रिटेन की शिक्षा नीति में आत्म–प्रशंसा के लिए कुछ नहीं है। इसने एक व्यापक परम्परा–भारत में गुरु–शिष्य परम्परा का बोलबाला था (जिसमें विद्यार्थी अपने अध्यापकों के साथ रहते हुए उनकी सम्पूर्ण विचारधारा को आत्मसात् करते थे)–को उखाड़ दिया और नष्ट कर दिया। अनेक मठों में भी ऐसा ही होता था जो शिक्षा के महत्त्वपूर्ण केन्द्र बन गये थे और यहाँ पर चीन और तुर्की जैसे सुदूरवर्ती स्थानों से भी विद्यार्थी आते थे। पाल शासकों के युग में (आठवीं और बारहवीं शताब्दी सीई के बीच) विशेष रूप से आज के बंगाल और बिहार क्षेत्र में अनेक मठ विकसित हुए, उनमें से पाँच–विक्रमशिला, नालन्दा, सोमपुरा महाविहार, ओदान्तपुरी और जग्गदला प्रमुख शिक्षा संस्थान थे और इनमें भारतीय शासकों के अधीन एक समन्वित नेटवर्क था। ऑक्सफोर्ड और कैम्ब्रिज जब अपने संस्थापकों की भी आँखों की चमक नहीं थे, उस समय

नालन्दा विश्वविद्यालय को अन्तर्राष्ट्रीय ख्याति प्राप्त थी। इसके अद्‌भुत परिसर में 2,000 अध्यापक एवं 10,000 विद्यार्थी थे और इसका पुस्तकालय नौ–मंज़िला था। ऐसा कहा जाता है कि भिक्षु दस्तावेज़ों की प्रतियाँ हाथ से तैयार करते, जो बाद में विद्वानों व अध्येताओं के निजी संग्रह का भाग बन जातीं। विश्वविद्यालय ने पूर्व में कोरिया, जापान, चीन, तिब्बत और इण्डोनेशिया से लेकर पश्चिम में फारस और तुर्की तक के देशों के विद्यार्थियों के लिए अपने द्वार खोल दिये जो ललित कला, चिकित्सा, गणित, खगोल शास्त्र, राजनीति एवं युद्ध–कला विषयों का अध्ययन करते। उनमें चीन के अनेक प्रसिद्ध विद्वान भी थे, जो सातवीं सदी में नालन्दा विश्वविद्यालय में अध्ययन करते और पढ़ाते भी थे। ह्यून सांग (तांग वंश से जुएनजांग) ने विश्वविद्यालय में शिक्षा ग्रहण की और फिर पाँच वर्ष तक वहाँ पढ़ाया भी और नालन्दा में अपने समय का विस्तृत विवरण छोड़ गया।

मुस्लिम शासनकाल में मदरसों, जहाँ वास्तव में मुसलमानों को धार्मिक शिक्षा दी जाती थी, के अतिरिक्त मकतब भी थे, जहाँ भारतीय विद्यार्थियों को प्रायः उर्दू भाषा (यद्यपि अरबी अथवा फ़ारसी भी पढ़ाई जाती थी) में फ़ारसी–इस्लामी शिक्षा दी जाती थी। ब्रिटिश शासकों के आने से पहले मुग़लों के दरबार की भाषा फ़ारसी थी और आबादी का मुसलमान वर्ग उर्दू का प्रयोग करता था जो फ़ारसी, अरबी और संस्कृत का मिश्रण होती थी। उत्तर भारत में अनेक हिन्दू भी उर्दू अथवा फ़ारसी का अध्ययन करते थे (दक्षिण में अनेक क्षेत्रीय भाषाओं का प्रचलन था)। 1850 से पहले मकतब प्राथमिक (और कुछ के लिए माध्यमिक) शिक्षा संस्थान होता था जो धर्मनिरपेक्ष शिक्षा देता था, यहाँ पढ़ाये जाने वाले विषयों में लोक प्रशासन, व्यवसाय और कविता जैसे बौद्धिक व सांस्कृतिक विषय शामिल थे। मकतब प्रबुद्ध वर्ग के सदस्यों के लिए थे, जहाँ हिन्दू और मुसलमान–दोनों होते थे (कुछ स्थानों पर दूसरे वर्ग की अपेक्षा प्रथम की संख्या बहुत अधिक होती थी)। उन्नीसवीं सदी के मध्य में अनेक मकतब बन्द हो गये क्योंकि वहाँ के प्रबुद्ध विद्यार्थियों का झुकाव औपनिवेशिक स्कूलों की ओर हो गया, इससे उन्हें स्कूली शिक्षा के बाद आगे बढ़ने के बड़े अवसर मिलने की आशा थी।

अठारहवीं शताब्दी के अन्त/उन्नीसवीं सदी के प्रारम्भ में जाकर राजा राममोहन राय ने अपनी औपचारिक शिक्षा गाँव के स्कूल अथवा पाठशाला

में प्रारम्भ की जहाँ उन्होंने बंगाली, थोड़ी संस्कृत और फ़ारसी सीखी। नौ वर्ष की आयु में उन्होंने पटना के एक मदरसे में फ़ारसी और अरबी का अध्ययन किया और दो वर्ष बाद वे संस्कृत एवं हिन्दू ग्रन्थों–विशेष रूप से वेदों और उपनिषदों का अध्ययन करने के लिए बनारस (काशी) गये। राजा राममोहन राय को ब्रिटिश शासक एक प्रगतिशील एवं आधुनिक विचारधारा के सुधारक के रूप में सम्मान देते थे। इसके बाद उन्होंने अंग्रेज़ी सीखी और भारत में ब्रिटिश शिक्षा प्रणाली को अपनाया और इसमें उन्होंने उत्कृष्टता प्राप्त की। परन्तु इस प्रकार के पारम्परिक भारतीय शिक्षा के व्यापक आधार और फिर अंग्रेज़ी शिक्षा का उदाहरण बहुत दुर्लभ ही था।

मठों एवं शिक्षा के औपचारिक प्रतिष्ठानों के अतिरिक्त भारत में शिक्षा के अनौपचारिक संस्थान एवं विधियाँ भी बहुत विकसित हुईं। भारतीय संस्कृति में मौखिक शिक्षा का सदैव सम्मानजनक स्थान रहा है। गाँधीजी को याद करें तो उन्होंने पाठ्यपुस्तकों पर बल देने के चलन के स्थान पर मौखिक परीक्षा की पैरवी की थी। उन्होंने कहा था, 'मुझे पाठ्य–पुस्तकों की आवश्यकता कभी महसूस नहीं हुई। शिष्य के लिए अपनी वास्तविक पाठ्यपुस्तक उसका अध्यापक है।' और इस प्रकार उन्होंने दक्षिण अफ्रीका में स्थापित टॉलस्टॉय फार्म नाम के छोटे से आश्रम में औपचारिक लिखित कार्य की आवश्यकता को दरकिनार करते हुए अपने विचारों के सम्प्रेषण के लिए मौखिक विधि को अपनाया। गाँधीजी को यह प्रेरणा इससे मिली कि किस प्रकार वेदों एवं अन्य आधारभूत हिन्दू ग्रन्थों–रामायण व महाभारत का ज्ञान एक पीढ़ी से दूसरी पीढ़ी को मौखिक रूप से पहुँचाया जाता था। पीढ़ियों तक चली मौखिक परम्परा ने प्राचीन ज्ञान को जीवित रखा।

परन्तु जहाँ ऐसी परम्पराएँ भारतीय शिक्षा को हमारी संस्कृति में आधार प्रदान करती हैं, वहीं इस अटल सत्य से भी मुँह नहीं मोड़ा जा सकता कि भारत ने ब्रिटिश शासन में इसका अधिकतर भाग खो दिया और केवल 16 प्रतिशत साक्षरता के साथ आज़ादी प्राप्त की। हम बीसवीं सदी की वैश्वीकृत दुनिया द्वारा प्रदान किये जाने वाले अवसरों को प्राप्त करने के लिए अपनी आबादी के एक बड़े भाग को शिक्षित करने हेतु संघर्ष कर रहे हैं। इसके लिए कम–से–कम कुछ दोष तो निश्चित रूप से ब्रिटिश शासकों द्वारा लागू शिक्षा प्रणाली को जाता है। किसी कम महत्त्वपूर्ण नहीं, अपितु मैसूर व मराठा युद्धों के नायक प्रसिद्ध मेजर जनरल सर थॉमस मुनरो ने

टिप्पणी की थी कि 'एक ऐसी प्रणाली को अपनाकर, जिसकी वृत्ति जनता के चरित्र को निम्नतर करना है, हम शिक्षा के द्वारा चरित्र में सुधार करने के लिए अत्यधिक चिन्तित होने का दावा करते हैं।' प्रसिद्ध सैनिक द्वारा 'दावा करना' शब्द का प्रयोग कम्पनी के इरादों की ईमानदारी के प्रति उनके अपने सन्देहों को व्यक्त करता है।

निःसन्देह ब्रिटिश शासकों ने भारत को अंग्रेज़ी भाषा दी जिसके लाभ आज तक भी मिल रहे हैं। पर क्या अंग्रेज़ी उन्होंने हमें दी? अंग्रेज़ी भारत को सोच–विचार कर दिया गया उपहार नहीं था अपितु यह भी औपनिवेशवाद का एक साधन व औज़ार थी, जो उन्होंने अंग्रेज़ों के काम को सरल बनाने के उद्देश्य से भारतीयों को दी। लॉर्ड मैकॉले ने 1835 के अपने कुख्यात 'मिनट्स ऑन एजुकेशन' में अंग्रेज़ी की शिक्षा, परन्तु भारतीयों के एक छोटे से भाग को, का उत्कृष्ट कारण स्पष्ट किया है : 'हमें एक ऐसे वर्ग को तैयार करने के लिए अपने श्रेष्ठ प्रयास करने चाहिए जो हमारे एवं हमारे द्वारा शासित लाखों लोगों के बीच दुभाषिए का काम कर सकें; ऐसे लोगों का वर्ग जो ख़ून एवं रंग में तो भारतीय हों परन्तु रुचियों, विचारों, नैतिकताओं एवं ज्ञान की दृष्टि से अंग्रेज़ हों।' यह भाषा केवल कुछ लोगों को शासकों व शासितों के बीच मध्यस्थ के रूप में कार्य करने के लिए सिखायी गयी। भारतीयों ने अंग्रेज़ी भाषा पर क़ब्ज़ा कर लिया और इसे हमारी अपनी मुक्ति का औज़ार बना लिया। उन्नीसवीं शताब्दी के अन्त में आरसी दत्त, दिन्शॉ वाचा और दादाभाई नौरोजी तथा बीसवीं शताब्दी में जवाहरलाल नेहरू ने जैसे ब्रिटिश शासकों के विरुद्ध राष्ट्रवादी भावनाओं को व्यक्त करने के लिए इसका प्रयोग किया–उसका श्रेय ब्रिटिश योजना नहीं, अपितु इन्हीं लोगों को जाता है।

कम्पनी के एक ईसाई मत के प्रचारक चार्ल्स ग्राण्ट द्वारा 1792 में प्रकाशित एक रिपोर्ट के प्रकाशन के बाद कम्पनी की भारतीय शिक्षा में रुचि प्रारम्भ हुई। इस रिपोर्ट में 'मत व्यक्त किया गया कि पश्चिमी शिक्षा एवं ईसाइयत का प्रारम्भ नैतिक दृष्टि से पतनशील समाज का रूपान्तरण कर सकता है।' 1813 के संशोधित चार्टर एक्ट में मिशनरी स्कूलों की स्थापना को वैध बनाने के बाद कम्पनी के कोर्ट ऑफ़ डायरेक्टर्स ने इस अधिनियम को लागू करने में मार्गदर्शन प्रदान करने का प्रस्ताव रखते हुए बंगाल सरकार को भेजे गये एक पत्र में यह भी उल्लेख किया कि अंग्रेज़ी

'यूरोपियाई एवं स्थानीय लोगों के बीच सम्प्रेषण को बेहतर बनायेगी' और 'आदर एवं सम्मान की उन पारस्परिक भावनाओं को उत्पन्न करेगी जो भारत में ब्रिटिश साम्राज्य के स्थायी हितों के लिए अनिवार्य हैं।' दूसरे शब्दों में, इसे केवल ईसाई मिशनरी के उत्साह के रूप में ही नहीं लिया जाना चाहिए; इसे कम्पनी के हितों की दृष्टि से भी देखा जाना चाहिए। स्थानीय लोगों की वरीयताओं को केवल तभी देखा जाना होता था, 'जब हमारे उपनिवेशों की रक्षा के साथ इसे किया जा सकता है।'

ईसाई धर्म–प्रचारक जहाँ अंग्रेज़ी शिक्षा को 'हिन्दू एवं मुस्लिम शिक्षा' के हानिकारक प्रभावों को उखाड़ फेंकने के माध्यम के रूप में देखते थे तो दार्शनिक जेम्स मिल एवं उनके शिष्यों ने उपयोगितावादी दृष्टिकोण से भारत में पश्चिमी विज्ञान एवं शिक्षा को प्रोत्साहित करने पर ज़ोर दिया। मिल का तथापि यह मानना नहीं था कि इस काम को करने की भाषा अंग्रेज़ी हो अपितु वे ग्रन्थों का प्रान्तीय भाषाओं में अनुवाद करने की हिमायत करते थे। इसके लिए उन्हें 1813 के चार्टर से सहायता मिली जिसमें साहित्य के पुनरुत्थान एवं सुधार और भारत के स्थानीय विद्वानों को प्रोत्साहित करने का भी प्रावधान था।

इन परस्पर विरोधी प्रतीत होने वाले उद्देश्यों के बीच सामंजस्य स्थापित नहीं किया जा सका और जिन्हें भारतीय मामलों का काम सौंपा गया था, उन्हें बहुत शीघ्र स्पष्ट हो गया कि यह दोनों में से एक ही हो सकता था। दोनों विचारधाराओं के बीच एक बहस छिड़ गयी परन्तु इसमें कोई सन्देह नहीं था कि कम्पनी का झुकाव किस ओर था। भारतीयों को संस्कृत अथवा अरबी भाषा सिखाने से कम्पनी के कार्य में कोई व्यावहारिक लाभ नहीं होने वाला था। परन्तु जो भारतीय अंग्रेज़ी पढ़ और लिख सकते थे, वे अंग्रेज़ी चाहे कितनी ही ग़लत बोलते थे, वे निःसन्देह ब्रिटिश शासकों के लिए लाभकारी थे।

'प्राच्यवादियों' एवं 'आंग्लवादियों' के बीच की इस बहस में जीत 'आंग्लवादियों' की हुई–सामान्यतः ऐसा माना जाता है कि इसका श्रेय लॉर्ड मैकॉले को जाता है जिसने उनके पत्र का समर्थन किया। मैकॉले को सार्वजनिक शिक्षा समिति का अध्यक्ष नियुक्त किया गया था। कुछ लोगों का यह तर्क है कि भारत की शिक्षा प्रणाली में मैकॉले के योगदान को बढ़ा–चढ़ाकर व्यक्त किया जाता है और उसने जिन शक्तियों का

प्रतिनिधित्व किया था, वे शायद किसी भी प्रकार से सफल हुई होतीं। गवर्नर जनरल विलियम बेंटिक अंग्रेज़ीवादी पक्ष के खुले समर्थक थे और उन्होंने कम्पनी शासित भारत के माध्यम से अंग्रेज़ी शिक्षा की नीति को लागू करना प्रारम्भ कर दिया और उनका कहना है कि मैकॉले का कार्य उस समय पर लागू नीति को केवल न्यायोचित ठहराना था, न कि एक नयी नीति बनाना था। परन्तु इसमें कोई सन्देह नहीं कि उसका अंग्रेज़ीवादिता के पक्ष में स्पष्ट रूप से बोलना, शिक्षा के क्षेत्र में उपनिवेश के हित में सबसे स्पष्ट एवं दूरगामी प्रमाण वाला वक्तव्य है जो भारत में प्राच्य शिक्षा को नीचता से, तिरस्कारपूर्ण ढंग से ख़ारिज करवाने के लिए कुख्यात है। और इस समस्त उपक्रम के आलोचकों द्वारा इसे सबसे अधिक ग़लत प्रकार से उद्धृत किया जाता है। (आज तक अंग्रेज़ी बोलने वाले भारतीयों की, उनके ग़ैर–अंग्रेज़ीवादी आलोचकों द्वारा प्रायः, निःसन्देह अंग्रेज़ी में उन्हें 'मैकॉलेपुत्र' अथवा 'सन्स ऑफ़ मैकॉले' कहकर भर्त्सना की जाती है)।

मैकॉले ने अपनी 'शिक्षा पर रिपोर्ट'* में इस मुद्दे पर हठपूर्वक और कुछ लोग इसे अहंकारपूर्ण कहेंगे, जातिवादी दृष्टिकोण अपना लिया। उसका दृष्टिकोण, जिस पर सुधारवादी गवर्नर जनरल की भी सहमति थी, यह था कि 'उच्चतर शिक्षा प्राप्त करने के साधन रखने वाले लोगों के वर्गों का बौद्धिक सुधार वर्तमान में किसी ऐसी भाषा द्वारा किया जा सकता है, जो उनकी स्थानीय भाषा नहीं है।' उसने पूर्व सम्बन्धी अपनी अज्ञानता को अपने आत्मविश्वास को कम नहीं करने दिया। यह स्वीकार करते हुए कि जिन साहित्यों को वह ख़ारिज कर रहा था, उनकी उसने एक भी पुस्तक नहीं पढ़ी थी। उसने खुले रूप में घोषणा की कि 'एक अच्छे यूरोपीय पुस्तकालय की एक शेल्फ भारत और अरब के सम्पूर्ण स्थानीय साहित्य के समान थी।' उसने आगे कहा था, 'हमें उन लोगों को शिक्षित करना है, जिन्हें वर्तमान में अपनी मातृभाषा में शिक्षित नहीं किया जा सकता। हमें उन्हें कोई विदेशी भाषा सिखानी चाहिए। हमारी अपनी भाषा की दावेदारी को फिर से दोहराना आवश्यक नहीं है। यह पश्चिम की भाषाओं में भी उत्कृष्ट है। भारत में अंग्रेज़ी शासन वर्ग द्वारा बोली जाती है। यह सरकारी पदों पर आसीन स्थानीय उच्च वर्ग द्वारा बोली जाती है...समस्त

* एक भारतीय मसखरे ने इसे अनुप्रास अलंकार का प्रयोग करते हुए 'मैकॉले मोरोनिक मिनट्स' कहा है।

विदेशी भाषाओं में से अंग्रेज़ी भाषा ऐसी भाषा है, जो हमारी स्थानीय प्रजा के लिए सर्वाधिक लाभकारी होगी...मोरे एवं एश्चम के समकालीनों के लिए जो महत्त्व यूनानी एवं लैटिन भाषाओं का था, वही हमारी भाषा का भारतीयों के लिए है...पश्चिमी यूरोप के सभ्य रूस की भाषाएँ...मैं सन्देह नहीं कर सकता कि वे हिन्दुओं के लिए वही करेंगी, जो उन्होंने टार्टार के लिए किया है...।'

एक विदेशी आबादी, जिसमें से अनेक अपने रीति–रिवाजों व क़ानूनों का पालन कर रहे हों, को शासित करने के व्यावहारिक विविध पहलू क्या हैं? 'हिन्दू क़ानून को मुख्यतः संस्कृत की पुस्तकों एवं मुस्लिम क़ानून को अरबी की पुस्तकों से सीखे जाने पर बहुत बल दिया गया है, परन्तु इसका इस प्रश्न से कोई सम्बन्ध नहीं है। भारत के क़ानूनों का पता लगाने एवं उसका संग्रह तैयार करने के लिए हमें संसद से आदेश दिया गया है। इस कार्य के लिए हमें विधि आयोग का सहायक दिया गया है। जैसे ही नयी, ब्रिटिश द्वारा तैयार क़ानून संहिता लागू हो जायेगी तो मुंसिफ और सदर अमीन के लिए शास्त्र व हिदाया अनुपयोगी हो जायेंगे। मुझे आशा और विश्वास है कि जो लड़के अब मदरसों व संस्कृत कॉलेजों में प्रवेश कर रहे हैं, उनकी शिक्षा पूरी होने से पहले यह महान कार्य पूरा हो जायेगा। नयी पीढ़ी को वह शिक्षा देना स्पष्ट रूप से निरर्थक होगा जो उनके पुरुषत्व प्राप्त करने से पहले हम बदलने वाले हैं।' (पारम्परिक शिक्षा को उखाड़ फेंकने के इस तर्क की विडम्बना यह है कि मैकॉले ने 1830 में जिस दण्ड संहिता का प्रारूप तैयार किया था, उसे क़ानून के रूप में ब्रिटिश शासन द्वारा एक पीढ़ी बाद 1861 में लागू किया गया)।

यह श्रेय अंग्रेज़ी–प्रेमियों को जाता है कि उन्होंने स्थानीय भाषाओं को पूरी तरह से ख़ारिज नहीं किया। उन्होंने प्रयत्न किया कि यूरोपीय वैज्ञानिक व साहित्यिक ज्ञान जनता तक अंग्रेज़ी बोलने वाले भारतीयों के मध्यस्थ वर्ग के माध्यम से पहुँचे। मैकॉले ने टिप्पणी की थी कि 'हमारे सीमित साधनों के साथ इतने बड़े जनसमूह को शिक्षा देने का प्रयास करना हमारे लिए असम्भव है।' इसलिए 'हम देश की स्थानीय बोलियों को सुसंस्कृत एवं परिष्कृत उन बोलियों को पश्चिमी शब्दावली से लिए गये विज्ञान के शब्दों से समृद्ध करने व बड़ी जनसंख्या को चरणबद्ध ढंग से ज्ञान प्रदान करने का कार्य उसके प्रबुद्ध व्याख्याता वर्ग पर छोड़ सकते हैं।' एक अन्य

आंग्ल–प्रेमी ने 'सर्वाधिक पूर्णता से स्वीकार किया कि बड़े जनसमूह को उसकी अपनी भाषाओं के माध्यम से प्रबुद्ध किया जाना चाहिए और उन्हें समय, विचारधाराओं एवं ज्ञान के सक्षम संग्रहालय प्रदान करने के लिए इन भाषाओं को समृद्ध करना एवं उनमें सुधार करना प्राथमिक महत्त्व का विषय है।' बड़े जन–समूह को अंग्रेज़ी शिक्षा प्रदान करना कभी भी ब्रिटिश शासन की नीति नहीं था। अतः भारतीयों को 'यूरोपीय' वैज्ञानिक ज्ञान प्रदान करना भी आवश्यक नहीं था; शिक्षित भारतीय अपनी भाषाओं में ऐसा कर लेंगे।

कुछ सीमा तक ऐसा हुआ भी। 1825 में दिल्ली कॉलेज की स्थापना आंशिक रूप से इसी लक्ष्य को ध्यान में रखकर की गयी : 1840 में वहाँ एक स्थानीय भाषा अनुवाद सोसायटी का गठन किया गया जिसने अंग्रेज़ी में इतिहास, क़ानून, विज्ञान और चिकित्सा की पाठ्यपुस्तकों को पश्चिमी शिक्षा प्राप्त भारतीयों एवं कॉलेजों के अन्य अधिकारियों की सहायता से उर्दू में अनुवाद करने का प्रयत्न किया। ये 'आधुनिक' विषयों पर कुछ प्रारम्भिक पुस्तकें थीं, जो आधुनिक पश्चिमी पाठ्यक्रम के प्रचार के लिए लिखी गयी थीं और 1840 तथा 1850 के दशक में उत्तर–पश्चिमी प्रान्तों और पंजाब में स्थानीय भाषा में शिक्षा की पाठ्यपुस्तकों के रूप में प्रयुक्त की गयीं। यह तर्क देना कठिन है कि इस प्रकार की शिक्षा का भारत में अंग्रेज़ी शिक्षा के समान प्रसार एवं प्रभाव हुआ जो आज के दिन तक भारतीय समाज में सफलता एवं प्रभाव का पासपोर्ट समझी जाती है। अंग्रेज़ी में शिक्षा प्राप्त अधिकतर भारतीयों ने उस भाषा का प्रयोग अपने कैरियर के विकास के लिए किया, न कि जनता के लिए शैक्षिक अनुवादकों अथवा शिक्षकों के रूप में काम करने के लिए; और स्थानीय भाषा का अध्ययन एक अनाम वृत्ति ही रहा जो उन ग़ैर–सौभाग्यशाली लोगों के लिए आरक्षित था जिनकी अपनी अंग्रेज़ी उन कार्यों के लिए पर्याप्त अच्छी नहीं थी जिनमें औपनिवेशकों की भाषा की आवश्यकता होती थी। अंग्रेज़ी–प्रेमियों का उद्देश्य पूरा नहीं हुआ परन्तु मन में सवाल उठता है कि क्या इन परिस्थितियों में ऐसा कभी हो भी सकता था?

ब्रिटिश शासन के अधीन विश्वविद्यालय मुख्यतः परीक्षाएँ आयोजित करने वाले निकाय ही बने रहे जबकि वास्तव में उच्चतर शिक्षा कॉलेजों द्वारा प्रदान की जाती थी। कॉलेजों में दो वर्षीय बी.ए. कोर्स करवाया जाता

था (हाई स्कूल के बाद एक वर्ष की इण्टरमीडिएट करने के बाद)। भारत के ब्रिटिश स्कूलों में भी रट्टे से पढ़ाई पर बहुत अधिक बल दिया जाता था अर्थात् परीक्षाओं में जो पूछा जाये, उसे उगल देना। परीक्षाओं में फेल होना इतनी सामान्य बात थी कि लोग अपने नाम के साथ अपनी पहचान के रूप में बहुत गर्व से 'बी.ए.' (एफ) लिखते थे जिसके द्वारा यह दर्शाया जाता था कि वे इतनी दूर तक पहुँचे थे ('एफ' से तात्पर्य था 'फेल्ड')। शिक्षा बीच में अधूरी छोड़ने वालों की संख्या सदैव बहुत अधिक होती थी और बी.ए. की डिग्री पूरी करने की एक महत्त्वपूर्ण उपलब्धि के रूप में व्यापक प्रशंसा होती थी।

ब्रिटिश शासकों की उच्चतर शिक्षा प्रणाली में भी विश्लेषणात्मक क्षमता अथवा रचनात्मक सोच को बढ़ावा देने के लिए कुछ नहीं किया जाता था और निश्चित ही सोच की स्वतन्त्रता नहीं थी। इस शिक्षा प्रणाली ने ऐसे स्नातक तैयार किये जिनकी अंग्रेज़ी आधारभूत ज्ञान से अच्छी थी परन्तु नब्बे प्रतिशत मामलों में एक अंग्रेज़ व्यक्ति के सामने टिके रहने के लिए अपर्याप्त थी। सरकारी सेवा में निचले स्तरों पर क्लर्क की नौकरी अथवा एक सरकारी स्कूल में अध्यापक का पद प्राप्त करने के लिए यह शिक्षा पर्याप्त हुआ करती थी (अन्य दस प्रतिशत लोग शिक्षा प्रणाली की सीमाओं के बावजूद असाधारण सफलता प्राप्त करते और विभिन्न निजी स्तरों पर उत्कृष्ट प्रदर्शन करने पर उच्चतर शिक्षा के लिए विदेश चले जाते)। इससे भी दुःखद यह था कि यह शिक्षा स्नातकों–प्रत्येक स्नातक–को इतना पश्चिमीकृत कर देती थी कि वे अपनी भारतीय संस्कृति की जड़ों से हट जाते थे। एक वरिष्ठ प्रशासनिक अधिकारी ने 1913 में टिप्पणी की कि 'इस शिक्षा प्रणाली के अन्तर्गत शिक्षा प्राप्त लोग एक प्रकार से संकर अथवा दोगले हो जाते हैं। ऐसा उनके अंग्रेज़ शिक्षकों के कारण होता है जिनमें यह धारणा कूट–कूटकर भरी होती है कि किसी को 'शिक्षित' करने का एकमात्र तरीक़ा यह है कि उसे एक कलई किया हुआ अंग्रेज़ बना दो।'

यह समस्या सम्पूर्ण ब्रिटिश शासनकाल में बनी रही। एक भारतीय राष्ट्रवादी समूह ने 1915 में लन्दन से प्रकाशित एक पुस्तक में घोषणा की : 'समस्त भारतीय कामनाओं एवं सुदृढ़ चरित्र के विकास को कुचल दिया गया है। भारतीय सोच को किसी भी मौलिकता से बंजर कर दिया है और जानबूझकर अज्ञानता में रखा गया है...लोगों को ब्रिटिश नियन्त्रण के

और अधिक अधीन बनाने के लिए उन्हें एक भ्रम में रखा जाता है। उनके मस्तिष्क को अराष्ट्रीयकृत किया जाता है और उन्हें निरन्तर अज्ञानता में रखकर इंग्लैण्ड की महानता और विश्व में उनके 'मिशन' की कहानियाँ सुनाई जाती हैं...।'

जैसेकि पंकज मिश्रा ने टिप्पणी की है–

*'एशिया पर यूरोप का नियन्त्रण केवल आर्थिक, राजनीतिक और सैनिक नहीं था। यह बौद्धिक और नैतिक तथा आध्यात्मिक भी था : यह एक पूर्णतः भिन्न प्रकार का विज़न था, जो पहले कभी नहीं देखा गया था जिसने इसके शिकार हुए लोगों को क्रोधित तथा अपने विजेताओं के प्रति ईर्ष्यालु और अन्ततः उनकी जादुई–सी प्रतीत होने वाली शक्ति के रहस्यों की दीक्षा लेने के लिए उत्सुक बनाया।'*

बंगाली विद्वान एवं लोकप्रिय पुस्तक 'ऑटोबायोग्राफ़ी ऑफ़ एन अन्नोन इण्डियन' (1951) के लेखक प्रसिद्ध अंग्रेज़ियत–प्रेमी नीरद सी. चौधरी का भारत में ब्रिटिश साम्राज्य के प्रति चापलूसी की सीमा तक किया गया समर्पण भारतीय मस्तिष्क के सफलतापूर्वक औपनिवेशीकरण का एक रोचक उदाहरण है–

*'टू द मैमरी ऑफ़ ब्रिटिश एम्पायर इन इण्डिया*
*विच कन्फर्ड सब्जेक्टहुड ऑन अस,*
*बट विदहेल्ड सिटिजनशिप,*
*टू विच येट एवरीवन ऑफ़ अस थ्रू आउट दी चैलेंज :*
*'सिविस ब्रिटेनिकस सम'*
*बीकॉज ऑल दैट वॉज गुड एण्ड लिविंग विदिन अस*
*बाय द सेम ब्रिटिश रूल।'*

औपनिवेशिक नितम्बों में अपनी नाक घुसाए इस काले व्यक्ति चौधरी के भौंडे प्रदर्शन ने उसे इन शोध–अध्ययनों–कि किस प्रकार साम्राज्य स्वयं अपनी संस्कृतियों एवं समाजों से पृथक् हो गये और उनसे घृणा तक करने वाले 'स्थानीय मुख़बिरों' को तैयार करता है–के लिए इश्तिहारी बच्चा बना दिया। ब्रिटिश साम्राज्य के प्रति चौधरी के प्रशंसा भाव में ब्रिटिश साम्राज्य द्वारा भारतीयों को खुले में शौच जाने हेतु रोकने के लिए भी प्रशंसा सम्मिलित है। यह वास्तव में ऐसा कार्य था जिसे रोक पाने की

बात तो दूर नियन्त्रित कर पाने में भी ब्रिटिश शासक सफल नहीं हुए। बड़े शहरों के सार्वजनिक स्थानों पर इस निषेध का प्रभाव अवश्य पड़ा। यह स्वयं अपनी देह के प्रति अरुचि एवं विदेशी शासन की चाह के बीच कौतूहलजनक सह–सम्बन्ध को व्यक्त करता है : विद्वान इयान एलमण्ड के अनुसार, 'स्वयं–पृथक्त्व की ये दो प्रक्रियाएँ–उपनिवेश एवं औपनिवेशकर्ता, बाबू एवं स्थानीय निवासी, मस्तिष्क एवं देह के बीच एक महत्त्वपूर्ण दूरी को बनाये रखने के लिए एक साथ काम करती हैं।' चौधरी का विदेशी प्रेम औपनिवेशिक शिक्षा के परिणामों में से एक था जो इस धारणा में जड़ें जमाए था कि वह एक 'विस्थापित यूरोपियाई/आर्य जाति का था और अपने पूर्वजों के ग़लत दिशा में भटकने और एक अनुपयुक्त जलवायु में बसने के वर्तमान और लाखों वर्ष पुराने परिणामों को सहन कर रहा था।' चौधरी ने सत्तर वर्ष की आयु में बोरिया–बिस्तर बाँधा और ऑक्सफोर्ड चले गये और वहाँ शतायु को प्राप्त किया। अपने मस्तिष्क में तो वे निःसन्देह सदा ही वहाँ रहते थे।

यूनानी एवं लैटिन भाषा से उद्धरण देते और अपनी सोला टोपी (निःसन्देह रूपान्तरण में चपलता का कुछ छूट जाता है) के साथ मेल खाते स्टाइल में उच्च कोटि के प्राचीन साहित्य से संकेत देते हुए चौधरी अपने पाण्डित्य को गम्भीरता से ओढ़े रखते थे। अपनी पुस्तक 'द कॉन्टिनेंट ऑफ़ सिर्स' में वे भारतीय संस्कृति व सभ्यता के समस्त गढ़ों पर आर–पार का आक्रमण करते हैं और अपने प्रमुख रूपक के लिए भी पाश्चात्य मिथक का सहारा लेते हैं। चौधरी यद्यपि भारत के लगभग सभी ब्रिटिश इतिहासों को ख़ारिज करते हुए उन्हें साम्राज्यवादी आत्मश्लाघा से थोड़ा ऊपर बताते थे। वे स्वयं 'राज' के बहकावे में रहे और उन्हें क्लाइव की लूट और चोरी में भी शानदार साम्राज्यवादी परियोजना की 'बराबर करने वाली भव्यता' दिखाई दी।

विद्वान डेविड लीलिवेल्ड ने एक पक्षपातपूर्ण समीक्षा में लिखा कि 'नीरद चौधरी एक गल्प है जिसकी रचना इसी नाम के एक भारतीय लेखक ने की–साम्राज्यवादी साहित्य के मूर्ख चरित्र 'बंगाली बाबू' का एक अनुपम, बेरहम एवं जादुई रूपान्तरण, परन्तु भारत में ब्रिटिश शासक जहाँ ठेठ बाबू के अपने औपनिवेशिक मालिकों का अनुकरण करने के अर्धसफल प्रयासों पर हँसते थे, वहीं नीरद बाबू ने साम्राज्य–उपरान्त के ब्रिटेन में यह प्रदर्शित करने का प्रयास किया कि उसका मज़ाक़ बनाना असम्भव था। ऐसा प्रतीत

होता है कि उनके झुर्रीदार शरीर, बिना सलवट की धोती, ऑक्सफोर्ड को लेकर ऐंठ एवं ब्रिटिश सभ्यता के पतन पर दुख प्रकट करते हुए उसमें कुछ हल्का–सा भी हास्यास्पद हो सकता था, यह उन्हें कभी नहीं लगा।

परन्तु अंग्रेज़ियत के मलहम में एक घातक मक्खी भी थी। नीरद चौधरी को भी यह स्वीकार करना पड़ा कि ब्रिटिश नस्लवाद, दम्भ एवं विमुखता (भारत–ब्रिटिश निजी सम्बन्धों का समस्त घिनौना इतिहास) की साम्राज्य के पतन में बड़ी भूमिका थी। उन्होंने भारतीयों के प्रति ब्रिटिश शासकों के व्यवहार में 'असहनीय अपमान' और 'राष्ट्रीय व निजी अपमान' के सम्बन्ध में कटुता से लिखा। इयान एलमण्ड के शब्दों में, 'प्रजातिवाद की बार–बार होने वाली निजी घटनाओं में यह प्रबुद्ध मध्यस्थ अपने कॉन्ट्रेक्ट की सही सीमाओं को जान जाता है'–साम्राज्य की तथाकथित भलाई को अपने लेखन में बढ़ा–चढ़ाकर जो लिखता था, उसका सामना ब्रिटिश शासकों के डण्डे की भावहीन वास्तविकता एवं गोरे व्यक्ति की तिरस्कारपूर्ण दृष्टि से होता है।

## शाब्दिक शोषण

1859–60 के दौरान बंगाल में शिक्षा के लिए ब्रिटिश सरकार से 1,032,021 रुपये की राशि प्राप्त हुई जो उस वर्ष सेना की बैरकों के पुनर्निर्माण पर ख़र्च की गयी राशि के समान थी। शिक्षा के लिए फण्ड उपलब्ध करवाना सम्पूर्ण ब्रिटिश शासन के दौरान एक निम्न दर्जे की प्राथमिकता रहा। विल दुरान्त ने 1930 में लिखा कि भारत में ब्रिटिश सरकार अपने द्वारा शिक्षा के लिए प्रदान किये जाने वाले संसाधनों को 'विश्वविद्यालयों की शिक्षा तक सीमित रखना चाहती थी' जहाँ अंग्रेज़ी भाषा का प्रयोग होता था, पढ़ाया जाने वाला इतिहास, साहित्य, रीति–रिवाज और मूल्य अंग्रेज़ी थे और युवाओं (भारतीय) को महसूस हुआ कि उन्होंने स्वयं को एक क्रूर प्रक्रिया में डाल दिया है जिसका उद्देश्य उनका अ–राष्ट्रीयकरण और अ–भारतीयकरण करना और उन्हें नकली अंग्रेज़ बनाना था। ऐसा न्यूनतम संसाधनों से किया गया : दुरान्त ने पाया कि भारत में (1930 में) शिक्षा पर होने वाला कुल व्यय केवल न्यूयॉर्क राज्य के आधे व्यय से कम था। 1882 और 1897 के बीच की पन्द्रह वर्ष की अवधि में विश्व भर में सार्वजनिक शिक्षा का उल्लेखनीय प्रसार हुआ। उस अवधि में भारत में सेना पर होने

वाला व्यय शिक्षा के व्यय में होने वाली बढ़ोतरी की तुलना में साढ़े इक्कीस गुणा अधिक था। दुरान्त का निष्कर्ष था कि 'भारतीयों की निरक्षरता के लिए ब्रिटिश शासकों का उत्तरदायित्व प्रश्न से परे दिखाई देता है।'

भारतीय शिक्षा के प्रति ब्रिटिश दृष्टिकोण का एक अनायास लाभ था। भारतीयों को शिक्षा प्रदान करना ब्रिटिश शासन की प्राथमिकता नहीं थी। अतः प्रसिद्ध ब्रिटिश इसकी ओर आकृष्ट नहीं हुए और बीसवीं शताब्दी के प्रारम्भ से ही शिक्षा भारतीय प्रगति का एक उपलब्ध क्षेत्र बन गया। कुछ गिने–चुने अपवादों को छोड़कर 1890 के बाद प्रमुख सार्वजनिक विश्वविद्यालयों के वाइस चांसलर भारतीय थे, यद्यपि अधिकतर ब्रिटिश साम्राज्य के शासन के कट्टर पक्षधर थे।

ब्रिटिश शासित भारत में अंग्रेज़ी शिक्षा ने महत्त्वपूर्ण स्थान प्राप्त कर लिया, परन्तु फिर भी एक छोटे व महत्त्वपूर्ण प्रबुद्ध वर्ग के लिए ब्रिटिश दृष्टिकोण ने भारतीयों को पढ़ाये जाने वाले अन्य विषयों–विशेष रूप से इतिहास–को अंग्रेज़ी माध्यम से पढ़ाया जाना शामिल कर लिया। ब्रिटिश शासकों को उपनिवेश–पूर्व मुग़ल इतिहास बिना सन्दर्भ एवं विश्लेषण के घटनाओं का सीधा–सीधा वर्णन प्रतीत हुआ। जॉन स्टुअर्ट मिल ने मुग़ल–पूर्व पुस्तकों को 'पौराणिक इतिहास' कहकर ख़ारिज कर दिया...जिनमें तथ्यों के स्थान पर पौराणिक कथाएँ हैं। इन संस्करणों के स्थान पर नये विवरण लाने के लिए ब्रिटिश शासकों ने भारतीय इतिहास–लेखन के 'तथ्यपूर्ण वर्णन' को पुनः कल्पित किया जिसमें व्यवस्थित 'यूरोपीय शैली' में सन्दर्भ सम्बन्धी विश्लेषणों को शामिल किया गया–परन्तु इसका उद्देश्य भारत में ब्रिटिश शासन को वैध ठहराना था। जैसा कि हमने देखा है कि भारत के अंग्रेज़ों द्वारा तैयार इतिहासों एवं सैद्धान्तिक रचनाओं में भारतीय अतीत के धर्म के आधार पर कालक्रमण को ईजाद कर न केवल 'बाँटो और राज करो' को बढ़ावा दिया गया, अपितु एक ऐसे राष्ट्र का चित्रण किया गया जो ब्रिटिश शासन के सभ्य बनाने वाले आगमन की प्रतीक्षा कर रहा था। यह तर्क देकर कि इतिहास के विवरणों को तथ्यों पर निर्भर होना चाहिए और एक धर्मनिरपेक्ष अध्ययन का कार्य करना चाहिए–वे धार्मिक एवं भारत के महाभारत व रामायण जैसे शाश्वत पौराणिक पाठों के अध्यापन से भी दूर हो गये। कम–से–कम ये महाकाव्य तो भारत के स्कूलों की कक्षाओं में स्थान पा सकते थे, जैसे कि ब्रिटिश स्कूलों की कक्षाओं में 'इलियड'

और 'ओडिसी' का अध्ययन करवाया जाता है। स्वतन्त्र भारत में प्राचीन ग्रन्थों की धर्मनिरपेक्ष उपेक्षा की परम्परा जारी रही जिसकी अब नयी हिन्दूवादी सरकार द्वारा आलोचना की जाती है जो ब्रिटिश शासकों और उनके भारतीय मैकॉलेपुत्रों पर भारतीय बच्चों की बौद्धिक एवं सांस्कृतिक जड़ों को समाप्त करने का आरोप लगाती है।

इतिहास के अध्यापन से यदि एक स्वाभाविक उद्देश्य पूरा होता था तो साहित्य भी और अधिक प्रभावपूर्ण ढंग से उसी उद्देश्य को पूरा करता है। डॉ. गौरी विश्वनाथन ने औपनिवेशिक भारत में अंग्रेज़ी साहित्य के, उन्नीसवीं सदी के प्रारम्भ के वर्षों में समाजीकरण एवं भारतीय प्रबुद्ध जनों को सहयोजित करने के माध्यम के रूप में अध्ययन की भूमिका पर महत्त्वपूर्ण शोध–कार्य किया है। उनका तर्क है कि वास्तव में अंग्रेज़ी साहित्य को अध्ययन का विषय बनाने का प्रथम विचार भारत में ब्रिटिश शासकों की देन है जिसका उद्देश्य अपने औपनिवेशिक हितों को बढ़ावा देना था। इसका अभिप्राय केवल यह नहीं है कि अंग्रेज़ों का मानना था कि उनका साहित्य औपनिवेशित भारतीयों के दिलो–दिमाग में ब्रिटिश सभ्यता के प्रति श्रद्धा एवं सम्मान उत्पन्न करेगा अपितु यह भी था कि ब्रिटिश उपनिवेशक भारतीय साहित्य के अनेक महान कार्यों को 'महानतम् शाश्वतता एवं अशुद्धता से' देखते थे और उसमें कालिदास की 'शकुन्तला' भी शामिल थी। उन्नीसवीं सदी के महान संस्कृत विद्वान हॉरेस विल्सन ने इस कृति को भारतीय साहित्य का नगीना बताया था परन्तु अंग्रेज़ों ने इसे ब्रिटिश भारत में भारतीय स्कूलों व कॉलेजों में पढ़ाये जाने के लिए उपयुक्त पुस्तक मानने से इनकार कर दिया।

वे ऐसा करते हुए ब्रिटिश शिक्षाविद् मैकॉले एवं उस जैसे लोगों, जिन्हें अंग्रेज़ी साहित्य की श्रेष्ठता के सम्बन्ध में अपनी धारणाओं को व्यक्त करने में कोई संकोच नहीं था, के पूर्वाग्रहों को ही व्यक्त कर रहे थे।

मैकॉले ने आख़िरकार अपनी रिपोर्टों में तर्क दिया था कि 'अब वर्तमान (अंग्रेज़ी में) साहित्य का मूल्य तीन सौ वर्ष पूर्व समस्त विश्व की सभी भाषाओं में उपलब्ध साहित्य से अधिक है...इंग्लैण्ड का साहित्य अब शास्त्रीय प्राचीनता वाले साहित्य से अधिक महत्त्वपूर्ण है।' चार्ल्स ट्रेविलियन ने 1838 में प्रकाशित अपनी पुस्तक 'ऑन द एजुकेशन ऑफ़ द पीपल ऑफ़ इण्डिया' में स्वीकार किया था कि अंग्रेज़ी भाषा के माध्यम से अंग्रेज़ी साहित्य के

प्रचार के लिए दिये गये तर्क किसी वैज्ञानिक धारणा पर आधारित नहीं थे अपितु मैकॉले के साधारण पूर्वाग्रह कि यूरोपीय ज्ञान स्वतः ही प्राच्य ज्ञान से 'श्रेष्ठ' है–पर आधारित थे। फिर भी यह तर्क कार्य कर गया। चूँकि अंग्रेज़ी साहित्य के अध्ययन से समाजीकृत भारतीय अधिक प्रशंसात्मक ढंग से इंग्लिस्तानी होने के लिए बाध्य थे और इसलिए ब्रिटिश प्रभुत्व को स्वीकारने के अधिक इच्छुक थे।

इतिहास का अध्ययन केवल अंग्रेज़ी–केन्द्रित ही नहीं था, अपितु इसे सोच–समझकर इस लक्ष्य से तैयार किया गया था कि विद्यार्थियों को बताया जाये कि सभी ब्रिटिश वस्तुएँ श्रेष्ठ हैं एवं उन्हें इस विशाल साम्राज्य की प्रजा होने का सौभाग्य प्राप्त है, विश्व के मानचित्र पर फैले जिसके लाल चिह्न पर सूर्य कभी अस्त नहीं होता (बाद में एक भारतीय राष्ट्रवादी ने कटुतापूर्ण टिप्पणी की थी कि ब्रिटिश साम्राज्य पर सूर्य कभी अस्त नहीं होता, क्योंकि स्वयं भगवान भी अन्धकार में अंग्रेज़ व्यक्ति पर विश्वास नहीं कर सकते थे)।

अंग्रेज़ी साहित्य के अध्ययन का भी यही उद्देश्य था। अंग्रेज़ देशभक्ति कविता का आर्थर स्टेनले का संग्रह अपेक्षित पाठों में से था। इसका परिचय कलकत्ता के लॉर्ड बिशप ने लिखा था जिसमें कविता के गुणों की प्रशंसा की गयी थी (उन्होंने बहुत पाण्डित्यपूर्ण ढंग से लिखा था–'फॉर एन एम्पायर लिव्स नॉट बाय ब्रेड एलोन') और उन्होंने प्रारम्भ टेनिसन की प्रसिद्ध पंक्तियों से किया था–'द सॉन्ग दैट नर्व्स ए नेशनल हार्ट/इज़ इटसेल्फ ए डीड।' निःसन्देह सभी कविताएँ ब्रिटिश साम्राज्य के अपेक्षाकृत उच्च गौरव को ऊँचा उठाने का उद्देश्य लिए हुए हैं। कवि जी. फ्लेवेल हेवर्ड ने ब्रिटिश साम्राज्य की प्रशंसा में लिखा–'ग्लोरी ऑर डेथ, फॉर ट्रू हार्ट्स एण्ड ब्रेव/ऑनर इन लाइफ ऑर रेस्ट इन ग्रेव।' न्यूबोल्ट की कविता–'प्ले अप! प्ले अप! एण्ड प्ले द गेम' में भी ब्रिटिश शासकों की न्याय की भावना ही कूट–कूटकर भरी है। और किपलिंग के 'व्हाइट मैन्ज बर्डन' के सम्बोधन गीत में भी निःसन्देह विधर्मी लोगों को औपनिवेशिक जूते की छाप के प्रति उपयुक्त प्रकार से कृतज्ञ अनुभव करवाया गया है। (ईस्ट इज़ ईस्ट एण्ड वेस्ट इज वेस्ट/एण्ड नेवर द ट्वेन शैल मीट)। कॉलेज में इस कविता को जानने के बाद मैंने कटुतापूर्वक लिखा, 'एक्सेप्ट ऑफ़ कोर्स व्हेन यू लाइ क्रश्ड/अण्डर द ब्रिटन्स फीटा'।

टेलीविज़न–पूर्व के उन दिनों में लोकप्रिय ग्रन्थ ने भी आतुर अंग्रेज़ी शिक्षा प्राप्त पाठक को उपनिवेश की अच्छाई को आत्मसात् करने में सहायता की। जीए हेंटी और एच राइडर हेग्गार्ड की हाथों–हाथ बिकने वाली भयानक पुस्तकों में एवं स्वयं किपलिंग ने भी साम्राज्य के साहसिक कारनामों की कहानियाँ कही हैं जिनमें साहसी अंग्रेज़ व्यक्ति सदैव काले और अविश्वसनीय जंगली लोगों पर विजयी होता है। किपलिंग की प्रसिद्ध कविता में अंग्रेज़ों (और फ़िलिपिन्स पर विजय प्राप्त कर रहे अमरीकियों) से कहा गया है कि 'टेक अप द व्हाइट मैन्ज बर्डन, सेंड फोर्थ द बेस्ट यी ब्रीड/गो बाइण्ड योर सन्स टू एग्ज़ाइल, टू सर्व योर केप्टिण्स नीड'; जिन विधर्मी लोगों पर वे शासन कर रहे थे, उनकी अकृतज्ञता के बावजूद श्वेत आदमी को उसका बोझ 'हिज़ ओल्ड रीवार्ड : द ब्लेम ऑफ़ दोज यी बैटर/द हेट ऑफ़ दोज़ यी गार्ड' के बावजूद ढोना पड़ा और उसे यह आक्रोशपूर्ण 'सल्लन पीपुल्स, हाफ डेविल एण्ड हाफ चाइल्ड' की ज़रूरतों के लिए पाखण्डपूर्ण पितृ–सत्तावाद से गन्धाती पंक्तियों में करना था (एक प्रतिभाशाली समकालीन कविता 'द ब्राउन मैन्ज बर्डन') में इसका मुँहतोड़ जवाब लिबरल सांसद और थियेटर संचालक हेनरी लेबूशेरी ने दिया, जो अधिक प्रसिद्धि की अपेक्षा रखता है। इसीलिए मैंने इसे इस अध्याय में विस्तार से उद्धृत किया है।

बीसवीं सदी की प्रथम तिमाही में लड़कों की लुगदी पत्रिका के गल्प में बिल्ली व बन्दर के चित्र वाली अत्यधिक लोकप्रिय बच्चों की कहानियों में भारतीय चरित्र को शामिल करके रचनात्मक ढंग से उपनिवेशकों को फुसलाकर सह–अपराधिता के विवरणों में शामिल करने का प्रयत्न किया गया। यह लड़का स्वाभाविक ही कुलीन था, उसका असम्भावित नाम हरी जमसेत राम सिंह था। उसकी राजसी पृष्ठभूमि उसकी क्रिकेट की प्रतिभा से और बढ़ गयी (उसके विख्यात हमवतन रणजी के समान)। परन्तु फिर भी उसके अंग्रेज़ सहपाठी उसे 'इंकी' नाम से जानते थे और चित्रों में वह उनकी तुलना में कई गुना काला दिखाई देता था; उसे बन्दर की कहानियों में प्रायः हाशिए पर धकेल दिया जाता, इन कहानियों के नायक सदैव अंग्रेज़ लड़के हुआ करते।

एडवर्ड सईद की अनुपम पुस्तक 'ओरिएण्टलिज़्म' का निष्कर्ष है कि 'ऐसे झूठे चित्रणों का उद्देश्य साम्राज्यवाद एवं इसे सुदृढ़ता प्रदान करने

वाली विचारधारा कि काकेशियाई, एशियाई लोगों से श्रेष्ठ हैं, को नैतिक, सांस्कृतिक एवं कलात्मक औचित्य प्रदान करना था।' सलमान रुश्दी ने इसकी पुष्टि करते हुए क्रूर होंठों वाले राजकुमारों की झूठी चमक और श्यामल, पतले नितम्बों वाली कुमारियों, नास्तिकता, अग्नि एवं तलवार की रचना के सम्बन्ध में लिखा है। रुश्दी के लिए ऐसे चित्रण केवल साम्राज्यवादी अतीत का ही भाग नहीं थे : 'इन कहानियों की व्यापक सफलता के उदाहरणों से 'राज' संशोधनवाद का उदय आधुनिक ब्रिटेन में रूढ़िवादी धारणाओं के उदय का एक अन्य कलात्मक पक्ष है।'

प्राच्यवादियों के प्रयत्नों एवं उनके ब्रिटिश साम्राज्यवाद के मोहक आकर्षण के बावजूद एक समस्या थी; एक भारतीय को एक बार पढ़ना, पढ़ाई करना एवं समझना सिखा दिये जाने के बाद यह नियन्त्रित करना असम्भव था कि उसकी सोच उसे कहाँ ले जा सकती है। विलियम हॉविट ने 1839 में दूरदर्शी टिप्पणी की थी कि 'अंग्रेज़ी भाषा को, पृथ्वी पर अभी तक न देखी गयी सर्वाधिक विस्मयकारी नैतिक क्रान्ति का परिणाम बनाये बिना प्रान्तीय भाषा बनाना असम्भव है। इसके बाद अंग्रेज़ी विचार, अंग्रेज़ी रुचियाँ, अंग्रेज़ी साहित्य और धर्म स्वभावतः आयेंगे...' और हालाँकि विलियम ने इसका उल्लेख नहीं किया, अंग्रेज़ी राजनीतिक विचार भी। 1908 तक साम्राज्य के समर्थक के रूप में प्रसिद्ध हो चुके जेडी रीस को शिकायत थी कि 'हमारे स्कूलों में विद्यार्थी अपने दैनिक पाठ के साथ राजद्रोह को भी सीख रहे हैं' : 'उन्हें रूसो, मैकॉले एवं दार्शनिकों की रचनाएँ पढ़ाई जाती हैं जो ऑक्सफोर्ड तक में विद्यार्थियों के मस्तिष्कों को समाजवादी व अव्यावहारिक स्वप्नों से दूषित कर देती हैं और भारत में तो ये युवाओं की स्वाभाविक रूप से बुद्धिजीवी सोच पर कहीं अधिक शक्ति से प्रभाव डालती हैं क्योंकि यहाँ के युवा रट्टा लगाकर सीखने में प्रायः बहुत तेज़ होते हैं, प्रायः उनके पास कोई पैसा नहीं होता और इस प्रकार ब्रिटिश शासकों के अधीन क्लर्क की नौकरी लेने के अलावा वे अपनी आजीविका कमाने में असमर्थ बना दिये जाते हैं। परन्तु ब्रिटिश शासकों को भी वे अपने हाथ में वेतन न आ जाने तक तानाशाह कहकर उनकी भर्त्सना करते हैं। इस व्यवस्था द्वारा तैयार किये जाने वाले असन्तुष्टों के मन में भारतीय सरकार के प्रति न तो सम्मान होता है और न ही भय होता है और यह आश्चर्यजनक भी नहीं है क्योंकि स्कूलों में उन्हें जैसा साहित्य

पढ़ाया जाता है, वह अधिकारों पर आधारित किसी भी सरकारी व्यवस्था के प्रति विनाशपूर्ण आलोचना से भरा होता है...।' रीस ने भारत में ब्रिटिश सरकार से अपील की कि वह 'लॉर्ड कर्ज़न के अधपके कला स्नातक और पूर्ण विद्रोही तैयार करने पर रियायतें देने से इनकार करने के उदाहरण का अनुसरण करे। मेरे विचार में, अंग्रेज़ियत–प्रेमियों के पक्ष में निर्णय से इनकार करने के लिए अब बहुत देर हो चुकी है परन्तु क्या कोई विशेष कारण है कि उदाहरण के लिए क्यों हर्बर्ट स्पेंसर को भारतीय व्यवस्था में इतना महत्त्वपूर्ण स्थान दिया जाना चाहिए? भारतीय विद्यार्थियों को दर्शन शास्त्र से भर देने की क्या कोई आवश्यकता है, जिसका अध्ययन ऑक्सफोर्ड तक में खोखले अव्यावहारिक स्वप्नों और समाजवादी कुतर्कों के प्रति एक अफ़सोसनाक सम्मान उत्पन्न कर देता है?'

उन्नीसवीं सदी के अन्त तक अंग्रेज़ी शिक्षा ने निःसन्देह अंग्रेज़ प्रतीत होने वाले भारतीयों का एक वर्ग तैयार कर दिया था जो ब्रिटिश साहित्य, दर्शन एवं राजनीतिक विचारों से भली–भाँति परिचित थे। परन्तु जैसा कि हमने देखा है कि जब वे अपने अधिकारों व पदों की प्राप्ति–जिनके लिए उनका मत था कि उनकी शिक्षा ने उन्हें पात्र बना दिया था–के लिए शोर मचाते तो उनका कड़ा विरोध होता।

स्वभावतः सदैव ऐसे लोग होते थे जिनका तर्क होता था कि वास्तविक बाधा भारतीय दृष्टिकोण थे, विशेष रूप से जाति सम्बन्धी दृष्टिकोण और विभिन्न जातियों के विद्यार्थियों की कक्षाओं में परस्पर मिलने की सम्भावना ने भारतीय रूढ़िवादियों को दहला दिया था। इस तर्क पर कि स्कूलों में जातियाँ परस्पर मिलेंगी–जुलेंगी नहीं, दुरान्त ने टिप्पणी की थी कि वे पहले ही बिना किसी भेदभाव के 'रेल के डिब्बों, ट्राम कारों और फैक्टरियों में मिल–जुल रही थीं और जाति पर विजय प्राप्त करने का श्रेष्ठ मार्ग स्कूलों के माध्यम से जाता रहा है।' परन्तु ब्रिटिश शासकों ने परम्परावादियों की काल्पनिक आपत्तियों के पीछे शरण लेने का रास्ता चुना क्योंकि शिक्षा पर अधिक ख़र्च न करना उन्हें अनुकूल बैठता था।

परन्तु कुछ यादगार अपवाद भी हैं। प्रमुख दलित सुधारवादी ज्योतिबा फुले इस बात का प्रेरणास्पद उदाहरण बन गये कि किस प्रकार मालियों और बाग़वानीकारों की निम्न जाति में जन्मा एक विद्यार्थी ब्राह्मण एवं उच्च जाति के अन्य मित्रों के साथ अंग्रेज़ी स्कूल में पढ़ सकता था, विश्व भर

के साहित्य से अपनी विचारशक्ति को ऊर्जावान एवं सुदृढ़ बना सकता था और उसके आधार पर अपने समाज का रूपान्तरण कर सकता था। महात्मा फुले, जैसा कि अनेक लोग उन्हें पुकारते थे, न केवल दलित सशक्तीकरण एवं महिलाओं की शिक्षा की, अपितु विश्व आन्दोलनों एवं समानता के विचारों की भी अग्रणी आवाज़ बन गये। उन्होंने अपनी पुस्तक 'गुलामगिरी' (1873) 'अमरीका के अच्छे लोगों को' उनके दासों की मुक्ति के लिए समर्पित की। कुछ दशक बाद डॉ. बीआर अम्बेडकर उन्हीं के पदचिह्नों पर चले। यद्यपि भारत में स्कूली शिक्षा प्राप्त करने के बाद उन्होंने अपनी समस्त उच्च शिक्षा विदेश–ब्रिटेन और अमरीका–दोनों में प्राप्त की।

यह तर्क दिया जाता रहा है कि ब्रिटिश भेदभाव करने वाले नहीं थे और कम–से–कम सैद्धान्तिक रूप से उन्होंने केवल ऊँची जातियों ही नहीं, अपितु समस्त जातियों की शिक्षा की हिमायत की जबकि भारत के अपने नेताओं में इस बात को लेकर मतभेद था कि क्या आधुनिक शिक्षा सभी को प्रदान की जानी चाहिए। अनिवार्य सामान्य प्राथमिक शिक्षा के लिए एक विधेयक मध्यमार्गी कांग्रेस नेता गोपालकृष्ण गोखले द्वारा 1911 में और विट्ठलभाई पटेल द्वारा 1916 में गवर्नर जनरल की विधायी परिषद् के पटल पर रखा गया परन्तु ब्रिटिश और सरकार द्वारा नियुक्त सदस्यों के वोटों से दोनों विधेयक ही पारित नहीं हो सके। जो बात बहुत लोग नहीं जानते, वह यह है कि इन विधेयकों का महात्मा गाँधी और सुरेन्द्रनाथ बैनर्जी जैसे कट्टर राष्ट्रवादियों ने भी विरोध किया था। गाँधी जी ने 'हिन्द स्वराज' में लिखा है–

> *शिक्षा का सामान्य अर्थ है अक्षर–ज्ञान। लड़कों को पढ़ना, लिखना और गणित पढ़ाना प्राथमिक शिक्षा कहलाता है। एक किसान अपनी रोटी ईमानदारी से कमाता है। उसे विश्व का सामान्य ज्ञान होता है परन्तु वह अपना नाम भी नहीं लिख पाता। उसे अक्षर–ज्ञान देकर आपका क्या करने का प्रस्ताव है? क्या आप उसकी खुशी को एक इंच भी बढ़ा पायेंगे? इस शिक्षा को अनिवार्य करना आवश्यक नहीं है। हमारी प्राचीन स्कूल पद्धति पर्याप्त है। हमारी दृष्टि में आपके आधुनिक स्कूल व्यर्थ हैं।*

सौभाग्य से इस विषय पर महात्मा गाँधी के ये विचार सफल नहीं हुए। परन्तु शायद उनकी वास्तविक आपत्ति साक्षरता के प्रति नहीं अपितु विशेष

रूप से ब्रिटिश शिक्षा के प्रति थी। 1937 में जब आठ प्रान्तों में कांग्रेस के मन्त्री चुने गये और पहली बार शिक्षा उनके नियन्त्रण में आयी तो गाँधीजी ने वर्धा शिक्षा योजना नाम की एक योजना प्रस्तुत की जिसमें ग्रामीण बच्चों के लिए सात वर्ष की आधारभूत शिक्षा पर विचार किया गया और इसमें ग्रामीण हस्तशिल्प का व्यावसायिक प्रशिक्षण भी शामिल था। इस योजना को पूर्ण रूप से कभी भी लागू नहीं किया गया परन्तु इसके द्वारा हस्तशिल्प के साथ–साथ मातृभाषा में साक्षरता, गणित, विज्ञान, इतिहास और शारीरिक संस्कृति एवं स्वच्छन्दता सहित मूलभूत ज्ञान निश्चित रूप से प्रदान किया गया होता। इस प्रस्ताव के विरोध में तर्क देना कठिन है कि ग्रामीण भारत में जो थोड़ी–बहुत औपनिवेशिक शिक्षा उपलब्ध थी, उसकी तुलना में वर्धा योजना एक व्यापक सुधार होती।

पश्चिम के द्वारा शिक्षा, आदर्शों एवं बौद्धिक प्रणालियों के माध्यम से भारतीय सोच का औपनिवेशीकरण–जैसा कि हमने नीरद चौधरी के मामले में देखा है–औपनिवेशिक शिक्षा के परिणामों में से एक था। भारतीय लोग अपने प्रकार से अपने समाजों को पश्चिमी बौद्धिकता अथवा सौन्दर्यवादी मापदण्डों के तराजू पर तौलते थे (आशिस नन्दी ने विशेष रूप से लिखा है कि तीसरे विश्व के लोग एक 'ग़ैर–पश्चिम का निर्माण करते हैं जो स्वयं में पश्चिम का निर्माण है'।) इसकी प्रतिक्रिया में राष्ट्रवादियों ने अपने समाज की पहचान में योगदान देने एवं उसकी अभिव्यक्ति का प्रयास किया।

परन्तु इस प्रयास पर स्वभावतः उनकी स्वयं अपनी औपनिवेशिक शिक्षा के प्रभाव का रंग चढ़ा हुआ था। भारत की स्वतन्त्रता–प्राप्ति के बाद, औपनिवेशिक दुःस्वप्न से जागकर ही भारतीयों को अहसास हुआ कि साम्राज्यवादी शासन ने उनके सांस्कृतिक आत्मबोध को अनेक प्रकार से कितना तोड़ एवं विकृत कर दिया था। अनेक दशकों में यह धीरे–धीरे बदल रहा है। चूँकि भारतीय समझते हैं कि पहचान : कि हम ये हैं, हमें इस चीज़ पर गर्व है और हम ये बनना चाहते हैं : की पुनःस्थापना के बिना विकास नहीं होगा। भारतीय राष्ट्रवादियों का कार्य अपनी संस्कृति को व्यक्त करने के नये मार्ग ढूँढ़ना (और पुरानों को पुनः जाग्रत करना) है, ठीक जैसे उनका समाज औपनिवेशवाद की समाप्ति के बाद अपने अस्तित्व एवं भविष्य के नये मार्ग तलाश कर रहा है।

ब्रिटिश औपनिवेशवाद के प्रभाव से उतना नहीं जितना बीसवीं सदी

में अमरीका के प्रभुत्व के चलते, अंग्रेज़ी वैश्वीकरण की भाषा बन गयी है जिसके लाभ भारत को भी प्राप्त हो रहे हैं। परन्तु अंग्रेज़ी को विश्वभर में अपनाए जाने से यद्यपि 'सब स्थानों पर अंग्रेज़ी बोलने वालों के बीच अधिक वैश्विक आदान–प्रदान एवं व्यावसायिक लेन–देन निःसन्देह सरल हुआ है', जिसमें भारत भी शामिल है, परन्तु जैसा कि एड्रियन लेस्टर ने टिप्पणी की है, 'इसने अंग्रेज़ियत–प्रेमी वैश्विक नेटवर्कों के माध्यम से प्रवाहित होने वाले गौरव एवं राजनीतिक निवेश तक पहुँच से अधिकतर अंग्रेज़ी न बोलने वाली प्रजा एवं महिलाओं को बाहर रखे जाने की प्रक्रिया को बढ़ा दिया है।'

मेरा अभिप्राय यह नहीं है कि भारतीय भाषाओं में भारत की शिक्षा के परम्परावादी स्वरूपों को भारत को साक्षर बनाने एवं शेष विश्व के साथ प्रतियोगी बनाने में कठिनाई का सामना करना पड़ सकता था। इसने निश्चय ही भारत को वह आधारभूत सक्षमता एवं आत्मविश्वास प्रदान किया होता जो अपनी राष्ट्रीय भाषाओं में स्वयं को शिक्षित करने वाली जापान जैसी संस्कृतियों में है और नालन्दा की पद्धति पर महान विद्यालय एवं कॉलेज स्थापित करने की नींव प्रदान की होती। और औपनिवेश की कठिनाइयों का सामना किये बिना विकसित होने एवं फलने–फूलने वाला भारत वैश्वीकृत विश्व के साथ हमारे अपने सम्पर्क बनाने के लिए, जहाँ कहीं भी वे उपलब्ध होते, श्रेष्ठ शिक्षाविदों, प्रौद्योगिक प्रणालियों और अंग्रेज़ी के अध्यापकों का आयात कर सकता था। ब्रिटिश शासकों ने यदि दो सदियों तक हमारी राष्ट्रीय सम्पदा का दोहन न किया होता तो हमारे पास कम–से–कम ऐसा करने के संसाधन तो उपलब्ध होते।

ब्रिटिश शासन के खेदजनक परिणामों में से एक यह है कि ब्रिटिश औपनिवेश ने किस प्रकार–चाहे उपेक्षा करके अथवा जानबूझकर–भारत की वैज्ञानिक जिज्ञासा की परम्परागत भावना के पुनर्जीवन की किसी सम्भावना का ही गला घोंट दिया। कपड़ा और इस्पात उद्योगों के विनाश पर पहले ही चर्चा की जा चुकी है परन्तु यह बहुत आश्चर्यजनक है कि शून्य का आविष्कार करने वाले आर्यभट्ट (जिन्होंने सदियों पहले एवं अत्यधिक सटीकता के साथ गैलीलियो, कॉपरनिकस एवं केप्लर का पूर्वानुमान लगा लिया था) और सुश्रुत (आधुनिक शल्य चिकित्सा के जनक) को जन्म देने वाली सभ्यता के पास ब्रिटिश शान्ति की तथाकथित हितकारी एवं स्थायी

परिस्थितियों में भी भारतीय वैज्ञानिक अथवा प्रौद्योगिकीय नवाचार के नाम पर प्रदर्शित करने के लिए लगभग कुछ नहीं था। गणित के क्षेत्र की प्रतिभा रामानुजन को अपनी प्रतिभा की पहचान पाने के लिए कैम्ब्रिज जाना पड़ा और सीवी रमन को यद्यपि 1930 में भौतिकी के क्षेत्र में नोबेल पुरस्कार मिल गया था और एसएन बोस को भी मिलना चाहिए था (इसकी बजाय उनके नाम पर बॉसोन अणु की खोज के लिए पुरस्कार दो अन्य लोगों को 2013 में प्राप्त हुआ)। बोस के हमनाम एवं मार्गदर्शक जगदीश चन्द्र बोस ने भौतिकविद्, जीव विज्ञानी, जीव–भौतिकी विज्ञानी एवं पुरातत्त्ववेत्ता के रूप में (वैज्ञानिक गल्प के प्रारम्भिक लेखन के रूप में भी) के रूप में उज्ज्वल पथ प्रशस्त किया था, ब्रिटिश औपनिवेशिक शासन के दो दशकों में वैज्ञानिक उपलब्धियों और कुछ नहीं बचा था। भारत में किसी भी महान संस्थान को वित्तीय सहायता उपलब्ध न करवाते हुए विज्ञान व प्रौद्योगिकी के क्षेत्र में भारतीय मेधा की अथाह सम्भावना को अनदेखा करते हुए ब्रिटिश स्वयं उन्नीसवीं सदी एवं बीसवीं सदी के प्रारम्भ में इन क्षेत्रों में फलते–फूलते रहे। इस पृष्ठभूमि में भारत को विज्ञान एवं प्रौद्योगिकी में कुछ प्रगति करने में समय लगेगा। अपने देश में सुविधाओं के अभाव के चलते मेधावी लोग छोड़कर चले गये; अनेक भारतीय विदेशी संस्थानों में उत्कृष्ट प्रदर्शन करने लगे, तीन भारतीयों ने विदेशी झण्डे तले विज्ञान के नोबेल प्राप्त किये जबकि भारत के अविकसित अथवा अनुभवहीन शोध संस्थान अभी भी स्वयं को प्रतिभाशाली भारतीयों के लिए योग्य आवास के रूप में स्थापित करने का प्रयास कर रहे थे। (यद्यपि ऐसे संकेत मिल रहे हैं कि वैज्ञानिक अध्ययन बेहतर हो रहे हैं, जैसा कि अन्तरिक्ष एवं मिसाइल प्रौद्योगिकी में उल्लेखनीय नवाचार दिखाई दे रहे हैं; इसमें औपनिवेशिक अवधि को कोई श्रेय नहीं जाता अपितु यह स्वतन्त्र भारत के अपने प्रयासों का परिणाम है)।

फिर भी मैं यह जानता हूँ कि मेरे जैसे अंग्रेज़ी बोलने वाले व्यक्तियों द्वारा ब्रिटिश शासकों पर भारतीयों को अपनी अंग्रेज़ी शिक्षा प्रदान करने के लिए प्रहार किया जाना विडम्बनापूर्ण है। हाँ, केवल कुछ सीमा तक। मैंने भारत में अंग्रेज़ी स्कूल में शिक्षा प्राप्त की और मैंने इसे किसी अंग्रेज़ की निर्णयात्मक छाया के बिना सीखा। मैंने अपनी शर्तों पर इस भाषा में शिक्षा प्राप्त की, आज की अखिल भारतीय भाषा के रूप में, न कि औपनिवेशिक

दमन के प्रतीक के रूप में। मुझ सहित अधिकतर अंग्रेज़ी शिक्षा प्राप्त भारतीय कभी भी शेक्सपियर और पीजी वुडहाउस को अस्वीकार व अनदेखा नहीं करेंगे; हमें यह स्वीकार करना चाहिए कि अंग्रेज़ी भाषा के बिना हम उनकी अमर कृतियों का आनन्द नहीं उठा सकते थे। परन्तु यदि अंग्रेज़ों ने हमें अपना उपनिवेश नहीं बनाया होता और हम अपनी भाषायी भिन्नताओं में एक–दूसरे की बात समझने के लिए फ़ारसी अथवा उर्दू का प्रयोग करते रहते तो अंग्रेज़ों ने हमें सुदृढ़ उपनिवेश युग के मास्टर सार्जेंट भेजने की बजाय रोचक वीएसओ भेजे होते और हमने वास्तव में जैसी भाषा सीखी है, शायद उससे बेहतर भाषा सीखी होती।

मुझे एक ब्रिटिश–भारतीय मित्र ने बताया है कि 2015 में लन्दन में हुए भावपूर्ण सार्वजनिक वाद–विवाद में मेरे ऑक्सफोर्ड सम्बन्धी विचारों के आधार पर एकाधिक वक्ता ने मेरी अनुपस्थिति में (मैं भारत में था) मुझे यह कहकर बदनाम करने का प्रयास किया कि मैं वुडहाउस और अंग्रेज़ी भाषा का प्रबल अनुयायी हूँ जिसने सेंट स्टीफन कॉलेज की विश्व में अपनी तरह की पहली वुडहाउस सोसायटी को पुनर्जीवित किया और आज तक भी इसके संरक्षक पद पर हूँ। सोसायटी का मुख्यालय लन्दन में स्थित है। इसका अभिप्राय यह हुआ कि कोई एक ही समय में एक ओर ब्रिटिश उपनिवेश की भर्त्सना और दूसरी ओर अंग्रेज़ी के हास्य–रस के लेखकों का मुखिया नहीं हो सकता।

मेरे आलोचक इससे अधिक ग़लत नहीं हो सकते थे। हाँ, कुछ लोगों को वुडहाउस की लोकप्रियता में राज यानी भारत में ब्रिटिश शासन की स्मृतियाँ दिखाई दी हैं। पत्रकार रिचर्ड वेस्ट ने 1988 में लिखते हुए विचार व्यक्त किया कि वुडहाउस के प्रशंसक वे लोग थे जो 50 वर्ष पहले (अर्थात् 1930) के इंग्लैण्ड के प्रति लालायित रहते थे : 'वह ऐसा समय था जब अंग्रेज़ अपनी भाषा से प्यार करते थे और इसे सँजोकर रखते थे, जब स्कूली बच्चों ने शेक्सपियर, वर्ड्सवर्थ और यहाँ तक कि रुडयार्ड किपलिंग को जाना...मेल्कॉम मग्गरिज ने टिप्पणी की थी कि अब भारतीय अन्तिम अंग्रेज़ हैं। शायद इसी कारण से वे ऐसे उत्कृष्ट अंग्रेज़ लेखक से प्यार करते हैं।'

ये पंक्तियाँ निःसन्देह वुडहाउस द्वारा स्वयं यदि कुछ अनर्गल लिखा गया होता, उससे भी अधिक निरर्थक हैं। वुडहाउस को वे भारतीय चाहते

हैं जो किपलिंग और इसके समस्त कार्यों से घृणा करते हैं। हांगकांग बैंक में थोड़े समय तक काम करने के अतिरिक्त वुडहाउस का उपनिवेश के साथ अपना कोई सम्पर्क नहीं था और राज उसकी पुस्तकों से लगभग नदारद है। (मुझे 1935 में उसकी एक लघु कहानी 'द जूस ऑफ़ एन ऑरेंज' में इसका एक उल्लेखनीय अपवाद याद आता है : 'भारत में रोष क्यों है? क्योंकि इसके निवासी कभी–कभी मुट्ठी भर चावल ही खाते हैं। जिस दिन महात्मा गाँधी ने अच्छा रसीला टिक्का और उसके बाद पुडिंग और थोड़ा स्टिल्टन का बढ़िया पनीर खाया, उस दिन आप देखेंगे कि यह सब मूर्खतापूर्ण सविनय अवज्ञा समाप्त हो जायेगी।') परन्तु भारतीयों ने पाया कि यह टिप्पणी हास्य उत्पन्न करने के लिए थी, सहमति के लिए नहीं।

(स्वयं महात्मा गाँधी ने 1947 में परिहासपूर्ण शरारत की थी, जब टिक्का खाना तो दूर, उन्होंने राजा के रिश्ते के भाई एवं अन्तिम वाइसराय लॉर्ड माउण्टबेटन के साथ रात्रिभोज करते हुए उसे बकरी के दूध से घर की बनी दही का कटोरा पेश किया–शायद उसी बकरी के दूध से, जिसे वे धोती पहने राजा से मिलने जाते हुए इंग्लैण्ड ले गये थे–मैंने इस क्षण को अपनी हास्य पुस्तक 'द ग्रेट इण्डियन नॉवल' में प्रस्तुत करते हुए दही के स्थान पर आम रख दिया है।)

जो भी हो, वुडहाउस एक ऐसे ब्रिटिश लेखक थे जिनकी भारतीय, राष्ट्रवादी राजनीतिक दृष्टि से अनुचित होने के भय के बिना प्रशंसा कर सकते थे। प्रमुख भारतीय राष्ट्रवादी राजनेता की बेटी सरोज मुखर्जी बनाम काट्जू को लॉर्ड माउण्टबेटन को 1948 में वुडहाउस की रचनाओं से परिचित करवाना याद है, यह ठेठ उदाहरण है कि ब्रिटिश शासन के प्रतीक ने 'सर्वोत्कृष्ट अंग्रेज़' वुडहाउस को नहीं पढ़ा था परन्तु भारतीय स्वतन्त्रता सेनानी ने पढ़ा हुआ था।

निःसन्देह यह वुडहाउस के लेखन में राजनीति अथवा वास्तव में किसी भी अन्य सामाजिक अथवा दार्शनिक सामग्री का अभाव ही है जिसके कारण वॉग ने इसे अंग्रेज़ियत, उत्कृष्ट अथवा अन्यथा के फन्दे से मुक्त 'रमणीय विश्व' की संज्ञा दी। अंग्रेज़ी के अन्य उपन्यासकार जहाँ अपने पाठकों को अपने पात्रों के जीवन एवं परिस्थितियों की विशिष्टताओं से बोझिल कर देते थे, वहीं वुडहाउस एक ऐसी कभी न हुई अद्भुत भूमि पर चलते थे जो अंग्रेज़ पाठकों के लिए भी उतनी ही अवास्तविक होती थी

जितनी कि भारतीय पाठकों के लिए। भारतीय पाठक किसी के प्रति निष्ठा व्यक्त होने की चिन्ता के बिना वुडहाउस का आनन्द उठा पाते थे क्योंकि उसकी समस्त विचित्र हास्यास्पद विशिष्टताएँ, लन्दन के ड्रोन क्लब से लेकर मेट्कैम स्क्रेचिंग्स तक उसके द्वारा सृजित विश्व एक कल्पना की दुनिया थी जिसके लिए भारतीयों को किसी वीजा की आवश्यकता नहीं थी।

परन्तु उन्हें पासपोर्ट की आवश्यकता थी और वह पासपोर्ट था अंग्रेज़ी भाषा। अंग्रेज़ी भाषा निःसन्देह ब्रिटेन की भारत को दी गयी सर्वाधिक मूल्यवान एवं स्थायी बपौती थी और शिक्षित भारतीयों, बहुभाषी लोगों के रूप में प्रसिद्ध भारतीयों ने इस भाषा को तेज़ी से सीख लिया और इसे सीखकर प्रसन्न थे–भाषा को सीखने के साथ–साथ विभिन्न उद्देश्यों की पूर्ति के माध्यम के रूप में भी। ये लक्ष्य राजनीतिक (क्योंकि भारतीयों ने साम्राज्यवादियों की भाषा को राष्ट्रवाद की भाषा में भी बदल दिया था) और सुखदायक (क्योंकि यह भाषा विचारों व मनोरंजन के व्यापक संसार में प्रवेश दिला देती थी।) भी थे। यह बहुत स्वाभाविक था कि भारतीयों को वुडहाउस की भाषा के समान भाषा का प्रयोग करने वाले लेखक को पढ़ना अच्छा लगेगा–वुडहाउस के समान प्राचीन उदाहरणों के समृद्ध भण्डार का प्रयोग करता हुआ और उपनिवेशवाद ने भारतीयों को जिन तोपों का सम्मान करना सिखाया था–उपहास में उन तोपों को उलटता हुआ (जिस देश में लगभग दो सदियों तक ब्रिटिश अभिजात के कम महत्त्वपूर्ण भाइयों ने शासन किया, वहाँ ऐसी पंक्तियों का आनन्द लिया जा सकता है : 'स्वयं को अचानक तीन मिलियन पाँच सौ हज़ार छोटी कॉडफिश का पिता पाने पर प्रसन्नतापूर्वक उन सबसे प्रेम करने का निर्णय लेने वाली नर कॉडफिश से भिन्न ब्रिटिश अभिजात वर्ग में अपने छोटे बेटों को कुछ भेदभावपूर्ण ढंग से देखने की आदत पायी जाती है।')

दूसरे शब्दों में, मैं अंग्रेज़ी भाषा द्वारा मुझे प्रदान किये गये आनन्द के लिए आभारी हूँ, परन्तु इसके अधिग्रहण से; मेरे देशवासियों के हुए शोषण, विकार एवं उन्मूलन के लिए नहीं।

## सहानुभूतिविहीन चाय

लगभग ऐसा ही कुछ ब्रिटिश उपनिवेश की उन दो महान बपौतियों (क्योंकि अब हम प्रजातन्त्र, 'क़ानून–सम्मत शासन' एवं रेलवे को विश्वसनीय ब्रिटिश

दावे होने का श्रेय नहीं देते) चाय और क्रिकेट के सम्बन्ध में भी कहा जा सकता है। मैं बहुत स्पष्टता से स्वीकार करता हूँ कि ये दोनों मेरी कमज़ोरियाँ हैं, यह उपनिवेशवाद की बपौती को मेरी निजी श्रद्धांजलि है।

1985 में अमरीकी कांग्रेस के एक संयुक्त सत्र को सम्बोधित करते हुए भारत के स्वर्गीय प्रधानमन्त्री श्री राजीव गाँधी ने आँखों में चमक के साथ अमरीकी क्रान्ति एवं भारत के औपनिवेशिक अनुभव की समानताओं को याद किया था। यॉर्कटाउन में समर्पण के बाद कॉर्नवेलिस को बंगाल में जीत प्राप्त हुई थी। और तब उन्होंने शरारतपूर्ण ढंग से कहा था–'भारतीय चाय ने आपके क्रान्तिकारी उत्साह को प्रेरित कर दिया।'

बॉस्टन चाय पार्टी की ओर किये गये संकेत पर लोग बहुत हँसे थे, परन्तु वे ग़लत थे। 1773 में कोई भारतीय चाय नहीं थी। कम–से–कम किसी चाय की उपयुक्त प्रकार से खेती और व्यापार नहीं किया जा रहा था। चाय पर चीन का एकाधिकार था और उपनिवेशकों ने जो कर लगी चाय बॉस्टन की खाड़ी में फेंकी थी, वह एमॉय से आयी थी, आसाम से नहीं। शायद यदि यह भारतीय चाय होती तो अमरीकी क्रान्तिकारियों ने विद्रोह के कम ख़र्चीले ढंग के विषय में सोचा होता।

ब्रिटिश शासकों ने ही भारतीय चाय को खेती की वस्तु के रूप में स्थापित किया था। यह कहानी बहुत रोचक है और एक बार फिर व्यावसायिक उद्देश्यों ने भूमिका निभायी। ब्रिटिश शासन भारत में था, चीन में नहीं : चीनी वस्तु पर बड़ी राशि ख़र्च करने के स्थान पर उन्होंने प्रश्न किया कि क्यों न चाय भारत में उगाई जाये? चीनी चाय पर अपनी निर्भरता समाप्त करने की अपनी इच्छा के चलते ब्रिटिश शासकों ने कृषि जासूसी की खोज की और एक गुप्त एजेण्ट रॉबर्ट फॉर्च्यून (बहुत सम्भावना है कि उसका यह नाम नहीं था) 1840 के दशक के प्रारम्भ में अफ़ीम युद्ध के वर्षों की अव्यवस्था एवं गड़बड़ी के दौरान भारतीय हिमालय क्षेत्र में उगाने के लिए चाय के पौधे चोरी करने के उद्देश्य से चीन में प्रवेश कर गया। परन्तु उसने ब्रिटिश भारत में जो हज़ारों किस्में भेजीं, उनमें से अधिकतर समाप्त हो गयीं और ईस्ट इण्डिया कम्पनी के निदेशक मिलकर अपने सिर खुजलाते रह गये। परन्तु संयोगवश इसका एक समाधान मिल गया, जब एक घुमन्तू ब्रिटिश व्यक्ति ने चाय की एक भारतीय किस्म को आसाम में जंगली पौधे के रूप में उगा पाया। उसने इसे उबलते पानी में डाला और

उसका स्वाद चखकर देखा तो उसने पाया कि उसे सोना मिल गया था; उसने चाय बना ली थी।

इससे ब्रिटिश शासकों को भारत में अपना चाय उद्योग मिल गया। आसाम की चाय चीन से आयात की जाने वाली चाय की तुलना में बढ़िया किस्म की थी और ब्रिटिश गृहिणियों को यह अधिक स्वादिष्ट लगी थी। 1830 में ईस्ट इण्डिया कम्पनी ने चीन से एक ही वर्ष में 1.4 करोड़ किलोग्राम चाय का आयात किया और आज अकेला भारत लगभग 30 करोड़ किलोग्राम चाय का उत्पादन करता है। परन्तु चाय को भी औपनिवेशिक शोषण से छोड़ा नहीं गया। श्रमिक बहुत थोड़े से वेतन के लिए भयंकर परिस्थितियों में काम करते जबकि सारा लाभ निःसन्देह ब्रिटिश फर्मों को चला जाता। बीसवीं सदी के प्रारम्भ में साम्राज्य–विरोधी सर वाल्टर स्ट्रिकलैण्ड ने अपनी पुस्तक 'द ब्लैक स्पॉट इन द ईस्ट' (यह पुस्तक अब उपलब्ध नहीं है) की भूमिका में कड़वाहटपूर्ण ढंग से लिखा था : 'अपने घर पर इसे पढ़ रहे अंग्रेज़ों को यह सोचने दो कि जब वे हानिकारक टेनिन के काढ़े का घूँट भरते हैं तो...वे किसी मात्रा में मानवीय मांस और रक्त के भक्षक भी होते हैं। यह केवल चाय नहीं है अपितु ग़ुलामों का अशक्त ख़ून है जिसमें जीवन और ऊर्जा देने वाले लाल बीज नदारद हैं–जिसे वे पी रहे हैं।'

ब्रिटिश शासकों ने स्थानीय लोगों के लिए नहीं, अपितु अपने लिए चाय उगाई : हल्की, सुगन्धित दार्जिलिंग, कड़ी आसाम, मादक नीलगिरी चाय–ये सब नाम भारत के सम्बन्धित भागों की मृदा, जलवायु और भौतिकी को व्यक्त करते थे परन्तु यह उगाई स्कॉटलैण्ड के बाग़वानीकारों द्वारा जाती थी (और इसकी पत्तियों को तोड़ने का काम भारतीय श्रमिक करते थे जिन्हें दयनीय स्तर तक कम वेतन दिया जाता था) और इसे वे अपने देश भेज देते, जहाँ इसकी बहुत माँग थी। भारत में ब्रिटिश लोगों को बेचने के लिए बहुत कम चाय रखी जाती। भारतीय चाय उगाते तो थे, परन्तु पीते नहीं थे। 1930 के दशक में विश्व–व्यापी मन्दी के दौरान जब ब्रिटेन में चाय की माँग कम हो गयी और ब्रिटिश व्यापारियों को अपने भण्डार वापस उतरवा लेने पड़े तो उन्होंने अपना उत्पाद भारतीयों को–जिन्हें वे एक सदी से अनदेखा कर रहे थे–बेचने की बात सोची। भारतीय जनता ने चाय को बहुत प्रसन्नता से स्वीकार किया और इसका स्वाद मन्दी और युद्ध के समस्त वर्षों के दौरान फैलता रहा। आज चाय भारत के दूर–दराज

के गाँव में भी प्राप्त की जा सकती है और भारतीय पूरे विश्व की कुल माँग की तुलना में अधिक काली चाय का सेवन करते हैं।

तो इसका पूरा श्रेय ब्रिटिश लोगों को जाता है और अब यह तर्क देना कठिन है कि औपनिवेशीकरण के बिना इतनी व्यापक चाय की खेती होती और इस उत्पाद के लिए इतना बड़ा बाज़ार होता; निश्चय ही भारतीयों ने ब्रिटिश राज से पहले यह कार्य नहीं किया था। इस उत्पाद का नाम तक भी औपनिवेशिक विरासत है। अधिकतर यूरोपीय भाषाओं में सामान्य रूप से प्रयुक्त होने वाला शब्द 'टी' एमॉय की बोली से है। एमॉय वह स्थान है, जहाँ से ब्रिटेन की अधिकतर चाय जहाज़ों पर रवाना की जाती थी। परन्तु पुर्तगालियों के समान जिन लोगों को अपनी चाय केंटन से मिलती थी और भूमिमार्ग से इसे प्राप्त करने वाले भारतीय व अरब नागरिक इसके लिए कैंटनी भाषा का शब्द 'चा' प्रयोग करते हैं। लगभग प्रत्येक भारतीय भाषा में 'चाय' और 'चाया' सहित 'चा' शब्द के ही विभिन्न रूपों का प्रयोग किया जाता है, केवल अंग्रेज़ियत–प्रेमी लोग ही 'टी' की बात करते हैं।

परन्तु चाय पर इस अनुभाग को समाप्त करने से पहले एक छोटा–सा विषयान्तर। ब्रिटिश शासक हमें चाय प्रदान करते हुए भी कुछ और नष्ट कर रहे थे। उन्होंने लाभ के लिए हमारे देश का क्रूरतापूर्ण शोषण किया और ऐसा करते हुए उन्होंने इसे नष्ट कर दिया और उस वन्य जीवन को तबाह कर दिया, जिसे यह शरण दे रहा था। उपनिवेशकाल के दौरान भारतीय वनों एवं वन्य जीवन का तीव्र गति से विनाश हुआ। वनों को तीन मुख्य कारणों से नष्ट किया गया : भूमि को व्यावसायिक बाग़ानों में परिवर्तित करने, विशेष रूप से चाय उगाने के लिए; रेलवे स्लीपर बनाने के लिए एवं अंग्रेज़ों के घर व फ़र्नीचर बनाने के लिए लकड़ी का इंग्लैण्ड को निर्यात करने के उद्देश्य से।

ब्रिटिश शासकों ने चाय उगाने के लिए नीलगिरी व आसाम के जंगलों को काट दिया और कुर्ग के जंगलों को कॉफ़ी उगाने के लिए समाप्त कर दिया। चाय ने नीलगिरी वनों के पारिस्थितिक विनाश में ही खलनायक की भूमिका नहीं निभाई, वे विस्कोस के उत्पादन के लिए सफेदा, देवदार और बबूल की अनेक विदेशी किस्में ले आये। विस्कोस को वे कपड़ा बनाने के लिए इंग्लैण्ड भेजा करते। दुर्भाग्य से सफेदा जैसे पौधे एक प्यासे के समान भूमिगत जल पी गये; यह श्रेय उनके बाग़ानों को जाता है कि

उन्होंने नीलगिरी के कभी हरे–भरे ऊष्ण कटिबन्धीय वर्षा वनों को पानी के अभाव वाले क्षेत्र में परिवर्तित कर दिया।

यही प्रक्रिया तब भी घटित हुई जब ब्रिटिश शासकों ने भारतीय किसानों को अफ़ीम निकालने के लिए पोस्त की खेती करने हेतु विवश किया। इसके लिए उत्तरी भारत के कुछ भागों में व्यापक वनक्षेत्रों को काट दिया गया। उदाहरण के लिए, उन्नीसवीं सदी के मध्य तक बड़ी संख्या में वृक्षों को काट दिया गया क्योंकि उनकी छाया में पोस्त पकता नहीं था और फूल नहीं देता था। पोस्त की रक्षा के लिए वृक्ष काटते रहने से भारत के कुछ सर्वाधिक शानदार हिंसक पशु समाप्त हो गये। ब्रिटिश शासक व्यावसायिक फ़सलों के लिए अधिकाधिक भूमि का प्रयोग करना चाहते थे जिनसे उन्हें आय प्राप्त होती। अतः उन्होंने प्रत्येक हिंसक जानवर को मारने के लिए इनाम रख दिया और इस प्रकार भारत के बड़े क्षेत्रों से बाघों, चीतों, तेंदुओं व शेरों को सफलतापूर्वक समाप्त कर दिया। बाघ और चीते बचे रह गये, यद्यपि उनकी संख्या कम हो गयी थी क्योंकि वे जंगलों में छिप गये थे। शेर को क्योंकि बड़े खुले स्थानों की आवश्यकता होती है अतः वे नहीं बच सके–देश का एक कोना गुजरात इसका अपवाद है, जहाँ एक भारतीय राजकुमार जूनागढ़ के नवाब का शेरों का एक निजी अभयारण्य था और यहाँ केवल उसके अतिथियों को शिकार करने की अनुमति थी। इससे कुछ सीमा तक एशियाई शेर बच गये परन्तु ब्रिटिश शासकों के भारत आने से पहले कई हज़ार की संख्या में पाये जाने वाले इस शक्तिशाली जानवर की संख्या साम्राज्य की समाप्ति तक कम होकर एक सौ से भी कम हो गयी।

वनों को नष्ट करके ब्रिटिश शासकों ने आदिवासी लोगों के जीवट को भी तोड़ दिया। ये लोग जंगलों में रहते थे और प्राकृतिक संसाधनों का प्रयोग करते थे। दुर्भाग्य से जंगल की ज़मीनों पर उनका स्वामित्व परम्परा से चला आ रहा था और किन्हीं कागज़ों पर नहीं था। वे लोग यद्यपि उस रूप में अपने मालिकाना हक का दावा नहीं कर सके जो साम्राज्य की दृष्टि में मान्य था। अतः उन्हें बेदखल और विस्थापित कर दिया गया। उनकी शिकार आधारित जीवन शैली को बनाये रखने के प्रयासों को शिकार–चोरी की संज्ञा दी गयी और इसलिए उनके साथ अपराधियों जैसा व्यवहार किया गया।

इसके अतिरिक्त साम्राज्य ने वन्य जानवरों की हत्या के काम का दर्जा बढ़ाकर उसे उच्च स्तर का खेल बना दिया जो श्वेतों एवं विशेषाधिकार प्राप्त भारतीय प्रबुद्ध वर्ग के लिए था। इस कार्य का आकर्षण और भी बढ़ गया था क्योंकि यह भारतीय लोगों को ब्रिटिश शासक वर्ग तक पहुँचने का मार्ग प्रदान करता था (जैसा आज के समय में गोल्फ है)। ब्रिटिश काल में शिकार एक राक्षसी खेल बन गया। अनगिनत संख्या में जानवरों को मार दिया गया और अनेक क्षेत्रों की पारिस्थितिकी को अपरिवर्तनीय रूप से रूपान्तरित कर दिया। उदाहरण के लिए, मद्रास को एक समय में पुलियर कहा जाता था जिसका अर्थ था बाघों व तेंदुओं का नगर (तमिल शब्द पुली–बाघ और तेंदुआ–दोनों के लिए प्रयोग में लाया जाता है)। ब्रिटिश लोगों ने इस क्षेत्र में एक–एक बाघ और चीते को मार दिया और मद्रास अथवा तमिलनाडु के मैदानों में इनमें से एक भी नहीं बचा। पुलियर का अर्थ ही ख़त्म हो गया था और अब यह शब्द अधिकतर भुला दिया गया है।

पुलियर अब चाहे तेंदुए नहीं हैं जो अब उपमहाद्वीप में अन्य स्थान पर बिना ठिकाने के घूम रहे हैं। परन्तु ब्रिटिश लोग अभी भी भारतीय चाय पीते हैं। ब्रिटेन की महत्त्वपूर्ण चाय फर्म टेट्ले पर अब एकाधिक प्रकार से भारतीय व्यवसाय समूह 'टाटा' का अधिकार है। इसलिए शायद देश में सब स्थानों पर 'चाय' के सन्दर्भ में और भारतीयों द्वारा प्रत्येक मेहमान को परोसी जाने वाली दूध वाली मीठी चाय के सन्दर्भ में यह हम भारतीय ही हैं, जिन्होंने इस औपनिवेशिक विरासत को अपना लिया है और इसे अपना बना लिया है।

चाय की कहानी थोड़ी और जटिल हो गयी है। अन्य वस्तुओं के समान चाय को भी गिरती क़ीमतों का सामना करना पड़ रहा है और इसका निर्यात कम हो रहा है। अनेक चाय बाग़ान बढ़ते पारिश्रमिक और समाप्त होते लाभ के चलते इस काम को समाप्त करने की आशंका व्यक्त कर रहे हैं। सबसे अधिक महँगी भारतीय चाय केस्टेल्टन की क़ीमत वर्ष 1991 में रुपये 6,000 रुपये प्रति किलो (तत्कालीन विनिमय दर के अनुसार 231 डॉलर) थी और ख़रीददार जापानी थे। इसकी क़ीमत का दूसरा रिकॉर्ड 2012 में बना जब इसकी क़ीमत 7,200 रुपये प्रति किलो तक पहुँच गयी (परन्तु तब इसका अर्थ था 120 डॉलर की गिरावट क्योंकि तब रुपये का अवमूल्यन हो चुका था)। केस्टेल्टन चाय की किस्मों में शैम्पेन है। भारतीय

चाय की अन्य किस्में उसके पासंग कहीं नहीं बैठतीं। अन्तर्राष्ट्रीय स्तर पर भारतीय चाय अर्जेंटीना, केन्या और मल्वाई जैसे असम्भावित स्रोतों से हल्के दर्जे की चाय की किस्मों के साथ प्रतियोगिता कर रही है। परन्तु फिर–यदि अर्जेंटीना उसे ब्रिटेन द्वारा पहले उपनिवेश बनाये बिना चाय उगा सकता था तो क्या भारत भी ऐसा नहीं कर सकता था?

अतः जब चायवाला के रूप में काम कर चुके भारत के पहले प्रधानमन्त्री (रेलवे स्टेशन प्लेटफ़ॉर्म पर चाय बेचने के काम में अपने पिता की सहायता करते हुए) नरेन्द्र मोदी ने जब 2016 में अमरीकी कांग्रेस को सम्बोधित किया तो उन्होंने अपने भाषण में हास्य का पुट दिया परन्तु इकतीस वर्ष पूर्व अपने पूर्ववर्ती से भिन्न उन्होंने चाय के सम्बन्ध में एक शब्द भी नहीं कहा। एक ऐसे समय में जब संसार में वस्तुओं के बाज़ार मन्दी का सामना कर रहे हैं और भारतीय चाय उत्पादक राहत के लिए शोर मचा रहे हैं तो प्रधानमन्त्री को यह अहसास हो गया होगा कि चाय अब मज़ाक़ की वस्तु नहीं है।

## क्रिकेट का भारतीय खेल

क्रिकेट निःसन्देह विश्व का एकमात्र ऐसा खेल है जिसमें चाय के लिए अन्तराल होता है (और अनेक अव्यवसायी खिलाड़ियों के लिए चाय इस अनुभव का प्रमुख भाग है)। मैं प्रायः ऐसा सोचता रहा हूँ कि समाज विज्ञानी आशिस नन्दी के शब्दों में, क्रिकेट वास्तव में एक ऐसा भारतीय खेल है जिसकी खोज संयोगवश ब्रिटेन ने की है। खेल के सम्बन्ध में सब कुछ भारतीय राष्ट्रीय चरित्र के इतने अनुकूल है : इसकी गहन जटिलता, फेंकी जाने वाली प्रत्येक गेंद की असीम सम्भावनाएँ और उसमें सम्भव भिन्नताएँ, आउट होने के दर्जन भर विभिन्न कारण–ये सब भारतीय शास्त्रीय संगीत के समान हैं जिसमें आधारभूत नियम बना दिये जाते हैं परन्तु कलाकार लिखित स्कोर जैसी किसी भी सांसारिक वस्तु से विचलित हुए बिना उनमें शानदार सुधार व परिवर्तन करता चलता है। इस खेल से जुड़ी चमत्कारपूर्ण अनिश्चितताओं में प्राचीन भारतीय विचारधारा की गूँज सुनाई देती है : भारतीय भाग्यवादी अपनी सहज बुद्धि से ही यह समझते हैं कि ठीक जब आप गेंद को ठीक–ठाक देख रहे होते हैं और चौके की गणना कर रहे होते हैं कि खेलने में अक्षम एक गेंदबाज आता है और आपको

आउट कर देता है। जैसा कि देखा गया है, यह लगभग ऐसा मनोरंजक खेल है जिसमें विक्टोरियाई अंग्रेज़ी नैतिकता के रूप में भगवद्गीता का मंचन होता है।

जिस देश में अधिकतर लोग अब भी भविष्यवक्ताओं के पास जाते हैं और ग्रहों के चंचल प्रभाव पर विश्वास करते हैं, वहाँ लोग एक ऐसे खेल को–जिसमें असमय के बादल फटने, एक भली प्रकार से तैयार न की गयी पिच, एक उछाले गये सिक्के का अपने पक्ष में न बैठना अथवा फील्डर की आँखों में सूर्य की चौंध खेल के परिणाम को बदल सकते हैं–बहुत अच्छे से पसन्द कर सकते हैं : तनावपूर्ण, उत्साहपूर्ण, गम्भीर मुक़ाबले वाले और कभी–कभी उलझनपूर्ण पाँच दिनों के ड्रॉ में समाप्त होने की सम्भावना भी भारतीय दर्शन से जुड़ी प्रतीत होती है जो बहुत गम्भीरता से इस बात को स्वीकार करता है कि जीवन में यात्रा मंज़िल के समान ही महत्त्वपूर्ण होती है।

इसमें कोई आश्चर्य नहीं कि क्रिकेट राष्ट्रीय कल्पना पर किसी भी अन्य खेल से अधिक छा गया है। हमारे क्रिकेट खिलाड़ियों को देवकुल में स्थान प्राप्त है जिनसे देवता और बॉलिवुड सितारे ही होड़ ले सकते हैं। हमारे नायकों के खेल को किसी राजनीतिक संकट की तुलना में कहीं अधिक भावपूर्ण ढंग से विश्लेषित किया जाता है : चयनकर्ता की भूल–चूक तेज़ दौड़ते शहरों को थकाकर रख सकती है। मैं ऐसा कहने का साहस कर सकता हूँ कि किसी भी अन्य देश में महत्त्वपूर्ण समाचार–पत्रों में किसी खेल को इतना समय–समय पर मुख–पृष्ठ पर स्थान नहीं मिलता। और हो भी क्यों न? एक कुशल बल्लेबाज के रोमांचकारी प्रयासों अथवा एक कुशल गेंदबाज के जादुई दाँव–पेंचों से अधिक महत्त्वपूर्ण और क्या हो सकता है। वे दोनों अपने धर्म का पालन कर रहे होते हैं, एक समूह खेल में अपना कर्तव्य निभा रहे अकेले–अकेले व्यक्ति, ठीक जैसे जीवन में प्रत्येक भारतीय सामूहिकता के भाग्य के भीतर अपनी नियति को पूरा करता है।

पहली बार क्रिकेट का खेल अपने खाली समय को बिता रहे सुरुचिपूर्ण अंग्रेज़ भद्रपुरुषों के साथ भारत पहुँचा। स्थानीय लोगों को इस खेल को सीखने में लगभग एक सदी का समय लग गया और फिर उन्होंने इस खेल को सर्वाधिक ग़ैर–अंग्रेज़ तरीक़ों से खेला। मुझे याद है कि मैं पहली बार क्रिकेट टैस्ट मैच देखने 1963 के अन्त में बम्बई में अपने पिता के साथ गया था। तब आज की तुलना में बहुत कमज़ोर अंग्रेज़ टीम भारत

के दौरे पर थी। मैं भारत के ओपनिंग बल्लेबाज और विकेटकीपर बुद्धि कुन्देरन को देखने के रोमांच को कभी नहीं भूलूँगा। बुद्धि ने गेंदबाज की सीध में बड़ा छक्का विफल कर दिया और इसके तुरन्त बाद एक ओर झटका दिया जिसने गेंद को रस्सी के पार नहीं जाने दिया और फिर एक गगनचुम्बी गेंद फेंकी। जैसे ही यह सर्पिल गति से ऊपर उठी, बुद्धि ने भागना शुरू कर दिया। परन्तु जब गेंद को एक अंग्रेज़ फील्डर ने झटक लिया तो बुद्धि ने अपना बल्ला हवा में लहरा दिया। स्वयं भागता रहा और फिर नीचे आते बल्ले को झपट लिया और पवेलियन लौट गया। मैं जीवन–भर के लिए उसका मुरीद हो गया।

भारत के पास सदैव अपने कुन्देरन रहे हैं परन्तु इसके पास अपने बहुत सावधान चालबाज़, कोल्हू के बैल, अपने अराजकतावादी और अपने तटस्थ खिलाड़ी भी रहे हैं : जो समाज इस विचार को स्वीकार करता है कि सब प्रकार के लोगों का अपना स्थान है, वह अपनी क्रिकेट टीम में विविधता के महत्त्व को भी समझता है। क्रिकेट भारतीय विविधता को प्रतिबिम्बित करता है और उससे भी आगे जाता है। भारतीय टीम का नेतृत्व समस्त महत्त्वपूर्ण आस्थाओं–हिन्दू, मुसलमान, पारसी, ईसाई और एक रंगीन सिख–कैप्टन करते रहे हैं। जाति, वर्ग, रंग, संस्कृति, आहार, रीति–रिवाज एवं पोशाक के द्वारा विभाजित देश केवल एक महान विश्वास : क्रिकेट द्वारा एकता के सूत्र में बँधा है।

हाँ, हमें ब्रिटिश लोगों ने क्रिकेट दिया। परन्तु उन्होंने ऐसा इस आशा से नहीं किया था कि हम एक दिन उन्हें उनके ही खेल में हरा देंगे अथवा हमारे फ़िल्म निर्माता की उन्नीसवीं सदी के एक कथात्मक मैच में अपने औपनिवेशिक अधिपतियों को हराते रंग–बिरंगे अशिक्षित ग्रामीणों के समूह की असम्भावित कहानी (लगान, 2003) ऑस्कर में नामांकन पा लेगी। ब्रिटिश साम्राज्यवाद में खेलों ने महत्त्वपूर्ण भूमिका निभाई चूँकि उन्होंने हृष्ट–पुष्ट ईसाइयत के विक्टोरियाई विचारों, दूर–दराज क्षेत्रों में युवा जोश एवं दुःसाहसी लोगों के वर्ग और एटन के खेल के मैदानों में सीखे गये नियमों को बेलगाम व अनियन्त्रित पूर्व क्षेत्र पर लागू कर यहाँ व्यवस्था व सभ्यता लाने के अव्यक्त उद्देश्य को परस्पर जोड़ दिया था। साम्राज्य यदि खेल का मैदान था तो उपनिवेश द्वारा नियमों को सीखना एवं अपने शासकों को उनके अपने ही खेल में हरा देना राष्ट्रीय भावना की

अपरिहार्य अभिव्यक्ति बन गया। विद्वानों का कहना है कि 1880 और 1947 के बीच क्रिकेट ने बंगाली समाज में अपनी मज़बूत पकड़ इसलिए बना ली थी कि यह अंग्रेजों को उनके ही खेल में हराकर बंगाली पुरुष वर्ग पर दुर्बलता व पौरुषहीनता के लगाये गये आरोप को समाप्त करने का उपाय था। बंगाल के शिक्षित मध्यम वर्ग भद्रलोक ने नातौर, कूच बिहार के मैमन सिंह एवं अन्य स्थानीय राज्यों के महाराजाओं के साथ मिलकर क्रिकेट को बंगाली सामाजिक जीवन का भाग बनाने का प्रयत्न किया जिससे कि अपने औपनिवेशिक शासकों की दृष्टि में महत्त्व प्राप्त किया जा सके। उसी समय, क्रिकेट को 'राज' के सभ्य बनाने के लक्ष्य के महत्त्वपूर्ण माध्यम के रूप में देखने वाले ब्रिटिश शासकों ने प्रान्त के शिक्षा संस्थानों में क्रिकेट को बढ़ावा दिया। बम्बई में पारसी क्रिकेट खिलाड़ियों ने थोड़ा भिन्न ढंग से क्रिकेट को औपनिवेशिक ढाँचे के भीतर ही सामाजिक गतिशीलता के उद्देश्य से अपनाया। आशिस नन्दी ने टिप्पणी की है कि महाराजा, समृद्ध वर्ग एवं अंग्रेज़ियत पसन्द भारतीय 'क्रिकेट' को सामाजिक स्तर की पहचान बनाने एवं 'राज' के शक्तिसम्पन्न विशिष्ट वर्ग तक पहुँचने के माध्यम के रूप में देखते थे। भारतीय जीवन–स्तर की दृष्टि से क्रिकेट एक महँगा खेल था–इस तथ्य ने भी इन सम्पर्कों को सुदृढ़ किया।

यह आश्चर्यजनक है कि यह पद्धति देश भर में केवल ब्रिटिश आधिपत्य वाले प्रान्तों ही नहीं, अपितु राजसी प्रान्तों में भी अपनायी गयी और अनेक प्रान्तों में स्थानीय शासकों से वित्तीय सहायता प्राप्त कर अच्छी टीमें तैयार की गयीं। इनमें से कुछ उपलब्धि के महत्त्वपूर्ण स्तर तक स्वयं भी ये खेल खेलते थे : इनमें से एक रणजीत सिंह जी (रणजी के नाम से सर्वप्रसिद्ध एवं ईर्ष्या से 'रन–जीत–सिंह–जी' नाम से विख्यात) का चुनाव 1895 में ऑस्ट्रेलिया के विरुद्ध इंग्लैण्ड की ओर से खेलने के लिए किया गया और उन्होंने प्रारम्भ में ही शतक बना लिया जिसके चलते वे भारतीय जनता के नायक बन गये। यह बहुत रोचक है कि किस प्रकार रणजी स्वयं बिना पर्याप्त अंग्रेज़ हुए ऑस्कर वाइल्ड एवं बेंजामिन डिसरायली के समान अंग्रेज़ों के नायक बन गये (एक अंग्रेज़ प्रशंसक ने अविश्वसनीयता से कहा है कि 'उन्होंने स्वयं कभी अपने जीवन में क्रिश्चियन स्ट्रोक नहीं खेला')। रणजी ने स्वयं को 'अंग्रेज़ क्रिकेटर और एक भारतीय राजकुमार' कहा था परन्तु वर्मा के शब्दों में उन्होंने 'एक अंग्रेज़ क्रिकेट खिलाड़ी के

रूप में एक भारतीय राजकुमार के समान व्यवहार किया और एक भारतीय राजकुमार होते हुए अंग्रेज़ क्रिकेट खिलाड़ी के समान।'

क्रिकेट प्रतिभा, लापरवाह फ़िज़ूलख़र्च, संकोचहीन अंग्रेज़ियत–प्रेमी रणजी एक सज्जन पुरुष एवं एक राजकुमार की विशेषताओं तथा अवगुणों का एक असाधारण मिश्रण थे। उनके भतीजे के.एस. दलीप सिंह जी एवं एक अन्य राजकुमार–पटौदी नवाब–दोनों ने क्रमशः 1930 एवं 1933 में रणजी का अनुसरण किया, यद्यपि तब तक भारतीयों ने यह प्रश्न करना प्रारम्भ कर दिया था कि अपनी अनुभवहीन भारतीय टीम के लिए खेलने की बजाय वे अपनी प्रतिभा को दूसरी टीमों में क्यों ले गये (पटौदी 1946 में भारत के लिए खेले परन्तु तब तक उनकी प्रतिभा का चरम बीत चुका था)।

भारतीयों ने ज़ब यदा–कदा मैच जीतने के लिए पर्याप्त क्रिकेट सीख लिया तो ब्रिटिश शासकों ने उन्हें विभाजित करने के लिए एक 'चतुर्भुजीय टूर्नामेंट' का आयोजन किया जिसमें हिन्दुओं, मुसलमानों, पारसी एवं 'शेष' को एक–दूसरे के विरुद्ध मैदान में उतार दिया जिससे कि खेल के मैदान में भी भारतीयों को साम्राज्य द्वारा परिश्रमपूर्वक बढ़ाये गये पारस्परिक मतभेदों की याद दिलाई जाये।

समाज विज्ञानी रिचर्ड कैशमैन के शब्दों में भारतीय राष्ट्रवादिता सांस्कृतिक सन्दर्भ में आयरिश राष्ट्रवादिता की तुलना में कम कट्टर थी। आयरलैण्ड में राष्ट्रवादियों व होमरूल विद्रोहियों ने औपनिवेशिक संस्कृति के आपत्तिजनक तत्त्वों के रूप में क्रिकेट व अन्य अंग्रेज़ी खेलों पर हमला किया और इनकी बजाय 'केल्ट खेलों' को बढ़ावा दिया। दूसरी ओर भारतीय राष्ट्रवादी नेताओं ने 'ब्रिटिश साम्राज्यवाद के राजनीतिक व आर्थिक पहलुओं पर आक्रमण किया। परन्तु अंग्रेज़ी संस्कृति के कुछ पहलुओं के प्रति स्नेह बनाये रखा।' औपनिवेशिक युग में कबड्डी जैसे भारतीय खेल लुप्त हो गये और पोलो को मुख्य रूप से ब्रिटिश एवं भारतीय अभिजात वर्ग के एक अत्यन्त संकीर्ण वर्ग के लिए एक खेल के रूप में पुनर्जीवित किया गया। क्रिकेट को एक ऐसे खेल के रूप में देखा जाता था जिसमें भारतीय अंग्रेज़ों के विरुद्ध अपने बल पर खड़े रह सकते थे (इससे यह स्पष्ट होता है कि क्यों आयरलैण्ड की अभी भी एक साधारण क्रिकेट टीम है जिसे अभी तक 'टेस्ट' टीम का दर्जा प्राप्त नहीं हुआ है जबकि भारत की गणना इक्कीसवीं सदी में विश्व खेल की महान टीमों में होती है)।

प्रेसिडेंसी कॉलेज के इतिहास से स्पष्ट हो जाता है कि क्रिकेट 1910 में बंगाल के राष्ट्रवादी आन्दोलन से जुड़ा था। यह कलकत्ता में भारतीयों के लिए उच्चतर शिक्षा का प्रमुख अंग्रेज़ी–भाषी संस्थान था। इस कॉलेज में जिमनास्टिक व क्रिकेट के खेलों को अनिवार्य कर दिया गया था जिससे कि ब्रिटिश उपनिवेश के ठेठ 'पुरुष' ब्रिट्टन्स और दुर्बल बंगालियों की प्रतिक्रियास्वरूप बंगाली लड़कों का शारीरिक दृष्टि से विकास हो सके (जैसा कि थोड़ा पहले हमने देखा है)। बंगाल में जब राष्ट्रवादी प्रतिरोध ज़ोर पकड़ रहा था तो प्रेसिडेंसी कॉलेज 1914 में ला मार्तिनेयर कॉलेज की सम्पूर्ण यूरोपीय टीम से क्रिकेट का मैच हार गया। ला मार्तिनेयर कॉलेज एक निःसंकोच औपनिवेशिक संस्थान था जिसके विद्यार्थी चार्नोक और मैकॉले जैसे नाम के 'हाउसिस' में बँटे हुए थे। इससे बहुत अधिक छाती पीटी गयी व स्वयं की कड़ी आत्मालोचना हुई। टीम के खिलाड़ियों की सार्वजनिक आलोचना हुई : प्रेसिडेंसी कॉलेज की पत्रिका* में घोषणा की गयी कि ला मार्तिनेयर कॉलेज के हाथों कॉलेज की बड़ी हार को माफ़ नहीं किया जा सकता।

एक विद्वान ने लिखा है कि 'यह तर्क कि उपनिवेशकों का अनुसरण भारतीय क्रिकेट के उद्भव का आधार है–बंगाल में इस खेल के फलने–फूलने का सफलतापूर्वक वर्णन नहीं कर पाता।' अतः क्रिकेट के भी राष्ट्रवादी संकेत थे। इसलिए हमें यह मान लेना चाहिए कि यह हमें ब्रिटिश शासन से प्राप्त हुआ। आज हम उनके अथवा किसी अन्य के समक्ष अपने पैरों पर खड़े होने से कहीं अधिक कुशल हैं।

---

* निःसन्देह, मेरा फुटबॉल प्रेमी बेटा कनिष्क मुझे यह विश्वास दिलाता है कि साम्राज्य काल में ब्रिटिश शासकों के विरुद्ध खेल में जीत का एकमात्र महानतम् क्षण फुटबॉल में देखा जा सकता है, क्रिकेट में नहीं; 1911 में आईएफए शील्ड प्राप्त करने के लिए ईस्ट यॉर्कशायर रेज़ीमेंट को नंगे पाँव हराने वाली मोहन बागान टीम!

## अध्याय सात

# तुलन-पत्र : निष्कर्ष

*तुलन–पत्र : निष्कर्ष–सकारात्मक एवं नकारात्मक–साम्राज्य की महत्त्वाकांक्षाएँ, औपनिवेशिक परिणाम–क्षमता एवं उदासीनता बनाम शोषण–साम्राज्य के दौरान एवं बाद में भारत का तुलनात्मक कार्य–प्रदर्शन–ब्रिटिश पूँजीवाद को भारतीय अस्वीकृति–ब्रिटिश नीतियों के सकारात्मक उप–उत्पाद–नैतिक बाधाएँ–अफ़ीम पर ब्रिटिश नीति–तत्कालीन आलोचना–मुख्यतः भारतीयों के द्वारा सामाजिक सुधार–ब्रिटिश मुस्लिम शासकों से भिन्न सदा विदेशी ही रहे–'काले आदमी का बोझ।'*

मैं अपने तर्कों को चूँकि समाप्ति की ओर ले जा रहा हूँ तो मैं इस अध्याय में उन पहलुओं पर संक्षेप में प्रकाश डालूँगा। ऐसा करने से पहले मैं यह स्पष्ट कर देना चाहता हूँ कि ब्रिटिश शासन द्वारा भारत में किये गये प्रत्येक कार्य को सन्देह की दृष्टि से देखने की मेरी कोई मंशा नहीं है। मानव से जुड़े समस्त प्रयासों व कार्यों के समान उपनिवेशवाद के भी सकारात्मक व नकारात्मक पक्ष हैं। भारत में प्रत्येक ब्रिटिश अधिकारी क्लाइव के समान लोभी नहीं था, मैकॉले के समान अनजाने में ही तिरस्कारपूर्ण, कर्ज़न के समान घमण्डता से विभाजनकारी, डायर के समान क्रूर अथवा चर्चिल के समान जातिवादी नहीं था। कुछ अच्छे व्यक्ति भी थे जो भारतीयों के साथ दया, उत्सुकता एवं सम्मान से व्यवहार करने के लिए अपने समय की पूर्वधारणाओं से ऊपर उठे : दयालु जज, ईमानदार अधिकारी, स्वप्नदर्शी वाइसराय एवं गवर्नर, ऐसे ब्रिटिश लोग जिन्होंने रंग के अवरोधों से ऊपर उठकर भारतीयों के साथ मित्रता की : और पूर्ण 'राज' काल में ऐसे लोग

थे जिन्होंने भारत में काम करने–'अपने' देश एवं इसके औपनिवेशिक संस्थानों में काम करने के लिए अपना जीवन समर्पित कर दिया परन्तु यह अवश्य उल्लेख किया जाना चाहिए कि इस प्रक्रिया में उन्होंने साधारण लोगों की बेहतर ढंग से अपना जीवन–यापन करने में भी सहायता की। जिनके जीवन में वे परिवर्तन लाये, वे भारतीय आज भी उन्हें उनके अच्छे कार्यों के लिए याद करते हैं। उदाहरण के लिए, सर ऑर्थर कॉटन ने गोदावरी नदी पर एक बाँध बनाया जिसके द्वारा दक्षिण भारत की पहले अनुर्वर एवं शुष्क 15 लाख एकड़ भूमि पर सिंचाई की गयी। कृतज्ञ कृषि समुदाय ने उनकी लगभग तीन हज़ार प्रतिमाएँ लगाई हैं और आज तक मुख्यमन्त्री तक उनके जयन्ती समारोहों में भाग लेते हैं। ये सब ऐसे लोग थे जिन्होंने 'मज़बूत ब्रिटिश बूट' की दमनकारी एड़ी के नीचे लोगों को दास बनाने के अपराध को औचित्यपूर्ण ठहराने की बजाय उसके प्रभाव को कम किया।

लॉर्ड कर्ज़न के समान गिने–चुने लोग आज भी यह दावा करते हैं कि 'ब्रिटिश साम्राज्य संसार में दिखाई देने वाली अच्छाई का, परमात्मा के विधान से, सबसे बड़ा उपकरण है।' विडम्बना के लेशमात्र के भी बिना उसने घोषणा की कि 'इसने इतिहास का सबसे अधिक स्वार्थहीन पृष्ठ लिखा है...हमें संघर्ष और कलह मिली और हमने व्यवस्था की स्थापना की।' कर्ज़न ने आगे लिखा कि ब्रिटेन ने 'मानव जाति के लाखों–लाखों लोगों के स्थायी लाभ के लिए' भारत पर शासन किया।

मैंने लिखा गिने–चुने लोग, परन्तु कुछ लोग कहते हैं, अभी भी फर्ग्यूसन एवं कम विख्यात परन्तु आश्चर्यजनक सफलता प्राप्त लॉरेंस जेम्स जैसे साम्राज्य–समर्थक हैं जो साम्राज्य के कार्य को (उसकी साहित्यिक एजेंसी के शब्दों में) 'कल्याणकारी निरंकुशता का कार्य एवं परोपकारिता का एक प्रयोग' कहकर चित्रित करते हैं। यह हास्यास्पद प्रतीत होता है कि आज कोई इस गप पर इतना विश्वास कर सकता है कि रंग–बिरंगे काग़ज़ के टुकड़ों के समान मुक्त व्यापार की कल्याणकारी कृपा फैलाकर, तोप वाली नाव के द्वारा शासन की पश्चिमी धारणा लाकर और प्रौद्योगिक प्रगति के परोपकारी बीज बोकर ब्रिटिश शासकों ने पिछड़े विधर्मियों पर अपने हित के लिए वास्तव में शासन किया। परन्तु अभी भी उनकी यादों में खोये लोग हैं जो भोले–भाले लोगों को ऐसा तर्क देना चाहते हैं और

उनका खण्डन अवश्य किया जाना चाहिए, जैसा कि मैंने इस पूरी पुस्तक में करने का प्रयास किया है।

## साम्राज्य के आडम्बर; औपनिवेशिक परिणाम

हाल ही के वर्षों में शिक्षाविद् पॉल गिल्रॉय के शब्दों में, 'उपनिवेश–उपरान्त विषाद', साम्राज्य की महिमाओं के प्रति लालसा बढ़ी है जो बर्गर को 'ओल्ड कॉलोनियल', लन्दन के बार को 'द प्लांटेशन' और ऑक्सफोर्ड कॉकटेल (पुनरुद्धार पर एक चर्चा, जिसमें मैंने अपने विचार रखे थे, के दौरान जारी) को 'कॉलोनियल कमबैक' का नाम देने की खुशियों में प्रतिबिम्बित होती है। 2014 में हुए यूगॉव (लवनहवअ) मतदान से ज्ञात हुआ कि इसमें शामिल 59 प्रतिशत लोगों का विचार था कि ब्रिटिश साम्राज्य 'कुछ गौरव की वस्तु' था और केवल 19 प्रतिशत लोग इसके कुकृत्यों से शर्मिन्दा हैं; लगभग आधे लोगों का मानना था कि उपनिवेश के अधीन हुए देश 'बेहतर स्थिति' में थे। स्तम्भित कर देने वाले 34 प्रतिशत लोगों का मत था कि 'अभी भी यदि ब्रिटेन का साम्राज्य होता तो उन्हें अच्छा लगता।'

उदाहरण के लिए, फर्ग्यूसन का तर्क था कि ब्रिटेन के साम्राज्य ने श्रम, पूँजी एवं वस्तुओं के विश्व में इष्टतम आबंटन को बढ़ावा दिया... इतिहास में किसी भी संगठन ने उन्नीसवीं एवं बीसवीं सदी के प्रारम्भ में वस्तुओं, निवेश एवं श्रम की स्वतन्त्र आवाजाही को ब्रिटिश साम्राज्य के समान बढ़ावा नहीं दिया। और किसी भी संगठन ने विश्व में क़ानून, व्यवस्था एवं शासन के पश्चिमी प्रतिमानों को लागू करने के लिए उससे अधिक नहीं किया। अपने अधिकतर (यद्यपि निश्चित रूप से पूर्ण नहीं) इतिहास में ब्रिटिश साम्राज्य ने अपेक्षाकृत अ–भ्रष्ट सरकार की एजेंसी के रूप में कार्य किया। अतः ऊपर से देखने पर यह विश्वसनीय प्रतीत होता है कि साम्राज्य ने विश्व–कल्याण को बढ़ावा दिया–दूसरे शब्दों में कि यह अच्छा (गुड थिंग) था।

बीसवीं शताब्दी के प्रारम्भ में वैश्वीकरण के चरम पर 'गुड थिंग' की इतनी घोषणा की गयी कि फर्ग्यूसन को ब्रिटिश साम्राज्य को इस वैश्विक आर्थिक घटना, जिसका बहुत गर्वपूर्वक शोर मचाया गया था, के प्रणेता के रूप में, इसके परिणामों को विदेशी निवेश एवं इसकी लूट को स्वतन्त्र व्यापार के रूप में चित्रित करना बहुत उपयुक्त लगा था। ये वही तत्त्व थे

जिनके सम्बन्ध में वैश्वीकरण के पुरोधा यह दावा कर रहे थे कि प्रत्येक व्यक्ति की समृद्धि के स्तर को बढ़ा देंगे। ऐसा तर्क निःसन्देह अत्यधिक विवादास्पद है क्योंकि फर्ग्यूसन ने जिन संसाधनों के 'इष्टतम आबंटन' पर प्रसन्नता व्यक्त की है, साम्राज्य के नियन्त्रितों के लिए उनका अर्थ था–भूमिहीनता, बेरोज़गारी, निरक्षरता, निर्धनता, रोग, स्थानान्तरण एवं दासता। ब्रिटिश शासकों ने भारतीयों द्वारा सहस्राब्दी नहीं तो सदियों से भूमि एवं समुद्र के रास्ते किये जा रहे स्वतन्त्र व्यापार को नष्ट करते हुए स्वतन्त्र व्यापार के लाभों की घोषणा की। स्वतन्त्र व्यापार साम्राज्य के लिए एक नारे के रूप में बहुत अनुकूल था क्योंकि वे उन्नीसवीं सदी में इससे लाभ प्राप्त करने के लिए सर्वाधिक तैयार थे और उनकी बन्दूक़ें एवं क़ानून देशी लोगों द्वारा प्रस्तुत की जाने वाली किसी भी छोटी–सी प्रतियोगिता का दम घोंटने के लिए सदा तैयार थे। समान स्तर के लोगों के बीच वैश्वीकरण गर्व करने की, प्रसन्नता की बात हो सकती थी परन्तु साम्राज्य का वैश्वीकरण साम्राज्य के द्वारा एवं सबसे अधिक उपनिवेश बनाने वालों के लिए था और उपनिवेशितों के हित में नहीं था।

फर्ग्यूसन का तर्क था कि ब्रिटिश साम्राज्यवाद के पीड़ित अन्ततः आगे चलकर इसके लाभ प्राप्त करेंगे। चूँकि साम्राज्य ने कल के वैश्विक संसार में उनकी सफलता की नींवें रख दी थीं परन्तु मानव लम्बे समय तक नहीं रहते, वे यहाँ और अभी जीते हैं और भारत में औपनिवेशिक शासन की प्रक्रिया का अभिप्राय था लाखों लोगों का आर्थिक शोषण एवं विनाश, फलते–फूलते उद्योगों का विनाश, प्रतियोगिता के अवसरों से व्यवस्थित ढंग से इनकार, शासन के स्थानीय संस्थानों की समाप्ति, जीवन शैली एवं अनन्त काल से फल–फूल रही जीवन पद्धतियों में रूपान्तरण एवं उपनिवेश के लोगों की सर्वाधिक मूल्यवान वस्तुओं, उनकी पहचानों एवं आत्म–सम्मान का विनाश।

इसमें फर्ग्यूसन जैसे लोग, यह विडम्बनापूर्ण है कि जिस पूर्ववर्ती का अनुसरण कर रहे हैं, वह कोई साधारण व्यक्ति नहीं अपितु कार्ल मार्क्स है :

> *भारतीय समाज का किंचित भी इतिहास नहीं है, कम–से–कम ज्ञात इतिहास तो नहीं है। हम जिसे भारत का इतिहास कहते हैं, वह एक–के–बाद एक भारत में आने वाले आक्रमणकारियों का इतिहास है जिन्होंने उस अप्रतिरोधी एवं अपरिवर्तनशील समाज के निष्क्रिय*

*आधार पर अपने साम्राज्यों की नींव रखी। अतः प्रश्न यह नहीं है कि क्या अंग्रेज़ों को भारत को जीतने का अधिकार था अपितु यह है कि क्या हम भारत को पिछले तुर्क, पिछले फ़ारसी, रूस द्वारा जीते जाने को पसन्द करेंगे या भारत को ब्रिटिश शासकों द्वारा जीता जाना...इंग्लैण्ड को भारत में दोहरा लक्ष्य प्राप्त करना है, पहला विनाशकारी और दूसरा प्राचीन एशियाटिक सोसायटी के विनाश को नया जीवन प्रदान करना एवं एशिया में वैस्टर्न सोसायटी की नींव रखना।*

डेनिस जुड्ड की पुस्तक 'द लॉयन एण्ड द टाइगर' के समापन की पंक्ति, 'यह अच्छाई अथवा बुराई के लिए हुआ, यह कहना लगभग असम्भव है', में ब्रिटिश साम्राज्य के शासन के अधिक सन्तुलित विवरण, जो इसकी शोषक प्रकृति की व्याख्या किये बिना ब्रिटिश राज के प्रति मोटे तौर पर सहानुभूतिपूर्ण है, में देखा जा सकता है।

जॉन विल्सन ने अपनी हाल ही की पुस्तक 'इण्डिया कन्कर्ड' में साम्राज्य के महान उद्देश्य के अधिकतर आडम्बरों को एकाधिक प्रकार से ख़ारिज किया है। उसका तर्क है कि 'इसके कार्य संकीर्ण हितों एवं भीतरी संवेगों से और सर्वाधिक महत्त्वपूर्ण, अपने हित के लिए भारत में ब्रिटिश प्रभुत्व वाले संस्थानों को बनाये रखने की इच्छा से चालित थे।' दूसरे शब्दों में, साम्राज्य का स्वयं के स्थायीकरण के अतिरिक्त कोई बड़ा उद्देश्य नहीं था। इसलिए इसमें कोई आश्चर्य नहीं कि इसने भारत की अच्छाई के लिए कुछ नहीं किया।

उपनिवेशवाद की दो शताब्दियों के बाद भारत ने स्वयं को जिस परिस्थिति में पाया, उसे देशवासी कभी नहीं भुला सकते। हमने देखा है कि 1750 में चीन के साथ मिलकर विश्व के कुल औद्योगिक उत्पादन का लगभग 75 प्रतिशत करने वाला भारत जो कभी विश्व की सर्वाधिक समृद्ध एवं सर्वाधिक औद्योगिकीकृत अर्थव्यवस्थाओं में से एक हुआ करता था, साम्राज्य के शासन की प्रक्रिया के द्वारा 1947 में हमारी स्वतन्त्रता के समय तक धरती के सर्वाधिक निर्धन, पिछड़े, अशिक्षित एवं रुग्ण समाजों में से एक बना दिया गया। वर्ष 1600 में जब ईस्ट इण्डिया कम्पनी की स्थापना हुई, उस समय ब्रिटेन विश्व के घरेलू सकल उत्पाद (जीडीपी) के केवल 1.8 प्रतिशत का उत्पादन कर रहा था जबकि भारत लगभग 23 प्रतिशत उत्पादन स्तर पर था। 'राज' की लगभग दो सदियों के बाद

1940 तक विश्व के जीडीपी में ब्रिटेन की भागीदारी लगभग 10 प्रतिशत की थी जबकि भारत को तब तक निराश्रय एवं भूखों मर रहा, विश्व के पोस्टर पर 'निर्धनता एवं अकाल' का चित्र एवं 'तीसरे–विश्व' का देश बना दिया गया। फर्ग्यूसन ने स्वीकार किया है कि '1757 और 1900 के बीच ब्रिटेन का प्रति व्यक्ति घरेलू सकल उत्पाद वास्तविक अर्थ में बढ़कर 347 प्रतिशत तक बढ़ गया जबकि भारत के जीडीपी में केवल 14 प्रतिशत की वृद्धि हुई।' यह आँकड़ा' भी 'राज' के कामकाज की तेज़ी से बिगड़ रही स्थिति को ढँक लेता है : 1900 से 1947 तक भारतीय अर्थव्यवस्था की वृद्धि दर एक प्रतिशत से कम थी जबकि जनसंख्या में 3.5 प्रतिशत से अधिक की बढ़ोतरी हुई जो शिशु एवं बाल मृत्यु दर के उच्च स्तरों के कारण बढ़ी हुई प्रतीत होती है। शिशु एवं बाल मृत्यु दर ने जनसंख्या वृद्धि की कुल दर को कम करके आर्थिक विकास के समकक्ष बना दिया जिससे कुल विकास दर लगभग शून्य हो गयी।

ब्रिटेन से मुक्ति ने इन संज्ञाओं को पूरी तरह से बदल दिया। 1900 और 1950 के बीच सकल प्रति व्यक्ति आय में बढ़ोतरी शून्य थी (0.8 प्रतिशत की आर्थिक विकास दर में से इसी स्तर की सकल जनसंख्या वृद्धि को घटाते हुए) परन्तु यह 1950 से 1980 तक बढ़कर 1.3 प्रतिशत (3.5 प्रतिशत की विकास दर में से 2.2 प्रतिशत की जनसंख्या विकास दर को घटाते हुए) हो गयी, 1981–90 के दौरान 3.5 प्रतिशत, 1991–2000 के दौरान 4.4 प्रतिशत हो गयी। इसके बाद 2001–10 के दशक में दो बार यह विकास दर 4 प्रतिशत से अधिक होकर 7.8 प्रतिशत के औसत पर पहुँच गयी। इसके अतिरिक्त अन्य प्रमुख सूचकांक भी स्वतन्त्रता–प्राप्ति के सात दशक से भी कम समय में (इस पुस्तक के लेखन के समय पर) इससे पहले के 20 दशक के ब्रिटिश शासन की तुलना में असाधारण रूप से अच्छे हो गये।

ब्रिटिश शासन एक ऐसा समाज छोड़कर गया जिसकी साक्षरता दर 16 प्रतिशत, जीवन–सम्भाव्यता 27 थी, जहाँ व्यावहारिक रूप से कोई घरेलू उद्योग नहीं था और 90 प्रतिशत से अधिक लोग आज के शब्दों में निर्धनता रेखा से नीचे रह रहे थे। आज साक्षरता दर बढ़कर 72 प्रतिशत हो गयी है। औसत जीवन सम्भाव्यता बाइबल में किये गये वर्णन के अनुसार सत्तर वर्ष तक पहुँच गयी है और 21वीं सदी में 28 करोड़ लोगों को ग़रीबी से बाहर कर लिया गया है।

जैसा कि माना जाता है, ब्रिटिश शासन द्वारा भारत को प्रदान की गयी बिजली का साधारण उदाहरण लें तो ब्रिटेन ने 1890 में पहली बार प्राप्त हुई बिजली सप्लाई के पाँच दशक बाद तक भारत पर शासन किया। 1947 में स्वतन्त्रता–प्राप्ति तक के पचास वर्षों के दौरान जब सम्पूर्ण ब्रिटेन में शेष यूरोप और अमरीका के साथ विद्युतीकरण कर दिया गया, 'राज' ने भारत के 6,40,000 गाँवों में से केवल 1,500 को विद्युत ग्रिड के साथ जोड़ा। स्वतन्त्रता–प्राप्ति के बाद 1947 से 1991 के बीच भारत सरकार ने इतनी ही अवधि में ब्रिटिश उपनिवेशवाद द्वारा जितने गाँवों को बिजली पहुँचाई, उससे लगभग 320 गुणा अधिक गाँवों को बिजली उपलब्ध करवा दी।

इसके कारण बहुत स्पष्ट थे कि ब्रिटिश औपनिवेशिक शासकों को भारतीय लोगों की भलाई में कोई रुचि नहीं थी। भारत एसमोग्लू एवं रॉबिन्सन द्वारा अपने महत्त्वपूर्ण लेखन 'व्हाय नेशन्स फेल' में उल्लेख किया है कि भारत सारत्व वाला उपनिवेश था। यह ज़िम्मेदारी ब्रिटिश साम्राज्यवाद को जाती है कि भारतीय राष्ट्र एवं इसके वैज्ञानिक, प्रौद्योगिक, औद्योगिक एवं नागरिक संस्थानों का वैसा संगठनात्मक विकास नहीं हो पाया, जैसा कि सोलहवीं एवं अठारहवीं सदियों के बीच यूरोप का हुआ था। इसके स्थान पर भारत का औपनिवेशिक शोषण हुआ।

भारत की प्रति व्यक्ति आय में कोई बढ़ोतरी न दर्शाने वाली शर्मनाक आधी सदी के बाद ब्रिटिश शासन की समाप्ति से पूर्व विश्व, दशकों के अपमानजनक साम्राज्य के रिकॉर्ड से परिचित था। अमरीकी राजनेता विलियम जेन्निंग्स ब्रायन ने 1906 में कलकत्ता की पत्रिका 'इण्डियन वर्ल्ड' के सम्पादक को उद्धृत करते हुए लिखा था कि : 'अंग्रेज़ जब भारत पहुँचे तो देश एशियाई सभ्यता का अगुआ एवं एशियाई विश्व में ज्ञान का अविवादास्पद केन्द्र था। जापान कहीं नहीं दिखाई देता था। अब पचास वर्षों में जापान ने प्रगति की आधुनिक कलाओं की सहायता से अपने इतिहास में क्रान्ति ला दी है और भारत अपने 150 वर्ष के अंग्रेज़ी शासन के साथ अभी भी संरक्षण में है।' जापान ने मेजी उद्धार के बाद चालीस वर्षों में 90 प्रतिशत साक्षरता स्तर प्राप्त कर लिया था जबकि भारत 150 वर्ष के ब्रिटिश शासन के बाद 10 प्रतिशत साक्षरता के स्तर पर ही था। प्रत्येक सामाजिक–आर्थिक सूचक भारत की गिरावट को ही दिखाता था।

जॉन विल्सन का तर्क है कि विश्व को समृद्ध बनाने की बजाय ब्रिटिश

साम्राज्य ने इसे शक्तिहीन ही बनाया। 'साम्राज्य को सस्ते में चलाया गया। जिन देशों में ब्रिटिश शासकों ने शासन किया, उनके विकास में निवेश करने की बजाय उन्होंने स्थानीय अभिजात वर्ग के साथ अपने शासन को निम्नतम क़ीमत पर चलाने के लिए सौदे किये...अब भारत के बिहार प्रान्त में ग्रामीणों की हत्याएँ कर रहे सामन्त ब्रिटिश भू–नीति की देन हैं।'

लॉरेंस जेम्स द्वारा ब्रिटिश राज की निकृष्ट कार्यकारिता की प्रशंसा पर क्रोधित न होना कठिन है : 'विश्व–मंच पर इसके महानता के क्षण के बदले राज ने ब्रिटिश शासकों की शर्तों पर भारत के पुनरुत्थान का प्रस्ताव रखा। ब्रिटेन ने सम्पूर्ण मानवता के प्रति जिसे अपना कर्तव्य समझा, यह उसकी सर्वोत्तम अभिव्यक्ति था। इसके मार्गदर्शी आदर्श अठारहवीं सदी के उत्तरार्द्ध एवं उन्नीसवीं सदी के प्रारम्भ के इंजील के ज्ञान से प्रेरित थे जिसमें ईसाइयत एवं तर्कबुद्धि से विश्व की बेहतरी की दिशा में रूपान्तरण का स्वप्न देखा गया था। ईसाई धर्म भारत में बहुत अधिक नहीं बढ़ पाया, परन्तु पश्चिमी शिक्षा एवं विज्ञान के प्रयोग से तर्क ऐसा कर पाया।'

क्या वेदों और उपनिषदों की भूमि, अकबर के दरबार में प्रबुद्ध आध्यात्मिक चर्चाओं वाले देश, 'आर्ग्यूमेंटेटिव इण्डिया' के घर भारत को 'विवेक' से 'पुनर्जीवन' के लिए वास्तव में ब्रिटिश औपनिवेशिकता की आवश्यकता थी? यह दावा अपने अनुमान में आश्चर्यचकित कर देने वाला है। फर्ग्यूसन के तर्क कि साम्राज्य के शासन से आर्थिक लाभ प्रवाहित हुए–के सन्दर्भ में देखें तो राजसमर्थक जिसे बौद्धिक भारतीय रस्सी चाल कहा जा सकता है, के दोषी थे। उन्होंने स्वयं अपने आधार वाक्य बनाये थे। जैसा कि प्रोफ़ेसर रिचर्ड पोर्टर ने प्रश्न किया : 'उदाहरण के लिए किसी को यह अनुमान क्यों लगा लेना चाहिए कि अठारहवीं सदी का भारत पूँजी, श्रम एवं वस्तुओं के अपने प्रबुद्ध वर्ग की दृष्टि में 'श्रेष्ठ' वितरण से स्वयं अपना आर्थिक मार्ग नहीं बना सकता था यद्यपि वह उदारवादी पश्चिमी राजनीतिक अर्थशास्त्रियों के मापदण्ड से कितना ही भिन्न क्यों न हो?' पोर्टर ने इतिहासविदों एवं विद्वानों के व्यापक लेखन का उल्लेख करते हुए उन लोगों द्वारा स्थापित भारत के 'पिछड़ेपन' की धारणाओं पर प्रश्न किया है जो आधुनिकता को पश्चिम का उपहार मानते हैं।

यह नहीं भूलना चाहिए कि अन्ततः ब्रिटिश शासक जिस भारत में आये, वह एक सम्पन्न, धनी एवं व्यवसायीकरण–उन्मुख समाज था : इसीलिए

ही तो ईस्ट इण्डिया कम्पनी की इसमें रुचि थी। पुर्तगाली यात्री वास्को डा गामा, जो केप ऑफ़ गुड होप से कालिकट (कोझिकोडि) पहुँचा, ने पुर्तगाल के किंग मेनुअल प्रथम को एक ही साँस में यहाँ के बड़े नगरों, ऊँचे भवनों और नदियों एवं उत्तम तथा समृद्ध आबादी के बारे में बताया था। उसने मसालों और आभूषणों, मूल्यवान रत्नों एवं 'सोने की खदानों की' अत्यधिक प्रशंसा की। उसने भारतीय राजा–कालिकट के ज़ेमोरिन को जो साधारण ज़ेवर उपहार में दिये, वे उस राजा के लिए अनुपयुक्त एवं घटिया स्तर के थे; वास्को डा गामा द्वारा लायी गयी वस्तुओं का कहीं ऊँची क्वालिटी की वस्तुओं के आदी व्यापारियों एवं दरबारियों द्वारा मज़ाक़ उड़ाया गया एवं उन्हें नापसन्द किया गया।

जैसा कि हमने देखा है उपनिवेश–पूर्व का भारत पिछड़े अथवा अविकसित होने से कहीं दूर बढ़िया किस्म की निर्मित वस्तुओं का निर्यातक था और इन वस्तुओं की ब्रिटेन के फ़ैशनेबल समाज में भारी माँग थी। ब्रिटिश प्रबुद्ध वर्ग भारतीय लिनन और सिल्क पहनता था। अपने घरों को भारतीय छींट और सजावटी कपड़ों से सजाता था और भारतीय मसालों को पसन्द करता था। (निःसन्देह सत्रहवीं शताब्दी के ब्रिटिश निर्माताओं की ऐसी कहानियाँ मिलती हैं कि वे अपनी निम्न क्वालिटी की भारतीय वस्तुओं की नकल को ग्राहकों को फुसलाने के लिए 'भारतीय' कहकर बेचते थे)। मुग़ल शासक औरंगज़ेब (1618–1707) का वार्षिक राजस्व विशाल था। निःसन्देह, कर राजस्व को छोड़कर जिसकी चर्चा मैं इस पुस्तक में पहले कर चुका हूँ, उसकी कुल आय 450,000,000 डॉलर प्रतिवर्ष बताई जाती है, जो कि लुई XIV (उसके समकालीन) से दस गुणा से भी अधिक है।

एजेण्टों, आढ़तियों और दलालों के सुस्थापित तन्त्र और निर्यात के लिए धन उपलब्ध करवाने एवं व्यावसायिक ऋणों की योग्यता वाली भारत की अत्युच्च विकसित बैंकिंग व्यवस्था एवं सशक्त व्यापार में जगत सेठों, दक्षिण के चेटियार एवं पश्चिम में गुजराती बनियों के उच्च स्तर के वित्तीय नेटवर्क थे। बैंक व्यवस्था इतनी बड़ी और व्यापक थी कि इसमें बैंक ऑफ़ इंग्लैण्ड के समान स्तर का धन का लेन–देन होता था।

यह ब्रिटिश विजय से दरिद्र कर दिया गया देश था। जिस भारत ने ब्रिटिश शासन के समक्ष घुटने टेके थे, उसके पास विशाल अतिरिक्त आर्थिक साधन थे, वह कुशल कामगार वर्ग को काम देता था, बढ़िया

किस्म की वस्तुओं का निर्यात करता था जिनकी विश्व में भारी माँग थी, बड़े स्तर स्तर पर कृषि–योग्य भूमि थी, बड़ा कृषि आधार था और बिना निर्धनता अथवा भूमिहीनता के लगभग 1 से 1.5 करोड़ लोगों का पोषण करता था। यह सब ब्रिटिश शासन द्वारा नष्ट कर दिया गया। जैसा कि विल्सन ने उल्लेख किया है : '1750 में भारतीयों का जीवन स्तर ब्रिटेन में लोगों के जीवन स्तर के समान था। अब क्रय शक्ति की दृष्टि से औसत भारतीय आय ब्रिटिश स्तर का केवल दसवाँ भाग है। यह कोई संयोग नहीं है कि इसके बीच के समय में भारत में ब्रिटिश शासन था।'

इस पुस्तक में जैसा कि मैंने एकाधिक बार कहा है कि यह विश्वास करने का कोई कारण नहीं है कि भारत को यदि अपने बूते पर छोड़ दिया गया होता तो यह उन्नीसवीं और बीसवीं सदियों में अधिक समृद्ध, संयुक्त एवं आधुनिकीकरण करने वाली शक्ति के रूप में नहीं उभर सकता था। अनेक अर्थशास्त्री 'राज' के अधीन भारत की आर्थिक असफलता के लिए ब्रिटिश दुर्भावना के स्थान पर प्रौद्योगिक पिछड़ेपन को कारण मानते हैं। परन्तु यदि प्रौद्योगिकी का अभाव ही भारतीय अर्थव्यवस्था की एक सबसे बड़ी असफलता था तो स्वतन्त्र भारत अपनी आवश्यकता की प्रौद्योगिकी का आयात कर सकता था, जैसा कि जापान को करना पड़ा। ब्रिटिश शासकों ने बीसवीं सदी के प्रवेश तक भारतीयों को ऐसा नहीं करने दिया। जो देश सदियों से कलाकारों व इतिहासविदों को फारस से, मूर्तिकारों एवं वास्तुकारों को केन्द्रीय एशिया से और पूर्वी अफ्रीका से सैनिक मँगवाने का इच्छुक था, उसके द्वारा यूरोप से आधुनिकता का साजोसामान–रेलवे से लेकर औद्योगिक प्रौद्योगिकी तक–न मँगवाए जाने (जैसा कि आज चीन कर रहा है) का कोई कारण न दिखाई देता।

पूरे इतिहास में भारतीय सभ्यता महानता की ओर अग्रसर दिखाई देती है। निःसन्देह इसमें कुछ संघर्षों एवं धक्कों से व्यवधान आया परन्तु कौन–सा देश इनसे बचा रहा? विजय नहीं व्यापार भारत को बदल सकता था। ब्रिटिश शासन का दुःस्वप्न न होता तो भारत में मेजी पुनरुद्धार जैसा कुछ आसानी से हो गया होता। सब स्थानों से श्रेष्ठ प्रथाओं को लेकर (और उनके लिए मूल्य चुकाकर) और उन्हें अपनी आवश्यकताओं के अनुरूप ढालकर भारत का आधुनिकीकरण हो गया होता–कम–से–कम यह तर्क देना उतना ही उपयुक्त है जितना यह दावा करना कि उसने अब जहाँ

से प्रारम्भ किया है, वहाँ पहुँचने के लिए इसे साम्राज्य की अधीनता एवं अपमान की आवश्यकता थी।

उपन्यासकार जॉसेफ कॉन्राड, जो स्वयं अति–सुधारवादी नहीं थे, ने उपनिवेशवाद को 'लूट एवं दयाहीन मूर्खता का दुर्बल, आडम्बरपूर्ण एवं कमज़ोर दृष्टि वाला राक्षस' बताया है। कॉन्राड ने जैसा कि 1902 में लिखा था, 'धरती की विजय, जिसका अभिप्राय अधिकतर इसे उन लोगों से छीन लेना है जिनका रंग भिन्न है अथवा जिनके नाक हमारी तुलला में थोड़े चपटे हैं, पर जब आप गहराई से देखें तो अच्छी बात नहीं है।' रवीन्द्रनाथ टैगोर ने 1930 में न्यूयॉर्क में पश्चिमी श्रोताओं के समक्ष इसका विनम्रतापूर्वक इस प्रकार वर्णन किया था : 'विश्व का एक बड़ा भाग आपकी सभ्यता से पीड़ित है।' महात्मा गाँधी से जब पूछा गया कि वे पश्चिमी सभ्यता के विषय में क्या सोचते हैं तो उन्होंने अपेक्षाकृत रुखाई से उत्तर दिया था, 'यह अच्छा विचार होगा।'

निएल फर्ग्यूसन ने साम्राज्य के पक्ष में लिखा है कि 'प्रश्न यह नहीं है कि ब्रिटिश साम्राज्यवाद क्या दोषरहित था। प्रश्न यह है कि क्या आधुनिकता का कोई कम रक्तरंजित मार्ग था।' इससे पहले के अध्यायों में जैसा कि हमने राज के जनसंहार एवं पाश्विकता के रक्तपातपूर्ण रिकॉर्ड से देखा है, इस प्रश्न का उत्तर केवल हाँ ही हो सकता है। गुरचरण दास, जो ब्रिटिश शासन को सन्देह का लाभ देना चाहते हैं, को भी उनकी नीति में कोई दुर्भावना दिखाई नहीं देती परन्तु ब्रिटिश भारत की औद्योगिक असफलता के कारणों की उनकी समीक्षा वास्तव में ब्रिटिश औपनिवेशिक शासन द्वारा भारतीय अर्थव्यवस्था के साथ क्या किया गया, उसका विनाशकारी सारांश है : 'औद्योगिक क्रान्ति नहीं हुई क्योंकि (प्रथम) भारतीय कृषि स्थिर रही और आप कृषि की अतिरिक्त उपज अथवा तेज़ी से बढ़ रही शहरी आबादी के भरण के साधनों के बिना औद्योगिक क्रान्ति की अपेक्षा नहीं कर सकते; दूसरे, प्रथम विश्वयुद्ध एवं उसके बाद मन्दी के दौर के कारण अन्तर्राष्ट्रीय व्यापार का वातावरण संरक्षणवाद के चलते प्रतिकूल हो गया; तीसरा, उपनिवेश की सरकार ने जन–सामान्य को शिक्षित नहीं किया, जैसा कि जापान की सरकार ने किया था; अन्ततः भारतीय मध्यम वर्ग पर उपनिवेशी सोच हावी रही–राजनीतिक दासता में उच्च सम्भावनाओं वाले उद्यमी भी आत्मविश्वास खो देते हैं।' दूसरे शब्दों में समीक्षाधीन अवधि

में भारत के पिछड़ेपन के लिए दास द्वारा दिये गये चार प्रमुख कारणों में से तीन ब्रिटिश उपनिवेशी कृषि नीति, भारत में इसकी शिक्षा नीति और इसके द्वारा भारतीयों की नस्लीय दासता है और चौथा, महान युद्ध एवं इसके परिणामों ने भारत को उतना ही प्रभावित किया जितना इसने किया क्योंकि भारत ब्रिटेन के नियन्त्रण में था।

यह तर्क दिया जा सकता है कि ब्रिटिश शासकों के महान अपराध को अधिक तटस्थ ढंग से समझा जा सकता है। यह तर्क दिया जाता है कि आलोचकों ने उपनिवेश की अवधि में पश्चिम की धारणा को ही गड़बड़ कर दिया क्योंकि हम इस धारणा का निर्माण करने वाले दो पृथक् तत्त्वों को परस्पर मिला देते हैं : पहला तत्त्व है आधुनिक सरकारी मशीनरी (सेनाएँ, जनगणनाएँ, अफ़सरशाही, रेल, सड़कें, अस्पताल, टेलीग्राफ लाइनें, शिक्षा एवं वैज्ञानिक संस्थान आदि–आदि) और दूसरा उदारवादी मानदण्डों का है (वैयक्तिक अधिकार, विचारों की स्वतन्त्रता, वाणी, कलात्मक एवं राजनीतिक अभिव्यक्ति की स्वतन्त्रता, क़ानून द्वारा प्रदत्त समानता; और राजनीतिक प्रजातन्त्र)। इन तत्त्वों में से एक स्वतः सिद्ध ढंग से दूसरे के साथ नहीं चलता (आज के चीन पर दृष्टि डालें, जहाँ दूसरे के बिना पहला फल–फूल रहा है)। ब्रिटिश शासक उपनिवेश–पूर्व के भारतीय शासकों से किस प्रकार भिन्न थे। ऐसा नहीं है कि वे अधिक लूटपाट करने वाले अथवा अधिक अनैतिक थे। परन्तु बहुत साधारण अन्तर यह है कि वे अपने उदार मूल्यों को प्रदान करते हुए तटस्थ एवं पाखण्डपूर्ण रहते हुए एक शासन के निर्माण में अधिक दक्ष थे। परन्तु ब्रिटेन भी उदारवाद की अज्ञानता–मुक्ति की परम्परा का साकार रूप था और हम उनके द्वारा सृजित शासन का मूल्यांकन कटुतापूर्वक इस आधार पर करते हैं। क्या यह एक वैध तर्क है क्योंकि इसे स्वभावतः ही इसकी अपनी शर्तों पर मराठों, भारतीय जागीरों अथवा ब्रिटिश शासन को मिले ध्वंस्त हो रहे मुग़ल शासन पर लागू नहीं किया जा सकता। मराठा पेशवाओं को मिल और पिट के स्तरों तक पहुँचने से कौन रोक रहा था?

यह एक रोचक तर्क है जो अन्ततः विश्वसनीय नहीं है क्योंकि भारत में ब्रिटिश शासन, जैसा कि मैंने उल्लेख किया है, एक पूर्णतः अनैतिक, लूटपाटकारी साम्राज्यवादी मशीन था जिसका उद्देश्य भारतीयों को लाभ के उद्देश्य से अपने नियन्त्रण में करना था। यह केवल तटस्थ रूप से

कुशल, मानव अधिकारों के प्रति उदासीन व्यवस्था नहीं था। और भारतीय सम्पदा का ब्रिटेन को स्वामित्व हस्तान्तरण इस दासता का परिणाम था जिसने समाज को उन संसाधनों से खोखला कर दिया जिन्होंने सामान्यतः इसकी स्वाभाविक प्रगति एवं आर्थिक विकास को बढ़ावा दिया होता। हाँ, उपनिवेश–पूर्व के भारत में भी अकाल एवं महामारियाँ हुई होंगी परन्तु भारतीय उस समय पर उनका बेहतर ढंग से सामना करने के उपाय प्राप्त कर रहे थे जो कि वे ब्रिटिश शासन के अधीन नहीं कर सके, क्योंकि ब्रिटिश शासकों ने उन्हें दरिद्र बना दिया था और भूमि पर अपर्याप्त रूप से निर्भर रहने के अतिरिक्त उनके पोषण के स्रोत नष्ट कर दिये थे–इसके अतिरिक्त 'अव्यवस्थित' दान के प्रति विक्टोरिया के ब्रिटेन के वैचारिक विरोध ने लाखों भारतीयों को उस राहत से वंचित कर दिया जो उनकी जानें बचा सकती थी।

ब्रिटिश शासन के प्रति मेरी प्रशंसा को क्रिकेट, चाय एवं अंग्रेज़ी भाषा तक सीमित रखना तुच्छ प्रतीत हो सकता है। मेरा अभिप्राय अन्य उपलब्धियों पर ध्यान न देने का कदापि नहीं है। ब्रिटिश वाणिज्यिक हितों के द्वारा भारत के शोषण एवं लूट को रेखांकित करते हुए, उदाहरण के रूप में मुझे यह भी स्वीकार करना चाहिए कि ऐसा करते हुए ब्रिटिश शासकों ने भारत को संयुक्त स्टॉक कम्पनी, वाणिज्यिक प्रक्रियाओं एवं अन्तर्राष्ट्रीय व्यापार का लम्बा अनुभव और 1875 में बम्बई में स्थापित एशिया की प्राचीनतम स्टॉक एक्सचेंज प्रदान की। भारतीयों की अन्तर्राष्ट्रीय व्यापार एवं स्टॉक मार्केट की जानकारी वैश्वीकृत संसार में विशेष लाभकारी प्रमाणित हुई है; भारत के उद्यमिता पूँजी एवं प्रबन्धन कौशल आज विकसित पश्चिम के अत्याधुनिक वित्तीय बाज़ारों में परिसम्पत्तियों के नियन्त्रण एवं प्रबन्धन में पूर्णतः सक्षम हैं, जैसा कि टाटा ने ब्रिटेन में जेगुआर को वर्षों में पहली बार लाभ में लाकर सिद्ध कर दिया है और भारत के व्यापारी एवं प्रबन्धक एक खुले एवं वैश्वीकरण की ओर बढ़ रहे संसार में इक्कीसवीं सदी की अर्थव्यवस्था को चलाने के लिए आवश्यक व्यवस्थाओं से परिचित हैं।

और हमें इस सुन्दर धारणा पर खरा उतरना चाहिए–कि यह श्रेय ब्रिटिश औपनिवेशीकरण को जाता है कि भारत कुशल, अनुभवी और अंग्रेज़ी भाषी व्यापारियों की सहायता से इस ग्रह को चलाने में व्यस्त हैं और ये लोग विश्व की अर्थव्यवस्था को अपने नियन्त्रण में लेने के लिए अथक

प्रयास कर रहे हैं। सच्चाई यह है कि औपनिवेशिक व्यावसायिक शोषण के प्रति प्रारम्भ में भारतीय प्रतिक्रिया स्वभावतः इसके विपरीत थी–नकल नहीं, परन्तु अस्वीकार की थी। औपनिवेशिक शासन से स्वतन्त्रता के संघर्ष में विदेशी शासकों एवं विदेशी पूँजीपतियों–दोनों को उखाड़ फेंकना सम्मिलित था (यद्यपि कुछ ही राष्ट्रवादी इनके बीच अन्तर को समझते थे)। यह उपनिवेशवाद की ही देन है कि भारतीय राष्ट्रवादिता के महान नेताओं ने पूँजीवाद को दासता से जोड़ा : इस तथ्य कि ईस्ट इण्डिया कम्पनी, जो व्यापार के लिए आयी थी और शासन करने के लिए टिक गयी–ने हमारे राष्ट्रवादी नेताओं को ब्रीफकेस उठाए प्रत्येक विदेशी को सन्देह की दृष्टि से देखना, उसे नव–साम्राज्य के खूँटे के पतले सिरे के रूप में देखना सिखा दिया।

अतः भारत को वैश्विक पूँजीवादी व्यवस्था से जोड़ने, जैसा कि सिंगापुर जैसे कुछ उपनिवेश–पश्च देशों ने इतने प्रभावी ढंग से किया, की बजाय भारतीय नेताओं का यह मत था कि उन्होंने जिस राजनीतिक स्वतन्त्रता के लिए संघर्ष किया, उसे आर्थिक स्वतन्त्रता के द्वारा ही सुनिश्चित किया जा सकता है। इसीलिए आत्म–निर्भरता एक स्वतः विकसित नारा बन गया, संरक्षणवादी सीमाएँ और ऊँची हो गयीं, भारत ने पैंतालीस वर्ष अर्थव्यवस्था की 'नियन्त्रक ऊँचाई' पर बैठे व्यापारियों के साथ बिताने की बजाय अधिकारी तन्त्र के साथ बिताए। स्वतन्त्रता के बाद पहले साढ़े चार दशकों का बड़ा भाग अनुत्पादकता पर रियायतें देने, मन्दी को नियन्त्रित करने एवं निर्धनता के वितरण में व्यतीत कर दिया। भारतीयों ने ब्रिटिश शासन की प्रतिक्रिया में जो चुनाव किये, उसके लिए ब्रिटिश शासन को दोषी नहीं ठहराया जा सकता। परन्तु इससे केवल यह प्रमाणित होता है कि आप इतिहास से जो सबक सीखते हैं, उनमें से एक यह है कि इतिहास कई बार ग़लत सबक सिखाता है। हमारा वर्तमान आर्थिक विकास एवं वैश्विक पहचान ब्रिटिश उपनिवेशवाद एवं इसकी विधियों के प्रारम्भिक अस्वीकार के बाद किये गये नये चुनावों का परिणाम है।

ब्रिटिश शासन द्वारा 'अपने हित में' भारत में स्थापित एवं संचालित संस्थानों के यदि कुछ सकारात्मक उप–परिणाम थे तो उन्हें सहर्ष स्वीकार करना चाहूँगा, परन्तु इसलिए नहीं कि वे भारतीयों के लाभ के उद्देश्य से थे, अपितु केवल उप–परिणामों के रूप में। रेलवे की स्थापना–निर्माण

से निष्पादन तक पूर्णतः ब्रिटिश लाभ के लिए की गयी थी, परन्तु आज भारतीय उनके बिना जीवनयापन नहीं कर सकते। भारतीय अधिकारियों ने ब्रिटिश नीतियों को उलट दिया है और रेलवे का प्रयोग मुख्य रूप से लोगों के परिवहन के रूप में किया जाता है और मालभाड़ा दरें अब तक की सर्वाधिक हैं जिससे यात्रियों को रियायत दी जा सके (ब्रिटिश नीति के ठीक विपरीत)। इसी प्रकार ब्रिटिश शासकों द्वारा किये जाने वाले सिंचाई–कार्यों की भारतीय राष्ट्रवादी उनकी अपर्याप्तता के लिए आलोचना करते थे क्योंकि उस पर रेलवे पर होने वाले ख़र्च का केवल नौवाँ भाग ही व्यय होता था। अमरीकी राजनेता विलियम जेन्निंग्स ब्रायन ने टिप्पणी की थी कि 'सेना पर होने वाले व्यय का दस प्रतिशत सिंचाई पर लगाने से पाँच वर्ष में सिंचाई व्यवस्था पूरी हो जायेगी परन्तु सैनिक ख़र्चों को कम करने की बजाय सेना पर ख़र्च बढ़ा दिया गया।' तथापि सिंचाई ने देश की खेती–योग्य भूमि में दो करोड़ एकड़–फ्रांस के आकार जितना क्षेत्र–की वृद्धि कर दी (इसमें से अधिकतर आज पाकिस्तान में है)। यह दिखावा करना निरर्थक होगा कि इससे कुछ लाभ नहीं हुआ। परन्तु जब अन्ततः बैलेंस शीट तैयार की जाती है तो वज़न उपनिवेशकों के पलड़े में बहुत अधिक होता है।

भारतीय सेना को कई बार मूल्यवान ब्रिटिश बपौती बताया जाता है, जो कि सौहार्द एवं साहस की कठोर परम्पराओं से संघटित पेशेवर योद्धा बल है जो अभी भी योग्यता पर आधारित है एवं राजनीति से अछूता रहा है। इस अन्तिम उपलब्धि का कितना श्रेय ब्रिटिश शासन को जाना चाहिए, यह चर्चा का विषय है; आख़िरकार पाकिस्तानी सेना ने भी उस उपनिवेशिक दाय को प्राप्त किया है परन्तु यह तख़्तापलट की तीन कार्रवाइयाँ कर चुकी है। इतना ही नहीं, यह चुनी हुई सरकारों के सत्तासीन होने पर भी कमान को कठोरता से सँभाले रखती है। अनिवार्य बिन्दु यह है कि निःसन्देह भारतीय सेना का सृजन भारतीय हितों के लिए नहीं, अपितु यहाँ और विदेश में भी ब्रिटेन के हित में किया गया था। भारतीय सैनिक केवल आज्ञाकारी उपकरण थे : भारतीय सिपाही को एक तत्कालीन द्वारा 'संयमित, सम्मानजनक, धैर्यवान, आज्ञाकारी एवं निष्ठावान' बताया गया था। यह शान्ति 1857 के विद्रोह के साथ समाप्त हुई, परन्तु ब्रिटिश शासन ने अनुशासन बहाल कर लिया और अगले 90 वर्ष तक

ब्रिटिश भारती। सेना ने स्वयं को कर्तव्यपरायणता एवं सम्मान की धारणाओं पर पुनः निर्मित, किया।

और फिर ब्रिटिश शासकों ने ही विभाजन में इसके टुकड़े कर दिये। नये देश पाकिस्तान जा रहे लोगों के दिल्ली की सेना मैस में आयोजित रात्रिभोज में हिन्दू और मुसलमान अधिकारियों द्वारा 'ऑल्ड लैंग सेन' गाये जाने की मर्मस्पर्शी गाथा कही जाती है। उन अनेक अधिकारियों के लिए वर्षों की सौहार्दता अपने जन्म के धर्म और राजनीतिक उद्देश्य, जिसका चुनाव उन्होंने नहीं किया था, के नाम पर सदा के लिए समाप्त हो गयी।

फ़िलिप मेसन ने ब्रिटिश भारतीय सेना का अधिकांशतः अविवेचनात्मक और निःसन्देह रोमांटीकृत विवरण एवं कैसे कुछ हज़ार ब्रिटिश सैन्य टुकड़ियाँ 20 करोड़ लोगों के उपमहाद्वीप को नियन्त्रित करती थीं—इसका वर्णन किया है। एक विक्टोरियाई प्रशासक के हवाले से फ़िलिप ने लिखा है, 'हमारा सैन्य बल अपनी वास्तविक शक्ति से उतना संचालित नहीं होता, जितना अपने द्वारा उत्पन्न प्रभाव से होता है।'

आज एक मिलियन सदस्यों वाली शक्तिशाली भारतीय सेना ने श्रेष्ठ ब्रिटिश सैन्य परम्पराओं को जीवित रखा हुआ है और इसके पाकिस्तानी तथा बांग्लादेशी सहभागी जिन लालसाओं के शिकार हो गये हैं, उनसे स्वयं को बचाये हुए हैं—इसका श्रेय निश्चित रूप से इसके अपने अधिकारियों और सैनिकों को एवं भारतीय प्रजातन्त्र की समावेशी तथा बहुवादी प्रकृति को जाता है।

कुछ लोग ब्रिटिश उपस्थिति के भौतिक प्रमाणों—इमारतें, बन्दरगाह, रेलगाड़ियाँ और संस्थान—का दीर्घकालीन योगदान के प्रमाण के रूप में उल्लेख करते हैं। सच्चाई यह है कि ब्रिटिश शासन ने स्थानीय जनता को बग़ावत से रोकते हुए भारतीय सम्पदा के अपने द्वारा शोषण को अधिकतम बनाने के लिए न्यूनतम निवेश किया। इनमें से कुछ वस्तुएँ किसी भी समाज की आधारभूत आवश्यकताएँ थीं परन्तु अधिकतर का सृजन चाहे भारत हो या इंग्लैण्ड, ब्रिटिश लाभ के लिए किया गया। निएल फर्ग्यूसन का तर्क है कि ब्रिटिश शासकों ने 'लाभकारी' वस्तुएँ बनायीं—अपने लिए भव्य भवन और बँधुआ मज़दूरों को एक स्थान से दूसरे स्थान पर ले जाने के लिए पानी के जहाज़ निःसन्देह इसके अच्छे उदाहरण हैं—जबकि भारतीयों ने अपने संसाधनों को 'स्पष्ट उपभोग' पर व्यर्थ किया। निर्यात योग्य

मलमल बनाकर? अपनी वूट्ज स्टील से विश्व स्तरीय धातु विज्ञानी मानक बनाकर? भव्य नगर एवं मन्दिर बनाकर? अथवा फर्ग्यूसन शायद सोचते हैं कि ताजमहल का निर्माण संसाधनों की विशाल और स्पष्ट हानि थी?

कहानी सुनाई जाती है—मैं स्रोत नहीं बता सकता—कि जब प्रिंस ऑफ़ वेल्स, भावी एडवर्ड VIII वर्ष 1921 में भारत आये तो उन्होंने कुछ भव्य इमारतों, कारों और विद्युत संस्थापनों की ओर संकेत करके कहा, 'हमने यहाँ भारत में तुम्हें सब कुछ दिया है। क्या है जो तुम्हारे पास नहीं हैं?' और विनीत भारतीय ने विनम्रता से उत्तर दिया : 'आत्मसम्मान महोदय?'

उपनिवेशवाद ने वह भी छीन लिया : कि आप अपनी नियति के स्वयं मालिक हैं, कि आपकी समस्याएँ आपका अपना दोष हैं और उनका समाधान मुख्य रूप से आप पर निर्भर है, न कि किसी दूरवर्ती देश में रह रहे किसी व्यक्ति पर—इस जानकारी से आने वाला आत्मसम्मान। आज़ादी से सबसे बड़ा अन्तर इसमें आया है, प्रजातान्त्रिक अधिकारों की स्थापना में और सशक्तिकृत नागरिकता के साझे विचार में आया है जिसमें प्रत्येक नागरिक अथवा उप–राष्ट्रीय समूह अपने अधिकारों को बढ़ावा दे सकते हैं और यह सुनिश्चित कर सकते हैं कि उनकी आवाज़ें सुनी जायें। उपनिवेशिक दासता ने भारतीयों को वंचित रखा और ब्रिटिश शासक उन्हें केवल यह दासता ही देने के इच्छुक थे।

## नैतिक अवरोध

जवाहरलाल नेहरू ने एक बार ब्रिटिश शासित भारत की तुलना गाँव के एक विशाल मकान से की थी, जिसमें अंग्रेज़ मकान के श्रेष्ठ भागों में रहने वाले भद्र लोग थे और भारतीय नौकरों के लिए बने हॉल में रहते थे : 'जैसा कि प्रत्येक कण्ट्री हाउस में निम्नतर क्षेत्रों में एक निश्चित वरिष्ठता क्रम होता था—खानसामाँ, गृह–प्रबन्धक, नौकर, नौकरानी, सेवक—और उनमें इस क्रम का कड़ाई से पालन किया जाता था। परन्तु घर के ऊपरी और निचले भागों में सामाजिक और राजनीतिक दृष्टि से अलंघ्य अवरोध होता था।'

यह अवरोध केवल सामाजिक अथवा प्रजातीय ही नहीं होता था अपितु यह एक नैतिक अवरोध भी होता था उद्देश्य एवं रुचि का अवरोध। एक दावा जो विश्वसनीय ढंग से नहीं किया जा सकता, यह है कि ब्रिटिश अधिकारियों ने कभी किसी भी समय पर भारतीय जनता के हितों को

अपने हितों से ऊपर रखा अथवा एक भी पीड़ित महिला की आवश्यकताओं को उसकी पीड़ा को उत्पन्न करने वाले व्यापारिक लाभों से ऊपर रखा। इसका कोई भी उदाहरण नहीं है जबकि इसकी विपरीत स्थिति के असंख्य उदाहरण हैं। उदाहरण के लिए, सिंचाई एवं अफ़ीम की बिक्री सम्बन्धी ब्रिटिश नीति को ही लें। चीन में लाभ के लिए अपने लोगों को नशे में जड़ हुए लोग बना देने की इच्छा के चलते दो अफ़ीम युद्ध भी हुए : भारत में यह जनता के शोषण का एक और रूप बन गया।

ईस्ट इण्डिया कम्पनी ने सुनिश्चित किया कि अफ़ीम उगाना और बेचना दोनों ब्रिटिश सरकार के एकाधिकार हों। तथ्य 1838 के विवरण में मिलते हैं :

> *कम्पनी के क्षेत्राधिकार में समस्त क्षेत्रों में पोस्त की खेती, दवा का उत्पादन एवं इसका व्यापार (...) कड़े एकाधिकार के अधीन हैं...पोस्त की खेती करना किसान के लिए अनिवार्य है। सरकार अपने स्थानीय सेवकों के माध्यम से इसके लिए पेशगी देती है और यदि कोई किसान पेशगी लेने से इनकार करता है तो उसके घर में रुपये फेंकने की साधारण योजना अपनाई जाती है; यदि वह भागने का प्रयास करता है तो चपरासी उसे पकड़कर पेशगी रक़म उसके कपड़ों में बाँधकर उसे अपने घर के भीतर धकेल देते हैं। अब व्यापार निश्चित हो जाने पर और इसका कोई प्रतिकार न होने पर किसान स्वयं को अपने ठेके की पूर्ति के काम में लगा देता है, जैसा कि उसे करना चाहिए...'* अफ़ीम की खेती से भारत में हमारे नियन्त्रितों पर जो बुरा प्रभाव पड़ रहा है, वह आंशिक रूप से यह है कि पटना एवं बनारस के अफ़ीम के ज़िलों में किसानों को अपनी ज़मीनों का एक निश्चित भाग पोस्त की खेती के लिए छोड़ देने हेतु विवश किया जा रहा है।*

चीनियों द्वारा अफ़ीम की दासता छोड़े जाने के बाद तक यह जारी रहा। जनाक्रोश की प्रतिक्रियास्वरूप 1895 में स्थापित रॉयल कमीशन ने अफ़ीम की विभीषिकाओं पर पर्दा डालते हुए दावा किया कि लोगों के भय एवं चिन्ताएँ बढ़ा–चढ़ाकर व्यक्त किये जा रहे हैं (अकाल के समय प्रसिद्ध

---

* 1838 में लेखक विलियम हॉविट का कहना है कि उद्धरण के बीच में उद्धरण फ़रवरी, 1837 की चीनी रीपॉज़िटरी के एक लेख 'कल्टिवेशन ऑफ द पॉपी' में से लिए गये हैं।

हुए एवं अब तक सेवानिवृत्त हो चुके सर रिचर्ड टैम्पल ने आयोग के समक्ष अफ़ीम नीति का बचाव किया)। दुरान्त ने पाया कि 1930 में भारत में अफ़ीम की 7,000 दुकानें थीं, जो प्रत्येक भारतीय राष्ट्रवादी संगठन एवं सामाजिक सेवा समूह के विद्रोहों के बावजूद अपना व्यवसाय कर रही थीं। इनमें से प्रत्येक दुकान पर ब्रिटिश सरकार का स्वामित्व था। लगभग 40,000 एकड़ उपजाऊ भूमि पर अफ़ीम की खेती की जाती थी, इतनी भूमि पर कुपोषित भारतीयों के लिए अन्न उगाया जा सकता था। लाचार केन्द्रीय विधान मण्डल के निर्वाचित भारतीय सदस्यों ने 1921 में जब भारत में अफ़ीम की खेती अथवा बिक्री पर रोक के सम्बन्ध में अपने सहकर्मियों से एक विधेयक पारित करवाया तो सरकार ने इस पर कार्यवाही करने के साधारण उपाय के द्वारा इसे अस्वीकार कर दिया। सरकार निःसन्देह इस तथ्य के प्रति सतर्क थी कि सरकार के वार्षिक राजस्व का नौवाँ भाग दवाओं से प्राप्त होता था। महात्मा गाँधी ने भी पीछे न हटते हुए आसाम में अफ़ीम के विरोध में एक अभियान प्रारम्भ कर दिया और वे इसकी खपत को कम करके आधा कर देने में सफल रहे, इसकी प्रतिक्रिया में ब्रिटिश सरकार ने महात्मा गाँधी और उनके चालीस सत्याग्राहियों को जेल में डाल दिया।

इस घातक नशे को बन्द करने की माँग को लेकर विभिन्न विश्व अफ़ीम सम्मेलन आयोजित किये गये परन्तु ब्रिटिश साम्राज्य ने उनकी अपीलों को स्वीकार करने से इनकार कर दिया। विश्व–आक्रोश को शान्त करने के लिए यह इसके निर्यात को प्रतिवर्ष 10 प्रतिशत तक कम करने पर सहमत हो गयी परन्तु भारत में इसके उत्पादन एवं बिक्री को प्रतिबन्धित एवं कम करना इसने स्वीकार नहीं किया। वास्तव में आर्थिक उपायों की जाँच कर रहे सरकारी छँटनी आयोग ने 'राजस्व के महत्त्वपूर्ण स्रोत के रूप में अफ़ीम की बिक्री के रक्षा के महत्त्व' को रेखांकित करते हुए 'कोई कमी न करने' की सिफ़ारिश की। परिणामस्वरूप अफ़ीम जनसामान्य का प्रिय नशा बन गया, इसके प्रभावों से अनभिज्ञ लोगों ने इसका बेतहाशा सेवन किया और महिलाएँ थोड़ी–सी मज़दूरी के लिए जब पाँव घिसटती निर्माण–स्थलों पर जातीं तो अपने बच्चों को शान्त रखने के लिए अफ़ीम दे देतीं।

क्या ब्रिटिश 'राज' की अफ़ीम सम्बन्धी नीति को तत्कालीन समय की सोच को अभिव्यक्त करने वाली मानकर माफ़ कर देना चाहिए? क्या आज के लाभ के सन्दर्भ में इसकी आलोचना करना अनुचित है? नहीं, प्रत्येक

तत्कालीन भारतीय राष्ट्रवादी समूह, अन्तर्राष्ट्रीय सम्मेलनों में दर्जनों विदेशी प्रतिनिधि मण्डलों एवं विचारशील विदेशी टिप्पणीकारों एवं क्रुद्ध विल दुरान्त जैसे पत्रकारों ने अफ़ीम नीति के क्रियान्वयन के दौरान ब्रिटिश शासकों की निःसंकोच आलोचना की थी। यह विडम्बना है कि अफ़ीम के विरोध में सर्वाधिक प्रभावी निन्दा और किसी ने नहीं, स्वयं मैकॉले ने की थी। 1833 में ब्रिटिश संसद में मैकॉले ने कहा था–

> *नीच तानाशाहों, जिन्हें हमने भारत में देखा, में यह चलन था कि (...) जब वे अपनी प्रजा के किसी विशिष्ट व्यक्ति के सामर्थ्य एवं साहस से भयभीत होते...तो वे उन्हें प्रतिदिन अफ़ीम से तैयार की गयी दवा की खुराक दे देते जिसके प्रभावस्वरूप कुछ ही महीनों में उस अभागे व्यक्ति की सभी शारीरिक एवं मानसिक शक्तियाँ नष्ट हो जातीं और वह एक असहाय मूर्ख व्यक्ति में तब्दील हो जाता। ऐसा करने वाले लोग इतनी घिनौनी धूर्तता, जो कि हत्या से भी भयानक थी, करने में सक्षम थे...यह अंग्रेज़ राष्ट्र के लिए कोई आदर्श नहीं हैं। हम पूरे समुदाय को, महान लोगों को मति मन्द करने एवं पंगु बनाने के लिए (अफ़ीम) देने की सहमति कभी नहीं देंगे।*

मैकॉले को इस बात का किंचित भी अहसास नहीं था कि उसके भाषण के बाद एक सदी से भी अधिक समय तक उसकी अपनी ब्रिटिश सरकार उसके शब्दों को झुठलाती रहेगी क्योंकि उसने जिसकी आलोचना की, सरकार ठीक वही करती रही।

ब्रिटिश सरकार का अफ़ीम की बिक्री से इनकार करना निःसन्देह भारतीय समाज में सुधार की सरकारी अनिच्छा का भाग था और इसकी नीतियाँ इसे सीमाहीन ढंग से रूपान्तरित एवं विकृत करती रहीं। ब्रिटिश सरकार ने इसे स्थानीय लोगों के रीति–रिवाजों एवं परम्पराओं के प्रति सम्मान कहकर औचित्यपूर्ण ठहराया परन्तु वास्तव में इसकी मुख्य चिन्ता थी कि इस सुधार पर धन व्यय होगा एवं कठिनाई उत्पन्न होगी जिसके लिए पुनः धन एवं समय की आवश्यकता होगी। परिणामस्वरूप ब्रिटिश शासन ने भारत में जाति प्रथा की मोरचाबन्दी, मुसलमान समुदाय पर मौलाना लोगों एवं रूढ़िवादी धार्मिक हस्तियों के प्रभुत्व, अस्पृश्यता एवं अनेक अन्य सामाजिक बुराइयों को देखा और उन्होंने इसमें हस्तक्षेप का ख़तरा

उठाने की बजाय इनसे दूरी बनाये रखना उचित समझा। ब्रिटिश शासक सामाजिक प्रथाओं में तभी हस्तक्षेप करते थे, जब यह उनके अनुकूल होता था। सार्वभौमवाद के उदार सिद्धान्तों एवं न्याय व शासन के वास्तविक औपनिवेशिक चलन के बीच व्यापक अन्तर था।

उस समय पर हुए सुधार समाज–सुधारकों, जिन्हें ब्रिटिश शासकों ने स्वीकार कर लिया था, की शक्तिशाली प्रेरणा से चालित थे, न कि स्वयं ब्रिटिश शासन द्वारा प्रारम्भ किये गये थे (ठगी की समाप्ति इसका अपवाद है, जो ब्रिटिश शासन ने क़ानून और व्यवस्था को बनाये रखने के लिए किया, न कि किसी धार्मिक कारण से)। सती प्रथा के उन्मूलन का आह्वान राजा राममोहन राय ने किया एवं इस सम्बन्ध में अधिनियम बेंटिक ने बनाया। वे जानते थे कि उन्हें सही सोच वाले भारतीयों का सहयोग प्राप्त है और वे असभ्य स्थानीय लोगों पर अपनी इच्छा को आरोपित करने वाली ब्रिटिश अन्तरात्मा का भाग नहीं बने। ब्रिटिश राज के दौरान विवाह की आयु में हुई थोड़ी–सी बढ़ोतरी (महिलाओं के लिए चौदह वर्ष एवं पुरुषों के लिए अठारह वर्ष) के लिए विधानमण्डल में भारतीयों ने मतदान किया था और बाद में ब्रिटिश शासन ने इस पर अपनी मौन स्वीकृति दे दी थी और विधवाओं के उत्पीड़न, छुआछूत की सर्वाधिक घिनौनी प्रथा और धार्मिक कर्मकाण्ड के रूप में बलि जैसी सामाजिक बुराइयों के विरोध में सबसे पहले ईश्वरचन्द्र विद्यासागर, ब्रह्म समाज एवं आर्य समाज जैसे भारतीय समाज–सुधारकों ने आवाज़ उठायी और अभियान चालाया। ये समस्त बुराइयाँ ब्रिटिश शासन की उदासीन दृष्टि के नीचे निर्विरोध रूप से जारी थीं। जिस युग में एक भी गवर्नर, सचिव अथवा अन्य ब्रिटिश उच्चाधिकारी एक भी महिला नहीं थी और जब महिला वाइसराय तो क्या एक उच्च पद पर महिला के आसीन होने का विचार तक एक कल्पना था, उस युग में तीन प्रभावशाली महिलाओं ने भारतीय राष्ट्रीय कांग्रेस की अध्यक्षता की। तत्कालीन सरकार के रूप में ब्रिटिश शासकों के पास परिवर्तन की रूपरेखा तैयार करने एवं लागू करने की स्वीकृति देने का अधिकार था परन्तु बहुत विरले ही उन्होंने स्वयं इसकी पहल की।

लॉरेंस जेम्स ने शेखी बघारते हुए दावा किया कि 'स्टालिन के रूस से भिन्न ब्रिटिश साम्राज्य सदैव एक खुला समाज था।' एक राज–समर्थक द्वारा ऐसी तुलना बहुत ही रोचक है परन्तु हम उसे यह करने देंगे।

किसके लिए ब्रिटिश साम्राज्य एक खुला समाज था? ग़ैर–श्वेतों के लिए नहीं, जैसा कि हमने देखा है; किसी भी वर्ग की महिलाओं के लिए नहीं; निःसन्देह भारतीयों के लिए नहीं।

क्योंकि मैंने जैसा कि उल्लेख किया है, सब कुछ के पीछे एक अनिवार्य तथ्य था; भारत के उनसे पूर्व के प्रत्येक विजेता से भिन्न (महमूद ग़ज़नी, तैमूर एवं नादिर शाह जैसे थोड़े समय के लिए आये आक्रमणकारियों की इसमें गणना नहीं की गयी है), प्रत्येक अन्य विदेशी शासक, जो शासन करने के लिए रुका, से भिन्न ब्रिटिश शासकों की इस भूमि के साथ एकरूप हो जाने की कोई इच्छा नहीं थी। फ्रांसीसियों ने विदेशी क्षेत्रों पर शासन किया और उन्हें फ्रांसीसी बना लिया, उन्हें फ्रांसीसियों की गाथा में समाविष्ट कर लिया, पुर्तगाली अपने उपनिवेशों में बस गये एवं स्थानीय लोगों से अन्तर्विवाह किये, परन्तु ब्रिटिश सदैव अलग एवं पृथक् बने रहे, एक विदेशी उपस्थिति जिसकी रुचियाँ एवं निष्ठाएँ विदेशी थीं।

दिल्ली के सुल्तान और मुग़ल चाहे विदेशों से आये थे और उनके पूर्वज प्रारम्भ में चाहे अपने 'घर' के रूप में परगना घाटी में दूर–दराज नगरों को लौट गये थे परन्तु वे भारत में बस गये और इसके अतिरिक्त किसी स्थान के लिए अपनी वफ़ादारी और निष्ठा नहीं रखी। उन्होंने भारत की महिलाओं से विवाह किया और कुछ पीढ़ियों में उनका विदेशी ख़ून इतना मिश्रित हो गया कि उनकी विदेशी जातीयता का कोई चिह्न भी शेष नहीं रहा। अकबर का पुत्र जहाँगीर आधा राजपूत था; जहाँगीर का बेटा शाहजहाँ भी भारतीय वधू से उत्पन्न था; औरंगज़ेब का केवल आठवाँ भाग अ–भारतीय था। मुग़ल शासक निःसन्देह परगना के साथ अपने जुड़ावों को गहराई से जानते थे, वहाँ से आने वाले दूतों से वे अपने पूर्वजों चंगेज़ के मकबरों की स्थिति के सम्बन्ध में पूछते और उनके रख–रखाव के लिए धन दान करते। अतीत मुग़ल पहचान का भाग था परन्तु उनकी वर्तमान एवं भविष्य में अपने सम्बन्ध में धारणाएँ भारत में रची–बसी थीं। इसके विपरीत ब्रिटिश शासकों ने प्रजातीय विशिष्टता बनाये रखी, भारतीयों के साथ भेदभाव किया और जाति–मिश्रण का उपहास किया।

हाँ, मुग़ल शासकों ने भारतीय नागरिकों पर कर लगाये, अपने अधीन राजकुमारों से शुल्क और नजराने माँगे, उन्होंने युद्ध में हराये गये राजाओं के ख़ज़ानों को लूटा–सब कुछ ब्रिटिश शासकों के समान–परन्तु उन्होंने

भारत से जो एकत्र किया, उसे समरकन्द अथवा बुखारा में भेजने, जैसा कि ब्रिटिश शासकों ने भारतीय राजस्व को लन्दन में भेजा, की बजाय भारत में ही ख़र्च किया अथवा बचाया। उन्होंने भारत के संसाधनों को भारत के ही विकास में लगाया, उद्योगों एवं दस्तकारिता को स्थापित किया एवं संरक्षण प्रदान किया; वे विदेशी भूमि से मूर्तिकारों और वास्तुकारों को लाये परन्तु उन्हें उन्होंने अपने दरबारों का भाग बना लिया और उन्हें अपनी नयी भूमि की कलात्मक एवं सांस्कृतिक विरासत को सुन्दर बनाने के लिए प्रोत्साहित किया।

ब्रिटिश शासकों ने ऐसा बहुत कम किया। उन्होंने भारत के सूरज की गर्मी का आनन्द उठाया और अपनी ठण्डी एवं धुन्धभरी मातृभूमि को याद करते रहे; वे भारतीय श्रमिकों के पसीने से बनाया गया धन इंग्लैण्ड ले गये और जो भी थोड़ा–बहुत उन्होंने भारत के लिए किया, उन्होंने सुनिश्चित किया कि भारत उसके लिए उससे अधिक भुगतान करे। और इस सबके अन्त में वे भारतीय नाम वाली अपनी छोटी–गीली कॉटेजों में अपनी सेवा–निवृत्ति का आनन्द उठाने के लिए लौट गये। उनकी विदेशी आरामगाहें भारतीय करदाताओं द्वारा भेजी जाने वाली बड़ी पेंशनों के तकियों से सजी थीं।

साम्राज्य के समर्थकों ने जिस प्रश्न का ईमानदारी से कभी सामना नहीं किया, वह उत्कृष्ट प्रश्न है–'कुई–बोनो?' अर्थात् ब्रिटिश शासन से किसको लाभ मिला? उत्तर प्रत्यक्षतः है कि स्वयं ब्रिटेन को।* आइये हम लैंस को थोड़ा चौड़ा करते हुए संख्याओं पर अन्त में एक बार दृष्टि डालें। पूरे इतिहास में विश्व जीडीपी में देशों के हिस्से का सुन्दर तुलनात्मक चार्ट संकेतपूर्ण है।

1 सीई में जब ईसाई धर्म का अभी जन्म ही हुआ था, भारत का विश्व जीडीपी में योगदान 33 प्रतिशत था जबकि यूके, फ्रांस और जर्मनी–तीनों का मिलाकर केवल 3 प्रतिशत था। 1700 में ये आँकड़े 25 प्रतिशत और 11 प्रतिशत थे। 1870 में साम्राज्य के चरम पर विश्व जीडीपी में भारत की भागीदारी कम होकर 12.5 प्रतिशत और तीनों यूरोपियाई देशों की

* जब यह पुस्तक प्रेस में जा रही थी, ठीक उस समय एक नया शोध प्रस्तुत हुआ जिसमें भी ऐसी स्थिति का वर्णन किया गया है; जॉन विल्सन इण्डिया कन्कर्ड; ब्रिटेन्स राज एण्ड द केऑस ऑफ़ एम्पायर, लन्दन; साइमन एण्ड शूस्टर, 2006.

22 प्रतिशत पर पहुँच गयी और 1913 में भारत में निर्धनता के और अधिक बढ़ जाने से ये आँकड़े 9 प्रतिशत एवं 22.5 प्रतिशत पर पहुँच गये। 1950 में जब ब्रिटिश शासक अभी गये ही थे, भारत 4 प्रतिशत पर खड़ा था और 2008 में यह बढ़कर 7 प्रतिशत हो गयी और आगे बढ़ रही थी। इंग्लैण्ड, फ्रांस और जर्मनी का विश्व जीडीपी में 1950 में योगदान कम होकर 16 प्रतिशत पर पहुँच गया और आज लगभग 9 प्रतिशत है। 2014 में ब्रिटेन का यह योगदान 25 वर्ष पूर्व से 6 प्रतिशत कम होकर 2.4 प्रतिशत पर पहुँच गया। इतिहास अपने संशोधन स्वयं कर लेता है।

यह सच्चाई है जिस पर राज–समर्थक लिपस्टिक लगा लेना चाहते हैं। फर्ग्यूसन की साम्राज्य–समर्थक भाषा पर एक समीक्षक ने लिखा है : 'फर्ग्यूसन का 'इतिहास' हमारे समय की परीकथा है, जो श्वेत व्यक्ति एवं उसके बोझ को साहसिक कारनामों के केन्द्र में रखती है। उपनिवेशवाद–दासता, लूट, युद्ध, भ्रष्टाचार, ज़मीन हथियाने, अकाल, शोषण, बँधुआ श्रमिकों, दरिद्रता, जन–संहार, क़त्लेआम और जबरन विस्थापन की गाथा का कुछ दुर्भाग्यशाली दुर्घटनाओं एवं ज़्यादतियों से कलंकित कल्याणकारी विकासात्मक मिशन के रूप में पुनर्लेखन है।'

किपलिंग ने जब अपनी जातिवादी कविता 'द व्हाइट मैन्स बर्डन' लिखी, जैसा कि मैंने देखा है कि एक समकालीन हैनरी लेबूशेयर ने तुरन्त इसका प्रत्युत्तर 'द ब्राउन मैन्स बर्डन' प्रकाशित किया। इस कविता में दर्शाया गया है कि साम्राज्यवाद–ब्रिटिश शासकों का अथवा किसी का भी (अमरीकियों ने अभी अपनी फ़िलिपाइन की जीत प्रारम्भ ही की थी)–के साथ क्या ग़लत था। पूरा नहीं तो इसके बड़े भाग को उद्धृत करना उपयुक्त होगा :

*पाइल ऑन द ब्राउन मैन्स बर्डन*
*टू ग्रेटीफाई योर ग्रीड*
*गो, क्लीयर अवे द 'निग्गर्स'*
*हू प्रोग्रेस वुड इम्पीड;*
*बी वेरी स्टर्न, फॉर ट्रूली*
*इट्स यूज़लेस टू बी माइल्ड*
*विद न्यू कॉट, सलन पीपुल्स,*
*हाफ़ डेविल एण्ड हाफ़ चाइल्ड।*

*पाइल ऑन द ब्राउन मैन्स बर्डन*
*एण्ड, इफ़ यू राइज़ हिज़ हेट,*
*मीट हिज़ ओल्ड फैशन्ड रीज़न्स*
*विद मैक्सिम्स अप टू डेट।*
*विद शैल्स एण्ड डमडम बुलेट्स*
*अ हण्ड्रेड टाइम्स मेड प्लेन*
*द ब्राउन मैन्स लॉस मस्ट एवर*
*इम्पलाइ द व्हाइट मैन्स गेन।*

*पाइल ऑन द ब्राउन मैन्स बर्डन*
*कम्पेल हिम टू बी फ्री;*
*लेट ऑल योर मेनिफेस्टॉस*
*रीक विद फिलेन्थ्रोपी।*
*एण्ड इफ़ विद हीदन फॉली*
*ही डेयर्ज़ योर विल डिस्प्यूट,*
*देन, इन द नेम ऑफ़ फ्रीडम,*
*डॉण्ट हेज़िटेट टू शूट।*

*पाइल ऑन द ब्राउन मैन्स बर्डन*
*नॉर डू नॉट डीम इट हार्ड*
*इफ़ यू शुड अर्न द रेन्कुअर*
*ऑफ़ दोज़ यू यर्न टू गार्ड*
*द स्क्रीमिंग ऑफ़ योर ईगल*
*विल ड्राउन द विक्टिम्स सोब–*
*गो ऑन थ्रू फायर एण्ड स्लॉटर*
*देयर इज़ डॉलर्स इन द जॉब।*

*पाइल ऑन द ब्राउन मैन्स बर्डन*
*एण्ड थ्रू द वर्ड प्रोक्लेम*
*दैट यी आर फ्रीडम्स एजण्ट–*
*देयर इज़ नो मोर पेइंग गेम!*

*एण्ड शुड योर ओन पास्ट हिस्ट्री*
*स्ट्रेट इन योर टीथ बी थ्रोन,*
*रीटॉर्ट देट इण्डिपेण्डेंस*
*इज़ गुड फॉर व्हाइट्स एलोन।*

*पाइल ऑन द ब्राउन मैन्स बर्डन*
*विद इक्विटी हैव डन;*
*वीक, एंटिक्वेटिड स्क्रूपल्स*
*देयर स्क्वीमिश कोर्स हव रन*
*एण्ड दो इट्स फ्रीडम्स बैनर*
*यू आर वेविंग*
*इन द वैन,*
*रिज़र्व फॉर होम कन्सम्प्शन*
*द सेक्रेड 'राइट्स ऑफ़ मैन'!*

*एण्ड इफ़ बाय*
*चान्स यी फाल्टर*
*ऑर लैग एलॉन्ग द कोर्स,*
*इफ़, एज़ द ब्लड फ्लोस फ्रीयली,*
*यी फील सम स्लाइट रीमोर्स,*
*हाय यी टू रुडयार्ड किपलिंग,*
*इम्पीरियलिज़्म प्रॉप,*
*एण्ड बिड हिम फॉर योर कम्फर्ट*
*टर्न ऑन हिज़ जिंगो स्टॉप।*

इन समस्त अन्यायों के बावजूद भारतीयों ने ब्रिटिश शासकों को, जब वे छोड़कर गये, तुरन्त माफ़ कर दिया और उनके साथ एक 'विशेष सम्पर्क' बनाये रखा जो प्रायः सौहार्द एवं स्नेह के रूप में व्यक्त होता है—यह तथ्य ब्रिटिश राज के कल्पित लाभों की अपेक्षा भारत के सम्बन्ध में अधिक व्यक्त करता है।

जवाहरलाल नेहरू के सम्बन्ध में एक कहानी कही जाती है, जो कदाचित प्रामाणिक नहीं है। नेहरू ने 1922 से 1945 तक आठ बार में

कुल 3,262 दिन (अपने जीवन के लगभग दस वर्ष) ब्रिटिश जेलों में बिताये थे। धूर्त–साम्राज्यवादी विन्सटन चर्चिल ने एक बार उनसे पूछा था कि उनके मन में उन्हें जेल में डालने एवं उन पर अत्याचार करने वालों के प्रति कैसे कड़वाहट लगभग नहीं है। ऐसा कहा जाता है कि नेहरू ने हाल ही में की गयी महात्मा गाँधी की हत्या के सन्दर्भ में उत्तर दिया था कि 'मुझे महान व्यक्ति ने कभी घृणा न करने–कभी न डरने की शिक्षा दी थी।'

अध्याय आठ

# साम्राज्य के बाद अव्यवस्थित जीवन

*साम्राज्य के परिणाम–साम्राज्यवादी स्मृतिलोप–आज के विश्व में प्रतिध्वनियाँ–फर्ग्यूसन की दृष्टि में साम्राज्य–प्रायश्चित्त–साम्राज्य के नगीने को लौटाना–उपनिवेशवाद का प्रतिरोध : गाँधीवाद की अपील–आधुनिक हिंसा के समक्ष गाँधीवाद अवास्तविक–गहरा प्रभाव : उपनिवेशवाद की शेष बची समस्याएँ।*

मैं अन्तिम एक बार कहूँगा कि भारत में ब्रिटिश उपनिवेशवाद के विरुद्ध इस स्थिति को प्रस्तुत करते हुए मैं, आज मेरे देश में जो भी ग़लत है, उस सबके लिए ब्रिटिश शासकों को दोषी ठहराने का प्रयास नहीं कर रहा हूँ और न ही आज भी देश में निःसन्देह बनी हुई कुछ असफलताओं और कमियों को न्यायोचित ठहराने का प्रयास कर रहा हूँ। उपनिवेशकों के अनुचित कार्यों पर सीमाओं का विधान है परन्तु मानवीय स्मृति, विशेष रूप से जीवित स्मृति पर कोई अधिनियम लागू नहीं होता। क्योंकि जैसा कि मैंने उल्लेख किया है कि आज भी लाखों ऐसे भारतीय जीवित हैं जिन्हें भारत में ब्रिटिश साम्राज्य के अन्याय याद हैं। इतिहास का सम्बन्ध अतीत से होता है, परन्तु इसे समझने का कर्तव्य वर्तमान का होता है।

## साम्राज्यवादी स्मृतिलोप

शुक्र है कि अधिकतर विकासशील विश्व में प्रत्येक राष्ट्रीय असफलता के लिए उपनिवेशवाद की बुराइयों को दोषी ठहराने अथवा आलोचना करने का फ़ैशन नहीं रह गया है। अन्तर्राष्ट्रीय स्तर पर उपनिवेशवाद का विषय और भी बीते समय की बात बन गया है। चूँकि उपनिवेशवाद को समाप्त

करने की आवश्यकता पर अब बहस नहीं होती और स्वयं उपनिवेशवाद से अब कोई संघर्ष उत्पन्न नहीं होता (आख़िरकार अब ऐसे कोई साम्राज्य नहीं बचे हैं जिनका भरण–पोषण अथवा समाप्त होना व्यापक युद्ध को प्रेरित कर सकता है)। फिर भी यह आश्चर्यजनक है कि स्वयं महान साम्राज्यिक शक्ति के नागरिकों में कितनी शीघ्रता से स्मृतिलोप हुआ है। ब्रिटेन में 1997 में किये गये जनमत से निम्नलिखित ज्ञात हुआ : 65 प्रतिशत लोग जानते ही नहीं थे कि रॉबर्ट क्लाइव अथवा जेम्स वॉल्फ किस देश से सम्बद्ध थे, 77 प्रतिशत को यह नहीं मालूम था कि सिसिल रॉह्ड्स कौन था, 79 प्रतिशत लोग रुडयार्ड किपलिंग द्वारा लिखित प्रसिद्ध कविता नहीं बता पाये और 47 प्रतिशत लोगों का मानना था कि ऑस्ट्रेलिया अभी भी कॉलोनी था। 50 प्रतिशत से अधिक लोगों को यह ज्ञात नहीं था कि संयुक्त राज्य अमरीका कभी ब्रिटिश साम्राज्य का भाग रहा था।

परन्तु विश्व मामलों की जानकारी रखने वाले लोग भी पूर्ण रूप से बुद्धिमान नहीं होंगे कि वे उपनिवेशवाद को कूड़े के ढेर कहे जाने वाले इतिहास को सुपुर्द कर दें। यह बहुत दिलचस्प है कि यह, हम जिस विश्व में रह रहे हैं, उसकी समस्याओं एवं लाभों को समझने का एक प्रासंगिक कारक बना हुआ है। ब्रिटिश साम्राज्य एवं इसके यूरोपीय समकक्षों ने 'पूर्णतः अभूतपूर्व ढंग से आर्थिक, भौतिक एवं सांस्कृतिक शक्ति का वैश्विक पदक्रम सृजित किया', यही कारण है कि उनका प्रभाव बड़ी सीमा तक बना हुआ है। एक टिप्पणीकार ने लिखा है कि आख़िरकार 'यूरोपीयाई साम्राज्यवाद की स्मृति कासाब्लांका से जकार्ता तक सब स्थानों पर बनी हुई है और कोई चाहे तेहरान के साथ आणविक शक्ति की बात करे अथवा चीन के साथ रेन्मिन्बि के भविष्य की, इसे ध्यान में रखे बिना समकालीन कूटनीति सफल नहीं हो सकती।'

निएल फर्ग्यूसन निःसन्देह यही करते हैं। जैसाकि हमने देखा है कि वे विश्व में हुई अधिकांश अच्छाई और विशेष रूप से वस्तुओं, पूँजी एवं श्रम की स्वतन्त्र आवाजाही एवं क़ानून व्यवस्था व शासन के पश्चिमी प्रतिमानों को लागू करने का कारण साम्राज्य में देखते हैं। उनका तर्क है कि इस ग्रह पर ब्रिटिश शासन के प्रसार के बिना आज की अनेक अर्थव्यवस्थाओं में उदार पूँजीवाद की सफलता सम्भव नहीं थी।

यह चाहे यक़ीनी रूप से एक सुरक्षात्मक समीकरण हो, परन्तु यह

जैसाकि फर्ग्यूसन ने कहा है, अनिवार्य रूप से अच्छी चीज़ (गुड थिंग) नहीं था। आज के विश्व की ब्रिटिश साम्राज्य के संसार के साथ निरन्तरता, जिसका वे इतना गुणगान करते हैं, अत्यधिक आश्चर्यजनक रूप से अधिकतर उपनिवेश उपरान्त के विश्व की आर्थिक आत्मनिर्भरता में दिखाई देती है। यह एक समकालीन वास्तविकता है, जो उपनिवेशकर्ताओं के श्रेय में कोई सहायता नहीं करती। साम्राज्य चाहे चला गया परन्तु इसके द्वारा विकासशील विश्व में पीछे छोड़ गये नक़लची प्रबुद्ध वर्ग के रूप में बना हुआ है। नायपॉल के शब्दों में, 'बहरूपिया लोग', जो वह बनने का कठोर प्रयास कर रहे हैं, जो साम्राज्य की शक्ति ने उन्हें बनने की अनुमति नहीं दी और स्वयं को एवं अपने समाजों को प्रमुख रूप से महानगरों में आधारित निगमों के निरन्तर बने हुए प्रभुत्व का दास बना रहे हैं। ईस्ट इण्डिया कम्पनी समाप्त हो गयी है परन्तु वैश्वीकरण ने यह सुनिश्चित किया है कि पूर्ववर्ती साम्राज्य राष्ट्रों में इनके आधुनिक समय के उत्तराधिकारी पूँजीवाद के प्रमुख औज़ार बने रहें।

भारत कुछ सीमा तक इसका अपवाद है, जिसका श्रेय इसकी दशकों की आर्थिक स्वयं–पर्याप्तता को जाता है। परन्तु पंकज मिश्रा का मानना है कि उदार पूँजीवादी 'एशियाई उदय', पश्चिमी आधुनिकता की वैश्विक विजय का कसैला परिणाम है। भारत जिसका समकालीन प्रतीक है, मिश्रा एवं अन्य वामपन्थी आलोचकों के अनुसार, यह एशियाई अध्यात्मवाद की बजाय भौतिक पूँजीवाद की विजय है; भारतीय राक्षस पराडा भी पहनता है। वामपन्थी ब्रिटिश पत्रकार रिचर्ड गोट ने अपने देश के साम्राज्यवाद की कटु आलोचना की है : 'ब्रिटिश साम्राज्य अनिवार्य रूप से बड़े पैमाने पर एक हिटलरी परियोजना थी जिसमें सैनिक विजय एवं तानाशाही, विनाश एवं जन–संहार, सैनिक शासन एवं 'विशेष अदालतें', दासता एवं बँधुआ मज़दूरी और स्वभावतः यातना शिविर तथा लोगों का समुद्र पार स्थानान्तरण शामिल थे।' यद्यपि वे ग़लत नहीं थे परन्तु शायद अधिक जटिल मूल्यांकन किया गया है। 'राज' की विरासत पर दृष्टिपात करना, इसके द्वारा तोड़े एवं रूपान्तरित किये गये समाजों और इसके द्वारा परिवर्तित किये गये, निष्कासित किये गये, बनाये गये, नष्ट कर पुनः बनाये गये मानवों; चूँकि ब्रिटिश पूँजीवादी जहाँ भी सम्भव हो, लाभ चाहते थे, अतः व्यापार एवं जाति संकरण के परस्पर गहन सम्पर्क; युगों पुराने अवरोधों के ध्वस्त हो जाने

से लोगों के अन्तर्वेशन एवं भारत के भीतर तथा अन्य स्थानों पर लोगों के स्थानान्तरण से नये लोगों की उपस्थिति; परिणामतः भाषा एवं संस्कृति के संकरण; परिवार, जाति, धर्म, देश एवं साम्राज्य के प्रति विवादास्पद वफ़ादारियों के बीच रस्साकशी एवं इस सबसे अधिक आर्थिक लाभ के प्रति अनिवार्य लालसा जो कि उपनिवेशी परियोजना की सर्वाधिक गहन प्रेरक भावना थी–पर साम्राज्य के प्रभाव की विवेचना करना भी है। यह एक व्यापक परियोजना है जो इस पुस्तक के उद्देश्य में निहित नहीं है।

फर्ग्यूसन की पुस्तक के पीछे निःसन्देह एक और दुर्भाग्यपूर्ण लक्ष्य था, वह था ब्रिटिश साम्राज्य के इतिहास को नये अमरीकी साम्राज्य–जिसका, उसकी आशा थी कि उदय हो रहा था–के लिए भूमि तैयार करने हेतु प्रयोग करना। वर्ष 2003 में जब अमरीका मिडल ईस्ट की पुनः संरचना करने के उद्देश्य से अन्ततः अपने दुर्भाग्यपूर्ण इराकी मिशन को प्रारम्भ कर रहा था तो फर्ग्यूसन ने तर्क दिया था कि 'अन्ततः ब्रिटेन की विश्व शक्ति का, चाहे संकोची ही, उत्तराधिकारी पूर्व के अनिष्टकारी साम्राज्यों में से एक नहीं था अपितु वह ब्रिटेन का सर्वाधिक सफल एक पूर्व उपनिवेश था।' फर्ग्यूसन ने अमरीका के साम्राज्यवादी भविष्य को ब्रिटेन के साम्राज्यवादी अतीत में देखा था और उसने अपने साम्राज्य के इतिहास को बहुत स्पष्ट रूप से इस प्रस्ताव को न्यायोचित ठहराने के लिए प्रयुक्त किया कि जिस प्रकार पैक्स ब्रिटेनिका काल ने जैसे विश्व शान्ति एवं समृद्धि के अभूतपूर्व काल का प्रारम्भ किया, उसी प्रकार पैक्स अमेरिकाना इक्कीसवीं सदी के विश्व को पुनरुज्जीवित करेगा। ऐसे कपटपूर्ण एवं दिखावटी तर्क से इतिहास का अहित ही होता है और इस पुस्तक, जो फर्ग्यूसन के तर्कों को अपराध की स्वीकृति के रूप में ही प्रस्तुत करती है, के प्रकाशन के समय से इराक़ (लीबिया व सीरिया में भी) में अव्यवस्था, अराजकता, मृत्यु एवं ग़ैर–संस्थानीकरण के वर्षों का ही प्रारम्भ हुआ है।

इसमें फर्ग्यूसन कम–से–कम उपनिवेश की परियोजना के मूल्यों पर खरा उतरा है जिसने यूरोपीय साम्राज्यवादियों को प्रमुख रूप से भौतिक, नैतिक एवं बौद्धक दृष्टि से लाभ पहुँचाया। साम्राज्यवाद ने मानवता की यूरोपीय धारणाओं को ऊँचा उठाकर विश्व–प्रभुत्व बना दिया, श्वेत पुरुष को ज्ञान के आदर्श के चरम के रूप में प्रस्तुत किया और ऐसा आदेश एवं सैनिक शक्ति के द्वारा किया गया। इस प्रक्रिया में साम्राज्यवादी इतिहासविदों

ने अपनी प्रजा के लोगों का पक्षपातपूर्ण 'इतिहास' लिखा जिसका उद्देश्य अपने प्रभुत्व का वर्णन करना एवं उसे उचित ठहराना था। फर्ग्यूसन ने विश्व इतिहास के लेखन की लम्बे समय से चली आ रही औपनिवेशी परम्परा को आगे बढ़ाया है जिसमें अपने लोग एवं उनके हित निश्चित प्रथम एवं अन्तिम सन्दर्भ बिन्दु होते हैं।* फर्ग्यूसन के शोध को विश्व भर में करोड़ों लोगों के लिए साम्राज्य की प्रकृति एवं इसके अनुभव के प्रभावों के एक निश्चित वक्तव्य के रूप में देखने की बजाय इक्कीसवीं सदी के प्रारम्भ में थोड़े समय के लिए उभरे साम्राज्य के अक्खड़पन की पकड़ के प्रतिबिम्ब के रूप में देखा जाना उत्तम होगा।

## साम्राज्य के नगीने की वापसी और उपनिवेशवाद को समझने के अवाला हम इसका क्या करें?

जैसाकि मैंने भूमिका में स्पष्ट किया है, प्रतिपूर्तियों के मुद्दे को बहुत उछाल दिया गया है : कोई निश्चित राशि देय नहीं है और कोई देय राशि विश्वसनीय नहीं है। प्रति वर्ष प्रतीकात्मक पाउण्ड का मेरा सुझाव वित्त मन्त्रालयों, जिन्हें कि इसे क्रियान्वित करना होगा, के लिए व्यावहारिक नहीं होगा। एक क्षमायाचना अथवा खेद प्रकट करना–जलियाँवाला बाग़ में निष्कपट प्रायश्चित्त का क़दम जैसा कि ट्रोडो द्वारा कामागाटामारू के मामले में–प्रायश्चित्त के एक महत्त्वपूर्ण प्रयास का रूप ले सकता है। और एक संकल्प–साम्राज्य से सबक़ सीखने के लिए महानगरीय देश में–कि जिस प्रकार जर्मनी के बच्चों को यातना शिविरों में यह वीभत्स वास्तविकता दिखाने के लिए ले जाया जाता है कि उनके पूर्वजों ने क्या किया, उसी प्रकार ब्रिटेन के बच्चों को पढ़ाया जाये कि उनकी मातृभूमि का निर्माण किससे हुआ।

---

* कुछ लोगों ने इस आधिपत्यपूर्ण साम्राज्य से बौद्धिक स्वतन्त्रता पर बल दिया, उन विचारकों से जिन्होंने ऐसी जीवन–दृष्टि प्रस्तुत की जो न तो आधुनिक थी और न ही आधुनिकता–विरोधी, मार्क्सवादी थी, क्रान्तिकारी नहीं, उपनिवेशवादी थी और यदि सटीकता से कहा जाये तो उपनिवेशवाद–विरोधी नहीं थी। उन्नीसवीं सदी के उत्तरार्द्ध एवं बीसवीं सदी के प्रारम्भ में पश्चिमी आधिपत्य के प्रति ये कुछ कम पहचानी गयी बौद्धिक प्रतिक्रियाएँ पंकज मिश्रा की पुस्तक 'रूइन्स ऑफ एम्पायर : द रीवोल्ट अगेन्स्ट द वेस्ट एण्ड द रीमेकिंग ऑफ एशिया, लन्दन; एलन लेन, 2012 में देखी जा सकती है। मिश्रा पाश्चात्यपूर्ण ढंग से यह स्वीकार करते हैं कि पूर्व को 'पश्चिम के लोगों द्वारा अपने अधीन किया गया जिन्हें वे लम्बे समय से असभ्य नहीं तो घमण्डी तो समझते ही थे।' (पृष्ठ 3)

और दूसरा, स्पष्ट है कि उपनिवेशवाद के दौरान जो भारत से लूटा गया, उसमें से कुछ बहुमूल्य वस्तुओं को लौटाया जाये। करों एवं शोषण के द्वारा छीना गया धन पहले ही ख़र्च किया जा चुका है और यथार्थ में उसे पुनः प्राप्त नहीं किया जा सकता। परन्तु ब्रिटेन के संग्रहालयों में रखी कुछ मूर्तियों को वापस लिया जा सकता है और कुछ नहीं तो उनकी प्रतीकात्मक क़ीमत तो दी जा सकती है। आख़िरकार लूटी गयी नाज़ी युग की कलात्मक वस्तुओं को विभिन्न पश्चिमी देशों में उनके आधिकारिक मालिकों को यदि लौटाया जा सकता है (और अब लौटाया जा रहा है) तो उपनिवेशवाद के दौरान लूटी गयी बहुमूल्य वस्तुओं के लिए सिद्धान्त भिन्न क्यों हो?

यह मुझे अनिवार्य रूप से महारानी के मुकुट के कोहेनूर के विवादास्पद मुद्दे की ओर ले जाता है।

एक समय पर कोहेनूर विश्व का सबसे बड़ा हीरा था। जब इसे भारत में गुंटूर के निकट खदान में से निकाला गया था तो यह 793 कैरेट अथवा 158.6 ग्राम का था। यह स्थान अब तेरहवीं सदी में काकात्य वंश के दक्षिण भारतीय राज्य आन्ध्र प्रदेश में है (यह कोहेनूर सदियों में कम होकर 100 कैरेट से कुछ अधिक रह गया है)। काकात्य राजाओं ने इसे एक मन्दिर में स्थापित किया था जिस पर दिल्ली के सुल्तान अलाउद्दीन ख़िलजी ने आक्रमण कर दिया था। वह लूटे गये अन्य बेशक़ीमती सामान के साथ इसे अपनी राजधानी ले गया। इसके बाद यह सोलहवीं सदी में दिल्ली में स्थापित मुग़ल साम्राज्य के पास पहुँच गया और 1739 में यह पारसी आक्रमणकारी नादिर शाह के हाथ में पहुँच गया। दिल्ली की विजय (और इसके निवासियों को मारकर) से लूटी गयी वस्तुओं में मयूर सिंहासन एवं कोहेनूर था।

ऐसा कहा जाता है कि स्वयं नादिर शाह ने इस हीरे को कोहेनूर अथवा 'माउण्टेन ऑफ़ लाइट' का नाम दिया था। अठारहवीं सदी में अफ़ग़ान की महारानी ने यादगार एवं रोचक ढंग से कहा था, 'कि एक शक्तिशाली पुरुष को यदि चार पत्थर फेंकने हों—एक उत्तर, एक दक्षिण, एक पूर्व एवं एक पश्चिम में और एक पत्थर ऊपर हवा में फेंकना हो और उनके बीच के स्थान को सोने से भरना हो तो वह भी कोहेनूर की क़ीमत के समान नहीं होगा।' नादिर शाह की मृत्यु के बाद यह हीरा उसके जनरलों में से

एक अहमद शाह दुर्रानी के पास पहुँच गया, जो अफ़ग़ानिस्तान का अमीर बन गया। दुर्रानी के एक वंशज ने 1809 में पंजाब के शक्तिशाली सिख महाराजा रणजीत सिंह को इसे उपहारस्वरूप दे दिया, परन्तु रणजीत सिंह के उत्तराधिकारी उसके शासन को बचा नहीं पाये और ब्रिटिश शासकों ने दो युद्धों में सिखों को हराकर सिख साम्राज्य को 1849 में ब्रिटिश साम्राज्य में मिला लिया। अब इस चरण पर कोहेनूर ब्रिटिश शासकों को मिल गया।

वर्ष 2016 में भारत के महाधिवक्ता (सॉलिसिटर जनरल)–सरकार के अधिवक्ता–ने एक चौंका देने वाला वक्तव्य दिया कि कोहेनूर हीरा ब्रिटिश सरकार को उपहार में दिया गया था और इसलिए भारत इसे वापस नहीं माँगेगा। इस वक्तव्य से देश में एक भावपूर्ण बहस छिड़ गयी।

एक ग़ैर–सरकारी संगठन अखिल भरतीय मानवाधिकार एवं सामाजिक न्याय फ्रंट द्वारा एक याचिका दायर कर पंजाब में पूर्ववर्ती सिख राज्य द्वारा 1840 के दशक के एंग्लो–सिख युद्धों पर हुए व्यय की 'प्रतिपूर्ति' के रूप में ब्रिटेन को दिये गये प्रसिद्ध हीरे को वापस लाने की माँग की गयी। इस पर प्रतिक्रिया करते हुए महाधिवक्ता ने घोषणा की थी कि 'इसे न तो जबरन चुराया गया था और न ही छीना गया था', अतः भारत सरकार द्वारा इसे वापस माँगने का कोई आधार नहीं है।

इसके परिणामस्वरूप मचे शोर के चलते सरकारी प्रवक्ता तेज़ी से पीछे हट गये और कहा कि महाधिवक्ता अन्तिम आधिकारिक मत नहीं है और इसके लिए दावा किया जा सकता है। विश्व के सर्वाधिक प्रसिद्ध हीरे पर भारतीय अपना नैतिक दावा नहीं छोड़ेंगे। भारत सरकार का यह तर्क हास्यास्पद है कि हीरा सिखों को हराने के लिए हुए ब्रिटिश ख़र्चे की 'प्रतिपूर्ति' के रूप में दिया गया क्योंकि युद्ध में पराजित पक्ष द्वारा विजेता को दी जाने वाली कोई भी प्रतिपूर्ति प्रायः हर्जाने के रूप में जानी जाती है। यह हीरा बाल सिख उत्तराधिकारी महाराजा दलीप सिंह के द्वारा औपचारिक रूप से रानी विक्टोरिया को सौंपा गया जिसके पास इस मामले में कोई और विकल्प नहीं था। इस मुद्दे पर भारतीय राजनीतिक चर्चा में, जैसाकि मैंने उल्लेख किया है कि यदि आप मेरे सिर पर बन्दूक़ रख दें तो हो सकता है कि मैं अपना पर्स आपको 'उपहार' में दे दूँ परन्तु इसका अर्थ यह नहीं है कि आप जब बन्दूक़ हटा देंगे तो मैं इसे वापस नहीं लेना चाहूँगा।

ब्रिटेन के अनेक पूर्ववर्ती उपनिवेशों में सदियों तक की गयी लूटपाट के बाद ब्रिटिश शासकों द्वारा उन उपनिवेशों को जो देय है, वह प्रतिपूर्ति है। साम्राज्य के शासन के चरम पर हड़प ली गयी बेशक़ीमती कला–वस्तुओं को लौटाना एक अच्छी शुरुआत हो सकती है। परन्तु टॉवर ऑफ़ लन्दन में प्रदर्शित क्राउन के हीरों में कोहेनूर की विशेष समस्या है। भारतीय लोगों का मानना है कि कोहेनूर पर उनका दावा प्रमाणित है। आख़िरकार यह अधिकतर भारत–भूमि पर अथवा इसके नियन्त्रणाधीन रहा है–अन्य लोगों ने भी इस पर अपना दावा व्यक्त किया है। ईरानी कहते हैं कि नादिर शाह ने इसे स्पष्ट रूप से चुराया था, अफ़ग़ानी दावा करते हैं कि इसे जबरन सिखों को सौंपने से पहले यह उनके पास था। इस दौड़ में हाल ही में पाकिस्तान इस निरर्थक आधार पर शामिल हो गया है कि कोहेनूर का अविवादास्पद अन्तिम ब्रिटिश–पूर्व मालिक सिख साम्राज्य था जिसकी राजधानी लाहौर थी, जो कि अब पाकिस्तान में है (अल्पसंख्यकों के सफ़ाये के दशकों बाद पाकिस्तान में शायद ही कोई सिख बचे हैं, इस तथ्य के समक्ष पाकिस्तान का दावा कोई महत्त्व नहीं रखता)।

परस्पर विरोधी ये दावे ब्रिटेन के लिए एक बड़ी राहत लेकर आये हैं। चूँकि दूर–दराज़ के देशों में दो सदियों अथवा अधिक के औपनिवेशिक शोषण के विभिन्न प्रकार के अन्यायों को अनकिया करने की माँगों के बर्फ़ानी तूफ़ानों में ये विरोधाभास उसकी रक्षा करते हैं; पार्थियाई पत्थरों से लेकर कोहेनूर तक अन्य देशों की विरासत के जवाहरातों पर ब्रिटिश स्वामित्व विवाद का एक विशेष विषय है। ब्रिटिश लोगों को भय है कि किसी एक वस्तु के लौटाने से क़तार ही लग जायेगी। ब्रिटेन के पूर्व प्रधानमन्त्री डेविड कैमरॉन ने जुलाई, 2010 में अपने भारत दौरे के समय स्वीकार किया था कि 'अगर आप एक वस्तु लौटाने के लिए हाँ कहते हो तो आप अचानक पायेंगे कि ब्रिटिश संग्रहालय खाली हो जायेंगे। मुझे यह कहते हुए डर लग रहा है कि यह (कोहेनूर) वहाँ ही बना रहने वाला है।'

और फिर एक तकनीकी आपत्ति भी है। महाधिवक्ता ने निश्चयपूर्वक कहा था कि एंटिक्वीटीज़ एण्ड आर्ट ट्रेजर्स अधिनियम, 1972 किसी भी स्थिति में सरकार को 1947 में भारत की स्वतन्त्रता से पूर्व देश से निर्यात की गयी प्राचीन वस्तुओं की पुनः माँग की अनुमति नहीं देता। कोहेनूर चूँकि उस तिथि से एक सदी पहले भारत से चला गया था तो स्वतन्त्र

भारत की सरकार इस पर अपना पुनः दावा करने के लिए कुछ नहीं कर सकती। (निःसन्देह क़ानून में संशोधन भी किया जा सकता है, विशेष रूप से उस संसद के माध्यम से, जिसके द्वारा ऐसे परिवर्तन के पक्ष में निर्विरोध मत देने की आशा है किन्तु ऐसा प्रतीत होता है कि सरकार ने इस दिशा में सोचा ही नहीं जिसे शायद द्विपक्षीय सम्बन्धों के बिगड़ जाने का भय है। इसी कारण इसने अन्तर्राष्ट्रीय निकाय सांस्कृतिक सम्पदा को अपने मूल देश को लौटाने अथवा अवैध रूप से रखे जाने पर इसके प्रत्यर्पण को बढ़ावा देने वाली अन्तर्राजकीय समिति का द्वार भी नहीं खटखटाया है जबकि यह समिति इस मामले में सहायता कर सकती है।)। भारतीय महाधिवक्ता के कथन से ऐसा प्रतीत होता है कि मुझ जैसे राष्ट्रवादियों को संघर्ष से बाहर निकाल लिया है, जो भारत में सांस्कृतिक महत्त्व की वस्तुओं को सदियों तक भारत के ब्रिटिश दमन एवं लूट के लिए प्रायश्चित्त के रूप में लौटाया जाना देखना पसन्द करते।

फिर भी, टॉवर ऑफ़ लन्दन में महारानी के ताज में कोहेनूर का प्रदर्शन पूर्व साम्राज्य की शक्ति द्वारा किये गये अन्यायों का शक्तिशाली अनुस्मारक है। कम–से–कम प्रायश्चित्त के प्रतीकात्मक क़दम के रूप में जब तक यह लौटाया नहीं जाता–यह लूट, डकैती और ग़बन, जो कि उपनिवेशवाद का वास्तविक स्वरूप थे, का प्रमाण रहेगा। शायद यह कोहेनूर को उस स्थान पर, जो कि उसका नहीं है यानी ब्रिटिश हाथों में छोड़ने का उत्तम तर्क है।

## उपनिवेशवाद का प्रतिरोध, गाँधीवाद की अपील

उपनिवेशवाद का विरोध करने के लिए विश्व भर में प्रयुक्त की गयी विधियाँ निःसन्देह उपनिवेशवाद की बपौती का भाग हैं। ब्रिटिश शासकों के भारत से जाने के बाद महात्मा गाँधी की विश्व स्तरीय प्रासंगिकता सैद्धान्तिक रूप से उनके अहिंसा के सिद्धान्त एवं इसके द्वारा प्रेरित अनुयायियों पर आधारित है। मार्टिन लूथर किंग जूनियर इसका महत्त्वपूर्ण उदाहरण है; उन्होंने गाँधी के एक भाषण को सुना एवं उनकी आधा दर्जन पुस्तकें ख़रीद लीं और उनके सत्याग्रह को नीतिवाक्य एवं विधि–दोनों रूपों में अपनाया। उन्होंने भारत से बाहर अमरीका के दक्षिणी राज्यों में पार्थक्य को समाप्त करने के लिए अहिंसा का सर्वाधिक प्रभावशाली ढंग से प्रयोग किया। उन्होंने कहा कि 'घृणा से घृणा उपजती है। हिंसा से हिंसा मिलती

है।' इसमें गाँधी की गूँज सुनाई देती है कि 'हमें घृणा की शक्तियों का सामना आत्मा की शक्ति से करना चाहिए।' किंग ने बाद में खुलेआम स्वीकार किया कि 'अहिंसक विरोध की गाँधीवादी विधि...हमारे आन्दोलन की मार्गदर्शक बन गयी। ईसा ने भावना एवं प्रेरणा प्रदान की और गाँधी से विधि प्राप्त हुई।'

इस प्रकार गाँधीवाद ने अमरीका के सुदूर दक्षिण को सदा के लिए परिवर्तित करने में सहायता दी। परन्तु ग्वाटेमाला में रिगोबर्टा मेन्शू से लेकर अर्जेंटिना में एडोल्फो पेरेज तक स्वघोषित गाँधीवादियों के लिए नोबेल शान्ति पुरस्कारों की बाढ़ आ जाने के बावजूद इसकी प्रभावोत्पादकता के अनेक अन्य महत्त्वपूर्ण उदाहरण ढूँढ़ना कठिन है (गाँधी जी ने स्वभावतः स्वयं कभी शान्ति पुरस्कार नहीं जीता)। भारत की स्वतन्त्रता से यद्यपि वि–उपनिवेशीकरण के युग का उदय हो गया था परन्तु फिर भी अनेक राष्ट्रों को रक्तरंजित एवं हिंसक संघर्षों के बाद स्वतन्त्रता प्राप्त हुई। अन्य लोग आक्रमणकारी सेनाओं के बूटों तले कुचले गये, उनसे उनकी ज़मीनें छीन ली गयीं अथवा आतंकित होकर अपने घरों से भाग जाने के लिए विवश कर दिया गया। अहिंसा ने उन्हें कोई समाधान नहीं दिये। यह केवल नैतिक अधिकार की क्षति की सम्भावना वाले प्रतिद्वन्द्वियों, घरेलू एवं अन्तर्राष्ट्रीय जनमत के प्रति प्रतिक्रियाशील सरकारों एवं स्वीकार्य पराजयों की शर्मनाक परिस्थितियों का सामना करने में सक्षम सरकारों के विरुद्ध ही कारगर हो सकी। स्वतन्त्र प्रेस वाले प्रजातन्त्र का प्रतिनिधित्व करने वाले एवं अपनी अन्तर्राष्ट्रीय छवि के प्रति सावधान ब्रिटिश शासक इस लज्जा के प्रति संवेदनशील थे। परन्तु स्वयं महात्मा गाँधी के अपने दिनों की अहिंसा हिटलर के जर्मनी के यहूदियों के लिए कुछ नहीं कर सकी। ये यहूदी युद्ध–उन्मुख प्रेस के चौंधियाते बल्बों से दूर बिना विरोध किये गैस चैम्बर्स में लुप्त हो गये। यह विडम्बनापूर्ण श्रेय ब्रिटिश राज को जाता है कि इसका सामना महात्मा गाँधी जैसे विरोधी से हुआ और इसने उन्हें सफल होने दिया।

अहिंसा की शक्ति इस कथन में निहित है कि 'आपको यह दिखाने के लिए कि आप ग़लत हैं, मैं स्वयं को सज़ा देता हूँ।' परन्तु इसका उन लोगों पर कोई प्रभाव नहीं होता जिनकी इसमें कोई रुचि नहीं कि क्या वे ग़लत हैं और वे पहले ही आपको दण्ड देने का प्रयास कर रहे हैं। आप

चाहे उनसे सहमत हों अथवा नहीं, उनके लिए दण्ड–प्राप्ति की आपकी इच्छा विजय–प्राप्ति का सबसे सरल साधन है। इसमें कोई आश्चर्य नहीं कि गाँधी 'सदैव प्रेरणा का एक बड़ा स्रोत रहे हैं' लिखने वाले नेल्सन मण्डेला ने रंगभेद की नीति वाले क्रूर शासन के विरुद्ध अपने संघर्ष को 'अहिंसा के व्यर्थ होने को खुलेआम अस्वीकार किया।'

इस विषय में गाँधी भयानक रूप से वास्तविकता से दूर प्रतीत होते हैं; 'निर्दोष का स्वैच्छिक बलिदान धृष्ट तानाशाही, जिसकी रचना परमात्मा अथवा मनुष्य द्वारा की गयी है, का सर्वाधिक शक्तिशाली उत्तर है। 'सभ्य' होने के प्रति अवज्ञा निष्ठापूर्ण, सम्मानजनक एवं नियन्त्रित होनी चाहिए। यह कभी भी अवज्ञाकारी न हो और इसके पीछे कभी भी दुर्भावना अथवा घृणा न हो। सविनय अवज्ञा में उत्साह भी कभी नहीं होना चाहिए जो मूक पीड़ा सहने के लिए तैयार करता है।'

विश्व भर में अन्याय झेल रहे अनेक लोगों के लिए यह साधुत्व अथवा दुर्बलता का नुस्खा प्रतीत हो सकता है। नैतिक सिद्धान्त के रूप में मूक पीड़ा बहुत उचित है, परन्तु इससे सार्थक परिवर्तन विरले ही हुए हैं। दुखद सत्य तो यह है कि संगठित हिंसा की स्थायी शक्ति अहिंसा की तुलना में सदैव ही अधिक रही है। यह तर्क बहुत अधिक दिया जाता है कि गाँधी से ब्रिटिश झेंप सकते थे परन्तु वे उन्हें उखाड़ नहीं सकते थे। ब्रिटिश साम्राज्य के प्रति वफ़ादारी की शपथ लिये हुए सैनिकों ने जब द्वितीय विश्वयुद्ध के दौरान विद्रोह किया और जब 1945 में रॉयल भारतीय नौसेना के नाविकों ने बग़ावत की और ब्रिटिश बन्दरगाहों के प्रस्थापनों को अपनी तोपों का निशाना बनाया तो ब्रिटिश शासकों को अहसास हुआ कि खेल समाप्त हो चुका था। वे एक वृद्ध को जेल में डाल सकते थे और अनशन की अनुमति दे सकते थे परन्तु वे एक सशस्त्र विद्रोह, जिसके पीछे 32 करोड़ लोग थे, का अनिश्चित समय तक दमन नहीं कर सकते थे। गाँधी जी ने नैतिक पक्ष, आज की भाषा में 'सॉफ्ट पावर' का युद्ध जीत लिया था परन्तु सैनिक जीत के बिना भी विद्रोहियों एवं वर्दीधारी बग़ावत करने वालों ने 'हाई पावर' का युद्ध जीत लिया था।

और जब सही तथा ग़लत कम स्पष्ट होते हैं तो गाँधीवाद लड़खड़ा जाता है। अपने प्रभाव के चरम पर महात्मा गाँधी भारत के विभाजन को रोकने में असमर्थ रहे, यद्यपि अपनी दृष्टि में वे इसे नैतिक रूप से 'ग़लत'

मानते थे। वे 'विरोधी को धैर्य, सहानुभूति एवं आत्म–पीड़न से ग़लती करने से रोकने में विश्वास रखते थे।' परन्तु यदि विरोधी अपने उद्देश्य के न्याय के प्रति भी उतनी ही आस्था रखता हो अथवा अपनी 'अनैतिकता' के प्रति सचेत, परन्तु इसके प्रति चिन्तित न हो तो वह यह कभी स्वीकार नहीं करता कि वह 'ग़लत' है। गाँधी जी विदेशी शासन से स्वतन्त्रता जैसे श्रेष्ठ सिद्धान्त की अनुपालना में व्यवहार्य हैं परन्तु अधिक जटिल परिस्थितियों में यह सिद्धान्त उतना व्यावहारिक नहीं हो सकता अथवा काम ही नहीं करता।

महात्मा के आदर्शों का नये भारत के संस्थापकों पर गहरा बौद्धिक प्रभाव था और उन्होंने गाँधी जी की अनेक धारणाओं को शासन–नीति के निर्देशात्मक सिद्धान्तों में सम्मिलित किया। तथापि गाँधीवादी समाधान निरन्तर बने हुए साम्प्रदायिक द्वन्द्व से लेकर दलित के साथ बुरे व्यवहार तक अनेक ऐसी बुराइयों के लिए उपलब्ध नहीं थे अपितु उनकी विधियों (विशेष रूप से अनशन, हड़ताल अथवा व्यापार बन्द करना एवं जानबूझकर नज़रबन्द होना) का छोटे साम्प्रदायिक उद्देश्यों के लिए निम्न स्तर के लोगों द्वारा दुरुपयोग एवं उन्हें दूषित किया गया है। भारत से बाहर भी आतंकवादियों एवं बम फेंकने वाले जैसे लोगों द्वारा गाँधीवादी तकनीकों का दुरुपयोग करते हुए अपने अपराधों की सज़ा होने पर भूख हड़तालों की घोषणा की गयी है। नैतिक अधिकार के अभाव में गाँधीवाद सर्वहारा वर्ग के बिना मार्क्सवाद जैसा है। फिर भी जो उनकी विधियों को प्रयोग करना चाहते हैं, उनमें उनकी निजी सत्यनिष्ठा अथवा नैतिक ऊँचाई है।

अन्तर्राष्ट्रीय स्तर पर महात्मा गाँधी ने जो आदर्श प्रतिपादित किये, उन्हें विरले ही अस्वीकार किया जा सकता है : वे वास्तव में बल–प्रयोग की शक्ति प्रदान करने का अधिकार देने वाले अध्याय 7 के प्रावधानों को छोड़कर वास्तव में संयुक्त राष्ट्रों का चार्टर लिख सकते थे। परन्तु उनके देहान्त के बाद के दशकों में यह पुष्टि हो गयी है कि राज्यों के संघर्षपूर्ण प्रभुत्व से कोई बचाव नहीं है। उनके देहान्त के बाद युद्धों एवं बग़ावतों में लगभग 3 करोड़ जानें और जा चुकी हैं। उनके अपने देश सहित निराश कर देने वाली संख्या में देशों में सरकारें शिक्षा एवं स्वास्थ्य देखभाल के संयुक्त बजट से अधिक सैनिक उद्देश्यों पर ख़र्च करती हैं।

परमाणु हथियारों का वर्तमान ज़ख़ीरा हिरोशिमा का विनाश करने वाली विस्फोटक शक्ति से लाखों गुणा अधिक शक्तिशाली है एवं हिरोशिमा त्रासदी

नें उन्हें कितना आहत किया था। सार्वभौमिक शक्ति, जिसे महात्मा गाँधी सत्य का केन्द्रबिन्दु मानते थे, सदैव के समान एक भ्रान्ति प्रतीत होती है।

सरकारों के बीच जैसे प्रतियोगिता होती है, वैसे ही धर्मों के बीच द्वन्द्व होता है। 'मैं एक हिन्दू, एक मुसलमान, एक ईसाई, एक पारसी, एक यहूदी हूँ' की घोषणा करने वाले एकतावादी महात्मा गाँधी को विश्वभर के इतने धर्मों एवं सम्प्रदायों के अनन्यवादी अथवा पृथक्त्ववादी पुनरुज्जीवन को पचा पाना कठिन होता। परन्तु शायद उनका प्रयास शेष विश्व के लिए सदैव अनुपयुक्त था। उनके मुसलमान प्रतिद्वन्द्वी मोहम्मद अली जिन्ना ने उनकी विभिन्न दर्शनग्राही आस्था के दावे का जवाब देते हुए कहा था–'केवल एक हिन्दू ही ऐसा कह सकता है।'

और अन्ततः सन्तुष्ट ग्रामीण प्रजातन्त्रों में चरखे एवं आत्मनिर्भर परिवारों का संसार महात्मा गाँधी द्वारा 'हिन्द स्वराज' का समर्थन किये जाने के समय की तुलना में और भी दूर हो गया है। मध्यम स्तर की प्रौद्योगिकी और 'छोटा सुन्दर होता है' की संक्षिप्तकालीन लोकप्रियता के बावजूद अन्तः–निर्भर विश्व में ऐसे विचारों के लिए बहुत अधिक स्थान दिखाई नहीं देता। आत्मनिर्भरता विकासशील देशों में बहुत प्रायः सुरक्षावाद के लिए एक आवरण और अकुशलता के लिए एक आश्रय होती है। सफल एवं समृद्ध देश वे होते हैं जो चरखों से परे सिलिकॉन चिप्स तक सोच सकते हैं और जो अपने लोगों को प्रौद्योगिक विकासों के लाभ प्रदान करते हैं। ये प्रौद्योगिक विकास लोगों को दिन–प्रतिदिन के छिट–पुट घरेलू कामों से मुक्त कर उनके जीवन के क्षितिज को व्यापक बनाते हैं। परन्तु आज का नगरीकरण की ओर बढ़ रहा भारत महात्मा गाँधी की कल्पना के आदर्शीकृत एवं आत्मनिर्भर ग्रामीण प्रजातन्त्र से बहुत दूर है और जिस प्रकार इसने प्रौद्योगिकी को उत्साहपूर्वक अपनाया है, वह महात्मा गाँधी को अपनी आत्मा बेचने के समान प्रतीत हुआ होता।

परन्तु यदि गाँधीवाद की अपनी सीमाएँ थीं, जो उनकी हत्या के बाद उजागर हुईं, उससे महात्मा की महानता से इनकार नहीं किया जा सकता। विश्व जब फासिस्टवाद, हिंसा और युद्ध में खण्डित हो रहा था, तब उन्होंने सत्य, अहिंसा एवं शान्ति के सद्गुणों की शिक्षा दी। उन्होंने उपनिवेशवाद की विश्वसनीयता को बल के विरोधी सिद्धान्त से नष्ट किया और उन्होंने विश्वास एवं साहस के ऐसे निजी मापदण्ड स्थापित एवं प्राप्त

किये जिनकी शायद ही कोई समानता कर सके। वे ऐसे विरले नेता थे, जो अपने अनुयायियों की सीमाओं में बँधे नहीं थे।

अतः महात्मा गाँधी उपनिवेश–विरोध की प्रतिमूर्ति हैं, अपने समय की ऐसी हस्ती जो उनसे ऊँचा उठ गया। ब्रिटिश 'राज' को परम श्रद्धांजलि उस 'महान आत्मा' की गुणता में है जिसने उसका विरोध किया।

## लम्बी छाया : उपनिवेशवाद की शेष समस्याएँ

उपनिवेश का युग समाप्त हो चुका है परन्तु फिर भी उपनिवेशिकता के युग की समाप्ति से बची हुई समस्याएँ जो प्रायः औपनिवेशिक शक्ति के अव्यवस्थित प्रस्थानों का परिणाम हैं, अभी भी भयानक ढंग से गतिरोध बनाये हुए हैं। भारत और पाकिस्तान के बीच प्राचीन शत्रुता का लम्बे समय तक बने रहना, इस बीच चार रक्तपातपूर्ण युद्ध एवं भारत के विरुद्ध पाकिस्तानी कार्यनीति के रूप में बार–बार सीमा–पार से आतंकवाद इसका सर्वाधिक प्रत्यक्ष उदाहरण है। परन्तु और भी देश हैं। वर्ष 1999 में पूर्वी तिमूर में नाटकीय घटनाओं ने सत्ता के अन्तिम बड़े स्थानान्तरण को स्वतन्त्रता आन्दोलन में बदल दिया। पश्चिमी सहारा अथवा पुराने रक्षित साइप्रस और फ़िलिस्तीन जो यूरोपीय उपनिवेशवाद की अव्यवस्थित बपौतियाँ हैं, से भिन्न वहाँ यह कम–से–कम समाप्त हो हो गया है। औपनिवेशिक युग में लगाई गयी आग फिर भड़क सकती थी, जैसाकि सबको चकित करते हुए 'हॉर्न ऑफ़ अफ्रीका' में इथोपिया और इरिट्रिया के बीच हुआ। यहाँ औपनिवेशिक सीमा पर जिसे पूर्ववर्ती युग के इटलीवासी पर्याप्त सटीकता से निश्चित नहीं कर पाये थे, युद्ध फूट पड़ा और वहाँ अभी भी पर्याप्त अनिश्चितता के बीच शान्ति धीरे–धीरे सुलगती रहती है। साइक–पिकट समझौता, 1916 औपनिवेशिक इतिहास की एक अन्य निशानी है, जो आज भी हमें परेशान किये हुए है। इस समझौते के द्वारा ब्रिटेन और फ्रांस तुर्क क्षेत्रों को बनाने पर सहमत हुए थे और दूसरे स्वतन्त्र सीरिया एवं इराक़ के बीच सीमाएँ निश्चित हुई थीं। क्योंकि जब आईएसआईएस (देश) ने निष्ठुरतापूर्वक इन देशों में प्रवेश किया तो इसने एंग्लो–फ्रेंच समझौते की पक्षपातपूर्ण नीति के विरोध में आवाज़ उठाई और साइक–पिकट विरासत को पलटने के अपने संकल्प को खुलेआम स्पष्ट किया जिसने साम्राज्य के युग को एक बार पुनः साकार कर दिया।

परन्तु उपनिवेशवाद के केवल प्रत्यक्ष परिणाम ही प्रासंगिक नहीं बने हुए, अपितु अप्रत्यक्ष परिणाम भी अपनी उपस्थिति बनाये हुए हैं : औपनिवेशिकता के बौद्धिक इतिहास में हाल ही के समय के संघर्षों के स्वैच्छिक कारण बिखरे पड़े हैं। एक तो बहुत साधारण है : असावधान मनुष्य जाति का विज्ञान। रवांडा और बुरुंदी में छुटुस और तुट्सिस का बेल्जियाई वर्गीकरण उस अन्तर को सुदृढ़ करता है, जो पहले वर्तमान नहीं था, आज भी अफ्रीका के 'ग्रेट लेक्स' क्षेत्र को प्रभावित कर रहा है। इससे सम्बन्धित समस्या प्रेरित समाज विज्ञान की है : उदाहरण के लिए, भारत में योद्धा प्रजातियों के ब्रिटेन के आविष्कार से कितना रक्तपात हुआ, इसने सशस्त्र बलों की भर्ती में विषमता ला दी और कुछ समुदायों पर सैन्यवाद का उत्तरदायित्वपूर्ण बोझ डाल दिया। और पुराने औपनिवेशिक प्रशासन की 'बाँटो और राज करो' की आदत को अनदेखा नहीं किया जा सकता, जो 1857 के बाद उपमहाद्वीप में ब्रिटेन की नीति में पुनः उजागर हुई और इसने बहुत व्यवस्थित ढंग से हिन्दुओं और मुसलमानों के बीच राजनीतिक विभाजन को बढ़ावा दिया जिसके चलते लगभग क्रूरतापूर्वक विभाजन की त्रासदी हुई।

औपनिवेशिक युग के ऐसे विभिन्न स्वरूप केवल हानिकारक ही नहीं थे, इनके साथ प्रायः औपनिवेशिक समाज के भीतर ही शासन के संसाधनों का असमान वितरण भी जुड़ा रहता था। बेल्जियाई उपनिवेशवादी तुट्सिस का पक्ष लेते थे जिसके चलते छुटुस ने उन्हें विदेशी घुसपैठियों के रूप में अस्वीकार कर दिया। औपनिवेशिक युग में श्रीलंका में तमिल लोगों को मिलने वाले विशेषाधिकारों के प्रति सिंहली आक्रोश स्वतन्त्रता के बाद भेदभावपूर्ण नीतियों का कारण बना, इसने परिणामतः तमिल विद्रोह को भड़काया। भारत आज भी 'बाँटो और राज करो' की विरासत के साथ जी रहा है जिसमें भारत की पाकिस्तान जितनी मुसलमान आबादी स्वयं को अल्पसंख्यक मानते हुए भारतीय सूरज की रोशनी में अपना स्थान ढूँढ़ने का प्रयास कर रही है।

एक आधुनिक राष्ट्र के भीतर एक मिश्रित उपनिवेशिक इतिहास भी ख़तरे का सम्भावित स्रोत होता है। किसी राष्ट्र के जब एकाधिक उपनिवेशिक अतीत हों तो इसका भविष्य ख़तरे में होता है। अलगाववाद आख़िरकार ऐतिहासिक, भौतिक, सांस्कृतिक एवं मानव जातीय जैसे अनेक

कारकों से प्रेरित होता है। इरिट्रिया के इथोपिया एवं सोमालीलैण्ड गणतन्त्र के सोमालिया से अलगाव में जातीयता अथवा भाषा की भूमिका लगभग अनुपस्थित प्रतीत होती है, अपितु यह भिन्न उपनिवेशिक अनुभव (इरिट्रिया में इटली का शासन एवं सोमालीलैण्ड में ब्रिटिश शासन) थे, जिन्होंने कम–से–कम उनकी सोच में अपने शेष हमवतनों से पृथक् किया। पूर्ववर्ती यूगोस्लाविया में भी यही स्थिति देखी जा सकती है, जहाँ 800 वर्षों तक ऑस्ट्रो–हंगेरियन शासन के अधीन रहने वाले देश के भागों को लगभग इतना ही समय तुर्क आधिपत्य वाले भागों के साथ जोड़ा गया। 1991 में छिड़े युद्ध में जर्मनी भाषा बोलने वाले साम्राज्यों द्वारा शासित यूगोस्लाविया के भागों को उन भागों, जो इन साम्राज्यों द्वारा शासित नहीं थे (अथवा जिन्होंने ऐसे उपनिवेशीकरण का प्रतिरोध किया था), के आमने–सामने खड़ा कर दिया था।

उपनिवेशकाल में खींची गयी सीमाएँ चाहे स्वतन्त्रता के बाद अपरिवर्तित रहीं, परन्तु वे अभी भी राष्ट्रीय एकता की भारी समस्याएँ उत्पन्न करती हैं। हमें इराक़ में यह याद आता है जिसके तुर्क साम्राज्य के अवशेषों से सृजन ने एक ही राष्ट्र में विभिन्न विसंगतियाँ खड़ी कर दीं, परन्तु यह मुद्दा अफ्रीका में और अधिक स्पष्ट दिखाई देता है, जहाँ उपनिवेशकों द्वारा खींची गयी सीमाओं के भीतर राष्ट्र–निर्माण की चुनौती को पार करना कठिन हो जाने पर जातीय अथवा क्षेत्रीय आधारों पर गृहयुद्ध अथवा संघर्ष उत्पन्न हो सकता है। जहाँ औपनिवेशिक निर्माण शक्तियाँ भिन्न एवं असम्बद्ध लोगों को उपनिवेशकारी नक़्शानवीस की क़लम की स्वेच्छाचारिता से इकट्ठा करने का प्रयास करती हैं तो राष्ट्रीयता एक मायावी धारणा बन जाती है। अफ्रीका में प्राचीन जनजातीय एवं कबीलाई निष्ठाएँ बर्लिन जैसे दूरवर्ती नगरों में खींची गयी सीमाओं द्वारा उपनिवेशकों द्वारा बनाये गये राष्ट्रों के प्रति खण्ड–खण्ड हो गयीं और वहाँ के स्वतन्त्रता उपरान्त के नेताओं को पूरे क्षेत्र में नयी परम्पराओं एवं राष्ट्रीय पहचानों की खोज करनी पड़ी। इसका परिणाम था–दुविधाजनक राजनीतिक मिथकों का निर्माण, जो उतने ही कृत्रिम थे जितना कि उनके द्वारा पौराणिक बनाये गये देश। ऐसी स्थिति में ये नेता जिन नागरिकों को एकता के सूत्र में पिरोना चाहते हैं, उनसे प्रायः ईमानदार देशभक्तिपूर्ण निष्ठा की माँग नहीं कर सकते। स्थानीय नेताओं के लिए अपने पूरे देश में राष्ट्रवाद को प्रतिध्वनित करने

में असफल रहने वाले 'राष्ट्रीय नेता' को चुनौती देते हुए गृहयुद्ध करना बहुत आसान हो जाता है। ऐसे नेता के विरुद्ध विद्रोह अन्ततः 'उसकी' कहानी की तुलना में इतिहास के प्रति केवल पुनः समर्थन होता है।

उपनिवेशवाद के परिणामस्वरूप राष्ट्र की असफलता संघर्ष का एक अन्य प्रत्यक्ष कारण होता है। चूँकि यह बिना तैयारी वाले नये बने राष्ट्र की शासन की अयोग्यता का उप–उत्पाद अथवा परिणाम होता है। अनेक अफ्रीकी देशों में शासन का संकट आज विश्व के मामलों में वास्तविक एवं स्थायी चिन्ता का विषय है। आज दर्फर, दक्षिण सूडान और कोंगो एवं बीते कल सियरा लिओने, लाइबेरिया और सोमालिया (एवं कौन जाने कि कल कहाँ होगा) में प्रभावी केन्द्रीय सरकारों का गिरना भयानक सम्भावनाओं की झड़ी लगा सकता था : विशेष रूप से अफ्रीका में अनेक 'दुर्बल राज्य' संघर्ष की हड़बड़ाहट में विनाश की चपेट में आते प्रतीत होते हैं।

उपनिवेश–उपरान्त के समाजों में अपेक्षाकृत कम विकास भी संघर्ष का कारण है। उपनिवेशकों के लाभों के लिए परिवर्तित की गयी प्राथमिकताओं के परिणामस्वरूप निर्धन देशों में मूल ढाँचे का विषम अथवा असमान विकास संसाधनों के असमान वितरण का कारण बन सकता है, जो 'उपेक्षित क्षेत्रों' एवं सड़कों, रेलवे, बिजलीघरों, दूर संचार, पुलों व नहरों की बेहतर सुविधा प्राप्त क्षेत्रों के समाजों के बीच दरार को बढ़ाता है। वैश्विक पूँजीवाद के खेल में बने रहने के कड़े संघर्ष में अक्षम दक्षिण के अनेक देशों में बढ़ते अपेक्षा से कम विकास ने अथाह निर्धनता, पारिस्थितिक विनाश एवं क्षीण होती शासन प्रणालियों के नियन्त्रण से अधिक आधारहीन बेरोज़गार आबादी की परिस्थितियों को उत्पन्न किया है। इसका चित्र रॉबर्ट कप्लान ने अपनी पुस्तक 'द कमिंग अनार्की' में बहुत स्पष्टता से उकेरा है जिसमें हमारे विश्व गाँव की परिधि पर स्थायी हिंसा के वास्तविक ख़तरे की ओर संकेत किया गया है।

जैसाकि हम इक्कीसवीं सदी की शुरुआत कर रहे हैं परन्तु यह विडम्बनाजनक ढंग से स्पष्ट दिखाई देता है कि कल की आने वाली अराजकता सम्भवतः कल की औपनिवेशिकता के व्यवस्था के प्रयासों के कारण होगी। उपनिवेश–उपरान्त देशों के उन राजनेताओं, जिनका नेतृत्व वर्तमान में दुर्बल पाया गया है, को अपनी असफलताओं के कारण अतीत

में ढूँढ़ने देने के बहाने देने की मेरी कोई मंशा नहीं है। परन्तु हमें बनाने एवं लगभग तोड़ देने वाली ताक़तों को समझते दिखाई देते हुए एवं नयी सहस्राब्दि में संघर्ष अथवा झगड़े के सम्भव भावी स्रोतों को पहचानने की आशा में हमें यह समझना है कि कई बार पीछे देखने वाला दर्पण क्रिस्टल की उत्तम गेंद होता है।

# आभार

ऐसे अनेक अच्छे लोग हैं जिनका मैं इस पुस्तक में मेरी सहायता करने के लिए आभार व्यक्त करना चाहूँगा। इस श्रेणी में सबसे पहले तो मेरे मित्र और प्रकाशक डेविड देवीदार हैं, जिन्होंने मुझसे इस पुस्तक के प्रोजेक्ट पर काम करने के लिए चर्चा की–और मैंने बिना पूरी तरह से यह जाने कि इसके लिए कितना काम करना होगा, उत्साहपूर्वक निर्णय ले लिया–और यह पुस्तक जिस रूप में आपके सामने है, उसके लिए पाण्डुलिपि का मार्गदर्शन किया। उनकी सहकर्मी सिमर पुनीत सम्पूर्ण सम्पादन–कार्य के दौरान परिश्रम एवं चिन्तनपूर्ण सहयोग के लिए विशेष रूप से आभार की पात्र हैं।

'एन एरा ऑफ़ डार्कनेस' के लिए भारत में ब्रिटिश राज पर स्रोत–सामग्री पर असाधारण शोध एवं पढ़ने (और बहुत बार, पुनः–पुनः पढ़ने) की आवश्यकता थी। इस कार्य में प्रोफ़ेसर शिबा थात्तिल का सहयोग बहुमूल्य था, उन्होंने अठारहवीं एवं उन्नीसवीं सदियों के मूल दस्तावेज़ों, विवरणों एवं पुस्तकों के डिजिटल संस्करणों को ढूँढ़ा तथा मेरी शोध से सम्बन्धित शैक्षिक सामग्री को पुस्तकों एवं जर्नल लेखों के रूप में हाल ही के स्रोतों से प्राप्त किया। मेरे दो अथक शोधकर्ताओं में से अभिमन्यु दादू ने पूरा कार्यभार उठाया और बेन लेंग्ले ने मूल्यवान एवं महत्त्वूपर्ण अन्तर्दृष्टियों को खोज निकाला एवं व्यवस्थित ढंग से उन्हें प्रमाणित किया। अभिमन्यु पाण्डुलिपि तैयार करने के कार्य में भी सम्मिलित रहे और पुस्तक के अनेक सन्दर्भों एवं उद्धरणों की बार–बार पड़ताल की, इसके लिए मैं सर्वाधिक आभारी हूँ।

कुछ घनिष्ठ मित्रों ने पाण्डुलिपि को पढ़कर उपयोगी टिप्पणियाँ कीं : मेरा बेटा कनिष्क थरूर जो अपने पिता से बेहतर इतिहासविद् एवं लेखक

है; मेरे अभिन्न सहयोगी मनु पिल्लै, जो स्वयं इस युग के उत्तम इतिहास–लेखक हैं; मेरे मित्र और कभी–कभी मेरे सह–लेखक, लेखक एवं बहुज्ञ कीर्तिक शशिधरन और 'दूसरे गर्भ से जन्मी मेरी बहन' इतिहासविद् डॉ. नन्दिता कृष्णा।

स्कूल के मेरे सहपाठी एवं अब संसदीय सहकर्मी प्रो. सुजाता बोस, हार्वर्ड के प्रसिद्ध इतिहासविद् ने पाण्डुलिपि का बहुत बाद का प्रारूप पढ़ा एवं मुझे अपने पाण्डित्य का लाभ दिया। उन सबके विचार एवं सुझाव सर्वाधिक मूल्यवान थे परन्तु इस पुस्तक की सामग्री एवं निष्कर्षों के लिए केवल मैं उत्तरदायी हूँ।

उन सबसे अधिक भूटान के राजा महामहिम जिग्मे खेसर नक्गिल वांग्चुक के प्रति हार्दिक आभार जिनके आतिथ्य एवं सहयोग के बिना इस पुस्तक को लिखना अथवा समय–सीमा के भीतर पूरा करना मेरे लिए सम्भव नहीं था। उनकी कृपा एवं सहायता से ही मैं उनके सुन्दर देश के पर्वतों में जाकर बिना किसी व्यवधान, फोन कॉल अथवा अतिथियों के काफ़ी तेज़ गति से अबाधित लिख सका। दाशो जिम्पन उग्येन नक्गिल, महामहिम के चैमबलेन (राजमहल का बड़ा अधिकारी), कैप्टन जट्टू शेरिंग एवं सीडन दोर्जी के प्रति उनके निरन्तर सौजन्य एवं मेरे कार्य में सहयोग के लिए बहुत–बहुत धन्यवाद!

इस पुस्तक लेखन के पूरे समय के दौरान मेरे स्टाफ ने सैकड़ों महत्त्वपूर्ण रूपों में मुझे सहयोग दिया, परन्तु नारायण सिंह से अधिक किसी ने नहीं, उनके प्रति मैं सदैव आभारी हूँ।

और विशेष मित्र, जिसने लिखने के लिए मुझे अकेला छोड़ दिया, परन्तु हर दिन मुझे सहयोग एवं प्रोत्साहन दिया, के लिए किन्हीं शब्दों की आवश्यकता नहीं और न ही कोई शब्द पर्याप्त होंगे।

**—शशि थरूर**

पारो, भूटान

अगस्त, 2016

# अनुवादिका की ओर से

प्रत्येक पुस्तक एक नया अनुभव होती है। कहीं पुस्तक की विषय–वस्तु अचम्भित करती है तो कहीं भाषा–शैली। परन्तु एक तत्त्व सभी पुस्तकों में सामान्य रहता है और वह यह कि प्रत्येक पुस्तक एक नये विषय के अध्ययन की ललक उत्पन्न करती है।

शशि थरूर जी की यह पुस्तक 'अन्धकार काल : भारत का ब्रिटिश साम्राज्य' दो स्तरों–पहले विषय और फिर भाषा–पर झकझोरने वाली थी। अंग्रेज़ी के किसी भी शब्द का शब्दकोश में अर्थ देखने के बाद यह सोच अवश्य आती रही कि इस शब्द विशेष के स्थान पर यदि सरल पर्याय प्रयुक्त किया गया होता तो पुस्तक की प्रभावोत्पादकता किस स्तर पर कम हुई होती। परन्तु अगले ही क्षण इस तर्क के साथ कि प्रत्येक लेखक की अपनी विशिष्ट भाषा–शैली होती है, प्रत्येक शब्द–प्रयोग सटीक एवं न्यायोचित प्रतीत होने लगता।

दूसरा स्तर था विषय का। अब तक पुस्तकों में बार–बार पढ़ा था कि भारत कभी सोने की चिड़िया कहलाता था और यह भी कि जनरल डायर द्वारा जलियाँवाला बाग़ काण्ड में निहत्थे लोगों को गोलियों से भून डाला गया। इस पुस्तक को पढ़ते हुए जलियाँवाला बाग़ काण्ड की एक नयी नृशंसता अनावृत्त हुई तो अंग्रेज़ शासकों एवं ईस्ट इण्डिया कम्पनी के प्रति एक नये आक्रोश ने भी जन्म लिया। इसके साथ ही यह प्रश्न भी सिर उठाता रहा कि स्मृतियाँ इतनी लघु अथवा सूक्ष्मकालिक होती हैं कि हम भारतीय सब भुलाकर इंग्लैण्ड शिक्षा–प्राप्ति अथवा भ्रमण के लिए जाने को अथवा वर्तमान ब्रिटिश शासकों के भारत आगमन पर उनके भव्य स्वागत को तत्पर रहते हैं। जैसा क्रूरता एवं बर्बरतापूर्ण व्यवहार उन्होंने हमारे देशवासियों के साथ किया, उसके बावजूद यदि वे हमारे सम्माननीय हो सकते हैं तो यह कदाचित् हममें आत्मसम्मान के अभाव की ओर संकेत करता है।

भारत अंग्रेज़ों के आने से पहले सोने की चिड़िया था–यह तथ्य एक असहनीय घुटन देता रहा, रोष और क्रोध की तरंगें उठती रहीं। मन में बार–बार प्रश्न उठता कि क्या उस सत्य, सोने की चिड़िया को पुनरुज्जीवित किया जा सकता है। और क्यों नहीं किया जा सकता जबकि पुस्तक में यह उल्लेख हुआ है कि उस पीढ़ी के कुछ लाख लोग अभी भी जीवित हैं। यूँ भी हुनर, योग्यता एक पीढ़ी की बात तो होते नहीं। क्या हम भारतीय मलमल, कृषि, धातु कर्म आदि–आदि के अंग्रेज़ों द्वारा विनष्ट किये गये क्षेत्रों में नया इतिहास–लेखन नहीं कर सकते।

एक भाषा के ज्ञान को दूसरी भाषा में पहुँचाना अनुवाद का प्रमुख लक्ष्य माना जाता है। यों तो अनुवाद की गयी प्रत्येक पुस्तक अपने इस लक्ष्य को प्राप्त करती है परन्तु यह पुस्तक लक्ष्य–प्राप्ति में विशिष्ट बन पड़ेगी। चूँकि यह हमें हमारे अपने इतिहास से रू–ब–रू करवाएगी, क्योंकि इस पुस्तक में वर्णित घटनाक्रम के केन्द्र में हम–हम भारतीय ही हैं, बस कुछ वर्ष पूर्व के हमारे देशवासी ही हैं। उनके द्वारा सही गयी पीड़ाओं का वर्णन हमें भी पीड़ित करता है, झकझोरता है। यूँ तो किसी भी व्यक्ति द्वारा किसी दूसरे व्यक्ति पर की गयी अतियाँ पीड़ादायी होती हैं परन्तु यह वर्णन हमारे अपने देश से जुड़ा है तो संवेदना का स्तर बढ़ जाता है।

मुझे आशा है कि घटनाक्रम से विचलित होने के बावजूद अनुवाद कर्म के साथ न्याय हो पाया होगा एवं ब्रिटिशकालीन इतिहास–वर्णन को पढ़ने में निमग्न पाठक की तल्लीनता को कहीं भी अनुवाद के हिचकोले भंग नहीं करेंगे क्योंकि वही अनुवाद एवं मेरे प्रयास की सफलता होगी।

इस पुस्तक की अनुवाद–यात्रा में भी प्रत्येक पुस्तक की भाँति मम्मी–पापा और अन्य परिवारजन प्रारम्भ से अन्त तक जुड़े रहे। सोच मात्र में ही कोई आपके दायित्व को साझा करता रहे तो वह उतना बोझिल नहीं रहता। इस सम्बल को धन्यवाद के औपचारिक शब्दों में नहीं बाँधना चाहूँगी।

पाठकों की सुविधा के लिए इस पुस्तक में अंग्रेज़ी पुस्तक के 'नोट्स एण्ड रेफ़्रेरेन्सेज़' अध्याय का हिन्दी अनुवाद 'सन्दर्भ' शीर्षक के रूप में दिया गया है। पुस्तक के अन्त में अनुक्रमणिका भी उपलब्ध है।

इस पुस्तक के माध्यम से एक बार फिर मुझमें विश्वास व्यक्त करने के लिए वाणी प्रकाशन के प्रति हार्दिक आभार!

**–नीरू**

21 अक्तूबर, 2017

# सन्दर्भ

## प्रस्तावना

1. मिन्हाज़ मर्चेण्ट, 'वाई शशि थरूर इज़ राइट ऑन ब्रिटेन्स कोलोनियल डेट टू इण्डिया', www.dailyo.in, 23 जुलाई 2015. www.dailyo.in/politics/minhaz-merchants-shashi-tharoor-oxford-union-address-congress-britain-colonialism-monsoon-session-parliment/story/1/5168.html.
2. शिखा डाल्मिया, 'पर्हेप्स इण्डिया शुडन्ट शेट टू एक्साइटिड अबाउट रेपरेशन्स', टाइम्स, 3 अगस्त 2015
3. साइफर ए के एस, 'डियर शशि, योर एक्सेन्ट कुड नॉट मास्क द होल्स इन योर स्पीच', www.akkarbakkar.com.www.akkarbakkar.com/dear-shashi-tharoor-your-accent-could-not-mask-the-holes-in-your-speech
4. जोनाथन फॉरमैन, 'रेपरेशन्स फॉर द राज? यू मस्ट बी जोकिंग!' www.politics.eu, 3 अगस्त, 2015 www.politico.eu/article/british-reparations-for-india-for-the-raj-oxford
5. गौरी डांगी, 'फॉर ए फ्यू क्लैप्स मोर...', पुणे मिरर्र, 29 जुलाई 2015
6. 'टेल इट टू द ड्रीमिंग स्पायरेस', आउटलुक, 5 अगस्त 2015
7. 'वर्ल्ड पॉपुलेशन एजिंग 1950–2050' रिपोर्ट, युनाइटेड नेशन्स, www.un.org/esa/population/publications/worldageing 1950-2015/pdf/90chapteriv.pdf
8. स्टीवन स्विनफोर्ड एण्ड क्रिस्टोफर होप, चिल्ड्रन शुड बी टॉट अबाउट सफरिंग अंडर द ब्रिटिश एम्पायर, जरमी कॉर्बिन सेज', द टेलिग्राफ, 27 जुलाई 2015
9. इयान वर्मा, प्लेइंग द गेम, न्यूयॉर्क : फर्रार स्ट्रॉस एण्ड जिरूक्स, 1991, पृ. 258
10. सलमान रुश्दी 'आउटसाइड द व्हेल', ग्रान्टा, 1984, इमेजिनेरी होमलैंड, नयी दिल्ली द्वारा प्रतिकृति तैयार की गयी : वाइकिंग, 1993

11. आकार पटेल, 'डियर शशि, द फॉल्ट वाज़ नॉट इन द राज, बट इन आवरसेल्वस', टाइम्स ऑफ़ इण्डिया, 26 जुलाई 2015
12. अमिताभ घाष, सी ऑफ़ पॉपीज़, न्यूयॉर्क : फर्रार, स्ट्रॉस एण्ड जिरूक्स, 2011, पृ. 242

## अध्याय एक : भारत में लूटपाट

13. विल दुरान्त, द केस फॉर इण्डिया, न्यूयॉर्क : साइमन एण्ड शूज़स्टर, 1930, पृ. 7
14. जॉन सलिवान, अ प्ली फॉर द प्रिसेंज़ ऑफ़ इण्डिया, लन्दन, ई. विल्सन, 1853, पृ. 67
15. जबेज़ टी. सण्डरलैण्ड, इण्डिया इन बॉण्डेज़ : हर राइट टू फ्रीडम एण्ड ए प्लेस अमंग द ग्रेट नेशन्स, न्यूयॉर्क : लीविस कोपलैण्ड, 1929, पृ. 367
16. एंगस मेडिसन, द वर्ल्ड इकोनॉमी, डिवलपमेण्ट सेण्टर ऑफ़ द ऑर्गेनाइज़ेशन फॉर इकोनोमिक को–ऑप्रेशन एण्ड डिवलपमेण्ट, 2006
17. विलियम डेलरिम्पल, 'द ईस्ट इण्डिया कम्पनी : द ओरिजिनल कॉर्पोरेट रेडर्स', द गार्डियन, 4 मार्च 2015
18. ये अधिकतर विवरण के.एन. चौधरी के हैं, द ट्रेडिंग वर्ल्ड ऑफ़ एशिया एण्ड द इंग्लिश ईस्ट इण्डिया कम्पनी : 1660–1760, कैम्ब्रिज : कैम्ब्रिज यूनिवर्सिटी प्रेस, 2006 एण्ड सुशील चौधरी द प्रील्यूड टू एम्पायर : प्लासी रेवोल्यूशन ऑफ़ 1757, नयी दिल्ली : मनोहर पब्लिशर्स, 2000
19. विलियम बोल्ट्स कन्सिडरेशन्स ऑन इण्डियन अफेयर्स : पर्टिकुलर्लिरिस्पेक्टिंग द प्रेज़ेण्ट स्टेट ऑफ़ बंगाल एण्ड इट्स डिपेन्डेंसिस, लन्दन, जे. एल्मन, पी एम्स्ली और ब्रदरटन एण्ड सीवेल, 1722, पृ. vi
20. पी. बैरॉग एण्ड एम. लेवी–लीबॉयर, डिस्पेरिटीज़ इन इकोनोमिक डिवलपमेण्ट सिंस द इण्डस्ट्रियल रेवोल्यूशन में 'द मेन ट्रेण्ड्स इन नेशनल इकोनोमिक डिस्पेरिटीज़ सिंस द इण्डस्ट्रियल रेवोल्यूशन, न्यूयॉर्क : मेक्मिलन, 1981
21. ब्रिटिश राज एण्ड द केयोस ऑफ़ एम्पायर, लन्दन; साइमन एण्ड शूस्टर, 2016, पृ. 321
22. यह तर्क बी.आर. टॉम्लिन्सन द्वारा द इकोनॉमी ऑफ़ मॉडर्न इण्डिया में दिया गया है, 1870–1970, द न्यू कैम्ब्रिज हिस्ट्री ऑफ़ इण्डिया वॉल्यू 3.3 कैम्ब्रिज : यूनिवर्सिटी प्रेस, 1996, पृ. 15
23. गुरचरण दास, इण्डिया अन्बाउण्ड : फ्रॉम इण्डिपेण्डस टू द ग्लोबल इन्फर्मेशन एज, न्यूयॉर्क : एल्फ्रेड : ए. नॉफ, 2001

24. वही, पृ. 63

25. ओवेन जोन्स, 'विलियम हेग इज़ रॉन्ग...वी मस्ट ओन अप टू आवर ब्रूटल कोलोनियल पास्ट; द इण्डिपेण्डेण्ट, 3 दिसम्बर 2012

26. 'कोयसियूल के ड्यूक को पत्र, लन्दन दिनांक 27 फरवरी, 1768। ए ई/सी.पी, एंग्लेटरी, वॉल्यू 477, 1768; सुदिप्ता दास में उद्धृत, 'ब्रिटिश रिएक्शन टू द फ्रेंच बग्बीयर इन इण्डिया, 1763–83', यूरोपियन हिस्ट्री क्वार्टर्ली, 22 (1), 1922, पृ. 39–65

27. दुरान्त, द केस ऑफ़ इण्डिया।

28. हिस्टोरिकल एस्सेज़ ऑफ़ मैकाले : विलियम पिट्ट, अर्ल ऑफ़ चैट्हम, लॉर्ड क्लाइव, वॉरेन हेस्टिंग्स, सेमुअल थर्बर (सं), बॉस्टन : एलिन एण्ड बेकन, 1894। इसके बाद के पाँच पैरा मुख्य रूप से टिलमैन डब्ल्यू. नैश्मैन के 'अ ज्यूएल इन द क्राउन? इण्डियन वेल्थ इन डोमेस्टिक ब्रिटेन इन द लेट एटीन्थ सेंचुरी, एटीन्स सेंचुरी स्टडीज़, 2007, वॉल्यू. 41 (1), पृ. 71–86

29. 'जेम्स हॉल्ज़मैन, द नबाब्ज़ इन इंग्लैण्ड : अ स्टडी ऑफ़ द रिटर्न्ड एंग्लो–इण्डियन, 1760–1785, न्यूयॉर्क : कोलम्बिया यूनिवर्सिटी प्रेस, 1926, पृ. 27–28, नैश्मैन से उद्धृत, 2007

30. रिचर्ड क्लाइव ने रॉबर्ट क्लाइव से कहा, 15 दिसम्बर 1752; OIOC Mss Eur G37/3 नै मैन, 2007 में उल्लिखित

31. 'वाल्पोल ने मान से कहा, 9 अप्रैल 1772, हेनरी बी व्हीटले में उद्धृत, लन्दन पास्ट एण्ड प्रेज़ेण्ट : इट्स हिस्ट्री, एसोसिएशन्स एण्ड ट्रेडिशन्स, लन्दन : जॉन मुर्रे, 1891, पृ. 2

32. www.sezincote.co.uk.

33. द जेण्टल्मैन्स मैग्ज़ीन, वॉल्यू 56, भाग 2, लन्दन; ए डॉड एण्ड ए. स्मिथ, 1786, पृ. 750

34. डेल्रिम्पल, ईस्ट इण्डिया कम्पनी'।

35. आर.बी. शरिदन, 'स्पीच ऑफ़ द बेगम ऑफ़ अवध, फ़रवरी 7, 1787', ब्रिटिश रूल इन इण्डिया : कंडेम्ड बाय द ब्रिटिश देमसेल्वस में उद्धृत, इण्डियन नेशनल पार्टी, लन्दन, 1915, पृ. 17 द्वारा जारी।

36. निकोलस बी डर्क्स, द स्कैंडल ऑफ़ एम्पायर : इण्डिया एण्ड द क्रिएशन ऑफ़ एम्पीरियल ब्रिटेन कैम्ब्रिज, एमए : बेल्नैप प्रेस। हार्वर्ड यूनि. प्रेस, 2006; एण्ड पीटर जे. मार्शल, द इम्पीचमेण्ट ऑफ़ वॉरेन हेस्टिंग्स, ऑक्सफोर्ड : ऑक्सफोर्ड यूनि. प्रेस, 1965

37. वही।

38. 'विलियम हॉविट, द इंग्लिश इन इण्डिया, लन्दन : लॉन्गमैन, आर्मी, ब्राउन, ग्रीन एवं लॉन्गमैन्स, 1839, पृ. 42, 43
39. थॉमस बेबिंग्टन मैकॉले, एस्सेज़ : क्रिटिकल एण्ड मिस्लेनियस, लन्दन : कैरी एण्ड हार्ट, 1844
40. उदाहरण के लिए भारत के बजट पर हाउस ऑफ़ कॉमन्स की समिति में सर आर्थर वेल्सले के भाशण का भाव देखें, 10 जुलाई 1806, बृहस्पतिवार को ब्रसल सिलेक्टिड पेम्फ्लेट्स, 1806
41. बिशप हेबर, कर्नाटक से माननीय चार्ल्स डब्ल्यू वाइने को लिखा गया, मार्च 1826, ब्रिटिश रूल कंडेम्ड बाय द ब्रिटिश, पृ. 24
42. माननीय भोर के नोट्स ऑन इण्डियन अफेयर्स, वॉल्यू. ii, लन्दन, 1837, पृ. 516, रोमेश चन्द्र दत्त की पुस्तक द इकोनोमिक हिस्ट्री. इण्डिया अण्डर अर्ली ब्रिटिश रूल : फ्रॉम द राइज़ ऑफ़ द ब्रिटिश पावर इन 1757 टू द एक्सेशन ऑफ़ क्वीन विक्टोरिया इन 1937, लन्दन : के. पॉल, ट्रेंच, ट्रब्नर एण्ड कम्प. लि., 1920
43. जॉन जुब्रज़िकी, द लास्ट निज़ाम, नयी दिल्ली : पिकाडोर इण्डिया, 2007, पृ. 34
44. सुजाता बोस, पेज़ण्ट लेबर एण्ड कोलोनियल कैपिटल, क्रैम्ब्रिज : कैम्ब्रिज यूनिवर्सिटी प्रेस, 1993
45. एच.एम. हाइण्डमैन, द रुइन ऑफ़ इण्डिया बाय द ब्रिटिश रूल : बीइंग द रिपोर्ट ऑफ़ द सोशल डेमोक्रेटिक फैडरेशन टू द इण्टरनेशनल्स्टि कांग्रेस एट स्टटगार्ड, लन्दन, ट्वेन्टिएथ सेंचुरी प्रेस, 1907, देखें Historie de la lle Internationale, वॉल्यू 16, जेनेवा : मिंकॉफ रीप्रिंट, 1978, पृं. 513–33
46. चन्द्र दत्त, द इकोनोमिक हिस्ट्री, पृ. xi-xii
47. हॉविट, इंग्लिश इन इण्डिया, पृ. 103
48. वही, पृ. 149
49. ब्रिटिश रुल कन्डेम्ड, पृ. 6–7
50. ज़ोह्रेह टी. सलिवान, नेरेटिव्स ऑफ़ एम्पायर : द फिक्शन्स ऑफ़ रुडयार्ड किपलिंग, कैम्ब्रिज : कैम्ब्रिज यूनि. प्रेस, 1933, पृ.7
51. तपन रायचौधरी, यूरोप रीकन्सिडर्ड : पर्सेप्शन्स ऑफ़ द वेस्ट इन नाइन्टीन्थ सेंचुरी बंगाल, ऑक्सफोर्ड : ऑक्सफोर्ड यूनि. प्रेस, 1988, पृ. 185
52. पॉल बैरन द पोलिटिकल इकोनॉमी ऑफ़ ग्रोथ न्यूयॉर्क, 1957, पृ. 148
53. दादा भाई नौरोजी, पॉवर्टी एण्ड अन–ब्रिटिश रूल इन इण्डिया, लन्दन : स्वैन सोनेन्शेन, 1901

54. विलियम डिग्बी, 'प्रॉस्पेरस' ब्रिटिश इंण्डिया : ए रीवीलेशन फ्रॉम ऑफिशियल रिकॉड्र्स, लन्दन, टी. फिशर अनविन, 1901
55. एंगस मेडिसन क्लास स्ट्रक्चर एण्ड इकोनोमिक ग्रोथ : इण्डिया एण्ड पाकिस्तान सिंस द मुगल्ज़, न्यूयॉर्क : रूट्लेज, 2013, पृ. 63
56. विलियम डिग्बी, इण्डियन प्रॉब्लम्स फॉर इंग्लिश कन्सिडरेशन, लन्दन : नेशनल लिबरल फैडरेशन, 1881 एवं 'प्रास्पेरस' ब्रिटिश इण्डिया, 1901
57. एच.एस. भाटिया (सं.), मिलिट्री हिस्ट्री ऑफ़ ब्रिटिश इण्डिया, 1607–1947, नयी दिल्ली : दीप एण्ड दीप पब्लिकेशन्स, 1977
58. वही, पृ. 101
59. बिल नैसन, ब्रिटेनियाज़ एम्पायर : मेकिंग ए ब्रिटिश वर्ल्ड, स्ट्राउड, ग्लूसेस्टरशायर : टेम्पस, 2004
60. भाटिया, मिलिट्री हिस्ट्री, पृ. 152
61. हॉविट, इंग्लिश इन इण्डिया, पृ. 40–41
62. जॉन आर सीले, द एक्स्पेंशन ऑफ़ इंग्लैण्ड : टू कोर्सिस ऑफ़ लेक्चर्स, लन्दन : मेक्मिलन, 1883, पृ. 243
63. हॉविट, इंग्लिश इन इण्डिया, पृ. 9
64. फर्डिनेण्ड माउण्ट, द टीयर्स ऑफ़ द राजास : म्यूटिनी, मनी एण्ड मैरिज इन इण्डिया 1805–1905, लन्दन : साइमन एण्ड शूस्टर, 2015, पृ. 773
65. दादाभाई नौरोजी, पावर्टी एण्ड अन–ब्रिटिश रूल इन इण्डिया, लन्दन : स्वैन सोनेन्शेन, 1901
66. यह अनुभाग इंदराजित रे से अत्यधिक सहायता प्राप्त है, 1995, 'शिपबिल्डिंग इन बंगाल अण्डर कोलोनियल रूल : ए केस ऑफ़ 'डी–इण्डस्ट्रियलाइज़ेशन', द जर्नल ऑफ़ ट्रांसपोर्ट हिस्ट्री, 16 (1), पृ. 776–77
67. वही।
68. विल्सन, इण्डिया कन्कर्ड, पृ. 433
69. ऑस्कर वाइल्ड, द इम्पोर्टेंस ऑफ़ बीइंग अर्नेस्ट, एक्ट II, लन्दन : लीयोनार्ड स्मिथर्स एण्ड कम्पनी, 1899
70. फ़िलिप मैसन, अ मैटर ऑफ़ ऑनर : एन अकाउंट ऑफ़ द इण्डियन आर्मी, इट्स ऑफिसर्स एण्ड मैन, लन्दन : पेंगुइन, 1974, पृ. 39
71. अखिलेश पिल्ललमाड़ी 'सॉरी, द यूनाइटिड किंग्डम इज़ नॉट ओ इण्डिया रेपेरेशन्स', द डिप्लोमैट, 24 जुलाई, 2015; राहीन कसम, 'रेटेरेशन्स फॉर कोलोनियल इण्डिया? रेलवे, सड़कों, सिंचाई और अन्तरिक्ष कार्यक्रम का क्या, जिस के लिए हम अभी तक भुगतान करते हैं', 22 जुलाई 2015, www.breitbart.com एवं फॉरमैन, रेपरेशन्स फॉर द राज?

72. स्कॉटलैण्ड एण्ड द ब्रिटिश एम्पायर, जॉन एम. मेकन्ज़ी और टी.एम. डिवाइन (स.) ऑक्सफोर्ड : ऑक्सफोर्ड यूनिवर्सिटी प्रेस, 2012, यह भी देखें : मार्था मैक्लारेन, ब्रिटिश इण्डिया एण्ड ब्रिटिश एकॉटलैण्ड 1780–1830, एक्रॉन, ओहियो : एक्रॉन यूनिवर्सिटी प्रेस, 2012

## अध्याय दो : ब्रिटिश शासन ने क्या भारत को राजनीतिक एकता दी थी?

73. डायना इक इण्डिया : अ एकेयर्ड जियोग्राफी, न्यूयॉर्क : हार्मनी बुक्स. विलियम डेल्रिम्पल द्वारा 'द गार्डियन' के लिए लिखी गयी पुस्तक की समीक्षा भी पढ़ें, 27 जुलाई 2012

74. सेमुर मार्टिन लिप्सेट, कीउंग–रीउंग सीओंग और जॉन चार्ल्स टॉरेस, 'ए कम्पेरेटिव एनेलिसिस ऑफ़ द सोशल रीक्विज़िट्स ऑफ़ डेमोक्रेसी', इण्टरनेशनल सोशल साइंस जर्नल, 1993, 45, पृ. 155–75

75. मायरान वेनर, 'इम्पिरिकल डेमोक्रेटिक थ्योरी' ई. ओज़बडन एवं एम. वेनर (सं.) की कॉम्पीटीटिव इलेक्शन्स इन डिलवपिंग कण्ट्रीज़, डरैहम, एन.सी. : ड्यूक यूनि. 1987, पृ. 3–34

76. एच. फील्डिग हॉल, पासिंग ऑफ़ द एम्पायर, लन्दन : हर्स्ट एण्ड ब्लैकेट, 1913, पृ. 134

77. 'विल्सन, इण्डिया कन्कर्ड, पृ. 14

78. अभिजीत बनर्जी और लक्ष्मी अय्यर, हिस्ट्री, इंस्टिट्यूशन्स एण्ड इकोनॉमिक पर्फोर्मेंस : द लीगेसी ऑफ़ कोलोनियल लैण्ड टेन्योर सिस्टम्ज़ इन इण्डिया', द अमेरिकन इकोनॉमिक रिव्यू, वॉल्यू. 95, सं. 4, 2005, पृ. 1190–1213

79. 'फॉरेस्ट, 1918, पृ. 296

80. बोल्ट्स, 1772, पृ. vi

81. डेलरिम्पल, 'द ईस्ट इण्डिया कम्पनी'।

82. हाइन्डमैन : रिपोर्ट ऑन इण्डिया, 1907, रुइन ऑफ़ इण्डिया बाय ब्रिटिश, पृ. 513–533

83. जेन मॉरिस, फेयरवेल द ट्रम्पेट्स : एन इम्पीरियल रीट्रीट, लन्दन : फेबर एण्ड फेबर, 1978

84. सी. नॉर्थकोट पार्किन्सन, पार्किसन्स लॉ : द परस्यूट ऑफ़ प्रोग्रेस, लन्दन : जॉन मुर्रे, 1958 डेविड केन्नेडाइन, ऑर्नामेंटलिज़्म : हाऊ द ब्रिटिश सॉ देयर एम्पायर, लन्दन : एलन लेन, 2001

85. डेविड गिल्मूर, कर्ज़न : इम्पीरियल स्टेटसमैन, न्यूयॉर्क : फेरीर, स्ट्रॉस एण्ड जिरूक्स, 2003
86. जवाहर लाल नेहरू, ग्लिम्प्सिस ऑफ़ वर्ल्ड हिस्ट्री : बीइंग फर्दर लैटर्स टू हिज़ डॉटर, लन्दन : लिंडसे ड्रम्मॉन्ड लि., 1949, पृ. 94
87. फ़िलिप मेसन, द मेन हू रूल्स इण्डिया, न्यूयॉर्क : डब्ल्यू. डब्ल्यू. नॉर्टन, 1985 एण्ड चार्ल्स एलन, प्लेन टेल्ज़ फ्रॉम द राज, लन्दन : एबेकस, 1988
88. मेडिसन की पुस्तक 'द इकोनोमिक एण्ड सोशल इम्पैक्ट ऑफ़ कोलोनियल रूल इन इण्डिया, में क्लास स्ट्रक्चर।
89. एरिक हॉब्सबॉम, द एज ऑफ़ एम्पायर, हेचेट, 2010, पृ. 82
90. डेविड गिल्मौर, द रूलिंग कॉएट : इम्पीरियल लाइव्स इन द विक्टोरियन राज, न्यूयॉर्क : फर्रार, स्ट्रॉस एण्ड जिरूक्स, 2006, पृ. 5, 33, 19, 244
91. फीिल्डिग हॉल, पासिंग ऑफ़ द एम्पायर, पृ. 54
92. विल्सन, इण्डिया कन्कर्ड, पृ. 128
93. वही, पृ. 140
94. 'न्यू सिस्टम वॉस नॉट डिज़ाइन्ड', वही, पृ. 128–129
95. वही, पृ. 225
96. हाइन्डमैन, रूइन ऑफ़ इण्डिया बाय ब्रिटिश।
97. गिल्मौर, द रूलिंग कास्ट, पृ. 271
98. वही, पृ. 104
99. हेनरी डब्ल्यू नेविनसन, द न्यू स्पिरिट इन इण्डिया, लन्दन : हार्पर एण्ड ब्रदर्स, 1908, पृ. 329
100. एच.एम. हाइन्डमैन, रूइन ऑफ़ इण्डिया बाय ब्रिटिश, पृ. 513–33
101. एनी डी कुर्सी, द फिशिंग–फ्लीट : हस्बैण्ड हंटिंग इन द राज, लन्दन : वेडनफील्ड एण्ड निकल्सन, 2012 में विस्तृत वर्णन देखें।
102. गिल्मौर, द रूलिंग कास्ट।
103. फील्डिंग हॉल, पासिंग ऑफ़ एम्पायर, पृ. 182
104. वहीं, पृश्ठ 194
105. वही, पृ. 188
106. वही, पृ. 193
107. ब्रिटिश रूल कंडेम्ड, पृ. 13
108. गुन्नल सीडरलॉफ और संजुक्ता दास गुप्ता, सब्जेक्ट्स, सिटिज़न्स एण्ड लॉ : कोलोनियल एण्ड पोस्ट कोलोनियल इण्डिया, रूटलेज, 2016
109. वही।

110. संडरलैण्ड, 1929
111. दादाभाई नौरोजी, 'द मोरल पॉवर्टी ऑफ़ इण्डिया एण्ड नेटिव थॉटस ऑन द प्रेज़ेण्ट, ब्रिटिश इण्डियन पॉलिसी (ज्ञापन नं. 2, 16 नवम्बर, 1880), 1880 नौरोजी पॉवर्टी एण्ड अन–ब्रिटिश रूल इन इण्डिया, लन्दन : स्वैन सोनेन्शेन, 1901 में पुनः उद्धृत।
112. जोनाथन गिल हेरिस, द फर्स्ट फिरंगिस, नयी दिल्ली : एलेफ बुक कम्पनी, 2015 और विलियम डेलरिम्पल, व्हाइट मुग़ल्स : लव एण्ड बिट्रेल इन एटीन्थ सेंचुरी इण्डिया, लन्दन : हार्पर पेरीनियल, 2002
113. डेलरिम्पल, व्हाइट मुगल्स।
114. वही।
115. विल्सन, इण्डिया कन्कर्ड, पृ. 163
116. डेलरिम्पल, व्हाइट मुगल्स
117. विल्सन, इण्डिया कन्कर्ड, पृ. 449–450
118. ई.एम. फॉर्स्टर, अ पैसेज टू इण्डिया, लन्दन : एलन लेन, 1924, पृ. 50–51
119. रुडयार्ड किपलिंग, लाइफ्स हैंडिकेप (1891) में नेबॉथ, इको बुक्स, लन्दन, 2007 द्वारा पुनः प्रकाशित, पृ. 289
120. फ़िलिप मेसन, किपलिंग : द ग्लास, द शैडो एण्ड फायर, न्यूयॉर्क : होल्ट, रिनेहार्ट एण्ड विल्सन, 1975, पृ. 27
121. ज़ेड टी. सलिवान, नेरेटिव्स ऑफ़ एम्पायर : द फिक्शन्स ऑफ़ रुडयार्ड किपलिंग, कैम्ब्रिज : कैम्ब्रिज यूनि. प्रेस, 1993, पृ. 25
122. सर लुइस मॉरिस, 'ओड', द टाइम्स, लन्दन, 22 जून 1897
123. ज़ेड. टी. सलिवान, नेरेटिव्स ऑफ़ एम्पायर, पृ. 4
124. रुडयार्ड किपलिंग, किम, न्यूयॉर्क : ऑक्सफोर्ड यूनि. प्रेस, 2008, पृ. 1
125. एम. देफ्ने कुर्टज़र, एम्पायर्ज़ चिल्ड्रन : एम्पायर एण्ड इम्पीरियलिज़्म इन क्लासिक ब्रिटिश चिल्ड्रन्स बुक, लन्दन : रुलेज, 2002, पृ. 13–44
126. सी.जे. वान, लिंग वी, कल्चर, एम्पायर एण्ड द क्वेश्चन ऑफ़ बीइंग मॉडर्न, न्यूयॉर्क : लेक्सिंग्टन बुक्स, 2003, पृ. 80
127. वही, पृ. 80–81
128. रॉबर्ट कप्लेन, 'इन डिफेंस ऑफ़ एम्पायर' द एटलांटिक, अप्रैल 2014
129. मोर्ले, इण्डियन स्पीचिज़ लन्दन, 1910, 91, देखें इश्तियाक हुसैन कुरैशी, द स्ट्रगल फॉर पाकिस्तान, यूनि. ऑफ़ कराची, 1969, पृ. 28
130. क्रिस्टोफर ए.बेले, रिकवरिंग लिबर्टीज़ : इण्डियन थॉट इन द एज ऑफ़ लिबरलिज़्म एण्ड एम्पायर, कैम्ब्रिज : कैम्ब्रिज यूनि. प्रेस, 2011

131. नेविनसन, द न्यू स्पिरिट इन इण्डिया, पृ. 327

132. वही, पृ. 129–30, 132

133. wwwgktoday.in/poorna-swaraj-resolution-declaration-of-independence.

134. नेविनसन, द न्यू स्पिरिट इन इण्डिया, पृ. 322

135. एम.बी.एल. भार्गव, इण्डियाज़ सर्विसिज़ इन द वॉर, इलाहाबाद : बिशम्बर नाथ भार्गव, 1919

136. दुरान्त, द केस फॉर इण्डिया में उल्लिखित।


## अध्याय तीन : प्रजातन्त्र, प्रेस, संसदीय प्रणाली एवं विधि सम्मत नियम


137. 'निएल फर्ग्यूसन, एम्पायर : द राइज़ एण्ड डिमाइस ऑफ़ द ब्रिटिश वर्ल्ड ऑर्डर एण्ड द लैसन्स फॉर ग्लोबल पावर, न्यूयॉर्क : बेसिक बुक्स, 2003, पृ. 125

138. वहीं, पृ. xxiii, 56, 125

139. वहीं, पृ. 332, 326, 358

140. 'निएल फर्ग्यूसन कोलोसस : द प्राइस ऑफ़ अमेरिकास एम्पायर, न्यूयॉर्क : पेंगुइन, 2004, पृ. 2

141. नेविनसन, द न्यू स्पिरिट इन इण्डिया, पृ. 206 et seq.

142. इण्डिया भास्त्र : रिफ्लेक्शन्स ऑन द नेशन इन अवर टाइम्स, नयी दिल्ली : एलेफ बुक कम्पनी, 2015

143. बर्नार्ड वेदरिल, 'रिलेशन्स बिट्विन कॉमनवेल्थ पार्लियामेंट्स एण्ड द हाउस ऑफ़ द कॉमन्स–, आर एस ए जर्नल, वॉल्यू. 137 सं. 5399, अक्तूबर 1989, पृ. 735–741 रॉयल सोसायटी द्वारा कला, निर्माण एवं वाणिज्य को बढ़ावा देने के लिए प्रकाशित।

144. जवाहर लाल नेहरू ए बंच ऑफ़ ओल्ड लैटर्स, बम्बई : एशिया पब्लिशिंग हाउस, 1958, पृ. 236

145. डायने किर्कबी एण्ड केथेरिन कोलिबॉर्न (सं), लॉ, हिस्ट्री एण्ड कोलोनिलिज़्म : द रीच ऑफ़ एम्पायर, मेन्चेस्टर : मेन्चेस्टर यूनि. प्रेस, 2001 रिचर्ड प्राइज़ के 'वन बिग थिंग : ब्रिटेन, इट्स एम्पायर एण्ड देयर इम्पीरियल कल्चर' जर्नल ऑफ़ ब्रिटिश स्टडीज़, वॉल 45, सं. 3, जुलाई 3, 2006, पृ. 602–627 में उद्धृत नॉर्थ अमेरिकन कॉन्फ्रेंस ऑन ब्रिटिश स्टडीज़ की ओर से कैम्ब्रिज यूनि. प्रेस द्वारा प्रकाशित। www.jistor.org/stable/10.1086/503593

146. विल्सन, इण्डिया कन्कर्ड, पृ. 213–14

147. दुरान्त, द केस फॉर इण्डिया, पृ. 138–139
148. जोर्डाना बेल्किन, 'द बूट एण्ड द एप्लीन : व्हेन वॉस मर्डर पॉसिबल इन ब्रिटिश इण्डिया?' कम्पेरेटिव स्टडीज़ इन सोसायटी एण्ड हिस्ट्री, 48 (2), 2006, पृ. 462–93
149. 'द ब्रिटिश बूट', पंच 68, (3 जनवरी 1875), पृ. 50, जोर्डाना बेल्किन, वही, पृ. 462–93 में उद्धृत।
150. मार्टिन वेनर, मेन ऑफ़ ब्लड : वॉयलेन्स, मैन्लीनेस एण्ड क्रिमिनल जस्टिस इन विक्टोरियन इंग्लैण्ड, कैम्ब्रिज : कैम्ब्रिज यूनि. प्रेस, 2004, पृ. 11
151. नयना गोराडिया, लॉर्ड कर्ज़न : द लास्ट ऑफ़ द ब्रिटिश मुग़ल्ज़, ऑक्सफोर्ड : ऑक्सफोर्ड यूनि. प्रेस, 1993
152. फील्डिग हॉल, पासिंग ऑफ़ द एम्पायर, पृ. 103
153. नेविनसन, द न्यू स्पिरिट इन इण्डिया, पृ. 204
154. मनु पिल्लै, द आइवरी थ्रोन, नयी दिल्ली : हार्पर कॉलिन्स, 2015
155. डी.एम. पीयर्स एण्ड एन. गुप्तु (सं.) इण्डिया एण्ड द ब्रिटिश एम्पायर, ऑक्सफोर्ड : ऑक्सफोर्ड यूनि. प्रेस, 2012
156. संजय निगम, 1990, 'डिसिप्लनिंग एण्ड पॉलिसिंग द 'क्रिमिनल्स बाय बर्थ', भाग 1 : द मेकिंग ऑफ़ कोलोनियल स्टीरियोटाइप, द क्रिमिनल ट्राइब्स एण्ड कास्ट्स ऑफ़ नॉर्थ इण्डिया', और भाग 2 : 'द डिवलपमेण्ट ऑफ़ ए डिसिप्लिनेरी सिटम, 1871–1900', इण्डियन इकोनॉमिक सोशल हिस्ट्री रिव्यू, 27, पृ. 131–164 एवं 257–287
157. हर मेजेस्टीस प्रोक्लामेशन (1858)', इण्डिया आफिस रिकॉर्डस, अफ्रीका, पेसिफिक एण्ड एशिया कलेक्शन्स, ब्रिटिश लायब्रेरी, लन्दन : एल/पी एण्ड एस/6/463 फ़ाइल 36, फोलियो 215–216
158. लॉरेंस जेम्स, राज : द मेकिंग एण्ड अनमेकिंग ऑफ़ द ब्रिटिश एम्पायर इन इण्डिया, न्यूयॉर्क : सेंट मार्टिन्स ग्रिफिन, 1997, पृ. 223
159. विल्सन, इण्डिया कन्कर्ड, पृ. 6
160. मेड्डिसन, क्लास स्ट्रक्चर।
161. दासता विरोधी अभियानकर्ताओं द्वारा ब्रिटिश सरकार से पराधीनता की कुछ परम्परागत प्रथाओं को समाप्त करने के लिए की गयी ज़ोरदार अपीलों को कम्पनी के अधिकारी तन्त्रा द्वारा निःसन्देह पूर्णतः उपेक्षित कर दिया गया : विल्सन एंटी स्लेवरी कलेक्शन अ ब्रीफ व्यू ऑफ़ स्लेवरी इन ब्रिटिश इण्डिया, 1841, मेनचेस्टर, इंग्लैण्ड : द यूनिवर्सिटी ऑफ़ मेन्चेस्टर, जॉन राइलैण्ड्स यूनिवर्सिटी लायब्रेरी। यूआर एल : www.jstor.org/stable/60228274

## अध्याय चार : बाँटो और राज करो

162. सीज़र लिट्टन फाकाइनर, इल्स्ट्रेशन्स ऑफ़ आयरिश हिस्ट्री एण्ड टोपोग्राफी, मेनली ऑफ़ द 17थ सेंचुरी। लन्दन : लॉन्गमैन्स, ग्रीन एण्ड कं., 1904, पृ. 117

163. नॉमेन जी. बैरियर, द सेन्सस इन द ब्रिटिश इण्डिया : न्यू परस्पेक्टिव्स, नयी दिल्ली : मनोहर पब्लिशर्स, 1981

164. निकोलस बी. डर्क्स, कास्ट्स ऑफ़ माण्इड : कोलोनियलिज़्म एण्ड द मेकिंग ऑफ़ मॉडर्न इण्डिया, प्रिंसटन : प्रिसटन यूनि. प्रेस, 2001

165. बर्नार्ड एस. कोहेन, एन एंथ्रोपोलोजिस्ट अमंग हिस्टोरियन्स एण्ड अदर एस्सेज़, ऑक्सफोर्ड : यूनि. प्रेस, 1987। ये भी देखें : रंजीत गुहा, डॉमिनेंस विदाउट हेगेमनी : हिस्ट्री एण्ड पॉवर इन कोलोनियल इण्डिया, कैम्ब्रिज, एम ए : हार्वर्ड यूनिवर्सिटी प्रेस 1998

166. बेनेडिक्ट ऐण्डर्सन, इमेजिन्ड कॉम्यूनिटीज़ : रिफ्लेक्शन्स ऑन द ऑरिजिन एण्ड स्प्रेड ऑफ़ नेशनलिज़्म दूसरा संस्करण, लन्दन : वर्सो, 1991

167. डर्क्स, 2001

168. वही।

169. पाथा चटर्जी, लाइनेज़िस ऑफ़ पोलिटिकल सोसायटी : स्टडीज़ इन पोस्ट कोलोनियल डेमोक्रेसी, कोलम्बिया यूनिवर्सिटी प्रेस, 2011 और 'द नेशन एण्ड इट्स फ्रेगमेंट्स : कोलोनियल एण्ड पोस्ट कोलोनियल हिस्ट्रीज़', प्रिंस्टन यूनिवर्सिटी प्रेस, 1993

170. मधु किश्वर, ज़ीलस रिफॉर्मर्स, डेडली लॉज़, नयी दिल्ली : सेज पब्लिकेशन्स, 2008

171. क्रिस्टोफर बेली, द ब्रिटिश ऑफ़ द मॉर्डन वर्ल्ड, 1780–1914 : ग्लोबल कनेक्शन्स एण्ड कम्पेरिसन्स, लन्दन : वाइले–ब्लैकवैल, 2004, पृ. 275

172. थॉमस मेटकाफ, आयडियोलोजीस ऑफ़ द राज, कैम्ब्रिज : कैम्ब्रिज यूनिवर्सिटी प्रेस, 1995, पृ. 89

173. के. डब्ल्यू. जोन्स, 'रिलीजियस आयडेंटटी एण्ड इण्डिया सेन्सस' इन द सेन्सस इन ब्रिटिश इण्डिया : न्यू पर्सपेक्टिव्स, एन.जी. बैरियर (सं), नयी दिल्ली : मनोहर पब्लिशर्स, 1981, पृ. 73–102

174. सुदीप्ता कविराज, 'द इमेजनरी इंस्टि्यूशनल ऑफ़ इण्डिया', सबाल्टर्न स्टडीज़ VII, पार्था चटर्जी एण्ड ज्ञानेन्द्र पाण्डे (सं.), नयी दिल्ली : ऑक्सफोर्ड यूनिवर्सिटी प्रेस, 1992, पृ. 26

175. ई.एम. कोलिंघम, इम्पीरियल बॉडीस : द फिज़िकल एक्स्पीरियंस ऑफ़ द राज, 1800–1947, ऑक्सफोर्ड : पोलिटी प्रेस, 2001; क्रिस्टोफर पिन्ने, 'क्लासिफिकेशन एण्ड फैण्टेसी इन द फोटोग्राफिक कन्स्ट्रक्शन ऑफ़ कास्ट एण्ड ट्राइब : विजुअल एंथ्रोपॉलोजी 3, (1990), पृ. 259–284, पृ. 267; और पीटर गॉट्स्यांक, रिलिजन, साइंस एण्ड एम्पायर : क्लासिफाइंग हिन्दुइज़्म एण्ड इस्लाम इन ब्रिटिश इण्डिया, लन्दन : ऑक्सफोर्ड यूनि. प्रेस, 2012, पृ. 213

176. एम.एन. श्रीनिवास, आधुनिक भारत में सामाजिक परिवर्तन, हैदराबाद : ओरिएण्ट लॉन्गमैन इण्डिया, 1972, पुस्तक में यह वर्णन किया गया है कि ब्रिटिश शासकों के आने से पूर्व किस प्रकार सामाजिक परिवर्तन और जाति सम्बन्धी प्रयास थी।

177. फॉर्स्टर, अ पैसेज टू इण्डिया, पृ. 160

178. डेविड वॉशब्रुक, 'टू इच अ लैंग्वेज ऑफ़ हिज़ ओन : लैंग्वेज, कल्चर एण्ड सोसाइटी इन कोलोनियल इण्डिया', देखें, लैंग्वेज, हिस्ट्री एण्ड क्लास, पेनीलोप जे. कोर्फील्ड (सं.), लन्दन : ब्लैकवेल 1919, पृ. 179–203; डेविड लीलिवेल्ड, 'द फेट ऑफ़ हिन्दुस्तानी : कोलोनियल नॉलेज एण्ड द प्रोजेक्ट ऑफ़ ए नेशनल लैंग्वेज' इन ओरिएण्टलिज़्म एण्ड द पोस्ट कोलोनियल प्रीडिकामेण्ट, केरॉल ए. ब्रेकनरिज एण्ड पीटर वान डेर वीर (सं.), फिलेडेल्फिया : यूनि. ऑफ़ पेन्सिल्वेनिया प्रेस, 1993, पृ. 189–214

179. रतनाबाली चटर्जी, 'द क्वीन्स डॉटर्स : प्रॉस्टिट्यूट एज़ एन आउटकास्ट ग्रुप इन कोलोनियल इण्डिया', मिकेल्सन इंस्टि. रिपोर्ट 1992 : 8

180. पीटर गॉट्स्यॉक, रिलिजन, साइंस एण्ड द एम्पायर, ऑक्सफोर्ड : ऑक्सफोर्ड यूनिवर्सिटी प्रेस, 2012

181. ज्ञानेन्द्र पाण्डे, द कन्स्ट्रक्शन ऑफ़ कॉम्यूनलिज़्म इन कोलोनियल नार्थ इण्डिया, नयी दिल्ली : ऑक्सफोर्ड यूनिवर्सिटी प्रेस, 1990

182. वही, 204

183. विरापत्ती, निरुकोयलुर तालुक, दक्षिण अर्कोट, तमिलनाडु में मुत्ताल खुत्तन को देखा जा सकता है। देखें एल्फ हिल्टेबेनल, 'द्रौपदी', टू गार्डियन्स; बफलो किंग एण्ड मुस्लिम डिवोटी इन क्रिमिनल गॉड्स एण्ड डेमन डिवोटीस : एस्सेस ऑन द गार्डियन्स ऑफ़ पॉपुलर हिन्दुइज़्म, विंघम्टन, न्यूयॉर्क : सनी प्रेस, 1989, पृ. 338 st.seq.

184. रोमिला थापर ऑन नेशनलिज़्म, नयी दिल्ली : एल्फ बुक कम्पनी, 2016, पृ. 14–15

185. ज्ञानेन्द्र पाण्डे, कन्स्क्ट्रशन ऑफ़ कॉम्यूनलिज़्म।

186. रोमिला थापर, ऑन नेशनलिज़्म।

187. सेंड्रिया फ्रेटैश, कलेक्टिव एक्शन एण्ड कॉम्युनिटी : पब्लिक एरिनास एण्ड द इमरजेंस ऑफ़ कॉम्यूनलिज़्म इन नॉर्थ इण्डिया, बर्कले : यूनि. ऑफ़ कैलिफोर्निया प्रेस, 1989

188. सी.ए. बेले, 'द प्री–हिस्ट्री ऑफ़ 'कॉम्यूनलिज़्म'? रिलीजियस कन्फ़लिक्ट इन इण्डिया, 1700–1860, मॉडर्न एशियन स्टडीज़, वॉल्यू 19 (2), 1985, पृ. 202

189. रिचर्ड एम. एटन, 'टेम्पल डेसिक्रेशन एण्ड द इमेज ऑफ़ द होली वारियर इन इण्डो–मुस्लिम 'हिस्टोरियोग्राफी' (एसोसिएशन ऑफ़ एशियन स्टडीज़ की अप्रैल 1994 में बॉस्टन में वार्षिक बैठक में प्रस्तुत किया गया पर्चा), उद्धहरण : सिंथिया टेल्बॉट, 'इन्स्क्राइबिंग द अदर, इन्स्क्राइबिंग द सेल्फ : हिन्दू–मुस्लिम आइडेटिटीस इन प्री–कोलोनियल इण्डिया,' कम्पेरेटिव स्टडीज़ इन सोसायटी एण्ड हिस्ट्री, वॉल्यू. 37 (4), 1995, पृ. 718

190. टेल्बॉट, 'इन्स्क्राइबिंग द अदर', पृ. 692–722, यह भी देखें एच.के. शेखानी, 'कल्चरल सिंथिसिस इन मीडिवियल इण्डिया', जर्नल ऑफ़ इण्डियन हिस्ट्री, 41, 1963, पृ. 239–59; डब्ल्यू. एच. सिद्दिकी, 'रिलीजियस टॉल्रेंस एज़ ग्लीन्ड ऑफ़ मीडिवियल इन्स्क्रिप्शन्स, इन प्रोसिडिंग्स ऑफ़ सेमिनार ऑन मीडिवियल इन्स्क्रिप्शन्स', अलीगढ़ : सेण्टर ऑफ़ एडवांस्ड स्टडी, इतिहास विभाग, अलीगढ़ मुस्लिम यूनिवर्सिटी, 1974, पृ. 50–58

191. नेविनसन, द न्यू स्पिरिट इन इण्डिया, पृ. 192–193

192. वही, पृ. 202

193. द आग़ा ख़ाँ, इण्डिया इन ट्रांज़िशन : ए स्टडी इन पोलिटिकल इवोल्यूशन (फ़िलिप ली वार्नर फॉर द मेडिसि सोसायटी, लन्दन, 1918) : उसके सभ्यता सम्बन्धी सिद्धान्तों के लिए विशेष रूप से देखें अध्याय 1, पृ. 1–15; अध्याय xiii, 'इण्डियाज़ क्लेम टू ईस्ट अफ्रीका'; पृ. 123–132 और इस्लाम पर अध्याय xv, पृ. 156–161

194. बी.आर. अम्बेडकर, थॉट्स ऑफ़ पाकिस्तान, बम्बई : पॉपुलर प्रकाशन, 1941, पृ. 89

195. दुरान्त, द केस फॉर इण्डिया, पृ. 137–138

196. केथ जोत्शोज़, 'शाह आइडेंटिटी एण्ड सिग्निफिकेंसिस ऑफ़ मुहर्रम इन लखलऊ, इण्डिया', इन मार्टिन कार्मर (सं.), शिइज़्म, रेज़िस्टेंस एण्ड रेवयोल्यूशन, बूल्डर : वेस्टवियू प्रेस, 1987, पृ. 234

197. मौलाना हुसैन अहमद मदानी, देखें वेंकेट धुलिपाला, क्रीस्टिंग अ न्यू मेदिना, कैम्ब्रिज : कैम्ब्रिज यूनिवर्सिटी प्रेस, 2016, पृ. 449–450

198. लाला लाजपत राय, 'द स्वदेशी मूवमेण्ट', 1905

199. निसिद हजारी, मिडनाइट्स, फ्यूरीस : द डेडली लीगेसी ऑफ़ इण्डियाज़ पार्टिशियन, न्यूयॉर्क : हूघ्टन मिफ्लिन हर्कोर्ट, 2015, पृ. 9

200. फ़िलिप्स टेल्बॉट, एन अमेरिकन विट्नेस टू इण्डियाज़ पार्टिशयन, नयी दिल्ली : सेज बुक्स, 2007 लीयोनार्ड गॉर्डन, ब्रदर्स अगेन्स्ट द राज, न्यूयॉर्क : कोलम्बिया यूनिवर्सिटी प्रेस, 1990; पेन्डीरेल मून, मार्क टली और तपन रायचौधरी, डिवाइड एण्ड क्विट, ऑक्सफोर्ड : ऑक्सफोर्ड यूनि. प्रेस, 1998; सुजाता बोस, हिज़ मेजेस्टीज़ ओपोनेंट : सुभाष चन्द्र बोस एण्ड इण्डियाज़ स्ट्रगल अगेंस्ट एम्पासर, कैम्ब्रिज एम ए : हार्वर्ड यूनिवर्सिटी प्रेस, 2011; मौलाना अबुल आज़ाद खान, इण्डिया विन्स फ्रीडम, नयी दिल्ली : ओरिएण्ट ब्लैकस्वैन, 2004; दुर्गा दास, इण्डिया फ्रॉम कर्ज़न टू नेहरू एण्ड आफ्टर, नयी दिल्ली : रूपा पब्लिकेशन्स, 1967; बिपन चन्द्रा, इण्डियाज़ स्ट्रगल फॉर इण्डिपेण्डेंस, नयी दिल्ली : वाइकिंग, 1988; जवाहर लाल नेहरू, द डिस्कवरी ऑफ़ इण्डिया, नयी दिल्ली : वाइकिंग, 2013; सर्वपल्ली गोपाल, जवाहर लाल नेहरू, वॉल्यू. I & II, नयी दिल्ली, विंटेज, 2005 : निसिद हजारी, मिडनाइट्स फ्यूरीस; टंज़लमैन, इण्डियन समर; एलान कैम्पबेल–जॉन्सन, मिशन विद माउण्टबेटन, लन्दन : मेक्मिलन 1985 : लैरी कॉलिन्स एण्ड डॉमिनिक लापियरे, माउण्टबेटन एण्ड द पार्टिशियन ऑफ़ इण्डिया, नयी दिल्ली' विकास, 1975 : मिशेल ब्रीखर, नेहरू : अ पॉलिटिकल बायोग्राफी, लन्दन, : बीकन प्रेस, 1962; स्टेन्ले वॉल्पर्ट, नेहरू : ए ट्रिस्ट विद डेस्टिनी, न्यूयॉर्क : ऑक्सफोर्ड यूनिवर्सिटी प्रेस, 1995; एम. जे. अकबर, नेहरू, नयी दिल्ली : वाइकिंग, 1988; एच.वी. हॉडसन, द ग्रेट डिवाइड, ऑक्सफोर्ड : ऑक्सफोर्ड यूनिवर्सिर्टी प्रेस, 1997; यास्मीन खान, द ग्रेट पार्टिशियन, न्यू हेवन : येल यूनिवर्सिटी प्रेस, 2008; लूइस फिशर, द लाइफ ऑफ़ महात्मा गाँधी, न्यूयॉर्क : हार्पर कॉलिन्स, 1997; निकोलस मानसर्ग, द ट्रांसफर ऑफ़ पावर 1942–47, लन्दन : एच एम स्टेशनरी ऑफिस, 1983; एण्ड लॉर्ड आर्किबाल्ड वेवेल वॉयसरॉयज़ जर्नल (सं.) पेन्डीरल मूल, ऑक्सफोर्ड यूनिवर्सिटी प्रेस, 1973. संक्षिप्त वर्णन के लिए देखें मेरी स्वयं की पुस्तक नेहरू : द इन्वेंशन ऑफ़ इण्डिया, न्यूयॉर्क : आर्केड बुक्स, 2003

201. रामचन्द्र गुहा, 'स्टेच्युस इन अ सक्वेयर', द टेलिग्राफ, 21 मार्च 2015
202. बॉरिस जॉनसन, द चर्चिल फैक्टर : हाऊ वन मैन मेड हिस्ट्री, न्यूयॉर्क : रिवरहैड बुक्स, 2014, पृ. 178
203. द सीक्रेट हिस्ट्री ऑफ़ द एण्ड ऑफ़ एन एम्पायर, न्यूयार्क : हेनरी हॉल्ट एण्ड कम्पनी, 2007
204. हजारी, मिडनाइट्स फ्यूरीस, पृ. 41
205. वही, पृ. 42
206. वेंकट धुलिपाला, क्रिएटिंग ए न्यू मदिना : स्टेट पावर, इस्लाम एण्ड द क्वेस्ट फॉर पाकिस्तान इन कोलोनियल नॉर्थ इण्डिया, कैम्ब्रिज : कैम्ब्रिज यूनिवर्सिटी प्रेस, 2015
207. श्रीनाथ राघवन, इण्डिया वॉर : द मेकिंग ऑफ़ मॉडर्न साउथ एशिया 1939–1945, लन्दन : पेंगुइन, 2016
208. लॉर्ड आर्किबाल्ड वेवेल, वॉयसरॉयज़ जर्नल (सं.) पेन्डीरल मून, पृ.1. 283
209. हजारी, मिडनाइट्स फ्यूरीस, पृ. 102
210. टंज़लमैन, इण्डियन समर, 2007
211. यास्मिन खान, द ग्रेट पार्टिशयन, न्यू हेवेन : येल यूनिवर्सिटी प्रेस, 2007
212. अमर्त्य सेन, द आरग्यूमेंटेटिव इण्डियन, न्यूयॉर्क : फर्रार, स्ट्रॉस एवं जीरॉक्स, 2005

## अध्याय पाँच : प्रबुद्ध निरंकुशता का मिथक

213. अमर्त्य सेन, पॉवर्टी एण्ड फेमाइन्स : एन एस्से ऑन एन्टाइटलमेण्ट्स एण्ड डेप्रिविएशन ऑक्सफोर्ड : क्लेरेन्डन प्रेस, 1982
214. दुरान्त, द केस फॉर इण्डिया।
215. दिन्यर पटेल, 'हाऊ ब्रिटेन लेट वन मिलियन इण्डियन्स डाइ इन फेमाइन', बीबीसी न्यूज़, 11 जून 2016. www.bbc.com/news/world-asia-india-36339524
216. वही।
217. माइक डेविस, लेट विक्टोरियन होलोकॉस्ट्स : एल निनो फेमाइन एण्ड द मेकिंग ऑफ़ द थर्ड वर्ल्ड, लन्दन, न्यूयॉर्क : वर्सो बुक्स, 2001, पृ. 19
218. फेमाइन एन्क्वायरी कमीशन फाइनल रिपोर्ट, फेमाइन एन्क्वायरी कमीशन, (जॉन वुडहेड, चेयरमैन), इण्डिया, 1945, पृ. 105–106
219. दुरान्त, द केस फॉर इण्डिया, पृ. 36–37

220. डेविस, 2001, पृ. 31, 52
221. लिट्टन की घोषणाएँ उल्लेखनीय हैं : वही।
222. जॉहन्न हरि, 'द ट्रुथ? अवर एम्पायर किल्ड मिलियन्स', द इण्डिपेण्डेण्ट, 19 जून, 2006
223. वही।
224. वही।
225. जीयॉर्जिना ब्रीविस, 'फिल फुल द माउथ ऑफ़ द फेमाइन : वॉलेंटरी एक्शन इन फेमाइन रिलिफ इन इण्डिया 1877–1900', इन रॉबिन्स, डी. एट. आल (सं.), ईयरबुक II पीएच डी रिसर्च इन प्रोग्रेस, लन्दन : यूनिवर्सिटी ऑफ़ ईस्ट लन्दन, 2007, पृ. 32–50
226. वही।
227. जे.सी. गिड्डीस, एडमिनिस्ट्रेटिव एक्सपीरियंस रिकॉर्डिड फॉर्मर फेमाइन्स, कलकत्ता, 1974, पृ. 350. एक अन्य अधिकारी ने पाया कि 'श्रमिकों को होने वाली अस्थायी हानि की तुलना में किसानों को होने वाली भारी हानि उनके हल एवं कुएँ में जोते जाने वाले बैलों की मृत्यु के रूप में है।' कर्नल बेयर्ड स्मिथ की भारत सरकार को भारत के उत्तरी–पश्चिमी प्रान्त की व्यावसायिक स्थिति और हाल ही के अकाल पर रिपोर्ट, संसदीय कागज़ात, 8 मई, 1861, पृ. 29; उसी अधिकारी की उसी प्रान्त में हाल के अकाल पर भारत सरकार को दी गयी रिपोर्ट, हाउस ऑफ़ कॉमन्स, 1862, पृ. 39
228. चन्द्रिका कौल, रिपोर्टिंग द राज : द ब्रिटिश प्रेस एण्ड इण्डिया 1880–1922, मन्चेस्टर : मेचेस्टर यूनिवर्सिटी प्रेस, 1922, पृ. 75
229. सिडनी मॉर्निंग हेराल्ड, 6 नवम्बर 1943
230. मधुश्री मुखर्जी चर्चिल्स सीक्रेट वार : द ब्रिटिश एम्पायर एण्ड द रेवेजिंग ऑफ़ इण्डिया डयूरिंग वर्ल्ड वार II, न्यूयॉर्क : बेसिक बुक्स, 2010, पृ. 332
231. दुरान्त, पृ. 36, अकालो एवं विशेष रूप से बंगाल के 1993–44 के अकाल के लिए देखें : कॉर्मेक ओ ग्राडा, इटिंग पीपुल इन रॉन्ग, एण्ड अदर एस्सेस ऑन फेमाइन, इट्स पास्ट एण्ड इट्स फ्यूचर, प्रिंस्टन, एन. जे. : प्रिंस्टन यूनिवर्सिटी प्रेस, 1950
232. विलियम जेन्निंग्स ब्रायन, ब्रिटिश रूल इन इण्डिया, रीप्रिंटिड बाय द ब्रिटिश कमेटी ऑफ़ द इण्डियन नेशनल कांग्रेस, लन्दन, 1906, पृ. 11
233. ये दावे फर्ग्यूसन की एम्पायर के पृ. 215 पर किये गये हैं।
234. जी.एस.वी. प्रसाद और एन. कनकरत्नम, 'कोलोनियल इण्डिया एण्ड ट्रांसपोर्टेशन : इण्डियन कन्विक्ट्स इन साउथ ईस्ट एशिया एण्ड एल्सवेयर', इण्टरनेशनल जर्नल ऑफ़ एप्लाइड रिसर्च, वॉल्यू 1 (13), 2015, पृ. 5–8

235. वही।

236. क्लेर एण्डर्सन, कन्विक्ट्स इन द इण्डियन ओशियन, लन्दन : पेल्गेव मैक्मिलन, 2000, पृ. 104–106

237. 1970 से कैरेबियन में 'जहाजी भाई, ब्रदरहुड इन द बोट' नामक गाना देखें. www.youtube//Doh4fsIaTH8

238. जी.एस.वी. प्रसाद और डॉ. एन. कनकरत्नम, 'कोलोनियल इण्डिया एण्ड ट्रांसपोर्टेशन : इण्डियन कन्विक्ट्स इन साउथ ईस्ट एशिया एण्ड एल्सवेयर', इण्टरनेशनल जर्नल ऑफ़ एप्लाइड रिसर्च, 1 (13), 2015

239. घोष, सी ऑफ़ पॉपीज़, पृ. 367

240. विल्सन, इण्डिया कन्कर्ड, पृ. 5

241. वही, पृ. 75–77

242. हॉविट, इंग्लिश इन इण्डिया, पृ. 21

243. फर्डिनेंड माउण्ट, टीयर्स ऑफ़ द राजास

244. डेनिस जुड, द लॉयन एण्ड द टाइगर : द राइज़ एण्ड फॉल ऑफ़ द ब्रिटिश राज, 1600–1947, ऑक्सफोर्ड : ऑक्सफोर्ड यूनिवर्सिटी प्रेस. 2005, पृ. 132

245. जॉन रस्किन, द प्लेज़र्स ऑफ़ इंग्लैण्ड : लेक्चर्स गिवन इन ऑक्सफोर्ड, लन्दन : जी. एलन, 1884, पृ. 111

246 हेलेन फेन, इम्पीरियल क्राइम एण्ड पनिशमेंट, होनोलूलू : द यूनिवर्सिटी प्रेस हवाई, 1977, पृ. xii

247. सलमान रुश्दी, 'आउटसाइड द व्हेल'।

248. दुरान्त, द केस फॉर इण्डिया, पृ. 134–135

249. ब्रिटिश रूल कंडेम्ड, पृ. 36

## अध्याय छह : साम्राज्य का शेष मामला

250. टंज़लमैन, इण्डियन समर, पृ. 6

251. अमित सिंह, 'थिंक इण्डिया शुड बी ग्रेटफुल फॉर कोलोनियलिज़्म? हेयर आर फाइव रीज़न्स व्हाय यू आर अनबीलिवेबली इग्नोरेंट', द इण्डिपेण्डेण्ट, 10 नवम्बर 2015

252. एच.एम. हाइडमैन, रुइन ऑफ़ इंण्डिया बाय ब्रिटिश, पृ. 513–33

253. अम्बा प्रसाद, इण्डियन रेल्वेज़ : अ स्टडी इन पब्लिक यूटिलिटी एडमिनिस्ट्रेशन, बम्बई, एशिया पब्लिशिंग हाउस, 1960

254. हॉरेस बेल, रेलवे पॉलिसी इन इण्डिया, रिविंग्टन, पर्सिवल एण्ड कम्पनी,

1894 और एडवर्ड डेविडसन, द रेल्वेज़ ऑफ़ इण्डिया : विद एन अकाउण्ट ऑफ़ देयर राइज़, प्रोग्रेस, एण्ड कन्स्ट्रक्शन, ई एण्ड एफ.एन. स्पॉन, 1868

255. 'सॉर्डिड एण्ड सेल्फिश...' बिपन चन्द्रा, द राइज़ एण्ड ग्रोथ ऑफ़ इकोनॉमिक नेशनलिज़्म इन इण्डिया : इकोनॉमिक पॉलिसीज़ ऑफ़ इण्डियन नेशनल लीडरशिप, 1880–1905, नयी दिल्ली : हर आनन्द पब्लिकेशन्स, 2010

256. जोनाथन ओल्ड, 'व्हाय आय थिंग राशि थरूर स्पीच इज़ पॉपुलिस्ट, ओवर सिम्पलिफाइड एण्ड इग्नोर्ज़ द प्रॉब्लम्स' www.youthki awaaz.com, 28 जुलाई 2015

257. द सेन्सेस ऑफ़ इण्डिया, 1951, नयी दिल्ली : पब्लिकेशन्स डिविज़न : 1952

258. दुरान्त, द केस फॉर इण्डिया, पृ. 31–35

259. सर थॉमस मुनरो, 'हिज़ लाइफ', वॉल्यू viii, उद्धहरण–ब्रिटिश रूल कंडेम्ड बाय ब्रिटिश देमसेल्वस, पृ. 16

260. जेम्स मिल, हिस्ट्री ऑफ़ ब्रिटिश इण्डिया, लन्दन, बाल्दविन, क्रेडॉक एण्ड जॉय, 1817, पृ. 156

261. मैकॉले के मिनट्स ऑन एजुकेशन, 2 फरवरी 1835, हेनरी शार्प द्वारा प्रकाशित, सीलेक्शन्स फ्रॉम द एजुकेशनल रिकॉर्ड्स, ब्यूरो ऑफ़ एजुकेशन, इण्डिया I, कलकत्ता, 1920

262. ज़ेस्टूपिल और मॉयर (1999), पृ. 140–141 में उद्धृत।

263. मार्ग्रिट पर्नाओ (सं.), दिल्ली कॉलेज : ट्रेडिशनल इलीट्स, द कोलोनियल स्टेट एण्ड एजुकेशन बिफोर 1857, नयी दिल्ली : ऑक्सफोर्ड यूनि. प्रेस, 2006

264. फील्डिंग हॉल, पासिंग ऑफ़ द एम्पायर, पृ. 298

265. ब्रिटिश रूल कंडेम्ड, पृ. 9

266. पंकज मिश्रा, फ्रॉम द रूइन्स ऑफ़ एम्पायर : द रीवोल्ट अगेंस्ट द वेस्ट एण्ड रीमेकिंग ऑफ़ एशिया, लन्दन : एलन लेन, 2012

267. नीरद सी. चौधरी, ऑटोबायोग्राफी ऑफ़ एन अननोल इण्डियन, लन्दन : मैक्मिलन 1951

268. इयान एलमण्ड, द थॉट ऑफ़ नीरद सी. चौधरी : इस्लाम, एम्पायर एण्ड लॉस, कैम्ब्रिज़ : कैम्ब्रिज़ विश्वविद्यालय प्रेस, 2015

269. वहीं, पृ. 115

270. वही, पृ. 120

271. चौधरी, ऑटोबायोग्राफी, पृ. 3; चौधरी, क्लाइव ऑफ़ इण्डिया, पृ. 11

272. डेविड लिलीवेल्ड, 'द नटोरियस अननोन इण्डियन', न्यूयॉर्क टाइम्स, 13 नवम्बर, 1988

273. चौधरी, ऑटोबायोग्राफी, पृ. 15
274. जावेद मजीद, अनगवर्न्ड इमेजिनिंग्स : जेम्स मिल्स द हिस्ट्री ऑफ़ ब्रिटिश इण्डिया एण्ड ऑरिएण्टलिज़्म, क्लेवरिंडन प्रेस, 1992
275. गौरी विश्वनाथन, मास्क्स ऑफ़ कन्क्वेस्ट : लिटरेरी स्टडी एण्ड ब्रिटिश रूल इन इण्डिया, न्यूयॉर्क : कोलम्बिया यूनिवर्सिटी प्रेस, 1981
276. चार्ल्स ई. ट्री वीलेन, ऑन द एजुकेशन ऑफ़ द पीपुल ऑफ़ इण्डिया, लन्दन, लॉन्गमैन, ऑर्मी, ब्राउन, ग्रीन एण्ड लॉन्गमैन्स, 1838
277. रुश्दी, 'आउटसाइड द व्हेल'; यह भी देखें, कैथ्लीन विल्सन (सं.), अ न्यू इम्पीरियल हिस्ट्री : कल्चर, आयडेंटिटी एण्ड मॉडर्निटी इन ब्रिटेन एण्ड द एम्पायर 1660–1840 (2004); एन्टॉइनेटे वर्टन, एम्पायर इन क्वेश्चन : रीडिंग, राइटिंग एण्ड टीचिंग ब्रिटिश इम्पीरियलिज़्म, दुर्हम : ड्यूक यूनिवर्सिटी प्रेस, 2011
278. हॉविट्ट, इंग्लिश इन इण्डिया, पृ. 88
279. जे.डी. रीस, द रीयल इण्डिया, लन्दन : मेयुस्न, 1908, पृ. 162–163
280. वही, पृ. 343
281. रिचर्ड वेस्ट, 'वुडहाउस साहिब', हार्पर्स एण्ड क्वीन, 1988, पृ. 114–115
282. ब्रिटिश रूल कन्डेक्ड, पृ. 19
283. अरूपज्योति साइकिया, 'स्टेट, पेज़ेंट्स एण्ड लैण्ड रीक्लेमेशन : द प्रीडिकामेण्ट ऑफ़ फॉरेस्ट कंज़र्वेशन इन असाम, 1850–1890', इण्डियन इकोनॉमिक एण्ड सोशल हिस्ट्री रिव्यू, 2008, पृ. 81–82
284. महेश रंगराजन, इण्डियन वाइल्ड लाइफ हिस्ट्री, नयी दिल्ली : पर्मानेंट ब्लैक, 2001; माधव गाड्गिल और रामचन्द्र गुहा, इकॉलोजी एण्ड इक्विटी : द यूज़ एण्ड एब्यूज़ ऑफ़ नेचर इन कंटम्परेरी इण्डिया, नयी दिल्ली : रूटलेज, 1995
285. आशिस नन्दी, द ताओ ऑफ़ क्रिकेट : ऑन गेम्स ऑफ़ डेस्टिनी एण्ड डेस्टिनी ऑफ़ गेम्स, नयी दिल्ली : ऑक्सफोर्ड यूनिवर्सिटी प्रेस, 2001, पृ. 1
286. अज्ञान, 'क्रिकेट इन कोलोनियल बंगाल (1880–1947); इन लॉस्ट हिस्ट्री ऑफ़ नेशनलिज़्म : द इण्टरनेशनल जर्नल ऑफ़ द हिस्ट्री ऑफ़ स्पॉर्ट, वॉल्यू 23 (6), 2006
287. नन्दी, पृ. 53
288. बर्मा, पृ. 234
289. रिचर्ड कैशमैन पैटर्न्स, प्लेयर्स एण्ड द क्राउड : द फिनॉमिनन ऑफ़ इण्डियन क्रिकेट, लन्दन : ऑरिएण्ट लॉन्गमैन, 1980, पृ. 22–23

290. मृणालिनी सिन्हा, कोलोनियल मेस्व्युलिनिटी : द 'मैन्ली इंग्लिशमैन' एण्ड द ' एफेमिनेट बंगाली' इन द लेट नाइन्टीन्थ सेंचुरी, मेन्चेस्टर : मेन्चेस्टर यूनिवर्सिटी प्रेस, 1995

## अध्याय सात : तुलन-पत्र : निष्कर्ष

291. देखें, www.andrewlownie.co.uk/authors/lawrence-james/book/raj-the-making-and.unmaking-of.british-empire.

292. पॉल गिलोरी, पोस्ट कोलोनियल मेलन्कोलिया, न्यूयॉर्क : कोलम्बिया यूनिवर्सिटी प्रेस, 2005

293. देखें, www.yougov.co.uk/new/2014/07/26/britain-proud-its-empire/

294. फर्ग्यूसन, एम्पायर, पृ. xx

295. लिंडा कुली, 'इन्टू द बेली ऑफ़ द वीस्ट', द गार्डियन, 18 जनवरी 2003, एण्ड फ़िलिप पॉम्पर, 'द हिस्ट्री एण्ड थ्योरी ऑफ़ एम्पायर्ज़', हिस्ट्री एण्ड थ्योरी वॉल्यू 44(4), दिसम्बर 2005, विले फॉर वेस्लीयन यूनिवर्सिटी, पृ. 1–27

296. कार्ल मार्क्स, 'द फ्यूचर रिज़ल्ट्स ऑफ़ ब्रिटिश रूल इन इण्डिया : इन डेविड मेक्लीलान (सं.), कार्ल मार्क्स : सिलेक्टिड राइटिंग्स, ऑक्सफोर्ड : ऑक्सफोर्ड यूनिवर्सिटी प्रेस, 1982, पृ. 362

297. डेनिस जुड्ड, द लॉयन एण्ड द टाइगर : द राइज़ एण्ड फॉल ऑफ़ द ब्रिटिश राज, 1600–1947, ऑक्सफोर्ड : ऑक्सफोर्ड यूनि. प्रेस, 2005, पृ. 200

298. विल्सन, इण्डिया कन्कर्ड, पृ. 500

299. फर्ग्यूसन एम्पायर, पृ. 216

300. पॉल कॉट्टेरिल्ल, 'निएल फर्ग्यूसन्स इग्नोरेंट डिफेंस ऑफ़ ब्रिटिश रूल इन इण्डिया', न्यू स्टेट्समैन 16 अगस्त, 2012

301. डेरन एसमोग्लू एण्ड जेम्स रॉबिन्सन, व्हाय नेशन्स फेल, न्यूयॉर्क : क्राउन बिज़नेस, 2012

302. चार्ल्स टिल्ली एण्ड द डिफेंस ऑफ़ एण्ड टू इण्डिया, www. thoughcowardish/linch.com/2012/02/07/the-incomplete-state-charles-tilly-and-the-defence-of-aid-to-india/, 7 फरवरी 2012

303. विलियम जेनिंग्स ब्रायन, ब्रिटिश रूल इन इण्डिया, वेस्टमिन्स्टर : भारतीय राष्ट्रीय कांग्रेस की ब्रिटिश समिति, 1906, पृ. 19

304. जॉन विल्सन, 'फॉल्स एण्ड डेन्जरस', द गार्डियन, 8 फरवरी 2003

305. लॉरेंस जेम्स, राज : द मेकिंग एण्ड अनमेकिंग ऑफ़ ब्रिटिश इण्डिया, न्यूयॉर्क : सेंट मार्टिन्स ग्रिफिन, 1997

306. प्रो. एन्ड्रयू पोर्टर की निम्न पुस्तक की समीक्षा–एम्पायर : हाउ ब्रिटेन मेड द मॉडर्न वर्ल्ड, (हिस्ट्री रिव्यू नं. 325), www.history.ac.uk/reviews/reveiw/325
307. संजय सुब्रमण्यम, द कैरियर एण्ड लीजेण्ड ऑफ़ वास्को डी गामा, कैम्ब्रिज : कैम्ब्रिज यूनिवर्सिटी प्रेस, 1997
308. जॉन कोट्स्की द पॉलिटिक्स ऑफ़ एरिस्टोक्रेटिक एम्पायर्ज़, चेपल हिल : यूनिवर्सिटी ऑफ़ नॉर्थ केरोलिना प्रेस, 1982, पृ. 188
309. चन्द्र दत्त, इकोनोमिक हिस्ट्री ऑफ़ इण्डिया, पृ. xxv
310. विल्सन, 'फॉल्स एण्ड डेंजरस'।
311. जोसेफ़ कॉनरेड, हार्ट ऑफ़ डार्कनेस, लन्दन : डॉवर थ्रिफ्ट एडिशन्स, 1990, मूलरूप से इस पुस्तक में प्रकाशित यूथ : अ नेरेटिव, एण्ड टू अदर स्टोरीज़, एडिनबर्ग एण्ड लन्दन : विलियम ब्लैकवुड एण्ड सन्स, 1902
312. फर्ग्यूसन, एम्पायर, पृ. xxix
313. दास, 'इण्डिया' हाउ ए रिच नेशन' : यह भी देखें, दास, इण्डिया अन्बाउण्ड, पृ. 228–243
314. विलियम जेन्निंग्स ब्रायन, पृ. 12
315. वही, पृ. 187
316. मेसन, अ मैटर ऑफ़ ऑनर।
317. थॉमस बेबिंग्टन मैकॉले, मिस्लेनियस राइटिंग्स एण्ड स्पीचिस, वॉल्यू. 4, प्रोजेक्ट गुटनबर्ग, 2008, www.gutenberg.org/files/2170/2170-h/2170-h-htm.
318. उदाहरण के लिए देखें, दासता–विरोधी अभियानकर्ताओं द्वारा ब्रिटिश सरकार को पराधीनता की कुछ परम्परागत प्रथाओं को समाप्त करने के लिए की गयी भावपूर्ण अपीलें, जिन्हें कम्पनी के अधिकारी तन्त्र ने निःसन्देह अनदेखा कर दिया : विल्सन एंटी स्लेवरी कलेक्शन, इन ब्रीफ न्यू ऑफ़ स्लेवरी इन ब्रिटिश इण्डिया, 1841, मेन्चेस्टर : द यूनिवर्सिटी ऑफ़ मेन्चेस्टर, जॉन राइलैण्ड्स यूनिवर्सिटी लायब्रेरी, यू आर एल : www.jstor.org/stable/60228274
319. लॉरेंस जेम्स, द मेकिंग एण्ड अनमेकिंग ऑफ़ ब्रिटिश इण्डिया, न्यूयॉर्क : सेंट मार्टिन्स प्रेस, 2000; इस शीर्षक से भी प्रकाशित–राज : द मेकिंग एण्ड अनमेकिंग ऑफ़ ब्रिटिश इण्डिया, लन्दन : लिटिल–ब्राउन एण्ड कम्पनी, 1997
320. देखें, निबन्ध–फ़िलिया लीवाइन, सं., जेंडर एण्ड एम्पायर, ऑक्सफोर्ड हिस्ट्री ऑफ़ द ब्रिटिश एम्पायर कम्पेनियन सीरीज़, ऑक्सफोर्ड यूनिवर्सिटी प्रेस, 2004
321. देखें, https://intogr.of/share-at-world GP-throughout-history.
322. www.quandl.com/collections/economics/gdp-as-share-of-world-gdp-at-pp-by-country

323. प्रियम्वदा गोपाल, 'द स्टोरी पेड़ल्ड बाय इम्पीरियल एपोलॉजिस्ट्स इज़ ए पॉयज़नस फेयरी टेल', द गार्डियन, 28 जून 2006
324. हेनरी लेबोशीयर, 'द ब्राउन मैन्स वर्डन' सबसे पहले लन्दन की एक पत्रिका में प्रकाशित हुई, ट्रुथ, लेबोशीयर द्वारा फरवरी 1899 में सम्पादित।

## अध्याय आठ : साम्राज्य के बाद अव्यवस्थित जीवन

325. स्टुअर्ट वार्ड सं., ब्रिटिश कल्चर एण्ड द एण्ड ऑफ़ एम्पायर (मेन्चेस्टर, 2001) 28, 128, उल्लेख रीचर्ड प्राइज़, 'वन बिंग थिंग : ब्रिटेन, इट्स एम्पायर एण्ड देयर इम्पीरियल कल्चर', जर्नल ऑफ़ ब्रिटिश स्टडीज़, वॉल्यू. 45, सं. 3, जुलाई 2006, पृ. 602–627, प्रकाशक ब्रिटिश स्टडीज़ पर उत्तरी अमरीकी कॉन्फ्रेंस की ओर से कैम्ब्रिज यूनिवर्सिटी प्रेस, www.jstor.org/stable/10.1086/503593
326. पंकज मिश्रा, फ्रॉम द रूइन्स ऑफ़ एम्पायर : द रीवोल्ट अगेन्स्ट द वेस्ट एण्ड द रीमेकिंग ऑफ़ एशिया, लन्दन : एलन लेन, 2012, पृ. 42
327. मार्क मेज़ोवर, 'फ्रॉम द रूइन्स ऑफ़ एम्पायर : फाइनेंशियल टाइम्स, 27 जुलाई 2012
328. फर्ग्यूसन, एम्पायर, पृ. xxv
329. वही, पृ. 358
330. फ़िलिप पॉम्पर, 'हिस्ट्री एण्ड थ्योरी ऑफ़ एम्पायर्स', हिस्ट्री एण्ड थ्योरी, वॉल्यू. 44, सं. 4, दिसम्बर 2005, पृ. 1–27, प्रकाशक वेस्लीयान विश्वविद्यालय के लिए बिले, www.jstor.org/stable/3590855
331. पंकज मिश्रा, फ्रॉम द रूइन्स ऑफ़ एम्पायर, पृ. 42 et.seq.
332. रिचर्ड गॉट, 'व्हाइट वॉश' (पुस्तक समीक्षा : ऑर्नामेंटलिज़्म : हाउ द ब्रिटिश सॉ देयर एम्पायर बाय डेविड केन्नेडाइन), द गार्डियन, 5 मई 2011
333. एरिन जॉन्सन, 'यदि हम नाज़ी लूट की कला को लौटाते हैं तो ऐसा ही साम्राज्य की लूट पर भी लागू होता है' Aeon.www.aeon.co/ideas/if-we-return-nazi-looted-art-the-same-goes-for-empire-looted?utm_source=twitter&utm_medium=oupphilosophy&utm_campaign=oupphilosophy.
334. 'द कोहेनूर डायमण्ड इज़ इन ब्रिटेन इल्लीगली, बट इट शुड स्टिल स्टे देयर', द गार्डियन, 16 फ़रवरी 2016
335. जॉन डार्विन, द एम्पायर प्रोजेक्ट, लन्दन : पेंगुइन, 2010; और अनफिनिश्ड एम्पायर : द ग्लोबल एक्स्पेंशन ऑफ़ ब्रिटेन, लन्दन : एलन लेन, 2013

# पुस्तक–सूची


एस्मोग्लू, डेरन एण्ड रॉबिन्सन, जेम्स, *व्हाय नेशन्स फेल,* न्यूयॉर्क : क्राउन बिज़नेस, 2012.

अकबर, एम.जे., *नेहरू,* नयी दिल्ली : वाइकिंग, 1988.

अली, अबीराह, 'द रोल ऑफ़ द ब्रिटिश कॉलोनियल/इम्पीरियल रूल इन द इण्ट्रोडक्शन ऑफ़ द रीप्रेज़ेन्टेटिव इन्स्टीट्यूशन्स इन इण्डिया (1857–1947)', *जर्नल ऑफ़ यूरोपीयन स्टडीज़, 29, 2013.*

एलन, चार्ल्स, प्लेन *टेल्स फ्रॉम द राज,* लन्दन, एबेकस, 1998.

एलमण्ड, इयान, द थॉट ऑफ़ नीरद सी चौधरी : *इस्लाम, एम्पायर एण्ड लॉस,* कैम्ब्रिज : कैम्ब्रिज यूनिवर्सिटी प्रेस, 2015.

एण्डरसन, बेनेडिक्ट, *इमेजिन्ड कॉम्यूनिटीज़ : रीफ्लेक्शन्स ऑन द ओरिजिन एण्ड स्प्रेड ऑफ़ नेशनलिज़्म,* दूसरा संस्करण, लन्दन : वर्सो, 1991.

एण्डरसन, क्लेयर, *कन्विक्ट्स इन द इण्डियन ओशियन,* लन्दन : पल्ग्रेन मैकमिलन, 2000.

आज़ाद, मौलाना अबुल कलाम, *इण्डिया विन्स फ्रीडम,* नयी दिल्ली : ओरिएण्ट ब्लैकस्वैन, 2004.

बेल्किन जॉर्डान्ना, 'द बूट एण्ड द स्प्लीन : व्हेन वॉज़ मर्डर पॉसिबल इन ब्रिटिश इण्डिया?', *कम्पेरेटिव स्टडीज़ इन सोसायटी एण्ड हिस्ट्री* 48 (2), 2006.

बैरियर, नॉर्मेन जी. (एड.), *द सेन्सेस इन ब्रिटिश इण्डिया : न्यू पर्सपेक्टिव्स,* नयी दिल्ली, मनोहर पब्लिशर्स, 1981.

बेली, क्रिस्टोफर ए., *रीकवरिंग लिबर्टीज़ : इण्डियन थॉट इन द एज ऑफ़ लिबरलिज़्म एण्ड एम्पायर,* कैम्ब्रिज : कैम्ब्रिज यूनिवर्सिटी प्रेस, 2011.

——, *द ब्रिटिश ऑफ़ द मॉडर्न वर्ल्ड,* 1780–1914, ग्लोबल कनेक्शन्स एण्ड कम्पेरीज़न्स, लन्दन : विले ब्लैकवेल, 2004.

भार्गव, एम. बी. एल., *इण्डियाज़ सर्विसिज़ इन द वार,* मुकुट बिहारी लाल भार्गव, 1919.

भाटिया, एच. एस. (एड.), *मिलिट्री हिस्ट्री ऑफ़ ब्रिटिश इण्डिया,* 1607–1947, नयी दिल्ली : दीप एण्ड दीप पब्लिकेशन्स, 1977.

बोल्ट्स, विलियम, *कन्सिडरेशन्स ऑन इण्डियन अफ़ेयर्स : पर्टिकुलर्ली रिस्पेक्टिंग द प्रेज़ेण्ट स्टेट ऑफ़ बेंगाल एण्ड इट्स डिपेंडेन्सिस,* लन्दन : जे. एल्मन के लिए प्रकाशित, 1772.

बोस, सुजाता, 'स्टार्वेशन एमिडस्ट प्लेंटी : द मेकिंग ऑफ़ फेमाइन इन बंगाल, होनान एण्ड टॉन्किन', 1942–45, *मॉडर्न एशियन स्टडीज़,* 24, 1990.

——, *हिज़ मेजेस्टीज़ ऑपोनेंट : सुभाषचन्द्र बोस एण्ड इण्डियाज़ स्ट्रगल अगेन्स्ट एम्पायर, कैम्ब्रिज,* एम.ए. : हार्वर्ड यूनिवर्सिटी प्रेस, 2011.

ब्रेखर, मिशेल, नेहरू : अ पोलिटिकल बायोग्राफी, लन्दन : बीकन प्रेस, 1962.

ब्रेकेन्रिज, केरोल ए. एण्ड वान डेर वीयर, पीटर (एड्स) *ओरिएण्टलिज़्म एण्ड द पोस्टकॉलोनियल प्रीडिकामैंट,* फिलाडेल्फिया : यूनिवर्सिटी ऑफ़ पेन्सिल्वेनिया प्रेस, 1993.

बर्टन, एंटोनिस्ट, *एम्पायर इन क्वेश्चन : रीडिंग, राइटिंग एण्ड टीचिंग ब्रिटिश इम्पीरियलिज़्म,* दुरहम एण्ड लन्दन : ड्यूक यूनिवर्सिटी प्रेस, 2011.

कैम्पबैल–जॉन्सन, एलन, मिशन विद माउण्टबेटन, लन्दन : मैक्मिलन, 1985.

कैनाडाइन, डेविड, ऑर्नामिंटलिज़्म : *हाउ द ब्रिटिश सॉ देयर एम्पायर,* लन्दन : एलन लेन, 2001.

कैशमैन, रिचर्ड, *पैटर्न्स, प्लेयर्ज़ एण्ड द क्राउड : द फिनॉमिनन ऑफ़ इण्डियन क्रिकेट,* लन्दन : ऑरिएण्ट लॉन्गमैन, 1980.

चन्द्रा बिपिन, *इण्डियन स्ट्रगल फॉर इण्डिपेण्डेन्स,* नयी दिल्ली : वाइकिंग, 1988.

——, *द राइज़ एण्ड ग्रोथ ऑफ़ इकोनोमिक नेशनलिज़्म इन इण्डिया :*

*इकोनोमिक पॉलिसीज़ ऑफ़ इण्डियन नेशनल लीडरशिप 1880–1905,* नयी दिल्ली : हर आनन्द पब्लिकेशन्स, 2010.

चैटर्जी, पार्था, *लाइनेजिस ऑफ़ पॉलिटिकल सोसायटी : स्टडीज़ इन पोस्ट कॉलोनियल डेमोक्रेसी,* न्यूयॉर्क : कोलम्बिया यूनिवर्सिटी प्रेस, 2011.

——, द नेशन एण्ड इट्स फ्रेगमेंट्स : *कॉलोनियल एण्ड पोस्ट–कॉलोनियल हिस्टरीज़,* प्रिंस्टन : प्रिंस्टन यूनिवर्सिटी प्रेस, 1993.

चौधरी, के. एन., द *ट्रेडिंग वर्ल्ड ऑफ़ एशिया एण्ड द इंग्लिश ईस्ट इण्डिया कम्पनी, 1660–1760,* कैम्ब्रिज : कैम्ब्रिज यूनिवर्सिटी प्रेस, 2006.

चौधरी, नीराद सी., *ऑटोबायोग्राफी ऑफ़ एन अन्नोन* इण्डियन, लन्दन मैकमिलन, 1951.

——, अ *पैसेज टू इंग्लैण्ड,* लन्दन : सेंट मार्टिन्स प्रेस, 1960.

चौधरी, सुशील, द *प्रील्यूड टू एम्पायर : प्लासी रेवॉल्यूशन ऑफ़ 1757,* नयी दिल्ली : मनोहर पब्लिशर्स, 2002.

कॉहेन, बर्नार्ड एस., *एन एन्थ्रोपॉलोजिस्ट अमंग द हिस्टोरियन्स एण्ड अदर एसेज़,* ऑक्सफोर्ड : ऑक्सफोर्ड यूनिवर्सिटी प्रेस, 1987.

कॉलिंघम, ई.एम., *इम्पीरियल बॉडीज़ : द फिज़िकल एक्सपीरियंस ऑफ़ द राज,* 1800–1947, ऑक्सफोर्ड : पॉलिटी प्रेस, 2001.

कॉलिन्स, लैरी एण्ड लैपियरे, डॉमिनिक, *माउण्टबेटन एण्ड द पार्टिशियन ऑफ़ इण्डिया,* नयी दिल्ली : विकास, 1975.

कॉर्फील्ड, पेनलॉप जे., *लैंग्वेज़, हिस्ट्री एण्ड क्लास, लन्दन* : ब्लैकवेल, 1991.

डेल्रिम्पल, विलियम, *व्हाइट मुग़ल्ज़,* लन्दन : हार्पर पेरीनियल, 2002.

डार्विन, जॉन, *अनफिनिश्ड एम्पायर : द ग्लोबल एक्स्पेंशन ऑफ़ ब्रिटेन,* लन्दन : एलन लेन, 2013.

दास, दुर्गा, *इण्डिया : फ्रॉम कर्ज़न टू नेहरू एण्ड आफ्टर,* नयी दिल्ली : रूपा पब्लिकेशन्स, 1967.

दास, सुदीप्ता, 'ब्रिटिश रीएक्शन्स टू द फ्रेंच बग्बीयर इन इण्डिया, 1763–83', *यूरोपीयन हिस्ट्री क्वार्टर्ली, 22 (1),* 1992.

डेविस, माइक, *लेट विक्टोरियन हॉलोकास्ट्स : एल निनो फेमाइन्स एण्ड द मेकिंग ऑफ़ द थर्ड वर्ल्ड,* लन्दन; न्यूयॉर्क : वर्सो बुक्स, 2001.

डी कोर्सी, एन., द *फिशिंग फ्लीट : हस्बैंड हंटिंग इन द राज, लन्दन :* वेडनफील्ड एण्ड निकल्सन, 2012.

धुलिपाला, वेंकेट, *क्रिएटिंग ए न्यू मेदिना,* कैम्ब्रिज : कैम्ब्रिज यूनिवर्सिटी प्रेस, 2016.

डिग्बि, विलियम, *इण्डियन प्रॉब्लम्स फॉर इंग्लिश कन्सिडरेशन,* द *नेशनल लिबरल फेडरेशन* के लिए प्रकाशित, लन्दन, 1881.

——*'प्रॉस्पेरस' ब्रिटिश इण्डिया : अ रीवीलेशन फ्रॉम ऑफिशियल रिकॉर्ड्स,* लन्दन : टी. फिशर अन्विन, 1901.

डर्क्स, निकोलस बी., *कॉस्ट्स ऑफ़ माइंड; कॉलोनियलिज़्म एण्ड द मेकिंग ऑफ़ मॉडर्न इण्डिया,* प्रिंस्टन : प्रिंस्टन यूनिवर्सिटी प्रेस, 2001.

दुरान्त, विल, द *केस फॉर इण्डिया,* न्यूयॉर्क : साइमन एण्ड शूस्टर, 1930, स्ट्रैंड बुक स्टॉल द्वारा सीमित संस्करण पुनः जारी, मुम्बई, 2015.

दत्त, रोमेश चन्द्र, द *इकोनॉमिक हिस्ट्री ऑफ इण्डिया अण्डर अर्ली ब्रिटिश रूल : फ्रॉम द राइज़ ऑफ़ ब्रिटिश पावर इन 1757 टू द एक्सेशन ऑफ़ क्वीन विक्टोरिया इन 1837,* नयी दिल्ली : रूटलेज, 1950, भारत सरकार द्वारा पुनः प्रकाशित, 1963.

डक्, डायना, *इण्डिया : अ सेक्रेड जियोग्राफी,* न्यूयॉर्क, हार्मनी बुक्स, 2012.

फाल्किनर, सीज़र लिटन, *इलस्ट्रेशन्स ऑफ़ आयरिश हिस्ट्री एण्ड टोपोग्राफी, मेन्ली ऑफ़ द सेवन्टीन्थ सेंचुरी,* लन्दन : लॉन्गमैन्स, ग्रीन एण्ड कं., 1904.

फर्ग्यूसन, निएल, कॉलोसस : द *प्राइज़ ऑफ़ अमेरिकाज़ एम्पायर,* न्यूयॉर्क; पेंगुइन, 2004.

——, एम्पायर : द *राइज़ एण्ड डिमाइस ऑफ़ द ब्रिटिश वर्ल्ड ऑर्डर एण्ड द लैसन्स फॉर ग्लोबल पावर,* न्यूयॉर्क : बेसिक बुक्स, 2003.

फीर्ल्डिग हॉल, एच, *पासिंग ऑफ़ द एम्पायर,* लन्दन : हर्स्ट एण्ड ब्लैकेट, 1913.

फिशर, लुइस, द *लाइफ ऑफ़ महात्मा गाँधी,* न्यूयॉर्क : हार्पर कॉलिन्स, 1997.

फॉरेस्ट, जॉर्ज, *द लाइफ ऑफ़ लॉर्ड क्लाइव* : वॉल्यूम 2, लन्दन : फ्रैंक केस्सेन, 1918.

फॉर्स्टर, ई. एम., *अ पैसेज टू इण्डिया,* लन्दन : पेंगुइन / एलन लेन, 1924.

फ्रेटैग, सैंड्रिया, *कलैक्टिव एक्शन एण्ड कॉम्युनिटी : पब्लिक एरिनास एण्ड द इमरजेंस ऑफ़ कॉम्यूनलिज़्म इन नॉर्थ इण्डिया, बर्कले :* यूनिवर्सिटी ऑफ़ कैलिफोर्निया प्रेस, 1989.

गाडगिल, माधव एण्ड गुहा रामचन्द्रन, *इकोलॉजी एण्ड इक्विटी : दू यूज़ एण्ड एब्यूज़ ऑफ़ नेचर इन कन्टेम्परेरी इण्डिया,* नयी दिल्ली : रूटलेज, 1995.

गोड्डिस, जे.सी., *एडमिनिस्ट्रेटिव एक्सपीरियंस रिकॉर्डिड फॉर्मर फेमाइन्स,* कलकत्ता, 1874.

घोष, अमिताभ, *सी ऑफ़ पॉपिज़,* न्यूयॉर्क : फर्रार, स्ट्रॉस एण्ड ज़िरॉक्स, 2011.

गिल्मर, डेविड, *कर्ज़न : इम्पीरियल स्टेट्समैन,* न्यूयॉर्क : फर्रार, स्ट्रॉस एण्ड ज़िरॉक्स, 2003.

*——, द रूलिंग कास्ट : इम्पीरियल लाइव्स इन द विक्टोरियन राज,* न्यूयॉर्क : फर्रार, स्ट्रॉस एण्ड ज़िरॉक्स, 2006.

गोपाल, सर्वपल्ली, *जवाहरलाल नेहरू, वॉल्यूम्स I-II,* नयी दिल्ली : विंटेज, 2005.

गॉर्डिया, नयना, *लॉर्ड कर्ज़न : द लास्ट ऑफ़ द ब्रिटिश मुग़ल्ज़,* आक्सफोर्ड : ऑक्सफोर्ड यूनिवर्सिटी प्रेस, 1993.

जॉर्डन, लीयोनार्ड, *ब्रदर्स अगेन्स्ट द राज,* न्यूयॉर्क : कोलम्बिया यूनिवर्सिटी प्रेस, 1990.

गॉट्स्याक, पीटर, रीलिजियन, *साइंस एण्ड एम्पायर : क्लासिफाइंग हिन्दुइज़्म एण्ड इस्लाम इन ब्रिटिश इण्डिया,* लन्दन : ऑक्सफोर्ड यूनिवर्सिटी प्रेस, 2012.

गुहा, रंजीत, *डॉमिनेंस विदाउट हेगेमनी : हिस्ट्री एण्ड पावर इन कॉलोनियल इण्डिया,* कैम्ब्रिज, एम ए : हार्वर्ड यूनिवर्सिटी प्रेस, 1998.

हजारी, निसिद, *मिडनाइट्स फ्यूरीज़,* बॉस्टन : ह्घटन मिफ्फलिन हर्कोर्ट, 2015.

हैरिस, जोनाथन गिल, *द फर्स्ट फिरंगीज़,* नयी दिल्ली, एलेफ बुक कम्पनी, 2015.

हिल्टेबेटल, एल्फ, *क्रिमिनल गॉड्स एण्ड डेमन डीवोटीज़ : एसेज़ ऑन द गार्जियन्स ऑफ़ पॉपुलर हिन्दुइज़्म,* बिंघम्टन एन वाय : एस यू एन वाय प्रेस, 1989.

हॉब्सबॉम, एरिक, *द एज ऑफ़ एम्पायर,* लन्दन : जॉर्ज वेडन्फेल्ड एण्ड निकल्सन, 1987.

हॉब्सन, एच. वी., *द ग्रेट डिवाइड,* ऑक्सफोर्ड : ऑक्सफोर्ड यूनिवर्सिटी प्रेस, 1997.

हॉल्ज़्मैन, जेम्स, *द नबोब्स इन इंग्लैण्ड* : अ स्टडी ऑफ़ द रीटर्न्ड एंग्लो–इण्डियन, 1760–1785, न्यूयॉर्क : कोलम्बिया यूनिवर्सिटी प्रेस, 1926.

हॉविट्ट, विलियम, *द इंग्लिश इन इण्डिया,* लन्दन : लॉन्गमैन, ऑर्मे, ब्राउन, ग्रीन एण्ड लॉन्गमैन्स, 1839.

इण्डियन नेशनल पार्टी, *ब्रिटिश रूल इन इण्डिया : कंडेम्ड बाय द ब्रिटिश देमसेल्व्स,* इण्डियन नेशनल पार्टी द्वारा जारी, ऑक्सफोर्ड : ऑक्सफोर्ड यूनिवर्सिटी प्रेस, 2005.

जेम्स, लॉरेंस, *राज : द मेकिंग एण्ड अनमेकिंग ऑफ़ ब्रिटिश इण्डिया,* न्यूयॉर्क : सेंट मार्टिन्स ग्रिफिन, 1997.

जुड, डेनिस : *द लॉयन एण्ड द टाइगर : द राइज़ एण्ड फॉल ऑफ़ द ब्रिटिश राज,* 1600–1947, ऑक्सफोर्ड, ऑक्सफोर्ड यूनिवर्सिटी प्रेस, 2005.

खान, यास्मीन, *द ग्रेट पार्टिशन,* न्यू हेवन : येल यूनिवर्सिटी प्रेस, 2008.

किपलिंग, रुडयार्ड, 'नेबाथ' इन *लाइफ हैंडिकैप* (1891), इको बुक्स, लन्दन द्वारा पुन : प्रकाशित, 2007.

——, *किम,* न्यूयॉर्क : ऑक्सफोर्ड यूनिवर्सिटी प्रेस, 2008.

किश्वर, मंधु, *जीलस रीफॉर्मर्स, डेड्ली लॉज़,* नयी दिल्ली : सेज पब्लिकेशन्स, 2008.

कार्मर, मार्टिन, *शायइज़्म, रेसिस्टेंस एण्ड रेवोल्यूशन,* बॉल्डर, सी ओ : वेस्ट व्यू प्रेस, 1987.

कुर्तज़र, एम. डाफने, *एम्पायर्ज़ चिल्ड्रन : एम्पायर एण्ड इम्पीरियलिज़्म इन क्लासिक ब्रिटिश चिल्ड्रन्स बुक,* लन्दन : रूटलेज, 2002.

लीवाइन, फ़िलिप्पा, *जेंडर एण्ड एम्पायर, ऑक्सफोर्ड, हिस्ट्री ऑफ़ द ब्रिटिश एम्पायर कम्पेनीयन सीरीज़,* ऑक्सफोर्ड : ऑक्सफोर्ड यूनिवर्सिटी प्रेस, 2004.

लिप्सेट, सेमूर, मार्टिन, सीमॉन्ग, यंग–युंग एण्ड टॉरेस, जॉन चार्ल्स, 'अ कम्पेरेटिव एनालिसिस ऑफ़ द सोशल रिक्विसिट्स ऑफ़ डेमोक्रेसी', *इण्टरनेशनल सोशल साइंस जर्नल, 45,* 1993.

मैकॉले, थॉमस बेबिंग्टन, *हिस्टॉरिकल एस्सेज़ ऑफ़ मैकॉले : विलियम पिट्ट, अर्ल ऑफ़ चेट्हेम, लॉर्ड क्लाइव, वॉरेन हेस्टिंग्स,* एडि. बाय सेमुअल थर्बर, बॉस्टन : एलिन एण्ड बैकन, 1894.

मैकमिलन, मार्ग्रेट, वुमैन ऑफ़ द राज : द *मदर्स, वाइव्स एण्ड डॉटर्स ऑफ़ द ब्रिटिश एम्पायर इन इण्डिया,* न्यूयॉर्क : रेंडम हाउस, 2007.

मेडिसन, एंगस, *क्लास स्ट्रक्चर एण्ड इकोनॉमिक ग्रोथ : इण्डिया एण्ड पाकिस्तान सिन्स द मुग़ल्स, लन्दन :* रूटलेज, 2013.

––, द *वर्ल्ड इकॉनॉमी,* डेवलपमेंट सेंटर ऑफ़ द ऑर्गेनाइज़ेशन फॉर इकोनॉमिक कॉअपरेशन एण्ड डेवलपमेंट, 2006.

मजीद, जावेद, *अनगवर्न्ड इमेजिनिंग्स : जेम्स मिल्स, द हिस्ट्री ऑफ़ ब्रिटिश इण्डिया एण्ड ऑरिएण्टलिज़्म,* ऑक्सफोर्ड : क्लेरेंडन प्रेस, 1992.

मजूमदार, आर.सी., *द हिस्ट्री एण्ड कल्चर ऑफ़ द इण्डियन पीपुल : द मराठा सुप्रीमेसी,* बॉम्बे : भारतीय विद्या भवन, 1977.

मन्सेर्ग, निकोलस, द *ट्रांसफर ऑफ़ पावर 1942–47,* लन्दन : एच.एम. स्टेशनरी ऑफिस, 1983.

मार्शल, पीटर जे., द *इम्पीचमेंट ऑफ़ वारेन हेस्टिंग्स,* ऑक्सफोर्ड, ऑक्सफोर्ड यूनिवर्सिटी प्रेस, 1965.

मैसन, फ़िलिप, *अ मैटर ऑफ़ ऑनर : एन अकाउंट ऑफ़ द इण्डियन आर्मी, इट्स ऑफिसर्स एण्ड मैन, लन्दन :* पेंगुइन, 1974.

––, *किपलिंग : द ग्लास, द शैडो एण्ड द फायर,* न्यूयॉर्क : होल्ट, रिनेहार्ट एण्ड विल्सन, 1975.

——, *मैन, हू रूल्ड इण्डिया,* नयी दिल्ली : रूपा पब्लिकेशंस, 1992.

मेटकाफ थॉमस, *आइडियोलॉजीज ऑफ़ द राज,* कैम्ब्रिज : कैम्ब्रिज यूनिवर्सिटी प्रेस, 1995.

मिश्रा, पंकज, *फ्रॉम द रूइन्स ऑफ एम्पायर : द रीवोल्ट अगेन्स्ट द वेस्ट एण्ड द रीमेकिंग ऑफ़ एशिया,* लन्दन : एलन लेन, 2012.

मून, पेन्डीरल, द *ब्रिटिश कॉन्क्वेस्ट एण्ड डोमिनियन ऑफ़ इण्डिया,* रिसर्च प्रेस, 1989.

मून, पेन्डीरल, टली, मार्क एण्ड रायचौधरी, तपन *डिवाइड एण्ड क्विट,* ऑक्सफोर्ड, ऑक्सफोर्ड यूनिवर्सिटी प्रेस, 1998.

मूर हाउस, जीऑफ्री, *इण्डिया ब्रिटेनिका,* न्यूयॉर्क, हार्पर एण्ड रो, 1983.

मॉरिस जान, *फेयरवेल द ट्रम्पेट्स : एन इम्पीरियल रीट्रीट,* लन्दन : फेबर एण्ड फेबर, 1978.

माउण्ट, फर्डिनेंड, *टीयर्स ऑफ़ द राजास, लन्दन :* साइमन एण्ड शूस्टर, 2015.

मुखर्जी, मधुश्री, *चर्चिल्स सीक्रेट वार : द ब्रिटिश एम्पायर एण्ड द रेवेजिंग ऑफ़ इण्डिया ड्यूरिंग वर्ल्ड वॉर II,* न्यूयॉर्क : बेसिक बुक्स, 2010.

नायपॉल, वी. एस., *एन एरा ऑफ़ डार्कनेस,* लन्दन : एंड्रे डीयूश, 1964.

——, इण्डिया : *अ वुंडिड सिविलाइज़ेशन,* लन्दन : एंड्रे डीयूश, 1976.

नन्दी, आशिस, द *ताओ ऑफ़ क्रिकेट : ऑन गेम्स ऑफ़ डेस्टिनी एण्ड द डेस्टिनी ऑफ़ गेम्स,* ऑक्सफोर्ड : ऑक्सफोर्ड यूनिवर्सिटी प्रेस, 2000.

नौरोजी, दादाभाई, *पॉवर्टी एण्ड अनब्रिटिश रूल इन इण्डिया,* लन्दन : स्वैन सॉन्नेनर्शन, 1901.

नैसन, बिल, *ब्रिटेनियाज़ एम्पायर : मेकिंग अ ब्रिटिश वर्ल्ड,* स्ट्राउण्ड, ग्लूसेस्टरशायर : टेम्पस पब्लिशिंग, 2004.

नैश्मैन, टिल्लमैन डब्ल्यू., 'अ ज्यूअल इन द क्राउन? इण्डियन वेल्थ इन डोमेस्टिक ब्रिटेन इन द लेट एटीन्थ सेंचुरी', *इटीन्थ सेंचुरी स्टडीज़, 41 (1),* 2007.

नेहरू, जवाहरलाल, *ग्लिम्पसिस ऑफ़ वर्ल्ड हिस्ट्री,* नयी दिल्ली : ऑक्सफोर्ड यूनिवर्सिटी प्रेस, 1989.

––, *नेहरू, जवाहरलाल, एन ऑटोबायोग्राफी,* नयी दिल्ली : ऑक्सफोर्ड यूनिवर्सिटी प्रेस, 1989.

––, *द डिस्कवरी ऑफ़ इण्डिया,* नयी दिल्ली : ऑक्सफोर्ड यूनिवर्सिटी प्रेस, 1989.

नेविनसन, हेनरी *डब्ल्यू., द न्यू स्पिरिट इन इण्डिया,* लन्दन : हार्पर एण्ड ब्रदर्स, 1908.

ओं ग्रेडा, कॉर्मेक, *ईटिंग पिपुल इज़ रॉन्ग, एण्ड अदर एसेज़ ऑन फेमाइन, इट्स पास्ट, एण्ड इट्स फ्यूचर,* प्रिंसटन, एन.जे. : प्रिंसटन यूनिवर्सिटी प्रेस, 2015.

ओज़बुडन, ई. एण्ड वेनर, एम., *कॉम्पीटीटिव इलैक्शन्स इन डेवलपिंग कन्ट्रीज़,* दुरहम, एन.सी. : ड्यूक यूनिवर्सिटी, 1987.

पाण्डे, ज्ञानेन्द्र, द *कन्स्ट्रक्शन ऑफ़ कॉम्यूनलिज़्म इन कॉलोनियल नॉर्थ इण्डिया,* नयी दिल्ली : ऑक्सफोर्ड यूनिवर्सिटी प्रेस, 1990.

पार्किन्सन, सी. नॉर्थकोट, *पार्किन्सन्स लॉ : द पर्सिउट ऑफ़ प्रोग्रेस,* लन्दन, जॉन मुर्रे, 1958.

पीयर्स, डी.एम. एण्ड गुप्तु, एन. *इण्डिया एण्ड द ब्रिटिश एम्पायर,* ऑक्सफोर्ड : आक्सफोर्ड यूनिवर्सिटी प्रेस, 2012.

पर्नाओ, मार्ग्रिट, *देहली कॉलेज : ट्रेडिशनल इलीट्स, द कॉलोनियल स्टेट एण्ड एजुकेशन बिफोर 1857,* नयी दिल्ली : ऑक्सफोर्ड यूनिवर्सिटी प्रेस, 2006.

पिल्लै, मनु, *द आइवरी थ्रोन,* नयी दिल्ली : हार्पर कॉलिन्स, 2015.

प्रसाद, अम्बा, *इण्डियन रेलवेज़ : अ स्टडी इन पब्लिक यूटिलिटी एडमिनिस्ट्रेशन,* बॉम्बे : एशिया पब्लिशिंग हाउस, 1960.

कुरैशी, इश्तियाक हुसैन, *द स्ट्रगल फॉर पाकिस्तान,* यूनिवर्सिटी ऑफ़ कराची, 1969.

राय, लाला लाजपत, *अनहैप्पी इण्डिया,* कलकत्ता : बन्ना पब्लिशिंग कम्पनी, 1928.

रंगराजन, महेश, *इण्डियाज़ वाइल्ड लाइफ हिस्ट्री,* नयी दिल्ली : पर्मानेंट ब्लैक, 2001.

रे, इन्दरजीत, 'शिपबिल्डिंग इन बंगाल अंडर कॉलोनियल रूल : अ केस ऑफ़ 'डीइंडस्ट्रियलाइज़ेशन', *द जर्नल ऑफ़ ट्रांसपोर्ट हिस्ट्री,* 16(1), 1995.

रायचौधरी, तपन, *यूरोप रीकन्सीडर्ड : पर्सेप्शन ऑफ़ द वेस्ट इन नाइनटीन्थ सेंचुरी बंगाल,* ऑक्सफोर्ड : ऑक्सफोर्ड यूनिवर्सिटी प्रेस, 1988.

रीस, जे.डी., *द रीयल इण्डिया,* लन्दन : मीथुयन, 1908.

स्कॉट, पॉल, *द ज्युअल इन द क्राउन,* लन्दन, हेनेमन, 1966.

——, *द डे ऑफ़ द स्कॉर्पियन,* लन्दन, हेनेमन, 1968.

——, *द टॉवर्स ऑफ़ साइलेंस,* लन्दन, हेनेमन, 1971.

——, *अ डिविज़न ऑफ़ द स्पॉयल्स,* लन्दन, हेनेमन, 1975.

सेन, अमर्त्य, *पॉवर्टी एण्ड फेमाइन्स : एन एस्से ऑन एन्टाइटलमैंट्स एण्ड डेप्रिवेशन,* ऑक्सफोर्ड : ऑक्सफोर्ड यूनिवर्सिटी प्रेस, 1983.

——, *द आर्ग्यूमैंटेटिव इण्डियन,* न्यूयॉर्क : फर्रार, स्ट्रॉस एण्ड ज़िरॉक्स, 2005.

सिन्हा, मृणालिनी, कॉलोनियल मेस्क्युलिनिटी : द *'मेनली इंग्लिशमेन'* एण्ड द *'इफेमिनेट बंगाली' इन द लेट नाइनटीन्थ सेंचुरी,* मेन्चेस्टर : मेन्चेस्टर यूनिवर्सिटी प्रेस, 1995.

श्रीनिवास एम.एन., *सोशल चेंज इन मॉडर्न इण्डिया,* हैदराबाद : ऑरिएण्ट लॉन्गमैन इण्डिया, 1972.

सुल्लिवान, जोह्रे टी., *नेरेटिव्स ऑफ़ एम्पायर : द फिक्शन्स ऑफ़ रुडयार्ड किपलिंग,* कैम्ब्रिज : कैम्ब्रिज यूनिवर्सिटी प्रेस, 1993.

संडरलैण्ड, जे.टी., *इण्डिया इन बॉन्डेज : हर राइट टू फ्रीडम एण्ड अ प्लेस अमंग द ग्रेट नेशन्स,* न्यूयॉर्क : लीविस कोपलैण्ड कम्पनी, 1929.

टैगोर, रवीन्द्रनाथ, *क्राइसिस इन सिविलाइज़ेशन (1941),* द एसेन्शियल टैगोर, कैम्ब्रिज, एम.ए., हार्वर्ड यूनिवर्सिटी प्रेस, 2011.

टेल्बॉट फ़िलिप्स, *एन अमेरिकन विटनेस टू इण्डियाज़ पार्टिशियन,* नयी दिल्ली : सेज पब्लिकेशन्स, 2007.

टेल्फोर्ड, जुडिथ, *ब्रिटिश फॉरेन पॉलिसी, 1870–1914,* ग्लास्गो : ब्लैकी, 1978.

थरूर, शशि, *नेहरू : द इन्वेंशन ऑफ़ इण्डिया,* न्यूयॉर्क : आर्केड बुक्स, 2003.

ट्रेवीलियन, सी.ई., *ऑन द एजुकेशन ऑफ़ द पीपुल ऑफ़ इण्डिया,* लन्दन : लॉन्गमैन, ऑर्मे, ब्राउन, ग्रीन एण्ड लॉन्गमैन, 1838.

विश्वनाथन, गौरी, *मास्क्स ऑफ़ कॉन्क्वेस्ट : लिट्रेरी स्टडी एण्ड ब्रिटिश रूल इन इण्डिया,* न्यूयॉर्क : कोलम्बिया यूनिवर्सिटी प्रेस, 1989.

वेन–लिंग, सी.जे. वी., *कल्चर, एम्पायर, एण्ड द क्वेश्चन ऑफ़ बीइंग मॉडर्न,* न्यूयॉर्क : लेक्सिंग्टन बुक्स, 2003.

वार्ड, स्टुअर्ट, ब्रिटिश *कल्चर एण्ड द एण्ड ऑफ़ एम्पायर* मैनचेस्टर : मैनचेस्टर यूनिवर्सिटी प्रेस, 2001.

वेवेल, लॉर्ड आर्किबाल्ड, *वॉयसरॉयज़ जर्नल,* पेन्डीरल मून, ऑक्सफोर्ड : ऑक्सफोर्ड यूनिवर्सिटी प्रेस, 1973.

वेनर, मार्टिन, *मेन ऑफ़ ब्लड : वॉयलेंस, मेन्लीनेस, एण्ड क्रिमिनल जस्टिस इन विक्टोरियन इंग्लैण्ड,* कैम्ब्रिज : कैम्ब्रिज़ यूनिवर्सिटी प्रेस, 2004.

विल्सन, जॉन, *इण्डिया* कन्कर्ड, लन्दन : साइमन एण्ड शूस्टर, 2016.

विल्सन, कैथलीन, *अ न्यू इम्पीरियल हिस्ट्री : कल्चर, आइडेण्टिटी एण्ड मॉडर्निटी इन ब्रिटेन एण्ड द एम्पायर 1660–1840,* कैम्ब्रिज : कैम्ब्रिज यूनिवर्सिटी प्रेस, 2004.

वॉल्पर्ट, स्टेन्ले, *नेहरू : अ ट्रिस्ट विद डेस्टिनी,* न्यूयॉर्क : ऑक्सफोर्ड यूनिवर्सिटी प्रेस, 1995.

ज़ैस्टुपिल, एल., एण्ड मॉयर, एम., *द ग्रेट इण्डियन एजुकेशन डीबेट : डॉक्यूमेंट्स रीलेटिंग टू द ऑरिएण्टलिस्ट–एंग्लिसिस्ट कॉन्ट्रोवर्सी, 1781–1843,* रिकमंड : कर्ज़न प्रेस, 1999.

जुब्र्ज़ीकी, जॉन, द *लास्ट निज़ाम,* नयी दिल्ली; पिकाडोर इण्डिया, 2007.

# अनुक्रमणिका

## आ



## इ



## ई

## क

## ख



## ग



## घ



## च

## ज



## ट

## प

म

## य



## र

## श



## स

**ह**

# अनुवादक परिचय

**नीरू**

**शिक्षा** : पंजाब विश्वविद्यालय, चंडीगढ़ से हिन्दी साहित्य में एम.ए., एम. फिल. एवं अनुवाद डिप्लोमा। हिमाचल प्रदेश विश्वविद्यालय, शिमला से पीएच.डी.।

**प्रकाशन** : अंग्रेज़ी से हिन्दी अनुवाद की अब तक पाँच और हिन्दी से अंग्रेज़ी अनुवाद की एक पुस्तक प्रकाशित।

विज्ञान विषयों के अनुवाद का व्यापक अनुभव।

कहानियाँ एवं कैरियर व अन्य विषयों से सम्बन्धित लेख पत्र–पत्रिकाओं में प्रकाशित।